Schriften zum Unternehmens- und Kapitalmarktrecht

Herausgegeben von

Jörn Axel Kämmerer, Karsten Schmidt und Rüdiger Veil

124

Tobias Ponßen

Der Menschenvorbehalt

Künstliche Intelligenz in der korporativen Arbeitsteilung

Mohr Siebeck

Tobias Ponßen, geboren 1993; Studium an der Humboldt-Universität zu Berlin; Wissenschaftlicher Mitarbeiter am Lehrstuhl für Bürgerliches Recht und Unternehmensrecht der Humboldt-Universität zu Berlin; 2023 Promotion.

Gedruckt mit Unterstützung der Johanna und Fritz Buch Gedächtnis-Stiftung, Hamburg.

Zugl.: Dissertation, Humboldt-Universität zu Berlin (2023)

ISBN 978-3-16-163778-0 / eISBN 978-3-16-163779-7
DOI 10.1628/978-3-16-163779-7

ISSN 2193-7273 / eISSN 2569-4480
(Schriften zum Unternehmens- und Kapitalmarktrecht)

Die Deutsche Nationalbibliothek verzeichnet diese Publikation in der Deutschen Nationalbibliographie; detaillierte bibliographische Daten sind über *https://dnb.dnb.de* abrufbar.

Das Buch wurde von Laupp & Göbel in Gomaringen auf alterungsbeständiges Werkdruckpapier gedruckt und von der Buchbinderei Nädele in Nehren gebunden.

Printed in Germany.

Vorwort

Wird die Korporation in Zukunft von Maschinen verwaltet? 2018 war das eine Sci-Fi-Frage. Sich ein Unternehmen vorzustellen, das technisch ohne den Menschen auskommt, bedurfte vor ChatGPT noch einiger Fantasie. Insoweit danke ich meinem Doktorvater Herrn Prof. Gregor Bachmann ganz besonders für den wissenschaftlichen Freiraum, den diese Arbeit insbesondere zu Beginn benötigte. Herrn Prof. Gerhard Wagner danke ich für die zügige Erstellung des Zweitgutachtens.

Die Arbeit wurde 2023 an der Humboldt-Universität zu Berlin als Dissertation angenommen und 2024 mit dem Promotionspreis der Juristischen Fakultät der Humboldt-Universität zu Berlin ausgezeichnet. Für die Aufnahme in die Schriften zum Unternehmens- und Kapitalmarktrecht danke ich den Herausgebern Prof. Jörn Axel Kämmerer, Prof. Karsten Schmidt und Prof. Rüdiger Veil. Bedanken möchte ich mich zudem bei den Mitgliedern des Arbeitskreises für Wirtschaft und Recht im Stifterverband für die Deutsche Wissenschaft für die großzügige finanzielle Förderung und die Möglichkeit, meine Thesen in einem Vortrag auf der Jahrestagung des Arbeitskreises in Stuttgart dem Fachpublikum zu präsentieren.

Der Johanna und Fritz Buch Gedächtnis-Stiftung danke ich für die Gewährung eines Druckkostenzuschusses.

Entstanden ist die Arbeit während meiner Tätigkeit als wissenschaftlicher Mitarbeiter am Lehrstuhl für Bürgerliches Recht und Unternehmensrecht an der Humboldt-Universität zu Berlin. Meinen dortigen Kollegen bin ich zu Dank für die schöne Zeit verpflichtet. Namentlich danken möchte ich Dr. Phillip Pauschinger, Dr. Bastian Brunk, Dr. Max Kolter, Julius Baum und insbesondere Prof. Jan-Erik Schirmer, der die Arbeit erheblich gefördert hat.

Danken möchte ich schließlich meiner Familie für die bedingungslose Unterstützung.

Gewidmet ist das Buch meiner Mutter.

Berlin, im Februar 2024 Tobias Ponßen

Inhaltsübersicht

Inhaltsverzeichnis

§ 1 Infragestellung

„Within the very near future – muss less than twenty-five years – we shall have the capability of substituting machines for any and all human functions in organizations."[1]
Herbert A. Simon (1962)

Pittsburgh (Pennsylvania), im April 1960. Herbert Simon fragt sich, ob die Frage, die ihm das Carnegie Institute of Technology gestellt hat, ernst gemeint ist. Ende des Monats soll er hier mit anderen akademischen Größen, darunter auch Adolf Berle und Friedrich Hayek, über den Status der Korporation im Jahr 1985 debattieren. Und ganz unabhängig davon, ob die Frage ernst gemeint ist – nach allem, was er in den letzten fünf Jahren gesehen hat, muss er sie jedenfalls ernst nehmen. Kein halbes Jahrzehnt nach Dartmouth hat er in Bezug auf Maschinen, wie ihm scheint, schon jeden Sinn für Humor verloren. Früh und ganz ernsthaft geht er also der Frage nach, die auch diese Arbeit umtreibt: „The Corporation: Will it be managed by machines?"[2]

---

[1] *H. A. Simon*, Automation: Implications for the Future, 1962, S. 230 (234).

[2] Vgl. *H. A. Simon*, Management and corporations 1985: a symposium held on the occasion of the 10. anniversary of the Graduate School of Industrial Administration, Carnegie Inst. of Technology, 1960, S. 17 (17 f.).

A. Der Menschenvorbehalt

Wer sich fragt, ob Korporationen in Zukunft von Maschinen geleitet werden, und warum eigentlich nicht, landet im deutschen Recht schnell bei Normen wie § 76 III S. 1 AktG:

„Mitglied des Vorstands der Aktiengesellschaft kann nur eine natürliche, unbeschränkt geschäftsfähige Person sein."

Für die meisten korporativen Leitungsorgane hält das Gesetz Vergleichbares bereit. § 76 III S. 1 AktG selbst gilt über Art. 47 I SE-VO auch für das der dualistischen SE, über § 188 I S. 2 VAG für den Vorstand des VVaG. § 9 II S. 1 GenG regelt Gleichbedeutendes für den der Genossenschaft. Und auch die Geschäftsführer der GmbH und die Mitglieder des Verwaltungsrats der SE müssen natürliche Personen sein (vgl. § 6 II S. 1 GmbHG; §§ 27 III, 40 I S. 4 SEAG). Das Recht stellt die Leitung der Korporation dadurch regelmäßig unter den Vorbehalt der natürlichen Person. Anders gewendet: Das Recht formuliert einen *Menschenvorbehalt*. Die im korporativen Leitungsorgan zusammengefassten Funktionen müssen unmittelbar von einem Menschen wahrgenommen werden.

Bislang galt dieser Menschenvorbehalt üblicherweise als Beleg dafür, dass der inzwischen so umfassende Subjektstatus der juristischen Person zwar die allermeisten Rechtsfähigkeiten umfasst, aber eben nicht alle.[3] Rechtfertigung bedurfte nur, weshalb er gerade an dieser Stelle unvollkommen bleibt. Heute geraten Normen, die das Menschsein zur Eignungsvoraussetzung erheben, unweigerlich aus anderer Richtung unter Druck. Unlängst wurden uns unsere Unzulänglichkeiten bewusst: Wir handeln bei weitem nicht so rational, wie wir lange dachten;[4] sind physisch weit verwundbarer, als wir uns vor der Pandemie wähnten. Vor allem aber konstruieren wir inzwischen immer erfolgreicher Maschinen, denen diese Unzulänglichkeiten fremd scheinen. Die tun, was wir tun, nur ohne den biologischen Ballast und um ein Vielfaches effizienter.[5] Je mehr Aufgaben sie übernehmen, die bislang uns vorbehalten waren, desto drängender stellt sich künftig die Frage, weshalb die Geschäftsleitung noch uns vorbehalten bleiben soll. Warum muss die Korporation einen Menschen bestellen, wenn Maschinen bereitstehen?

Gleichzeitig erscheint der Menschenvorbehalt unter diesem Aspekt ungeahnt zeitgemäß. Selten war der Ruf nach unmittelbarer Verantwortung des Menschen lauter als heute, wo Maschinen sie allenthalben infrage stellen.[6] Je ubiquitärer die Künstliche Intelligenz wird, die zwar Probleme löst, aber keine Verantwortung tragen kann, je spürbarer ihr Einfluss, desto häufiger wird das Recht die Wahr-

---

[3] Stellvertretend *Wiedemann*, Gesellschaftsrecht I, § 4 II 2 (S. 208 f.).

[4] Umfassend nun *Kahneman*, Thinking, Fast and Slow, 2011.

[5] Für einen Überblick über die jüngsten Erfolge der Künstlichen Intelligenz hier nur *Brynjolfsson/Mitchell*, Science 358 (2017) 1530.

[6] Einflussreich etwa *Pasquale*, New Laws of Robotics, S. 199 ff., 228 ff.

nehmung bestimmter Funktionen ausdrücklich der natürlichen Person vorbehalten. Immer häufiger gibt es dann Aufgaben, die eine Maschine zwar übernehmen kann, aber nicht übernehmen soll.[7] Immer häufiger entscheidet sich die Frage, Mensch oder Maschine, dann normativ zugunsten des Menschen. Und immer häufiger wird das ungewöhnliche Instrument des Menschenvorbehalts zur Regelungstechnik der Wahl.

Damit ist die Ausgangslage dieser Arbeit skizziert: Mit dem Menschen geraten künftig auch Normen in die Defensive, die ihm die Wahrnehmung bestimmter Aufgaben vorbehalten. Wo der Mensch sich verteidigt, wird der Menschenvorbehalt zum Institut der Stunde: Hier die Effizienz der Maschine, dort die Verantwortung des Menschen; im Druck auf § 76 III S. 1 AktG liegt auch eine Chance, sich zu bewähren.

Diese Arbeit setzt dabei weder zur bedingungslosen Verteidigung des menschlichen Geschäftsleiters noch zu seinem Abgesang an. Sie lotet aus, was wir von Regelungen wie § 76 III S. 1 AktG künftig erwarten dürfen, und was nicht. Wird die Korporation in Zukunft von Maschinen verwaltet? Oder steht das Recht diesem Vorhaben nachhaltig im Weg?

Die Arbeit nimmt zu diesem Zweck zunächst Bestand über das auf, was wir bislang über Normen wie § 76 III S. 1 AktG wissen. Dies wird zwei Dinge zu Tage fördern: Einerseits stehen die Regelungen auf wackeligem dogmatischen Fundament. Der Gesetzgeber rechtfertigte sie einst kryptisch, Rechtsprechung und Schrifttum arbeiteten im Anschluss halbherzig einen Regelungsgehalt und Regelungszweck heraus, der gegenüber den Verheißungen der Künstlichen Intelligenz ins Leere läuft. Andererseits werden wir sehen, dass sich mit der Frage, ob die Korporation in Zukunft nicht länger von Menschen, sondern von Maschinen verwaltet wird, für das Gesellschaftsrecht grundsätzlichere Fragen verknüpfen. Es wird deutlich: Die Fragestellung dieser Arbeit ist eine Infragestellung. Und: Bislang hat das Gesellschaftsrecht dieser Infragestellung wenig entgegenzusetzen.

B. Erste Spurensuche

Es macht Sinn unsere Untersuchung mit einer Bestandsaufnahme zu starten: Wie erklärt man sich Normen wie § 76 III S. 1 AktG bislang? Warum hat sich die deutsche Rechtsordnung auf das „menschliche" Leitungsorgan mit Mitgliedern aus Fleisch und Blut festgelegt? Und weshalb hält sie bis heute an ihm fest? Oder vielmehr: Wie lange noch?

---

[7] Zu ersten Beispielen dieses Phänomens im positiven Recht hier nur *Mund*, Das Recht auf menschliche Entscheidung, S. 166 ff.

I. Vom ‚Wesen' des Handlungsorgans

Sucht man Rat in den Kommentaren, ist von Druck jedenfalls nichts zu spüren. Spärlich, ja arglos, mutet die gängige Erklärung dafür an, weshalb das Aktienrecht das Vorstandsamt dem Menschen vorbehält: „Das folgt", erfährt man, „schon aus dem Wesen der Tätigkeit des Vorstands als Handlungsorgan der Gesellschaft."[8] Selbst ohne Maschinen auf den Fersen, müsste das verwundern: Wie passt das humane ‚Wesen' des Handlungsorgans zur Rechtsrealität in der sterbenden Korporation, wo nach § 265 I S. 3 AktG auch juristische Personen zum Abwickler bestellt werden dürfen? Weshalb ergibt sich etwas *schon* aus dem ‚Wesen' des Handlungsorgans, was im Recht der Personengesellschaften, das seit Langem die GmbH & Co. KG kennt, offenkundig keine Geltung beanspruchen kann?

Ganz akut erklärt sich der Rückgriff auf das Wesensargument jedenfalls mit der fast wortgleichen Gesetzesbegründung, die 1965 nicht minder knapp ausfällt: „Wie im geltenden Recht", notiert der Gesetzgeber, „können nur natürliche Personen Vorstandsmitglieder sein (Absatz 3). Das folgt aus dem Wesen des Vorstandsamts, das ein persönliches Tätigwerden voraussetzt."[9] Dem Unbefangenen eröffnet er damit nicht mehr als das Gesetz: Mitglied des Vorstands kann nur sein, wer Mensch ist. Dabei wäre jedenfalls die juristische Person konstruktiv ohne Weiteres ebenfalls dazu imstande. Das Aktiengesetz selbst lässt daran keinen Zweifel. Der Abwickler, der nach § 265 I S. 3 AktG eben auch eine juristische Person sein darf, nimmt die Rechtsposition des Vorstands im Liquidationsstadium vollständig ein. Mancher sieht in ihm gar nur den nun unter einem anderen Namen firmierenden Vorstand selbst.[10] § 76 III S. 1 AktG bringt demnach keine Sachgesetzlichkeit, sondern eine wertende Entscheidung zum Ausdruck: Auch die juristische Person *könnte* Mitglied des Vorstands sein. Nur der Mensch *soll* es sein. Die Arglosigkeit, mit der man diese Entscheidung im Aktienrecht verteidigt, ist gewiss auch der Tatsache geschuldet, dass sie dem Zugriff des Satzungsgebers hier schon nach § 23 V AktG entzogen ist, ganz gleich, welchen Zweck sie verfolgt. Dass und weshalb die Privatautonomie an dieser Stelle derart beschnitten wird, bedarf in der satzungsstrengen Aktiengesellschaft nicht vieler Worte. Die Bestellung einer juristischen Person ist nichtig gem. § 134 BGB; Ende der Diskussion. Indes hat der Gesetzgeber seitdem eben gleich ein ganzes Dutzend vergleichbarer Regelungen erlassen, die Möglichkeit gaben, dem ‚Wesen' Gestalt zu verleihen. Wie rechtfertigt er sein Vorgehen dort jeweils?

---

[8] GroßKommAktG/*Kort* § 76 Rn. 250; ähnlich jeweils etwa MüKoAktG/*Spindler* § 76 Rn. 147: „Natur des Vorstandsamts"; *Gehrlein*, NZG 2016, 566 (567): „Wesen der Organschaft"; monografisch *Joos*, Organschaft und Vertretung, S. 119: „Natur"; jüngst *P. Scholz*, NZG 2020, 1044 (1046): „‚Wesen' der Fremdorganschaft"; zur Kongruenz von ‚Natur' und ‚Wesen' nur *Scheuerle*, AcP 163 (1963) 429 (432).

[9] *Kropff*, Textausgabe des Aktiengesetzes vom 6.9.1965, S. 97.

[10] Namentlich GroßKommAktG/*K. Schmidt* § 265 Rn. 8 ff.

II. Rückverfolgung der legislatorischen Pfade

Die jüngste Parallelnorm des §76 III S. 1 AktG findet sich in §9 II S. 1 GenG. Eine Veränderung der Rechtslage intendiert der Gesetzgeber mit ihr nicht. Er versteht die Norm als Klarstellung und verweist zur Begründung auf entsprechende Regelungen im GmbH- und Aktiengesetz: „Ausdrücklich klargestellt wird, dass wie bei der AG und GmbH nur natürliche Personen in den Vorstand oder Aufsichtsrat berufen werden können“[11].

Zwei Jahre zuvor gestattete der Unionsgesetzgeber der SE in Art. 47 I SE-VO salomonisch, juristische Personen zu Organmitgliedern zu bestellen, „sofern das für Aktiengesellschaften maßgebliche Recht des Sitzstaats der SE nichts anderes bestimmt.“ Der deutsche Gesetzgeber nimmt dieses Angebot nicht an, wohl auch im Glauben, dass für die Annahme auch eine Revision des §76 III S. 1 AktG notwendig gewesen wäre.[12] Während sich die Geltung des §76 III S. 1 AktG für die dualistische SE bereits aus Art. 47 I, II lit. a) SE-VO ergibt, stellt nun §40 I S. 4 SEAG klar, dass auch geschäftsführende Direktoren einer monistischen SE natürliche Personen sein müssen. Nach §27 III SEAG dürfen die Mitglieder ihres Verwaltungsrats keine juristischen Personen sein. Wohl zufällig, jedenfalls nicht in weiser Voraussicht, dass das vorangeschrittene Informationszeitalter mit immer leistungsfähigeren Maschinen weitere Kandidaten für den Verwaltungsrat produzieren würde, formuliert man die Norm negativ: „Eine juristische Person kann nicht Mitglied des Verwaltungsrats sein.“ Die Begründung verweist auf die §§76 III S. 1, 100 I S. 1 AktG und den klarstellenden Charakter der Norm.[13]

§6 II S. 1 GmbHG gelangt als Teil der GmbH-Novelle 1980 in das Gesetz. Weshalb erklärt der Gesetzgeber nicht. Nur so viel: „Satz 1 stellt klar, daß nur natürliche und unbeschränkt geschäftsfähige Personen Geschäftsführer sein können. Das entspricht der vergleichbaren Regelung in §76 Abs. 3 AktG und der bereits zum geltenden GmbH-Recht ganz überwiegend vertretenen Ansicht.“[14] Dagegen scheitert im Zuge der Novelle eine Regelung, die den Ausschluss der

---

[11] BT-Drucks. 16/1025, 83.

[12] Die hM. ging vom zwingenden Gleichlauf zur AG aus, vgl. *Teichmann*, ZGR 2002, 383 (455); *Hoffmann-Becking*, ZGR 2004, 355 (366); Habersack/Drinhausen, SE-Recht, Art. 47 SE-VO Rn. 6; s. dagegen aber *Hommelhoff*, AG 2001, 279 (283): Abweichung zulässig.

[13] BT-Drucks. 15/3405, 38: „In Absatz 3 wird entsprechend §76 Abs. 3 Satz 1 und §100 Abs. 1 Satz 1 AktG klargestellt, dass der Verwaltungsrat nur aus natürlichen Personen bestehen kann.“.

[14] BT-Drucks. 8/1347, 31; fast gleichlautend bereits BT-Drucks. 6/3088, 119; sowie BMJ, Referentenentwurf eines Gesetzes über Gesellschaften mit beschränkter Haftung, 1969, S. 201; zuvor war schon 1939 ein Entwurf gescheitert, der die juristische Person vom Amt des Geschäftsführers ausschloss, vgl. §59 II GmbHG-E 1939, abgedruckt in *Schubert*, Entwurf des Reichsjustizministeriums zu einem Gesetz über Gesellschaften mit beschränkter Haftung von 1939, S. 109; Überblick zur Entstehung des §6 II S. 1 GmbHG bei *Komp*, Die juristische Person als Geschäftsführungsorgan einer Kapitalgesellschaft, S. 88 f.

juristischen Person vom Komplementärsamt der KGaA vorsah. Der Gesetzgeber sieht kein Regelungsbedürfnis und deshalb von der Regelung ab.[15]

1965 findet schließlich § 76 III S. 1 AktG in seiner heutigen Form den Weg in das Gesetz. Im selben Atemzug erlässt der Gesetzgeber ohne eigenständige Begründung § 34 I VAG a.F., der für den Vorstand des VVaG auf § 76 III S. 1 AktG verwies und inzwischen durch die wortgleiche Klausel in § 188 I S. 2 VAG ersetzt wurde.[16] Erstmals kürt der Gesetzgeber das Menschsein hier zur *positiven* Eignungsvoraussetzung. § 75 I S. 3 AktG 1937 war, wie heute nur noch § 27 III SEAG, *negativ* gefasst. Eine materielle Veränderung ist damit nicht intendiert.[17] Doch streng genommen ist erst mit dieser Umpolung eine neue, durchaus ungewöhnliche Regelungstechnik in der Welt, die sich auch außerhalb des Gesellschaftsrechts nur selten findet. Beispiele bilden das Verwaltungsverfahrensrecht, wo der Vertreter menschlich sein muss (vgl. §§ 17 I S. 3, 18 I S. 3 VwVfG) oder das Insolvenzrecht, das die Insolvenzverwaltung der natürlichen Person vorbehält (vgl. § 56 I InsO). Begründet wird die Wendung ins Positive 1965 nicht. Der Gesetzgeber belässt es neben dem kryptischen Verweis auf das Vorstandswesen beim Fingerzeig auf das Aktiengesetz 1937.

Insgesamt behält das Gesetz die Leitung der Korporation inzwischen also regelmäßig dem Menschen vor. Wobei all diese Normen ausnahmslos im Stile eines kosmetischen Eingriffs in das Gesetz gelangen: Leise, ohne zwingende Indikation, als bloße Deklaration verstanden, einsilbig begründet mit dem Verweis auf Vorbilder im Aktienrecht. § 76 III S. 1 AktG wird zum legislatorischen Fixpunkt: In allen späteren Gesetzgebungsverfahren bemüht man keine eigenständige Erklärung mehr, man verweist schlicht auf 1965. Wer sich heute fragt, weshalb die korporative Leitung dem Menschen vorbehalten bleiben soll, wird vom Gesetzgeber so im gesamten Körperschaftsrecht auf das Aktiengesetz 1965 und von dort auf das Aktiengesetz 1937 zurückverwiesen.

III. Rückkehr zum ‚Wesen': Die Positivierung 1937

Mit all seinen Nachfolgern und Parallelnormen hat § 75 I S. 3 AktG 1937 gemein, dass ihn seine Verfasser als bloße Klarstellung der geltenden Rechtslage verstehen. Obwohl die Norm zum ersten Mal den Weg ins Gesetz findet, wird schon hier kein neues Recht geschaffen, sondern geltendes positiviert.[18] Entsprechend knapp fällt die Begründung aus: „Juristische Personen können keine Vorstands-

---

[15] BT-Drucks. 8/3908, 79; s. zuvor BT-Drucks. 8/1347, 23: § 278 I S. 2 AktG-E 1977: „Persönlich haftender Gesellschafter kann nur eine natürliche Person sein."; zu den Hintergründen des Entwurfs BGHZ 134, 392 (395 f.) sowie *Priester*, ZHR 160 (1996) 250 (256 f.).

[16] EG zum Aktiengesetz vom 6.9.1965, vgl. BGBl. III 4121–2, 1185 (1192); streng genommen ist der 2014 geschaffene § 188 I S. 2 VAG die jüngste Parallelnorm des § 76 III S. 1 AktG, er entspricht indes vollständig § 34 VAG a.F., vgl. BT-Drs 18/2956, 275.

[17] Vgl. *Kropff*, Textausgabe des Aktiengesetzes vom 6.9.1965, S. 97.

[18] Vgl. *Schlegelberger/Quassowski*, AktG, 1937, § 75 Anm. 4.

mitglieder sein, da die Tätigkeit eines Vorstandsmitglieds eine persönliche Tätigkeit voraussetzt"[19]. Beim Blick in gesetzgebungsnahe Kommentare kehrt man dann unweigerlich zum ‚Wesen' zurück: „Aus dem Wesen des Vorstandsamts, daß eine persönliche Tätigkeit voraussetzt, folgt", schreibt der an der Aktienrechtsreform 1937 federführend beteiligte Staatssekretär *Schlegelberger*, „daß eine juristische Person nicht Vorstandsmitglied sein kann."[20] Das klingt vertraut und ist es auch, denn das ist just die Formel von 1965, die sich noch heute in den Kommentaren findet.

Umstritten scheint § 75 I S. 3 AktG 1937 dabei nicht zu sein. Die erste Kommentargeneration des Aktiengesetzes nimmt die Norm scheinbar achselzuckend zur Kenntnis: „Es versteht sich von selbst", liest man hier, „daß nur individuell bestimmte Personen zum Vorstand bestellt werden können."[21] Dabei gelangte im selben Atemzug eine Norm in das Gesetz, die eben das infrage stellte. Gemäß § 206 I S. 2 AktG 1937 konnten nun auch juristische Personen zu Abwicklern gekoren werden. Der Schritt wird vom Gesetzgeber nicht begründet.[22] Doch er zeigt, dass man mit § 75 I S. 3 AktG 1937 gerade keine Selbstverständlichkeit positivierte.

Beide Normen werden dabei zwar 1937 erstmals kodifiziert, aber nicht erstmals formuliert. Schon im zweiten Weimarer Aktiengesetzentwurf finden sich 1931 wortgleiche Klauseln, die 1930 im ersten noch fehlen.[23] Der Zeitraum, in dem der Menschenvorbehalt initial verfasst wird, lässt sich dadurch recht präzise einkreisen: Entscheidend sind die letzten Monate des Jahres 1930.[24] Hier verliert sich die Spur. Zwar geht aus den Materialien hervor, dass der Vorbehalt schon im Entwurfsstadium als Klarstellung gilt, aber nicht, weshalb er in den Entwurf gelangt.[25] Auch die rechtshistorische Forschung hat darauf bislang keine Ant-

---

[19] *Klausing*, AktG mit Einführungsgesetz und „Amtlicher Begründung", 1937, S. 61.

[20] *Schlegelberger/Quassowski*, AktG, 1937, § 75 Anm. 4; auch *Quassowski* war als Referent des Reichsjustizministeriums entscheidend am Aktiengesetz 1937 beteiligt, vgl. zu beiden *Schubert*, Protokolle des Aktienrechtsausschusses, S. L ff.; sowie zur Person *Schlegelbergers* eingehend *Förster*, Jurist im Dienst des Unrechts, 1995; Ministerialkommentare, wie der von *Schlegelberger/Quassowski*, besaßen „quasi-amtlichen Charakter", vgl. *Thiessen*, Mysterium „Gesetzesmaterialien", S. 45 (69 ff.).

[21] *Gadow/Heinichen*, AktG, 1939, § 75 Anm. 5.

[22] Vgl. auch *Bredol*, Die Rechtsstellung der Abwickler einer Aktiengesellschaft, S. 110 f.: „Welche Gründe den Gesetzgeber zu dieser Entscheidung bewogen haben, geht jedoch aus der amtlichen Begründung des Gesetzes nicht hervor."; ähnlich *Wasmann*, Juristische Personen als gekorene Mitglieder von Körperschaftsorganen, S. 35 (Fn. 86).

[23] § 61 II S. 2 AktG-E 1931, abgedruckt in *Schubert/Hommelhoff*, Die Aktienrechtsreform am Ende der Weimarer Republik, S. 862: „Eine juristische Person kann zum Mitglied des Vorstandes nicht bestellt werden."; sowie § 181 I S. 2 AktG-E 1931, abgedruckt ebd., S. 885: „Die Bestellung einer juristischen Person zum Liquidator ist zulässig.".

[24] Die Entwurfsklausel wird am 12.1.1931 vom Reichswirtschaftsministerium, dem Preußischen Justizministerium, Bayern, Baden-Württemberg, Hamburg und Bremen initiiert, vgl. Protokoll über die Sitzung am 12.1.1931 in *Schubert/Hommelhoff*, Quellen zur Aktienrechtsreform der Weimarer Republik, S. 992; s. auch *Schubert*, ZRG GA 103 (1983) 140 (160).

[25] Vgl. die erläuternden Bemerkungen des Reichsjustizministeriums, abgedruckt in *Schubert/Hommelhoff*, Die Aktienrechtsreform am Ende der Weimarer Republik, S. 912.

worten gefunden. Die einzige substantielle rechtshistorische Deutung bleibt an dieser Stelle vage. Sie versteht § 61 II S. 2 AktG-E 1931 als Ausdruck der in Weimar geplanten, 1937 freilich nicht umgesetzten Machtbeschränkung des Vorstands zugunsten der Aktionäre. Die Klausel habe dazu gedient, „den persönlichen Bezug zwischen den einzelnen Organmitgliedern und der Gesellschaft zu erhöhen."[26] Aus den Materialen ergibt sich dies nicht ohne Weiteres. Der Weimarer Reformgesetzgeber selbst schweigt über seine Motive vollständig. Offen bleibt so, warum das Vorstandsamt dem Menschen vorbehalten war und bleiben sollte, weshalb man sich nun genötigt sah, das klarzustellen. Und offen bleibt auch, ob der nationalsozialistische Gesetzgeber sechs Jahre später nur Weimarer Vorarbeiten übernimmt oder an dieser Stelle eigene Ziele verfolgt.

Das mühsame Zurückschreiten des legislatorischen Pfads muss nach all dem ernüchtern. Der Pfad ist gesäumt von vielen Normen, aber wenigen Erklärungen. Der Gesetzgeber selbst gibt dem Rechtsanwender letztlich nur eines mit: Es entspreche dem ‚Wesen' des Vorstands, dass seine Mitglieder persönlich tätig werden können. Mit dem Verweis auf dieses ‚Wesen' ließe sich auch diese Untersuchung per Handstreich beenden. Schließlich setzt es persönliches, ergo *menschliches* Tätigwerden voraus. Ebenso zielsicher könnte es künftig indes zum umgekehrten Ergebnis führen. Wesensargumente sind bloße Scheinpositionen, „Kryptoargumente", die dahinterliegende kodieren.[27] Dem Unbefangenen geben sie wenig preis. Nur wer den Code kennt, weiß was gemeint ist.

Das sollte man nicht als Polemik missverstehen. Den Gesetzgeber trifft im Ausgangspunkt keine Rechtspflicht, ein Gesetz gehaltvoll oder überhaupt zu begründen.[28] Liefert er keine Begründung oder wie hier nur eine Chiffre mit, lässt das vor allem auf ein wenig kontroverses Gesetzgebungsverfahren schließen. Weil sie mehr verdunkeln als erhellen, lassen sich speziell Wesensargumente nur dort risikofrei einsetzen, wo eine Auffassung nicht bestritten wird. Eines können wir aus dem ‚Wesen' also ohne Weiteres ableiten: Gegenwind aus Praxis oder Wissenschaft fürchtet der Gesetzgeber zu keinem Zeitpunkt. Ihn selbst wird das kaum verwundern. In seinen Augen wird in keinem der vielen Gesetzgebungsverfahren neues Recht geschaffen, sondern stets geltendes positiviert. Schon § 75 I S. 3 AktG 1937 zielt nicht auf eine Veränderung. Er bewahrt den Status quo.

Freilich sind überpositive ‚Wesen' dem Befangenen nicht nur kryptisch, sondern grundverdächtig. Sie gelten zurecht als „rhetorische Tarnanzüge", mit denen sich „handfeste, außergesetzliche, ideologisch begründete Werturteile in die bestehende Rechtsordnung" einführen lassen.[29] Als § 75 I S. 3 AktG 1937 den

---

[26] So *Komp*, Die juristische Person als Geschäftsführungsorgan einer Kapitalgesellschaft, S. 74 ff., 80; wohl zustimmend *Wanka*, Juristische Personen und ihre Organe als Vorstand der Stiftung, S. 33 ff.

[27] Grundlegend *Scheuerle*, AcP 163 (1963) 429 (430, 440, 467).

[28] Eingehend *Waldhoff*, FS Isensee, S. 325 ff.: „Gesetzgeber schuldet nichts als das Gesetz"; sowie *Waldhoff*, Mysterium „Gesetzesmaterialien", S. 76 (78 f., 88 ff.).

[29] Treffend *Rüthers et al.*, Rechtstheorie, Rn. 561; ähnlich *Klug*, Essays in Honor of Kel-

Weg ins Gesetz findet, haben sie in Deutschland Hochkonjunktur. Dem „konkreten Ordnungsdenken“ des Nationalsozialismus dient die Begründungsfigur des ‚Wesens‘ als zuverlässiges Vehikel, um ideologische Wertungen in die deutsche Rechtsordnung zu transportieren.[30] Dabei ist die Frage, wer die Kapitalgesellschaft leiten darf, 1937 längst nicht nur eine rechtliche, sondern auch und vor allem eine ideologische. Der Gesetzgeber ist zu diesem Zeitpunkt bestrebt, das ‚Führerprinzip‘ zum aktienrechtlichen Leitbild zu erheben, für kurze Zeit gar drauf und dran, es in Gesetzestext zu gießen.[31] Denkbar also, dass auch unser Menschenvorbehalt Teil davon ist. Die Monografien, die ihn bislang in den Blick nahmen, schließen das jedenfalls nicht aus.[32] Trägt der Gesetzgeber unter dem Deckmantel des ‚Wesens‘ also Ideologisches in das Recht? Oder kopiert er an dieser Stelle nur den Weimarer Entwurf? Und wenn ja, weshalb?

IV. Fixpunkte: KGaA, InsO und SE-VO

Geht man den legislatorischen Spuren des Menschenvorbehalts nach, bleibt er ein Rätsel. Er ruht bis heute im „rechtsgeschichtlichen Halbdunkel“[33]. Er ist, so viel steht fest, obwohl positivrechtlich Teil eines immer noch jungen Phänomens, Ausdruck einer deutschen Rechtstradition,[34] die mit den technologischen Erfolgen der Gegenwart zum ersten Mal wirklich infrage zu stehen scheint.[35] Das erklärt die Arglosigkeit, mit der die Kommentarliteratur ihn heute verteidigt. Wichtigste Erkenntnis: Das war schon immer so. Und wirklich gestört hat sich daran nie jemand. Dabei ist die herausragende Bedeutung der historischen Weichenstellung unverkennbar. Als man 1965 das Aktiengesetz verabschiedet, verweist man nach 1937 zurück und wiederholt die dort formulierte Begründungsformel. Anschließend scheint der Pfad gewählt: Von jetzt an verliert der Gesetz-

---

sen, S. 153 (162): „gedankenlyrisches Analogon zum theologischen Offenbarungsbegriff“; sowie *Scheuerle*, AcP 163 (1963) 429 (431).

[30] Eingehend *Rüthers*, Die unbegrenzte Auslegung, S. 299 ff.; auch *J. Schröder*, Recht als Wissenschaft II, S. 44 ff.

[31] Vgl. hier nur *Schubert*, Protokolle des Aktienrechtsausschusses, S. 20 ff., 80 ff., 318 ff., 484 ff.; sowie *Klausing*, AktG mit Einführungsgesetz und „Amtlicher Begründung“, 1937, S. 41 ff.

[32] Zusammenhang andeutend *Brandes*, Juristische Personen als Geschäftsführer der Europäischen Privatgesellschaft, S. 16; offenlassend im Ergebnis *Komp*, Die juristische Person als Geschäftsführungsorgan einer Kapitalgesellschaft, S. 84 f.; ähnlich *Wanka*, Juristische Personen und ihre Organe als Vorstand der Stiftung, S. 34: „zumindest zweifelhaft“; nationalsozialistischen Hintergrund des AktG 1937 ignorierend *Wasmann*, Juristische Personen als gekorene Mitglieder von Körperschaftsorganen, S. 29 f.

[33] Treffend *Fleischer*, RIW 2004, 16 (17).

[34] So ausdrücklich BeckOGKAktG/*Fleischer* § 76 Rn. 134.

[35] *Brandes*, Juristische Personen als Geschäftsführer der Europäischen Privatgesellschaft, S. 16: „nie ernsthaft angezweifelt“; ähnlich *Wasmann*, Juristische Personen als gekorene Mitglieder von Körperschaftsorganen, S. 30.

geber selbst über den Vorbehalt kaum ein Wort. Wird doch einmal darüber gesprochen, dann aufgrund von – aus Sicht der deutschen Korporation – im weitesten Sinne externen Impulsen. Sie gaben der Rechtsprechung und der Wissenschaft die Gelegenheit, ihn auf ein dogmatisches Fundament zu stellen. Dreimal war das insgesamt der Fall:

1. Phänomen des Fremdorgans

Erstmals gerät § 76 III S. 1 AktG im vom Zusammenspiel kapital- und personengesellschaftsrechtlicher Elemente geprägten Recht der KGaA ins Blickfeld des Schrifttums. Hier entwirft der Gesetzgeber 1977 eine in seinen Augen ebenfalls klarstellende Klausel, die das Amt des persönlich haftenden Gesellschafters der natürlichen Person vorbehalten sollte. Offensichtlich geht es ihm darum, das Kind zu retten, das in der KG schon in den Brunnen gefallen war: „Eine ähnliche Entwicklung wie bei der GmbH & Co KG", fürchtet er, „könnte der Kommanditgesellschaft auf Aktien drohen wenn sich die Auffassung durchsetzen würde, daß auch bei ihr juristische Personen persönlich haftende Gesellschafter sein können."[36] In der Annahme, dies sei ein unwahrscheinliches Szenario, weil § 76 III S. 1 AktG schon über § 278 III AktG Anwendung finde, sieht er letztlich von der Regelung ab.[37]

Der Ausgang ist bekannt: Zwei Jahrzehnte später wird der II. Zivilsenat des BGH das Scheitern des Entwurfs als Auftrag begreifen, die Frage selbst und ganz unabhängig vom Gesetzgeberwillen zu entscheiden. Am Ende liegt auch das zweite Kind im Brunnen, die KGaA ereilt dasselbe Schicksal wie die KG: Ihre atypische Form wird zugelassen, zum rechtspraktischen Regelfall und schließlich auch vom Gesetz anerkannt (vgl. § 279 II AktG).[38] Der Senat betont dabei die privatautonome Gestaltungsfreiheit, die im Zweifel auch dem gesetzlichen Leitbild eines natürlichen Komplementärs vorgehe. Für unsere Zwecke wichtiger sind seine Einlassungen zu § 76 III S. 1 AktG: Er schneidet die Norm originär auf die AG zu. Sie enthalte „lediglich ein Auswahlkriterium für die Ausübung der Personalkompetenz des Aufsichtsrats der AG"[39]. Der Senat sucht damit Anschluss an *Priester*, der vorher im entscheidenden Streit im Schrifttum betont hatte, „Ratio legis" des § 76 III S. 1 AktG sei „die Überlegung, daß der Aufsichtsrat die Vorstandsmitglieder aufgrund ihrer Persönlichkeit ernennen soll." Weil der Aufsichtsrat der KGaA auf die Auswahl des Komplementärs demgegenüber keinen Einfluss nehmen könne und seine Überwachungsrechte zugleich einge-

---

[36] BT-Drucks. 8/1347, 59.

[37] Vgl. BT-Drucks. 8/1347, 59; sowie BT-Drucks. 8/3908, 79.

[38] Vgl. BGHZ 134, 392; für die kapitalmarktfähige KGaA war das zuvor nicht zwingend zu erwarten, vgl. *Priester*, ZHR 160 (1996) 250; *K. Schmidt*, ZHR 160 (1996) 265 jew. mwN.; sowie rückblickend zum Streit im Vorfeld *Ihrig/Schlitt*, Die GmbH & Co KGaA nach dem Beschluß BGHZ 134, 392, S. 33 (34 f.); heute ist die atypische KGaA in der Praxis der Regelfall, vgl. BeckOGKAktG/*Bachmann* § 278 Rn. 4, 42.

[39] BGHZ 134, 392 (394).

schränkt seien, scheide eine entsprechende Anwendung in der KGaA aus.[40] So verstanden nimmt das Gesetz dem Aufsichtsrat die Kompetenz, eine juristische Person zu bestellen, gerade mit dem Ziel, seine Personalkompetenz zu sichern.

Vor allem aber stellt der BGH heraus, dass es die Eigenart des Komplementärs als Selbstorgan ist, die der Anwendung des § 76 III S. 1 AktG in der KGaA im Weg steht. Denn:

„Anders als die AG hat die KGaA keinen vom Aufsichtsrat auf Zeit bestellten, in einem Dienstverhältnis zu der Gesellschaft stehenden Vorstand. Für den Komplementär der KGaA als geborenes, ohne zeitliche Begrenzung kraft Gesetzes zur Leitung der Gesellschaft berufenes Geschäftsführungs- und Vertretungsorgan gilt nach § 278 II AktG das Recht der KG"[41].

Die Selbstorganschaft schafft sich dadurch selbst ab: Sie dient sie dem Gericht als dogmatische Begründung für die Zulässigkeit der juristischen Organperson. Doch faktisch wird das Organmonopol des persönlich haftenden Gesellschafters in der atypischen KGaA durchbrochen. Rein tatsächlich führt nicht er die Geschäfte, sondern sein menschlicher Geschäftsführer. Und ganz gleich, welche Funktion man der obligatorischen Selbstorganschaft auch zuschreibt, ob Handlungsfähigkeit *ipso iure* oder persönliche Haftung als Ersatz für die fehlende Kapitalsicherung, sie läuft ins Leere, sobald eine juristische Person als Komplementär auftritt.[42] Verbleibt man etwa im Bild der Selbstorganschaft als Instrument, das den Komplementär wie einen Piloten zum Mitfliegen zwingt, um damit bei den Mitreisenden die Zuversicht einer gefahrlosen Reise hervorzurufen,[43] befindet sich der *tatsächliche* Pilot im Fall einer juristischen Organperson eben nicht mehr an Bord. Weniger bildhaft: Der tatsächlich handelnde Geschäftsführer befindet sich in keinem unmittelbaren Rechtsverhältnis mehr zur KGaA.[44]

---

[40] *Priester*, ZHR 160 (1996) 250 (255).

[41] BGHZ 134, 392 (393).

[42] Das sieht auch der BGH, der dem Einwand mit dem Verweis auf die GmbH & Co KG begegnet, vgl. BGHZ 134, 392 (397); auch Gegnern der atypischen KGaA ging es zuvor um die persönliche Haftung des Komplementärs, vgl. *K. Schmidt*, ZHR 160 (1996) 265 (278 ff.); zur Funktion der Selbstorganschaft *K. Schmidt*, Gesellschaftsrecht, § 14 II 2 (S. 409 ff.); sowie jüngst erneuernd *K. Schmidt*, ZHR 185 (2021) 16 (33); zu Umfang und materieller Legitimation der Selbstorganschaft statt vieler auch *Schürnbrand*, Organschaft im Recht der privaten Verbände, S. 242 ff., 247 ff.; *Jacoby*, Das private Amt, S. 179 ff. jew. mwN.; ihre Rechtfertigung mit dem Gesamthandprinzip (so einflussreich noch *Flume*, Die Personengesellschaft, § 14 VIII [S. 244 f.]) ist mit dem MoPeG obsolet geworden.

[43] So einflussreich *Wiedemann*, Gesellschaftsrecht II, § 4 II 2b (S. 334), der mit diesem Bild verdeutlicht, dass die zwingende Verbindung von Mitgliedschaft und Geschäftsführung „*idealiter* zur einsatzbereiten, aber verantwortungsvollen Geschäftsführung" führen und dadurch eine „anderweitige Überwachung durch Abberufung und Organhaftung überflüssig" machen solle.

[44] Es gehört zur Ironie der Selbstorganschaft, dass sie ihrer faktischen Abschaffung ihr rechtspraktisches Überleben verdankt, die Praxis nutzt die Personengesellschaft heute v.a. in Form der in der GmbH & Co., vgl. *Fleischer*, NZG 2020, 601 (610); sowie eingehend *Bergmann*, Fremdorganschaft, S. 261 ff.

So oder so wird der Menschenvorbehalt durch den Beschluss des BGH zu einer Regelungstechnik, die sich nur dort findet, wo Organmitglieder gekoren und nicht kraft Gesetzes „geboren" werden. Er wird zum *Phänomen des Fremdorgans*. Auch § 9 II GenG setzt sich damit nicht in Widerspruch. Die Mitglieder des Genossenschaftsvorstands müssen zwar Genossen sein, werden aber nicht kraft ihrer Verbandsmitgliedschaft geboren, sondern von der Mitgliederversammlung bestellt. Bei Lichte besehen, wird die Genossenschaft deshalb nicht vom Prinzip der Selbstorganschaft geprägt, sondern von einer besonders personalistischen Form der Fremdorganschaft.[45] Wie eng der Menschenvorbehalt dabei inzwischen offenbar mit dem Fremdorgan verknüpft ist, konnte man jüngst bei der Reform des Personengesellschaftsrechts beobachten. Die Abkehr von der obligatorischen Selbstorganschaft wurde dort eben nur unter der Bedingung eines Menschenvorbehalts in Betracht gezogen. Für den Fall, dass die Personengesellschaft einen Fremdgeschäftsführer bestelle, müsse dieser eine natürliche Person sein. Das entspreche dem „Wesen der Fremdorganschaft"[46].

Weshalb das deutsche Recht in dieser Frage zwischen Selbst- und Fremdorganen trennt, ist nicht ohne Weiteres ersichtlich. Das Schrifttum tut sich bis heute schwer, den Gegensatz zu erklären. Während der Menschenvorbehalt in der Körperschaft dem ‚Wesen' immanent sein soll, wahlweise dem des Vorstands, dem des Handlungsorgans oder dem der Fremdorganschaft als solcher, gilt die juristische Organperson in der Personengesellschaft als „schlicht[er] Ausfluss des das Recht der KG und KGaA prägenden Grundsatzes der Selbstorganschaft"[47].

---

[45] *Picker*, Genossenschaftsidee und Governance, S. 93, 99, 376 ff.; *Bergmann*, Fremdorganschaft, S. 70 f.; *Jacoby*, Das private Amt, S. 168; freilich wird auch die obligatorische Mitgliederselbstverwaltung im Genossenschaftsrecht traditionell als „Selbstorganschaft" bezeichnet, vgl. etwa *Beuthien*, GenG § 9 Rn. 4; sie ist rechtspolitisch höchstumstritten, der Gesetzgeber hat sich jüngst unmissverständlich zu ihr bekannt, vgl. BT-Drucks. 16/1025, 83: „strukturprägendes Element der Genossenschaft".

[46] Vgl. *P. Scholz*, NZG 2020, 1044 (1046 f., 1050); für die Überwindung der Selbstorganschaft aus rechtsordnungsübergreifender und rechtsökonomischer Perspektive jüngst *Behme*, Die Gesellschaft mit persönlicher Gesellschafterhaftung als Rechtsformtyp, S. 211 ff.; sowie zuvor statt vieler *Osterloh-Konrad*, ZGR 2019, 271 (298 ff.) mwN.; auch *Chr. Weber*, Privatautonomie und Außeneinfluß im Gesellschaftsrecht, S. 188 ff.; *Bergmann*, Fremdorganschaft, S. 485 ff.; für eine Verteidigung dagegen jüngst *K. Schmidt*, ZHR 185 (2021) 16 (32 f.); sowie zuvor etwa *Schürnbrand*, Organschaft im Recht der privaten Verbände, S. 251 ff. mwN.

[47] *Schürnbrand*, Organschaft im Recht der privaten Verbände, S. 235; ähnlich *Fleischer*, AcP 204 (2004) 502 (532); sowie *Brandes*, Juristische Personen als Geschäftsführer der Europäischen Privatgesellschaft, S. 68; im Nachgang von BGHZ 134, 392 ging es im Schrifttum nicht mehr darum den Unterschied zwischen Selbst- und Fremdorganen zu erklären, vgl. repräsentativ *Hommelhoff*, Die GmbH & Co KGaA nach dem Beschluß BGHZ 134, 392, S. 9 (9): „Roma locuta causa finita"; zur ganz ähnlichen, ebenfalls schwierig zu erklärenden Unterscheidung im US-amerikanischen Recht *Bainbridge/Henderson*, Outsourcing the Board, S. 149 f.: „curious".

2. *Verfassungsrechtliche Dimension*

Ein zweiter Diskursimpuls geht 1994 von § 56 I S. 1 InsO aus. Der Gesetzgeber schließt sich hier im Ergebnis der herrschenden Ansicht an und die juristische Person vom Amt des Insolvenzverwalters aus. Doch das Gesetzgebungsverfahren zuvor prägen Kontroversen, die man im Verbandsrecht vergebens sucht. Erst nach scharfer Kritik im Rechtsausschuss wird das Vorhaben verworfen, auch juristische Personen als Insolvenzverwalter zuzulassen.[48] Dabei hat man den Insolvenzverwalter offenkundig als Träger einer öffentlichen Vertrauensposition vor Augen, der persönliche Verantwortung tragen und dessen Handeln nicht vom Wechsel tatsächlich handelnder Personen geprägt werden soll, die ohne Mitwirkung der Gläubiger bzw. des Aufsicht führenden Gerichts bestimmt werden.[49] Auch wenn sich hier im Ausgangspunkt ebenfalls die Tatsache als Kernproblem erweist, dass die natürliche Person, die verwaltend tätig wird, nach der Bestellung einer Verwaltungsgesellschaft in keinem direkten Rechtsverhältnis mit der verwalteten Gesellschaft stünde, geben so letztlich Eigenarten des staatlichen Insolvenzverfahrens den Ausschlag.[50] Während der BGH im Fall des § 76 III S. 1 AktG Aktionärsinteressen in den Blick genommen hatte, stellt der Gesetzgeber im Fall des § 56 I InsO also die Interessen des Rechtsverkehrs ins Zentrum. Insolvenzrechtliche Eigenheiten zu betonen, liegt systematisch auch nahe, schließlich sind juristische Personen außerhalb des Insolvenzverfahrens berechtigt, andere juristische Personen abzuwickeln (vgl. § 265 II S. 3 AktG).[51]

Für das Verständnis von § 76 III S. 1 AktG erlangt § 56 I InsO so zunächst vor allem deshalb Bedeutung, weil der Blick ins Insolvenzrecht die *verfassungsrechtliche Dimension* unserer Frage offenlegt. Dass das Gesetz der juristischen Person an dieser Stelle Rechte verwehrt, die der natürlichen zustehen, ist als Eingriff in Art. 12 I GG und als Ungleichbehandlung nach Art. 3 I GG rechtfertigungsbedürftig. Aus diesem Grund beschäftigte § 56 I InsO in der jüngeren Vergangenheit zunächst den BGH und schließlich auch das BVerfG: Der BGH hält zunächst fest, dass der eindeutige Wortlaut und der ebenso deutliche Wille des Gesetzgebers einer erweiternden Auslegung des § 56 I S. 1 InsO im Weg stehen, auch juristische Personen als Insolvenzverwalter einzusetzen.[52] Anschließend rechtfer-

[48] Zum Gesetzgebungsverfahren eingehend *Hefner*, Juristische Personen als Insolvenzverwalter?, S. 75 ff.

[49] Vgl. BT-Drucks. 12/7302, 154, 161; der RegE sah noch die Zulassung juristischer Personen vor, vgl. BT-Drucks. 12/2443, 127.

[50] Vgl. BT-Drucks. 12/7302, 161.

[51] Die rechtspolitische Beurteilung des Unterschieds divergiert, s. *Schürnbrand*, Organschaft im Recht der privaten Verbände, S. 240: „durchaus plausibel"; ähnlich MüKoInsO/*Graeber* § 56 Rn. 15 f.; sowie *Komp*, Juristische Person als Geschäftsführungsorgan, S. 142 ff.; krit. dagegen etwa GroßKommAktG/*K. Schmidt* § 265 Rn. 17; sowie *Beuthien*, GenG § 9 Rn. 7: „nicht folgerichtig".

[52] BGHZ 198, 225 (226 f.): „Vor diesem Hintergrund verbietet sich eine erweiternde Auslegung des § 56 Abs. 1 Satz 1 InsO, auch juristische Personen als Insolvenzverwalter einzusetzen.".

tigt er die Norm anhand einer Reihe dogmatischer Einzelprobleme juristischen Organperson: Zunächst sei die Bestellung einer juristischen Person mit der höchstpersönlichen Rechtsnatur des Insolvenzverwalters nicht vereinbar. Gleichzeitig fehle es in diesem Fall an einem gegenüber den am Insolvenzverfahren Beteiligten und dem Aufsicht führenden Gericht persönlich Verantwortlichen. Auch die Kontinuität der Amtsausübung sei gefährdet, weil die verwaltende Gesellschaft ihre Organe abberufen und ihre Angestellten kündigen könne. Sodann seien im Rahmen der innergesellschaftlichen Abstimmungsprozesse der Verwaltergesellschaft Konflikte denkbar, die eine ordnungsgemäße Ausübung des Amtes verhindern könnten. Nur die Bestellung einer natürlichen Person sichere insoweit die uneingeschränkte Handlungsfähigkeit der verwalteten Gesellschaft. Ferner stünden womöglich unklare Verantwortlichkeiten innerhalb der verwaltenden Gesellschaft einer effektiven gerichtlichen Aufsicht nach § 58 InsO im Weg. Zugleich bereite die Prüfung der Unabhängigkeit der verwaltenden Gesellschaft (§ 56 I S. 1 InsO) Schwierigkeiten. Schließlich könne eine nur mit dem gesetzlichen Mindestkapital ausgestattete juristische Person nicht gemäß § 60 I S. 1 InsO für etwaige Schäden einstehen. All das rechtfertige in Summe die Beschränkung der Insolvenzverwaltung auf die natürliche Person.[53]

Vereinzelt hat man diese Erwägungen im Anschluss an den Beschluss unangepasst auf § 76 III S. 1 AktG und seine Pendants im Verbandsrecht übertragen.[54] Dabei scheint freilich selbst dann Vorsicht geboten, wenn man den Insolvenzverwalter als Verbandsorgan begreift.[55] Der Gesetzgeber argumentierte ausschließlich mit insolvenzrechtlichen Besonderheiten. Auch das BVerfG zog im Anschluss an den Beschluss des BGH in erster Linie die Eigenarten des staatlichen Insolvenzverfahrens als Teil des Zwangsvollstreckungsrechts und zentrales Element einer funktionierenden Rechtspflege und staatlich gewährleisteten Justizgewähr zur Rechtfertigung heran: § 56 I S. 1 InsO stelle insoweit in erster Linie die effektive Aufsicht durch das Insolvenzgericht sicher. Würde eine juristische Person als Verwalter bestellt, fehle es dem Gericht an einem dauerhaften Anknüpfungspunkt; die effektive Überwachung und eine vertrauensvolle Zusammenarbeit beider Institutionen sei in diesem Fall nicht gewährleistet. „Aus den Besonderheiten der intensiven insolvenzgerichtlichen Aufsicht über den Insolvenzverwalter“, schließt das Gericht, „konnte der Gesetzgeber deshalb in zulässiger Weise die Notwendigkeit ableiten, dass nur eine natürliche Person mit diesem Amt betraut werden soll.“[56]

---

[53] Vgl. BGHZ 198, 225.

[54] Insb. *Gehrlein*, NZG 2016, 566 (567 f.): „Erwägungen […] gelten in gleicher Weise für Geschäftsführungs- und Vertretungsorgane“.

[55] Die herrschende Meinung verwehrt ihm diesen Titel, vgl. RGZ 29, 29; BGHZ 88, 331 (334); 100, 346 (351); modifiziert *Jacoby*, Das private Amt, S. 298 ff.; mit beachtlichen Argumenten für die organschaftliche Deutung dagegen *K. Schmidt*, Gesellschaftsrecht, § 11 VI 4 b cc (S. 326 ff.); sowie dezidiert *Schürnbrand*, Organschaft im Recht der privaten Verbände, S. 202 ff.: „Organ im Dienste öffentlicher Zwecke“.

[56] BVerfGE 141, 121 Rn. 49; auch die Kommentarlit. rechtfertigt die Norm mit Eigenhei-

3. Effizienz der Organisationsverfassung

Ihren dritten und vorerst letzten Anstoß erhält die Diskussion über § 76 III S. 1 AktG 2004 durch Art. 47 I S. 1 SE-VO. Die hier vom europäischen Gesetzgeber formulierte Option, auch juristische Personen in das Leitungsorgan der SE zu bestellen, ist ein Zugeständnis an das französische Recht und deshalb nach französischem Vorbild an die Bedingung geknüpft, eine natürliche Person als ständigen Vertreter zu bestellen, der die organschaftlichen Befugnisse wahrnimmt (vgl. Art. 47 I S. 2 SE-VO). Ernsthaft unter Druck gerät § 76 III S. 1 AktG dadurch nicht. Der Gesetzgeber selbst stellt die Norm gar nicht erst auf den Prüfstand. Doch in der Literatur hebt der mit der europäischen Öffnungsklausel verbundene Blick in Nachbarrechtsordnungen die Tatsache ins Bewusstsein, dass sich die Norm nicht von selbst versteht.[57] Das Schrifttum hat deshalb keinesfalls geschlossen beim ‚Wesen' Halt gemacht, sondern § 76 III S. 1 AktG im Anschluss an die SE-VO auf ein breiteres Fundament gestellt.

Ins Zentrum rückten dabei auch hier rechtstechnische Details der juristischen Organperson: Das Gesetz gehe in § 76 III S. 1 AktG zunächst dem von der GmbH & Co KG bekannten Problem aus dem Weg, dass der „mittelbare Geschäftsleiter"[58] nicht von der Pflichtenbindung gegenüber dem Verband erfasst wird, den er tatsächlich führt.[59] Führt statt einer natürlichen, eine juristische Person die Geschäfte, griffen deshalb die Steuerungswirkungen haftungsbewehrter Pflichten nicht ohne Weiteres.[60] Nach allgemeiner Lesart wäre dem dadurch zu beklagenden Steuerungsverlust in Korporationen allein durch die Übernahme der zur GmbH & Co entwickelten Grundsätze nicht beizukommen. Dadurch würde zwar die Erfüllung gesellschaftsinterner Pflichten sichergestellt, aber nicht die Erfüllung der öffentlich-rechtlichen Pflichten, die die Körperschaft selbst treffen.[61] Schließlich drohten mit der Bestellung einer juristischen Organperson in-

---

ten des Insolvenzverfahrens, vgl. MüKoInsO/*Graeber* § 56 Rn. 15; noch immer offen und hochumstritten ist die Europarechtskonformität des § 56 I InsO, dagegen jüngst *Hefner*, Juristische Personen als Insolvenzverwalter?, S. 269 ff. mwN., die jur. Personen deshalb für taugliche Insolvenzverwalter hält.

[57] Treffend *Fleischer*, AcP 204 (2004) 502 (531): „Gegengift gegen blinde Dogmengläubigkeit"; rechtspol. Diskussion insb. angeregt durch *Hommelhoff*, AG 2001, 279 (283); *Teichmann*, ZGR 2002, 383 (455).

[58] *Brandes*, Juristische Personen als Geschäftsführer, S. 69; Begriff zuvor etwa auch bei *Wiedemann*, Gesellschaftsrecht II, § 9 IV 3b (S. 848); zum Phänomen der „mittelbaren Organschaft" allgemein *Schürnbrand*, Organschaft im Recht der privaten Verbände, S. 189 ff.

[59] *Schürnbrand*, Organschaft im Recht der privaten Verbände, S. 238; *Fleischer*, AcP 204 (2004) 502 (532 f.).

[60] Umfassend *Brandes*, Juristische Personen als Geschäftsführer der Europäischen Privatgesellschaft, S. 44 ff., 69 ff.; *Komp*, Juristische Person als Geschäftsführungsorgan, S. 201 ff.; MüKoAktG/*Spindler* § 76 Rn. 124; der kompensatorische Zweck der Haftung tritt dagegen regelmäßig in den Hintergrund, vgl. *Brandes*, Juristische Personen als Geschäftsführer der Europäischen Privatgesellschaft, S. 48 ff.; auch auf Kompensation abstellend *Komp*, Juristische Person als Geschäftsführungsorgan, S. 202 ff.; *Gehrlein*, NZG 2016, 566 (567).

[61] *Fleischer*, RIW 2004, 16 (20); ähnlich *Schürnbrand*, Organschaft im Recht der privaten

konsistente unternehmerische Entscheidungen wechselnder natürlicher Personen, weil keine Einzelperson die Unternehmensleitung persönlich verantwortet, sondern viele verschiedene natürliche Personen unternehmerisch tätig würden.[62] Sodann machen Kommentatoren auf mögliche Transparenzverluste aufmerksam, sollten juristische Organpersonen ihrerseits juristische Personen in ihr Leitungsorgan bestellen. Möglich seien regelrechte „Organketten", die verschleierten, wer tatsächlich für die geführte Gesellschaft tätig wird. Die effektive Aufsicht und Kontrolle der Leitung werde dadurch erheblich gefährdet.[63]

Vor allem aber betont das Schrifttum, wie zuvor der BGH als er die atypische KGaA billigte, die Personalverantwortung des Aufsichtsrats: Wer eine juristische Organperson bestelle, wähle die unternehmerisch handelnden Akteure nicht länger selbst aus. Diese würden nun nicht vom Aufsichtsrat der geführten Gesellschaft, sondern von der juristischen Organperson selbst ernannt und abberufen. Insoweit schwinde „der Einfluß von Gesellschaftern und Kontrollorganen auf die Auswahl der *tatsächlichen* Unternehmenslenker, weil die juristische Person ihre Geschäftsleiter selbst [ernenne] und [abberufe] und damit über eine Art Entsenderecht [verfüge]."[64] Dadurch entfalle nicht nur die eigene Eignungsprüfung, sondern auch die unmittelbare Rückkopplung des tatsächlich unternehmerisch tätigen Menschen gegenüber dem Aufsichtsrat der geführten Gesellschaft.[65]

Nach der SE-VO war man sich einig, dass das Gesetz diesen und weiteren Problemen in § 76 III S. 1 AktG aus dem Weg geht. Der Zuschnitt der Norm auf die dogmatischen Probleme der juristischen Organperson brach sich dabei auch deshalb Bahn, weil das Unionsrecht selbst diese Probleme mit verschiedenen Instrumenten adressiert. Es begegnet der Gefahrenlage, dass es aufgrund vieler handelnder Personen zu inkonsistenten unternehmerischen Entscheidungen kommen könnte, mit der Figur des ständigen Vertreters (vgl. Art. 47 I S. 2 SE-VO). Um einen haftungsrechtlichen Steuerungsverlust zu vermeiden, unterwirft es etwa den Geschäftsleiter der Geschäftsführungsgesellschaft einer EWIV dem Haftungsmodell des Art. 19 II S. 2 EWIV-VO: Dieser haftet schlicht so, als *wäre* er selbst Geschäftsleiter der geführten Vereinigung. Wenn § 76 III S. 1 AktG

Verbände, S. 238; zur Pflichtenbindung und Haftung „mittelbarer Organe" und verschiedenen Lösungsmöglichkeiten umfassend *Brandes*, Juristische Personen als Geschäftsführer der Europäischen Privatgesellschaft, S. 69 ff.; sowie zuvor *Komp*, Juristische Person als Geschäftsführungsorgan, S. 201 ff.

[62] *Schürnbrand*, Organschaft im Recht der privaten Verbände, S. 239; *Fleischer*, RIW 2004, 16 (21); *Fleischer*, AcP 204 (2004) 502 (532).

[63] *Fleischer*, AcP 204 (2004) 502 (532 f.); *Schürnbrand*, Organschaft im Recht der privaten Verbände, S. 239; *Brandes*, Juristische Personen als Geschäftsführer der Europäischen Privatgesellschaft, S. 62; naheliegender Lösungsvorschlag *de lege ferenda* ist ein Verbot solcher „Organketten" nach französischem Vorbild, so etwa *Komp*, Juristische Person als Geschäftsführungsorgan, S. 124.

[64] *Fleischer*, AcP 204 (2004) 502 (532); ähnlich bereits *Fleischer*, RIW 2004, 16 (21).

[65] *Schürnbrand*, Organschaft im Recht der privaten Verbände, S. 239; *Brandes*, Juristische Personen als Geschäftsführer der Europäischen Privatgesellschaft, S. 61.

das Vorstandsamt der natürlichen Person vorbehält, trifft er damit nach üblicher Lesart die Entscheidung, dass diese Probleme erst gar nicht aufgeworfen werden sollten: Weil die Mitglieder des Organs natürliche Personen sein müssen, bleibe die tatsächlich handelnde Person der verhaltenssteuernden Pflichtenbindung unterworfen und zugleich unmittelbar ansprechbar für andere Steuerungsmechanismen wie Vergütung, Stolz oder Reputation. Die unternehmerische Rückkopplung werde dadurch verstärkt, dass die Gesellschaft ihre Personalkompetenz unmittelbar ausübe. Weil die tatsächlich handelnde Person stets dieselbe bleibt, seien die unternehmerischen Entscheidungen konsistent. Schließlich werde vermieden, dass die Intransparenz möglicher „Organketten" eine effektive Überwachung der tatsächlich handelnden Person verhindert.

Auf einen ökonomischen Nenner gebracht, wohnt all diesen Problemen die Erwartung inne, dass sich der innergesellschaftliche Agenturkonflikt verschärft, sobald sich der für die juristische Organperson tätige Mensch gegenüber der mittelbar geführten Aktiengesellschaft nicht länger unmittelbar verantworten muss.[66] Wenn das Gesetz den Vorstand in § 76 III S. 1 AktG der natürlichen Person vorbehält, dann nach allem, was man weiß, um die Aktionäre vor dieser Verschärfung zu bewahren. Die persönliche Verantwortung des Geschäftsleiters ist danach Mittel zum ökonomischen Zweck: Die Norm gehe insoweit davon aus, bringt *Schürnbrand* die nach der SE-VO vorherrschende Lesart auf den Punkt, dass „nur durch die Zuordnung persönlicher Verantwortlichkeit den Bedürfnissen nach einer effizienten und transparenten Organisationsverfassung Rechnung getragen werden [könne]".[67]

V. Zwischenergebnis: Menschenvorbehalt?

1. Bestandsaufnahme

Ohne äußere Orientierungshilfen läuft der Mensch schon nach kurzer Zeit im Kreis. Das gilt auch auf der Suche nach dem berühmten Gesetzgeberwillen. Wer den Spuren des Menschenvorbehalts ohne externe Fixpunkte folgt, bleibt orientierungslos zurück. Die Suche beginnt beim ‚Wesen' des Vorstandsamts und endet dort. Erst Impulse von außen geben Halt: Der Blick auf die KGaA zeigt, dass das Institut gegen den Willen des Gesetzgebers zum Phänomen des Fremdorgans wurde, aber nicht, warum. Er legt zugleich die dogmatischen Herausforderungen der juristischen Organperson offen, die letztlich alle in ein und demselben Problem wurzeln: Führt statt einer natürlichen, eine juristische Person die Geschäfte, steht der tatsächlich unternehmerisch tätige Mensch in keinem unmittelbaren Rechtsverhältnis zum geführten Verband.[68] Eben diese Problem-

[66] Eingehend *Brandes*, Juristische Personen als Geschäftsführer der Europäischen Privatgesellschaft, S. 141 ff.

[67] *Schürnbrand*, Organschaft im Recht der privaten Verbände, S. 241.

[68] Wie sich die Haftung des „mittelbaren Geschäftsführers" gegenüber der KGaA be-

lage veranlasste den Gesetzgeber dann auch dazu, die Insolvenzverwaltung der natürlichen Person vorzubehalten. Wenngleich hier im Kern Eigenarten des staatlichen Insolvenzverfahrens den Ausschlag gaben. Und eben diese Problemlage wurde im Anschluss an die salomonische Öffnungsklausel der SE-VO als Kernargument dafür herausgearbeitet, den Gegenbeispielen europäischer Nachbarrechtsordnungen zum Trotz, an § 76 III S. 1 AktG festzuhalten.

Während die Regelungen rechtshistorisch noch immer im ‚Halbdunkel' liegen, hat man sie im Anschluss objektiv also stärker ausgeleuchtet. Zwei Dinge fallen auf: Der Zuschnitt auf die juristische Organperson und die Effizienz der Korporation als Regelungszweck. Einerseits werden die Regelungen von der juristischen Person aus gedacht: Sie haben sich ganz und gar der Abwehr der juristischen Organperson verschrieben. Sie gelten üblicherweise als Ausweis dafür, dass die Rechtsfähigkeit der Körperschaft jener des Individuums zwar umfassend, aber eben nicht vollumfänglich gleichgestellt ist.[69] Rechtstechnisch scheinen sie wie Bestellungsverbote zu wirken.[70] Sie verhindern, dass eine juristische Person in das Leitungsorgan bestellt wird und tragen damit den dogmatischen Detailproblemen der mittelbaren Organschaft Rechnung. Andererseits soll es speziell § 76 III S. 1 AktG, der historisch zentralen Norm, in erster Linie um die Optimierung der Geschäftsleitung gehen. Das Gesetz drängt der Aktiengesellschaft nach dieser Lesart ein vermeintlich effizientes Organisationsmodell auf. Fügt man das zusammen, geht das Gesetz, wenn es die Leitung der Korporation dem Menschen vorbehält, dem Effizienzverlust aus dem Weg, der droht, wenn statt einer natürlichen Person eine juristische die Geschäfte führt.

Dass dabei noch immer viele Fragen offenblieben, tritt heute vor allem im systematischen Vergleich zutage: Weshalb die juristische Person in der atypischen KGaA zur Geschäftsführung verpflichtet ist, in der werbenden GmbH aber nicht einmal dazu berechtigt werden kann, lässt uns bis heute ratlos zurück. Hier gilt die juristische Organperson als bloßer Reflex der Selbstorganschaft. Dort scheinen, den Auslegungsbemühungen zum Trotz, noch immer überpositive ‚Wesen' nötig, um sie abzuwehren. Man ahnt: Eine friktionslose Dogmatik der juristischen Organperson wird daraus nicht mehr. Auch diese Arbeit schickt sich nicht an, sie zu liefern. Ebenso wenig springt sie der offenkundig schlecht beleumundeten Gestaltungsoption rechtspolitisch zur Seite. Ihr geht es um die Frage, was bislang als Verbote der juristischen Person gelesene Normen gegenüber Maschinen leisten können. Wer das beantworten will, muss auch das gesetzgeberische Anliegen entschlüsseln. Das Schrifttum hat im Nachgang der SE-VO ge-

---

gründen lässt und auf welche Weise die Gesellschafter der KGaA Einfluss auf seine Bestellung oder Abberufung nehmen können, ist bis heute str., vgl. dazu BeckOGKAktG/*Bachmann* § 278 Rn. 84, § 283 Rn. 13 f. mwN.; sowie eingehend für die GmbH & Co. KG *Schürnbrand*, Organschaft im Recht der privaten Verbände, S. 189 ff.

[69] Repräsentativ *Wiedemann*, Gesellschaftsrecht I, § 4 II 2 (S. 208 f.).

[70] Besonders deutlich GroßKommGmbHG/*Paefgen* § 6 Rn. 16: „Bestellungsverbot"; ähnlich etwa *Altmeppen*, GmbHG § 6 Rn. 6.

klärt, ob Anlass besteht, vom eingeschlagenen Weg abzurücken. Weshalb der Gesetzgeber ihn einst einschlug, blieb offen. Fest steht jedenfalls: Maschinen hatte er ursprünglich nicht im Blick. Aus § 75 I S. 3 AktG 1937 selbst ging das gar ausdrücklich hervor. Die Regelung schloss die juristische Person noch negativ aus. Erst mit dem Aktiengesetz 1965 kommt die Wendung ins Positive, die sich heute, je nach Perspektive, als glückliche oder unglückliche Fügung erweist, begrenzt sie doch die Beurteilung der Rechtslage scheinbar auf die Wiedergabe des Gesetzeswortlauts. Selbst einer ‚elektronischen Person' schiene der Zugang zum Vorstandsamt so fest verschlossen. Was den Gesetzgeber zu dieser Umpolung bewegt, lässt sich bislang nur erahnen. Möglicherweise will er auch andere rechtsfähige Verbände schon begrifflich ausschließen. Wahrscheinlicher noch, ist der Eingriff schlicht dem Umstand geschuldet, dass 1965 auch die unbeschränkte Geschäftsfähigkeit explizit zur Eignungsvoraussetzung erhoben wird und sich beide Voraussetzungen, positiv formuliert, besser in den Gesetzestext einfügen. Womöglich schlägt man zwei Fliegen mit einer Klappe. Sicher ist: Der Eingriff ist rein redaktionell; § 76 III S. 1 AktG in den Augen seiner Verfasser mit seinem Vorgänger vollständig kongruent. Dass Wissenschaftler auf der anderen Seite des Atlantiks inzwischen leise, aber ganz ernsthaft überlegen, ob künftig auch Maschinen die Geschäfte der Korporation leiten würden, bleibt hierzulande verborgen. Das nährt die Zweifel am Regelungsgehalt: Können wir die Norm überhaupt als *positive* Eignungsvoraussetzung deuten? Oder schließt sie doch nur die juristische Person *negativ* aus? Hat sich das Recht an dieser Stelle *für* den Menschen oder nur *gegen* die Korporation entschieden? Anders gefragt: Haben wir es tatsächlich mit einem *Menschenvorbehalt* zu tun?

Die Frage, welcher Regelungstechnik sich das Gesetz an dieser Stelle bedient, wird dabei nicht lange eine rechtstheoretische bleiben. Schon jetzt sind die § 76 III S. 1 AktG, § 6 II S. 1 GmbHG erheblich unter Druck geraten. Und just der Zuschnitt auf die juristische Organperson und das Effizienzanliegen scheinen ihnen dabei zum Verhängnis zu werden. Einwände, die an der Bestellung und Abberufung der tatsächlich handelnden Unternehmenslenker anknüpfen, verfangen gegenüber Maschinen nicht. Für sie muss rein tatsächlich keine natürliche Person mehr tätig werden. Führen sie die Geschäfte, entledigt sich die Gesellschaft nicht ihrer faktischen Personalkompetenz. Sollte es § 76 III S. 1 AktG tatsächlich darum gehen, dass der Aufsichtsrat die Mitglieder des Vorstands anhand ihrer Persönlichkeit auswählt, kann sie gegenüber Maschinen schon im Ausgangspunkt nicht greifen. Denn die können zwar nicht aufgrund ihrer Persönlichkeit, so doch anhand ihrer technischen Eigenschaften unmittelbar ausgewählt werden. Mehr noch: Sie lassen sich technisch nach Belieben gestalten. Auch mit wechselnden Leitungspersonen und deshalb inkonsistenten Entscheidungen sähe sich die Gesellschaft schon im Ansatz nicht konfrontiert. Maschinen treten im Gegenteil mit dem Versprechen an, konsistentere und reproduzierbarere Entscheidungen zu treffen als der Mensch. Das Problem Matrjoschkas ähnelnder „Organketten" wäre keines. Und, wichtiger noch, selbst auf das haftungsrechtliche Steuerungspotenzial, das der Vorbehalt in den Blick nehmen soll, scheinen wir verzichten zu können, sollte „ein Algorithmus keine vom Unternehmensinteresse losgelösten Interessen verfolgen und kraft seiner Programmierung nur mit maximalen Pflichtbewusstsein agieren [können]".[71] Kurzum: Eine auf die Details der juristischen Organperson ausgerichtete Lesart läuft gegenüber Maschinen ins Leere.

Dass die Regelungen dabei auch und vor allem die Effizienz der Organisation im Blick haben sollen, wiegt noch ungleich schwerer. Beobachter versprechen sich von Maschinen die gleichsam objektive Unternehmensleitung auf einer größeren Informationsgrundlage und ohne störende Eigeninteressen.[72] Wenn die Normen tatsächlich nur die Unternehmensleitung optimieren, indem sie die „Sensibilität des Organmitglieds für Vergütungsanreize sowie Haftungs- und Sanktionsandrohungen [sichern]",[73] bedarf es ihrer nicht länger, wenn Maschinen willfährig und rigide das ausführen, was die Gesellschafter in ihrem Code festsetzen. Sollte es ihnen nur darum gehen, dass Verhaltensanreize ihre Wirkung nicht verfehlen, scheint die Verheißung einer nicht von Emotionen oder Eigeninteressen, sondern Code und Daten getriebenen Maschine, die niemals ruht, nicht in kognitiven Verzerrungen verhaftet, weder Tagesform noch Tageszeiten kennt, allzu verlockend. Wer braucht ein wirksames Vergütungssystem, wenn es Maschinen gibt?

Mancher rückt den Menschenvorbehalt vor diesem Hintergrund schon in die Nähe der Verfassungswidrigkeit. Geltend gemacht wird, dass sich Probleme der internen Willensbildung der juristischen Organperson, die auch die Handlungsfähigkeit der geführten Rechtsperson beeinträchtigen könnten, bei Maschinen erübrigten. Die Gründe mit denen man § 56 I InsO verfassungsrechtlich rechtfertigte, würden so in einem anderen Licht erscheinen. Es sei deshalb schon heute „nicht völlig ausgeschlossen, aber umgekehrt" – man ist geneigt, gedanklich ein *immerhin* hinzuzufügen – „auch keineswegs gesichert, dass autonome Systeme [...] die Geschäftsleitung einer GmbH übernehmen [könnten]"[74]. Andere geben sich

[71] So *Zetzsche*, AG 2019, 1 (10); ähnlich etwa *Becker/Pordzik*, ZfPW 2020, 334 (354); differenzierend jetzt *Calabro*, Künstliche Intelligenz und Corporate Governance, S. 55: „gelten für KI-Vorstände nur teilweise fort", da sich technikspezifische Ausschlussgründe wie „technische Ausfälle" ergäben.

[72] Stellvertretend *Hamdani et al.*, J. Br. Acad. 6 (2018) 215 (229): „AI algorithms may become better on average at making governance decisions than individuals due to their superior ability to process information, freedom from biases, and lack of side interests"; sowie *Petrin*, Colum. Bus. L. Rev. (2019) 965 (1004 f.): „AI software could work around the clock, efficiently process information made available to it, recall and utilize this information almost instantly, and exercise its functions without asking to be personally compensated (although its services would not be free). Further, presuming that AI will operate without self-interest, there is also no need to have multiple directors monitor each other in order to mitigate the effects of conflicted human behavior".

[73] *Zetzsche*, AG 2019, 1 (11).

[74] *Bayern et al.*, AJP/PJA 2017, 192 (198); sowie *Bayern et al.*, Hastings Sci. & Tech. L. J. 9 (2017) 133 (143); ähnliche, wenngleich als rechtspolitisches Argument bei *Becker/Pordzik*, ZfPW 2020, 334 (353 f.): § 76 III S. 1 AktG stelle „Handlungsfähigkeit des Organs" sicher, was sich der „Etablierung autonomer Softwarevorstände nicht entgegenhalten" lasse; ähnlich

jedenfalls für die Zukunft illusionslos: „Langfristig", prognostizieren John Armour und Horst Eidenmüller, würden uns Maschinen „in der Unternehmensleitung substituieren: Wenn und soweit Algorithmen bessere Ergebnisse erzielen als Menschen, wäre es ineffizient, letztere überhaupt noch einzusetzen."[75] Längst ist aus dem „Ob" also ein „Wann" geworden. Oder vielmehr: Wieder einmal. Unter den Eindrücken von Dartmouth, wo er 1956 gemeinsam mit neun Kollegen den Grundstein der Künstlichen Intelligenz gelegt hatte, kommt Herbert Simon schon 1960 am Carnegie Institute of Technology zum Schluss, dass die Korporation 25 Jahre später von Maschinen geleitet werden könnte.[76] Später zeichnet etwa Meir Dan-Cohen im KI-Sommer der 80er Jahre das Bild einer „fully-automated corporation"[77], die uns heute angesichts der jüngsten technologischen Erfolge als „self-driving corporation" wieder am ‚Horizont' erkennbar scheint.[78] Die Idee einer von Maschinen verwalteten Korporation hat Kontinuität. Mit dem Unterschied freilich, dass sich die Frage heute zum ersten Mal ganz ernsthaft als *Rechtsfrage* stellt.[79]

Und, so viel lässt sich festhalten, bislang hat das Recht das Spiel noch nicht verdorben. Genuin rechtliche Wertungen, die der Idee nachhaltig im Weg stünden, wurden bislang nicht vorgetragen. Das Schrifttum hält ihr bisher nur das empirische Argument entgegen, dass Maschinen den Menschen bei der Lösung

---

insoweit *Telle*, Einsatz Künstlicher Intelligenz zur vorbereitenden Unterstützung von Leitungsentscheidungen des Vorstands einer AG, S. 47.

[75] *Armour/Eidenmüller*, ZHR 183 (2019) 169 (183); ähnlich etwa *Petrin*, Colum. Bus. L. Rev. (2019) 965 (1003 ff.); sowie zuvor *Möslein*, Research Handbook on the Law of Artificial Intelligence, S. 649 (663 ff.): „robots in the boardroom".

[76] Vgl. *H. A. Simon*, Management and corporations 1985: a symposium held on the occasion of the 10. anniversary of the Graduate School of Industrial Administration, Carnegie Inst. of Technology, 1960, S. 17 (39 ff.).

[77] *Dan-Cohen*, Rights, Persons, and Organizations, 1986, S. 51 f.

[78] *Armour/Eidenmüller*, Harv. Bus. L. Rev. 10 (2020) 87.

[79] Aus der inzwischen breiten Diskussion im Schrifttum *Möslein*, ZIP 2018, 204 (207); *Strohn*, ZHR 182 (2018) 371 (371); *Weber et al.*, NZG 2018, 1131 (1136); *Zetzsche*, AG 2019, 1 (10); *Armour/Eidenmüller*, ZHR 183 (2019) 169; *Enriques/Zetzsche*, ECGI Working Paper 457/2019, S. 23 ff.; *Teichmann*, ZfPW 2019, 247 (264 f.); *Paal*, ZGR 2017, 590 (614 ff.); *Becker/Pordzik*, ZfPW 2020, 334 (353 ff.); *Möslein*, Research Handbook on the Law of Artificial Intelligence, S. 649 (663 ff.); *Linardatos*, Autonome und vernetzte Aktanten, S. 512 ff.; *Calabro*, Künstliche Intelligenz und Corporate Governance, S. 42 ff.; *Telle*, Einsatz Künstlicher Intelligenz zur vorbereitenden Unterstützung von Leitungsentscheidungen des Vorstands einer AG, S. 46 ff.; *Petrin*, Colum. Bus. L. Rev. (2019) 965; für einen Überblick über die internationale Debatte *Reyes*, Nev. L.J. 21 (2021) 437 (451 ff.); inzwischen nehmen auch erste Kommentare zur Frage Stellung, s. BeckOGKAktG/*Fleischer* § 76 Rn. 134: „erst Recht nicht Algorithmen"; *Koch*, AktG, § 76 Rn. 141: „Zukunftsszenario"; auch *Grigoleit*, AktG, § 76 Rn. 110 (Fn. 309); politisch gipfelte die Entwicklung in einer Studie der Europäischen Kommission, die untersuchte, ob auch Maschinen in die Unternehmensleitung europäischer Unternehmen bestellt werden können, vgl. European Commission, Study on the relevance and impact of artificial intelligence for company law and corporate governance: final report, S. 17, 28 f.: „AI agents as ‚board members'".

unternehmerischer Probleme noch nicht überflügeln und dies auf absehbare Zeit auch nicht tun werden. Handfeste rechtsdogmatische Gegenargumente finden sich bislang nicht: Der Gesetzgeber selbst verbarg seine Beweggründe an dieser Stelle hinter dem ‚Wesen'. Die rechtshistorische Forschung hat bis heute keine Antwort auf die Frage gefunden, welches Anliegen er damit kodierte. Das, was sie anschließend als Zweck und Gehalt des § 76 III S. 1 AktG herausarbeitete, scheint die Substitution des Menschen gar zu befeuern. Und selbst Kommentatoren, die den Normzweck in Anknüpfung an die Lesart des § 56 I InsO nicht im Schutz von Gesellschafterinteressen, sondern im Schutz des Rechtsverkehrs suchen, finden im Gesellschaftsrecht bislang „keine Argumente gegen ein Rechtssubjekt ohne personelle Leitung": Einer von Maschinen verwalteten Korporation steht dann „nichts entgegen".[80] Bleibt es dabei, scheint der menschliche Geschäftsleiter eher früh als spät Geschichte.

2. (In-)Fragestellung

Im April 1960, als Herbert Simon am Carnegie Institute of Technology erstmals eine Prognose wagte, wann es so weit sein würde, muss Adolf Berle neben ihm auf dem Podium bewusst gewesen sein, dass sich mit der Frage für das Gesellschaftsrecht Fundamentales verknüpft. Dass, wenn man ihr hier ganz ernsthaft nachgeht, schnell weit mehr infrage steht. Berle, der sich im Anschluss an Simons Vortrag mit Friedrich Hayek über die korporative Zielkonzeption streiten wird,[81] hatte zwei Jahrzehnte zuvor gemeinsam mit Gardiner Means die Trennung von Eigentum und Kontrolle als Kernproblem der modernen Korporation herausgearbeitet.[82] Beide erkannten, dass sich in einer Kapitalgesellschaft die Verfügungsmacht vom wirtschaftlichen Eigentum löst: Wir finden auf der einen Seite „Eigentümer ohne wirkliche Kontrolle", auf der anderen „Kontrolle ohne wirkliches Eigentum".[83] Aus diesem Grund müssen Vorkehrungen dafür getroffen werden, dass die Geschäftsleiter ihre Verfügungsmacht nicht zum eigenen Vorteil ausnutzen, sondern im Interesse der Gesellschaft und ihrer Gesellschafter agieren. Damit war zum ersten Mal ganz deutlich das klassische Agenturproblem benannt.[84] Heute wissen wir: Vor allem weil es Agenturprobleme gibt, gibt es das

---

[80] *Linardatos*, Autonome und vernetzte Aktanten, S. 515, 518.

[81] Heute lesenswerter denn je sind die im Anschluss an die Tagung jeweils unter dem Titel „The Corporation in a Democratic Society" erschienenen Beiträge der beiden, vgl. *Berle*, Management and corporations 1985: a symposium held on the occasion of the 10. anniversary of the Graduate School of Industrial Administration, Carnegie Inst. of Technology, 1960, S. 63 ff.; sowie *Hayek*, ebd., S. 99 ff.

[82] *Berle/Means*, The Modern Corporation and Private Property, 1932.

[83] *Berle/Means*, The Modern Corporation and Private Property, 1932, S. 113.

[84] Zur Dominanz der These von *Berle* und *Means* im Gesellschaftsrecht nur *Bratton*, J. Corp. L. 26 (2001) 737; beide wurden dabei maßgeblich von *Rathenau*, Von kommenden Dingen, 1917, S. 141 ff. beeinflusst, der jedenfalls das von ihnen ausgemachte Kernproblem bereits erkannte, vgl. *Nörr*, ZHR 172 (2008) 133 (141); zur Trennung von Leitung und In-

Gesellschaftsrecht. Es hält Strategien bereit, die die gegenläufigen Interessen der korporativen Bezugsgruppen aufeinander ausrichten.[85] Wobei es konkret regelmäßig um Vorkehrungen dafür geht, dass der opportunistische Geschäftsleiter den ihm eröffneten Handlungsspielraum nicht zu Lasten der Gesellschaft ausnutzt. Dem Problem liegt dabei die inzwischen meist unausgesprochene Einsicht zugrunde, dass der Mensch *eigene* Interessen verfolgt, die sich von den Interessen anderer unterscheiden. Weil dem so ist, besteht die Gefahr, dass ein menschlicher Geschäftsleiter die ihm übertragene Macht zu seinen Gunsten missbraucht. Obliegt die Geschäftsleitung stattdessen einer Maschine, entsteht diese Gemengelage schon im Ansatz nicht. Maschinen sind Sklaven ihres Codes. Sie verfolgen keine Eigeninteressen, sondern ein ihnen von uns implementiertes Ziel. Anders als bei der Delegation an einen Menschen sieht sich die Gesellschaft beim Einsatz einer Maschine also nicht der Gefahr ausgesetzt, dass ein Handlungsspielraum zu ihrem Nachteil ausgenutzt wird. Die zentrale These von Berle und Means, die Trennung von Eigentum und Kontrolle, scheint damit obsolet. Manchen hat das zum „Ende der Korporation" geführt.[86] Andere jedenfalls zum Ende der Korporation, wie wir sie kennen: In der „selbstfahrenden Kapitalgesellschaft" löse die Technik das Recht am korporativen Steuerrad ab. Während das Recht nur mehr die Zieldestination formuliere, würden die Rechenprozesse der Maschine dafür sorgen, dass diese erreicht wird.[87] Allgemeiner formuliert, verliert das Gesellschaftsrecht in einer von Maschinen verwalteten Korporation mit der Moderation der korporativen Agenturkonflikte womöglich seine Kernkompetenz. Und wer den menschlichen Geschäftsleiter gedanklich durch eine Maschine ersetzt, findet im gesellschaftsrechtlichen Regelungsgefüge tatsächlich kaum eine Norm, über die sich nicht verhandeln lässt. So oder so stellt unsere Forschungsfrage offenbar nicht nur den Menschenvorbehalt, sondern auch die Korporation selbst und damit das Gesellschaftsrecht als solches infrage. Wer den menschlichen Geschäftsleiter absetzt, muss beantworten, was hinterher noch von der Korporation bleibt und wozu es dann noch gesellschaftsrechtliche Rechtsregeln braucht.

Und ohne Zweifel reichen die Implikationen der Fragestellung weit darüber hinaus. Auch dessen war sich schon die Runde am Carnegie Institute of Technology bewusst. Nach allem, was er 1960 über Maschinen wusste, musste Herbert Simon der Frage nüchtern nachgehen und dennoch, oder eben deshalb, erkennen, dass ihr das Potenzial innewohnt, den Menschen in eine Identitätskrise zu

---

haberschaft als Strukturmerkmal der Kapitalgesellschaft statt vieler *Kraakman et al.*, The Anatomy of Corporate Law, S. 11 ff.; sowie rechtshistorisch *Fleckner*, Antike Kapitalvereinigungen, S. 47 f., 241 ff.

[85] Vgl. *Kraakman et al.*, The Anatomy of Corporate Law, S. 2, 29 ff.; zuvor etwa *Easterbrook/Fischel*, The Economic Structure of Corporate Law, S. 91 ff.

[86] *Fenwick/Vermeulen*, ECGI Working Paper 482/2019.

[87] *Armour/Eidenmüller*, ZHR 183 (2019) 169 (176 ff.); andeutend auch *Möslein*, Research Handbook on the Law of Artificial Intelligence, S. 649 (663 ff., 666 f.).

stürzen. Er begriff sie ganz ernsthaft als Teil einer kopernikanischen Wende: „I am confident", sieht er dieser Wende am Ende seines Vortrags optimistisch entgegen, „that man will as he has in the past, find a new way of describing his place in the universe – a way that will satisfy his needs for dignity and for purpose. But it will be a way as different from the present one as was the Copernican from the Ptolemaic."[88] Der Mensch würde einen neuen Platz finden. Aber, und daran bestand für ihn kein Zweifel, er würde ihn finden müssen. Nicht jeder, der seiner Frage heute als Rechtsfrage nachgeht, mag bereit sein, sie derart aufzuladen. In die wegweisende Diskussion über die rechtlichen Grenzen der Automation muss man sie in jedem Fall verorten. Welche gesellschaftlichen Funktionen genuin ‚menschliche' bleiben sollten und welche nicht, ist längst Gegenstand intensiver Verhandlungen. Und dabei ist kaum jemand bereit, unter dem Primat der Effizienz alles zu automatisieren, was automatisiert werden kann.[89] Im Gegenteil. Der Gesetzgeber lässt bislang kein Zweifel daran, bestimmte Funktionen nicht den Rechenprozessen einer Maschine überlassen zu wollen.[90] Im Schrifttum wird ein rechtliches Bekenntnis zu einer Herrschaft des Menschen, eine „rule of persons, not machines"[91], gefordert. Im Staatsrecht plädiert man seit kurzem für ein grundgesetzlich verbürgtes „Recht auf menschliche Entscheidung".[92] Und auch in der Unternehmenspraxis hat es sich eine inzwischen kaum noch zu überblickende Vielzahl verschiedener Kodizes zum Ziel gesetzt, den Menschen „in der Schleife" zu halten.[93] Dass die hinter all dem stehenden Bedenken in unserem Fall noch keinen Anschluss gefunden haben, ist nur folgerichtig. Bislang bietet § 76 III S. 1 AktG dafür keinen Anknüpfungspunkt. Der Vorbehalt nimmt nach üblicher Lesart die Effizienz der Organisation, nicht ihre Legitimität in den Blick. Dabei

[88] *H. A. Simon*, Management and corporations 1985: a symposium held on the occasion of the 10. anniversary of the Graduate School of Industrial Administration, Carnegie Inst. of Technology, 1960, S. 17 (55); *Floridi*, The fourth revolution, S. 87 ff. hat diese ‚kopernikanische Wende', verstanden als „vierte Revolution", jüngst mit dem Namen *Turing* verknüpft.

[89] Instruktiv zur stattdessen vorzunehmenden Abwägung *Eidenmüller*, J. Bus. E. Tech L. 15 (2019) 109 (123 ff.); vgl. auch *Ebers*, Algorithms and Law, S. 37 (52 ff.).

[90] Der *AI Act* sieht für viele Systeme einen obligatorischen „human oversight" vor, vgl. insb. Art. 14 AI Act; vgl. zur entsprechenden Entwurfsfassung *Ebers et al.*, RDi 2021, 528 (534); bereits die Leitlinien für eine „vertrauenswürdige KI" der Europäischen Kommission setzen es sich zuvor zum Ziel, den „Vorrang menschlichen Handelns" zu sichern, s. AI-HLEG, Ethics Guidelines For Trustworthy AI, S. 16; zur gesellschaftsrechtlichen Bedeutung dieser Leitlinien *Hickman/Petrin*, Eur. Bus. Organ. Law Rev. 22 (2021) 593.

[91] Eingehend *Pasquale*, New Laws of Robotics, S. 171 ff., 199 ff., 228 ff. verbunden mit dem Entwurf eines (Rechts-)Prinzips „*complement*" statt „*substitute*"; zuvor bereits *Pasquale*, George Washington Law Review 87 (2019) 1 (46): „Intelligence Augmentation as Regulative Ideal".

[92] *Mund*, Recht auf menschliche Entscheidung, S. 164 ff.

[93] Die Prinzipien des „human in-the-loop" oder des „human oversight" sind Bestandteil eines Großteils der Kodizes und Leitlinien zu einem ‚verantwortlichen' Umgang mit KI, vgl. *Jobin et al.*, Nat. Mach. Intell. 1 (2019) 389 (391); sowie *Fjeld et al.*, Principled Artificial Intelligence, S. 32.

bietet sich rechtspolitisch fraglos Raum, die Bedenken aufzugreifen. Die Geschäftsleitung tritt nicht nur den Gesellschaftern als Agent, sondern auch den Arbeitnehmern als konkreter Prinzipal gegenüber.[94] Nicht wenigen mag die Vorstellung, diese Arbeitnehmerfunktion würde vollumfänglich automatisiert, dystopisch erscheinen. Wer will intuitiv schon für ein von Maschinen verwaltetes Unternehmen arbeiten. Oder mit ihm auch nur Geschäfte schließen? Anders gefragt: Dürfen wir Herbert Simons Optimismus tatsächlich teilen? Oder gerät mit dem Menschenvorbehalt doch mehr in Gefahr? Stellt eine von Maschinen geleitete Korporation am Ende nicht vielleicht doch unsere Dignität infrage?

Und auch damit nicht genug. Im anglo-amerikanischen Rechtskreis sieht mancher gar das Überleben der Menschheit in Gefahr, sollten Maschinen künftig die Geschicke der Korporation führen.[95] Das, was § 76 III S. 1 AktG künftig zu leisten im Stande ist, gerät so zur Frage um Leben und Tod. Womit dann letztlich alles infrage steht: Die Korporation, das Gesellschaftsrecht, das Menschsein, die Menschheit. Das Anliegen dieser Arbeit wird dadurch überbordend komplex. Ihr kann es schon im Ausgangspunkt nicht um abschließende Antworten, sondern nur eine Näherungslösung gehen. Es geht um eine erste Vermessung dessen, was Regelungen wie § 76 III S. 1 AktG künftig leisten können: Formuliert das Gesetz an dieser Stelle überhaupt einen Menschenvorbehalt? Und, wenn ja, wie lange noch? Lässt sich dieser Vorbehalt bald rechtspolitisch oder gar verfassungsrechtlich nicht mehr rechtfertigen? Oder können wir ihn auch dann verteidigen, wenn Maschinen das tun, was wir tun, nur um ein Vielfaches optimierter? Haben wir es tatsächlich nur mit einem Steuerungsinstrument im Dienste einer effizienten Organisationsverfassung zu tun? Oder verbirgt sich hinter der Chiffre des ‚Wesens' etwas anderes, grundsätzlicheres? Kurzum: Wird die Korporation künftig von Maschinen geleitet?

C. Fünf Thesen

Die Antworten, die diese Arbeit auf diese Frage formuliert, lassen sich auf fünf Thesen verdichten, die zugleich ihre Kapitel bilden:

Erstens: Die Fragestellung dieser Arbeit ist eine *Infragestellung*. Wer der Frage, ob die Korporation künftig von Maschinen verwaltet wird, ernsthaft nachgeht,

[94] Zu arbeitsrechtlichen Grenzen der Automatisierung eingehend jetzt *Heine*, Der Vorbehalt menschlicher Entscheidungen im Arbeitsverhältnis, 2023.

[95] Vgl. *LoPucki*, Wash. U. L. Rev. 95 (2018) 887 (890 ff., 951 ff.), der damit Anschluss an die prominent formulierte Warnung sucht, dass lernende Maschinen ein existenzielles Risiko für die Menschheit bergen, s. dazu insb. *Omohundro*, Frontiers in Artificial Intelligence and applications 171 (2008) 483; *Yudkowsky*, Global Catastrophic Risks, S. 308 ff.; *Bostrom*, Superintelligence, S. 127 ff.; sowie jetzt auch *Russell*, Human Compatible, 2020.

spürt schnell, dass sie neben den § 76 III S. 1 AktG, § 6 II S. 1 GmbHG auch die Korporation selbst und die Funktionen des Gesellschaftsrechts als solche infrage stellt. Und, so viel lässt sich nach der ersten Spurensuche konstatieren, bislang hat das Gesellschaftsrecht dieser Infragestellung wenig entgegenzusetzen.

Zweitens: Das Gesellschaftsrecht dient auch dann, wenn Maschinen das Handeln der Korporation künftig zunehmend von dem des Menschen entkoppeln, der *Ausrichtung* der korporativen Handlungs- und Entscheidungsprozesse.

Das zweite Kapitel legt die Grundlagen unserer Untersuchung: Was können wir künftig von Maschinen erwarten, und was nicht? Und überhaupt: Was ist Künstliche Intelligenz? Wider Erwarten sind damit die vielleicht schwierigsten Fragen dieser Arbeit gestellt. Was gemeint ist, wenn von Künstlicher Intelligenz gesprochen wird, ist noch immer alles andere als klar.[96] Selbst einschlägige Lehrwerke bieten heute nur Spektren sich ergänzender Umschreibungen dessen an, woran die Künstliche Intelligenz arbeitet.[97] Und auch die Rechtswissenschaft, mag sie mit der Technologie inzwischen auch routinierter umgehen, streitet noch über Definitionen. Mehr noch, hier herrscht ein terminologischer Konfusionszustand, dessen Ausmaße, Ursachen und Wirkungen auf das Recht eine eigene Untersuchung verdienen.[98] Gründe dafür gibt es viele. Und nicht alle haben mit dem unglücklichen Begriff selbst zu tun. Viele wurzeln in den disziplinären Ei-

---

[96] Die Grundlagenforschung begreift das noch immer als Fundmentalproblem, vgl. *Legg/Hutter*, Mind and Machines 17 (2007) 391 (391) „agent's ability to achieve goals in a wide range of environments"; umfassend auch *Hernández-Orallo*, Artif. Intell. Rev. 48 (2017) 397 (398 ff.); sowie jüngst *Chollet*, arXiv:1911.01547, 2019, S. 3 ff.: „skill-acquisition efficiency".

[97] Vgl. *Russell/Norvig*, Artificial Intelligence, S. 2 ff.; sowie die umfassende Auswertung bei *Legg/Hutter*, Mind and Machines 17 (2007) 391 mwN.

[98] Zu den Schwierigkeiten, „Künstliche Intelligenz" zu definieren, aus rechtswissenschaftlicher Sicht *Hacker*, Datenprivatrecht, S. 29 ff.; *Ebers*, Algorithms and Law, S. 37 (40 ff.); zur Einordnung des Definitionsproblems als strukturelles Rechtsproblem etwa *Scherer*, Harv. J. L. Tech. 29 (2016) 353 (359 ff.); *Calo*, UC Davis Law Rev. 51 (2017) 399 (404, 407); sichtbar wurde das Problem jüngst im Gesetzgebungsprozess des *AI Act* auf Unionsebene, vgl. COM (2021), 206 final, 2021, S. 8, 18 f., 39; krit. zum Definitionsergebnis statt vieler *Floridi*, Phil. & Tech. 34 (2021) 215 (216): „obvious shortcomings"; sowie aus rechtl. Sicht *Ebers et al.*, RDi 2021, 528 (529); empirische Ergebnisse legen dabei nahe, dass zwischen technologischen und regulatorischen Definitionen eine Lücke klafft, vgl. *Krafft et al.*, arXiv:1912.11095, 2019, S. 4 ff., die feststellen, dass Regulatoren aufgrund dieser Lücke technologische Risiken überbetonen, und deshalb eine innovationshemmende Regulierung befürchten; kaum beleuchtet wurden bislang die Folgen fehlender terminologischer Klarheit für den rechtswissenschaftlichen (und interdisziplinären) Diskurs, vgl. Ansätze bei *Herberger*, NJW 2018, 2825 (2826); sowie pointiert *Grigoleit*, AcP 218 (2018) 601 (602); den Kernbegriffen wird dabei inzwischen eine „normative Schlagseite" attestiert, so *Wischmeyer*, AöR 143 (2018) 1 (4); der Begriff Künstliche Intelligenz für regulatorische Zwecke oft ganz abgelehnt, s. etwa *Hacker*, NJW 2020, 2142 (2142 f.); *Schuett*, arXiv:1909.01095, 2019, S. 4; die Vorbehalte den Begriff begleiteten dabei von Beginn an, im technischen Schrifttum setzte sich früh die Einsicht durch, es sei zu spät für einen alternativen Terminus, s. stellvertretend *H. A. Simon*, The Sciences of the Artificial, S. 4 (Fn. 2).

genarten der Künstlichen Intelligenz. Sie verschränkt mühelos die Einsichten verschiedenster Fachrichtungen. Ihr Blick wandert dabei nicht nur zwischen den Nachbardisziplinen, sondern stets auch zwischen langfristigen und kurzfristigen Perspektiven, zwischen Hilfreichem in der Gegenwart und Übermenschlichem in der Zukunft, hin und her. Je nach Tradition und Blickwinkel variiert der Begriffsfundus. Die rechtliche Herausforderung besteht dabei nicht darin, *einen* Rechtsbegriff der Künstlichen Intelligenz zu entwickeln, sondern im Zweifel den richtigen zu wählen. Es gilt, je nach Kontext die relevanten Aspekte der Technologie ein- und die irrelevanten auszublenden. Die Vielzahl unterschiedlicher Zugänge muss dann kein Nachteil sein. Welchen Zugang das Gesellschaftsrecht wählen sollte, wie wir die Künstliche Intelligenz also am besten in der Grammatik des Gesellschaftsrechts verorten, darum soll es im zweiten Kapitel gehen. Dabei wird sich zeigen, dass das Gesellschaftsrecht seine Funktion in einer zunehmend von Maschinen dominierten Unternehmenswelt nicht einbüßt, ja dass uns nicht einmal ein Funktionenwandel ins Haus steht: Wenn Maschinen das Handeln der Korporation in Zukunft zunehmend von dem des Menschen entkoppeln, richtet das Gesellschaftsrecht diese Maschinen, die nicht länger nur das tun, was wir von ihnen erwarten, auf die Ziele der Korporation und die Interessen ihrer Bezugsgruppen aus.

Drittens: Nach der juristischen Organperson stehen wir vor einer weiteren *Kränkung*: Das Handeln der Korporation lässt sich rechtlich vollständig von dem des Individuums entkoppeln.

Im Anschluss an das zweite Kapitel spaltet die Arbeit die Frage, ob die Korporation künftig von Maschinen verwaltet wird, in eine konstruktive (*Könnte sie?*) und eine normative Komponente (*Sollte sie?*). Sie überlegt zunächst, ob sich der Mensch rechtskonstruktiv überhaupt aus dem Spiel nehmen ließe, um erst in einem zweiten Schritt der Wertungsfrage nachzugehen, ob er auch aus dem Spiel genommen werden sollte. Ihr drittes Kapitel geht in erster Linie der konstruktiven Frage nach: Greifen gegenüber einer von Maschinen verwalteten Korporation bereits rechtstechnische Einwände? Oder ist die Korporation womöglich weniger abhängig vom Menschen als wir dachten? Das Kapitel prüft die Idee einer von Maschinen verwalteten Korporation insoweit auf ihre Umsetzbarkeit. Es mündet in einer Kränkung: Konstruktiv könnte die Korporation, von *Savigny* einst als ganz und für immer handlungsunfähige und deshalb von der natürlichen Person abhängige ‚Fiktion' gebrandmarkt, am Rechtsverkehr teilnehmen, ohne dass ein Individuum unmittelbar für sie tätig wird.

Viertens: Eine Rückbesinnung auf die Wurzeln des § 76 III S. 1 AktG taugt anders als dessen zeitgenössische Lesart zu seiner *Verteidigung*: Ursprünglich formulierte der Gesetzgeber einen echten Menschenvorbehalt.

Während das dritte Kapitel zeigt, dass Maschinen Korporationen also leiten *könnten*, fragt das vierte Kapitel, ob sie dies auch *sollten*. Es geht dafür zunächst den Wertungen nach, die den § 76 III S. 1 AktG, § 6 II S. 1 GmbHG zugrunde liegen. Unser Augenmerk muss dabei, auch das hat die erste Spurensuche gezeigt, besonders auf der historischen Weichenstellung im Aktienrecht liegen. Wer den Menschenvorbehalt verstehen will, muss Licht in das ‚historische Halbdunkel' bringen. Dabei wird sich zeigen: Wer das Wesensargument des Gesetzgebers entschlüsselt, kann § 76 III S. 1 AktG auch in Zukunft verteidigen. Ursprünglich formulierte der Gesetzgeber an dieser Stelle einen echten Menschenvorbehalt. Er behielt dem Individuum die Leitung der Aktiengesellschaft ob seiner Moralität vor und nahm damit nicht die Effizienz der Organisation, sondern ihre Legitimität in den Blick. Normiert wurde eine Pflicht zur menschlichen Entscheidung, die nicht die Aktionäre, sondern die Allgemeinheit schützen soll. Ausgehend vom so entschlüsselten Gesetzeszweck nimmt das vierte Kapitel im Anschluss die Wirkungen der Normen in der korporativen Arbeitsteilung und ihre Stellung im Wettbewerb der Gesellschaftsrechte in den Blick. Es wird deutlich: Als Menschenvorbehalt verstanden lassen sie sich auch hier verteidigen.

Fünftens: Bevor steht weder die vollständige Überwindung des Menschenvorbehalts noch seine Verteidigung um jeden Preis, sondern eine *Fragmentierung*: Er bleibt die Regel, doch die Ausnahmen werden zahlreicher.

Nach der gesetzlichen Wertung taugt die individuelle Verantwortung indes nur dort zur Verteidigung des Menschenvorbehalts, wo sie zum Schutz der Allgemeinheit geboten ist. Überall dort, wo dies nicht der Fall ist, übernehmen künftig Maschinen. Der Menschenvorbehalt wird so zwar nicht vollumfänglich überwunden, so doch stärker fragmentiert. Das fünfte Kapitel lotet diese Entwicklung aus, steckt erste Experimentierräume ab und wagt eine Prognose, was dort passiert, wo Korporationen künftig „selbst fahren". Ohne freilich einen fertigen Entwurf einer von Maschinen verwalteten Korporation vorzulegen. Formuliert werden zunächst nur ihre Strukturfragen: Welche Korporation kommt ohne einen menschlichen Geschäftsleiter aus? Und wie ist der Mangel an persönlicher Verantwortung zu kompensieren?

Dabei wird sich zeigen: Vieles von dem ist uns vertraut. Was futuristisch scheint, führt oft zurück zu Wohlbekanntem. Es gilt die alte Frage neu und dieses Mal ganz wörtlich auszuloten, wie menschlich korporatives Handeln ist, und wie menschlich es sein sollte: Wie wenig Mensch und wie viel Maschine verträgt die Korporation?

§ 2 Ausrichtung

„If we use, to achieve our purposes, a mechanical agency [...] we had better be quite sure that the purpose put into the machine is the purpose which we really desire“[1]
Norbert Wiener (1960)

Berkeley (California), im Frühjahr 2018. Dylan Hadfield-Menell kommt das Problem, an dem er arbeitet, bekannt vor. An Stuart Russell's *Center for Human-Compatible AI* erforscht er Maschinen, die lernen und mit ihrer Umwelt interagieren, und deshalb nicht länger nur das tun, was wir von ihnen erwarten, sondern mitunter Unvorhersehbares. Und vor allem: Unerwünschtes. Er beobachtet, dass unsere Beziehung zu diesen Maschinen einem unvollständigen Vertrag gleicht, wie ihn traditionell die Rechtsökonomik in den Blick nimmt. Gemeinsam mit Gillian Hadfield geht er der Parallele nach. Beide erkennen: Alles eine Frage der Ausrichtung.[2]

---

[1] *N. Wiener*, Science 131 (1960) 1355 (1358).
[2] *Hadfield-Menell/Hadfield*, arXiv:1804.04268, 2018.

A. Die Machina Oeconomica

Diese Untersuchung spürt dem Verhältnis von Menschen, Maschinen und Korporationen nach und muss ihren Anfang bei dem nehmen, was neu für uns ist: Was meinen wir, wenn wir von Künstlicher Intelligenz sprechen? Eigene Antworten darf eine rechtswissenschaftliche Arbeit darauf nicht geben. Schnell fällt freilich auf: Konsentiertes sucht sie an dieser Stelle vergeblich. Wie kaum eine andere Technologie ist die Künstliche Intelligenz geprägt vom Kampf ums Vokabular.

I. Dartmouth

Bereits in den Vorbereitungen der Dartmouth Conference ringen die Initiatoren um einen Begriff. Ihr Forschungsantrag skizziert das Anliegen wie folgt:

„An attempt will be made to find how to make machines use language, form abstractions and concepts, solve kinds of problems now reserved for humans, and improve themselves. We think that a significant advance can be made in one or more of these problems if a carefully selected group of scientists work on it together for a summer."[3]

Es sollte viele Sommer (und viele Winter) dauern, mehr als eine Handvoll Wissenschaftler benötigen, das Ziel ist im Kern dasselbe geblieben: Maschinen, die bislang dem Menschen vorbehaltene Probleme lösen. Wohl auch aufgrund des werbewirksamen Klanges wird das in Dartmouth mit dem Begriffspaar ‚Artificial Intelligence' überschrieben, das man in Deutschland in ‚Künstliche Intelligenz' übersetzt.[4] Damit sind Weichen gestellt, die sich noch heute als Problem erweisen. Noch immer verbindet sich mit der Technologie unwillkürlich Irrationales – trotz oder aufgrund ihrer Ubiquität. Und noch immer beginnt die Beschäftigung mit ihr auch im Recht zwangsläufig mit den wenig erbaulichen Fragen, was wir unter Intelligenz verstehen können, ob wir darunter überhaupt etwas verstehen dürfen und ob eine künstliche Form dieses Etwas nicht schon ein Widerspruch in sich ist. Weiter führt keine von ihnen. Und in Dartmouth selbst werden sie weder beantwortet noch gestellt. Im Antrag lesen wir weiter:

---

[3] *McCarthy et al.*, A Proposal for the Dartmouth Summer Research Project on Artificial Intelligence, 1955, S. 2; zur Dartmouth-Konferenz und ihren Initiatoren *Moor*, AI Magazine 27 (2006) 87; sowie eingehend *Nilsson*, Artificial Intelligence, S. 77 ff.; *Russell/Norvig*, Artificial Intelligence, S. 17 ff.

[4] Der Begriff geht auf *McCarthy* zurück, der sich damit wohl einerseits von *N. Wieners „cybernetics"*, andererseits von den *„automata studies"* abgrenzen wollte. *H. A. Simon* und *A. Newell*, ebenfalls unter den Teilnehmern in Dartmouth, präferierten *„complex information processing"* oder *„simulation of cognitive processes"*, vgl. *H. A. Simon*, The Sciences of the Artificial, 1996, S. 4 (Fn. 2); zu all dem auch *Nilsson*, Artificial Intelligence, S. 78 f.; die Übersetzung ins Deutsche wird traditionell kritisiert, vgl. dazu statt vieler *Lämmel/Cleve*, Künstliche Intelligenz, S. 7 ff. mit Alternativvorschlägen: „gekünstelte Intelligenz", „maschinelle Intelligenz", „synthetische Intelligenz".

„For the present purpose the artificial intelligence problem is taken to be that of making a machine behave in ways that would be called intelligent if a human were so behaving.“[5]

Statt Intelligenz zu definieren, belässt es die Gruppe um *McCarthy* also beim Verweis auf solches Verhalten, das wir als intelligent bezeichnen *würden*, *würden* wir uns dergestalt verhalten. Ein Kontrafaktum: Ob die Maschine tatsächlich intelligent ist oder gar denkt, ist unerheblich. Maßgeblich ist allein, dass sie sich äußerlich wie ein Mensch verhält.[6] Selbst das von *Turing* schon fünf Jahre vor Dartmouth entworfene, inzwischen legendäre ‚Imitation Game' setzt sich damit nicht in Widerspruch. Eine Maschine ist danach bekanntlich dann eine „denkende Maschine“, wenn wir sie nach einer fünfminütigen, schriftlichen Unterhaltung nicht von einem Menschen unterscheiden können.[7] Und das ganz unabhängig davon, wie ihr Verhalten zustande kommt. Konstruiert wird also kein Geist in der Maschine, kein ‚Maschinenmensch', sondern eine Maschine, die sich ohne Geist so verhält wie wir.

Jedenfalls in Dartmouth ist dabei auch unerheblich, ob ein Mensch die Aktionen tatsächlich ausführen würde. Es geht nicht ausschließlich darum, reales menschliches Verhalten zu simulieren oder zu substituieren, der Mensch wird nicht zum alleinigen Maßstab erhoben, menschliche Intelligenz nicht rekonstruiert. Entwickelt werden Maschinen, die Verhalten zeigen, das uns, *würden* wir es denn zeigen, Intelligenz abverlangen *würde*. So gesehen, entkoppelt die Disziplin das Lösen von Problemen von der Notwendigkeit, intelligent zu sein.[8] Anders gewendet: Sie entkoppelt die erfolgreiche Problemlösung von der Person. Und das mit großem Erfolg: Maschinen erkennen Bilder oder Sprache inzwischen mit eindrucksvoller Genauigkeit. Sie sind uns inzwischen selbst in den komplexesten Spielen überlegen. Innerhalb des Verbands übernehmen sie so immer mehr Funktionen, die uns Denken abverlangen würden, wären wir für sie zuständig. Sie wählen heute Geschäftsleiter aus, entscheiden über Unternehmenstransaktionen, korrigieren Vertragstexte, schreiben und analysieren Geschäftsberichte. Ohne intelligent zu sein. Ohne zu sein wie wir.

---

[5] *McCarthy et al.*, A Proposal for the Dartmouth Summer Research Project on Artificial Intelligence, 1955, S. 11; ähnlich einflussreich *Minsky*, Semantic Information Processing, 1968, S. V: „science of making machines do things that would require intelligence if done by men“.

[6] Vgl. *Floridi*, Philos. Technol. 30 (2017) 123 (126).

[7] *Turing*, Mind 59 (1950) 433 (442 ff.); umfassend dazu *Russell/Norvig*, Artificial Intelligence, S. 2, 981 ff. („*acting humanly-approach*“); für andere Lesarten des üblicherweise behavioristisch gedeuteten Tests *Proudfoot*, Minds and Machines 30 (2020) 487 (490 ff.); für umfassende Kritik am (Miss-)Verständnis als Intelligenztest sowie zum Problem der Evaluation Künstlicher Intelligenz im Allgemeinen *Hernández-Orallo*, Artif. Intell. Rev. 48 (2017) 397 (404 ff.); für eine Verteidigung (und Alternativdeutung) des Tests *Proudfoot*, Artif. Intell. 175 (2011) 950 (952 ff.).

[8] *Floridi*, Philos. Technol. 30 (2017) 123 (126): „AI is not about reproducing human intelligence, it is about doing without it“; ähnlich *Hernández-Orallo*, Artif. Intell. Rev. 48 (2017) 397 (398).

II. Maschinen, die lernen

Wie erfolgreich man das in Dartmouth ausgerufene Ziel inzwischen forciert, führte uns dabei vor allem *AlphaGo* vor Augen. Das Computerprogramm schlug mit einer Reihe von unberechenbaren Zügen den menschlichen Weltmeister im Brettspiel Go – ein Szenario, das vorher angesichts der Komplexität des Spiels als unvorstellbar galt. Noch erstaunlicher als das „Ob" war indes das „Wie": *AlphaGo* wählte Züge, die nicht nur für seinen Gegner, sondern auch und vor allem für seine Entwickler nicht vorhersehbar waren und passte sich dabei fortlaufend an das Spielgeschehen an.[9] Hinter dem Erfolg stehen Techniken maschinellen Lernens. Sie versetzen Maschinen wie *AlphaGo* in die Lage, Probleme zu lösen, ohne explizit dafür programmiert worden zu sein. Ihr Modell wird nicht länger nur von uns diktiert, sondern mithilfe von Lernalgorithmen auf der Basis einer großen Menge von Trainingsdaten eigenständig erlernt. Die ersten Schritte machten solche Techniken noch vor Dartmouth. Erst im vergangenen Jahrzehnt traten sie, beflügelt von wachsenden Rechen- und Datenressourcen, ihren beispiellosen Siegeszug an. Wird heute von Künstlicher Intelligenz gesprochen, sind regelmäßig Maschinen, die lernen, gemeint.[10] Formal kann man sie wie folgt beschreiben:

„A computer program is said to learn from experience E with respect to some class of tasks T and performance measure P, if its performance at tasks in T, as measured by P, improves with experience E."[11]

Oder weniger formal: Maschinen lernen, wenn sie ihre Leistung im Laufe der Zeit verbessern. Als besonders leistungsstark erwies sich in der jüngeren Vergangenheit das Lernen in sog. tiefen neuronalen Netzen (*Deep Learning*).[12] Computer-

[9] Eingehend *Silver et al.*, Nature 529 (2016) 484; zum Nachfolgeprogramm *AlphaGo Zero*, das nur mithilfe der Spielregeln innerhalb von drei Tagen bereits das Leistungslevel *AlphaGo's* erreichte *Silver et al.*, Nature 550 (2017) 354.

[10] Freilich reicht das Methodenspektrum deutlich weiter, einen plastischen Überblick bietet die Darstellung bei *Corea*, An Introduction to Data, S. 26; zur Einordnung von ML in die KI nur *Goodfellow et al.*, Deep Learning, S. 9.

[11] *Mitchell*, Machine Learning, S. 2; für eine Einführung in ML entlang dieser Definition *Goodfellow et al.*, Deep Learning, S. 97 ff.; sowie aus dem rechtswissenschaftlichen Schrifttum *Hacker*, Datenprivatrecht, S. 31.

[12] *Goodfellow et al.*, Deep Learning, S. 2 ff., 8 küren *Deep Learning* inzwischen zum dominierenden Paradigma der KI; tatsächlich zeigt es sich für alle Durchbrüche des vergangenen Jahrzehnts verantwortlich: mit überwachten Lernverfahren trainierte tiefe neuronale Netze setzten neue Maßstäbe in der Bilderkennung, vgl. *Krizhevsky et al.*, NeurIPS 2012, 1097; mithilfe überwachten und Verstärkungslernen trainierte und mit Monte-Carlo-Simulationstechniken kombinierte Netze führten *AlphaGo* zum Sieg, vgl. *Silver et al.*, Nature 529 (2016) 484; ganz ähnliche Modelle leisteten kurz zuvor Menschenähnliches in einer Vielzahl von Atari-Spielen, vgl. *Mnih et al.*, Nature 518 (2015) 529; wenig später Übermenschliches im Poker, vgl. *Brown/Sandholm*, Science 359 (2018) 418; auch für die jüngsten Erfolge großer Sprachverarbeitungsmodelle zeigt sich die Technologie verantwortlich, vgl. etwa zum Modell GPT-3 *Brown et al.*, arXiv:2005.14165, 2020; für einen umfassenden Überblick zum Status quo generativer KI auch *Gozalo-Brizuela/Garrido-Merchan*, arXiv:2301.04655, 2023.

systeme wie *AlphaGo* greifen auf algorithmische Modelle zurück, die sich abstrakt am Organisationsprinzip orientieren, das wir unserem Gehirn unterstellen. Nach allem, was man weiß, verschickt das Informationen, indem es einzelne Neuronen über gewichtete Verbindungen aktiviert. Es lernt, indem es diese Verbindungen verändert: Gewichte, die viel verwendet werden, vergrößern ihren Umfang. Stark abstrahiert bilden künstliche neuronale Netze dies nach: Eingabedaten werden zunächst durch ein als mathematische Funktion modelliertes künstliches Neuron verarbeitet und dann modifiziert an andere solcher künstlicher Neuronen weitergeleitet, wo sich der Prozess wiederholt und wiederum eine Ausgabe aus einer oder mehreren gewichteten Eingaben errechnet wird. Die Leistungsfähigkeit der Netze stützt sich auf die parallele Verarbeitung von Eingabeinformationen, die es ermöglicht hochkomplexe, nicht lineare Abhängigkeiten abzubilden. Die heute in der Unternehmenspraxis eingesetzten künstlichen neuronalen Netze bestehen dabei nicht nur aus einer Ein- und einer Ausgabeebene, sondern einer Vielzahl verdeckter *tiefer* Schichten, die wiederum aus einer großen Anzahl von Neuronen bestehen.[13]

Ein neuronales Netz ist dabei nur das algorithmische Grundmodell, das je nach Aufgabe und Einsatzbereich, variiert, und mit verschiedensten Lernverfahren und -algorithmen trainiert werden kann.[14] Traditionell lassen sich dabei drei Verfahren unterscheiden: Überwachtes, unüberwachtes und verstärkendes Lernen.[15] Sie alle verbinden eine Eingabe mit einer Ausgabe. Den Unterschied macht das Feedback, das die Maschine in diesem Zusammenhang erhält. Wird das Lernen der Maschine *überwacht*, sind uns die erwünschten Ausgabewerte bekannt.[16] Die Trainingsdaten werden hier vor dem Lernprozess entsprechend gekennzeichnet. Soll die Maschine etwa auf Bildern Häuser, Autos, Menschen oder Tiere erkennen, wird im ersten Schritt ein großer Datensatz von Bildern zusammengestellt und, und das ist entscheidend, jedes dieser Bilder, vorab der entsprechenden Kategorie zugewiesen. Die Maschine errechnet dann aus den Trainingsdaten zunächst eine erste Näherungslösung, also eine Ausgabe, die festlegt, zu welcher Kategorie ein Bild gehört. In einem zweiten Schritt wird diese Ausgabe mit dem uns bekannten korrekten Ergebnis verglichen, wobei eine Zielfunktion die Abweichung zwischen der tatsächlichen und der korrekten Ausgabe misst.[17] Anhand dieser Fehlergröße verändert der Lernalgorithmus der Maschine

---

[13] Eingehend *Goodfellow et al.*, Deep Learning, S. 5 ff., 162 ff.

[14] Dieser Überblick kann und muss das Spektrum der verschiedenen Lernmethoden, -verfahren und -algorithmen nicht annähernd abdecken, s. zur Vertiefung *Russell/Norvig*, Artificial Intelligence, S. 651 ff., 750 ff.; *Goodfellow et al.*, Deep Learning, S. 96 ff.; sowie aus dem rechtswissenschaftlichen Schrifttum *Hacker*, Datenprivatrecht, S. 29 ff.; *Zech*, 73. DJT I, A 18 ff., 31 ff.

[15] Statt aller *Jordan/Mitchell*, Science 349 (2015) 255 (258 f.); aus rechtlicher Sicht *Zech*, 73. DJT I, A 35 f.

[16] Überblick bei *LeCun et al.*, Nature 521 (2015) 436 (436); *Jordan/Mitchell*, Science 349 (2015) 255 (257).

[17] *LeCun et al.*, Nature 521 (2015) 436 (436 f.).

die internen Parameter ihres algorithmischen Modells. Bildhaft gesprochen verändert das Netz die neuronalen Verbindungsgewichte. Dieser Prozess, in der Praxis freilich wesentlich komplexer und vor allem diverser, wiederholt sich in vielen Iterationen bis die Ausgaben eine hinreichende Genauigkeit erreichen. Schritt für Schritt lernt das Modell so mithilfe eines definierten Lernalgorithmus auf Grundlage gekennzeichneter Trainingsdaten eine Funktion, die imstande ist, auch unbekannten Eingaben bestimmte Ausgaben zuzuordnen. Es erkennt auch auf Bildern, die es noch nicht „gesehen" hat, Häuser, Autos, Menschen oder Tiere. Sowohl die Anzahl der Trainingsbeispiele als auch die Anzahl der internen Netzparameter kann dabei mehrere Hundert Millionen weit übersteigen.[18] Trotzdem gelten überwachte Lernverfahren als schnell und effizient. Die in der Unternehmenspraxis genutzten Anwendungen maschinellen Lernens greifen gegenwärtig überwiegend auf sie zurück.

Bei *unüberwachten* Lernverfahren fehlt es an dieser Form der „Überwachung". Es gibt keine bekannten oder erwünschten Zielausgaben; die Trainingsdaten wurden weder vorher gekennzeichnet noch erhält das Modell hinterher ein Signal, ob die Ausgabe korrekt ist. Stattdessen induziert ein algorithmisches Modell selbständig eine bis dahin unbekannte Struktur aus einem Datensatz. Die Maschine erhält also einen Haufen Daten, etwa einen Bilddatensatz mit Bildern von Häusern, Autos, Menschen und Tieren, und soll in diesen Daten selbständig (uns unbekannte) Muster finden, etwa alle Bilder, die eine Katze zeigen.[19]

Im Rahmen des *Verstärkungslernen* schließlich lernt die Maschine mithilfe einer Reihe von Signalen, die sie auf ihre Aktionen erhält. Bildhaft gesprochen durch Belohnungen und Bestrafungen.[20] Zu diesem Zweck wird eine oft grobe mathematische Zielvorgabe, die Belohnungsfunktion, definiert. Die Maschine versucht in der Folge, diese Funktion zu optimieren, wobei der Lösungsweg auch für den Entwickler unklar ist. Das Modell erhält nach jeder Aktion eine Rückmeldung. Am Ende eines Schachspiels zum Beispiel ein numerisches Signal, dass es für den Sieg belohnt oder für die Niederlage bestraft. Im Ergebnis ergibt sich dadurch ein Lernprozess nach dem Prinzip Versuch und Irrtum. Die Maschine minimiert ihre Bestrafungen und maximiert ihre Belohnungen.

Wie ein algorithmisches Modell trainiert wird, führt dabei auch im Recht zu wesentlichen Unterschieden. Diese Unterschiede entzünden sich aber weniger an der kategorialen Trennung der Lernverfahren als an den im konkreten Einzelfall gewählten Lernalgorithmen, Modellarchitekturen und Trainingsdatensätzen.

---

[18] *LeCun et al.*, Nature 521 (2015) 436 (436).

[19] Eingehend *Russell/Norvig*, Artificial Intelligence, S. 653, 738 ff.; Überblick bei *Jordan/Mitchell*, Science 349 (2015) 255 (258); unüberwachtes Lernen gilt als dem menschlichen Lernen ähnlich und vergleichsweise langsam, es wird gegenwärtig seltener genutzt als andere Lernverfahren, für die Zukunft wird ein Bedeutungszuwachs prognostiziert, vgl. *LeCun et al.*, Nature 521 (2015) 436 (442).

[20] *Russell/Norvig*, Artificial Intelligence, S. 789 ff.; Überblick bei *Littman*, Nature 521 (2015) 445.

Dabei lässt sich dieselbe Anwendung einerseits oft mit unterschiedlichen Verfahren entwickeln. Andererseits werden die Verfahren oft kombiniert. Vor allem aber gelingt es heute oft nicht mehr, populäre Lernverfahren in der traditionellen Trias zu verorten. Speziell im Grenzbereich zwischen überwachten und unüberwachten Lernen sammeln sich verschiedene Methoden, die sich nur schwer einer Kategorie zuordnen lassen.[21] Heute lässt sich ein und dieselbe Anwendung oft nicht nur mit unterschiedlichen Lernverfahren, sondern auch mit unterschiedlichen Lernalgorithmen und Modellarchitekturen entwickeln, ohne dass sich dabei schon anhand der eingesetzten Verfahren und Architekturen ein grundlegender rechtlicher Unterschied ausmachen ließe. Kurzum: Lernverfahren taugen nicht als Anknüpfungspunkt der Rechtsdogmatik. Der Blick auf die populärsten Architekturen und die Verfahren, mit denen sie typischerweise trainiert werden, schafft so in erster Linie ein Gefühl dafür, wie Maschinen lernen.

Rechtsdogmatisch interessanter ist eine Eigenart, die allen Anwendungen maschinellen Lernens im Ausgangspunkt gemein ist. Sie ist auch aus Sicht des Gesellschaftsrechts zentral und wird uns noch länger beschäftigen: Weil Maschinen lernen, sind sie *ex ante* nicht mehr vorhersehbar und *ex post* nicht mehr vollständig interpretierbar.[22] Einerseits wird Ihr Verhalten durch die Ausgangsprogrammierung nicht vollständig fixiert, weil sich das algorithmische Modell durch Lernprozesse fortlaufend verändert. Mit allen Vor- und Nachteilen. Während die unvorhersehbaren Züge *AlphaGo*'s das Programm zum Sieg führten, machten andere lernende Programme Negativschlagzeilen. Aufsehen erregte etwa der von der *Microsoft Inc.* im Kundenservice eingesetzte Chatbot *Tay*, der anhand von Nutzerinteraktionen lernte und sich aufgrund seines erlernten Verhaltens schon nach kurzer Zeit diskriminierend äußerte.[23] Vorab war dies für die Entwickler des Programms kaum abzusehen. Andererseits sind Maschinen, die

---

[21] Verbreitet sind in der Praxis insb. *semi-supervised learning* („very little labeled data") und *weakly supervised learning* („noisy labels") sowie *self-supervised learning* („no human-annotated labels"), das oft als Form des unüberwachten Lernens gilt.

[22] Eingehend *Zech*, 73. DJT I, A 41 ff. mwN.; das Problem firmiert im deutschen Schrifttum oft unter „Autonomierisiko", s. stellvertretend *Teubner*, AcP 218 (2018) 155 (163 ff.); *Zech*, Intelligente Agenten und das Recht, S. 163 (175); *Schirmer*, JZ 2019, 711 (711); rechtliche Zurechnungsfragen stellen sich beim Lernen in tiefen neuronalen Netzen zwar besonders dringlich, doch sowohl die Unvorhersehbarkeit *ex ante* als auch die mangelnde Interpretierbarkeit *ex post* können auch andere Ursachen haben, insb. die Vernetzung mit anderen Maschinen, vgl. bereits *Jennings*, Artif. Intell. 117 (2000) 277 (289 ff.); Maschinen werden durch die Fähigkeit, zu interagieren, in die Lage versetzt, Probleme kooperierend oder konkurrierend zu lösen, welche (unerwünschten) Folgen dies haben kann, zeigen etwa sog. *Flash-crashs*: Weil algorithmische Wertpapierhandelssysteme sich in unvorhersehbarer Weise vernetzten, kam es wiederholt zu sekundenschnellen Kurseinbrüchen, s. dazu *Kirilenko/Lo*, J. Econ. Perspect. 27 (2013) 51 (60 ff.); auch *Rahwan et al.*, Nature 568 (2019) 477 (482) mwN.; zu „Vernetzungsrisiken" aus rechtlicher Sicht hier nur *Zech*, 73. DJT I, A 46 ff.

[23] Eingehend *Wolf et al.*, ACM SIGCAS Computers and Society 47 (2017) 54; Beispiel aufgegriffen im rechtswissenschaftlichen Schrifttum auch von *Wischmeyer*, AöR 143 (2018) 1 (10 ff.).

lernen, heute opak. Besonders die leistungsfähigsten Modelarchitekturen, wie tiefe neuronale Netze, sind im Regelfall so komplex, dass es nicht mehr gelingt, sie vollständig zu verstehen. Wir wissen also, dass *Tay* aufgrund einer Eingabe X zu einer Ausgabe Y gelangt, aber nicht weshalb. Womit die Frage aufgeworfen ist, weshalb Maschinen überhaupt lernen. Wenn sich sein Verhalten vorab nicht mehr vorhersagen und hinterher nicht mehr erklären lässt, wieso wurde *Tay* dann nicht nach festen Regeln programmiert?

Im Kern hat das zwei Gründe. Zum einen haben wir oft schlicht keine Idee, wie sich ein Programm händisch programmieren lässt. Wir sind gut darin, ein Gesicht zu erkennen, können aber nicht in Worte fassen weshalb. Noch weniger sind wir imstande dieses implizite Wissen in explizit programmierbaren Regeln festzuhalten. Vereinfacht stellen wir die Logik uns bekannter Computersysteme deshalb auf den Kopf: Statt aus Regeln Antworten abzuleiten, leiten wir mithilfe maschineller Lernverfahren aus Antworten (ergo: Daten) Regeln ab und lösen so Probleme, ohne explizite Lösungsstrategie. Lernen verspricht so gesehen Induktion statt Deduktion. Zum anderen können wir nicht alle künftigen Situationen antizipieren und für jede mögliche Eingabe eine entsprechende Ausgabe explizit definieren. Eine Maschine, die ein Unternehmen leitet, sollte deshalb etwa selbständig lernen, ihr Verhalten in einer Pandemie zu verändern. Lernen verspricht Anpassungsfähigkeit. Plastisch können wir uns Maschinen, die lernen, also in der Tat anhand eines unvollständigen Vertrags erschließen:[24] *Theoretisch* ließen sich Maschinen am besten mithilfe expliziter Regeln steuern, einem vollständigen Vertrag, der das Maschinenverhalten in konditionalen Sätzen festsetzt. Wenn X, dann Y. *Praktisch* lässt sich das nicht effizient umsetzen. So schließen wir einen unvollständigen Vertrag, der einen mehr oder weniger breiten Korridor offenlässt, in dem die Maschine, unter der Bindung an eine im Code abgebildete Verhaltensmaxime, die Zielfunktion, im Einzelnen nicht vorhersehbare Entscheidungen trifft. Mit der Kehrseite, dass wir nur noch hoffen, dass sie auf ein X mit einem Y reagiert und nicht mehr wissen, weshalb.

III. Vom Programm zum Agenten

Lange war es üblich, ausgehend von dem in Dartmouth zugrunde gelegten Verständnis, entsprechende Anwendungen oder Methoden zu benennen, die sich dem dort ausgerufenen Ziel verschrieben haben. Heute führt das nach der Feststellung, es würden Maschinen entwickelt, die sich so verhalten, als wären sie intelligent, üblicherweise zum Fokus auf die Eigenarten des *Deep Learning*. Aus unserer Warte ist das einerseits noch zu abstrakt, andererseits noch nicht abstrakt genug. Wer nur nach Dartmouth blickt, weiß, dass die Disziplin sich nicht anschickt, einen Maschinenmenschen zu konstruieren, aber nicht, was sie heute

---

[24] Zu dieser Parallele *Hadfield-Menell/Hadfield*, arXiv:1804.04268, 2018; zum unvollständigen Vertrag aus rechtlicher Sicht hier nur *Doralt*, Langzeitverträge, S. 153 f., 164 ff. mwN.

ganz konkret auszeichnet. Wer ausschließlich die gegenwärtig populären Methoden in den Blick nimmt, geht das Risiko ein, sich in den technischen Untiefen des Maschinenlernens zu verlieren und dabei vom technischen Fortschritt überholt zu werden. Die Lernverfahren und -algorithmen lassen sich kaum überblicken, geschweige denn sinnvoll dogmatisieren. Zugleich geht ein beachtlicher Teil der Grundlagenforschung davon aus, dass dem überwachten Lernen in tiefen neuronalen Netzen, das gegenwärtig die Unternehmenspraxis dominiert, kein nachhaltiger Erfolg beschieden sein wird.[25]

1. Das Agentenparadigma

Aufmerksamkeit verdient vor diesem Hintergrund der Perspektivwechsel, der sich am Ende des 20. Jahrhunderts vollzieht. Mit dem Beginn der 90er Jahre kommt die Wende zum Agenten: Entwickelt werden fortan nicht länger Programme, sondern „autonome" Computersysteme, die ihre Umwelt „wahrnehmen" und „Entscheidungen" treffen, um die Chance zu erhöhen, ein ihnen implementiertes Ziel zu erreichen.[26] Das Standardwerk *Artificial Intelligence: A Modern Approach* versteht die Disziplin deshalb als „Wissenschaft vom Agentendesign", wobei einen Agenten von einem konventionellen Programm eben abhebt, dass er „autonom" agiert:

> „Of course, all computer programs do something, but computer agents are expected to do more: operate autonomously, perceive their environment, persist over a prolonged time period, adapt to change, and create and pursue goals."[27]

Mit tradierten, metaphysisch anspruchsvollen Autonomiebegriffen, die auch unserer Privatrechtsordnung zugrunde liegen, hat die Autonomie dieser Agenten dabei nichts gemein. Sie bezeichnet ein graduelles, relationales Konzept: Beschrieben wird negativ der Grad der Unabhängigkeit von etwas, regelmäßig dem Einfluss des Entwicklers oder Nutzers.[28] Maschinen agieren mehr oder weniger und immer nur in Bezug auf eine andere Instanz autonom. Ihre ‚Autonomie' bezeichnet also keine Normativität *von*, sondern eine Beziehung *zu* Personen.

---

[25] Vgl. *Russell/Norvig*, Artificial Intelligence, S. 1017 mwN.; zu den gegenwärtigen Grenzen des *Deep Learning* einflussreich *Marcus*, arXiv:1801.00631, 2018, S. 5 ff.; wie trügerisch der Fokus auf eine Methode vor diesem Hintergrund sein kann, zeigt die Geschichte der Expertensysteme, vgl. dazu *Brock*, AI Magazine 39 (2018) 3; sowie eingehend *Nilsson*, Artificial Intelligence, S. 343 ff.

[26] Zu diesem Perspektivwechsel *Russell*, Artif. Intell. 94 (1997) 57 (59 ff.); das Konzept des *Softwareagenten* wurde deutlich früher entwickelt, erstmals wohl durch *Hewitt*, Artif. Intell. 8 (1977) 323; zur Entwicklung eines agentenorientierten Programmierparadigmas *Shoham*, Artif. Intell. 60 (1993) 51 (52 ff.); zu den Vorteilen einer agentenorientierten Softwareentwicklung *Jennings*, Artif. Intell. 117 (2000) 277 (278 ff.).

[27] *Russell/Norvig*, Artificial Intelligence, S. 4, 60: „science of agent design".

[28] Stellvertretend *Russell/Norvig*, Artificial Intelligence, S. 42: „To the extent that an agent relies on the prior knowledge of its designer rather than on its own percepts and learning processes, we say that the agent lacks autonomy".

Dass sich das Agentenparadigma dabei zum Standardmodell aufgeschwungen hat, liegt vor allem daran, dass es erstmals alle Stränge der Künstlichen Intelligenz einem gemeinsamen Modell zuführte. Es muss sich nicht auf bestimmte Methoden, Architekturen oder gar bestimmte Lernverfahren oder -algorithmen festlegen. Auch, wenn sich unser Blick heute schnell auf das Lernen in neuronalen Netzen verengt, kann ein Agent auch auf symbolische Architekturen zurückgreifen.[29] Das erklärt auch den rechtsdogmatischen Reiz des Begriffs.[30] Der inklusive Agentenbegriff macht die Technologie für die Rechtsdogmatik handhabbar. Der Maschine, im Rechtsverkehr ebenso vielgestaltig wie der Mensch, lassen sich so bestimmte Modellannahmen zuweisen: Ganz gleich, welche Architekturen oder Lernalgorithmen er nutzt, mit welchem Verfahren er trainiert wurde, ob er als Roboter verkörpert ist oder nicht: Der Agent agiert erstens *autonom*, also unabhängig von direkter menschlicher Steuerung. Er *interagiert* zweitens mit seiner Umgebung.[31] Und er ist drittens imstande, sein Verhalten *adaptiv* an eine sich wandelnde Umgebung anzupassen. Speziell die Anpassungsfähigkeit unterscheidet ihn dabei von konventionellen Computersystemen.[32] Mithilfe verschiedenster Techniken maschinellen Lernens lernt der Agent anhand von Interaktionen mit seiner Umwelt. Er ist so imstande, auch bisher unbekannte Probleme unabhängig von menschlichen Interventionen zu lösen.

Als besonders wirkmächtig erwies sich das Konzept eines Agenten, der das ihm implementierte Ziel nicht nur „autonom", sondern „rational" verfolgt, also auf jede seiner „Wahrnehmungen" mit einer „Entscheidung" reagiert, von der erwartet wird, dass sie „seinen" Nutzen maximiert.[33] Entwickelt werden Maschinen, die selbständig agieren, sich anhand von Interaktionen mit ihrer Umwelt fortlaufend weiterentwickeln und ihr Vorgehen dabei so planen, dass das ihnen vom Menschen vorgegebene Ziel möglichst effizient erreicht wird. Ohne dies stets

---

[29] *Russell/Norvig*, Artificial Intelligence, S. 208 ff.; jüngst wurde (abermals) prominent die Verbindung von symbolischen und subsymbolischen Methoden angeregt, vgl. *Marcus*, arXiv:1801.00631, 2018, S. 20 ff.

[30] Das juristische Schrifttum greift seit den 90er Jahren auf den Agentenbegriff zurück, s. früh etwa *Cornelius*, MMR 2002, 353 (353 f.); aus dem jüngeren Schrifttum nur *Gleß/Seelmann*, Intelligente Agenten und das Recht, 2016; *Teubner*, AcP 218 (2018) 155 (156); *Hennemann*, Interaktion und Partizipation, S. 41 f.; *Kollmann*, Autonome und intelligente Wertpapierhandelssysteme, S. 87 ff.; *Kleiner*, Die elektronische Person, S. 23 ff.; im vorliegenden Zusammenhang jüngst *Calabro*, Künstliche Intelligenz und Corporate Governance, S. 29 ff.; die in den 90er Jahren sehr intensiv geführte Diskussion zum Agentenbegriff ist heute entschärft, wenn sie im juristischen Schrifttum bisweilen noch immer aufbereitet wird, bleibt dies ohne Ertrag, für einen Überblick über die damalige Debatte *Wooldridge/Jennings*, Knowl. Eng. Rev. 10 (1995) 115; sowie *Sycara*, AI Magazine 19 (1998) 11 (11).

[31] Allgemein zu sog. „Multiagentensystemen" *Russell/Norvig*, Artificial Intelligence, S. 599 ff.

[32] Vgl. nur *Hacker*, Datenprivatrecht, S. 35 f.; *Zech*, ZfPW 2019, 198 (202 ff.); aus technischer Sicht *Russell/Norvig*, Artificial Intelligence, S. 42.

[33] *Russell/Norvig*, Artificial Intelligence, S. 4, 39 ff.: „A rational agent is one that acts so as to achieve the best outcome or, when there is uncertainty, the best expected outcome".

offen auszusprechen, kürt die Künstliche Intelligenz damit keinen Geringeren als den mystischen Homo Oeconomicus der Neoklassik zum Vorbild. Anders ausgedrückt: Sie entwickelt die *Machina Oeconomica*.[34]

Dass die Disziplin wie die traditionelle Ökonomik, von formalen Rationalitätskonzepten angezogen wird, kann dabei kaum verwundern. Sie bieten den Maschinen, die sie hervorbringt, ein mathematisches Ideal.[35] Auch die rechtliche Debatte und speziell der Diskurs über eine von Maschinen verwaltete Korporation wird von diesem Ideal einer rationalen Maschine getrieben.[36] Das gilt erst recht, da kognitionspsychologische Untersuchungen keinen Zweifel mehr daran lassen, dass das neoklassische Verhaltensmodell den Menschen selbst allenfalls unzureichend beschreibt.[37] Wir handeln weit weniger rational als es das Modell unterstellt. Unsere Kognition unterliegt vielfältigen systematischen Verzerrungen: Wir neigen dazu, die Vorhersehbarkeit eines tatsächlich eingetretenen Ereignisses in der Rückschau zu überschätzen, bewerten die Wahrscheinlichkeit des Eintritts eines Ereignisses danach, wie leicht wir uns daran erinnern können oder empfinden einen Verlust schwerer als einen formal gleichwertigen Gewinn. Die Künstliche Intelligenz hat es sich zum Ziel gesetzt, Maschinen zu entwickeln, die diese Limitationen nicht aufweisen und Probleme effizienter lösen als wir. Nicht unwahrscheinlich, dass sie damit Erfolg hat und Rationalitätskonzepte Maschinen künftig besser beschreiben als uns selbst. Auch diese Arbeit geht von der Prämisse aus, dass ihr dies gelingt. Sie geht (auch) der Frage nach, was Normen wie § 76 III S. 1 AktG leisten können, sollten Maschinen in der Zukunft effizienter agieren als der Mensch. Was also passiert, wenn sich die Hoffnung auf eine *Machina Oeconomica* erfüllt, die wie ihr Vorbild tut, was der Mensch tut, nur um ein Vielfaches effizienter.

Umgekehrt speist sich das zentrale Argument, das der Idee einer von Maschinen verwalteten Korporation entgegengehalten wird, aus der empirischen Einsicht, dass der Künstlichen Intelligenz dies bislang eben noch nicht gelingt.

---

[34] *Parkes/Wellmann*, Science 349 (2015) 267 (267): „*machina economicus*"; zum Verhaltensmodell des Homo Oeconomicus statt vieler *Kirchgässner*, Homo Oeconomicus, S. 12 ff.; auch *Eidenmüller*, Effizienz als Rechtsprinzip, S. 28 ff.

[35] Aus ökonomischer Sicht *Parkes/Wellmann*, Science 349 (2015) 267 (267 f.); mit dem Agentenparadigma suchte die KI am Ende des 20. Jahrhunderts bewusst Anschluss an andere Disziplinen, die den rationalen Agenten ebenfalls als Forschungsobjekt begriffen, vgl. *Russell*, Artif. Intell. 94 (1997) 57 (59); rechtliche Bedeutung der Übernahme des ökonomischen Vokabulars andeutend etwa *Eidenmüller*, J. Bus. E. Tech L. 15 (2019) 109 (118): „natural nexus between the nature of AI and the rhetoric of welfare economics"; wer die Rechtsordnung als Ordnungsrahmen versteht, der (auch) die Gesamtwohlfahrt fördern soll, wird annehmen, dass sie (auch) zum Einsatz möglichst rationaler Maschinen anreizen sollte, das Modell des „rationalen Agenten" taugt dann ggf. auch als normatives Leitbild.

[36] Besonders deutlich im vorliegenden Kontext etwa *Hamdani et al.*, J. Br. Acad. 6 (2018) 215 (229); *Petrin*, Colum. Bus. L. Rev. (2019) 965 (1004 f.).

[37] Grundlegend *Tversky/Kahneman*, Science 185 (1974) 1124; umfassend nun *Kahneman*, Thinking, Fast and Slow, 2011.

Das Paradigma einer möglichst zweckrationalen Maschine ist insoweit normativ, nicht deskriptiv zu verstehen: Es trifft keine Aussage darüber, was wir heute im Alltag tatsächlich beobachten können. Für den Moment gibt es nur vor, wie Maschinen idealiter zu konstruieren sind. Schon aufgrund begrenzter Rechenressourcen werden bislang nur Maschinen entwickelt, die sich der Rationalität in den Grenzen ihrer Rechenleistung annähern. Und auch die algorithmischen Modelle, die die Disziplin bislang bereitstellt, sind weit von mathematischer Rationalität entfernt. Maschinen sind also nicht schon deshalb zur korporativen Leitung berufen, weil sie rationaler agieren als der Mensch. Sie sind so rational, wie sie konstruiert werden.

2. *‚Autonomie' als Ungewissheit*

Diese Einsicht muss unweigerlich zu einer anderen zentralen Beobachtung führen: Nüchtern betrachtet bleiben die Maschinen, die die Künstliche Intelligenz hervorbringt, bei all dem bloß willenlose Artefakte. Am in Dartmouth formulierten Ausgangspunkt hat sich insoweit nichts geändert: Es geht um Maschinen, die Probleme lösen, ohne Person zu sein. So ähnlich, wie sie uns äußerlich also auch sein mag, nach unserem tradierten Verständnis, das die Fähigkeit zu handeln an mentale und körperliche Zustände koppelt und deshalb dem Menschen vorbehält, bleibt ihr Verhalten auf absehbare Zeit technisches Wirken, das lediglich menschliches Handeln verändert, ohne selbst Handeln zu sein.[38] Anders als die Autonomie, die wir uns als Intentionalität zuschreiben und die uns Art. 1 I GG als uns exklusiv unterstellt, bezeichnet die ‚Autonomie' technischer Systeme keine Normativität von Personen. Nur deshalb lässt sie sich graduieren. Eine Maschine agiert (allenfalls) mehr oder weniger ‚autonom' von einem Menschen. Ihr Wirken verantwortet deshalb nicht sie selbst, sondern ein menschlicher Entwickler, Trainer oder Nutzer. Anders als der Mensch hat die Maschine keinen Körper, keine Empfindungen, keine Wünsche oder Intentionen und damit auch nichts zu verlieren. Sie ist kurzum nicht verantwortungsfähig und deshalb auch nicht unmittelbar ansprechbar für rechtliche Steuerungsanreize. Dem Recht fehlt es an dieser Stelle, wie *Wagner* es ausdrückt, an einem unmittelbaren „motivationalen Anknüpfungspunkt"[39].

Wenn die Informationstechnologie heute von ‚Autonomie' spricht, beschreibt sie damit in erster Linie ein neues Risiko.[40] Oder allgemeiner ausgedrückt eine neue Form der Ungewissheit: Weil die Maschine ohne menschliche Interventi-

---

[38] Besonders nachdrücklich jüngst *Fuchs*, Verteidigung des Menschen, S. 35 ff.: „*Personen sind keine Programme*" und „*Programme sind keine Personen*" [Hervorhebung im Original].

[39] *Wagner*, Zivilrechtliche und rechtsökonomische Probleme des Internet und der künstlichen Intelligenz, S. 1 (33).

[40] Treffend deshalb insoweit der Begriff des „Autonomierisikos" im Schrifttum, vgl. *Teubner*, AcP 218 (2018) 155 (163 ff.); *Zech*, Intelligente Agenten und das Recht, S. 163 (175); *Zech*, 73. DJT I, A 41 ff.; *Schirmer*, JZ 2019, 711 (711); er findet international und im technologischen Schrifttum indes kein Entsprechen.

onen mit der Umwelt interagiert und sich dabei selbständig anhand gemachter Erfahrungen verändert, haben wir keine (epistemische) Kontrolle mehr über ihre konkreten Ausgaben. Wir wissen nicht länger, wie ihr Verhalten genau aussehen wird. Wir hoffen nur noch, dass es unseren Vorstellungen entspricht.[41] Wie begründet diese Hoffnung ist, hängt dabei von uns ab.[42] Über den *Grad* der Ungewissheit bestimmen wir: Wir wählen die Modellarchitekturen, Lernalgorithmen und Trainingsdatensätze. Wir spezifizieren die Zielfunktion, kodieren entsprechende Sicherheitsbeschränkungen, testen, dokumentieren und überwachen die Maschinen. Wir bestimmen über ihre Einsatzumgebung.

Die Informationstechnologie stellt all das regelmäßig nicht infrage. Sie hat sich ausgesprochen oder unausgesprochen *Dennett's* Konzept des *„intentional stance“* zu eigen gemacht. Entitäten lassen sich danach schon dann als „intentionale Systeme“ beschreiben, wenn sich ihr Verhalten durch die Zuschreibung von Zielen oder Wünschen besser erklären und prognostizieren lässt.[43] Dass wir Maschinen mit intentionalem oder rationalistischem Vokabular beschreiben, sie so entwickeln, als handelten sie zielgerichtet oder nutzenoptimierend, ist demnach ein taktischer Kniff, der uns die Entwicklung von und das Sprechen über Maschinen erleichtert. Hinter der *Machina Oeconomica* steckt nicht mehr als eine sinnvolle Abstraktion. Mit ähnlichen sinnvollen Abstraktionen operieren inzwischen auch andere Disziplinen. Weil sich die Verantwortungsbeiträge der verschiedenen hinter der Maschine stehenden Menschen nur noch schwer identifizieren und auflösen lassen, begreift etwa der Informationsphilosoph *Floridi* leistungsfähige Maschinen schon dann als moralfähig, wenn wir sie auf einem bestimmten Abstraktionsniveau nicht mehr von einem Menschen unterscheiden können.[44] Für die Qualifikation als moralisches Handlungssubjekt genügt für ihn

---

[41] Statt vieler aus dem deutschen phil. Schrifttum *Nida-Rümelin*, Berechenbarkeit der Welt?, S. 497 (510 ff.); aus dem rechtl. Schrifttum hier nur *Wagner*, Fordham Law Rev. 88 (2022) 591 (591): „not entirely under control of human actors“.

[42] Instruktiv zum Einfluss des Programmierers (und Trainers) aus rechtlicher Sicht *Zech*, 73. DJT I, A 34 ff.; eingehend zur haftungsrechtlich entscheidenden Unterscheidung zwischen Nutzern und Herstellern *Wagner*, JETL 13 (2022) 191 (196 f.), der den Hersteller (bislang) zurecht als Kernakteur identifiziert.

[43] *Dennett*, The Intentional Stance, 1987; ähnlich bereits *McCarthy*, Philosophical Perspectives in Artificial Intelligence 1979, S. 1; beide aufgegriffen von *Shoham*, Artif. Intell. 60 (1993) 51 (52 ff.), der auf diesem Boden das agentenorientierte Programmierparadigma entwickelt; vgl. auch *Wooldridge/Jennings*, Knowl. Eng. Rev. 10 (1995) 115 (119 ff.); in die rechtswissenschaftliche Argumentation übernommen wurde *Dennetts* Konzept insb. im Diskurs zur Rechtsfähigkeit von Maschinen, vgl. etwa *Chopra/White*, A Legal Theory for Autonomous Artificial Agents, S. 11 ff.; für Kritik an der anthropomorphen Rhetorik der KI statt vieler *Watson*, Minds and Machines 29 (2019) 417 (432 ff.) sowie jüngst *Fuchs*, Verteidigung des Menschen, S. 62 ff.; die Wahl des anthropomorphen Vokabulars folgt dabei indes (auch) der Einsicht, dass wir uns der Vermenschlichung nicht vollends entziehen, sondern sie nur bewältigen und im besten Fall nutzen können, vgl. *Proudfoot*, Artif. Intell. 175 (2011) 950 (952): „managed, rather than purged“; zum Anthropomorphismus als legitime Strategie vgl. die Nachweise bei *Dacey*, Philos. Sci. 84 (2017) 1152 (1153).

[44] Grundlage ist auch hier eine Abstraktionsmethode, vgl. *Floridi/Sanders*, Minds and

bereits die Beobachtung von außen. Die Moral ist danach ein bloßer „Schwellenwert, der durch die Observablen der Schnittstelle definiert wird, die das betreffende Abstraktionsniveau festlegen".[45] Soll heißen: Moralität liegt im Auge des Betrachters. Und: Moralfähig ist, wer sinnvollerweise moralfähig sein sollte. Maschinen Handlungsfähigkeit zuzuschreiben, obwohl mentale Zustände, ein freier Wille, Intentionalität, Intelligenz, ein Bewusstsein und ein Körper fehlen, bricht aus philosophischer Sicht mit dem, was wir kennen. Und doch sollten wir den Ansatz nicht als kategorischen Gegenentwurf begreifen, sondern als Versuch, die diffizile Arbeitsteilung zwischen Menschen und Maschinen besser zu verstehen. Er mündet in einer „geist-freien Moral", bei der die Maschine als moralisches Handlungssubjekt, weil sie nicht intentional handelt, zwar nicht moralisch verantwortlich sein, aber immerhin moralisch „haftbar" gemacht werden kann, und muss hier nicht weiterverfolgt werden.[46] Anders als im rechtswissenschaftlichen Diskurs bisweilen unterstellt, steht dabei jedenfalls nicht die moralische Gleichstellung mit dem Menschen, sondern eine basale Form moralischer Handlungsfähigkeit mithilfe einer Abstraktion in Rede. Ob diese Abstraktion zweckmäßig ist, ist hier nicht zu entscheiden. Entscheidend ist die Beobachtung, die ihr zugrunde liegt. An ihr führt kein Weg vorbei: Auf einem bestimmten Abstraktionsniveau erscheint die Maschine wie ein Akteur. Weil sie sich äußerlich nicht mehr von einem Menschen unterscheidet, *scheint* sie intentionale Zustände zu besitzen. Von außen betrachtet wirkt sie wie ein Akteur, weil sie selbständig ihr implementierte Ziele verfolgt, dabei mit ihrer Umwelt interagiert, ihr algorithmisches Modell während des Lernprozesses in bestimmten Grenzen verändert und deshalb nicht mehr vollständig vorhersehbar agiert, während sich zugleich die menschlichen Verantwortungsbeiträge immer schwieriger identifizieren und auflösen lassen.

Die rechtliche Schwierigkeit besteht dann darin, diese selbständigen, aber völlig willenlosen Maschinen, die sich verhalten, ohne zu handeln, und so gleichsam nonbinär, wie „Hybridentitäten"[47], als „quasi-Subjekte"[48] daherkommen, weil sie als Akteure entwickelt werden und uns im Rechtsverkehr wie Akteure erscheinen, ohne doch Akteure zu sein, sachgerecht zu greifen. Auch das Recht ist ohne

---

Machines 14 (2004) 349 (351, 353 ff.): „levels of abstraction"; umfassend dazu *Floridi*, Minds and Machines 18 (2008) 303.

[45] *Floridi/Sanders*, Minds and Machines 14 (2004) 349 (349).

[46] Vgl. *Floridi/Sanders*, Minds and Machines 14 (2004) 349, die „mindless morality" an die Fähigkeit knüpfen, ohne externen Stimulus eine Zustandsveränderung herbeizuführen (*Autonomie*), auf einen solchen Stimulus mit einer Zustandsveränderung reagieren zu können (*Interaktivität*) und die Regeln, die Zustandsveränderungen steuern, eigenständig verändern zu können (*Adaptivität*); übernommen etwa von *Misselhorn*, Society 55 (2018) 161, die bei Vorliegen dieser Eigenschaften von der „Selbstursprünglichkeit" des Maschinenverhaltens spricht.

[47] *Hacker*, RW 2018, 243 (250).

[48] *Wagner*, Zivilrechtliche und rechtsökonomische Probleme des Internet und der künstlichen Intelligenz, S. 1 (29).

Weiteres zu sinnvollen Abstraktionen imstande. Obwohl die Maschine selbst ihre Ausgaben nicht verantwortet, könnte es ihr diese Ausgaben also *als eigene* zuschreiben. Ebenso lassen sich Regelungen, die einst für handlungsfähige Individuen entwickelt wurden, nun auch entsprechend auf nicht handlungsfähige Maschinen anwenden. Wenn und soweit dies nur zweckmäßig ist. In einigen Fällen kann es sinnvoll sein, die Maschine einer (Hilfs-)Person anzunähern, in anderen nicht.[49] Es gilt im Einzelfall das richtige Abstraktionsniveau zu wählen, mit *Floridi* gesprochen, die „Observablen der Schnittstelle" zu definieren. Sollte das Recht in Maschinen Subjekte erkennen, wenn sich ihre Ausgaben immer schwerer der Willensentscheidung eines Einzelmenschen zuordnen lassen? Wäre der Maschine, die eine Korporation leitet, zu diesem Zweck ein eigener Rechtsstatus zuzuweisen? Kann die Geschäftsführung einer GmbH einen Stimmpatt, statt durch einen Münzwurf, auch durch die Einbindung einer Maschine auflösen? Oder sind ihr, wie bei der Konsultation eines Menschen, engere Grenzen gesetzt? Wie ist im Aktienrecht das Spannungsfeld zwischen der Leitungsautonomie des Vorstands und der Autonomie informationstechnischer Systeme aufzulösen? Wie reagiert das Recht auf vormals apathische Aktionäre, die ihre Stimme nun mithilfe von Maschinen in stetiger Regelmäßigkeit abgeben? (Oder abgeben *lassen*?) Die Antworten hängen davon ab, auf welchem Abstraktionsniveau das Recht die Maschine jeweils fokussiert.

IV. Zwischenergebnis: Machina Oeconomica

Fassen wir zusammen: Alles beginnt in Dartmouth. Ausgerufen wird dort das Ziel, Maschinen zu entwickeln, die Verhalten zeigen, das wir als intelligent bezeichnen würden, würden wir uns dergestalt verhalten. Erreicht wird dieses Ziel heute ausschließlich mithilfe von Maschinen, die anhand von Trainingsdaten lernen, ohne explizit programmiert worden zu sein. Sie stehen inzwischen oft synonym für die Künstliche Intelligenz. Mithilfe solcher lernenden Maschinen entkoppelt die Disziplin die erfolgreiche Problemlösung von der Notwendigkeit, intelligent zu sein. Und damit zunehmend auch korporatives von menschlichem Handeln: Im Verband ersetzen Maschinen, die lernen und mit ihrer Umgebung interagieren, nach und nach nicht nur den Menschen, sondern auch Maschinen, die explizit programmiert wurden. Die korporativen Entscheidungsprozesse spielen sich so immer häufiger ohne unmittelbare Beteiligung eines Menschen ab. Und mehr noch. Weil Maschinen lernen und mit ihrer Umgebung interagieren, sind diese Entscheidungsprozesse für den Menschen nicht länger vollständig vorhersehbar. Der Verband wird im Rechtsverkehr durch Verhalten berechtigt und

[49] Zur rechtlichen Grundsatzentscheidung, Maschinen entweder als Werkzeug oder als (Hilfs-)Person zu begreifen *Zech*, 73. DJT I, A 1; zur Beobachtung, dass die Grenze zwischen Person und Werkzeug verschwimmt, allgemein etwa *Balkin*, Cal. L. Rev. Cir. 6 (2015) 45 (57 ff.).

verpflichtet, ohne dass ein Individuum dieses Verhalten unmittelbar steuern oder auch nur epistemisch kontrollieren würde.

Kern des modernen Entwicklungsparadigmas der Künstlichen Intelligenz ist dabei die Idee, rationale Agenten zu konstruieren: Computersysteme, die ihre Umgebung mit Methoden der Datenerfassung wahrnehmen, selbständig agieren, ihr Verhalten fortlaufend anpassen und dabei möglichst die für das Erreichen eines vom Menschen vorgegebenen Ziels bestmögliche Aktion wählen. Konstruiert werden mächtige Optimierer. Es geht um Maschinen, die unabhängig vom Menschen, einen programmierten Erwartungsnutzen optimieren. Vorbild ist der sagenumwobene Homo Oeconomicus. Entwickelt wird eine *Machina Oeconomica*. Auch eine Maschine, die die Geschicke einer Korporation leitet, könnten wir uns nur als Agenten vorstellen. Ganz unabhängig von den jeweiligen Methoden und Algorithmen, auf die sie zurückgreift, müsste sie die Korporation in die Lage versetzen, unabhängig von menschlichen Interventionen am Rechtsverkehr teilzunehmen, mit anderen Rechtspersonen zu interagieren und sich dabei an veränderte Umweltbedingungen anzupassen. Und: Sie sollte dies eben möglichst rational tun. Wenngleich es freilich keinen Fehlschlüssen zu unterliegen gilt: Bei all dem bleibt die Maschine ein bloßes Artefakt. Dass wir ihr Zielfunktionen implementieren, Intentionen und Präferenzen zuschreiben, ist allenfalls eine zweckmäßige Abstraktion. Künftig mag sie Unternehmen effizienter verwalten als der Mensch, unternehmerische Verantwortung trägt sie nicht.

B. Das Ausrichtungsproblem

Unsere Ausgangsfrage ist damit noch nicht abschließend beantwortet. Wir wissen nun, was Künstliche Intelligenz ist, dass sie Probleme löst, ohne intelligent zu sein, dass sie damit nicht nur die erfolgreiche Problemlösung von der Person, sondern auch die korporative Arbeitsteilung vom Menschen entkoppelt. Doch welche Rolle das Gesellschaftsrecht bei all dem spielt, ist noch offen. Darauf lässt sich nur ausgehend von der Funktion des Gesellschaftsrechts eine Antwort geben. Die Regeln des Gesellschaftsrechts dienen, jedenfalls zu einem großen Teil, der *Ausrichtung*: Weil die Interessen des Verbands, seiner Organe und Mitglieder nicht kongruent sind, müssen sie mithilfe rechtlicher Institute entsprechend ausgerichtet werden. Maschinen optimieren, anders als der Mensch, schlicht die Anreizstruktur, die wir ihnen implementieren. Sie sind Sklaven ihres Codes. Doch genau das ist das Problem.

I. Problemaufriss

Ausgangspunkt ist auch im Gesellschaftsrecht die neue Ungewissheit: Weil Maschinen unabhängig von unmittelbarer menschlicher Steuerung lernen und dabei mit ihrer Umwelt interagieren, ist ihr Verhalten für uns nicht mehr vollumfänglich vorhersehbar. Wie ihre Entscheidung genau ausfallen wird, ist ungewiss. Diese Ungewissheit ist *als solche* noch kein Problem. Solange die Maschine nur die richtigen unvorhersehbaren Entscheidungen trifft: *AlphaGo's* sagenhafter 37. Zug im zweiten Spiel gegen *Lee Sedol*, so unvorhersehbar wie siegbringend, ist ausdrücklich erwünscht.[50] Ganz anders die ebenso unvorhersehbaren, aber weniger sagenhaften Äußerungen des Chatbots *Tay*.[51] Um es allgemeiner zu fassen: Dass wir nicht mehr wissen, wie das Maschinenverhalten im Einzelfall ausfällt, sondern nur noch hoffen, dass es unseren Interessen entspricht, ist unproblematisch, solange sich diese Hoffnung erfüllt. Damit ist ein Ausrichtungsproblem beschrieben: Es geht nicht darum, die Maschinen vorhersehbar zu machen. Vielmehr gilt es sicherzustellen, dass die Gratwanderung zwischen erwünschten und unerwünschten unvorhersehbaren Entscheidungen zu unseren Gunsten ausfällt. Maschinen sollen auch und gerade unvorhersehbar agieren, sie sollen ihr unvorhersehbares Verhalten aber an unseren Interessen ausrichten.[52] Was trivial anmutet, adressiert die Künstliche Intelligenz unter dem Stichwort der *Agentenausrichtung* („agent alignment") als Fundamentalproblem:[53] Wie können wir Maschinen konstruieren, die unsere Hoffnung erfüllen? Maschinen, die sich zwar unvorhersehbar, aber in Übereinstimmung mit unseren Interessen verhalten, die lernen, was sie lernen sollen, ihr Verhalten im Nachgang erklären können, dabei Dritte nicht schädigen, die kurzum dauerhaft das tun, was sie tun sollen?

Abstrakt ist uns diese Gemengelage vom Menschen vertraut: Beauftragen wir eine andere Person, wissen wir nicht, wie ihre Entscheidungen im Einzelnen aussehen werden. Wir haben die Hoffnung, dass sie zu unseren Gunsten ausfallen, und treffen bestimmte (auch) rechtliche Vorkehrungen dafür, dass sich diese Hoffnung erfüllt. Und doch besteht die Gefahr, dass wir am Ende nicht das bekommen, wonach wir gefragt haben, weil die Person den ihr eröffneten Handlungsspielraum zu unserem Nachteil ausnutzt. Die Institutionenökonomik hat dieses Problem bekanntlich unter dem Stichwort des Agenturkonflikts adressiert;[54] die Rechtsökonomik im Anschluss die Moderation der korporativen

---

[50] *AlphaGos* 37. Zug im zweiten Spiel gegen *Lee Sedol* widersprach (errechenbaren) Wahrscheinlichkeiten und der Intuition der Entwickler, s. *Hassabis*, Nature 544 (2017) 413 (414): „upended centuries of traditional Go wisdom".

[51] Vgl. oben § 2 A II. (Fn. 23).

[52] Aus technischer Sicht zu dieser „Gratwanderung" statt vieler *Leike et al.*, arXiv:1811.07871, 2018, S. 1 f.; *Thomas et al.*, Science 366 (2019) 999 (1000).

[53] *Leike et al.*, arXiv:1811.07871, 2018, S. 1: „*alignment problem*" (oft „*AI Safety*" oder „*AI Governance*"); *Hadfield-Menell/Hadfield*, arXiv:1804.04268, 2018, S. 3; *Gabriel*, Minds and Machines 30 (2020) 411 (412 ff.); *Li et al.*, Science Robot. 4 (2019) 1: „ensuring that the objectives given to the learning systems align with human's intentions"; *Thomas et al.*, Science 366 (2019) 999 (999); jetzt auch *Russell/Norvig*, Artificial Intelligence, S. 4 f., 1002 ff.: „achieving agreement between our true preferences and the objective we put into the machine"; sowie für ein breiteres Publikum jüngst *Christian*, The Alignment Problem, S. 13: „how to ensure that these modells capture our norms and values, understand what we mean or intend, and, above all, do what we want"; früh *N. Wiener*, Science 131 (1960) 1355 (1357 f.).

[54] Grundlegend *Jensen/Meckling*, J. Fin. Econ. 3 (1976) 305 (308 f.).

Agenturkonflikte als gesellschaftsrechtliche Kernkompetenz ausgemacht.[55] Beidem liegt die Einsicht zugrunde, dass Menschen Eigeninteressen verfolgen, die mit den Interessen anderer in Konflikt geraten. Weil dem so ist, hält das Gesellschaftsrecht Instrumente bereit, die die konfligierenden Interessen aufeinander ausrichten und sicherstellen, dass Organe oder Mitglieder ihren Spielraum nicht zur Verfolgung eigener Interessen ausnutzen. Zu kurz griffe nun der Schluss, das Gesellschafsrecht würde seiner Funktionen beraubt, wenn in korporativen Agenturbeziehungen an die Stelle menschlicher Agenten nach und nach maschinelle treten. Weil auch Maschinen nicht länger nur das tun, was sie tun sollen, entsteht ein neues Kontrollproblem oder präziser: ein neues Ausrichtungsproblem, das ebenso dringlich nach rechtlichen Lösungen verlangt. Es bildet den Kern einer *Corporate AI Governance*.

II. Auffächerung des Problems

Wir kommen nicht umhin, vor der Analyse dieser rechtlichen Lösungen, weiter ins technische Detail zu gehen. Das Problem der Agentenausrichtung bildet nur die Überschrift für eine Vielzahl sich oft überschneidender und wechselseitig verstärkender Einzelfragen.[56] Auf der Hand liegt etwa, dass auch die Schwierigkeit, populäre Modellarchitekturen zu interpretieren, dazu zählt. Wenn wir nicht wissen, weshalb eine Maschine zu einer Ausgabe gelangt, lässt sich darüber, ob diese Ausgabe unseren tatsächlichen Vorstellungen entspricht, keine verlässliche Aussage treffen. Und auch andere prominent diskutierte Problemlagen wie die Fähigkeit, über die Trainingsdaten hinaus zu generalisieren oder manipulierten Eingabedaten zu widerstehen, sind im Kern solche der Agentenausrichtung. Das Ausrichtungsproblem versteht sich insoweit bewusst als übergreifende Perspektive: Es bietet einerseits einen von den im Einzelfall gewählten Methoden, Architekturen und Verfahren weitgehend unabhängigen Rahmen.[57] Andererseits adressiert es inzwischen sowohl die kurzfristige als auch langfristige Forschungs-

---

[55] *Kraakman et al.*, The Anatomy of Corporate Law, S. 2 f., 35 ff.; *Bachmann et al.*, Rechtsregeln für die geschlossene Kapitalgesellschaft, S. 6 ff.; grundlegend *Easterbrook/Fischel*, The Economic Structure of Corporate Law, S. 14 f., 91 ff.; zur Funktion des Gesellschaftsrechts, die konfligierenden Interessen der Unternehmensbeteiligten auszurichten, ohne Einbettung in die Methodik der Rechtsökonomik insb. *Wiedemann*, Gesellschaftsrecht I, § 1 V 1 b) (S. 84 ff.).

[56] Grundlegend *Amodei et al.*, arXiv:1606.06565, 2016, die nicht abschließend etwa folgende Probleme dazu zählen: *negative side-effects*, *reward hacking*, *limited capacity for human oversight*, *differences between training and deployment environments*, *uncontrolled or unexpected exploration after deployment*; für eine ebenfalls nicht abschließende Ordnung verschiedener Detailprobleme in den hier gewählten Kategorien *Ortega/Maini*, Building safe artificial intelligence, 2018.

[57] Das Ausrichtungsproblem lässt sich als Teil aller KI-Methoden verstehen, für eine empirische Zuordnung diskutierter Detailfragen zum jeweiligen KI-Paradigma *Hernández-Orallo et al.*, ECAI 2020, 2521 (2525 ff.).

perspektive. Es überwindet also auch den im juristischen Schrifttum oft überschätzten Plakativgegensatz zwischen ‚starker' und ‚schwacher' Künstlicher Intelligenz.[58]

Grob lässt sich das Problem dabei in den Kategorien *Spezifikation*, *Robustheit* und *Garantien* auffächern.[59] Fragen der Spezifikation verbindet eine unvollständige oder unpräzise maschinelle Zielfunktion. Plakativ ausgedrückt, weicht das Maschinenverhalten in diesem Fall von dem ab, was wir uns erhoffen, weil die Anreizstruktur der Maschine fehlerhaft gestaltet wurde. Mit der Robustheit ist dagegen die Fähigkeit angesprochen, Widerständen zu trotzen: Wie gelingt es uns, Maschinen so zu konstruieren, dass sie auch in unbekannten Umgebungen, bei bewussten Störungen oder anderen Unwägbarkeiten sicher agiert? Wie gewährleisten wir einen Lernprozess, in dem wichtige Rechtsgüter keinen Schaden nehmen? Die Kategorie der Garantien bündelt schließlich Probleme bei der Überwachung und dem Verständnis des Maschinenverhaltens. Großen Raum nimmt hier die Interpretierbarkeit ein: Hat die Maschine tatsächlich das gelernt, was sie lernen sollte? Legt sie ihren Vorhersagen die Faktoren zugrunde, die sie ihnen zugrunde legen soll?

1. Spezifikation

Probleme der *Spezifikation* erschließen sich am besten am legendären Missgeschick des König Midas.[60] Der wünschte sich bekanntlich, dass alles, was er berühre, zu Gold würde, und bekam ganz zu seinem Leidwesen auch genau diesen Wunsch erfüllt. Er bekam, was er sagte, aber nicht was er meinte. Nach allem, was man weiß, werden wir uns als Maschinisten künftig immer häufiger in seiner Position wiederfinden: Die selbständige, aber völlig willenlose Maschine optimiert ein von uns definiertes Ziel mit Verhalten, das uns bei der Definition dieses Ziels nicht vor Augen stand. Sie macht das, und nur das, was wir sagen, aber nicht das, was wir meinen. Fragen der Spezifikation setzen hier an: Wie

[58] Zu Beginn dominierte ein oft sehr anspruchsvolles Verständnis, s. insb. *Omohundro*, Frontiers in Artificial Intelligence and applications 171 (2008) 483; *Yudkowsky*, Global Catastrophic Risks, S. 308 ff.; *Bostrom*, Superintelligence, S. 127 ff.; die Unterschiede zwischen kurz- und langfristigen Forschungsperspektiven werden oft überschätzt, vgl. *Cave/Ó hÉigeartaigh*, Nat. Mach. Intell. 1 (2019) 5 (5 f.).

[59] *Ortega/Maini*, Building safe artificial intelligence, 2018: „*specification*"; „*robustness*"; „*assurance*"; sowie bereits *Leike et al.*, arXiv:1711.09883, 2017, S. 1; aufgegriffen etwa von *Ecoffet et al.*, arXiv:2006.07495, 2020, S. 2 f.; andeutend aus rechtlicher Sicht *Zech*, 73. DJT I, A 35; für eine empirische Auswertung von Sicherheitsproblemen innerhalb dieser Typologie *Juric et al.*, arXiv:2002.05671, 2020; krit. dagegen *Hernández-Orallo et al.*, ECAI 2020, 2521 (2526): „too coarse"; die Kategorien bilden einen gedanklichen Rahmen, ihre Grenzen sind fließend, andere Taxonomien möglich und verbreitet, s. etwa *Amodei et al.*, arXiv:1606.06565, 2016, S. 1 f.

[60] Das Problem firmiert deshalb auch als „King Midas problem", vgl. *Russell/Norvig*, Artificial Intelligence, S. 33, 1003; *Russell*, Human Compatible, S. 136 ff.; *Hadfield-Menell et al.*, NeurIPS 2017, S. 1.

übersetzen wir unsere Ziele präzise in solche der Maschine? Wie formulieren wir, was wir wollen?[61]

Ganz abstrakt gehen wir heute jedenfalls stets nach dem gleichen Muster vor: Wir definieren eine mathematische Zielfunktion als oberste Verhaltensmaxime.[62] Diese Funktion bestimmt, was die Maschine tun soll, und was nicht. Sie legt also fest, was es bedeutet, unsere Ziele zu erreichen und formuliert dafür entsprechende Nebenbedingungen. Die Aufgabe der Spezifikation nun besteht darin, unsere Ziele möglichst vollständig und präzise in dieser Zielfunktion abzubilden. Das ist leichter gesagt als getan. Zum einen, weil wir oft nur ein implizites Verständnis davon haben, was wir tatsächlich wollen. Zum anderen, weil sich das, was uns wichtig ist, nur schwer effektiv in einer maschinellen Zielfunktion abbilden lässt. Dass maschinelle Lernverfahren ihre größten Erfolge in Spielumgebungen feierten, liegt auch daran, dass dies hier leichter fällt. *AlphaGo* etwa lernte anhand einfacher numerischer Signale, +1 für den Sieg, 0 für ein Unentschieden, –1 für eine Niederlage.[63] In komplexen realen Umgebungen lässt sich all das, worauf eine lernende Maschine achten sollte, kaum explizit spezifizieren. Und so optimiert die Maschine in der Regel ein unscharfes mathematisches Abbild unseres tatsächlichen Ziels.[64] Das kann bewusst geschehen, weil sich unsere Ziele nicht effektiv in der Zielfunktion abbilden lassen, oder unbewusst, ohne dass uns dies bekannt ist. Fest steht: Die Fehlspezifikation ist heute nicht die Ausnahme, sondern die Regel.[65] Es stellt sich also nicht die Frage, *ob* die Ziele der Maschine von unseren abweichen, sondern wie stark.

Die praktischen Probleme, die daraus erwachsen, sind vielgestaltig.[66] Ihnen allen ist gemein, dass sich die Maschine nicht so verhält, wie sie sich verhalten soll – obwohl sie formal die ihr vorgegebenen Ziele erreicht. Angesprochen ist also kein klassischer Softwarebug. Die Maschine maximiert ihre Zielfunktion mit Verhalten, das nicht mit der Problemlösung übereinstimmt, die uns bei der Zieldefinition tatsächlich vor Augen stand. Aufsehen erregten etwa Maschinen, die ihre Zielfunktion gleichsam „ausspielten".[67] Lernende Reinigungsroboter, die

---

[61] *Ortega/Maini*, Building safe artificial intelligence, 2018: „how do we state what we want?"; *Leike et al.*, arXiv:1711.09883, 2017, S. 3 ff.; *Leike et al.*, arXiv:1811.07871, 2018, S. 4: „safety problems that occur when the agent's incentives are misaligned with the objectives the user intends the agent to have"; ähnlich *Amodei et al.*, arXiv:1606.06565, 2016, S. 1 f.; *Russell/Norvig*, Artificial Intelligence, S. 1002; *Turner et al.*, arXiv:1902.09725, 2019, S. 1; andeutend im juristischen Schrifttum *Zech*, 73. DJT I, A 35.

[62] Statt aller *Thomas et al.*, Science 366 (2019) 999 (999 f.).

[63] Vgl. *Silver et al.*, Nature 529 (2016) 484 (485).

[64] *Leike et al.*, arXiv:1711.09883, 2017, S. 4.

[65] Repräsentativ *Hadfield-Menell/Hadfield*, arXiv:1804.04268, 2018, S. 5: „routine, predictable, and largely unavoidable".

[66] Für Beispiele etwa *Russell/Norvig*, Artificial Intelligence, S. 1003 f. mwN.; *Leike et al.*, arXiv:1711.09883, 2017, S. 3 ff.; *Leike et al.*, arXiv:1811.07871, 2018, S. 4; *Amodei et al.*, arXiv:1606.06565, 2016, S. 7 ff.

[67] Das Problem firmiert als „*specification gaming*" bzw. iRd. Verstärkungslernens oft auch

dafür belohnt wurden, dass ihre Sensoren keinen Schmutz mehr wahrnehmen, verdeckten diese Sensoren während des Einsatzes, um ihre Belohnungen zu erhalten.[68] Sie maximierten so ihre Belohnungen, ohne das Problem, das sie eigentlich lösen sollten, tatsächlich zu lösen. Beispiele wie diese, lassen sich leicht ins Gesellschaftsrecht übertragen: Soll eine Maschine den Unternehmenswert steigern, liegt es nahe, ihre Belohnungssignale an den Marktwert der Aktie zu koppeln. Freilich besteht dann die Gefahr, dass sie strategisch wichtige Entwicklungsabteilungen veräußert, um ihre kurzfristigen Belohnungen in die Höhe zu treiben, obwohl das Unternehmen langfristig Schaden nimmt.

Das Ausspielen der Zielfunktion ist dabei nur ein besonders schillerndes Beispiel der Kategorie der *Spezifikation*. So sollen Maschinen ihre Zielfunktion stets unter unzähligen, oft impliziten Einschränkungen optimieren: Ein von der Geschäftsleitung eingesetzter Transportroboter sollte Pakete transportieren, ohne dabei Rechtsgüter der Gesellschaft oder Dritter zu beschädigen, auch wenn das seinem eigentlichen Ziel, dem schnellen Transport der Pakete, zuwiderläuft. Jeden dieser unerwünschten Nebeneffekte während des Entwicklungs-, Trainings- und Testverfahrens zu antizipieren, gilt als nahezu ausgeschlossen.[69] Selbst, wenn es gelingt, kann es schwierig sein, entsprechende Beschränkungen, die ihn verhindern, effektiv im maschinellen Code abzubilden.[70] So definieren wir lernenden Maschinen in der Regel eine Zielfunktion, die einige Nebenbedingungen vernachlässigt, abstrakt also die Aufgabe X formalisiert, statt der Aufgabe X unter Vermeidung bestimmter Nebeneffekte Y.[71]

Das Problem der Fehlspezifikation mag trivial klingen. Doch es beschreibt kein Problem, das mit ausreichend Datenressourcen, genug Rechenleistung und entsprechendem Training verschwindet. Es ist insoweit kein Problem mangelnder ‚Intelligenz' oder ‚Rationalität'. Im Gegenteil: Mit zunehmender Leistungsfähigkeit spitzt es sich zu: Je mächtiger der Optimierer, desto mehr Schlupflöcher wird er finden, um seine Zielfunktion auszuspielen. Je komplexer die Umwelt, in der er eingesetzt wird, desto vielfältiger sind die möglichen Nebeneffekte.[72] Auch die Befürchtung, dass Techniken maschinellen Lernens existenzielle Risiken für die Menschheit bergen könnten, nimmt hier ihren Ursprung.[73] Durch diese Befürch-

„*reward gaming*" oder „*reward hacking*", s. dazu *Amodei et al.*, arXiv:1606.06565, 2016, S. 7 ff.; *Russell/Norvig*, Artificial Intelligence, S. 1003 f.: „gamed the system".

[68] Zu diesem Schulbeispiel *Amodei et al.*, arXiv:1606.06565, 2016, S. 7 ff.

[69] Das Problem der „*negative side-effects*" wird intensiv erforscht, im Überblick *Russell/Norvig*, Artificial Intelligence, S. 1002; sowie *Thomas et al.*, Science 366 (2019) 999 (999 f.); eingehend *Amodei et al.*, arXiv:1606.06565, 2016, S. 4 ff.

[70] Zu Schwierigkeiten (und Möglichkeiten), Beschränkungen zu kodieren *Thomas et al.*, Science 366 (2019) 999 (999).

[71] Vgl. *Amodei et al.*, arXiv:1606.06565, 2016, S. 4 f.

[72] Statt vieler *Amodei et al.*, arXiv:1606.06565, 2016, S. 3 f., die in immer komplexeren algorithmischen Modellen und dem Trend zum Verstärkungslernen weitere verschärfende Faktoren ausmachen; ähnlich *Leike et al.*, arXiv:1811.07871, 2018, S. 5.

[73] *Bostrom*, Superintelligence, S. 123 ff.; zuvor einflussreich *Omohundro*. Frontiers in Ar-

tung, ob berechtigt oder nicht, geriet zwischenzeitlich aus dem Blick, dass das Problem schon die heute im praktischen Einsatz befindlichen Maschinen betrifft. Inzwischen geht man es nüchterner an und sucht nach Lösungen.[74] Viele dieser Lösungen zielen darauf ab, dass Maschinen mögliche Schwächen ihrer Spezifikation erkennen und in diesem Fall das Feedback eines Menschen abwarten. Populär sind daneben Heuristiken, um den Einfluss der Maschine auf ihre Umwelt zu minimieren oder jedenfalls solche Nebeneffekte zu meiden, die irreversibel oder nur schwer umkehrbar sind.[75] Der Transportroboter mag auf seinem Weg ein unachtsam entsorgtes Blatt Papier überfahren – Produktionsanlagen sollte er in keinem Fall beschädigen. Schon das stellt den Entwickler indes vor größere Herausforderungen, als man meinen könnte. Der Roboter muss dafür imstande sein, seinen Einfluss auf die Welt zunächst überhaupt zu quantifizieren. Er muss begreifen, was „irreversibel" oder „schwer reversibel" für einen Menschen bedeutet.

Vor diesem Hintergrund führte bisher keine dieser Insellösungen zu nachhaltigem Erfolg. In der jüngeren Vergangenheit konnte man deshalb ein Umdenken beobachten: Besonders ein Ansatz hat sich hervorgetan. Er nimmt seinen Ausgangspunkt bei der Erkenntnis, dass es eben unmöglich ist, alle Wege, in denen sich eine Maschine bei der Verfolgung eines expliziten festen Ziels fehlerhaft verhalten kann, vorab zu antizipieren. All das, was uns wichtig ist, unsere Ziele, Unterziele, Nebenbedingungen und Vorbehalte, lässt sich nie vollständig und präzise in einer explizit definierten Zielfunktion unterbringen: König Midas hätte seinen Wunsch weniger bildhaft formulieren können, sich etwa wünschen können, dass jedes seiner Vorhaben von Erfolg gekrönt sei. Doch auch dann wäre noch immer unbestimmt, was *Erfolg* bedeutet. Wäre damit sein finanzieller Wohlstand gemeint? Wenn ja, auf kurze oder auf lange Sicht? Und sollte die Maschine dafür den Misserfolg anderer in Kauf nehmen? Oder wären auch die Interessen Dritter relevant? Und wenn ja, wessen Interessen und wie wären die jeweils zu gewichten? Wie beim Abschluss eines Vertrags gibt es bei Konstruktion selbständiger Maschinen Eventualitäten, die sich vorab nicht ausschließen lassen. Insbesondere aufgrund unbekannter (zukünftiger) Informationen oder weil sich diese Eventualität nicht (effizient) um- und durchsetzen lassen. Das Produkt bleibt dadurch stets unvollständig; das Ziel der Maschine stets ein unscharfes Abbild. Wobei die rigide Optimierung dieses unscharfen Abbilds potenziell verheerende Folgen haben kann. Die Lösung könnte deshalb darin liegen, auf dieses feste *explizite* Ziel ganz zu verzichten. Statt zu versuchen, das Ziel möglichst präzise und vollständig zu formulieren und letztlich doch zu scheitern, könnte

---

tificial Intelligence and applications 171 (2008) 483; *Yudkowsky*, Global Catastrophic Risks, S. 308 ff.; auch diese Bedenken wurden früh formuliert, vgl. insb. *N. Wiener*, Science 131 (1960) 1355 (1358); sie wurden jüngst in die Debatte über von Maschinen verwaltete Korporationen überführt, vgl. *LoPucki*, Wash. U. L. Rev. 95 (2018) 887 (892 ff.).

[74] Vgl. *Amodei et al.*, arXiv:1606.06565, 2016, S. 9 ff.

[75] Überblick bei *Russell/Norvig*, Artificial Intelligence, S. 1002 mwN.

Midas schlicht kein ausdrückliches Endziel formulieren. Die Maschine wäre dann darauf angewiesen, sich immer wieder zu vergewissern, dass ihre Aktionen mit Midas' Interessen übereinstimmen. Das Standardwerk *Artificial Intelligence: A Modern Approach* räumt dieser Idee inzwischen großen Raum ein:

„It is impossible to anticipate all the ways in which a machine pursuing a fixed objective might misbehave. There is good reason, then, to think that the standard model is inadequate. We don't want machines that are intelligent in the sense of pursuing their objectives; we want them to pursue our objectives. If we cannot transfer those objectives perfectly to the machine, then we need a new formulation – one in which the machine is pursuing our objectives, but is necessarily uncertain as to what they are. When a machine knows that it doesn't know the complete objective, it has an incentive to act cautiously, to ask permission, to learn more about our preferences through observation, and to defer to human control."[76]

Und schon heute finden sich populäre Beispiele, die der Idee Recht zu geben scheinen. Wir haben gesehen, dass die Maschine im Rahmen des konventionellen Verstärkungslernens eine explizit programmierte Belohnungsfunktion optimiert, indem sie verschiedene Verhaltensweisen ausprobiert. Verhalten, für das sie von der Belohnungsfunktion belohnt wird, tritt künftig mit größerer Wahrscheinlichkeit auf. Das prominente *Inverse Reinforcement Learning* kehrt dieses Prinzip um: Optimiert wird nicht länger eine explizit kodierte Belohnungsfunktion, stattdessen lernt die Maschine, welche Belohnungsfunktion ein Mensch optimiert.[77] Nur eine Sonderform dessen ist das *Cooperative Inverse Reinforcement Learning*. Hier lernt die Maschine auch im Rahmen des Einsatzes dauerhaft von ihrem Nutzer: Sie selbst agiert dabei unter Ungewissheit über die Präferenzen des Nutzers und damit verbunden unter Ungewissheit über ihr endgültiges Ziel.[78] Etabliert wird dadurch ein stetiger Rückkopplungsprozess, in dem der Maschine die (sich wandelnden) Präferenzen ihres Nutzers an- und wieder abtrainiert werden. Nicht wenige sehen in Verfahren wie diesen die einzige Lösung, besonders verheerende Schäden nachhaltig und sicher zu verhindern.

2. *Robustheit*

König Midas wurde zwischen all dem Gold in erster Linie bewusst, wie schwer es ist, Wünsche zu formulieren. Fragen der Spezifikation können wir uns damit plastisch herleiten: Es geht um die Schwierigkeit, unsere Ziele in solche der Maschine zu übersetzen. Die Kategorie der *Robustheit* bündelt demgegenüber Probleme bei der Optimierung dieser Ziele.[79] Wir haben einen Wunsch präzise formuliert, nun gilt es sicherzustellen, dass die Maschine ihn auch robust und auf

---

[76] *Russell/Norvig*, Artificial Intelligence, S. 5, ähnlich ebd., S. 33.

[77] Überblick bei *Russell/Norvig*, Artificial Intelligence, S. 812 ff.

[78] *Hadfield-Menell et al.*, arXiv:1606.03137, 2016.

[79] Für eine formelle Unterscheidung der Kategorien *Leike et al.*, arXiv:1711.09883, 2017, S. 8, 15.

Dauer erfüllt. Maschinen sind bislang anders als der Mensch nicht imstande, zu generalisieren.[80] Sie zeigen sich äußerst anfällig in unbekannten Umgebungen. Die Gründe dafür sind vielfältig, das dahinterstehende Prinzip dasselbe: Ihre algorithmischen Modelle sind Abbilder der Trainingsdaten. Wir trainieren sie mit ausgewählten Beispielen, damit sie auch auf unbekannte Eingabedaten mit sinnvollen Ausgaben reagieren. Werden sie während des Einsatzes mit unbekannten Daten konfrontiert, reagieren sie darauf oft mit fehlerhaften Ausgaben.[81] Mitunter gibt dafür Banales den Ausschlag. Schlagzeilen machten zum Beispiel Bildererkennungssysteme, die Feuerwehrfahrzeuge mit der Farbe Rot verknüpften, weil ihre Trainingsdaten vorwiegend nordamerikanische Bilddateien enthielten. Sollen diese Systeme in Ländern mit andersfarbigen Fahrzeugen eingesetzt werden, bedarf es einer entsprechenden Anpassung des Modells.[82] Und letztlich nur eine Sonderform dessen bildet das ebenfalls prominent diskutierte Problem manipulierter Eingabedaten, sog. *adversarial examples*.[83] Auch hier weicht das im Einsatz Erlebte, von dem ab, mit dem Maschinen im Training konfrontiert wurden. Mit dem Unterschied, dass die Abweichung von einem Angreifer bewusst herbeigeführt wird. Angreifer tauschen etwa in Text- oder Audiodateien einzelne Wörter aus oder nehmen an Bilddateien mit dem menschlichen Auge nicht wahrnehmbare Veränderungen einzelner Pixel vor. Bislang haben sie damit großen Erfolg. Auch und gerade die leistungsfähigsten Maschinen zeigen sich heute anfällig für solche Manipulationen. Und obwohl das Problem in der Unternehmenspraxis überaus präsent ist, sind selbst die Grundlagen nicht vollständig geklärt. Bis heute ist offen, weshalb Maschinen auf diese Form von Attacken derart sensibel reagieren, und wie sie dauerhaft geschützt werden können.[84] Mit repräsentativen Trainingsdaten und der fortlaufenden Anpassung des algorithmischen Modells an die sich wandelnde Umwelt ist es dabei nicht zwangsläufig getan.[85]

---

[80] *Goodfellow et al.*, Deep Learning, S. 108: „central challenge in machine learning"; *Marcus*, arXiv:1801.00631, 2018, S. 9 f.; *Chollet*, arXiv:1911.01547, 2019, S. 9 ff. mwN.

[81] Überblick über das Problem des „*distributional shift*" bei *Amodei et al.*, arXiv:1606.06565, 2016, S. 3, 16 ff.; *Leike et al.*, arXiv:1711.09883, 2017, S. 9 f.; das Problem firmiert unter vielen Namen (etwa *dataset shift*, *concept drift*, *distribution overfitting* oder auch *algorithmic bias*), regelmäßig ist mit der Schwierigkeit, über die Trainingsdaten hinaus zu generalisieren, dasselbe gemeint.

[82] Der breiten Öffentlichkeit wird dieses Problem auch durch Modelle bekannt, die ihre nicht repräsentativen Trainingsdatensätze im Einsatz in diskriminierender Weise reproduzierten, vgl. dazu *Rahwan et al.*, Nature 568 (2019) 477 (478) mwN.

[83] Grundlegend *Szegedy et al.*, arXiv:1312.6199, 2013; anhand praktischer Anwendung *Finlayson et al.*, Science 363 (2019) 1287 (1287); Überblick bei *Russell/Norvig*, Artificial Intelligence, S. 770, 787; Überblick zu rechtl. Fragestellungen bei *Kumar et al.*, arXiv:1810.10731, 2018.

[84] Vgl. *Yuan et al.*, IEEE Trans. Neural Netw. Learn. Syst. (2019) 2805; s. auch *Russell/Norvig*, Artificial Intelligence, S. 770: „So far the attackers seem to be ahead".

[85] Überblick über Lösungen bei *Chakraborty et al.*, arXiv:1810.00069, 2018; das Training mit störsignalbehafteten Daten (*adversarial training*) entspricht inzwischen allgemeinen Entwicklungsstandards, vgl. *Madry et al.*, arXiv:1706.06083, 2017; es gibt viele Methoden, die

Attacken mithilfe manipulierter Eingabedaten sind aus rechtlicher Perspektive auch deshalb tückisch, weil sie unser Vertrauen in lernende Maschinen erschüttern. Und zwar auch in solche, die bislang verlässlich agierten.

Beim Blick auf das Scheitern lernender Maschinen gerät mitunter aus den Augen, dass Maschinen darauf angewiesen sind, Unbekanntes zu erleben. Speziell im Rahmen des Verstärkungslernen müssen Maschinen Aktionen ausprobieren und Irrtümer riskieren. Initial wird deshalb hauptsächlich mithilfe von Simulationen gelernt. Weil indes nicht jede Situation in der realen Umwelt simuliert werden kann, sind Erkundungen, und damit einhergehend Fehler, zumindest zur Feinabstimmung, auch in realen Umgebungen immer notwendig.[86] Maschinen optimieren ihre Problemlösung nur dann, wenn sie von Zeit zu Zeit mit Eingabedaten konfrontiert werden, die sich von ihren Trainingsdaten unterscheiden. Weil die Welt einem beständigen Wandel unterliegt, ist die stetige Anpassung in vielen Fällen selbst für ein gleichbleibendes Niveau unerlässlich. Ein Spracherkennungssystem, das nicht kontinuierlich lernt, wird schon nach kurzer Zeit schlechtere Leistungen zeigen, weil sich das gesprochene Wort verändert.

Gegenwärtig lernen Maschinen in der Praxis regelmäßig offline, um online Vorhersagen zu machen. Ihr Modell verändert sich dann nicht schon kontinuierlich mit der Datenverarbeitung, sondern im Hintergrund, wobei ein Mensch das Modell in längeren Intervallen aktualisiert.[87] Aus rechtlicher Sicht ist dieses Einfrieren zweischneidig: Einerseits schafft ein statisches Modell ein Maß an Kontrolle.[88] Weil das Maschinenverhalten so mit menschlichen Willensentscheidungen verknüpft wird, lassen sich rechtliche Zurechnungsfragen einfacher beantworten. Andererseits kommt es so gerade in risikoreichen Umgebungen zu Situationen, in denen sich ein System nicht schnell genug an Gegebenheiten anpasst, die sich von ihrer Trainingsumgebung unterscheiden. Auch und gerade das Einfrieren eines Modells oder allgemeiner: ein Mehr an Vorhersehbarkeit kann im Rechtsverkehr also Schäden verursachen. Die Herausforderung besteht nach all dem auch aus rechtlicher Sicht nicht darin, zu vermeiden, dass Maschinen im Einsatz mit unbekannten Daten konfrontiert werden. Es gilt beim Lernen einen bestimmten Sicherheitsstandard zu gewährleisten.[89]

---

partiellen Schutz bieten, aber kein Rezept, das auf Dauer Robustheit gewährleistet, viele Ansätze gehen auf Kosten der Genauigkeit, wobei das Phänomen weitgehend unabhängig vom Lernalgorithmus und Modellarchitektur auftritt, vgl. zu all dem *Finlayson et al.*, Science 363 (2019) 1287 (1287 f.); dabei lassen sich nicht nur Eingabe-, sondern auch Trainingsdaten kompromittieren (*data poisoning*). In diesem Fall lernt die Maschine von Anfang an ein fehlerhaftes Modell, vgl. *Stoica et al.*, arXiv:1712.05855, 2017, S. 5; daneben gibt es viele weitere Möglichkeiten das Maschinenverhalten bewusst zu manipulieren, vgl. *Taddeo et al.*, Nat. Mach. Intell. 1 (2019) 557 (557 f.).

[86] Vgl. *Amodei et al.*, arXiv:1606.06565, 2016, S. 15.

[87] Statt aller *Stoica et al.*, arXiv:1712.05855, 2017, S. 3; zu den dahinterstehenden Überlegungen in der Praxis *Russell/Norvig*, Artificial Intelligence, S. 712 f.

[88] Darauf abstellend *Zech*, 73. DJT I, A 37.

[89] Sog. „*safe exploration*", vgl. *Amodei et al.*, arXiv:1606.06565, 2016, S. 14 ff.; *Leike et al.*, arXiv:1711.09883, 2017, S. 11 f.

3. Garantien

Die Kategorie der *Garantien* umfasst technische Probleme, die uns das Verständnis und die Überwachung lernender Maschinen erschweren.[90] Wenn die Ausrichtung der Maschine auf unsere Interessen das Ziel ist, woher wissen wir, dass wir dieses Ziel erreichen? Und wie stellen wir sicher, dass dies auch in Zukunft der Fall ist? Anders gefragt: Auch dann, wenn Midas seinen Wunsch präzise formuliert hätte und er robust erfüllt würde, wie könnte er sicher sein, dass dem so ist, und dass es auch so bleibt?

In diese Kategorie fällt zunächst das Problem der *Interpretierbarkeit*. Wir wissen heute nicht länger, weshalb eine Maschine tut, was sie tut. Bewertet sie ein Zielunternehmen kontraintuitiv positiv, kann dies einerseits bedeuten, dass nur sie das zukunftsträchtige Potenzial des Unternehmens erkennt, andererseits aber auch veralteten Trainingsdaten geschuldet sein. Je nachdem ist die Entscheidung Glücks- oder Fehlgriff. Indes bleiben uns die entscheidungserheblichen Faktoren heute oft verborgen. Das gilt im besonderen Maße für besonders populäre Architekturen wie neuronale Netze. Keine Antwort liefert im Gegensatz zu explizit programmierten Systemen der Blick auf den Code. Selbst den Entwicklern erscheinen die Abermillionen Parameter eines künstlichen neuronalen Netzes nicht als lesbare Regeln, sondern nur als Koordinaten eines hochdimensionalen Gefüges.[91] Dass sich das Ausrichtungsproblem dadurch verschärft, liegt auf der Hand. Auch dann, wenn Ausgaben bislang profitable Unternehmensübernahmen nach sich zogen, wissen wir eben nicht mit letzter Sicherheit, ob der jüngsten Entscheidung nicht doch veraltete Trainingsdaten, störsignalbehaftete Eingaben oder eine fehlspezifizierte Zielfunktion zugrunde liegen, oder nicht.[92] Entsprechend intensiv wird das Problem erforscht. Heute verfolgt eine eigene Subdisziplin das Ziel, Maschinen interpretierbarer zu machen.[93] Und inzwischen stehen

---

[90] *Ortega/Maini*, Building safe artificial intelligence, 2018: „assurance"; s. auch *Leike et al.*, arXiv:1811.07871, 2018, S. 15.

[91] Ohne entsprechende Mechanismen ist regelmäßig nur der Aktivitätswert des Parameters A in der Schicht B im Netzmodul C sichtbar, vgl. *Marcus*, arXiv:1801.00631, 2018, S. 10 f.; s. auch *Russels/Norvig*, Artificial Intelligence, S. 711 f., 719, 997 f. mwN.; die Intransparenz hat neben technischen auch rechtliche Ursachen (insb. Schutz von Geschäfts- und Betriebsgeheimnissen), die hier zunächst ausgeklammert bleiben, vgl. dazu *Martini*, Blackbox Algorithmus, S. 33 ff.; *Wischmeyer*, AöR 143 (2018) 1 (48); technische und rechtliche Ursachen verschwimmen, wenn die Praxis die Entwicklung intransparenter Modelle bisweilen damit rechtfertigt, dass sich der Schutz des geistigen Eigentums hier besser durchsetzen ließe, vgl. *Rudin*, Nat. Mach. Intell. 1 (2019) 206 (207 f.).

[92] Zur Bedeutung der Interpretierbarkeit für das Ausrichtungsproblem *Gilpin et al.*, arXiv:1806.00069, 2018, S. 1; mit Blick auf Spezifikationsprobleme etwa *Li et al.*, Science Robot. 4 (2019) 1.

[93] Das Forschungsfeld ist so dynamisch, dass auch Überblicksdarstellungen nur noch einen Eindruck vermitteln können, vgl. für einen Überblick *Wischmeyer*, AöR 143 (2018) 1 (46 ff.); *Hacker et al.*, Artif. Intell. Law 28 (2020) 415 (417 ff., 429 ff.); s. ferner *Doshi-Velez/Kim*, arXiv:1702.08608, 2017; *Rudin*, Nat. Mach. Intell. 1 (2019) 206; *Lipton*, ar-

verschiedenste Lösungen bereit, die es mit entsprechendem, oft beträchtlichem Kosten- und Zeitaufwand ermöglichen, einzelne Ausgaben oder das gesamte algorithmische Modell auszuleuchten.[94] Häufig wird zu diesem Zweck ein interpretierbares, ungefähres Abbild des ursprünglichen Modells entwickelt.[95] Damit ist es oft möglich, *lokal* ein bestimmtes Eingabesignal einem bestimmten Ausgabesignal zuzuordnen oder etwa bestimmte Trainingsbeispiele für eine spezifische Vorhersage verantwortlich zu machen. *Globale* Erklärungen des gesamten Modells bereiten größere Schwierigkeiten. Sie fragen nicht, wie eine einzelne Übernahmeentscheidung zustande gekommen ist, sondern welche Variablen das Modell ganz allgemein einpreist.[96] Auch dabei wurden mittlerweile erste Erfolge erzielt.

Insgesamt vermitteln uns diese Methoden im Regelfall jedenfalls einen Eindruck, ob ein Modell das gelernt hat, was es lernen sollte und ob es im Einsatz sicher agieren wird. Mit Blick auf einzelne Ausgaben ist im Einsatz regelmäßig eine Plausibilitätsprüfung möglich. Gleichwohl haben es Methoden, die versuchen, ein nicht interpretierbares Modell nachträglich interpretierbar zu machen, schwer. Ihre populärsten Anwendungen gelten als unzuverlässig und unpräzise. Noch immer bieten die vorhandenen Methoden besonders bei leistungsstarken Systemen keine endgültige Sicherheit darüber, weshalb eine Maschine agiert, wie sie agiert. Gänzlich offen ist, ob sie bei zunehmender Leistungsfähigkeit maschineller Lernverfahren anwendbar bleiben.[97] Und bei all dem setzen sie sich der grundsätzlichen Kritik aus, nicht am eigentlichen Problem anzusetzen.[98] Inzwischen fokussiert sich deshalb ein erheblicher Teil der Forschung darauf, schon im ersten Schritt interpretierbare Modelle zu entwickeln.[99]

Xiv:1606.03490, 2016; *Ribeiro et al.*, arXiv:1602.04938, 2016; detaillierte Darstellung der vorhandenen Lösungsmethoden bei *Guidotti et al.*, arXiv:1802.01933, 2018, S. 20; vgl. auch *Brundage et al.*, arXiv:2004.07213, 2020, S. 76 f.; sowie *Voosen*, Science 357 (2017) 22 (24 ff.).

[94] Konziser Überblick bei *Gilpin et al.*, arXiv:1806.00069, 2018, S. 3 ff.; umfassend *Guidotti et al.*, arXiv:1802.01933, 2018; Antworten liefern in der Praxis auch sog. *Saliency-Maps*, vgl. *Khanna*, arXiv:1810.10118, 2018; *Brundage et al.*, arXiv:2004.07213, 2020, S. 26 f. mwN.; empirische Auswertung der genutzten Methoden bei *Bhatt et al.*, arXiv:1909.06342, 2020.

[95] Zu solchen *post-hoc* Methoden *Guidotti et al.*, arXiv:1802.01933, 2018, S. 6; *Ribeiro et al.*, arXiv:1602.04938, 2016; krit. hinsichtlich ihrer Zuverlässigkeit *Slack et al.*, arXiv:1911.02508, 2020, S. 1; ganz allgemein wird über die Zuverlässigkeit der Methoden lebhaft gestritten, vgl. *Brundage et al.*, arXiv:2004.07213, 2020, S. 27 („active area of research"), die zugleich darauf hinweisen, dass es bislang an geeigneten Maßstäben und Benchmarks zur Evaluation fehlt.

[96] Vgl. *Hacker et al.*, Artif. Intell. Law 28 (2020) 415 (417) mwN.

[97] Repräsentativ *Taylor et al.*, Alignment for Advanced Machine Learning Systems, S. 11 f.: „unclear".

[98] Eingehend *Rudin*, Nat. Mach. Intell. 1 (2019) 206 (207 ff.); *Brundage et al.*, arXiv:2004.07213, 2020, S. 27.

[99] Zu solchen *ante-hoc*-Methoden *Rudin*, Nat. Mach. Intell. 1 (2019) 206 (211 ff.); zT. wird der Unterschied zwischen *ante-hoc* und *post-hoc* Methoden durch die begriffliche Trennung „*explainable*" und „*interpretable*" deutlich gemacht, vgl. im jur. Schrifttum etwa *Wischmeyer*, AöR 143 (2018) 1 (46 ff.).

Die Komplexität, der heute im praktischen Einsatz befindlichen algorithmischen Modelle führt nicht nur dazu, dass wir sie nicht interpretieren können. Anders als konventionelle Computersysteme lassen sie sich bislang auch nur schwer verifizieren.[100] Trotz intensiven Trainings, entsprechenden Tests und engmaschiger Überwachung haben wir keine Sicherheit, dass sich Maschinen auch künftig zuverlässig so verhalten, wie sie sich verhalten sollen. Es ist nicht möglich, alle potenziellen Dateneingaben während des Trainings- und Testverfahrens zu berücksichtigen. Helfen könnten formale Verifikationsverfahren. Ziel solcher mathematischen Verfahren ist es, für alle potenziellen Eingaben X ein Verhalten Y zu garantieren. Damit ließe sich nachweisen, dass die Maschine unabhängig von der Eingabe bestimmte formale Einschränkungen erfüllt. Auch hier wurden inzwischen erste Erfolge erzielt.[101] Möglich ist heute zum Teil die Verifikation „punktueller Robustheit“: Wir können dann sicher sein, dass die Maschine an einem bestimmten Punkt der Entwicklung einen bestimmten Robustheitsgrad erreicht.[102]

Neben der Verifizierbarkeit *ex ante* und der Interpretierbarkeit *ex post* finden sich viele weitere technische Probleme, die uns die Kontrolle lernender und sich vernetzender Maschinen erheblich erschweren. Prominenz erlangten davon etwa die eng miteinander verknüpften Probleme der Unterbrechbarkeit (*interruptibility*) und Korrigierbarkeit (*corrigibility*).[103] Es bereitet speziell bei besonders leistungsfähigen Maschinen Schwierigkeiten, diese so zu konstruieren, dass sie sich während des Einsatzes sicher unterbrechen, abschalten und korrigieren lassen. Dahinter steht die Einsicht, dass Maschinen, die rigide ein explizites Ziel optimieren, die Gefahr innewohnt, dass sie Eingriffe ihrer Nutzer meiden. Plakativ ausgedrückt, wird die Maschine ohne entsprechende, technisch anspruchsvolle Vorkehrungen nicht ruhen, ehe Midas Wunsch erfüllt ist.[104]

---

[100] Zu den technischen Herausforderungen eingehend *Seshia et al.*, arXiv:1606.08514, 2016.

[101] Vgl. etwa *Katz et al.*, arXiv:1702.01135, 2017; *Krishnamurthy et al.*, arXiv:1803.06567, 2018; speziell die Verifikation gegen *adversarial examples* machte in den vergangenen Jahren erhebliche Fortschritte, vgl. *Xiao et al.*, arXiv:1809.03008, 2018.

[102] Dazu *Brundage et al.*, arXiv:2004.07213, 2020, S. 91 mwN.: „*pointwise robustness*“; *Russell et al.*, AI Magazine 36 (2015) 105 (108) regen im Kern ähnlich die Verifikation einzelner Module des Agenten an.

[103] Grundlegend *Orseau/Armstrong*, Safely interruptible agents, 2016; oft auch „*off-switch problem*“, vgl. *Hadfield-Menell et al.*, 2017; Überblick bei *Leike et al.*, arXiv:1711.09883, 2017, S. 4 f.; das Problem lässt sich auch unter Spezifikation einordnen, so etwa *Leike et al.*, arXiv:1811.07871, 2018, S. 4.

[104] Abhilfe scheint dabei auch hier die Ungewissheit über die Ziele des Nutzers zu schaffen, vgl. *Russell/Norvig*, Artificial Intelligence, S. 812 ff.

III. Zwischenergebnis: Korporative Ausrichtung

All das hat es in sich. Das Narrativ der effizienten, willfährigen Maschine, die den fehlbaren, interessengeleiteten Menschen ersetzt, trägt nicht. Lernende Maschinen optimieren regelmäßig nicht die Ziele, die sie optimieren sollen. Sie tun dies selten robust. Und, selbst wenn, könnten wir nicht sicher sein, dass dem so ist und auch so bleibt. Und so bekommen wir von diesen selbständigen, aber völlig willenlosen Maschinen zwar stets das, wonach wir gefragt haben, doch immer häufiger auf eine unerwünschte Weise. Schlicht, weil unsere Instruktionen in der Regel unvollständig oder fehlerhaft sind und die Maschine dies nicht erkennt. Immer häufiger bekommen wir wie König Midas das, was wir sagen, aber nicht das, was wir meinen. Damit ist im Kern ein neues Ausrichtungsproblem beschrieben: Maschinen, die lernen und mit ihrer Umgebung interagieren, verhalten sich nicht länger nur in unserem Interesse; die Gratwanderung zwischen erwünschten und unerwünschten unvorhersehbaren Entscheidungen fällt nicht nur zu unseren Gunsten aus.

Fächert man das Problem auf, zeigt sich eine Fülle verschiedener Detailfragen. Probleme der *Spezifikation* verbindet die Schwierigkeit, eine maschinelle Zielfunktion zu definieren, die durch Verhalten optimiert wird, das unseren Interessen entspricht. Stark vereinfacht geht um die Gestaltung der richtigen Anreize. Ohne Rücksicht auf verfügbare Daten oder vorhandene Rechenkapazitäten zu nehmen, machen solche Probleme deutlich, wie schwierig es ist, unsere Ziele vollständig und präzise in solche der Maschine zu übersetzen, und wie verheerend, wenn dies nicht gelingt. Fragen der *Robustheit* setzen dagegen nicht bei der präzisen Formulierung des Ziels, sondern bei dessen robuster Optimierung an. Maschinen sind heute, anders als der Mensch, nicht imstande, zu generalisieren. Sie zeigen sich gegenüber Unbekanntem äußerst fragil. Schon kleinste Abweichungen der Einsatz- von den Trainingsdaten führen in der Praxis oft zu schwerwiegenden Fehlern. Auch Angreifer machen sich diese Schwäche zunutze. Schließlich fehlt es uns bislang an *Garantien*: Die algorithmischen Modelle, auf die Maschinen zurückgreifen, sind heute so komplex, dass wir ihr Verhalten bislang weder interpretieren noch verifizieren können. Wir wissen also nicht, weshalb sich eine Maschine verhält, wie sie sich verhält, und ob es für die Zukunft dabeibleibt. Und mehr noch: Sollten wir während des Einsatzes bemerken, dass sich die Maschine nicht so verhält, wie sie sich verhalten soll, kann es mit erheblichen Schwierigkeiten verbunden sein, sie abzuschalten oder nachträglich anzupassen.

Stark verkürzt sind also auf drei Fragen aufgeworfen: Bildet die Anreizstruktur der Maschine unsere Interessen ab? Werden diese Interessen robust optimiert? Und wie sicher können wir sein, dass das so ist, und auch so bleibt? Man könnte meinen, die Antworten seien einzig von der Informationstechnologie zu formulieren, die Probleme schlicht Ausdruck schlechter Ingenieurskunst. Und in gewisser Hinsicht liegt man damit auch richtig. Die *Machina Oeconomica* lässt sich anders als ihr Vorbild nach Belieben gestalten. Sie ist Sklavin der Anreizstruktur, die wir konstruieren. Ihre Ziele, die Modellarchitektur, mögliche Interaktionen mit ihrer Umwelt, ihre Fähigkeit, zu lernen: Über all das haben wir freie Hand. Opportunismus und Eigennutzen sind hier offensichtlich verfehlte Kategorien. Abwegig wäre es also, von einem Konflikt zu sprechen, den es (rechtlich) zu lösen gilt. Doch dem Ausrichtungsproblem liegt die Einsicht zugrunde, dass die Ausrichtung einer Maschine, die lernt und mit ihrer Umgebung interagiert, eine dauerhafte und nie in Gänze lösbare Aufgabe ist. Beschrieben ist kein Problem mangelnder ‚Intelligenz', das mit ausreichend Trainingsdaten, genug Rechenleistung und dem richtigen Algorithmus verschwindet. Im Gegenteil, viel spricht dafür, dass es sich mit immer leistungsfähigen Maschinen nur zuspitzt. Für die Künstliche Intelligenz besitzt das Ausrichtungsproblem deshalb in der Tat die fundamentale Bedeutung, die der klassische Agenturkonflikt für die rechtsökonomische Vertragsgestaltung besitzt.[105]

Die künftige Funktion des Gesellschaftsrechts ist mit der Sicherstellung der Qualität der innerhalb des Unternehmens eingesetzten Algorithmen nach all dem noch nicht präzise genug beschrieben.[106] Es geht um mehr als die Gewährleistung eines bestimmten vertrauensstiftenden Qualitätsstandards. Wenn Maschinen, die lernen und mit ihrer Umgebung interagieren, nicht länger nur das tun, was sie tun sollen, wenn wir nicht sicher sein können, dass sie sich in Zukunft so verhalten wie in der Vergangenheit, wenn ihnen die Gefahr innewohnt, dass sie die Interessen der korporativen Bezugsgruppen missachten, bedarf es rechtlicher Regelungen, die dies verhindern. Technischer ausgedrückt geht es darum, dass die innerhalb der Gesellschaft eingesetzten Maschinen robust und auf Dauer Zielfunktionen optimieren, die die Ziele der Gesellschaft und die zwingenden Belange ihrer Bezugsgruppen präzise und vollständig abbilden. *Armour* und *Eidenmüller* haben dies jüngst herausgearbeitet. In einem unternehmerischen Umfeld, das vorrangig von Maschinen statt Menschen geprägt wird, entwickle sich, so ihre These, die „Kalibrierung der Unternehmensziele" zur zentralen gesellschaftsrechtlichen Fragestellung.[107] Soweit sie damit beschreiben, dass es künftig darum gehen wird, die Ziele der Korporation in der Zielfunktion der innerhalb des Unternehmens eingesetzten Maschinen unterzubringen, treffen sie den Kern. Doch präziser trifft es der Begriff der *Ausrichtung*, den die Künstliche Intelligenz selbst verwendet. Es geht darum, die eingesetzten Maschinen auf die Ziele der Korporation und die Interessen ihrer Bezugsgruppen auszurichten. Wer sich fragt, wozu es künftig noch gesellschaftsrechtlicher Rechtsregeln braucht, findet im Ausrichtungsproblem die Antwort. Wenn wir künftig nur noch die Hoffnung haben, dass Maschinen die Interessen des Unternehmens und seiner Bezugs-

[105] *Hadfield-Menell/Hadfield*, arXiv:1804.04268, 2018, S. 3 ff., 5: „Optimal reward design is thus a central task for AI alignment in the same sense that optimal contract design is a central task for economics".

[106] So besonders deutlich etwa *Hamdani et al.*, J. Br. Acad. 6 (2018) 215 (230): „much of corporate law […] would focus only on ensuring the quality of algorithms".

[107] *Armour/Eidenmüller*, ZHR 183 (2019) 169 (182).

gruppen optimieren, dann verbergen sich hinter dem Stichwort der Ausrichtung zunächst nichts anderes als Vorkehrungen dafür, dass sich diese Hoffnung erfüllt.

Wenngleich es dabei eben keinen Fehlschlüssen zu erliegen gilt. Mit seinem ökonomischen Pendant teilt das informationstechnische Problem der Agentenausrichtung in erster Linie die Perspektive: Die Entität, der eine Aufgabe übertragen wird, agiert nicht *per se* im Interesse des Prinzipals. Sie muss entsprechend ausgerichtet werden.[108] Über diesen Blickwinkel hinaus ist beiden wenig gemein. Die von der Institutionenökonomik zugrunde gelegte Prämisse eines opportunistischen Agenten, der den ihm eröffneten Handlungsspielraum zu seinem Vorteil ausnutzt, folgt, notiert ein Standardwerk, gerade der rührseligen Einsicht, dass „der Mensch mehr ist als eine intelligente, aber herzlose Rechenmaschine."[109] Und doch: Für uns ist es diese Perspektive, die zählt. Sie macht sichtbar, dass dem Gesellschaftsrecht mit dem Erfolg dieser herzlosen Rechenmaschinen kein Funktionenwandel ins Haus steht: Wenn statt Menschen Maschinen für die Gesellschaft tätig werden, die ebenfalls nicht per se die Ziele der Gesellschaft und die konfligierenden Interessen ihrer Bezugsgruppen optimieren, muss das Gesellschaftsrecht auch hier Mechanismen vorhalten, die dies sicherstellen.

C. Corporate AI Governance

Damit sind die technischen Grundlagen unserer Untersuchung gelegt: Wer sich fragt, wie sich die Künstliche Intelligenz in die Grammatik des Gesellschaftsrechts einfügt, muss erkennen, dass die Technologie Menschen, aber auch konventionelle Computersysteme durch Maschinen ersetzt, die lernen und mit ihrer Umgebung interagieren und so auch für bislang unbekannte Entscheidungsprobleme Lösungen finden. Die korporative Arbeitsteilung spielt sich so mehr und mehr auch mit und zwischen Maschinen ab, die für den Menschen nicht länger vollumfänglich vorhersehbar sind. Anders ausgedrückt, werden die korporativen Entscheidungs- und Handlungsprozesse vom Individuum entkoppelt: Die Korporation wird im Rechtsverkehr durch Maschinen berechtigt und verpflichtet, die nicht länger von einem Menschen unmittelbar gesteuert oder auch

[108] Zu dieser Parallele *Hadfield-Menell/Hadfield*, arXiv:1804.04268, 2018; jüngst prominent aufgegriffen durch *LaCroix/Bengio*, arXiv:2001.00006, 2019, S. 10 ff., wonach der Erfolg des *Deep Learning*, das anders als regelbasierte Computersysteme nicht auf explizit formulierte Befehle setzt, sondern ein Ziel mit mehr oder weniger losen Vorgaben optimiert, den Analogieschluss zulasse, dass auch bei der Regulierung von Korporationen statt auf definite Rechtsfolgen anordnende *Regeln* eher auf implizit wirkende *Prinzipien* im Sinne von Optimierungsgeboten zu setzen sei.

[109] *Richter/Furubotn*, Neue Institutionenökonomik, S. 5; entsprechend verhalten wird die gemeinsame Perspektive von der Institutionenökonomik selbst bislang aufgegriffen, s. aber etwa *D. Wagner*, Evolut. Inst. Econ. Rev. 17 (2020) 111 (118 ff.): „triangular agency relationships".

nur epistemisch kontrolliert werden. Dabei besteht die gesellschaftsrechtliche Aufgabe nicht darin, Maschinenverhalten vorhersehbar zu machen. Es geht darum, dieses auf die zwingenden Belange der Korporation und ihrer Bezugsgruppen auszurichten.[110]

Die Frage, wie das Gesellschaftsrecht Maschinen dabei ganz konkret ausrichtet, bedarf dabei noch der Präzisierung. Sie lässt sich zu Analysezwecken in eine normative und eine rechtstechnische Komponente aufspalten. Also einerseits: *Worauf*, das heißt auf wessen Ziele und Interessen? Und andererseits: *Wodurch*, das heißt mithilfe welcher Institute? Damit sind letztlich nur die Kernfragen einer jeden *Corporate Governance* neu gestellt: Wem hat das Unternehmen zu dienen? Und wie stellt das Recht dies sicher?

I. Normative Ausrichtung

1. Zweck und Gegenstand

Wie die Maschine, ist auch der Verband ein reines Zweckkonstrukt. Er wird durch einen ihm regelmäßig durch die Satzung, selten durch das Gesetz, jedenfalls durch das Recht implementierten Zweck konstituiert. Anders als den Menschen erkennt die Rechtsordnung ihn nicht um seiner selbst willen an, sondern nur als dieses Zweckkonstrukt. Mit der Folge, dass sich das Verbandsleben dem Zweck als „Lebensgesetz“ im Ausgangspunkt vollständig unterordnet.[111] Rechtsformen sind dabei regelmäßig zweckneutral. Von wenigen Ausnahmen abgesehen, die an den Förderzweck gebundene Genossenschaft bildet traditionell deren bedeutendste[112], haben die Mitglieder die freie Wahl. Die dispositive Voreinstellung einer Kapitalgesellschaft liegt bekanntlich in der Erwirtschaftung eines Gewinns. So oder so wird sich dieser Zweck, wohl mehr oder weniger explizit, in der Zielfunktion der innerhalb des Verbands eingesetzten Maschinen niederschlagen (müssen). Einer Genossenschaft, die die Verwaltung ihrer landwirtschaftlichen Erzeugnisse vollständig automatisiert, droht nach § 81 I S. 1 Alt. 2 GenG die Auflösung, sollten die Belohnungsfunktionen der dafür eingesetzten Maschinen beständig kapitalistisches Wirtschaften honorieren. Die Kapitalanlagegesellschaft, die am Markt mithilfe intelligenter Wertpapierhandelssysteme tätig wird, droht ihren Zweck zu verfehlen, sollten diese ihr Verhalten an karitativen Zwe-

---

[110] Gleichzeitig ermöglicht wohl erst der gesellschaftsrechtliche Regelungsrahmen die Sammlung von Kapital und damit riskante Investitionen in Schlüsseltechnologien wie Techniken maschinellen Lernens, vgl. dazu *Grundmann/Möslein*, Innovation und Vertragsrecht, S. 3 (24).

[111] *Wiedemann*, Gesellschaftsrecht I, § 1 I 1 (S. 16); ähnlich *K. Schmidt*, Gesellschaftsrecht, § 4 I, II (S. 60 ff.).

[112] Vgl. § 1 I GenG, s. dazu jüngst *Picker*, Genossenschaftsidee und Governance, S. 22 ff.; daneben finden sich gesetzliche Zweckbestimmungen nur bei der Partnerschaftsgesellschaft (Ausübung freier Berufe, vgl. § 1 I PartGG) und dem VVaG (Versicherung Mitglieder, vgl. § 15 VAG).

cken ausrichten. Wird eine gemeinnützige GmbH maßgeblich von einer lernenden Maschine verwaltet, darf diese nicht aufgrund ihres Lernverhaltens nach und nach erwerbswirtschaftlich vorgehen. Der in der Satzung festgelegte Zweck muss als „Schranke der Mehrheitsherrschaft“[113] auch vor einer maschinellen Zweckänderung schützen. Umgekehrt muss das Recht dafür Sorge tragen, dass der Wandel des Verbandszwecks technisch nachvollziehbar bleibt und nachvollzogen wird. Damit rücken Problemlagen der ‚Unterbrechbarkeit‘ und ‚Korrigierbarkeit‘ ins Blickfeld: Soll die GmbH nach dem Willen ihrer Gesellschafter nunmehr einen Gewinn erwirtschaften, muss es möglich sein, diese Zweckänderung im algorithmischen Modell nachzuvollziehen.

Ebenfalls dem Worauf der Ausrichtung zuordnen lassen sich die rechtlichen Leitplanken, in denen der Verbandszweck optimiert werden muss. Grenzen setzt zunächst der in der Satzung festgesetzte Gegenstand. Er legt die Mittel der Zweckverfolgung fest.[114] Dass das Gesellschaftsrecht dafür Sorge tragen muss, dass sich der tatsächliche Unternehmensgegenstand einer vorwiegend von lernenden Maschinen verwalteten Gesellschaft nicht von ihrem satzungsmäßigen unterscheidet, liegt auf der Hand. Schließlich setzen zwingende gesetzliche Vorgaben der Zweckverfolgung Grenzen. Die Gesellschaft muss sie selbst dann beachten, wenn dies ihrem Zweck nicht dienlich ist. Mittelbar trägt so auch das Gesellschaftsrecht Sorge dafür, dass Unternehmen ihre Bücher ordnungsgemäß führen, Steuern und Sozialabgaben abführen oder Insolvenzanträge stellen. Werden diese Aufgaben künftig von Maschinen übernommen, darf sich daran nichts ändern. Auch insoweit geht es darum, die zwingenden gesetzlichen Grenzen der unternehmerischen Zweckerreichung im algorithmischen Modell der eingesetzten Maschinen abzubilden.

Ganz allgemein liegt die Antwort in normativer Hinsicht also nahe: Das Gesellschaftsrecht trägt Sorge dafür, dass die Ausgaben der innerhalb der Gesellschaft eingesetzten Maschinen geeignet sind, den Verbandszweck im Rahmen des festgesetzten Gegenstands und der gesetzlichen Grenzen zu fördern. Das gilt vor allem, so abstrakt darf es an dieser Stelle bleiben, zum Schutz der Interessen von Minderheiten und Dritten.

---

[113] *K. Schmidt*, Gesellschaftsrecht, § 4 II 3 (S. 65).

[114] Zur Abgrenzung des Unternehmensgegenstands vom Gesellschaftszweck *Koch*, AktG, § 23 Rn. 22; MüKoAktG/*Pentz* § 23 Rn. 70 ff.; sowie jüngst in der Diskussion um einen „Corporate Purpose“ *Habersack*, FS Windbichler, S. 709 (709); *Fleischer*, ZIP 2021, 5 (11) jew. mwN.; nach verbreiteter Mindermeinung bildet der Gesellschaftszweck den Oberbegriff für das Gesellschaftsziel und den Unternehmensgegenstand, vgl. MüKoGmbHG/*Harbarth* § 53 Rn. 189; sowie eingehend *Tieves*, Der Unternehmensgegenstand der Kapitalgesellschaft, S. 26 ff.

2. *Shareholder vs. Stakeholder (again)*

Geht man diesem Gedanken weiter nach, fällt freilich schnell auf, welche Schwierigkeiten die normative Frage birgt. Denn welche Faktoren abseits zwingender Verhaltenspflichten ganz allgemein Einfluss auf das Verhalten der Organe nehmen sollen, ob diese Faktoren monistisch oder pluralistisch zu bestimmen sind und wem die Konkretisierung gebührt, all das ist mit unserem Ausgangspunkt noch nicht gesagt. Speziell in der Kapitalgesellschaft sind diese Fragen noch immer hochumstritten.[115] Ist sie kapitalmarktorientiert, gilt es zu beantworten, ob ihre Organe ihr Verhalten (nur) am langfristigen Gesellschaftsvermögen, (nur) dem Marktwert der Aktie oder (auch) den Belangen bestimmter Gesellschaftsfremder ausrichten müssen. Darüber besteht seit mittlerweile über einem Jahrhundert Streit. Den Streit hier darzustellen oder gar zu entscheiden, ist nicht sinnvoll. Zumal seine Kernargumente längst auf dem Tisch lagen, als Herbert Simon im April 1960 erstmals unserer Fragestellung nachging. Im Anschluss an seinen Vortrag trat *Berle*, wie zuvor in seiner denkwürdigen Auseinandersetzung mit *Dodd*, auch gegenüber *Hayek* dafür ein, das Wirtschaften der Korporation am Wohl der Allgemeinheit auszurichten.[116] Bis heute hat sich an den argumentativen Stoßrichtungen des Streits, mag er über die Jahre auch in unterschiedlicher Lautstärke geführt worden sein, kaum etwas verändert.

Fest steht: Wenn unternehmerische Entscheidungen in Zukunft zunehmend ohne die unmittelbare Beteiligung eines Menschen getroffen werden, verliert der Streit um die Zielkonzeption der Korporation nicht an Brisanz. Im Gegenteil: Wenn wir die Anreizstruktur der eingesetzten Maschine explizit definieren können oder gar müssen, spricht viel dafür, dass die rechtspolitische Diskussion nur an Fahrt gewinnt.[117] Denn dann muss vorab offengelegt werden, wessen Interessen die Maschine optimiert und wie groß der Spielraum bei der Konkretisierung dieser Interessen ist. Wem das Unternehmen zu dienen hat, ist dann nicht mehr nur eine Frage von Satzung und Gesetz, sondern eine des maschinellen Codes. Die Antwort muss sich mehr oder weniger explizit im Modell jener Maschinen niederschlagen, mit denen das Unternehmen am Rechtsverkehr teilnimmt, und deshalb ausdrücklicher formuliert werden als bislang. Zugleich erwarten Beobachter wohl zurecht, dass die Öffentlichkeit im Hinblick auf die korporative

---

[115] Zur AG statt vieler *Mülbert*, ZGR 1997, 147; GroßKommAktG/*Kort* § 76 Rn. 52 ff.; zur GmbH statt vieler MüKoGmbHG/*Fleischer* § 43 Rn. 13 ff. (monistisch); MHLS/*Ziemons* GmbHG § 43 Rn. 150 (pluralistisch) jew. mwN.

[116] Vgl. erneut *Berle*, Management and corporations 1985: a symposium held on the occasion of the 10. anniversary of the Graduate School of Industrial Administration, Carnegie Inst. of Technology, 1960, S. 63 ff.; sowie *Hayek*, ebd., S. 99 ff.; zum ursprünglichen Streit *Berle*, Harv. L. Rev. 44 (1931) 1049; *Dodd*, Harv. L. Rev. 45 (1932) 1145; dogmatische Einordnung des Streits bei *Fleischer*, AG 2001, 171 (176 f.); für einen Überblick über die Kernargumente auch *Mülbert*, ZGR 1997, 147.

[117] *Armour/Eidenmüller*, ZHR 183 (2019) 169 (182 ff.); ähnlich *Petrin*, Colum. Bus. L. Rev. (2019) 965 (1020 ff.); offenlassend *Bruner*, Camb. Law J. 79 (2020) 431 (453 ff.).

Zielkonzeption nur aufmerksamer und vor allem strenger wird je mehr das „menschliche Element" aus der Geschäftsleitung verschwindet.[118] Das Gesellschaftsrecht scheint also vor einer verschärften Zieldiskussion zu stehen. Wer daraus als Sieger hervorgeht, ob *shareholder* oder *stakeholder*, ist offen.[119]

Von technischen Realitäten lässt sich die korporative Zielkonzeption in diesem Fall nicht mehr trennen. Die Frage, wie eine Maschine konstruiert wird, ist untrennbar mit der Frage auf welches Ziel oder wessen Interessen sie ausgerichtet werden soll, verknüpft.[120] Für eine monistische Zielvorgabe spricht dabei die Mess- und Programmierbarkeit. Aus technischer Sicht fällt es leichter, Maschinen in der Aktiengesellschaft „nur" auf den Gesellschafts*zweck* (regelmäßig, aber nicht stets, der langfristige erwerbswirtschaftliche Erfolg) statt auf ein wie auch immer geartetes Unternehmens*interesse* (präziser: die Interessen der verschiedenen korporativen Bezugsgruppen) auszurichten. Indes lassen sich die Eigenarten lernender Maschinen eben auch andersherum für die Interessenpluralität ins Feld führen. Das bekannte Argument gegen einen Stakeholderansatz, dass das, was aus ihm im Einzelfall folgt, für den menschlichen Geschäftsleiter naturgemäß vage bleiben muss (Welche Bezugsgruppen? Wie sind die Interessen jeweils zu gewichten? etc.), verliert mit Blick auf Maschinen womöglich an Schlagkraft. Das Recht könnte dies vorab im algorithmischen Modell festsetzen. Zudem muss es ein Individuum in diesem Fall nicht mehr durch eine monistische Zielbestimmung vor der kognitiven Schwierigkeit bewahren, vor einer unternehmerischen Entscheidung viele verschiedene Partikularinteressen berücksichtigen und abwägen zu müssen.[121] Auch um die Justiziabilität muss man sich nur wenige Sorgen machen, wenn in Rechnung gestellt wird, dass der Code der eingesetzten Maschinen relevante Drittinteressen nunmehr *explizit* abbildet. Vor allem aber liegt es rechtspolitisch nahe, auf den Wegfall individueller Verantwortung mit einem schärferen Schutz der Allgemeinheit zu reagieren.

Die Erwartung, dass normative Fragen an Relevanz gewinnen, wenn Maschinen immer mehr Aufgaben übernehmen, die bislang uns vorbehalten waren, deckt sich mit Prognosen anderer Disziplinen. Im Gesellschaftsrecht gipfelte sie jüngst in einer These, die noch weiter reicht: Je mehr die korporativen Entscheidungsprozesse künftig von Maschinen dominiert werden, desto mehr degeneriere das Gesellschaftsrecht zum normativen Stichwortgeber. Statt die Interessen korporativer Bezugsgruppen mithilfe rechtlicher Institute aufeinander auszurichten, formuliere es dann nur noch die Zieldestination, die es vorher zwar mit dem

---

[118] *Petrin*, Colum. Bus. L. Rev. (2019) 965 (1020).

[119] Monografisch jüngst mit knapper Begründung für einen Stakeholder Value Ansatz plädierend etwa *Telle*, Einsatz Künstlicher Intelligenz zur vorbereitenden Unterstützung von Leitungsentscheidungen des Vorstands einer AG, S. 14 f., 130 f.

[120] Eingehend zu dieser Verschränkung von normativen und technischen Fragestellungen *Gabriel*, Minds and Machines 30 (2020) 411 (413 ff.).

[121] So das Argument bei *Petrin*, Colum. Bus. L. Rev. (2019) 965 (1021 f.); sowie *Bruner*, Camb. Law J. 79 (2020) 431 (453).

bekannten argumentativen Rüstzeug auszufechten gilt, deren Erreichen aber nicht länger das Recht, sondern die Technik sicherstellt. Künftig gehe es insoweit um die „Zielfestlegung“. Wobei die entscheidenden Fragen lauteten: „Welches Ziel bzw. welche Ziele darf oder soll der Algorithmus verfolgen, und wie sind etwaige Zielkonflikte aufzulösen?“[122] Die These fußt auf drei Prämissen: Maschinen verfolgen erstens, anders als der Mensch, keine eigenen Ziele. Sie verfolgen diese Ziele zweitens gründlich und rigide, ergo: rational. Und wir geben diese Ziele drittens explizit vor.[123] Nun wissen wir: Damit ist jeweils nur die halbe Wahrheit beschrieben. In der Tat „handeln [Maschinen] nicht in schlechtem oder gutem Glauben.“ Sie handeln gar nicht.[124] Kein Zweifel: „Sie optimieren vielmehr schlicht eine vorgegebene Zielfunktion.“[125] Auch die Künstliche Intelligenz stellt das nicht infrage. Doch sie lässt diesem Befund inzwischen ein großes Aber folgen: „Autonomous agents optimize the reward function we give them.“, hält auch sie fest, *aber*: „What they don't know is how hard it is for us to design a reward function that actually captures what we want.“[126] Maschinen verfolgen als bloße Artefakte zwar keine Eigeninteressen, sie optimieren stattdessen eine vom Menschen gestaltete Zielfunktion. Doch damit ist nicht gesagt, dass sie diese Zielfunktion mit Verhalten optimieren, das im Interesse ihres Nutzers oder gar den Interessen relevanter Dritter liegt. Vielmehr werden wir uns künftig immer häufiger in der Position des König Midas wiederfinden: Die Maschine macht das, was wir sagen, aber nicht das, was wir meinen. Schlicht, weil es selten gelingt, all das, was uns wichtig ist, in ihrem Code unterzubringen. Zugleich verfolgen Maschinen ihre Ziele bislang keinesfalls so robust, wie bisweilen vorausgesetzt. Die der Maschine implementierte Anreizstruktur entspricht also weder *per se* der, die wir uns tatsächlich erhoffen, noch wird sie *per se* rational optimiert. Vielmehr bedarf es (auch) rechtlicher Vorkehrungen, damit dies der Fall ist und in Zukunft der Fall bleibt. Und selbst hinter dem Ausgangspunkt, dass Maschinen künftig überhaupt explizit definierte Ziele verfolgen, steht nach aktuellem Stand der Forschung ein Fragezeichen. Nachhaltigen Erfolg bei der Lösung des Ausrichtungsproblems versprechen bislang vor allem Techniken, die Maschinen über „ihre“ Ziele im Unklaren lassen. Statt vorauszusetzen, dass wir Maschinen, explizite Ziele vorgeben *müssen*,[127] ist vor diesem Hintergrund zunächst wohl zu fragen, ob wir dies überhaupt in jedem Fall *dürfen*. Wenn das Schadensrisiko

---

[122] *Armour/Eidenmüller*, ZHR 183 (2019) 169 (182 ff.).

[123] *Armour/Eidenmüller*, ZHR 183 (2019) 169 (182): „Algorithmen verfolgen demgegenüber [von uns] vorgegebene Ziele, und zwar präzise und gründlich“.

[124] Vgl. oben § 2 A I, III.

[125] *Armour/Eidenmüller*, ZHR 183 (2019) 169 (182 f.); ähnlich *Zetzsche*, AG 2019, 1 (9) wonach ein Algorithmus „kraft seiner Programmierung nur mit maximalem Pflichtbewusstsein agieren“ und „keine vom Unternehmensinteresse losgelösten Interessen verfolgen“ könne; vgl. auch *Calabro*, Künstliche Intelligenz und Corporate Governance, S. 47.

[126] *Hadfield-Menell et al.*, NeurIPS 2017, S. 1.

[127] So ausdrücklich etwa *Petrin*, Colum. Bus. L. Rev. (2019) 965 (1020): „AI will need clearly defined goals and outcomes“; ähnlich *Armour/Eidenmüller*, ZHR 183 (2019) 169 (183).

einer lernenden Maschine in erster Linie in der rigiden Verfolgung eines ausdrücklich definierten Ziels wurzelt, wäre es dann nicht andersherum Aufgabe des Gesellschaftsrechts in bestimmten Fällen, zum Schutz von Minderheiten und Dritten dafür zu sorgen, dass dieses Ziel nicht explizit festgelegt wird? Sollte dann nicht der Gesellschaftszweck als „Endzweck des gesellschaftsrechtlichen Zusammenwirkens“[128] der Maschine selbst in einigen Fällen verborgen bleiben?

II. Rechtstechnische Ausrichtung

Die Frage der Ausrichtung ist schon heute keine bloß akademische: So lernten in der Praxis eingesetzte Maschinen, die eigentlich den langfristigen Gewinn einer Unternehmung maximieren sollten, etwa aufgrund von fehlerhaft spezifizierten Belohnungsfunktionen kurzfristige Handelsstrategien.[129] Dominieren diese Maschinen die unternehmerische Tätigkeit der Gesellschaft, läuft sie Gefahr, ihr Ziel zu verfehlen, wenn das in der Erwirtschaftung einer langfristigen Rendite liegt. Das Gesellschaftsrecht muss also weiterhin rechtliche Mechanismen vorhalten, die sicherzustellen, dass sich die eingesetzten Maschinen auch tatsächlich innerhalb des normativen Rahmens bewegen. Angesprochen ist damit die rechtstechnische Komponente der Ausrichtung. Erste Entwicklungslinien, wie sich die rechtlichen Strategien dabei wandeln, lassen sich bereits erahnen. Nur um sie soll es an dieser Stelle gehen.

1. Regeln vs. Prinzipien

Fest steht im Ausgangspunkt, dass es nicht um die rechtliche Ansprache der maschinellen Agenten selbst gehen kann. Das Gesellschaftsrecht verliert an dieser Stelle seinen unmittelbaren „motivationalen Anknüpfungspunkt“[130]. Für eine einmal eingesetzte Maschine selbst sind die rechtlichen Regelungen uninteressant. Zwar könnte das Recht auch Maschinen als Rechtspersonen ansprechen, doch selbst einer Maschine mit eigener Rechtspersönlichkeit wäre es gleich, ob sie haftet, eine Vergütung erhält, bestraft wird oder nicht. Wer Maschinen mithilfe des Rechts auf die Ziele des Verbands ausrichten will, muss sich an die Maschinisten halten. Ins Zentrum rückt damit die Pflichtenbindung der Mitglieder und Organe im Rahmen der Entwicklung und des Einsatzes der Systeme. Die Fragen, ob und welche Maschinen eingesetzt werden, wer diese auswählt und überwacht, wie und vor allem mit welchen Daten diese trainiert werden, ob sie während des Einsatzes lernen, welche Grenzen diesem Lernprozess gesetzt sind, welche Instanz ihn überwacht und wer über all das wie entscheidet, werden zu den zentralen Fragestellungen der *Corporate Governance*.[131]

---

[128] So jüngst *Fleischer*, ZIP 2021, 5 (11).

[129] Vgl. *Rahwan et al.*, Nature 568 (2019) 477 (480).

[130] *Wagner*, Zivilrechtliche und rechtsökonomische Probleme des Internet und der künstlichen Intelligenz, S. 1 (33).

[131] Ähnlich jeweils *Hamdani et al.*, J. Br. Acad. 6 (2018) 215 (230); *Enriques/Zetzsche*,

Das Gesellschaftsrecht hält dafür bislang keine expliziten *Regeln* bereit. Die im Einzelfall gebotenen Maßnahmen hängen vom Kontext, dem eingesetzten Programm und der einsetzenden Unternehmung ab und lassen sich deshalb nur schwer verallgemeinern oder gar zu gesetzlichen Verhaltenspflichten verdichten. Zugleich laufen positive Rechtsregeln, die für eine konkrete neue Technologie eine starre und ausnahmslose Rechtsfolgenanordnung treffen, stets Gefahr, vom technischen Wandel überholt zu werden.[132] Vor diesem Hintergrund spricht im Rahmen der Regulierung sich wandelnder Technologien viel für prinzipienbasierte Regelungsformen.[133] *Prinzipien* und *Standards* weisen eine höhere Halbwertszeit auf, weil sich ihre Umsetzung flexibel an den technischen Wandel anpassen lässt.[134] Sie laufen weniger Gefahr, Innovationen zu hemmen. Dem Rechtsanwender wird in diesem Fall auch aufgrund seines Wissensvorsprungs ein entsprechendes Ermessen eingeräumt.

Folgerichtig finden sich Beispiele gesetzlicher Regeln zur Regulierung der Künstlichen Intelligenz bislang nur außerhalb des Gesellschaftsrechts in Spezialgesetzen mit engem Anwendungsbereich. So statuiert etwa das WpHG bestimmte Organisationspflichten für den Einsatz algorithmischer Handelssysteme (vgl. § 80 WpHG). Die entscheidende Frage aus gesellschaftsrechtlicher Sicht ist, ob solche Regelungen in Bereiche außerhalb des Aufsichtsrechts ausstrahlen.[135] Die Antwort muss kontextspezifisch ausfallen und hier nicht formuliert werden. Fest steht: Im Gesellschaftsrecht selbst nehmen sich der Ausrichtung, der innerhalb des Verbands eingesetzten Maschinen, bislang nicht gesetzliche Verhaltenspflichten, sondern offen gestaltete, zunächst technikunabhängige *Prinzipien* und *Standards* an. Zentrale Bedeutung wird in diesem Zusammenhang der allgemei-

---

ECGI Working Paper 457/2019, S. 49; *Bruner*, Camb. Law J 79 (2020) 431 (453); letztlich auch *Noack*, FS Windbichler, S. 947 (949 ff.).

[132] *Marchant et al.*, The growing gap between emerging technologies and legal-ethical oversight: The pacing problem, 2011: „*pacing problem*"; ähnlich zuvor *Brownsword*, Rights, Regulation, and the Technological Revolution, S. 1 f., 162 ff.: „challenge of regulatory connection"; im Überblick *Moses*, Law Innov. Technol. 5 (2013) 1 (6 ff.).

[133] *Carter/Marchant*, The growing gap between emerging technologies and legal-ethical oversight: The pacing problem, S. 157 ff.; *Black/Baldwin*, Law & Policy 32 (2010) 181 ff.; *Fenwick et al.*, Am. Univ. Bus. L. Rev. 6 (2017) 561 (589 f.).

[134] Grundlegend zur Unterscheidung von Regeln und Prinzipien *Alexy*, Theorie der Grundrechte, 1985, S. 77 ff., 88 ff., der zwischen Prinzipien als „Optimierungsgeboten" und subsumtionsfähigen Regeln unterscheidet; zuvor *Dworkin*, Taking Rights Seriously, 1977, S. 22 ff., 24: „all-or-nothing fashion"; zuvor bereits *Esser*, Grundsatz und Norm in der richterlichen Fortbildung des Privatrechts, 1956, S. 50 ff., 69 ff.; später *Canaris*, Systemdenken und Systembegriff in der Jurisprudenz, S. 52 ff.; sowie in der jüngeren Vergangenheit *Metzger*, Extra legem, intra ius, S. 52, 179 ff.; zur Bedeutung der Unterscheidung im Gesellschaftsrecht *Kraakman et al.*, The Anatomy of Corporate Law, S. 32 f.; *Bachmann et al.*, Rechtsregeln für die geschlossene Kapitalgesellschaft, S. 19 ff.

[135] Für analoge Anwendung *Möslein*, ZIP 2018, 204 (211); ähnlich *Weber et al.*, NZG 2018, 1131 (1135): „Richtschnur"; eingehend *Li*, Künstliche Intelligenz im Rahmen unternehmerischer Entscheidungen des Vorstands der AG, S. 170 ff., 174 f.

nen Sorgfaltspflicht der Geschäftsleiter zuteil. Die Konkretisierung dessen, was die Sorgfalt eines ordentlichen Geschäftsleiters beim Einsatz Künstlicher Intelligenz im Einzelfall gebietet, obliegt dabei zunächst nicht dem Gesetzgeber, der etwa entsprechende Regelbeispiele normieren könnte, sondern Gerichten und der Wissenschaft. Speziell Letztere hat sich dieser Aufgabe in der jüngeren Vergangenheit auch intensiv angenommen und dabei, ohne das offen auszusprechen, rechtliche Antworten auf das Ausrichtungsproblem herausgearbeitet: Besondere Aufmerksamkeit erlangte im deutschen Schrifttum das Verhältnis der Business Judgment Rule zur Künstlichen Intelligenz. Neben einer sich herausbildenden Pflicht, Künstliche Intelligenz „angemessen" einzusetzen,[136] wurde dabei auch der Einfluss der Business Judgment Rule auf die Auswahl der zur Informationsbeschaffung eingesetzten Maschinen herausgearbeitet. § 93 I S. 2 AktG nehme, so die These, entscheidenden Einfluss auf die Modellwahl und könne im Einzelfall den Einsatz interpretierbarer Modellarchitekturen gebieten.[137] Dabei soll auch die Intensität entsprechender Überwachungspflichten zurecht davon abhängen, welche Garantien bestehen. Je weniger sich das Verhalten der eingesetzten Maschine interpretieren lässt, desto höher setzt die Literatur den Standard an Test- und Überwachungsverfahren an.[138] Wer in diesem Zusammenhang aus § 91 II AktG das Gebot ableitet, eine „sichere Abschalteinrichtung" einzurichten,[139] reagiert damit auf das Problem der ‚Unterbrechbarkeit'. Als Problem erkannt wurde daneben, dass die Verifikation entsprechender Systeme bislang, anders als bei konventioneller Software, nicht imstande ist, den rechtlichen Sorgfaltsmaßstab auszufüllen.[140]

Die Frage beschränkt sich freilich nicht auf die Leitung der Korporation. Betroffen ist die gesamte Bandbreite der korporativen Arbeitsteilung. Auch der Aufsichtsrat greift in der Praxis inzwischen allenthalben auf Künstliche Intelligenz zurück. Wählt er die Geschäftsleiter mithilfe maschineller Lernverfahren

---

[136] So *Möslein*, ZIP 2018, 204 (210 f.); *Spindler*, ZGR 2018, 17 (43); zur Frage, ob und wann § 93 I S. 2 AktG zum Einsatz maschineller Lernverfahren verpflichtet, auch *Hoch*, AcP 219 (2019) 646 (671 ff., 694 ff.); *Lücke*, BB 2019, 1986 (1989); *Noack*, ZHR 183 (2019) 105 (121); *Seibt*, FS Seibert, S. 825 (828 ff.); *Teichmann*, ZfPW 2019, 247 (264); jüngst auch *Langenbucher*, ZHR 187 (2023) 729 ff.; monografisch etwa *Telle*, Einsatz Künstlicher Intelligenz zur vorbereitenden Unterstützung von Leitungsentscheidungen des Vorstands einer AG, S. 62 ff.; *Calabro*, Künstliche Intelligenz und Corporate Governance, S. 176 ff.

[137] Umfassend *Hacker et al.*, Artif. Intell. Law 28 (2020) 415 (425 ff.).

[138] Instruktiv *Spindler*, ECFR 2019, 106 (137); gar für ein Verbot, nicht interpretierbare Modelle im Einzelfall einzusetzen, wohl *Strohn*, ZHR 182 (2018) 371 (374).

[139] *Zetzsche*, AG 2019, 1 (7); zustimmend BeckOGKAktG/*Fleischer* § 76 Rn. 77; das Aufsichtsrecht ordnet die Einrichtung solcher Vorrichtungen bisweilen explizit an, vgl. etwa Schwark/Zimmer/*Fett*, WpHG § 80 Rn. 165: „Kill-Funktion".

[140] *Zetzsche*, AG 2019, 1 (8); inzwischen wurden entsprechende technische Standards entwickelt, die im Einzelfall den Sorgfaltsmaßstab konkretisieren können, zu nennen sind vor allem die Standards der IEEE Standards Association, im Überblick *Cihon*, Standards for AI Governance, 2019.

aus, kann er sich nur dann auf die Vorhersagen verlassen, wenn er weiß, welche Faktoren das Programm bei der Personalauswahl einpreist.[141] Die allgemeine Sorgfaltspflicht verpflichtet ihn dann, Vorkehrungen zu treffen, um dem Problem der mangelnden Interpretierbarkeit zu begegnen.[142] Und auch auf Ebene der Willensbildung stehen tiefgreifende Veränderungen zu erwarten. Die Mitglieder des Verbands werden künftig zunehmend maschinell von ihrem Stimmrecht Gebrauch machen. Dass damit grundlegende Fragen aufgeworfen sind, liegt auf der Hand: Ein Aktionär, der seine mitgliedschaftlichen Rechte in der virtuellen Hauptversammlung mithilfe von Maschinen dauerhaft wahrnimmt, agiert weder uninformiert noch apathisch. Zudem könnte die Tatsache, dass Maschinen ihr Stimmverhalten koordinieren oder auch nur deshalb ähnlich abstimmen, weil sie auf ähnliche Architekturen und Daten zurückgreifen, künftig zur Rekalibrierung der mitgliedschaftlichen Treuepflichten nötigen, was vor allem deshalb Schwierigkeiten birgt, weil Maschinen sich vernetzen, ohne dass ihre Nutzer dies steuern oder auch nur vorhersehen könnten.[143]

Dabei darf es an dieser Stelle bewenden. Entscheidend ist zweierlei: Einerseits muss es dem Gesellschaftsrecht jeweils um die Ausrichtung der eingesetzten Maschinen gehen. Andererseits greift es dafür bislang auf technikunabhängige, anpassungsfähige Prinzipien und Standards zurück, namentlich Sorgfalts- oder Treuepflichten.

2. *Ex ante vs. ex post*

Speziell in der internationalen gesellschaftsrechtlichen Debatte wird neben der Unterscheidung in Regeln und Prinzipien zwischen *ex post* und *ex ante* Strategien unterschieden. Letztere entfalten ihre Wirkung, bevor ein Akteur handelt, während Erstere nachträglich auf Handlungen eines Akteurs reagieren.[144] Einem Geschäftsleiter können explizite Verhaltenspflichten *ex ante* vorgeben, was er tun darf und was nicht, während seine Handlungen *ex post* stets am allgemeinen Sorgfaltsmaßstab beurteilt werden. Erwartet wird nun, dass *ex ante* Strategien in einer zunehmend von Maschinen verwalteten Gesellschaft an Bedeutung gewinnen.[145] Das leuchtet ein. Zum einen kann das Recht die eingesetzten Maschinen eben nicht unmittelbar ansprechen. Ob das Maschinenverhalten *ex post* beurteilt wird, ist für die Maschine im Ausgangspunkt ebenso irrelevant wie die Frage, ob sie an Erfolg gekoppelte Prämien erhält, oder nicht. Zum anderen ist es technisch schwierig, die Anreizstruktur einer einmal fehlerhaft ausgerichteten Maschine

---

[141] Vgl. dazu *Erel et al.*, ECGI Finance Working Paper 605/2019, S. 17 ff.

[142] Zur Sorgfaltspflicht des Aufsichtsrats beim KI-Einsatz etwa *Strohn*, ZHR 182 (2018) 371 (373 ff.); *Noack*, ZHR 183 (2019) 105 (140); *Noack*, FS Vetter, S. 497 (504 ff.); zum angloamerikanischen Board *Hamdani et al.*, Journal British Academy 6 (2018) 215 (229 ff.).

[143] Andeutend *Zetzsche*, AG 2019, 1 (16).

[144] Zur Unterscheidung *Kraakman et al.*, The Anatomy of Corporate Law, S. 37 f.

[145] *Möslein*, Research Handbook on the Law of Artificial Intelligence, S. 649 (667); andeutend auch *Petrin*, Colum. Bus. L. Rev. (2019) 965 (1030).

nachträglich zu korrigieren. Wer Maschinen auf die Belange der Korporation und ihrer Bezugsgruppen ausrichten will, muss die Weichen dafür im Entwicklungs- und Trainingsstadium stellen.[146] Vor diesem Hintergrund könnten sich in der Tat insbesondere *ex ante* wirkende Eignungsvoraussetzungen als Regulierungsstrategie der Wahl herauskristallisieren. Statt das unmittelbare konkrete Verhalten eines Menschen nachträglich zu beurteilen, wären die rechtlichen Anforderungen dann vorab in das algorithmische Modell der eingesetzten Maschine zu überführen und abstrakt zu kontrollieren. Dass mit diesem Wandel weitreichende Verschiebungen im gesellschaftsrechtlichen Regelungsgefüge verbunden wären, liegt auf der Hand.

Freilich setzt sich diese Erwartung in einen Widerspruch zur Einsicht, dass speziell *ex post* wirkende Prinzipien die adäquate Steuerung des unternehmerischen Technikeinsatzes ermöglichen. Der Widerspruch erklärt sich durch das Verhältnis von Rechtsprinzipien zum Individuum. Prinzipien lassen anders als Regeln stets Auslegungs- und Abwägungsspielräume. Eben deshalb eignen sie sich zur Technikregulierung. Doch eben deshalb sind sie, das bedurfte bislang keiner Erwähnung, auf unmittelbar tätige Individuen angewiesen, die diese Spielräume bespielen. Bislang ist einzig der Mensch imstande, Prinzipien im Einzelfall auszulegen, abzuwägen und einem Ausgleich zuzuführen. Wenn Prinzipien also die sachgerechte Steuerung der Technologieentwicklung ermöglichen, dann nur deshalb, weil Individuen, in unserem Fall die menschlichen Organ- oder Verbandsmitglieder, diese Prinzipien immer wieder auf eine sicher verändernde Umwelt anwenden und anpassen. Maschinen sind zu dieser flexiblen Anpassungsleistung (noch) nicht in der Lage.[147]

Insoweit spricht viel dafür, dass das Recht einen Verband, der zunehmend ohne ein unmittelbar handelndes Individuum am Rechtsverkehr teilnimmt, in erster Linie mithilfe definiter Regeln anspricht. Je weniger das Recht sich auf die Eigenverantwortung unmittelbar handelnder Individuen verlassen kann, desto mehr bieten sich Regelungstechniken an, die *ex ante* entsprechende Sicherheiten schaffen. Das womöglich deutlichste Indiz, wohin die Reise gehen könnte, ist die Tatsache, dass im Diskurs über eine von Maschinen verwaltete Korporation inzwischen ganz offen über eine Renaissance der Konzession verhandelt wird.[148] Überraschen kann das nicht. Während das gegenwärtige System der Normativbestimmungen auf Eigenverantwortung setzt, weist die Konzession einen Weg, das Unternehmen durch eine staatliche Instanz zu kontrollieren, bevor es am Markt tätig wird.

---

[146] Repräsentativ *Irving et al.*, arXiv:1805.00899, 2018, S. 1: „Alignment is a training-time problem".

[147] Zu diesem Gedanken unabhängig von der Unterscheidung in Regeln und Prinzipien *Pasquale*, George Washington Law Review 87 (2019) 1 (49 ff.).

[148] *Noack*, FS Windbichler, S. 947 (959): „steht zu erwarten"; gegen ein Konzessionssystem *Armour/Eidenmüller*, ZHR 183 (2019) 169 (184); zur Entscheidung zwischen Normativ- und Konzessionssystemen für die ‚elektronische Person' eingehend *Linardatos*, Autonome und vernetzte Aktanten, S. 522 ff.

3. Markt vs. Staat

Mit der Entscheidung zwischen Konzessionen und Normativbestimmungen ist zugleich eine weitere Entwicklungslinie der rechtstechnischen Ausrichtung angesprochen: die Wahl zwischen staatlichen Eingriffen und marktrechtlichen Regelungsansätzen. Es ist auch die Frage neu aufgeworfen, ob zur Ausrichtung auf Regulierung oder auf Markttransparenz zu setzen ist. Ob also gesetzgeberischen bzw. aufsichtsbehördlichen oder selbstregulierenden Mechanismen zu vertrauen ist. Zwingendes Recht steht an dieser Stelle unverbindlichen mit Offenlegungspflichten korrespondierenden Kodizes gegenüber. Mancher erwartet, dass sich der Fokus künftig auf staatliche Durchsetzungsmechanismen verschieben könnte, weil es in den bekannten gesellschaftsrechtlichen Institutionen womöglich an technischem Knowhow mangele. Denkbar sei vor diesem Hintergrund etwa, dass sich spezialisierte staatliche Agenturen herausbildeten, die vormals private Kontrollaufgaben übernehmen.[149] Intuitiv liegt zunächst freilich die umgekehrte Entwicklung näher: Eben weil der Einsatz Künstlicher Intelligenz erhebliches, anwendungsbezogenes Knowhow erfordert, scheint selbstregulatorischen Strategien künftig eine größere Bedeutung zuzukommen.[150] Und tatsächlich war dies in den vergangenen Jahren bereits zu beobachten. Die Fülle verschiedener Leitlinien und Kodizes, die in der Unternehmenspraxis entwickelt wurden, lässt sich inzwischen kaum noch überblicken.[151] Solche Kodizes kommen aus der Praxis, erfreuen sich dadurch einer größeren Akzeptanz und sind anders als „hartes" Recht vor allem imstande, auf Veränderungen flexibel zu reagieren. Inwieweit sie sich zu Rechtspflichten verdichten können, ist noch offen.[152] Gefordert wird bereits ihre Überführung in den Deutschen Corporate Governance Kodex (DCGK).[153]

---

[149] Vgl. *Möslein*, Research Handbook on the Law of Artificial Intelligence, S. 649 (667).

[150] In der Praxis bilden sich bereits neue Institutionen heraus, um die nun erforderliche Expertise zu institutionalisieren, zu *tech committees* etwa *Bruner*, Camb. Law J. 79 (2020) 431 (453); auf wachsende Bedeutung hinweisend auch *Enriques/Zetzsche*, ECGI Working Paper 457/2019, S. 52 f.; für einen rechtstatsächlichen Überblick solcher Gremien in amerikanischen Technologieunternehmen *Cihon et al.*, Information 12 (2021) 275 (282 f.).

[151] Umfassende Auswertung bei *Jobin et al.*, Nat. Mach. Intell. 1 (2019) 389; der *AI Act* hat sich zur Aufgabe gemacht, solche Verhaltenskodizes weiter zu fördern, vgl. Art. 69 AI Act; zu den erheblichen Schwierigkeiten, die Kodizes in die unternehmerische Praxis zu überführen *Avin et al.*, Science 374 (2021) 1327 (1327); sowie eingehend *Morley et al.*, Sci. Eng. Ethics 26 (2020) 2141.

[152] *Möslein*, FS Hopt II, S. 807 (816 ff., 818 f.): „steht zu erwarten"; zu den gesellschaftsrechtlichen Implikationen solch „weicher" Leitlinien am Beispiel der „Policy and Investment Recommendations for Trustworthy AI" der High-Level Expert Group on Artificial Intelligence der Europäischen Kommission *Hickman/Petrin*, Eur. Bus. Organ. Law Rev. 22 (2021) 593.

[153] So *Möslein*, FS Hopt II, S. 807 (819), der insoweit „dringend[en]" Handlungsbedarf sieht; grundsätzlich skeptisch, da sich noch keine Best Practises gebildet hätten *Enriques/Zetzsche*, ECGI Working Paper 457/2019, S. 54 ff.; zur Idee eines „Algorithmic Responsibility Code" im allgemeinen Rahmen *Martini*, Algorithms and Law, S. 100 (132 ff.).

Das Ansinnen, für die Steuerung des Einsatzes Künstlicher Intelligenz den DCGK zu aktivieren, korrespondiert mit der Forderung, die bestehenden Offenlegungspflichten auszubauen.[154] Als künftige Grundsatzfrage kristalisiert sich hier heraus, ob und wem das algorithmische Modell der eingesetzten Maschine oder der Datensatz, mit dem sie trainiert wurde, zu offenbaren ist. Wenig Widerspruch dürfte in diesem Zusammenhang noch die These provozieren, der Code müsse jedenfalls der Gesellschaft, namentlich ihren Geschäftsleitern, zugänglich bleiben.[155] Auch hier können sich im Einzelfall schwierige Detailfragen ergeben. Etwa wenn die Gesellschaft, wie in der Praxis inzwischen üblich, auf Modelle einiger weniger externer Dienstleister zurückgreift.[156] Größere Schwierigkeiten bereitet die Frage, ob und wann ein algorithmisches Modell oder die Daten, mit denen es trainiert wurde, auch anderen Organen, den Gesellschaftern oder privilegierten Dritten offengelegt werden sollte. Angedacht wird im Schrifttum etwa die obligatorische Offenlegung gegenüber den Gesellschaftern und anderen ausgewählten Bezugsgruppen der Korporation.[157]

4. Technik vs. Recht

Weniger Beachtung fanden im Schrifttum bislang die Wechselbeziehungen von Technik und Recht.[158] Soweit es darum geht, die Ziele der Gesellschaft präzise und vollständig in solche der Maschine zu übersetzen und dafür zu sorgen, dass sie robust verfolgt werden, verschränken sich rechtliche und technische Fragen. Künftig geht es auch und vor allem darum gesellschaftsrechtliche Wertungen unmittelbar in das algorithmische Modell einer Maschine zu übersetzen und damit um ein *Alignment-by-Design*. Der Corporate Governance-Diskussion lag dabei seit jeher die Einsicht zugrunde, dass die Interessenkonflikte innerhalb des Verbands immer auch eine ökonomische und eine soziale Dimension haben. Nun tritt also eine informationstechnologische hinzu. Die Übernahme des technologischen Vokabulars schafft dann den notwendigen interdisziplinären Rahmen.[159]

---

[154] *Bruner*, Camb. Law J. 79 (2020) 431 (454); zu Berichtspflichten des Vorstands und des Aufsichtsrats etwa *Strohn*, ZHR 182 (2018) 371 (377).

[155] *Spindler*, ECFR 2019, 106 (137).

[156] Die Praxis greift insb. auf sog. APIs einiger weniger Technologieunternehmen zurück, vgl. *Russell/Norvig*, Artificial Intelligence, S. 1017 f.

[157] So *Petrin*, Colum. Bus. L. Rev. (2019) 965 (1022): „shareholders and other interested parties could even be given access to data and logs that show if and how these considerations have influenced a decision"; zurecht skeptisch dagegen *Enriques/Zetzsche*, ECGI Working Paper 457/2019, S. 55 ff.; zu Möglichkeiten und Grenzen einer Rechtspflicht, algorithmische Modells offfenzulegen, allgemein *Kroll et al.*, U. Pa. L. Rev. 165 (2017) 633 (657 ff.).

[158] Zum Verhältnis von Unternehmensrecht und KI aus der Perspektive rechtswissenschaftlicher Innovationsforschung *Grundmann/Möslein*, Innovation und Vertragsrecht, S. 3 (24 ff., 45 ff.);

[159] Auch die Übernahme des ökonomischen Vokabulars erfüllt in der Corporate Governance-Diskussion in erster Linie eine interdisziplinäre Funktion, vgl. *Bachmann*, ZHR 174 (2010) 486 (488).

Weil der technische Code die Wertungen des Gesellschaftsrechts dabei nicht nur abbildet, sondern oft zugleich durchsetzt, tritt er als „zweite Spur“[160] neben das Recht. Es entstehen diffizile Wechselwirkungen und Konkurrenzen. Sie näher und interdisziplinärer zu analysieren, ist der Gesellschaftsrechtswissenschaft für die Zukunft aufgegeben. Je mehr sich die „Spuren“ in zunehmend von Maschinen dominierten Unternehmen verschränken, desto mehr rückt dabei die Frage ins Blickfeld, wo Technologie beginnt und wo das Recht aufhört. Wo beginnt in einem Regelungsumfeld, das die Interessen der Unternehmensbeteiligten vorrangig durch rechtmäßigen Code schützt, das Gesellschaftsrecht?

III. Fortgang

Diese Arbeit leuchtet freilich nicht jeden Winkel dieser hier nur skizzierten *Corporate AI Governance* aus. Sie widmet sich einzig ihrer wohl interessantesten Frage, die man am Carnegie Institute of Technology früh wie prägnant formuliert hat: *Wird die Korporation künftig von Maschinen geleitet?* Es liegt auf der Hand, dass sich das Ausrichtungsproblem in dieser Frage zuspitzt.

Normativ, weil die Ziele der Maschine, die die Korporation leitet, explizit gemacht werden müssen und nicht mehr in das Ermessen des menschlichen Geschäftsleiters fallen. Prominent vertreten wurde in diesem Zusammenhang insbesondere die These, „eine algorithmisch gesteuerte Gesellschaft [müsse] im Rahmen eines vorgegebenen Korridors zulässiger Unternehmensgegenstände und Zielfunktionen tätig werden“.[161] Darüber wird noch zu sprechen sein. Dass dabei Vorsicht geboten sein muss, wenn zugleich die Festlegung der Ziele des Algorithmus selbst in Rede steht, wurde bereits deutlich. Statt zu fragen, welche Ziele die Maschine verfolgen darf, die eine Korporation verwaltet, lautet die Frage wohl zunächst: Darf sie überhaupt explizite Ziele verfolgen? Oder sollte das Gesellschaftsrecht nach gegenwärtigem Stand der Forschung nicht umgekehrt dafür Sorge tragen, dass sie stattdessen über die Ziele der Korporation und ihrer Bezugsgruppen im Unklaren bleibt?

Rechtstechnisch spitzt sich die Ausrichtung im Fall einer von Maschinen verwalteten Korporation zu, weil sie in dem Moment, in dem Maschinen die Geschäfte führen, keinem persönlich verantwortlichen Geschäftsleiter mehr obliegt. Bislang sorgt in erster Linie die individuelle Verantwortung der innerhalb des Verbands zuständigen natürlichen Personen dafür, dass die eingesetzten Maschinen sorgfältig ausgewählt und überwacht werden. Einerseits bietet das Ausrichtungsproblem damit eine Rechtfertigung, am Menschenvorbehalt festzuhalten. Er gewährleistet bislang, dass eine natürliche Person als Adresse rechtlicher

---

[160] *Möslein*, ZHR 183 (2019) 254 (268); sowie *Grundmann/Möslein*, Innovation und Vertragsrecht, S. 3 (47); zu den Möglichkeiten staatlicher Rechtsdurchsetzung mit technologischer Hilfe in ‚autonomen‘ Unternehmen *Reyes*, Nev. L.J. 21 (2021) 437 (488 f.).

[161] Vgl. *Armour/Eidenmüller*, ZHR 183 (2019) 169 (181 ff.).

Verhaltenssteuerung zur Verfügung steht, die die Ausrichtung der im Verband eingesetzten Maschinen auf die Belange der korporativen Bezugsgruppen persönlich verantwortet. Auch und gerade der hier in den Blick genommene Menschenvorbehalt taugt also als Instrument einer *Corporate AI Governance.* Andererseits muss der, der den Vorbehalt überwindet, rechtliche Strategien vorhalten, die seinen Wegfall kompensieren. Auch darüber wird noch zu sprechen sein. An dieser Stelle nur so viel: In Rede steht Tiefgreifendes. Diskutiert wird unter anderem über den Haftungsdurchgriff auf die Gesellschafter, eine Wiederkehr der Konzession oder die intensive staatliche Aufsicht.

Diese Fragen betreffen indes schon das „Wie" einer von Maschinen verwalteten Korporation. Uns interessiert zunächst ihr „Ob". Dabei lässt sich die umgreifende Frage dieser Arbeit in eine konstruktive und eine normative Komponente spalten: *Könnte* die Maschine eine Korporation leiten? Und: *Sollte* sie dies tun? Das dritte Kapitel widmet sich zunächst dem Können. Es fragt, ob sich die ‚selbstfahrenden Korporation' rechtskonstruktiv umsetzen lässt, und mündet dabei in einer Kränkung.

§ 3 Kränkung

> „The developing capacity of computers to simulate man [...] will change man's conception of his own identity as a species."[1]
> *Herbert A. Simon (1960)*

Hong-Kong, am 13.5.2014. Die zweite Kränkung beginnt wie die erste schmucklos. Ein bis dahin gänzlich unbekannter Investmentfond verkündet an diesem Tag Folgendes:

„Deep Knowledge Ventures (DKV), a Hong Kong based venture capital fund focused on companies developing therapies for age-related disease and regenerative medicine, has appointed VITAL, a machine learning program capable of making investment recommendations in the life science sector, to its board."[2]

Die Pressemitteilung zeugt von der nicht eben heroischen Umsetzung einer traditionsreichen Idee. Schon die Kybernetik träumt in ihren Studien vom Menschen, der Maschine und der Organisation immer auch unverhohlen von der Substitution des Menschen durch die Maschine in der Organisation. Und keine fünf Jahre nach Dartmouth, sieht sich Herbert Simon schon gezwungen, der Idee einer von Maschinen geleiteten Korporation ganz ernsthaft nachzugehen. Eigentlich beginnt die Kränkung also viel früher. Vielleicht schon im Sommer 1956. Und doch schreibt das Dokument 2014 Rechtsgeschichte: Zum ersten Mal soll eine Maschine *tatsächlich* in ein Verbandsorgan bestellt worden sein. Die Idee betritt die Bühne des Rechts. Und hier ist der Spaß bekanntlich vorbei.

---

[1] *H. A. Simon*, Management and corporations 1985: a symposium held on the occasion of the 10. anniversary of the Graduate School of Industrial Administration, Carnegie Inst. of Technology, 1960, S. 17 (55).

[2] Pressemitteilung abrufbar unter http://www.prweb.com/releases/2014/05/prweb11847458.htm, zuletzt abgerufen am 18.03.2024.

A. Das Körperschaftsorgan

Die Körperschaft handelt durch ihre Organe. Eine Antwort auf die Frage, ob sie künftig auch ohne den Menschen am Rechtsverkehr teilnehmen kann, setzt deshalb zunächst Klarheit darüber voraus, was Organe sind, weshalb es ihrer bedarf und wie sich ihr Handeln rechtsdogmatisch vollzieht. Was futuristisch anmutet, führt so unweigerlich zurück zum Grundlagenstreit über die Rechtsnatur der juristischen Person.

I. Ausgangspunkt: Korporative Handlungs(un)fähigkeit

Noch immer steht am Anfang eines jeden Nachdenkens über das Körperschaftsorgan der „innere Widerspruch", den *Savigny* früh als solchen identifiziert hat: Die juristische Person ist zwar Rechtssubjekt, als bloßes Rechtskonstrukt kann sie anders als der Mensch aber weder wollen noch handeln. So ist sie zunächst ein „der Vermögensrechte fähige[s] Subjec[t], welches doch die Bedingungen zum Erwerb derselben nicht erfüllen kann."[3] Soll sie gleichwohl wie eine natürliche Person in zurechenbarer Weise am Rechtsverkehr teilnehmen, muss die Rechtsordnung sie mit entsprechenden Werkzeugen ausstatten, die es ihr ermöglichen einen rechtlichen Willen zu bilden und sich diesem Willen entsprechend zu verhalten.[4]

Über die dogmatische Gestalt dieser Werkzeuge wird bekanntlich seit dem 19. Jahrhundert zwischen den Polen der ‚Vertretertheorie' und der ‚Organtheorie' gestritten. Die Darstellung des unauflöslich mit den Namen *Savigny* und *Gierke* verwobenen Streits ist ein oft erneuerter und inzwischen rasch bewältigter Ritus: Für gewöhnlich wird er dergestalt verkürzt, dass *Savigny* die juristische Person als zwar rechtsfähige, aber „ihrer Natur nach, und für immer, handlungsunfähig[e]" Fiktion identifiziert,[5] während sein germanistischer Gegenpol *Gierke* in ihr eine „reale Gesammtperson" erblickt, die „nicht blos rechtsfähig, sondern auch willens- und handlungsfähig" sei.[6] Für *Savigny* bedarf die juristische Person deshalb wie bei „Unmündigen und Wahnsinnigen" der Vertretung durch eine verfassungsmäßig dazu berufene Person, dessen Wille ihr „in Folge einer Fiktion als eigener angerechnet [wird]".[7] *Gierke* dagegen möchte die juristische Person nicht als ein solch „todtes Begriffsding" begreifen, „das der Vertretung durch andere Personen bedarf, sondern [als] ein lebendiges Wesen, das als solches will

---

[3] *Savigny*, System II, 1840, § 90 (S. 282).

[4] Vgl. *K. Schmidt*, Gesellschaftsrecht, § 10 I 1 (S. 247); *Flume*, Die juristische Person, § 1 I (S. 14 f.).

[5] *Savigny*, System III, 1840, § 112 (S. 89).

[6] *Gierke*, Genossenschaftstheorie, 1887, S. 603.

[7] *Savigny*, System II, 1840, § 90 (S. 312).

und handelt"[8]. Er wendet sich deshalb scharf, gar, wie er es selbst formuliert, im „denkbar schärfsten Gegensatz"[9], gegen die romanistische Auffassung.

Auch weil sich die Verfasser des BGB dieser „Konstruktionsfrage, ob die juristische Person ein handlungsfähiges Wesen sei und durch ihre Organe sich im Verkehre betäthige oder ob sie handlungsunfähig sei und deshalb der Vertretung bedürfe" ausdrücklich enthalten,[10] gerät die Auseinandersetzung im Schrifttum zwischenzeitlich zum Kampf der Systeme. In den Jahrzehnten vor und nach dem Ende des 19. Jahrhunderts hat sie das Privatrecht fest im Griff. Wohin man auch blickt: Überall eskaliert mit dem Streit um das ‚Wesen' der juristischen Person auch der zwischen den Organ- und den Vertretertheorien. Erst aus sicherer Distanz gelang es, den vermeintlichen Systemwiderspruch zu entschärfen.[11] Als entscheidend erwies sich die Einordnung in den rechtshistorischen Kontext: Der Streit entspringt der Begriffsjurisprudenz, seine Stoßrichtungen dominiert im Hintergrund die rechtspolitische Grundsatzfrage, ob der juristischen Person ihre Rechtsfähigkeit staatlich konzessioniert werden muss oder einem vom Recht anerkannten Personenzusammenschluss als solchem immanent ist.

Ordnet man mit diesem Wissen vor allem die bildhafte Sprache *Gierkes* entsprechend ein, liegen die Positionen näher beieinander als lange angenommen. Das von *Savigny* ins Zentrum gerückte Faktum, dass die juristische Person lediglich mithilfe für sie handelnder Menschen ihren Willen bilden und betätigen kann, negierte auch *Gierke* nicht. Unabhängig von seinem Rekurs auf „Gemeinwillen" und „Gemeinbewusstsein", musste er anerkennen, dass die Verbandsperson nicht genuin selbst, „an sich", sondern eben „nur durch Organe wollen und handeln [kann]".[12] Weil ihr notwendigerweise menschlichen Handelns als eigenes zugeschrieben werden musste, ging an *Savignys* Beobachtung der ‚natürlichen Handlungsunfähigkeit' letztlich kein Weg vorbei. Der rechtsdogmatische Gegensatz entzündete sich nicht am „*Ob*" der Zurechnung, sondern am „*Wie*". *Savigny* löste den von ihm ausgemachten Widerspruch zwischen Rechtsfähigkeit und ‚natürlicher Handlungsunfähigkeit' durch die individualrechtliche Vertretung, mit der einer juristischen Person „die juristischen Handlungen ihrer Vertreter als ihre eigene Handlungen angerechnet [werden]"[13]. Wenn *Gierke* dem später vehement widersprach, dann nicht, weil er die juristische Person *als solche*, soll heißen: ohne die Zurechnung menschlichen Verhaltens, als handlungsfähig er-

---

[8] *Gierke*, Deutsches Privatrecht I, 1895, § 59 II 3 (S. 472); ähnlich zuvor *Gierke*, Genossenschaftstheorie, 1887, S. 603.

[9] *Gierke*, Genossenschaftstheorie, 1887, S. 603.

[10] *Mugdan*, Gesammelte Materialien zum BGB, 1899, S. 609.

[11] Dezidiert *Kleindiek*, Deliktshaftung, S. 166 ff.; zuvor bereits *Flume*, Die juristische Person, § 1 (S. 13 ff.), § 11 I (377 ff.); *K. Schmidt*, Gesellschaftsrecht, § 10 I 2 (250 ff.); *H. J. Wolff*, Organschaft und juristische Person II, 1934, S. 302; im Anschluss *Schürnbrand*, Organschaft im Recht der privaten Verbände, S. 17 ff.; *Schirmer*, Das Körperschaftsdelikt, S. 151 ff., 161 ff.

[12] *Gierke*, Genossenschaftstheorie, 1887, S. 615, ähnlich ebd., S. 624, 629.

[13] *Savigny*, System II, 1840, § 90 (S. 292).

achtete, sondern, weil er spezifisch „sozialrechtliche“ Zurechnungsmechanismen für einschlägig hielt, die eine viel intensivere Zurechnung erlauben.[14] Der wesentliche Stein des Anstoßes, die Handlungs(un)fähigkeit der juristischen Person, schrumpft so zur Frage des Blickwinkels: Bei *Savigny* muss die „fehlende Handlungsfähigkeit“ durch „regelmäßig[e] Vertretung“, wie er es formuliert, „künstlich ersetzt werden“.[15] *Gierke* geht dagegen davon aus, dass diese überwunden wird, indem der juristischen Person das Handeln eines ‚Organs im Rechtssinne‘ als Eigenhandeln zugeschrieben wird: Auch er übersieht keineswegs die Zurechnungsnotwendigkeit. Er beschreibt einen Zurechnungsmodus, durch den das Handeln der Verbandsorgane, als *„rechtlich geordnete Vermittler eines einheitlichen Gemeinlebens*“, wie er es selbst ausdrückt, „als Lebensbethätigung“ der juristischen Person selbst „erscheint [sic!]“.[16] Er sieht sehr wohl, dass dieser Modus auch unter „‚Vertretung‘ oder ‚Repräsentation‘“ firmieren könnte, weil „das Organ nicht die Körperschaft, sondern nur der in einer bestimmten Sphäre als Werkzeug der immanenten Einheit fungierende Bestandtheil des körperschaftlichen Organismus ist“. „Allein“, konstatiert er, „dieses Vertretungsverhältnis ist von jedem zwischen Einzelpersonen denkbaren Vertretungsverhältnis specifisch verschieden und hat ausserhalb des Bereiches der Gesammtpersonen schlechthin kein Vorbild.“[17] Es ist diese eigenständige Bedeutung des Organisationsrechts, das mit dem Körperschaftsorgan ein originäres, von der individualrechtlichen Stellvertretung zu unterscheidendes, Zurechnungsinstrument bereithält, um die es ihm geht.[18] Der Fundamentalgegensatz erscheint dann in der Tat weniger fundamental: Beide Lehren sind Lehren der Zurechnung. Sie formulieren lediglich unterschiedliche Antworten darauf, wie sich die Zurechnung vollzieht. *Savigny* wandelt in den gewohnten Bahnen des Individualrechts. *Gierke* betont den eigenen Charakter des Organisationsrechts.

Heute können weder an *Gierkes* zentraler Einsicht, dass der Zurechnung organschaftlichen Handelns eigene, genuin verbandsrechtliche Kategorien zugrunde liegen, noch an der von *Savigny* herausgestellten Tatsache, dass die juristische Person als solche nicht handlungsfähig ist ernsthafte Zweifel bestehen. Sie ist anders als der Mensch auf einen originären Zurechnungsträger angewiesen. Wobei nur ihre Verfassung Antwort darauf geben kann, wer dies ist. So gesehen wird mit dem Organ in der Tat kein beliebiger Dritter an Stelle des Verbands tätig.

---

[14] Zu all dem eingehend *Kleindiek*, Deliktshaftung, S. 167, 170 ff., 180.

[15] *Savigny*, System II, 1840, § 96 (S. 324).

[16] *Gierke*, Genossenschaftstheorie, 1887, S. 624.

[17] *Gierke*, Genossenschaftstheorie, 1887, S. 622 f.; besonders deutlich auch *Gierke*, Deutsches Privatrecht I, 1895, § 67 I (S. 519) § 59 II 4 (S. 472): „Die ‚Vertretung‘, die hierbei stattfindet, ist also keine Stellvertretung des Einen für den Anderen, sondern Darstellung des Ganzen durch den Theil“.

[18] *Gierke*, Genossenschaftstheorie, 1887, S. 615: „Er [der Organbegriff] hat im Individualrecht kein Vorbild und lässt sich durch keinen ausserhalb des Socialrechts geborenen Rechtbegriff ersetzen oder verdeutlichen; er hat einen specifischen Gehalt und gleicht nur sich selbst.“.

Es handelt ein unverzichtbarer Zurechnungsträger „aus dem Verband heraus“[19]. Zugleich bleibt das Organhandeln nach heutigem Stand der Forschung zwar Produkt eines Zurechnungsmodus, diesem Zurechnungsmodus liegen indes genuin organisationsrechtliche Kategorien zugrunde. Er bemisst sich nicht stets nach denselben Grundsätzen wie die gesetzliche Vertretung. Dogmatisch sichtbar wird dies auch, und vor allem, an der Intensität der Zurechnung: Das Organhandeln reicht qualitativ über das hinaus, was wir aus dem Individualrecht gewohnt sind. Beim Blick auf das rechtsgeschäftliche Handeln der Korporation mag das bisweilen untergehen. Doch § 31 BGB normiert unübersehbar ein dem Individualrecht jedenfalls im Wirkungsgrad unbekanntes Haftungsmodell. Viel spricht dafür, dass die Norm einen dem Organisationsrecht eigenen Zurechnungsmodus entwirft, der die Korporation zunächst als einzigen Deliktsschuldner zurücklässt.[20] Und jedenfalls für die Rechtsfigur des Organbesitzes und die von der Rechtsprechung entwickelten Grundsätze der Wissenszurechnung fehlt es außerhalb des Organisationsrechts schon im Ausgangspunkt an einem Vorbild. Insoweit ist heute bei allen Streitigkeiten im Detail rechtsdogmatisch weitgehend konsentiert, dass die Körperschaft einerseits Organe braucht, um im Rechtsverkehr zurechenbar tätig werden zu können, und dass sie dabei andererseits auf einen anderen Zurechnungsmodus zurückgreift, als ihn das Individualrecht liefern kann. Aufgrund dieses Zurechnungsmodus erscheint fremdes Verhalten der Organwalter im Rechtsverkehr bisweilen als eigenes Verhalten des Verbands selbst.

All das erklärt, wie beide, *Gierke* und *Savigny*, Recht behalten konnten und weshalb sich ihre Positionen in ihrer Schärfe heute dennoch nicht mehr vertreten lassen. Beide blicken letztlich auf dieselbe juristische Person, dasselbe ‚Wesen‘, das nüchtern betrachtet als bloßes Rechtskonstrukt nicht als solches handelt. Sie fokussieren es aber auf verschiedenen Abstraktionsniveaus. Sie stellen, auch beeinflusst von unterschiedlichen rechtspolitischen Zielen, schlicht andere Beobachtungsgrößen in ihre Beobachtung ein, um entweder die ‚natürliche Handlungsunfähigkeit‘ oder das Auftreten als ‚Wirkungseinheit‘ zu betonen. Wenn *Gierke* die korporative Handlungsfähigkeit erblickt, ist das für ihn eine sinnvolle Abstraktion, die sichtbar macht, dass den Rechtshandlungen des Verbandes andere Zurechnungsmechanismen zugrunde liegen, als der Stellvertretung von Unmündigen, die keinesfalls so weit reicht, dass Handlungen des Vormunds als solche des Unmündigen erscheinen. Dass dabei stets natürliche Personen tätig werden müssen, nimmt der Abstraktion aus seiner Sicht nicht ihren Sinn. Sie verdeutlicht, dass mit dem Organ kein Dritter, sondern ein verfassungsmäßiger Teil des Verbands selbst mithilfe eines organisationsrechtlichen Zurechnungsmodus handelt. *Savigny* dagegen ist sich jedenfalls der sozialen Tatsachen, die diese Abstraktion zulassen, durchaus schon bewusst. Er kann sie freilich nicht für

---

[19] *K. Schmidt*, Gesellschaftsrecht, § 10 II 4 (S. 254 f.).

[20] Dazu unten § 3 III 2 a).

sinnvoll halten, weil er auf dem Gebiet des rechtsgeschäftlichen Handelns nur die individualrechtliche Stellvertretung kennt.[21] Beide negierten keinesfalls das auf einem anderen Abstraktionsniveau Wahrnehmbare, sahen sich aber durch methodische Zwänge und mit Vehemenz verfolgte rechtspolitische Ziele gezwungen, auf ihrem jeweiligen Abstraktionsniveau zu verharren. „Beide hatten, weil sie das Problem aus verschiedenen Blickwinkeln", oder besser: auf verschiedenen Abstraktionsebenen, „betrachteten, auf ihre Weise recht."[22] Heute ist es möglich die Korporation auf beiden Ebenen zu betrachten: Dann zeigt sie sich einerseits als bloßes Rechtskonstrukt, das zum Handeln und Wollen ebenso wenig im Stande ist wie eine Maschine. Andererseits als Wirkungseinheit, die mithilfe eines genuin organisationsrechtlichen Zurechnungsmodus – dem Körperschaftsorgan – mit anderen Rechtssubjekten interagiert. Das verlangt uns Einiges ab, weil wir die juristische Person, ohne dies immer offen auszusprechen, zugleich als handlungsfähig als auch als handlungsunfähig begreifen müssen. Entscheidend ist das Abstraktionslevel, auf dem wir sie fokussieren. Mit *K. Schmidt* lässt sich insoweit „festhalten, daß das Handeln der Verbandsorgane dem Verband als Eigenhandeln zuzurechnen ist (richtig *Gierke*) ohne doch rechtsethisch verantwortliches Eigenhandeln im natürlichen Sinne zu sein (richtig *Savigny*)."[23] Auf die Frage, *ist die Körperschaft handlungsfähig oder handlungsunfähig?*, lautet die Antwort heute: *beides*.

II. Korporative Handlungsfähigkeit auf Knopfdruck?

Der Fundamentalwiderspruch zwischen der ‚Organtheorie' *Gierkes* und der ‚Vertretertheorie' *Savignys* ist inzwischen fast ebenso routiniert aufgelöst, wie vorab beschworen. Aus dem Gegensatz zwischen romanistisch-individualrechtlicher *Zurechnung fremden Handelns* und germanistisch-sozialrechtlichem *Eigenhandeln* wird heute die *Eigenzurechnung fremden Handelns*: Dem Verband wird im Rechtsverkehr mithilfe eines spezifisch organisationsrechtlichen Instituts menschliches Verhalten wertend als eigenes zugeordnet. Ohne dass sich dabei schon aus der bloßen Existenz des Organs abschließende dogmatische Rückschlüsse ableiten ließen, sorgt es dafür, dass die juristische Person im Recht zu Dingen imstande ist, die außerhalb des Rechts dem Bewusstseinsfähigen vorbehalten sind: Mithilfe ihrer Organe kann sie handeln, wissen und wollen. Dafür mag der Grundlagenstreit unsere Sinne schärfen, im alltäglichen Umgang mit dem Organ ist er längst entbehrlich geworden. Mehr noch: Bei der Lösung konkreter Rechtsprobleme ist er oft nur hinderlich. Wozu also noch der rechtshistorische Ritus?

---

[21] Vgl. *Kleindiek*, Deliktshaftung, S. 173.

[22] Treffend *Beuthien*, JZ 2013, 124 (125); umfassend erneut *Kleindiek*, Deliktshaftung, S. 167, 170 ff.

[23] *K. Schmidt*, Gesellschaftsrecht, § 10 I (S. 253); für eine abweichende Synthese jüngst etwa *Klingbeil*, AcP 217 (2017) 848 (865 f.): „juristische Person [handelt] mittels ihrer Vertreter durch ihre Organe".

1. Positivrechtliche Blüten

Zunächst dürfen durch die Überwindung des Plakativgegensatzes die erheblichen Differenzen in den Arbeiten *Gierkes* und *Savignys* nicht bis zur Unkenntlichkeit verwischen. Dass beide zwar auf dasselbe blickten, aufgrund methodischer Zwänge und unterschiedlicher rechtspolitischer Ziele aber Unterschiedliches sahen, ist für das Verständnis ihres Wirkens elementar. Vor allem aber gerät inzwischen allzu leicht aus dem Blick, dass der von Missverständnissen und begriffsjuristischen Denkmustern geprägte Streit im Anschluss an ihre Arbeiten im Gesetz an mancher Stelle Blüten getrieben hat. Auch in der Geschichte des Menschenvorbehalts scheint er eine Rolle zu spielen: Haben wir den Verband mit deutschrechtlichen Schwellenwerten als handlungsfähigen Humanoid vor Augen, können wir gar nicht anders, als auch seine Organfähigkeit entschieden zu bejahen. Er ist wie die natürliche Person vollumfänglich handlungsfähig und deshalb auch wie die natürliche Person imstande, einen anderen Verband im Rechtsverkehr organschaftlich zu vertreten. Blicken wir dagegen mit den Augen der Romanisten und verstehen die „natürliche Handlungsunfähigkeit der juristischen Personen als Grund eines nothwendigen künstlichen Surrogats", wie von *Savigny* gefordert, „ganz buchstäblich"[24], dann stellt sich die Frage erst gar nicht, ob dieses Surrogat auch selbst wiederum nur eine künstliche Person sein kann. Auch einem Unmündigen würden wir schließlich kaum einen anderen Unmündigen zum Vormund bestellen. Schon früh wurde deshalb der Vorwurf laut, in ihrem Ausschluss vom Körperschaftsorgan wirke nur der überkommene gemeinrechtliche Blick auf die juristische Person nach.[25] Weil das Gesetz heute nicht mehr nur die juristische Person negativ ausschließt, sondern die natürliche Persönlichkeit positiv zur Eignungsvoraussetzung kürt, birgt dieser Vorwurf für unser Anliegen erhebliche Brisanz. Hat sich mit dem Menschenvorbehalt nur ein romanistischer Reflex im Gesetz niedergeschlagen? Anders gefragt: Versteckt sich hinter dem ‚Wesen' des Vorstandsamts letztlich doch nur das der juristischen Person?

2. Zur Konjunktur der Grundlagen

Dass sich die historisch-theoretischen Grundlagen der juristischen Person unlängst einer ungeahnten Nachfrage erfreuen, hat andere Gründe. Der Grundlagenstreit gibt Aufschluss darüber, wie sich die Rechtsordnung ihre Subjekte produziert. Das erklärt, weshalb das Schrifttum in der Diskussion um eine ‚elektronische Person' wieder Anschluss an ihn sucht.[26] Dabei haben wir gesehen, dass

---

[24] *Savigny*, System II, 1840, § 90 (S. 283).

[25] *Molitor*, FS Ehrenberg, 1927, S. 41 (55); *Steiner*, Können juristische Personen Vorstand einer Aktiengesellschaft sein, 1928, S. 56 ff.; *Feine*, Handbuch des gesamten Handelsrechts III, 1929, § 34 II 2 (S. 473); *Ring/Schachian*, Die Praxis der Aktiengesellschaft, 1929, S. 183.

[26] Vgl. etwa *Schuhr*, Rechtstheorie 46 (2015) 225 (254 ff.); *Schirmer*, JZ 2016, 660 (661); *Kersten*, ZfRSoz 37 (2017) 8 (9 ff.); *Schirmer*, JZ 2019, 711 (712 ff.); *Kleiner*, Die elektronische Person, S. 145 ff., 149 f.

uns auch die Maschine auf einem entsprechenden Abstraktionslevel als Akteurin erscheint, weil wir ihr Verhalten hier nicht mehr von dem eines Menschen unterscheiden können.[27] Sie scheint, von außen betrachtet, selbständig Ziele zu verfolgen, mit ihrer Umwelt zu interagieren und die Regeln, die dieser Zielverfolgung zugrunde liegen, in bestimmten Grenzen zu verändern. Ebenso, wie die Verantwortungsbeiträge der Organwalter im Rahmen des Organhandelns teilweise hinter dem korporativen Interface verschwinden, treten die Verantwortungsbeiträge des Entwicklers hinter ein maschinelles Interface zurück.[28] Freilich bestehen auch an ihrer ‚natürlichen Handlungsunfähigkeit' keine Zweifel: Auch hier wäre die Annahme, die ‚an sich' handlungsunfähige Maschine würde einen eigenen rechtlichen Willen bilden und ihr Verhalten an diesem Willen ausrichten, allenfalls eine zweckmäßige Abstraktion.[29] So gesehen sind Maschinen ebenso handlungs(un)fähig wie Korporationen.

3. Korporationen, die selbst fahren

Schließlich wurden Fragen zur Eigenart korporativen Handelns mit der Emanzipation des Organs von seinen historischen Wurzeln keinesfalls obsolet. Wenn wir heute am „Horizont" die Umrisse „selbstfahrender Kapitalgesellschaften" erkennen,[30] ist die Diskussion über eine ‚Natur' der juristischen Person unzweifelhaft im Begriff, eine weitere Wendung zu nehmen. Die Ahnung, dass die Möglichkeiten der Künstlichen Intelligenz offensichtlich auch erhebliche Implikationen für unser Verständnis der Korporation mit sich bringen, ist dabei nicht so neu, wie sie scheint. Schon Mitte der 80er Jahre, als der Erfolg der Expertensysteme der Disziplin einen ersten kommerziellen Hype verschafft, ging etwa *Dan-Cohen* der grundlegenden Veränderung auf den Grund, die uns da bevorsteht. In drei Akten erzählte er zu diesem Zweck die Geschichte der „Personless Inc.". Die Geschichte ist ihrer Zeit so weit voraus, dass sie an dieser Stelle eine Neuauflage verdient: Sie beginnt harmlos mit der Inkorporation einer gewöhnlichen Korporation, die kleine Maschinen produziert, Mitarbeiter beschäftigt und im Rechtsverkehr Verträge schließt und bricht, wie jede andere auch. Interessantes hält erst der zweite Akt bereit. Die „Personless Inc." wird zunächst zur Kein-Personengesellschaft:

„It thus became an ‚ownerless' corporation. This step, dramatic as it may sound, had little practical or legal effect on Personless. Its capital had been for a long time largely self-generated, and its management was already in control and self-perpetuating. From the law's point of view, Personless was now, as before, a legal person with the right to litigate

[27] Vgl. oben § 2 A III, IV.

[28] Im Ergebnis auf dieser Beobachtung aufbauend, mit soziologischer Argumentation für einen Subjektstatus von Maschinen *Teubner*, AcP 218 (2018) 155 (164 ff.).

[29] Vgl. § 2 A III. 2.

[30] So bildhaft *Armour/Eidenmüller*, ZHR 183 (2019) 169 (187).

and enforce its contract and property rights, and with duties to pay its debts, meet its supply deadlines, and so on."[31]

Anschließend automatisiert sie die Führung ihres Tagesgeschäfts – wiederum ohne äußerlich wahrnehmbare Konsequenzen:

„The next step taken by Personless was no less dramatic and no more consequential. It completely automated its entire operation, and thus was able to fire all its workers. It had become not only an ownerless corporation, but also a fully-automated corporation. This fact, again, had little effect on the manufacture of small widgets, nor did it alter the legal status of Personless in any important way."[32]

Schließlich, und dieser Schritt ist der Schritt, für den sich die vorliegende Arbeit interessiert, verzichtet die „Personless Inc." gar auf ihre menschlichen Geschäftsleiter:

„Personless did not, however, stop at that. The current managers, you see, were old and tired. They were particularly weary of the strife that attended every high-level appointment in the corporation. And the corporation, in its infinite complexity, was largely run by its computers anyway. Only they could handle the enormous amount of information and complex computation needed for making decisions, predictions, and plans. As a consequence of all that, Personless decided to become fully computerized: all the management functions, and all the decisionmaking processes, were ably programmed and delegated to the computers. When the last manager retired, no one replaced her. No one had to."[33]

Dan-Cohen scheint zu ahnen, welche Kränkung seinen Lesern da bevorsteht. Er entscheidet sich für ein Happyend im letzten Akt:

„Readers who like their organizations animated by human beings, and therefore find what has so far transpired in the history of Personless Corporation to be a sad story, may be relieved to hear that our story is after all bound for a happy ending. In the third stage of its evolution, Personless confronts economic difficulties which trigger a decision on the part of its computers to sell some of its stock to outsiders. The new shareholders, distrustful of machines, reinstate human managers."[34]

All das, der innere Wandel der „Personless Inc." von einer „ownerless corporation" zur „fully-automated corporation", wird äußerlich nicht wahrgenommen. *Dan Cohen* geht es um die Erkenntnis, dass die An- oder Abwesenheit von Individuen auf den Rechtsstatus der Korporation keinen Einfluss nimmt, die Korporation als Rechtssubjekt vom Individuum zunächst also gänzlich unabhängig ist. „The relation, however, between the corporation and any group of indivduals", notiert er deshalb, „is a contingent rather than a necessary one."[35] Die Korporation bezeichne also keine Aggregation von Individuen. Sie lasse sich

---

[31] *Dan-Cohen*, Rights, Persons, and Organizations, 1986, S. 47; ähnlich schon das phil. Gedankenexperiment ‚Robotron' bei *Werhane*, J. Value Inquiry 14 (1980) 43 (47 ff.).

[32] *Dan-Cohen*, Rights, Persons, and Organizations, 1986, S. 47.

[33] *Dan-Cohen*, Rights, Persons, and Organizations, 1986, S. 47.

[34] *Dan-Cohen*, Rights, Persons, and Organizations, 1986, S. 48 f.

[35] *Dan-Cohen*, Rights, Persons, and Organizations, 1986, S. 50.

umgekehrt vollständig vom Individuum entkoppeln und beschreibe so letztlich nur eine bloße Recheneinheit, der erst in einem zweiten Schritt Individuen zugeordnet werden (oder nicht). *Dan Cohen* selbst nimmt das zum Anlass für einen Wechsel der Metapher, mit der wir die Korporation beschreiben: Statt mit einer *Person*, hätten wir es mit einer *Künstlichen Intelligenz* zu tun: „What we find there, in fact", bemerkt er, „is a machine endowed with artificial intelligence."[36]

Dass die juristische Person in ihrer *Existenz* von natürlichen Personen unabhängig ist, steht außer Frage. Das Gedankenspiel der „Personless Inc." ist streng genommen nicht erforderlich, um zu dieser Einsicht zu gelangen. Im Gegenteil. Es verstellt den Blick darauf, dass die Korporation, um rechtsfähig zu sein, gar kein, also auch kein maschinelles Substrat nötig hat.[37] Freilich fristete sie ohne ein menschliches Substrat bislang ein trauriges Dasein. Sie konnte ohne ein Individuum eben nur existieren, nicht (auf Dauer) am Rechtsverkehr teilhaben.[38] Nun bliebe die „Personless Inc." mithilfe von Maschinen rein tatsächlich auch ohne den Menschen ein gleichwertiger Teilnehmer im Rechtsverkehr. Mit der potenziellen Substratlosigkeit allein ist ihre Unabhängigkeit vom Individuum dann nicht mehr abschließend beschrieben.

Eben dieses Phänomen haben *Armour* und *Eidenmüller* jüngst mit dem eingängigen Bild der „selbstfahrenden Korporation" skizziert. Diese könne etwa ein selbstfahrendes Taxi betreiben und agiere dabei, weil sie nicht länger auf einen Menschen angewiesen ist, der im Rechtsverkehr unmittelbar für sie tätig wird, wie das Taxi selbst „autonom", sie steuere „sich selbst".[39] Dabei ist nach dem zum Grundlagenstreit Gesagten klar: Die Korporation fährt auch mit maschineller Hilfe ebenso „selbst" wie zuvor. „Selbstfahrend" oder nicht, ist sie auf einen originären Zurechnungstatbestand angewiesen, der ihr Verhalten kraft ihrer Verfassung als eigenes zuordnet. Auch die Maschine lässt das „Ob" der Zurechnung unangetastet. Allenfalls verändert sich mit dem Zurechnungsmechanismus das „Wie". Selbst dann, wenn juristische Personen künftig nicht mehr auf das Handeln eines Menschen angewiesen sein sollten, bliebe es also bei der von *Savigny* so nachdrücklich herausgestellten ‚natürlichen Handlungsunfähigkeit'. Nur: Zur Überwindung dieser Handlungsunfähigkeit scheint die juristische Person jedenfalls rein tatsächlich nicht mehr zwingend auf das unmittelbare Tätigwerden eines Individuums angewiesen zu sein. Der Unterschied, dem *Dan Cohen* früh auf der Spur war, betrifft demnach nicht die körperschaftliche Rechtsfähigkeit als solche, sondern ihre Handlungsfähigkeit: Ob der Mensch als Geschäftsleiter oder als Mitglied präsent ist, oder nicht, hat auf die Handlungsfähigkeit der „Person-

---

[36] *Dan-Cohen*, Rights, Persons, and Organizations, 1986, S. 46 ff., 49.

[37] Vgl. *Bachmann*, FS K. Schmidt II, S. 49 (59 ff.).

[38] Im deutschen Recht führt das Ausscheiden des letzten Mitglieds nach hM. automatisch zur Auflösung, vgl. MüKoAktG/*Koch* § 262 Rn. 103 mwN.; *Altmeppen*, GmbHG § 33 Rn. 29 mwN.; anders insb. *Kreutz*, FS Stimpel, 1985, S. 379 ff.; differenzierend auch BeckOGKAktG/*Bachmann* § 262 Rn. 65 mwN.

[39] *Armour/Eidenmüller*, ZHR 183 (2019) 169 (182).

less Inc." keinen Einfluss. Die Künstliche Intelligenz liefert insoweit *korporatives Handeln auf Knopfdruck*.

Diese Arbeit nimmt mit dem Menschenvorbehalt ein Rechtsinstitut in den Blick, das der „Personless Inc." wohl im Weg steht. Auch *Dan Cohen* war sich solcher Institute bewusst. Er musste sich dafür freilich ebenso wenig interessieren, wie für die Frage, ob und wie sich *korporatives Handeln auf Knopfdruck* im rechtstechnischen Detail auch wirklich umsetzen lässt. Uns soll es in diesem Kapitel zunächst genau darum gehen: Kann das Recht das Handeln der Korporation tatsächlich kurzerhand vom Individuum entkoppeln? Auch hierfür sind die Einsichten des Grundlagenstreits noch zentral: Der Streit zeigt, dass und weshalb die Korporation auf das Individuum angewiesen ist (*Savigny*). Und wie sie mithilfe umgreifender organisationsrechtlicher Zurechnungsmechanismen im Rechtsverkehr gleichwohl ebenso unbelastet auftreten kann wie das Individuum (*Gierke*). Beides muss Ausgangspunkt einer Lösung der Frage sein, ob und wie die Korporation auch mithilfe von Maschinen zurechenbar am Rechtsverkehr teilnehmen kann: Ist sie tatsächlich zwingend auf ein unmittelbar tätiges Individuum angewiesen? Oder weisen die organisationsrechtlichen Zurechnungsinstrumente auch einen Weg, ihr das Verhalten einer Maschine ohne den Umweg über einen Menschen als eigenes zuzuschreiben?

III. Das korporative Handlungsorgan

Und ganz unabhängig davon, ob die Darstellung des Grundlagenstreits zum rechtshistorischen Ritus verkommt, hat der, der ihn darstellt, über das Körperschaftsorgan schon Vieles gesagt: Mithilfe eines Zurechnungstatbestandes wandelt es menschliches Verhalten in solches des Verbands um und löst dadurch den Widerspruch, wie an sich nicht handlungsfähige Konstrukte im Recht einen eigenen Willen bilden und ihr Verhalten an diesem Willen ausrichten können. Was das Institut über diesen Ausgangspunkt hinaus auszeichnet, ist weit schwieriger zu beantworten. Und auch darüber, weshalb die Körperschaft mit einem vom Repräsentationsorgan der Mitglieder zu unterscheidenden *Handlungsorgan* am Rechtsverkehr teilnimmt, gibt der Grundlagenstreit keinen Aufschluss. Was können wir unter einem Organ also genau verstehen? Weshalb braucht die Korporation gleich mehrere davon? Und welche Schlüsse lassen sich daraus für eine Korporation ziehen, die nicht länger von Menschen, sondern von Maschinen verwaltet wird?

1. Organ und Organwalter

Obwohl schon der Grundlagenstreit sichtbar machte, dass es dem Rechtsinstitut in funktioneller Hinsicht um die Handlungsfähigkeit des Verbands geht, blieb lange vage, was genau wir unter einem Organ verstehen können. Im Privatrecht schloss erst *Schürnbrand* eine zuvor lange beklagte Leerstelle.[40] Einigkeit besteht

[40] *Schürnbrand*, Organschaft im Recht der privaten Verbände, 2007; vgl. zuvor die For-

inzwischen darüber, dass das Organ eine von den Organmitgliedern abstrakte Institution bezeichnet. Oder noch genauer: Ein Bündel von Funktionen innerhalb des Verbands, das durch die Satzung oder das Gesetz zur Wahrnehmung durch einen oder mehrere Organwalter freigeschaltet wird.[41] Das Gesetz grenzt das Organ unmissverständlich von seinen Mitgliedern ab. § 31 BGB, aber auch etwa § 76 AktG, § 78 II AktG oder § 95 AktG sprechen insoweit eine deutliche Sprache. Die Trennung zwischen dem Organ und seinen Organwaltern drückt sich in unserem Fall auch dadurch aus, dass die gesetzlichen Grenzen für die Einrichtung eines Organs einerseits und die Bestellung der Organwalter andererseits separat zu bestimmen sind: Bestellt die Aktiengesellschaft eine juristische Person in ihren Vorstand ist der Bestellungsakt als Verstoß gegen § 76 III S. 1 AktG nichtig gemäß § 134 BGB; einen Vorstand als Organ besitzt sie gleichwohl. Die Rechte und Pflichten der Organwalter leiten sich dabei ausschließlich aus ihrer organmitgliedschaftlichen Stellung ab. Geschäftsführungsbefugt ist deshalb nur der Vorstand als Organ, während seine Mitglieder das Recht und die Pflicht haben, durch die Teilhabe an entsprechenden Beschlussfassungen an der Willensbildung teilzunehmen, die der Geschäftsführung vorausgeht. Streng genommen ist korporatives Handeln so das Endprodukt einer zweifachen Zurechnung: Zunächst gilt das Handeln der Organwalter als solches des Organs, sodann als solches des Verbands.[42]

Sieht man nun mit *Schürnbrand* etwas genauer hin, wird sichtbar, dass das Körperschaftsorgan als Institution vier Eigenarten kennzeichnen: Es ist *erstens* in das organisationsrechtliche Gefüge des Verbands eingegliedert.[43] Es kann *zweitens* als Teil der Organisationsverfassung nur durch einen Organisationsakt, also durch das Gesetz oder die Satzung bzw. den Gesellschaftsvertrag eingerichtet

derung nach Klärung von *Ulmer*, FS Wiedemann, S. 1297 (1305); ähnlich *Beuthien/Gätsch*, ZHR 156 (1992) 460 (467); sowie *Fleischer*, NJW 2006, 3239 (3242): „Zeit ist reif für seine monografische Vermessung"; grundlegend zum Organbegriff zuvor *H. J. Wolff*, Organschaft und juristische Person II, 1934, S. 224 ff.; *Gierke*, Deutsches Privatrecht I, 1895, § 65 (S. 496 ff.); *K. Schmidt*, Gesellschaftsrecht, § 10 (S. 247 ff.) § 14 (S. 407 ff.).

[41] Grundlegend *H. J. Wolff*, Organschaft und juristische Person II, 1934, S. 224 ff., 235 f.: „Zuständigkeitskomplex"; andeutend schon *Gierke*, Deutsches Privatrecht I, 1895, § 65 I (S. 497): „ständige Einrichtungen", denen „bestimmte Funktionen des Gemeinlebens" zugeordnet sind; dezidiert *Schürnbrand*, Organschaft im Recht der privaten Verbände, S. 41 ff., 49: „Funktionskomplex"; *K. Schmidt*, Gesellschaftsrecht, § 14 III 1 b (S. 415); *Kleindiek*, Deliktshaftung, S. 178; *Beuthien*, FS Zöllner, S. 87 (97 ff.); *Fleischer*, NJW 2006, 3239 (3242); s. auch bereits *John*, Die organisierte Rechtsperson, S. 120 ff.; durch die Rspr. aufgegriffen etwa von BGHZ 109, 327 (331 f.); 160, 385 (390); sowie aus der jüngeren Vergangenheit etwa *Klingbeil*, AcP 217 (2017) 848 (865 f.); begriffliche Unterscheidung traditionell ablehnend etwa *Flume*, Die juristische Person, § 11 I (S. 377 Fn. 3).

[42] *H. J. Wolff*, Organschaft und juristische Person II, 1934, S. 242 f.; BGHZ 109, 327 (331); *Schürnbrand*, Organschaft im Recht der privaten Verbände, S. 42 f., 45.

[43] *Schürnbrand*, Organschaft im Recht der privaten Verbände, S. 48 f. mwN. auch mit Verweis auf BGHZ 16, 17 (25): „eingebaut"; BGHZ 43, 261 (263): „eingegliedert".

werden.[44] Es ist *drittens* im Innern des Verbands mit einem Grad organisatorischer Eigenständigkeit ausgestattet, ohne nach außen rechtlich verselbständigt zu sein.[45] Und *viertens*: Das Organ lebt und stirbt mit dem Verband. Als originärer Teil der Verbandsverfassung ist seine Existenz unauflöslich an die des Verbands gekoppelt.[46]

Derart aufgespalten in funktionelle und institutionelle Aspekte, lässt sich das Institut inzwischen sicherer greifen: Verbandsorgane sind, vom Gesetz, der Satzung oder dem Gesellschaftsvertrag gebündelte und zur Wahrnehmung durch einen oder mehrere Organwalter freigeschaltete Komplexe von Funktionen innerhalb des Verbands, Knoten in der Organisationsverfassung, die innerhalb des Verbandes mit organisatorischer Selbständigkeit ausgestattet sind und die korporative Handlungsfähigkeit herstellen, indem sie menschliches Handeln in solches des Verbandes umwandeln.[47]

Das steckt den Rahmen, wie ein Organ *en detail* aussehen kann, freilich immer noch denkbar weit ab. Jedenfalls abseits der Satzungsstrenge des Genossenschafts- oder Aktienrechts gibt es keinen Numerus clausus der Organtypen. Im Gegenteil, das Verbandsorgan ist ein gänzlich typenoffenes Institut. In den Grenzen der Gestaltungsfreiheit kann ein Verband das vom Gesetz bereitgestellte Muster verändern, also Kompetenzen obligatorischer Organe erweitern oder beschneiden und neben sie andere fakultative Organe stellen.[48] Organschaftliches Handeln umfasst dabei nicht nur tatsächliches oder rechtliches Handeln nach außen, sondern auch den bloß mittelbaren Einfluss auf die Willensbildung des Verbands, etwa in Form von Beratungs-, Kontroll- oder Streitentscheidungsbefugnissen. Heute kennen wir beratende Beiräte, weisungsberechtigte Gesellschafterausschüsse, geschäftsleitende Verwaltungsräte oder verbandsrechtliche Schiedsgerichte. Rein funktionell ließe sich das Organ ohne Weiteres auch auf die Fähigkeiten einer Maschine zuschneiden.

---

[44] *Schürnbrand*, Organschaft im Recht der privaten Verbände, S. 55; Organbeschluss oder schuldrechtlicher Vertrag reichen nicht aus; jedoch eine Öffnungsklausel in der Satzung, vgl. BGHZ 222, 323.

[45] *Schürnbrand*, Organschaft im Recht der privaten Verbände, S. 57 ff.

[46] *Schürnbrand*, Organschaft im Recht der privaten Verbände, S. 64.

[47] Vgl. *Schürnbrand*, Organschaft im Recht der privaten Verbände, S. 94; für andere (oft weitere) Definitionsansätze, vgl. *Beuthien/Gätsch*, ZHR 157 (1992) 459 (468): „Einrichtungen des Verbandes, denen durch Gesetz oder Satzung Funktionen, die der Erreichung des Verbandszwecks dienen, zugewiesen worden sind"; *Wiedemann*, Gesellschaftsrecht I, § 4 II 3 a) (S. 212 f.): „Organe sind Personen oder Gruppen, deren Willensbildung für den Verband maßgebend ist und deren Entscheidung am Verbandsinteresse orientiert sein muß."; sehr weit *Mertens*, ZGR 1994, 426 (427); s. zu verschiedenen Definitionsansätzen auch *Ulmer*, FS Wiedemann, S. 1297 (1305) mwN.

[48] Zur Freiheit der Gesellschafter fakultative Organe einzurichten *Chr. Weber*, Privatautonomie und Außeneinfluß im Gesellschaftsrecht, S. 30 f.; *Voormann*, Der Beirat im Gesellschaftsrecht, S. 51 ff.; *Beuthien/Gätsch*, ZHR 157 (1993) 483 (491 ff.) jew. mwN.

2. *Die Geschäftsleitung als obligatorisches Handlungsorgan*

Weder der historische Grundlagenstreit noch der institutionell-funktionelle Organbegriff geben indes Antwort darauf, wie die Korporation heute ganz konkret im Rechtsverkehr tätig wird.

a) Keine Selbstverständlichkeit

Das Gesetz sieht dafür zwingend ein von der Gesellschafterversammlung zu unterscheidendes Leitungsorgan vor (vgl. § 6 I GmbHG, § 76 AktG). Dieses Leitungsorgan ist zugleich, auch diese Kompetenzzuweisung ist zwingend, das Handlungsorgan der Gesellschaft (vgl. § 35 I GmbHG, § 78 I AktG). Die Korporation nimmt heute also mit einem obligatorischen separaten Handlungsorgan am Rechtsverkehr teil. Weshalb, bleibt beim Blick auf Gierke und Savigny offen. Fest steht: Das Gesetz bringt damit jedenfalls kein Sachgesetz zum Ausdruck. Ein wie auch immer geartetes ‚Wesen' der Korporation vermag ihr zwingendes separates Handlungsorgan nicht zu rechtfertigen. Wir haben gesehen, dass die Korporation auf einen originären Zurechnungsmodus angewiesen ist. Sie könnte zwar auch mithilfe von auf vertraglicher Grundlage beschäftigten Vertretern am Rechtsverkehr teilnehmen – Rechtsgeschäfte, Handlungen, Wissen oder Besitz würden so nach allgemeinen, also individualrechtlichen, Regeln zugerechnet – doch dann bliebe die Frage unbeantwortet, wer berufen ist, diese Vertreter zu bestellen. Antwort darauf kann einzig ihre Verfassung geben.[49] Nur: Aus diesem Grund braucht die Körperschaft ein Organ, aber keine zwei. Die Rechtsgeschäfte, die notwendig sind, um Vertreter zu beauftragen, könnte auch die Mitgliederversammlung vornehmen. Die Einsicht, dass die Mitgliederversammlung konstruktiv auch „das einzige Organ einer Körperschaft bilden" könnte, ist vor diesem Hintergrund weder innovativ noch neu.[50]

Dass die Korporation auch ohne obligatorisches separates Leitungs- und Handlungsorgan auskommt, zeigt heute auch der angloamerikanische Rechtskreis besonders deutlich. Das *board of directors* der *corporation* ist dort regelmäßig eine *default option*.[51] Diese Tatsache machten sich dort jüngst Gestaltungen zunutze, die ohne menschliche Geschäftsleiter und effektiv auch ohne Gesellschafter, also ausschließlich mithilfe von Maschinen am Rechtsverkehr teilnehmen sollen.[52] Sogenannte „*algorithmic entities*": Korporationen, die durch findige Kautelarkonstruktionen ganz ohne ein menschliches Substrat auskom-

---

[49] Vgl. erneut *K. Schmidt*, Gesellschaftsrecht, § 10 I (S. 247 ff.).

[50] So bereits *Gierke*, Deutsches Privatrecht I, 1895, § 65 II 1 (S. 498 f.).

[51] *Bainbridge/Henderson*, Stan. L. Rev. 66 (2014) 1051 (1057); zuvor *Hayden/Bodie*, Mich. L. Rev. 109 (2011) 1127 (1135); *Stout*, U. PA. L. Rev. 152 (2003) 667 (669); sowie im vorliegenden Zusammenhang jüngst *LoPucki*, Wash. U. L. Rev. 95 (2018) 887 (907): „default rule"; s. auch unten § 4 C I.

[52] Vgl. *LoPucki*, Wash. U. L. Rev. 95 (2018) 887 (907 ff.); auch *Bayern*, Nw. U. L. Rev. 108 (2014) 1485 (1495 ff.); *Bayern*, Stan. Tech. L. Rev. 19 (2015) 93; sowie eingehend unten § 4 C I.

men sollen. Die Idee versteht sich als Gegenmodell zur einer ‚elektronischen Person'. Statt einer Maschine eigene Rechtspositionen zuzuweisen, soll ihr mithilfe des gesellschaftsrechtlichen Rechtsformangebots ein faktischer Rechtsstatus eingeräumt werden.[53] Die Maschine bleibt Rechtsobjekt, verwaltet aber eine mitgliederlose juristische Person als „rechtliches Gehäuse". Die Initiatoren versprechen sich davon regulatorische Vorteile gegenüber der originären Rechtspersönlichkeit der Maschine, namentlich die flexiblere Reaktion auf den technologischen Wandel.[54] Ganz unabhängig von diesem Anliegen zeugen solche „algorithmic entities" gleichzeitig davon, dass die hier in den Blick genommenen Normen wie § 6 II S. 1 GmbHG oder § 76 III S. 1 AktG ihre Wirkung erst in Kombination mit der Pflicht entfalten, ein Leitungsorgan einzurichten: Die Gesellschaft muss Leitungsfunktionen in einer von der Gesellschafterversammlung zu unterscheidenden Institution bündeln und diese in einem zweiten Schritt natürlichen Personen zur dauerhaften Wahrnehmung zuordnen. Könnte sie über ihr Leitungsorgan disponieren, wäre sie imstande, auch den Menschenvorbehalt zu umgehen.

b) Funktionen der Geschäftsleitung

Wer wissen will, weshalb das deutsche Recht Gesellschaften gleichwohl zu einer Geschäftsleitung „zwingt", muss statt des Grundlagenstreits deren Funktionen in den Blick nehmen. Abstrakt wird man ihr dabei drei Funktionen zuweisen können:

Erstens ist die Geschäftsleitung Handlungsorgan der Gesellschaft. Sie vertritt die Gesellschaft nach außen (vgl. § 35 I GmbHG, § 78 I AktG). Das ist rechtskonstruktiv nicht zwingend, dient aber der Rechtsklarheit, weil die Vertretungsverhältnisse der Gesellschaft für den Rechtsverkehr dadurch dauerhaft nach außen erkennbar sind. Zugleich bleibt die Korporation so auf Dauer handlungsfähig.[55] Schließlich besteht inzwischen kein Zweifel mehr daran, dass sich das korporative Handeln mithilfe eines dafür bestimmten Organs zweckmäßiger

---

[53] Grundlegend *Bayern*, Nw. U. L. Rev. 108 (2014) 1485 (1495 ff.); *Bayern*, Stan. Tech. L. Rev. 19 (2015) 93; rechtspolitisch krit. *LoPucki*, Wash. U. L. Rev. 95 (2018) 887; krit. auch *Scherer*, Nev. L.J. 19 (2019) 259; auf Kritik antwortend *Bayern*, Nw. U. L. Rev. 114 (2019) 23; rechtsvergleichend *Bayern et al.*, Hastings Sci. & Tech. L. J. 9 (2017) 135; Idee findet sich bereits bei *Dan-Cohen*, Rights, Persons, and Organizations, 1986, S. 46 ff.; sowie als phil. Gedankenexperiment „Robotron" bei *Werhane*, J. Value Inquiry 14 (1980) 43 (47 ff.); aus deutscher Sicht *de lege ferenda* ähnlich *Paal*, ZGR 2017, 590 (614 ff.): „Roboter mit beschränkter Haftung"; für einen umfassenden Überblick über die Phänomenologie „autonomer" Unternehmungen, verbunden mit dem Versuch einer Taxonomie *Reyes*, Nev. L.J. 21 (2021) 437 (461 ff.).

[54] Vgl. *Bayern*, Stan. Tech. L. Rev. 19 (2015) 93 (96, 104); vgl. *LoPucki*, Wash. U. L. Rev. 95 (2018) 887 (901).

[55] Vgl. hier nur *Bachmann et al.*, Rechtsregeln für die geschlossene Kapitalgesellschaft, S. 76 f., 82 f.

konstruieren lässt. Das Organisationsrecht stellt mit dem Organ einen Modus der Eigenzurechnung bereit, mit dem sich der Korporation Verhalten umfassend und interessengerecht zuordnen lässt. Anders als das Individualrecht trägt dieser Modus den Eigenarten des korporativen Rechtshandelns Rechnung.[56]

Zweitens erfüllt die Geschäftsleitung eine arbeitsteilige Funktion. Die Gesellschafter können dadurch Entscheidungen auf bestimmte, typischerweise besonders befähigte Personen delegieren.[57] So müssen nicht stets alle Gesellschafter die oft unbedeutenden Entscheidungen des täglichen Wirtschaftslebens gemeinsam treffen. Zugleich besteht regelmäßig das Bedürfnis nach Spezialisierung. Gesellschafter berufen Geschäftsleiter in das Gesellschaftsorgan, die eine ökonomisch regelmäßig geforderte Sachkunde aufweisen. Institutionell hat die gesonderte Geschäftsleitung schließlich den Vorteil, dass nicht alle Gesellschafter gemeinsam einen Mehrheitsbeschluss fassen müssen.[58] Dies ist in der Regel mit größerem Aufwand verbunden als eine von (wenigen) Geschäftsleitern zu treffende Entscheidung im Leitungsorgan. All das entfaltet in der gesetzestypischen Aktiengesellschaft besondere Bedeutung, wo die Gesellschafter professionellen Unternehmensleiter typischerweise als bloße Kapitalgeber gegenübertreten.

Indes beantwortet beides unsere Ausgangsfrage noch nicht. Um handlungsfähig zu sein, braucht die Korporation eben kein gesondertes Handlungsorgan.[59] Und auch ihr arbeitsteiliger Nutzen macht die Institution gesellschaftsrechtlich nicht zwingend. Die Mitgliederversammlung mag für die Tagesgeschäfte nicht die Institution der Wahl sein, imstande, sie zu führen, wäre sie. Leitung und Willensbildung mögen insoweit notwendige Funktionen einer jeden Körperschaft sein[60] – das Recht könnte sie ohne Weiteres auch in einem Organ bündeln. Antwort darauf, weshalb das deutsche Gesellschaftsrecht eine Geschäftsleitung zwingend voraussetzt und wohl auch in einer von Maschinen verwalteten Korporation zwingend voraussetzen wird, gibt erst eine weitere, weniger offenkundige Funktion der Geschäftsleitung. Sie ist *drittens* „Angelpunkt der widerstreitenden Belange der verschiedenen Unternehmensbeteiligten“[61]: Wenn zwischen Mehrheiten und Minderheiten oder zwischen den Gesellschaftern und Dritten, ob Geschäftspartnern, Arbeitnehmern, Deliktsgläubigern oder der Allgemeinheit, Interessenkonflikte auftreten, kann (und muss) die Geschäftsleitung im Zweifelsfall Entscheidungen gegen den Willen der (Mehrheits-)Gesellschafter

---

[56] Dazu bereits oben § 3 A I, II sowie eingehend unten § 3 C III.

[57] Eingehend zu dieser Funktion *Fleckner*, Antike Kapitalvereinigungen, S. 47 f. („Theorie der Kapitalvereinigung“).

[58] Zu all dem *Bachmann et al.*, Rechtsregeln für die geschlossene Kapitalgesellschaft, S. 77.

[59] Stellvertretend *Bachmann et al.*, Rechtsregeln für die geschlossene Kapitalgesellschaft, S. 76 insoweit zurecht mit Verweis auf *Savigny*, System II, 1840, § 90 (S. 283).

[60] So *K. Schmidt*, Gesellschaftsrecht, § 14 II 1 (S. 408 f.); die traditionelle Trias aus Leitung, Aufsicht und Willensbildung einordnend *Schürnbrand*, Organschaft im Recht der privaten Verbände, S. 30 ff.; zu dieser Trias bereits *Gierke*, Genossenschaftstheorie, 1887, S. 694 ff.

[61] *Bachmann et al.*, Rechtsregeln für die geschlossene Kapitalgesellschaft, S. 78.

treffen. Sie ist, unabhängig davon, ob dies zu wirtschaftlichen Einbußen bei den Gesellschaftern führt oder nicht, berechtigt und verpflichtet, im Interesse der Minderheit Gesellschafterlisten und Bücher zu führen, im Interesse der Gläubiger ein Insolvenzverfahren einzuleiten oder im Interesse der Allgemeinheit durch organisatorische Vorkehrungen deliktischen Schäden vorzubeugen. Dies ist ihr indes nur deshalb möglich, weil sie ebenso originär für die Gesellschaft handelt wie die Gesellschafterversammlung selbst. Nur weil sie als Gesellschaftsorgan verfasst ist, kann sie gegenüber den (Mehrheits-)Gesellschaftern Interessen der Allgemeinheit oder der Gesellschafterminderheit vertreten und zwischen den verschiedenen Interessengruppen vermitteln. Sie wird so zum „Hüter fremder Interessen gegenüber den Eigentümern der Gesellschaft“[62].

Insoweit agiert die Korporation heute nicht deshalb mit einem separaten Handlungsorgan, weil sie sich ohne dieses Organ außerstande sähe, zurechenbar am Rechtsverkehr teilzunehmen. Weil sie indes zum Schutz der Interessen von Minderheiten und Dritten ein Leitungsorgan braucht, ist es nur folgerichtig, diesem auch die Kompetenz zuzuweisen, die Korporation im Rechtsverkehr zu repräsentieren. Das Leitungsorgan ist so gesehen zweckmäßiges Handlungs- und notwendiges Ausrichtungsorgan der Korporation.

c) Der Zusammenhang zwischen Haftungsbeschränkung und Geschäftsleitung

Die zentrale Funktion der separaten Geschäftsleitung ist also ihre Inpflichtnahme im Interesse von Minderheiten und Dritter. Die Rechtsordnung schafft sich, indem sie die Geschäftsleitung in §6 I GmbHG, §76 AktG zwingend vorsieht, einen Adressaten für Verhaltenspflichten zum Schutz von Minderheiten, Gläubigern, Dritten und der Allgemeinheit. Erst diese Funktion rechtfertigt es, die Privatautonomie der Gesellschafter an dieser Stelle derart zu beschneiden. Umgekehrt legitimiert erst die Institutionalisierung der Geschäftsleitung als Organ, dass die Schutzpflichten zugunsten von Minderheiten und Dritten nicht die Gesellschafter als Eigentümer der Gesellschaft selbst treffen. Wäre etwa kein zwingendes Leitungsorgan nach § 15a I S. 1 InsO dazu verpflichtet, bei Zahlungsunfähigkeit oder Überschuldung ohne schuldhaftes Zögern einen Insolvenzantrag zu stellen, wäre diese Pflicht im Interesse des Rechtsverkehrs den Gesellschaftern selbst aufzuerlegen.[63] Folgerichtig weist § 15a III InsO den Gesell-

---

[62] Eingehend zu all dem *Bachmann et al.*, Rechtsregeln für die geschlossene Kapitalgesellschaft, S. 78 f., 79.

[63] Zum Zusammenhang von § 15a InsO und der korporativen Haftungsbeschränkung dagegen BGHZ 126, 181 (196), wonach Norm zusammen mit Kapitalaufbringungs- und erhaltungsvorschriften die „Rechtfertigung für das Haftungsprivileg der Gesellschafter“ darstelle; ähnlich zuvor *K. Schmidt*, NJW 1993, 2934 (2931): „Die insoweit bestehenden Handlungspflichten [des Geschäftsleiters] stellen – neben den Kapitalaufbringungs- und -erhaltungsvorschriften – die Rechtfertigung für das Haftungsprivileg der Gesellschafter dar“; zustimmend MüKoGmbHG/*Merkt* § 13 Rn. 341; in Bezug auf § 15a InsO wohl auch MüKoInsO/*Klöhn* § 15a Rn. 29; dazu eingehend unten § 5 I 1 b).

schaftern die Antragspflicht für den Fall der Führungslosigkeit der GmbH auch ausdrücklich zu.

Vor diesem Hintergrund wird klar, dass erst das obligatorische Leitungsorgan der korporativen Haftungsbeschränkung (§ 13 I, II GmbHG, § 1 I AktG) endgültig zum Durchbruch verhilft: Die auf die Einlagen begrenzte Haftung der Gesellschafter dient nach allgemeinem Verständnis auch, und wohl vor allem, dem Zweck, den Gesellschaftern Passivität zu ermöglichen. Müssten sie beim Scheitern des Geschäftsmodells der Gesellschaft den Rückgriff auf ihr Privatvermögen fürchten, stünde zu erwarten, dass sie die Geschäftsleiter mit erheblichem Aufwand kontrollierten. Ihr Anreiz in viele Gesellschaften gleichzeitig zu investieren, würde massiv gehemmt.[64] Das Recht erlaubt es den Gesellschaftern demnach, unternehmerische Risiken teilweise zu externalisieren, um ihnen eine passive Rolle und damit verbunden breitflächige Investitionen zu ermöglichen. Diese wirtschaftlich vorteilhafte Arbeitsteilung, passive Gesellschaftern auf der einen, aktive Geschäftsleiter auf der anderen Seite, legitimiert indes erst das obligatorische Leitungsorgan mit entsprechender drittschützender Pflichtenbindung. Nur weil das Recht sich mit der Geschäftsleitung ein Zuordnungssubjekt für zwingende, Minderheiten und Dritte schützende Verhaltensvorgaben schafft, sind die Gesellschafter neben der persönlichen Haftung für Gesellschaftsschulden und der damit verbundenen Überwachung auch dem Risiko entledigt, gegen konkrete Verhaltenspflichten zum Schutz von Minderheiten und Dritter zu verstoßen und sich deshalb Schadensersatzansprüchen oder anderen (Haftungs-) Sanktionen auszusetzen. Anders ausgedrückt: Nur weil das Gesetz eine Geschäftsleitung mit entsprechenden Pflichten *belastet*, werden die Gesellschafter von diesen *entlastet*.[65]

Mittelbar nutzt die Institutionalisierung des Leitungsorgans also auch der Gesellschaftermehrheit. Sähe das Gesetz kein separates, mit der Ausrichtung der konfligierenden Interessen der Unternehmensbeteiligten betrautes Organ vor, würde es stattdessen die Gesellschafter mit dieser Aufgabe belasten. Oder präziser: Es würde sie im ersten Schritt nicht entlasten. Erst die Einrichtung eines obligatorischen Leitungsorgans ermöglicht den Gesellschaftern die privative Übertragung von, als Eigentümer der Gesellschaft originär ihnen obliegenden, Schutzpflichten zugunsten von Minderheiten oder Dritten. Nur mit dem Ausschluss der persönlichen Haftung ist der arbeitsteilige Nutzen zwischen aktiven Geschäftsleitern und passiven Gesellschaftern also nicht abschließend beschrie-

---

[64] Zur Funktion der Haftungsbeschränkung grundlegend *Easterbrook/Fishel*, The Economic Structure of Corporate Law, 1996, S. 40 ff.; *Hansmann/Kraakman* Yale L. J. 110 (2000) 387 (423 ff.); *Kraakman et al.*, The Anatomy of Corporate Law, S. 8 f.; *Bainbridge/Henderson*, Limited Liability, S. 44 ff.; *Grigoleit*, Gesellschafterhaftung für interne Einflußnahme im Recht der GmbH, S. 31 ff.; *Bachmann et al.*, Rechtsregeln für die geschlossene Kapitalgesellschaft, S. 114; sowie eingehend unten § 4 A I 1.

[65] Zu diesem Zusammenhang besonders deutlich *Bachmann et al.*, Rechtsregeln für die geschlossene Kapitalgesellschaft, S. 79: „Dieser *Belastung* der Geschäftsleiter […] entspricht eine *Entlastung* der Gesellschafter".

ben. Erst das eigenständige Leitungsorgan, das ebenso originär für den Verband tätig wird wie die Gesellschafterversammlung, verhilft der beschränkten Haftung der Gesellschafter zum Durchbruch. Es „perfektioniert" die korporative Haftungsbeschränkung.[66]

3. *Maschinelle Organwalter*

Was folgt aus all dem für das Rechtshandeln einer von Maschinen verwalteten Korporation? Klar ist: Das Bedürfnis, die Gesellschafter selbst von ursprünglich ihnen obliegenden Verhaltenspflichten freizustellen, besteht auch dann, wenn unternehmerische Aufgaben künftig nicht mehr an andere Personen delegiert werden müssen, sondern von Maschinen ausgeführt werden können. Sollen Gesellschafter weiterhin von entsprechenden Schutzpflichten entlastet werden, bedarf es weiterhin ein zweites Organ, das die Interessen von Dritten und Minderheiten auch gegenüber der Mehrheit „vertritt". Andernfalls müsste man den Gesellschaftern einer von Maschinen verwalteten Korporation nun selbst Pflichten zum Schutz von Minderheiten und Dritten aufbürden. Mit dem Effekt, dass nicht nur die bewährte korporative Arbeitsteilung zwischen passiven Gesellschaftern und aktiven Geschäftsleitern, sondern auch der arbeitsteilige Nutzen der Automation massiv geschmälert würde. Er fiele aus Gesellschaftersicht einem Mehr an persönlicher Verantwortung zum Opfer. Mag die Vorstellung, eine Maschine „vertrete" gegenüber den Gesellschaftern Fremdinteressen, auch allzu menschlich sein, braucht es auch in einer von Maschinen verwalteten Korporation eine Institution, die originär für den Verband selbst tätig wird und dabei auch Interessen von Dritten und Minderheiten gegenüber der Gesellschaftermehrheit schützt. Freilich verändern sich in einer von Maschinen verwalteten Korporation womöglich die Mechanismen, mit denen das Recht diese Fremdinteressen durchsetzt. Auf der Hand liegt etwa, dass es bei Maschinen kaum um haftungsbewehrte Verhaltenspflichten gehen kann, weil diese gegenüber rechtlichen Verhaltensanreizen immun sind.[67] Es liegt stattdessen nahe, dass womöglich obligatorische technische Eigenschaften ins Blickfeld rücken, die sicherstellen, dass die Interessen von Minderheiten und Dritten gegenüber der Mehrheit gewahrt werden.[68] So oder so: Wer eine von Maschinen verwaltete Körperschaft entwickeln will, in der die Gesellschafter wie bislang nicht auf Dauer mit drittschützenden Verhaltenspflichten belastet werden, muss an einem separaten Leitungsorgan festhalten. Bleibt eine solche Institution zwingend, spricht zunächst alles dafür, sie auch weiterhin zugleich als Handlungsorgan auszugestalten. Der Weg zu einer von Maschinen verwalteten Korporation führt dann weiterhin über eine Geschäftsleitung als obligatorisches Handlungsorgan. Und damit über einen *maschinellen Organwalter*, der die hier gebündelten Funktionen wahrnimmt.

---

[66] *Bachmann et al.*, Rechtsregeln für die geschlossene Kapitalgesellschaft, S. 79.
[67] Dazu oben § 2 A III 2.
[68] Eingehend unten § 5 A I.

Mit dem Begriff des maschinellen Organwalters ist dabei zunächst nichts anderes beschrieben als die Automatisierung einer Organfunktion: Die Wahrnehmung der durch die Satzung oder das Gesetz freigeschalteten Funktionen innerhalb des Verbands werden einer Maschine zugewiesen, die insoweit korporatives Handeln auf Knopfdruck bereitstellt. Ihre Ausgaben werden ohne Umweg über einen Menschen Rechtshandeln der juristischen Person selbst. Freilich löst der Begriff schon im Ausgangspunkt Unbehagen aus, das auch im Zweck des Organs wurzelt: „Da das Rechtsinstitut der Organschaft der Transformation menschlichen Verhaltens in solches des Verbandes dient", hält etwa *Schürnbrand* treffend fest, „verbindet sich mit der Person des Organwalters unwillkürlich das Bild einer natürlichen Person."[69] Maschinen sind demgegenüber weder menschlich noch handlungsfähig, ja nicht einmal rechtsfähig. Insoweit drängen sich gleich mehrere grundlegende Fragen auf: Muss der Organwalter ein Mensch sein? Kann er auch eine Maschine sein? Und wenn ja, müssten wir dieser Maschine dafür zunächst eigene Rechtsfähigkeiten zuschreiben?

B. Die juristische Organperson

Jedenfalls mit der Frage, ob der Organwalter ein Mensch sein muss, lässt sich im Privatrecht inzwischen keine Spannung mehr erzeugen: In Gestalt der juristischen Organperson ist uns ein nicht-menschlicher Organwalter wohlvertraut. Und doch: Warm geworden sind wir mit dieser Figur bis heute nicht.

I. Die GmbH & Co. KG

Schon *Gierke* erkannte, dass es „auch möglich [ist], dass eine Organstellug einem mit eigner Gesammtpersönlichkeit ausgerüsteten Gliedverbande zukommt", Organmitglieder also nicht *per se* menschlich sein müssen. „Trägerin dieser Organstellung", wusste er, ist dann die *„juristische Person als solche*, welche hierbei wiederum durch die nach Maßgabe ihres eignen Lebensgesetzes dazu berufenen Organe repräsentirt wird."[70] Was im Schrifttum noch heute mit fast demonstrativer Gelassenheit vorgetragen wird, dass §76 III S. 1 AktG letztlich nur ein Sachgesetz des korporativen Handlungsorgans zum Ausdruck bringe, war also schon mit Gierkes Genossenschaftstheorie – lange bevor das Gesetz die juristische Organperson ausdrücklich anerkannte – widerlegt. Konstruktiv ist auch die juristische Person ohne Weiteres imstande, Mitglied eines jeden Körperschaftsorgans zu sein. Daran bestehen heute keine Zweifel mehr. Der Einsicht, dass sich mit ihrer Bestellung lediglich die Zurechnungskette verlängert, weil das Handeln des Organwalters dann ebenfalls Produkt einer Zurechnung ist, kann man sich

[69] *Schürnbrand*, Organschaft im Recht der privaten Verbände, S. 234.

[70] *Gierke*, Genossenschaftstheorie, 1887, S. 683 [Hervorhebung im Original].

nicht mehr entziehen.[71] Als *Gierke* diese Einsicht formuliert, ist sie indes so verwegen, wie heute die Idee, Maschinen könnten organschaftliche Funktionen wahrnehmen.

Der Blick auf den Prototyp der juristischen Organperson lässt erahnen, *wie* verwegen: Inbegriff der juristischen Organperson ist bis heute der Komplementär der GmbH & Co KG. Und die markiert bekanntlich einen der großen verbandsrechtlichen Krisenherde des vergangenen Jahrhunderts. Von Anfang an als „Juristisches Monstrum“[72] verschrien, gilt sie noch heute, ihrer Omnipräsenz in der Praxis zum Trotz, als „Schmuddelkind des Gesellschaftsrechts“[73]. Zu Beginn entlädt sich auch hier der Streit um eine ‚Natur‘ der juristischen Person.[74] Dabei hatte der Gesetzgeber selbst die GmbH & Co. ganz offenkundig nicht bedacht. Sie wird von der Kautelarpraxis entwickelt und von Gerichten bestätigt.[75] Der entscheidende Durchbruch gelingt der „Portlandzementfabrik, Stein- und Kalkwerk August M., GmbH & Co“. Das BayOLG billigte mit ihr erstmals eine KG mit einer Kapitalgesellschaft als Komplementär.[76] Auch danach kämpft man im Schrifttum noch mit Verve gegen die Konstruktion.[77] Am Ende vergebens. Spätestens mit dem Segen des Reichsgerichts war die GmbH & Co KG 1922 unwiderruflich in der Welt.[78] Mit ihr die juristische Organperson. Und damit die Einsicht, dass sich der Verband im Rechtsverkehr nicht das unmittelbare Handeln einer natürlichen Person als eigenes zurechnen lassen muss. Vielmehr kann auch das Handeln der Organperson selbst ebenfalls nur ‚künstliches‘, also vom Recht konstruiertes Handeln sein.

---

[71] *K. Schmidt*, Gesellschaftsrecht, § 14 III 1 b (S. 415); *Schürnbrand*, Organschaft im Recht der privaten Verbände, S. 235; eingehend *Wasmann*, Juristische Personen als gekorene Mitglieder von Körperschaftsorganen, S. 32 ff.; früh *Feine*, Handbuch des gesamten Handelsrechts III, 1929, § 34 II 2 (S. 473): „Handeln ist in diesem Fall nur kein physisches, sondern selbst wieder ein rechtlich zerlegbarer und wertbarer Vorgang.“; erstmals wohl *Gierke*, Genossenschaftstheorie, 1887, S. 683.

[72] *Holdheim*, Holdheims Wochenschrift 1 (1892) 195.

[73] So *Teichmann*, ZGR 2014, 220 (221); für eine differenzierte rechtspolitische Einordnung dieses „Sündenfall[s] des Gesellschaftsrechts“ statt vieler *K. Schmidt*, Gesellschaftsrecht, § 56 I 3 (S. 1624 ff.) mwN.

[74] Vgl. aus dem zeitgenössischen Schrifttum insb. *Eltzbacher*, ZHR 45 (1896) 40 (59 ff.) mwN.; *Lehmann*, Recht der Aktiengesellschaften, Bd. 1, 1898, S. 255; *Ring/Lehmann*, HGB, 1902, § 105 Nr. 3 (S. 221 f.); monografisch etwa *Kolb*, Kann eine Aktiengesellschaft a) einem anerkannten Verein b) einer offenen Handelsgesellschaft c) einer eingetragenen Genossenschaft als Mitglied angehören?, 1896, S. 20 ff.; sowie später insb. *Brodmann*, JW 1922, 1656; *Brodmann*, JW 1923, 683; im Rückblick zum Streit nur *K. Schmidt*, Gesellschaftsrecht, § 56 I 2 (S. 1623 f.); eingehend zu den Hintergründen *Damler*, Konzern und Moderne, S. 146 ff.

[75] Zur GmbH & Co KG als Innovation der Kautelarpraxis *Fleischer*, RabelsZ 82 (2018) 239 (255 ff.); aus Sicht rechtswissenschaftlicher Innovationsforschung jüngst *Grundmann/Möslein*, Innovation und Vertragsrecht, S. 3 (24 f.).

[76] BayObLG, OLGE 27, 331.

[77] Vgl. dazu *Damler*, Konzern und Moderne, S. 120 ff.; *Fleischer/Wansleben*, Gesellschaftsrechts-Geschichten, S. 27 (33 ff.).

[78] RGZ 105, 101; später bestätigend BGHZ 11, 214; 46, 7 (13).

II. Menschsein aus Prinzip?

Und so sehen sich nicht-menschliche Organwalter heute zwar keinen *konstruktiven*, so doch *prinzipiellen* Bedenken ausgesetzt: Zumindest das Körperschaftsrecht soll einen allgemeinen Rechtsgrundsatz kennen, „wonach Organmitglieder nur natürliche Personen sein können“[79]. Bemüht wird dieser Rechtsgrundsatz insbesondere im Recht der GmbH, wo man der Vertragsfreiheit der Gesellschafter Großkalibriges entgegenstellen muss. Hergeleitet wird er in der Regel nicht. Dabei ist schon auf den ersten Blick klar, dass er so absolut, wie er formuliert wird, nicht gemeint sein kann. Vermittelt durch die Mitgliedschaft können rechtsfähige Verbände ohne Weiteres Mitglieder der Mitgliederversammlung einer jeden Körperschaft sein. Auch die Zulässigkeit der inzwischen durch das Gesetz anerkannten atypischen KGaA soll gewiss nicht mehr in Zweifel gezogen werden. Sie ist eine Körperschaft, ihr Komplementär zwingend Mitglied ihres Geschäftsführungsorgans. Juristische Personen können also unzweifelhaft Mitglieder eines Körperschaftsorgans sein. Es entspricht allenfalls einem Rechtsprinzip, dass nur natürliche Personen zu solchen *gekoren* werden können. Die Grenze verläuft – wenn überhaupt – zwischen Selbst- und Fremdorganen.

Eine Untersuchung, ob das Recht diese Grenze zieht, muss dann beim allgemeinen Rechtsgrundsatz beginnen. Die größte Aufmerksamkeit wird in diesem Zusammenhang regelmäßig seiner Rechtsgeltung zuteil. Für uns stellt sich zunächst die Frage drängender, wie ein allgemeiner Rechtsgrundsatz dogmatisch herzuleiten wäre: Wie erkennen wir ihn, wenn wir auf ihn stoßen? *Canaris* hat als „Mittel der Auffindung solcher allgemeiner Prinzipien des positiven Rechts“ früh „in erster Linie die Induktion“ ausgemacht. Rechtsgrundsätze werden demnach nicht explizit normiert, sondern einem aus positiven Rechtsregeln bestehenden Datensatz als Muster extrahiert. „Insbesondere“, bemerkte er, sei in diesem Zusammenhang „ein Verfahren zu erwähnen, das meist als ‚Rechtsanalogie‘ bezeichnet wird: dabei wird aus mehreren gesetzlichen Vorschriften ein gemeinsamer Grundgedanke gewonnen, und diesem wird dann der Charakter eines allgemeinen Rechtsprinzips zugesprochen.“[80] In der jüngeren Vergangenheit hat *Metzger* die Vielzahl verschiedener Prinzipientheorien synthetisiert und dabei wie *Canaris* den Induktionsschluss als gemeinsamen Nenner identifiziert, dessen Einsichten aber um die Analyse von Rechtsgrundsätzen ergänzt, die fremden und

---

[79] GroßKommGmbHG/*Heermann* § 52 Rn. 30; BeckOKGmbHG/*C. Jaeger* § 52 Rn. 8: „allgemeinen Grundsatz des deutschen Körperschaftsrechts“; Ensthaler/Füller/Schmidt, GmbHG § 52 Rn. 12: „allgemeiner Grundsatz des Körperschaftsrechts“; bereits Hachenburg/Ulmer/*Raiser*, GmbHG § 52 Rn. 30; für den GmbH-Beirat MüKoGmbHG/*Spindler* § 52 Rn. 791: „nach allgemeinen Grundsätzen des Körperschaftsrechts“; ähnlich wohl *Voormann*, Der Beirat im Gesellschaftsrecht, S. 136; jüngst auch *Birkhold*, Grenzen der Gestaltungsfreiheit, S. 162 f.; enger *Schürnbrand*, Organschaft im Recht der privaten Verbände, S. 236; offenlassend jüngst OLG Stuttgart NZG 2020, 1103 (1105).

[80] *Canaris*, Die Feststellung von Lücken im Gesetz, S. 97 f.

historischen Rechtsordnungen entspringen.[81] Er schärft dadurch unseren Blick für die potenziellen Induktionsbasen und schlussfolgert, dass ein allgemeiner Rechtsgrundsatz „eine Rechtsnorm [sei], welche nicht oder nicht vollständig von den Rechtsregeln der betreffenden Rechtsordnung anerkannt ist und welche von internen, ‚externen' (insbesondere ausländischen) und/oder historischen Rechtsregeln im Wege der Induktion abgeleitet wird."[82] Das heißt für uns: Den positiven Rechtsregeln des Körperschaftsrechts, ob intern, extern oder historisch, müsste sich die allgemeine Aussage induzieren lassen, wonach das Fremdorgan der Körperschaft dem Menschen vorbehalten bleiben soll.

1. Eine deutsche Frage

Extern jedenfalls endet die Induktion noch bevor sie so richtig beginnt. Um zu erkennen, dass es kein rechtsordnungsübergreifendes Prinzip gibt, das Nichtmenschen vom Organ der Körperschaft fernhält, ist kein tiefschürfender Rechtsvergleich von Nöten. Schon beim ersten Blick über die Grenze zeigt sich ein buntes Bild: Wer in die grenznahen Aktienrechte blickt, findet etwa in Polen (Art. 18 § 1 KSH), Österreich (§ 75 II ÖAktG) oder der Schweiz (Art. 707 III, 809 II OR) Regelungen, die § 76 III S. 1 AktG entsprechen. Demgegenüber steht das französische Aktienrecht der juristischen Organperson traditionell offen gegenüber (vgl. Art. L. 225–20 C. com.).[83] Daneben lassen etwa auch die Rechtsordnungen Spaniens, Luxemburgs, Belgiens oder der Niederlande juristische Organpersonen in Rechtsformen, die der deutschen Aktiengesellschaft entsprechen, zu.[84] Wobei sich die normative Ausgestaltung stark unterscheidet. Zum Teil ist die Bestellung juristischer Personen lediglich im Aufsichtsorgan, teilweise nur im Leitungsorgan zulässig. So darf etwa der *Raad van Commissarissen* der niederländischen NV im Gegensatz zu ihrem *Bestuur* nur mit natürlichen Personen besetzt sein (vgl. Art. 2:140 I BW), während im dualistischen Verwaltungssystem der französischen SARL im Vorstand nur natürliche, im Aufsichtsrat dagegen auch juristische Personen gestattet sind (vgl. Art. L. 225–76 C. com.). Vielerorts

---

[81] Darstellung, Systematisierung und Synthetisierung bei *Metzger*, Extra legem, intra ius, S. 13 ff. unter der Überschrift ‚prozeduraler Ansatz', weil der Rechtsgrundsatz stets das „Ergebnis eines bestimmten Schlussverfahrens" sei, „nämlich [eines] Induktionsschlusses von besonderen Rechtsregeln auf einen allgemeinen Grundsatz.".

[82] *Metzger*, Extra legem, intra ius, S. 26.

[83] Das französische Gesellschaftsrecht leistet in dieser Hinsicht Pionierarbeit, vgl. *Fleischer*, AcP 204 (2004) 502 (531): „Vorreiterrolle"; daneben ist etwa das Recht des UK sehr früh juristische Organpersonen bestellen, vgl. Bulawayo and Offices Co Ltd (1907) 2 Ch. 458 (463) (UK).

[84] Vgl. *Wasmann*, Juristische Personen als gekorene Mitglieder von Körperschaftsorganen, S. 129 ff.; Überblick über andere ausgewählte europäische Rechtsordnungen auch bei *Fleischer*, RIW 2004, 16 (17 ff.); *Brandes*, Juristische Personen als Geschäftsführer der Europäischen Privatgesellschaft, S. 18 ff.; für einen internationalen Rechtsvergleich *LoPucki*, Wash. U. L. Rev. 95 (2018) 887 (919 ff.); sowie *Bainbridge/Henderson*, Outsourcing the Board, S. 139 ff., 147 f.

müssen juristische Organpersonen zumindest einen ständigen menschlichen Vertreter bestellen. Einige Rechtsordnungen schränken ihren Zugang zum Körperschaftsorgan formal gar nicht ein. Klar ist jedenfalls: Ein einheitliches Muster lässt sich nicht ausmachen. Im Gegenteil: Im europäischen Gesellschaftsrecht hat sich gar umgekehrt das Fehlen eines Rechtsgrundsatzes im Gesetz manifestiert. Die Öffnungsklauseln für die europäischen Körperschaften in Art. 47 I SE-VO und Art. 46 I SCE-VO überantworten die Entscheidung für oder gegen die juristische Organperson jeweils den Mitgliedstaaten. Deutlicher kann die Absage an ein Prinzip, das Grenzen überwindet, kaum ausfallen. Wie unentschieden das europäische Gesellschaftsrecht dabei ist, wird auch beim Blick auf gescheiterte europäische Reformvorhaben deutlich: Während der Richtlinienvorschlag für eine SPU mit Art. 22 IV SPU-RL-E eine Art. 47 I SE-VO ganz ähnliche Regelung vorsah[85], behielt der Entwurf einer SPE-VO die Unternehmensleitung in Art. 30 I SPE-VO-E noch der natürlichen Person vor.[86] Und dass, obwohl Art. 16 I des zugrundeliegenden CREDA-Entwurfs die juristische Organperson zuvor explizit zuließ.[87] Sollten wir es an dieser Stelle also mit einem Rechtsgrundsatz zu tun haben, dann mit einem deutschen.

2. *Vom Nicht-Können zum Nicht-Sollen*

a) *Der physische Repräsentant der nicht-physischen Person*

Und in der Tat, das hat schon unsere erste Spurensuche gezeigt, begreift man den Organwalter hierzulande anders als in anderen europäischen Rechtsordnungen traditionell als natürliche Person.[88] Lange stellt sich die Frage, ob das Gesetz damit auch jemand anderen meinen könnte, gar nicht. Als der deutsche Gesetzgeber die Grundsteine des modernen Körperschaftsrechts legt, setzt er die natürliche Persönlichkeit der Organmitglieder noch apriorisch voraus. Das erklärt nicht nur, weshalb das Gesetz bis 1937 schweigt, sondern auch, wieso er selbst sich nur selten und eher widerwillig zu dieser Frage einlässt. Das, was sich findet, spricht indes Bände: In den Beratungen der für das moderne Kapitalgesellschaftsrecht wegweisenden zweiten Aktienrechtsnovelle machen 1884 Gerüchte von Aktiengesellschaften die Runde, die juristische Personen in ihren Aufsichtsrat bestellen. Auf den Vorschlag, diesem Treiben durch eine klarstellende Regelung ein Ende zu bereiten, erwidern die Regierungskommissarien und die zuständige neunte Kommision „einstimmig" und sichtlich verwundert, dass „der Inhalt dieses Antrags [zu] selbstverständlich" sei, um ihn umzusetzen: Dass ausschließlich der Mensch Mitglied des Aufsichtsrats sein könne, sei so offenkundig, dass das Gesetz, das nicht „ausdrücklich auszusprechen" brauche. Auch dem

---

[85] Vgl. COM(2014) 212 final v. 9.4.2014, S. 24.

[86] Vgl. KOM(2008) 396 endg. v. 25.6.2008, S. 29.

[87] Vgl. *Boucourechliev/Hommelhoff*, Vorschläge für eine Europäische Privatgesellschaft, S. 301.

[88] Vgl. oben § 1 B II, III.

Antragssteller selbst leuchtet das letztlich ein. Er zieht seinen Antrag zurück.[89] Die vermeintlich harmlose Begebenheit hat augenscheinlich einen Rückkopplungseffekt zur Folge. Das Schrifttum wird in den Folgejahrzehnten beständig auf sie verweisen und damit die Ansicht manifestieren, dass sich der Ausschluss der juristischen Person vom Körperschaftsorgan schon von selbst versteht.[90]

Die Begebenheit steht zugleich sinnbildlich für den legislatorischen Umgang mit der juristischen Organperson im späten 19. und frühen 20. Jahrhundert: Als die ersten Konzessionen für das Körperschaftsorgan vergeben werden, sitzt die juristische Person gar nicht mit am Tisch. Eigentlich gibt es gar keinen Tisch. Und auch keine Konzessionen. Der Zugang zum Körperschaftsorgan ist schlicht nichts, was vergeben würde. Dass das Gesetz mit den Mitgliedern des Körperschaftsorgans Menschen meint, ist ein Axiom, das als solches weder der Begründung noch der Positivierung bedarf. Auf diesem Axiom baut der Gesetzgeber in der zweiten Hälfte des 19. Jahrhunderts das positive Körperschaftsrecht, das im Wesentlichen auch heute noch Geltung beansprucht. Von diesem Axiom leitet er hier andere Theoreme ab: Etwa, dass eine Genossenschaft bereits nach geltendem Recht nicht ausschließlich aus anderen Genossenschaften bestehen könne. Schließlich müsse einer der Genossen Vorstand sein und dieser bezeichne nun einmal denklogisch eine natürliche Person.[91] Einer Norm, die das wie heute § 9 II S. 1 GenG klarstellt, bedarf es zu diesem Zeitpunkt nicht.

Nur selten spricht jemand so unverstellt aus, *weshalb* wie der Ministerialrat *Völderndorff*, der in Bezug auf zweite Aktienrechtsnovelle das erklärt, was den gesetzgebenden Kommissionen zuvor zu selbstverständlich schien: „Der Natur der Sache gemäß aber", notiert er,

---

[89] Aktenstück Nr. 128, Bericht der neunten Kommission über den Entwurf eines Gesetzes, betreffend die Kommanditgesellschaften auf Aktien und die Aktiengesellschaften, S. 1018: „Zu Artikel 191 war beantragt worden, weil gegenwärtig an einzelnen Orten nicht blos Personen, sondern auch Firmen zu Mitgliedern des Aufsichtsraths bestellt würden, ausdrücklich auszusprechen, daß nur physische Personen Mitglieder des Aufsichtsraths sein können. Der Antrag wurde zurückgezogen, nachdem seitens der Regierungskommissarien und der Kommission einstimmig erklärt war, daß der Inhalt dieses Antrags selbstverständlich, und die Zulassung von Firmen schon nach dem gegenwärtigen Recht unstatthaft sei.".

[90] Auf diese Begebenheit verweisen später etwa *Kayser*, Gesetz, betreffend die Kommanditgesellschaften auf Aktien und die Aktiengesellschaften, vom 18. Juli 1884, 1884, Art. 227 Anm. 5 (S. 121); *Völderndorff*, Das Reichsgesetz betreffend die Kommanditgesellschaften auf Aktien und die Aktiengesellschaften vom 18. Juli 1884, 1885, Art. 224 Anm. II Fn. 5 (S. 593); *Gareis/Fuchsberger*, ADHGB, 1891, Anm. 315 (S. 469); *Ring/Lehmann*, HGB, 1902, § 231 Anm. 3; schon während der Weimarer Aktienrechtsreform macht das Schrifttum auf diesen Effekt der Kommissionsäußerung aufmerksam, vgl. *Molitor*, FS Ehrenberg, 1927, S. 41 (55); *Steiner*, Können juristische Personen Vorstand einer Aktiengesellschaft sein, 1928, S. 21.

[91] Vgl. *Beuthien et al.*, Materialien zum Genossenschaftsgesetz, S. 218 f.: „Dagegen kann die Bildung einer Genossenschaft ausschließlich aus anderen Genossenschaften nach dem bestehenden Recht nicht als zulässig betrachtet werden, da zu Vorstandsmitgliedern nur physische Personen gewählt werden können und diese selbst Mitglieder der Genossenschaft sein müssen."; auch auf diesen Ausspruch beruft man sich später in der Lit., s. etwa *Parisius/Crüger*, GenG, 1899, § 9 Anm. 4 (S. 72).

„ist die Wahl auf physische Personen beschränkt, denn gerade weil die Aktiengesellschaft als ein nichtphysisches Rechtssubjekt nicht handeln kann, muß sie ja ihre Gesellschaftsorgane haben, und man kann also diesen Mangel an Handlungsfähigkeit nicht wieder durch das Aufstellen eines selbst handlungsunfähigen Stellvertreters verbessern."[92]

Zu diesem Zeitpunkt werden die Geschicke französischer Körperschaften schon von juristischen Personen geleitet.[93] In Deutschland schreibt *Gierke* noch an seiner Genossenschaftstheorie. Und auch als er sie 1886 veröffentlicht und darin womöglich zu beiläufig mit der deutschen Gewissheit bricht,[94] ändert dies zunächst wenig an der allgemeinen Rechtsauffassung: Die *handlungsunfähige* juristische Person brauchte *handlungsfähige* Repräsentanten. Weil ihre ‚Natur' unvollkommen war, sie anders als der Mensch weder handeln noch wollen konnte, blieben ihre Organe schon konstruktiv der natürlichen Person vorbehalten.

Bis weit ins 20. Jahrhundert wird das als überpositive Selbstverständlichkeit hineingetragen, die sich „von selbst versteht"[95] und stillschweigend vorausgesetzt werden konnte, ja als methodische Notwendigkeit gar vorausgesetzt werden *musste*.[96] Dass das Gesetz mit dem Körperschaftsorgan nur den Menschen meinen konnte, ergab sich schon aus der „Natur der Sache"[97]. Jedenfalls der „Natur der juristischen Person"[98]: Ob ihres unvollkommenen ‚Wesens' bedurfte sie als

---

[92] *Völderndorff*, Das Reichsgesetz betreffend die Kommanditgesellschaften auf Aktien und die Aktiengesellschaften vom 18. Juli 1884, 1885, Art. 224 Anm. II (S. 592 f.).

[93] Grundlegend Cass. Com., 9.7.1885, D.P. 1886, I, 310.

[94] *Gierke*, Genossenschaftstheorie, 1887, S. 683.

[95] So zum ADHGB *Kayser*, Gesetz, betreffend die Kommanditgesellschaften auf Aktien und die Aktiengesellschaften, vom 18. Juli 1884, 1884, S. 121; zum HGB *Hergenhahn*, Der Vorstand der Aktiengesellschaft, 1893, S. 9: „Jedoch müssen es notwendigerweise physische Personen sein. Dies versteht sich von selbst."; *Goldmann*, HGB, 1905, § 231 Anm. 11 „ergiebt sich aber von selbst"; ähnlich *Möhring*, Vorstand und Aufsichtsrat der Aktiengesellschaft, 1924, S. 2: „natürlich".

[96] Die meisten Kommentatoren setzen die natürliche Persönlichkeit der Organmitglieder apodiktisch voraus, s. zum ADHGB *Völderndorff*, Das Reichsgesetz betreffend die Kommanditgesellschaften auf Aktien und die Aktiengesellschaften vom 18. Juli 1884, Art. 227 Anm. III (S. 626); *Hoeland*, Organe der Aktiengesellschaften, 1886, S. 2; *Gareis/Fuchsberger*, ADHGB, 1891, Anm. 320 (S. 471); *Willenbücher*, ADHGB, 1891, § 227 Anm. 4; auch *Renaud*, Das Recht der Actiengesellschaften, 1875, S. 525; zum HGB *Esser/Esser*, Die Aktiengesellschaft, 1907, § 231 Anm. 5; *Brand*, HGB, 1911, § 231 Anm. 2a; *Goldschmit*, HGB, 1929, § 231 Anm. 16; zum GmbHG etwa *Liebmann*, GmbHG, 1906, § 6 Anm. 3.

[97] Zum ADHGB *Völderndorff*, Das Reichsgesetz betreffend die Kommanditgesellschaften auf Aktien und die Aktiengesellschaften vom 18. Juli 1884, 1885, Art. 224 Anm. II (S. 592): „Natur der Sache"; *Lauterbach*, Die rechtliche Stellung des Vorstandes, 1890, S. 10: „Natur der Sache"; zum HGB *Behrend*, Lehrbuch des Handelsrechts II, 1896, S. 837 f. (Fn. 9): „Aus der Natur der Sache ergiebt sich nur, daß die Mitglieder des Vorstandes physische, handlungsfähige Personen sein müssen."; *Cahn*, Der Aufsichtsrat der Aktiengesellschaft, 1907, S. 68: „Natur der Sache"; *Steiner*, Können juristische Personen Vorstand einer Aktiengesellschaft sein, 1928, S. 59 mwN.; früh dagegen *Birkenbihl*, GmbHG, 1893, § 6 Anm. 4: „aus der Natur der Sache folgt dies aber keineswegs".

[98] *Parisius/Crüger*, GenG, 1899, § 9 Anm. 4 (S. 72): „Eine andere Frage ist, ob die betref-

nicht-physische Person „eines physischen Organs“[99]. Einen Rechtsgrundsatz, wonach das Organ der nicht-physischen Person dem Menschen vorbehalten war, muss und kann man dem Gesetz zu dieser Zeit nicht induzieren, weil sich dies schon aus noch „allgemeine[ren] Gründen“[100] von selbst verstand. Die Körperschaft sah sich konstruktiv außerstande, die Geschäfte einer anderen Körperschaft zu führen. Ihr mangelte es mit der Handlungsfähigkeit schlicht an der „vornehmste[n] Bedingung zur Geschäftsführung“[101]. Das Organ der nicht-physischen Person war der Mensch.

b) Methodische Zeitenwende

Dass es gerade *Gierke* war, der erkannte oder vielmehr erkennen musste, dass auch juristische Personen rechtstechnisch ohne Weiteres imstande sind, die Funktionen eines Organs wahrzunehmen, ist vor diesem Hintergrund also kein Zufall. Ihn führte die im Ausgangspunkt unbeschränkte Handlungsfähigkeit der Verbandsperson zwingend auch zu ihrer Organfähigkeit. Auch weil er seine Einsicht in seiner Genossenschaftstheorie nicht prominent platziert, dauert es freilich lange, ehe sie im Schrifttum Gehör findet. Erst die GmbH & Co KG bringt hier die Gewissheiten wirklich ins Wanken. Nur folgerichtig ist es deshalb, dass auch für das Körperschaftsorgan weder der Gesetzgeber noch die Wissenschaft, sondern die Rechtspraxis die entscheidenden Impulse setzen. Vom Erfolg der GmbH & Co KG ermutigt, bestellt die Pfälzische Kraftfutterwerke GmbH i.L. im Februar 1925 die Süddeutsche Revisions- und Treuhand AG zur Liquidatorin. Ihr Antrag auf Eintragung im Handelsregister wird abgelehnt, die Ablehnung durch das LG bestätigt, erst eine Beschwerde beim OLG Karlsruhe hat

---

fenden Gesellschaften als solche in den Vorstand oder Aufsichtsrat gewählt werden dürfen [...]. Es ist dies zu verneinen, denn es liegt in der Natur der juristischen Person, daß sie als Repräsentant physische Personen nöthig hat“.

[99] *Förtsch*, GmbHG, 1899, § 35 Anm. 1: „Als Rechtssubjekt (juristische Person) bedarf die Gesellschaft m.b.h. eines physischen Organs“.

[100] *Brodmann*, Aktienrecht, 1928, § 243 Anm. 2c (S. 275): „Aus allgemeinen Gründen“; ähnlich zuvor *Staub/Pinner*, HGB, 1933, § 243 Anm. 10; *Staub/Pinner*, HGB, 1907, § 231 Anm. 10: „Nach allgemeinen Rechtsgrundsätzen“; zum ADHGB: *Staub*, ADHGB, 1894, Art. 224 (Art. 191) § 3: „allgemeine Rechtsgrundsätze“; zum GmbHG *Staub*, GmbHG 1903, § 35 Anm. 37: „allgemeine Rechtsgrundsätze“.

[101] *Bauer*, Geschäftsführung und Aufsichtsrat bei Gesellschaften mit beschränkter Haftung, 1900, S. 32: „einer nicht-physischen Person an sich fehlt die Handlungsfähigkeit, folglich die vornehmste Bedingung zur Geschäftsführung. Die nichtphysische Person wird vielmehr selbst erst durch Bestellung eines Vertreters aktionsfähig.“; mit Verweis auf die fehlende Handlungsfähigkeit der juristischen Person zum ADHGB etwa *Lauterbach*, Die rechtliche Stellung des Vorstandes, 1890, S. 10; *Völderndorff*, Das Reichsgesetz betreffend die Kommanditgesellschaften auf Aktien und die Aktiengesellschaften vom 18. Juli 1884, 1885, Art. 224 Anm. II (S. 592 f.); zum GmbHG Neukamp/*Becker*, GmbHG, 1922, § 6 Anm. 3; *Esser*, GmbHG, 1908, § 6 (S. 29): „Nur handlungsfähige physische Personen können Geschäftsführer sein“; *Brodmann*, GmbHG, 1930 § 66 Anm. 2 f): „Wesen der gesetzlichen Vertretung“.

schließlich Erfolg.[102] Für das Gericht steht dabei außer Frage, dass der Gesetzgeber einst nur natürliche Personen als Liquidatoren vor Augen hatte. „Aber", hält es fest, „Fesseln sind der Rechtsentwicklung dadurch nicht angelegt."[103] Und das Recht hatte sich entwickelt: Einerseits war dem erheblichen ökonomischen Komplexitätszuwachs das rechtspraktische Bedürfnis erwachsen, auch juristische Personen mit der Liquidation zu betrauen. Andererseits, und das ist für das OLG ungleich wichtiger, hatte das RG zwischenzeitlich eben festgestellt, dass juristische Personen Gesellschafter der OHG sein können, was sie dort zu geborenen Liquidatoren machte. Das Gericht sieht sich deshalb zu einem denkwürdigen Schluss veranlasst: „Ist aber die juristische Person fähig bei der offenen Handelsgesellschaft Liquidator zu sein, so besitzt sie notwendig auch die Fähigkeit, die ganz gleichartige Stellung des Liquidators bei allen anderen Gesellschaften zu bekleiden."[104] Erstmals wird dadurch richterlich bestätigt, dass auch die juristische Person in ein Körperschaftsorgan bestellt werden kann, das Organ der Körperschaft also nicht schon konstruktiv der natürlichen Person vorbehalten bleiben muss.

Was heute harmlos klingt, bringt zu Beginn nicht wenige im Schrifttum regelrecht in Rage. Das gilt ganz besonders für *Brodmann*, der sich im Weimarer Schrifttum wie kein Zweiter gegen die juristische Organperson wendet. Schon die Zumutung der GmbH & Co KG hatte er nur schwer verkraftet. Nun erscheint ihm auch die juristische Person als Liquidatorin „ebenso überflüssig wie unnatürlich"; die Ansicht, die juristische Person könne im Rechtsverkehr für eine andere organschaftlich tätig werden, werde „auch darum nicht richtiger, weil auf anderen Gebieten in dieser Beziehung ebenfalls gesündigt [würde]."[105] *Brodmann* lässt dabei keinen Zweifel daran, dass und weshalb seine Einwände noch immer rechtskonstruktiver Natur sind:

> „Die Idee der gesetzlichen Vertretung liegt darin, daß sie den Mangel der natürlichen Handlungsfähigkeit ersetzt, also ersetzt eben durch natürliche Handlungsfähigkeit. Jedenfalls im Gebiete des Privatrechts ist es ein Unding, jemanden zum gesetzlichen Vertreter zu bestellen, der nicht einmal für sich selbst Vertreter seiner Rechte sein kann."[106]

Doch im Schrifttum etablieren sich im Anschluss an die Entscheidung des OLG Karlsruhe erstmals auch Stimmen, die der juristischen Organperson zum vollumfänglichen Durchbruch verhelfen wollen.[107] In ihrem Ausschluss vom Körper-

[102] Vgl. dazu die Schilderung des Prokuristen der Süddeutschen Revisions- und Treuhand A.G. *Sauerbeck*, DJZ 1925, 1117.

[103] OLG Karlsruhe, JW 1925, 2017 (2017); zustimmend *Heilbrunn*, JW 1925, 2017; ähnlich später KG, JW 1930, 1410 (1411) mit dem Hinweis, dass dies der Anerkennung der GmbH & Co KG ebenfalls nicht geschadet hatte.

[104] OLG Karlsruhe, JW 1925, 2017 (2017).

[105] *Brodmann*, Aktienrecht, 1928, § 295 Anm. 3 (S. 490).

[106] *Brodmann*, Aktienrecht, 1928, § 295 Anm. 3 (S. 490).

[107] Früh für die juristische Organperson im Aufsichtsrat der AG *Simon*, LZ 1908, 1 (5 ff., 10); dagegen *Goldschmit*, Das Recht des Aufsichtsrats, S. 52 ff.

schaftsorgan sahen sie nur noch die überkommene Nachwirkung einer handlungsunfähigen Rechtsperson, um nun umgekehrt aus deren Handlungsfähigkeit, die vollumfängliche Organfähigkeit abzuleiten.[108] Mit einem einflussreichen Festschriftbeitrag forciert 1927 etwa *Molitor* wie folgt die Vorstandsfähigkeit der juristischen Person:

„Es ist nichts anderes als die gemeinrechtliche Theorie von der Handlungsunfähigkeit der juristischen Person, die hier noch nachwirkt. Bei den Gesetzesberatungen ging man allerdings den Anschauungen der Zeit entsprechend noch davon aus, und obwohl inzwischen O. v. Gierke den Begriff des Organs als des Mittels, durch das die Körperschaft tätig wird, entwickelt, und damit die Billigung der herrschenden Meinung gefunden hat, wird die aus den Gesetzesberatungen in Schrifttum und Rechtsprechung übergegangene Ansicht mit der bekannten Zähigkeit der herrschenden Meinung festgehalten ohne Rücksicht darauf, daß die wissenschaftliche Grundlage sich geändert hat."[109]

In derselben „begriffsjuristische[n] Enge" wird zur gleichen Zeit die Diskussion um die atypische KGaA eröffnet.[110] Andere lösen sich von den methodischen Fesseln. Repräsentativ dafür steht der bedeutende Rechtsanwalt *Hachenburg*, der in den Folgejahren des Urteils eine entscheidende Rolle in der Weimarer Aktienrechtsreform spielen wird: „Wenn aber als Geschäftsführer nur physische Personen zugelassen sind", differenziert er im Anschluss, „so kann für den beschränkten Aufgabenkreis des Liquidatorenamts gestattet werden, auch juristische Personen als Liquidatoren zu bestellen"[111] Der Gesetzgeber wird sich dieser Deutung im Aktienrecht anschließen. Das neue Aktiengesetz ließ die juristische Person zum Liquidatorenamt zu (vgl. § 206 I S. 2 AktG 1937) und schloss sie vom Amt des Vorstands und Aufsichtsrats aus (vgl. §§ 75 I S. 3, 86 II S. 1 AktG 1937). Einerseits wird die Entscheidung des OLG Karlsruhe so, wenig beachtet und bis heute in seinen Wirkungen unterschätzt, gesetzlich nachvollzogen. Andererseits gipfelt der Durchbruch der juristischen Organperson nicht nur in ihrer positivrechtlichen Anerkennung, sondern auch, und vor allem, in ersten Menschenvorbehalten. In beidem spiegelt sich die Tatsache, dass aus einer konstruktiven Notwendigkeit zwischenzeitlich ein wertendes Anliegen geworden war: Einerseits war der Zugang zum Liquidatorenamt nicht mehr aus rechtstechnischen Gründen verbaut. Andererseits wird die juristische Organperson Opfer ihres eigenen Erfolgs. Weil es sie nun unstreitig geben konnte, brauchte es ein explizites Verbot. Erstmals baute man der juristischen Organperson keine konstruktiven Schran-

[108] Vgl. *Molitor*, FS Ehrenberg, 1927, S. 41 (54); *Steiner*, Können juristische Personen Vorstand einer Aktiengesellschaft sein, 1928, S. 56 f.; *Feine*, Handbuch des gesamten Handelsrechts III, 1929, § 34 II 2 (S. 473); *Ring/Schachian*, Die Praxis der Aktiengesellschaft, 1929, S. 183.

[109] *Molitor*, FS Ehrenberg, 1927, S. 41 (54).

[110] So *K. Schmidt*, ZHR 160 (1996) 265 (269) mit Verweis auf *Schreiber*, Die Kommanditgesellschaft auf Aktien, 1925, S. 40 f.

[111] *Hachenburg*, GmbHG § 66 Anm. 18 (S. 317); ähnlich *Scholz*, GmbHG, 1928, § 13 Anm. 1, § 66 Anm. III; sowie *Bondi*, ZBH 1929, 34 (37).

ken mehr auf. Ihr Ausschluss ist zu diesem Zeitpunkt endgültig das Ergebnis einer Interessenabwägung. Als der Gesetzgeber 1937 vom ‚Wesen des Vorstandsamts' spricht, verweist er damit also nicht auf ein Sachgesetz, sondern auf eine Wertung.

Ganz unabhängig davon, ob sich der Menschenvorbehalt heute zu einem korporativen Prinzip verdichten lässt, ist er damit zunächst Abbild der methodischen Zeitenwende, die zu Beginn des 20. Jahrhunderts ihren Abschluss findet. Bekanntermaßen hatte vor allem die zweite Hälfte des 19. Jahrhunderts der von *Jhering* später als „Begriffsjurisprudenz" getauften Rechtsmethodik gehört: Sie zerlegte das Rechtssystem in Begriffe, setzte diese in eine hierarchisch-logische Beziehung und gelangte so zu einem nicht falsifizierbaren ‚wissenschaftlich' zwingenden Ergebnis. Wir haben gesehen, dass auch sie eine Erklärung dafür bietet, weshalb der Streit um den ‚Begriff', das ‚Wesen' oder die ‚Natur' der juristischen Person besonders im 19. Jahrhundert immer wieder aufs Neue eskalierte: War „oben" einmal der „falsche" Begriff der Rechtsperson gewählt, gab es „unten" keinen Weg mehr zurück.[112] Das gilt auch und insbesondere für die Frage der Organfähigkeit, wenngleich der Grundlagenstreit hier leiser ausgetragen wird als andernorts. Hatte man die Rechtsperson hier oben einmal als handlungsunfähiges ‚Wesen' abqualifiziert, war es methodisch ausgeschlossen, dass sie unten die Geschäfte einer anderen führt. Umgekehrt führte die Aufwertung zur handlungsfähigen Rechtsperson oben, den der sauber deduzierte, unten zwingend auch zu ihrer Organfähigkeit. Als sich Teile des Schrifttums nach der Entscheidung des OLG Karlsruhe mit noch nicht abgelegten begriffsjuristischen Fesseln also auf dem Weg vom *Nicht-Können* zum *Müssen* befinden, geht der Gesetzgeber diesen Schritt nicht mit. Er schließt sich der differenzierten Lesart an. Weder *musste* das Körperschaftsorgan schon aufgrund eines methodischen Sachgesetzes der physischen Person vorbehalten bleiben. Noch *musste* es zwingend auch der juristischen Person offenstehen. Auch sie *konnte*, aber sie *sollte* nicht.

Schon die Verfasser des zweiten Weimarer Aktiengesetzentwurfs schauten insoweit nicht länger auf die Körperschaft als solche, ihr vollkommenes oder unvollkommenes ‚Wesen', sondern auf die konkrete Rechtsposition, präziser: die im jeweiligen Organ gebündelten Kompetenzen. Sie lehnten deshalb, wie sich aus den Materialien ergibt, erstmals „den Gedanken, daß Organe auch juristische Personen sein können, nicht *vollständig* ab"[113]. Betonung verdient das Wort „vollständig": Es spiegelt die Einsicht, dass die ‚Natur' der juristischen Person der Organmitgliedschaft weder einen allgemeinen Riegel vorschiebt noch zur Aner-

---

[112] Zur „Begriffsjurisprudenz" statt vieler *Rüthers et al.*, Rechtstheorie, Rn. 458 ff.; sowie instruktiv am Beispiel der Deliktshaftung *Schirmer*, Das Körperschaftsdelikt, S. 186 ff.; aus der ausufernden Kritik an Begriff und Deutung hier nur *J. Schröder*, Recht als Wissenschaft I, S. 251 ff.

[113] Vgl. *Schubert/Hommelhoff*, Die Aktienrechtsreform am Ende der Weimarer Republik, S. 229 [Hervorhebung nur hier].

kennung ihrer vollumfänglichen Organfähigkeit nötigt. Vielmehr entscheidet über die Fähigkeit, Mitglied eines Körperschaftsorgans zu sein, die wertende Interessenabwägung im Einzelfall. Und damit der Blick auf die im konkreten Organ gebündelten Funktionen.

Bei all dem bleibt das Fragezeichen, was den Gesetzgeber in den Wirren der dreißiger Jahre tatsächlich antreibt, welches Anliegen er sich also ganz konkret zu eigen macht: Denn damit ist gesagt, *dass* dem Menschenvorbehalt eine Wertung zugrunde liegt, aber nicht *welche*. Die rechtshistorische Forschung hat darauf bislang keine Antwort gefunden. In der intensiven Weimarer Reformdiskussion spielt die Frage keine Rolle. Weder auf den für die Aktienrechtsreform wegweisenden Juristentagen 1924 in Heidelberg und 1926 in Köln noch im Enquete-Ausschuss des Vorläufigen Reichswirtschaftsrats verliert man über die Organfähigkeit der juristischen Person ein Wort.[114] Erst am Ende der Reform, im Januar 1931, entwirft man auf preußische Initiative einen ersten Menschenvorbehalt. Kurze Zeit später endet die Weimarer Republik. Es folgt die Aktienrechtsreform im nationalsozialistischen Deutschland, in deren Verlauf der Gesetzgeber ergebnisoffen über die Abschaffung der Kapitalgesellschaft diskutieren und beinahe das ‚Führerprinzip' in Gesetzesrang erheben wird.[115] Am Schluss findet sich die Weimarer Klausel im Gesetz. Weshalb, ist bis heute offen. Wieso rutscht die Regelung in Weimar auf den letzten Metern in den Entwurf? Und warum wird sie später fast wortlos übernommen? Lässt sich der Vorbehalt tatsächlich nur als Weimarer Projekt deuten? Oder trägt man anschließend unter dem Deckmantel des Wesensarguments doch ideologische Wertungen in das Gesetz?

3. Ein korporatives Prinzip?

a) Normbestand

Fest steht: Seit 1937 hat der Gesetzgeber ein ganzes Netz solcher Normen gespannt. Das Phänomen beschränkt sich dabei nicht auf das Leitungsorgan.[116] Das Gesetz stellt inzwischen auch Aufsichtsorgane und mit der Vertreterversammlung der Genossenschaft gar ein Repräsentationsorgan der Mitglieder unter den Vorbehalt des Menschen. Gem. § 100 I S. 1 AktG müssen neben den Mitgliedern des Vorstands, auch die des Aufsichtsrats der AG natürliche Personen sein. Während eine juristische Person nun unstreitig Komplementär der KGaA sein kann, soll § 100 I S. 1 AktG nach allgemeiner Lesart über § 278 III AktG für ihr Aufsichtsorgan gelten.[117] Gleiches gilt gem. Art. 47 I SE-VO für das der dualistischen SE mit Sitz in Deutschland; nach § 119 III VAG für das des

---

[114] Zu den zentralen Daten der Weimarer Aktienrechtsreform *Nörr*, Zwischen den Mühlsteinen, S. 107 ff.; sowie *Schubert*, Protokolle des Aktienrechtsausschusses, S. XX ff.

[115] Dazu unten § 4 A I.

[116] Zu Normen zum Leitungsorgan oben § 1 A.

[117] Statt aller MüKoAktG/*Perlitt* § 287 Rn. 31.

konventionellen VVaG sowie gem. § 52 I GmbHG zumindest für das obligatorische Aufsichtsorgan der GmbH. § 9 II S. 1 GenG stellt neben dem Vorstand auch den Aufsichtsrat der Genossenschaft unter den Vorbehalt der natürlichen Person. § 43a II GenG normiert Gleichbedeutendes für ihre Vertreterversammlung. Weil Art. 46 I SCE-VO für die Europäische Genossenschaft (SCE) auf das nationale Recht verweist und SCEAG zu der Frage schweigt, gelten die §§ 9 II S. 1, 43a II GenG jedenfalls für die dualistische SCE.[118] Wie ernst es dem Genossenschaftsrecht dabei ist, zeigen auch die §§ 9 II S. 2, 43a II S. 2 GenG: Der Menschenvorbehalt setzt sich hier gar gegen das eherne Prinzip der Mitgliederselbstverwaltung durch.

Indes hat der Gesetzgeber inzwischen an vielen Stellen Abweichendes normiert. Vor allem an den Rändern des Verbandslebens können inzwischen vielerorts auch juristische Personen in Organe der Körperschaft bestellt werden. Die Entscheidung des OLG Karlsruhe wurde gesetzlich umfassend nachvollzogen. Heute bietet sich allen Körperschaften die Option, juristische Personen zu Abwicklern zu küren. Gem. § 265 II S. 3 AktG gilt dies für die AG, über die Verweise in Art. 63 SE-VO bzw. § 278 III AktG auch für die SE und die KGaA. § 83 II GenG sieht eine entsprechende Regelung für die Genossenschaft vor, die iVm. Art. 72 SCE-VO auch für die SCE gilt, ganz gleich, ob diese monistisch oder dualistisch verfasst ist. § 204 II S. 2 VAG stellt Selbiges für den sterbenden VVaG klar. Während § 66 IV GmbHG für die GmbH nicht auf § 6 II S. 1 GmbHG verweist und dadurch Gleichbedeutendes zum Ausdruck bringt. Der Abwickler ist ein notwendiges Organ der Körperschaft i.L. Seine Organqualität wird nicht infrage gestellt und ließe sich auch kaum infrage stellen, ohne vom Organ als Rechtsinstitut und einem Rechtsprinzip, das darauf Bezug nimmt, gänzlich Abschied zu nehmen. Umstritten ist nur, ob der Abwickler das bisherige Leitungsorgan ersetzt oder dieses Leitungsorgan nun unter einem anderen Namen firmiert. Man muss den Grundsatz also weiter zusammenstreichen: Er könnte nur für das Fremdorgan Geltung beanspruchen und auch hier allenfalls für das der werbenden Körperschaft.

Und tatsächlich beantwortete das Gesetz die Frage lange in diesem Binärschema: Unzulässigkeit in der werbenden, Zulässigkeit in der sterbenden Körperschaft. Indes hat der Gesetzgeber das Netz der Menschenvorbehalte zuletzt weiter aufgeknüpft. Wenngleich an unerwarteter Stelle im Versicherungsaufsichtsrecht. Hier wurde 2016 im Zuge der VAG-Reform auch das Recht des ‚kleineren' VVaG überholt. Mit Blick auf dessen Organisationsverfassung war nur die Anpassung der Verweise intendiert. Doch für uns hat es der Eingriff in sich: Bisher verwies das VAG für den Vorstand des ‚kleineren' VVaG pauschal auf die Regelungen zum Vereinsvorstand und enthielt sich damit der Entschei-

[118] Zum Dreischritt des gem. Art. 8 SCE-VO auf die SCE anwendbaren Rechts *Picker*, Genossenschaftsidee und Governance, S. 196: primär SCE-VO, sekundär SCEAG, subsidiär GenG.

dung, ob hier auch nicht-menschliche Vorstandsmitglieder bestellt werden können, oder nicht (vgl. § 53 II VAG a.F.). Diese Enthaltung kann man dem Gesetz nun nicht mehr attestieren. Jetzt verweist § 210 I VAG ausdrücklich auf § 188 I S. 1 VAG, klammert dabei aber § 188 I S. 2 VAG, der die Geltung von § 76 III AktG für den konventionellen VVaG anordnet, ebenso ausdrücklich aus. Folgerichtig spricht die Begründung mit Blick auf die Vorstandsmitglieder lediglich von „Personen", ganz gleich ob natürliche oder juristische.[119] Dass das VAG jetzt Position bezieht, wird dabei noch deutlicher, nimmt man § 210 II S. 3 VAG mit ins Bild. Die Norm bringt für den fakultativen Aufsichtsrat zwar ausgewählte Normen des Genossenschaftsrechts zur Anwendung, spart § 9 II GenG aber aus. Der „kleinere" VVaG kann demnach auch juristische Personen in seine Organe bestellen. Damit kann sich auch das Schrifttum im allgemeinen Vereinsrecht bestätigt sehen, das die juristische Organperson allgemein für zulässig hält.[120] Der Verein kommt so als Grundform der Körperschaft ganz ohne natürliche Organpersonen aus.

b) Zweifelsfälle

Derweil schlägt das Gesetz viele Organe keiner Seite ausdrücklich zu und lässt dadurch Spielraum für Interpretationen. Das gilt zunächst für das Gros der fakultativen Organe. Eine wichtige Ausnahme bildet hier § 52 I GmbHG, der das Abweichen von § 100 I S. 1 AktG gestattet und allenfalls teleologisch zu reduzieren ist. Vollständig unter dem Radar fliegt bislang die SCE. Als entscheidende Frage erweist sich hier, ob Art. 46 I SCE-VO die Geltung von § 9 II S. 1 GenG nicht nur für die dualistische, sondern auch für die monistische SCE anordnet.[121] Einerseits gilt der Vorbehalt des Menschen nirgendwo so absolut wie in der Genossenschaft. Andererseits weicht das Recht der SCE erheblich vom GenG ab und bricht mit anderen Strukturprinzipien des deutschen Genossenschaftsrechts wie der Selbstverwaltung, aber auch der Förderwirtschaftlichkeit vollständig.[122]

---

[119] Vgl. BT-Drucks. 18/2956, 276; bis dahin fehlte in § 53 I VAG a.F. der Verweis auf § 188 I S. 1 VAG (bzw. § 34 VAG a.F.).

[120] Staudinger/*Schwennicke* BGB § 26 Rn. 40; MüKoBGB/*Leuschner* § 27 Rn. 5; Soergel/*Hadding* BGB § 26 Rn. 2; der Diskurs zu juristischen Organpersonen im Vereinsvorstand legt die methodischen Schwächen von Rechtsprinzipien offen: Während man bis in die 70er Jahre eine (Rechts-)Analogie zum Aktienrecht bemühte, dominiert heute ein Umkehrschluss, vgl. dazu *Wanka*, Juristische Personen und ihre Organe als Vorstand der Stiftung, S. 26 f. mwN.; allgemein zum methodischen Spannungsverhältnis zwischen Umkehrschluss und Analogie etwa *Metzger*, Extra legem, intra ius, S. 174: „Begrenzung eines Prinzips auf mehrere Einzelregelungen [kann] ebenso gut als Beleg für ein argumentum e contrario angeführt werden".

[121] So wohl *Beuthien*, GenG Art. 46 SCE-VO Rn. 1; Lang/Weidmüller/*Holthaus*/*Lehnhoff*, GenG Einf. Rn. 56; die Frage ähnelt der (akademischen) Frage, ob § 76 III S. 1 AktG in der monistischen SE schon über Art. 47 I SE-VO Anwendung findet, die entsprechenden Regelungen im SEAG also deklaratorischer Natur sind.

[122] Eingehend *Picker*, Genossenschaftsidee und Governance, S. 194 ff.

Überdies hält das SCEAG, anders als das SEAG, weder ausdrückliche Bestellungsverbote noch Verweise auf das GenG bereit und spricht in § 119 I S. 1, II SCEAG schlicht von „Personen", ohne Hinweis darauf, ob sich damit auch juristische angesprochen fühlen können oder nicht.[123] All das schafft Raum, sich von § 9 II S. 1 GenG zu lösen, wenngleich dann gem. Art. 46 II S. 1 SCE-VO ein ständiger menschlicher Vertreter bestellt werden müsste. Mit ähnlichen Argumenten lässt sich die Geltung der §§ 76 III S. 1, 100 I S. 1 AktG in der Investmentaktiengesellschaft in Zweifel ziehen.[124]

Weitere Zweifelsfälle sammeln sich im Graubereich der Organschaft: Wer mit dem BGH auch den Abschlussprüfer als Verbandsorgan begreift,[125] findet etwa in § 319 I HGB eine Regelung, die juristische Organpersonen ausdrücklich gestattet. Zu denken ist daneben an den Beherrschungsvertrag oder die externe Kapitalverwaltungsgesellschaft, die mancher korporationsrechtlich deutet.[126] Demgegenüber muss der Versammlungsleiter der Hauptversammlung, über dessen Organqualität gestritten wird,[127] nach allgemeiner Lesart trotz fehlender gesetzlicher Regelung eine natürliche Person sein.[128] Gleich in zweifacher Hinsicht ein Zweifelsfall ist der besondere Vertreter im Aktienrecht: Noch immer wird seine Organqualität vereinzelt angefochten; darüber, ob die AG an dieser Stelle auch eine juristische Person bestellen kann, herrscht offen Streit. Richtigerweise sind beide Fragen zu bejahen.[129]

Doch all diese und weitere Zweifelsfälle müssen hier nicht eingehend untersucht oder gar entschieden werden. Sie zeigen vor allem eines: An vielen Stellen eröffnet das positive Recht einen Spielraum, in dem jeweils diffizile Fragen beantwortet werden müssen, die so vielgestaltig sind wie das Körperschaftsorgan selbst. Innerhalb dieses Spielraums entfaltet ein Rechtsgrundsatz menschlicher Organwaltung als Abwägungsgebot eine erhebliche Wirkmacht. Und auch abseits der vom Gesetz nicht ausdrücklich geregelten Fälle wäre er ein mächtiges Instrument. Insbesondere im Recht der GmbH sollen körperschaftliche Prinzipien allerorten die Vertragsfreiheit der Gesellschafter begrenzen.[130] Wie wirkmächtig Überpositives auch im rechtspolitischen Diskurs ist, wurde jüngst in der

[123] Aus Begr. geht nicht hervor, dass nur natürliche Personen gemeint sind, vgl. BT-Drucks. 16/1025, 59 f.: „Formulierung ‚Personen' (statt ‚Mitgliedern') verdeutlicht, dass bei einer Europäischen Genossenschaft nicht der Grundsatz der Selbstorganschaft gilt.".

[124] So jüngst *Zetzsche*, AG 2019, 1 (11); s. eingehend dazu § 5 B II.

[125] BGHZ 16, 17 (25); 75, 338 (342); ablehnend dagegen *Schürnbrand*, Organschaft im Recht der privaten Verbände, S. 222: „unabhängige[r] Sachverständige[r] mit öffentlicher Funktion"; ähnlich *Schneiders*, Funktion und Stellung des Abschlussprüfers, S. 153 ff.

[126] Vgl. zur externen KVG Assmann/Wallach/*Zetzsche*, KAGB Einl. Rn. 106; OLG München, BB 2015, 2769 (2770): keine organschaftliche Funktionen.

[127] Dagegen *Sauerwald*, Der Hauptversammlungsleiter im Aktienrecht, S. 137 ff.; dafür *Schürnbrand*, Organschaft im Recht der privaten Verbände, S. 142 ff.

[128] Vgl. MüKoAktG/*Kubis* § 119 Rn. 109.

[129] Überzeugend *Humrich*, Der besondere Vertreter im Aktienrecht, S. 110 ff., 122 ff.

[130] Repräsentativ MüKoGmbHG/*Liebscher* § 45 Rn. 63.

Reform des Personengesellschaftsrechts sichtbar. Hier zog man die Abkehr von der obligatorischen Selbstorganschaft mit dem Verweis auf das „Wesen der Fremdorganschaft“ eben nur unter der Bedingung eines Menschenvorbehalts in Betracht.[131] Rechtsgrundsätze sind imstande, Normen vor dem privatautonomen Zugriff, rechtsfortbildenden Eingriffen, ja gar der rechtspolitischen Überwindung zu schützen.

c) Überkommene Leitbilder

Zeit also, Position zu beziehen. Dabei entscheidet darüber, ob sich Rechtsregeln zu einem Prinzip verdichten lassen, nicht die schematische Bilanzierung des gesetzlichen Normbestands. Dem Gesetz ist also nicht schon deshalb ein Prinzip menschlicher Organwaltung zu entnehmen, weil die dem Menschen vorbehaltene Körperschaftsorgane zahlreicher sind. Andererseits steht die bloße Existenz der juristischen Organperson einem Rechtsgrundsatz nicht im Weg. Im Gegenteil, erst der historische Wandel von einer Sachgesetzlichkeit zu einem normativen Anliegen macht die Induktion eines entsprechenden Prinzips möglich und notwendig. Die Normen müssten indes einen gemeinsamen Grundgedanken zum Ausdruck bringen, der sich für die Körperschaft als solche verallgemeinern lässt und die juristische Organperson als vernachlässigbare Ausnahme kennzeichnet.

Offenkundig ist, dass das Gesetz mit dem Menschenvorbehalt nicht stets dieselben Ziele verfolgt. Zwar tragen alle Vorbehalte nach heutigem Verständnis auch der Tatsache Rechnung, dass der tatsächlich Tätige im Falle einer juristischen Organperson in keinem unmittelbaren Rechtsverhältnis mehr zum geführten Verband steht. Doch darüber hinaus laufen die jeweiligen Deutungen nicht vollumfänglich parallel. Wir haben gesehen, dass es § 76 III S. 1 AktG insbesondere um die Personalverantwortung des Aufsichtsrats gehen soll.[132] Nach Ansicht des BGH enthält die Norm, wir erinnern uns, „lediglich ein Auswahlkriterium für die Ausübung der Personalkompetenz des Aufsichtsrats der AG“[133]. Nimmt man dies ernst, dann können selbst § 6 II GmbHG und § 76 III S. 1 AktG nicht gleichlaufen, weil die GmbH nicht stets über einen (obligatorischen) Aufsichtsrat verfügt. Und auch die aktienrechtlichen Menschenvorbehalte werden nicht gleichförmig interpretiert. Soll es § 76 III S. 1 AktG um die Auswahl und Steuerung der Vorstandsmitglieder gehen, ist § 100 I S. 1 AktG nach herrschender Lesart auch und insbesondere vor dem Hintergrund der Höchstpersönlichkeit der Aufsichtsratstätigkeit zu lesen (vgl. § 111 VI AktG).[134] Beides lässt sich offensichtlich nicht ins Feld führen, um § 43a II GenG zu rechtfertigen.

---

[131] Vgl. *Scholz*, NZG 2020, 1044 (1047, 1050).

[132] Vgl. oben § 1 B IV 3.

[133] BGHZ 134, 392 (394).

[134] MüKoAktG/*Habersack* § 100 Rn. 12; *Wasmann*, Juristische Personen als gekorene Mitglieder von Körperschaftsorganen, S. 54; auch für § 100 I S. 1 AktG hat sich zuletzt indes eine Effizienzlesart etabliert, deutlich etwa *Birkhold*, Grenzen der Gestaltungsfreiheit, S. 159: „erst durch die Zuordnung persönlicher Verantwortlichkeit wird das Bedürfnis nach effizienter Kontrolle befriedigt“.

Eine gemeinsame Wertung, die sich über diese Organspezifika hinwegsetzt und ein Rechtsprinzip stützt, könnte in erster Linie das körperschaftliche Trennungsprinzip bieten. Indes macht das Gesetz macht die Bestellung eines menschlichen Organwalters eben nicht zur Bedingung der auf die Einlagen beschränkte Haftung der Gesellschafter. Es identifiziert inzwischen viele Fälle, in denen es die Einschränkung nicht für geboten hält. Etwa, weil der Wirkungskreis der entsprechenden Körperschaft eng begrenzt ist oder sich ihr Zweck inzwischen auf die Abwicklung beschränkt. Zugleich kennt das deutsche Recht mit der EWIV eine Personengesellschaft, deren Geschäftsführer ebenfalls natürliche Personen sein müssen (vgl. Art. 19 I EWIV-VO), ohne dass die Mitglieder dafür im Gegenzug vor der persönlichen Haftung geschützt würden. Zumal diese Erklärung allenfalls für das Leitungsorgan eine Begründung liefern könnte, sich auf andere Organe aber kaum erstrecken ließe.

Die EWIV zeigt dann auch, wie schon die KGaA, dass das Gesetz die Grenze in dieser Frage eben nicht zwischen Körperschaften und Personengesellschaften zieht.[135] Die Grenze verliefe unabhängig von der körperschaftlichen Verfassung eben allenfalls zwischen Selbst- und Fremdorganen. Wobei bislang keine dogmatisch befriedigende Erklärung dafür vorgetragen wurde. Der BGH schnitt § 76 III S. 1 AktG, als er die atypische KGaA bestätigte, auf das Fremdorgan zu, ohne näher auf die Gründe einzugehen.[136] Im Schrifttum gilt die juristische Organperson im Selbstorgan noch immer als „schlicht[er] Ausfluss des das Recht der KG und der KGaA prägenden Grundsatzes der Selbstorganschaft“[137]. Und noch immer bedarf es hier umgekehrt zur Rechtfertigung der Menschenvorbehalte allerorten die Hilfe überpositiver ‚Wesen‘. Der Gegensatz ist dabei, so viel steht fest, jedenfalls nicht „das Ergebnis gründlicher Reflexion“[138], ja nicht einmal das Ergebnis einer bewussten legislatorischen Entscheidung. Als der Gesetzgeber den Menschenvorbehalt 1937 erstmals positiviert, ist die juristische Person in seinen Augen taugliche Abwicklerin der AG, aber untaugliche Komplementärin der KGaA.[139] Als er 1937 und 1965 vom ‚Wesen‘ sprach, meinte er damit also jeden-

[135] Der Befund, dass das Recht kein korporatives Prinzip menschlicher Organwaltung kennt, würde vor diesem Hintergrund wohl auch die inzwischen fließenden Grenzen zwischen Körperschaften und Personengesellschaften reflektieren, die nicht wenige ganz am Strukturunterschied zweifeln lassen, vgl. insb. *Raiser*, AcP 194 (1994) 495 (505 ff.); ähnlich *Beuthien*, JZ 2011, 124 (126); sowie zustimmend jüngst *Klingbeil*, AcP 217 (2017) 848 (871 ff., 874); monografisch *Bergmann*, Fremdorganschaft, S. 343 ff.; für die Betonung des Unterschieds hier nur *Reuter*, AcP 207 (2007) 673 (687 ff.).

[136] Vgl. BGHZ 134, 392 (393).

[137] So *Schürnbrand*, Organschaft im Recht der privaten Verbände, S. 235; ähnlich jeweils *Fleischer*, AcP 204 (2004) 502 (532): „nicht das Ergebnis gründlicher Reflexion, sondern dem personengesellschaftsrechtlichen Prinzip der Selbstorganschaft geschuldet“; *Brandes*, Juristische Personen als Geschäftsführer, S. 68; *Teichmann*, ZGR 2014, 220 (245 f.); jüngst *P. Scholz*, NZG 2020, 1044 (1047): juristische Organperson als „Konzession an die Erfolgsgeschichte der GmbH & Co KG“.

[138] *Fleischer*, AcP 204 (2004) 502 (532).

[139] Dazu § 1 B III, IV 1.

falls nicht das der Fremdorganschaft.[140] Und auch dem BGH diente die Unterscheidung in der Frage der atypischen KGaA letztlich nicht als Grund in der Sache, sondern zuallererst als Zubringer ins Recht der KG.[141] Und das kannte zu diesem Zeitpunkt eben längst die GmbH & Co KG.

Auch die treuhänderische Wahrnehmung fremder Interessen, die nach Ansicht mancher charakteristisch für das Fremdorgan sein soll, bietet keine Erklärung, um die Regelungstechnik zu einem Rechtsprinzip auszubauen. Der Gedanke, dass der Vorbehalt der natürlichen Person die Überwachung der Gesellschaft durch die unmittelbare Bestellung und Abberufung sowie die Steuerungsanreize der Organhaftung sichert, taugt nicht zur Verallgemeinerung. Zwar bedarf es dieser Mechanismen im Rahmen der Selbstorganschaft idealiter nicht, weil die zwingende Verknüpfung zwischen der Mitgliedschaft und der Geschäftsführung die ordnungsgemäße Geschäftsführung sicherstellen soll.[142] Doch einerseits hebt die juristische Organperson diese Verknüpfung faktisch gerade auf. Und andererseits sind Mitgliedschaft und Organwaltung in der von der Mitgliederselbstverwaltung geprägten Genossenschaft (vgl. § 9 II S. 1 GenG) ebenfalls miteinander verknüpft. Und nirgendwo im deutschen Recht wird der Menschenvorbehalt so strikt durchgesetzt wie hier.

Nach all dem lässt sich der positive Normbestand heute nur noch unter Rückgriff auf die überpositiven Leitbilder überkommener Verbandstheorien zu einem Rechtsprinzip verdichten: Nur dann, wenn der Blick nicht auf den einzelnen Rechtspositionen haftet, dem entsprechenden Organ, sondern auf der Körperschaft selbst, ihrer überpositiven ‚Natur', lässt sich dem Recht noch eine allgemeine Aussage dazu entnehmen, ob diese imstande ist, Organmitglied zu sein oder nicht. Das Gesetz selbst gibt ein Rechtsprinzip nicht her. Es trifft seit 1937 die wertende Entscheidung, der juristischen Person bestimmte Organe zu öffnen, und andere nicht. Schon die Verfasser des zweiten Weimarer Aktiengesetzentwurfs schauten nicht länger auf die Körperschaft als solche, sondern die im jeweiligen Organ gebündelten Kompetenzen, um diese, je nachdem, Menschen vorzubehalten oder nicht. Ohne freilich die der Einteilung zugrundeliegenden Faktoren offenzulegen, trafen sie damit die wertende Entscheidung, welche Funktionen innerhalb des Verbands die persönliche Verantwortung einer natürlichen Person bedurften. Heute gilt der Vorbehalt in keiner Körperschaft bruchlos. Ihre Grundform, der Verein, kommt nach allgemeiner Lesart gänzlich ohne menschliche Organmitglieder aus.[143] Zugleich kann eine jede Körperschaft mit

---

[140] So jüngst aber wohl die Deutung bei *P. Scholz*, NZG 2020, 1044 (1046).

[141] Vgl. BGHZ 134, 392 (397); im Nachgang des Beschlusses ging es in der Lit. nicht mehr darum, den Gegensatz zwischen Fremd- und Selbstorganen zu erklären, vgl. *Hommelhoff*, Die GmbH & Co KGaA nach dem Beschluß BGHZ 134, 392, S. 9 (9): „Roma locuta causa finita".

[142] Vgl. *Wiedemann*, Gesellschaftsrecht II, § 4 II 2b (S. 334).

[143] *Beuthien/Gätsch*, ZHR 157 (1993) 483 (496) lehnen ein Rechtsprinzip bereits mit Hinweis auf den Verein und die GmbH & Co ab.

dem Zeitpunkt ihrer Auflösung juristische Personen in ihr Leitungsorgan bestellen. Eine Rechtsanalogie würde dann dem differenzierten Modus nicht gerecht, mit dem das Gesetz den Menschenvorbehalt inzwischen anordnet. Paradigmatisch ist das Vorgehen des VAG, das für den konventionellen VVaG die Vorbehalte des Aktiengesetzes zur Anwendung bringt, für den ‚kleineren' VVaG aufgrund seines bestimmungsgemäß eng begrenzten Wirkungskreises aber davon absieht. Wer darüber hinweggeht, trägt ohne sachliche Berechtigung allgemeingültige Antworten vor, die das positive Recht nicht gibt, und dadurch gegen den Willen des Gesetzgebers und der methodischen Weiterentwicklung zum Trotz überkommene überpositive Leitbilder fort.

4. Erkennbare Muster

a) Kein Rechtsgrundsatz

Fassen wir zusammen: Weder rechtsordnungsextern noch -intern lässt sich den historischen oder gegenwärtigen positiven Körperschaftsrecht ein Rechtsgrundsatz menschlicher Organwaltung induzieren. Im Rechtsvergleich zeigt sich bereits auf den ersten Blick ein ausgeprägter Regelungspluralismus, der sich in Form der Öffnungsklauseln im europäischen Gesellschaftsrecht gar im Gesetz manifestiert hat. Demgegenüber entspricht es einer deutschen Rechtstradition, den Organwalter als natürliche Person zu begreifen. Als man hierzulande die Grundsteine des modernen Körperschaftsrechts legt, fallen beide Begriffe notwendig zusammen. Wie die Privatrechtsordnung als solche, wird dem Menschen auch die Verfassung der Körperschaft auf den Leib geschneidert. Einen Rechtsgrundsatz musste und konnte man dafür freilich nicht bemühen, weil das Körperschaftsorgan schon konstruktiv dem Menschen vorbehalten bleiben musste. Erst nach und nach wurde diese Rechtstradition, zunächst durch Kautelarpraxis und Rechtsprechung, später durch den nachvollziehenden Gesetzgeber aufgebrochen. Heute scheitert eine Rechtsanalogie an entgegenstehenden Aussagen des Liquidations- und Vereinsrechts, vor allem aber am selektiven Anwendungsbefehl des Gesetzes. Zu einem Rechtsprinzip lässt sich der Gesetzestext nur mithilfe einer überpositiven Vorstellung von der juristischen Person verallgemeinern.

Die Entwicklung spiegelt an dieser Stelle die allgemeine Evolution der juristischen Person: Auf dem Boden romanistischer Traditionen kann es die juristische Organperson zunächst schlicht nicht geben. Dass die nicht-physische Person physische Repräsentanten braucht, ist eine methodische Selbstverständlichkeit, die weder begründet noch positiviert werden muss. Die Körperschaft ist ganz allgemein organunfähig. Seit der Jahrhundertwende brechen germanistische Stimmen immer lauter mit dieser Gewissheit und rücken dabei die Handlungsfähigkeit der juristischen Person ins Zentrum ihrer Argumentation, um daraus organunabhängig ihre allgemeine Organfähigkeit abzuleiten. Heute zeugt das Gesetz von Pragmatismus: Es behält einige Organe der natürlichen Person vor, für andere lässt es juristische Personen zu, in vielen Zweifelsfällen überträgt es die

Entscheidung dem Rechtsanwender. Weder folgt aus der Handlungs*unfähigkeit* die allgemeine Organunfähigkeit noch andersherum aus der Handlungs*fähigkeit* die allgemeine Organfähigkeit. Der Menschenvorbehalt scheint damit sinnbildlich für den Ausgang des historischen Grundlagenstreits zu stehen. Während das Schrifttum innerhalb des engen begriffsjuristischen Korsetts polarisiert, wählt das Gesetz die Mitte. Statt der juristischen Person in romanistischer Tradition nirgendwo oder in germanistischer Tradition überall zum Durchbruch zu verhelfen, schlägt es ihr einige Organe zu und andere nicht. Statt sie nur auf einem Abstraktionsniveau zu betrachten, kommen beide Ebenen zu ihrem Recht.

Was am Ende bleibt, ist freilich kein strukturloses Rauschen. Dass das Gesetz die juristische Organperson als Gefahr, die natürliche als Leitbild begreift, ist unverkennbar. Die Schlachtrösser der deutschen Körperschaft sind dem Menschen vorbehalten: Der AG-Vorstand, die GmbH-Geschäftsführer, der mitbestimmte Aufsichtsrat. Umgekehrt gibt es kein Organ, dessen Funktionen nicht von einer natürlichen Person wahrgenommen werden könnten. Eine Selbstverständlichkeit ist auch das nicht, denkt man an die Kontroversen, die den Beherrschungsvertrag (§ 291 I AktG) oder die Kapitalverwaltungsgesellschaft begleiten. Bejaht man hier die Organqualität, *muss* die Organperson, eine juristische sein. Auch der rechtspolitische Vorschlag eines „Roboters mit beschränkter Haftung" hat letztlich ein Handlungsorgan vor Augen, das einer Maschine vorbehalten ist.[144] Und selbst das an dieser Stelle liberale Unionsrecht zeichnet dieses Leitbild, weil es das menschliche Organmitglied als Regel, das nichtmenschliche nur als Option ausgestaltet. Nur: Zu einem Rechtsprinzip lässt sich dieses Leitbild heute nicht mehr ausbauen.

Hält man indes dennoch an einem Rechtsprinzip fest, ergäben sich im zweiten Schritt gewichtige Bedenken, es unkritisch gegen Maschinen zu wenden. Denn spätestens jetzt wäre zu beantworten, ob das Gesetz an dieser Stelle tatsächlich *positiv* das ‚Menschliche' betont oder doch nur *negativ* die juristische Person exkludiert. Was wäre das überhaupt für ein Grundsatz gewesen? Welche Aussage ließe sich verallgemeinern? Zudem ließe sich ein allgemeiner Rechtsgrundsatz nicht unmittelbar zur Anwendung bringen. Als Produkt eines Induktivschlusses kommt er nicht als Basis eines juristischen Syllogismus in Frage, er wirkt nur mittelbar auf Begründungsebene.[145] Ein Rechtsgrundsatz menschlicher Organwaltung wäre demnach weder für den Rechtsanwender noch für den Rechtsetzer ein unüberwindbares Hindernis, sondern lediglich mit anderen Prinzipien in eine Abwägung einzustellen. Weil er sich dem Gesetz nicht induzieren lässt, kommt es auf die Frage der Rechtsgeltung freilich nicht an. Das Recht der Körperschaften erteilt einem maschinellen Organwalter nicht schon deshalb eine prinzipielle Absage, weil er kein Mensch ist.

---

[144] *Paal*, ZGR 2017, 590 (614 ff., 616).

[145] *Metzger*, Extra legem, intra ius, S. 52, 179 ff.; grundlegend *Alexy*, Theorie der Grundrechte, 1985, S. 77 ff., 88 ff.; zuvor *Dworkin*, Taking Rights Seriously, 1977, S. 22 ff.; sowie bereits *Esser*, Grundsatz und Norm in der richterlichen Fortbildung des Privatrechts, 1956, S. 51; später *Canaris*, Systemdenken und Systembegriff in der Jurisprudenz, S. 52 ff.

b) Stattdessen: Organspezifische Einzelentscheidung

Man hat den Rechtsgrundsatz mit dieser Gewissheit zuletzt weiter zusammengestrichen: Auf die Kapitalgesellschaft oder bloß ihr Leitungsorgan. Doch auch ein Rechtsgrundsatz, wonach jedenfalls die „Geschäftsleiter von Kapitalgesellschaften natürliche Personen sein müssen"[146], setzt sich in Widerspruch zum selektiven Anordnungsmodus des Gesetzes. Stattdessen drängt sich inzwischen ein anderes Muster auf, das noch über die Verneinung eines Rechtsprinzips hinaus geht, ja diesem diametral entgegensteht: Das Gesetz trifft abhängig von der Gestalt des jeweiligen Organs stets eine individuelle Entscheidung.

In den Repräsentationsorganen der Mitglieder lässt es Nichtmenschen regelmäßig zu. Die Organmitgliedschaft sichert hier als „technisches Vehikel" die Ausübung der verbandsmitgliedschaftlichen Befugnisse.[147] Aber nicht immer: Die genossenschaftliche Vertreterversammlung als ‚verkleinerte Generalversammlung' ist der natürlichen Person vorbehalten, obwohl ihre Rechtsposition (fast) vollständig jener der Generalversammlung entspricht. Und auch für das Leitungsorgan trifft das Gesetz stets eine Einzelabwägung: Während in den Vorstand der AG, die Geschäftsführung der GmbH und den Verwaltungsrat der SE nur Menschen bestellt werden können, lässt das Recht für den Komplementär der KGaA juristische Personen zu (vgl. § 279 II AktG), obwohl er den übrigen kapitalgesellschaftlichen Leitungsorganen funktional gleicht. Das mag weder „das Ergebnis gründlicher Reflexion"[148] noch „Ausdruck eines eigenständigen gesetzgeberischen Unbedenklichkeitsurteils"[149] sein. Es ist das Resultat einer gesetzlichen Abwägung, die hier zugunsten der Selbstorganschaft ausfällt, aber nicht ausfallen muss. Schließlich war der juristischen Person der Zugang an dieser Stelle länger verschlossen, als er nun offensteht. In anderen Rechtsordnungen wie der Schweiz (vgl. Art. 552 I, 594 II OR) ist er das noch immer. Zugleich weist § 9 II S. 1, 2 GenG einen Weg, wie die Abwägung umgekehrt ausfallen könnte. Das Organmonopol der Mitglieder wird hier zugunsten des Menschenvorbehalts durchbrochen. Dabei ist die KGaA mit Blick auf das Leitungsorgan nicht die einzige Bruchstelle: Zum einen identifiziert das Gesetz bestimmte Verbände, zum anderen bestimmte Organe, für die es den Ausschluss der juristischen Person nicht für geboten hält. Liest man § 52 I GmbHG unbefangen, ist er gleich in mehrfacher Hinsicht Ausdruck des selektiven Vorgehens: Er trägt einerseits der Vertragsfreiheit in der GmbH Rechnung und differenziert andererseits zwischen verschiedenen Organtypen, indem er die juristische Person einzig für das fakultative Aufsichtsorgan zulässt.

---

[146] So namentlich *Schürnbrand*, Organschaft im Recht der privaten Verbände, S. 236; für einen kapitalgesellschaftsrechtlichen Grundsatz etwa *Birkhold*, Grenzen der Gestaltungsfreiheit, S. 162 f.

[147] *Schürnbrand*, Organschaft im Recht der privaten Verbände, S. 235.

[148] *Fleischer*, AcP 204 (2004) 502 (532).

[149] *Schürnbrand*, Organschaft im Recht der privaten Verbände, S. 235.

Kehrseite dessen ist, dass das Recht auch kein Regel-Ausnahme-Verhältnis nach umgekehrten Muster kennt, wonach überall dort, wo das Gesetz die Frage nicht explizit entscheidet, auch Nichtmenschen berufen wären. Auch hier ist die Organfähigkeit nicht aus dem Begriff der Rechtsperson zu abzuleiten, sondern mit Blick auf das konkrete Organ nachzuweisen. Der Menschenvorbehalt lässt sich also weder mithilfe einer Rechtsanalogie allgemein zur Anwendung bringen noch steht der juristischen Person der Zugang zum Verbandsorgan überall dort offen, wo das Gesetz ihn nicht ausdrücklich verschließt. Maßgeblich ist der Einzelfall. Dass auch juristische Personen Mitglieder des Vereinsvorstands sein können, folgt deshalb nicht schon daraus, dass es hier an einer § 76 I S. 3 AktG entsprechenden Regelung fehlt, sondern allenfalls der Einsicht, dass die rechtsdogmatischen Folgeprobleme der juristischen Organperson im regelmäßig nicht wirtschaftlich tätig werdenden Verein zu verschmerzen sind. Kontextspezifisch ist auch die Frage zu beantworten, ob § 76 I S. 3 AktG in der InvAG Geltung beanspruchen kann. Der Wortlaut, die im Vergleich zur AG größere Gestaltungsfreiheit und der begrenzte Unternehmensgegenstand sprechen dafür, dass § 119 I S. 1 KAGB mit „Personen" auch juristische meint. Weil sich der konträre Gesetzgeberwillen in der Systematik des KAGB niedergeschlagen hat, mag man zu einem anderen Ergebnis gelangen.[150] Vom Körperschaftsrecht vorgezeichnet wird dieses Ergebnis nicht.

Das Gesetz blickt inzwischen stets auf die die im konkreten Organ zusammengefassten Funktionen und trifft dann eine individuelle Entscheidung, ob es für die Wahrnehmung dieser Funktionen die Verantwortung einer natürlichen Person für erforderlich hält oder nicht. Und selbst die Argumentationslast wird dabei von Organ zu Organ variieren. So wird es argumentativ bisweilen um das *Verwehren* eines Rechts, zuweilen um die *Zuschreibung* eines solchen gehen: Weil § 52 I GmbHG die juristische Organperson ausdrücklich zulässt, sehen sich die in der Bringschuld, die davon abweichen wollen. Dagegen ist in der SCE oder der InvAG darzulegen, weshalb für die Sonderform etwas anderes gelten soll als für die Grundform, wo das jeweilige Organ der natürlichen Person vorbehalten ist.

All das ist letztlich nur Ausdruck der Einsicht, dass sich durch das Körperschaftsrecht individuelle Wertungen ziehen, die sich mit Blick auf die juristische Organperson nicht mehr zu einer allgemeinen Aussage verdichten lassen. Völlig zurecht wurde die Frage, ob auch eine juristische Person Mitglied des Vertretungsorgans sein kann, beim Entwurf eines Allgemeinen Teils des Gesellschaftsrechts in den Besonderen Teil verortet.[151] Für die der Institutionenbildung verpflichtete Gesellschaftsrechtswissenschaft mag das misslich sein, weil sie das Phä-

[150] So die hM., vgl. GroßKommInvestmentgesetze/*A. München* § 119 KAGB Rn. 2; Assmann/*Wallach*/Zetzsche, KAGB, § 119 Rn. 3; *Zetzsche*, AG 2013, 613 (619); s. aber auch jetzt *Zetzsche*, AG 2019, 1 (11).

[151] So *Raiser*, ZGR 2016, 781 (790), der inzwischen eine Regelung im Allgemeinen Teil anregt, die dies klarstellt; anders zuvor noch Hachenburg/Ulmer/*Raiser*, GmbHG § 52 Rn. 30: allgemeines Rechtsprinzip des Körperschaftsrechts.

nomen rechtsformspezifischen Grabenkämpfen überlässt. Hat man die Vielgestaltigkeit des Verbandsorgans vor Augen, kann es indes kaum verwundern, dass sich die Frage nicht vor die Klammer ziehen lässt. Dabei ist der Befund auch für unsere Untersuchung wegweisend: Nach der gesetzlichen Wertung ist auch die Frage, ob ein Verband einer Maschine organschaftliche Funktionen zur Wahrnehmung freischalten kann, organ- und verbandsspezifisch zu entscheiden.

c) Darüber hinaus: Relativität der Organfähigkeit?

Tritt man nun noch etwas weiter zurück, zeigt sich, dass die Entscheidung für oder gegen den Vorbehalt nur Teil eines noch größeren Musters ist, das am treffendsten vielleicht mit der Relativität der Organfähigkeit beschrieben ist.[152] Das Gesetz formuliert je nach Organ und Verband ganz unterschiedliche Ansprüche an den Organwalter. Das Kapitalgesellschaftsrecht ordnet etwa für die AG, SE und GmbH die unbeschränkte Geschäftsfähigkeit der Geschäftsleiter an (§ 76 III S. 1 AktG [iVm. Art. 47 I SE-VO]; § 40 I S. 4 SEAG; § 6 II S. 1 GmbHG). Nur für den Komplementär der KGaA fehlt es an einer expliziten Regelung, weshalb die Einschränkung hier nicht gelten soll.[153] Gleiches gilt für den Vorstand des Vereins, in den mit Zustimmung des gesetzlichen Vertreters auch beschränkt Geschäftsfähige, aber keine Geschäftsunfähigen gewählt werden können.[154] Demgegenüber sollen in der Genossenschaft nach herrschender Lesart, trotz fehlender Anordnung, nur unbeschränkt geschäftsfähige Personen Vorstandsmitglieder werden können.[155] In jedem Fall formuliert das Genossenschaftsrecht mit der obligatorischen Verbandsmitgliedschaft der gekorenen Organmitglieder (vgl. §§ 9 II S. 1, 43a II S. 1 GenG) eine andere Voraussetzung, die sich im Körperschaftsrecht an keiner anderen Stelle findet. Und das nur, um schon für die SCE wieder auf dieses Merkmal zu verzichten. Die Normen, die „juristische Personen" als Abwickler zulassen, verwenden den Begriff als Gegenbegriff zur natürlichen Person. Auch anderen nicht-menschlichen Rechtssubjekten, insbesondere Personengesellschaften, soll so der Weg zu Vertretungsorganen offenstehen. Indes nicht vorbehaltlos. Zumindest für die (rechtsfähige) GbR bestanden mit Blick auf die notwendige Publizität der Vertretungsverhältnisse lange Zweifel.[156] Für solche

---

[152] Zu einer Relativität der Rechtsfähigkeit *Fabricius*, Relativität der Rechtsfähigkeit, 1963; krit. dazu *Lehmann*, AcP 207 (2007), 225 (234 f.); sowie jüngst etwa *Klingbeil*, AcP 217 (2017) 848 (859 f.).

[153] Vgl. BeckOGKAktG/*Bachmann* § 278 Rn. 40 f. mwN.

[154] Statt aller MüKoBGB/*Leuschner* § 27 Rn. 6; zur beschränkten Geschäftsfähigkeit und der Organmitgliedschaft allgemein BeckOKBGB/*Schäfer* § 165 Rn. 7; sowie BeckOGK-BGB/*Huber* § 165 Rn. 19 ff., der ein Regel-Ausnahme-Prinzip identifiziert, wonach im Grundsatz nur unbeschränkt Geschäftsfähige mit organschaftlicher Vertretungsmacht handeln könnten.

[155] *Beuthien*, GenG § 9 Rn. 7.

[156] Mit dem MoPeG hat sich der Streit erledigt, für die Unzulässigkeit noch BeckOGK-AktG/*Bachmann* § 265 Rn. 6 mwN.; für Zulässigkeit bei analoger Anwendung § 161 I S. 2

Einschränkungen ist bei Organen, die keiner Registerpublizität unterliegen, kein Raum. Zu denken ist insbesondere an den fakultativen Aufsichtsrat, für den freilich schärfere Voraussetzungen diskutiert werden, insbesondere die Qualifikation als Wirtschaftsprüfungsgesellschaft.[157]

Historisch ging diese Differenzierung noch deutlich weiter: Zuweilen unterschied das Schrifttum penibel zwischen verschiedenen Rechtsformen. Den Zugang zum Genossenschaftsorgan öffnete man zunächst nur anderen Genossenschaften.[158] Im Weimarer Schrifttum trieb man dies später auf die Spitze. Das Amt des Liquidators sollte einzig der GmbH offenstehen, während die eG aufgrund ihres Förderzwecks, die AG, ob ihrer „schwerfälligen Organisation", hier außen vor bleiben sollten.[159] So weit wird man heute nicht mehr gehen. Doch noch immer hängt die rechtliche Gestalt des Organwalters entscheidend vom Organ im Einzelfall ab. Selten reicht es aus, Rechtsperson zu sein. Regelmäßig braucht es spezifische rechtliche oder tatsächliche Fähigkeiten. Das Gesetz blickt, allgemeiner ausgedrückt, auf die im konkreten Verbandsorgan gebündelten Funktionen und stellt abhängig davon ganz Unterschiedliches in Rechnung.

Das zeigt sich noch deutlicher, nimmt man Bestellungshindernisse mit ins Bild. Gem. § 76 III S. 2 AktG und § 6 II S. 2 GmbHG dürfen die Geschäftsleiter einer Kapitalgesellschaft etwa weder vorsätzlich bestimmte Katalogstraftaten begangen haben noch einem Einwilligungsvorbehalt oder einem Berufs- oder Gewerbeverbot unterliegen – Anforderungen, die das Genossenschafts- und Vereinsrecht nicht kennen. Wie selektiv das Recht dabei vorgeht, offenbart auch hier der Vergleich mit den Vorschriften für das Aufsichtsorgan: Mitglieder der kapitalgesellschaftsrechtlichen Aufsichtsräte dürfen zwar keinem Betreuungsvorbehalt unterliegen (vgl. § 100 I S. 2 AktG). Die übrigen vom Leitungsorgan bekannten Bestellungshindernisse erachtet das Recht hier aber als unschädlich.[160] Stattdessen dominieren andere Motive wie die Funktionentrennung (vgl. § 105 I AktG) oder die Vorbeugung von Interessenkollisionen (vgl. § 100 II S. 1 Nr. 1–4 AktG).

Eine Rechtsperson ist nach all dem nur dann organfähig, wenn sie positive Eignungsvoraussetzungen qualifizieren und sie nicht negative Bestellungshindernisse disqualifizieren. Anders gewendet: Es gibt keine Organfähigkeit, nur Organfähigkeiten. Der Rückgriff auf das „Wesen des Vorstandsamts" ist deshalb zwar kryptisch und fraglos kritikwürdig. Er setzt sich aber nicht in einen „unauflöslichen Widerspruch" zur „grundsätzlichen Organfähigkeit der juristischen Person"[161]. Denn die gibt es allenfalls als Abstraktionsbegriff. Insoweit zeichnet

---

HGB MüKoAktG/*Koch* § 265 Rn. 11; zu Grenzen der Rechtsfähigkeit aufgrund mangelnder Publizität allgemein *Lehmann*, AcP 207 (2007) 225 (247 ff.); *Reuter*, AcP 207 (2007) 673 (708 ff.) jew. mwN.

[157] So etwa MHLS/*Giedinghagen* GmbHG § 52 Rn. 56.

[158] Vgl. Maurer/Birkenbihl, GenG, 1898, § 9 Anm. 6 a.

[159] So etwa *Ludewig*, JW 1926, 1792 (1792).

[160] MüKoAktG/*Habersack* § 100 Rn. 51 f. mwN.

[161] So *Schürnbrand*, Organschaft im Recht der privaten Verbände, S. 237.

sich eine noch differenziertere Antwort auf die umgreifende Frage dieser Arbeit ab. Wer ihr als Rechtsfrage nachgeht, kann sie kaum als geschlossene Frage begreifen. Eine Antwort ist stets von weiteren Bedingungen abhängig, die sich je nach Organ und Verband unterscheiden. Der Verband A kann eine Maschine als Organwalterin des Organs B bestellen, wenn sie positive Eignungsvoraussetzungen C erfüllt und sie nicht negative Bestellungshindernisse D disqualifizieren.

III. Zwischenergebnis: Kränkungen

Fassen wir zusammen. Anders als in anderen europäischen Rechtsordnungen entspricht es hierzulande einer tiefen Rechtstradition, das Mitglied des Körperschaftsorgans wie selbstverständlich als Menschen zu begreifen. Als die Grundlagen des modernen Körperschaftsrechts gelegt werden, braucht die nicht-physische Person, ob ihres unvollkommenen ‚Wesens', schon konstruktiv einen physischen Repräsentanten. Erst nach und nach setzt sich die Einsicht durch, dass sich die juristische Person im Rechtsverkehr nicht das unmittelbare Handeln einer natürlichen Person zurechnen lassen muss, das Handeln der Organperson also selbst wiederum nur vom Recht konstruiertes Handeln sein kann. Erst mit dem Aktiengesetz 1937 wird aus einer methodischen Notwendigkeit endgültig ein wertendes Anliegen, das sich heute nicht mehr zu einem Rechtsprinzip verdichten lässt. Die Durchmusterung des positiven Körperschaftsrechts hat andere Muster zutage gefördert: Das Gesetz trifft die Entscheidung, ob es den Menschenvorbehalt zur Anwendung bringt, inzwischen mit Blick auf die im konkreten Organ gebündelten Funktionen. Wer sich über diesen selektiven Anwendungsmodus im Wege einer Rechtsanalogie hinwegsetzt, wählt die Methode überkommener Verbandstheorien, die Antworten aus einem überpositiven Leitbild der juristischen Person, nicht dem Sinn und Zweck der einzelnen Rechtspositionen ableitet. Dabei gibt das Gesetz zwar kein Rechtsprinzip menschlicher Organwaltung her, doch Aufschluss darüber, wie das Recht heute taugliche Organwalter auswählt: Entscheidend ist der Blick auf das konkrete Verbandsorgan; in Rechnung gestellt werden stets spezifische rechtliche und außerrechtliche Fähigkeiten. Wobei es nicht dem Gesetzgeber vorbehalten ist, neue Akteure in den Kreis der Organwalter aufzunehmen. Die juristische Organperson ist, und das ist wichtig, um auch den Menschenvorbehalt zu verstehen, ein Kind der Judikative. Sie wird stets ohne oder gar gegen den Willen des Gesetzgebers etabliert.

Vor allem aber zeugt die juristische Organperson heute davon, dass das Verbandsorgan kein auf den Menschen zugeschnittenes Institut mehr ist. Obwohl es menschliches Handeln in solches des Verbands transformiert, formuliert es an den Organwalter keinen allgemeinen Anspruch, selbst ein Bewusstsein aufzuweisen. Diese Einsicht mutet heute harmlos an. Zu Beginn war mit ihr vor allem eines verbunden: Eine Kränkung. Um diese Kränkung zu verstehen, müssen wir noch einmal einen Schritt zurück. Zu *Savigny*, zum Grundlagenstreit, von dem bis jetzt vor allem das organisationsrechtliche Spiegelbild zu sehen war. Bekanntermaßen kürt *Savigny* den willensfreien, ‚sittlichen' Einzelmenschen zum Herzstück des Rechtsordnung: Die ‚Sittlichkeit' des Menschen ist Quelle jeder Normativität, die Sicherung seines individuellen Freiraums einziger Bestimmungsgrund des Rechts. Seine Fundamentalformel, die das zum Ausdruck bringt, ist berühmt:

„Alles Recht ist vorhanden um der sittlichen, jedem einzelnen Menschen innewohnenden Freyheit willen. Darum muss der ursprüngliche Begriff der Person oder des Rechtssubjects zusammen fallen mit dem Begriff des Menschen, und diese ursprüngliche Identität beider Begriffe lässt sich in folgender Formel ausdrücken: Jeder einzelne Mensch, und nur der einzelne Mensch, ist rechtsfähig."[162]

Dieser Ausgangspunkt hindert ihn bekanntlich nicht daran, Nichtmenschlichem Rechte und Pflichten zuzuweisen. Er schiebt sofort nach, dass „die Rechtsfähigkeit auf irgend Etwas außer dem einzelnen Menschen übertragen, also eine juristische Peron künstlich gebildet werden [kann]."[163] Doch dieser Ausgangspunkt verbietet ihm, dieses künstliche Gebilde dem Menschen rechtlich gleichzustellen. Weil der Bestimmungsgrund des Rechts der Mensch ist, muss nicht nur sein Subjektstatus ein ‚natürlicher', weil moralisch konstituierter, sondern auch der aller anderen Rechtssubjekte ein ‚künstlicher', lediglich zu juristischen Zwecken ‚fingierter' sein: „Wir betrachten sie", notiert *Savigny* mit Blick auf die Rechtsfähigkeit, „jetzt als ausgedehnt auf künstliche, durch bloße Fiction angenommene Subjecte. Ein solches Subject nennen wir eine juristische Person, d.h. eine Person welche blos zu juristischen Zwecken angenommen wird. In ihr finden wir einen Träger von Rechtsverhältnissen noch neben dem einzelnen Menschen."[164] *Savigny* weiß um die praktische Notwendigkeit der juristischen Person, kennt die soziale Realität ihres Substrats, weiß, dass an einer ‚Ausdehnung' der Rechtsfähigkeit kein Weg vorbeiführt. Weil sein Denken aber bei seiner Fundamentalformel ihren Ausgang nimmt und immer wieder dorthin zurückkehrt, bleibt diese ‚Ausdehnung' für ihn zu jedem Zeitpunkt ein brisanter ‚sittlicher' Vorgang. Er operiert, wie es *Damler* plastisch ausgedrückt hat, stets „am offenen Herzen des Privatrechts"[165]. Mit erheblichen Folgen für den Status der juristischen Person: ‚Um der sittlichen, jedem einzelnen Menschen innewohnenden Freiheit willen' muss er prekär bleiben, ist er eng zu begrenzen: Auf das Privatrecht, die Vermögensfähigkeit und auch hier nur auf solche Rechtsverhältnisse, die nicht zwingend an menschliche Zustände geknüpft sind.[166] Wobei die Anwendung auf die juristische Person die Ausnahme, der Zuschnitt auf den Menschen die Regel darstellt. Bestes Beispiel für Rechtsverhältnisse, die bei *Savigny* „auf Subjecte, die

---

[162] *Savigny*, System II, 1840, § 60 (S. 2).
[163] *Savigny*, System II, 1840, § 60 (S. 2).
[164] *Savigny*, System II, 1840, § 85 (S. 236).
[165] *Damler*, Rechtsästhetik, S. 78; zu dieser „Ausdehnung" Savignys im Zusammenhang mit der Rechtsfähigkeit einer Maschine *Kersten*, ZfRSoz 37 (2017) 8 (9 ff.); *Schirmer*, JZ 2016, 660 (661).
[166] Vgl. *Savigny*, System II, 1840, § 85 (S. 236 ff.).

nicht Menschen sind, unmöglich" Anwendung finden können, sind solche des Familienrechts, die „sich auf den natürlichen Menschen" beziehen.[167] Freilich war die Rechtsfähigkeit der Verbandsperson auch für *Gierke* zwingend (auch) „enger" als die der Einzelperson, „weil alle durch menschliche Individualität bedingten Rechte (z.B. Familienrechte) wegfallen"[168]. Betonung verdient indes das Wort ‚Wegfallen' im Gegensatz zu Savignys ‚Ausdehnung'. Hier war die Verbandsperson zunächst vollumfänglich rechtsfähig, der *Wegfall* einzelner Rechtspositionen einzeln zu begründen. Während ihr dort jede Rechtsposition zunächst sorgsam zugewiesen werden musste, die *Ausdehnung* im Einzelfall also der wohlüberlegten Rechtfertigung bedurfte. Wie *Savigny* wollte auch *Gierke* die juristische der natürlichen Person demnach nicht vollumfänglich gleichstellen. Doch die Argumentationslast wechselt die Seite: Die Verbandsperson hatte wie der Mensch zunächst einen (auch) moralisch verbürgten Anspruch auf vollständige Rechtsfähigkeit. Wer ihr eine Rechtsposition verweigern wollte, musste dies entsprechend begründen.

Als sich dieser Argumentationsmodus im Schrifttum spätestens am Ende des 19. Jahrhunderts durchsetzt und man in der Rechtspraxis Schritt für Schritt die Umkehrung des von *Savigny* betonten Regel-Ausnahme-Prinzips beobachten konnte, gleicht für viele Romanisten jede einzelne Rechtsposition, die der juristischen Person damit zugestanden wird, einer Demütigung. Berühmt wurde der Ekel, ja die „fast religiöse Abscheu"[169], mit dem *Savignys* Schüler *Puchta* später auf die juristische Person blickt. Im Verbandsrecht gipfelte die Entwicklung in der GmbH & Co KG. Vor allem *Damler* hat eindrücklich herausgearbeitet, dass die freilich in die juristische Argumentation überführten Bedenken ihrer Kritiker anfangs in der Befürchtung wurzelten, der Mensch als ‚natürliches' Subjekt würde dieser Individualität und damit seiner Würde beraubt, wenn das ‚künstliche' ihm zum Verwechseln ähnlich sieht. Man störte sich daran, dass Korporationen nun, wie es *Damler* formuliert, „mir nichts, dir nichts den Platz einnehmen [durften], der seit Jahrhunderten dem ‚wirklichen Menschen' vorbehalten [war]"; fragte, ob „sich der, der dies zulässt, nicht an der Einzigartigkeit, ja der Würde des Menschen [versündigt]".[170] Man sah sich, anders ausgedrückt, seiner einzigartigen Position im Rechts- und Verbandsleben beraubt und war, als es soweit war, zunächst tief gekränkt. Das erklärt, weshalb der Streit um die GmbH & Co KG von Anfang an so erbittert, gar „ideologisch"[171], ausgefochten wurde. Und das erklärt auch, weshalb die Entscheidungen zur Liquidatorenfähigkeit der juristischen Person viele im Schrifttum konsterniert zurücklassen: Allen voran

[167] *Savigny*, System II, 1840, § 85 (S. 238).

[168] So etwa *Gierke*, Deutsches Privatrecht I, § 59 II 3 (S. 472).

[169] So *Damler*, Konzern und Moderne, S. 130 mit Verweis auf *Brinz*, Lehrbuch der Pandekten I, 1873, § 60 (S. 198).

[170] *Damler*, Konzern und Moderne, S. 126.

[171] So *Flume*, Die juristische Person, § 14 VIII (S. 244); eingehend *Damler*, Konzern und Moderne, S. 124 ff.

Brodmann, der wortgewaltigste Kritiker der juristischen Organperson, der sich in Weimar überall im Verbandsrecht mit Verve gegen ihre Inauguration wendet, (ver-)zweifelt im Anschluss an die Entscheidungen schier am Zeitgeist:

„Aber es ist ein breites Moment in der Entwicklung des Geisteslebens, daß das gesunde Gefühl der Vernunft verkümmert unter den Syllogismen des deduzierenden Verstandes. Aufklärung nennt man es."[172]

Hier wurden der juristischen Person Positionen zugewiesen, die mit ihrem unvollkommenen ‚Wesen' konstruktiv eigentlich unvereinbar waren. Und viel wichtiger: Positionen, die eigentlich dem ‚sittlichen', handlungsfähigen Einzelmenschen vorbehalten bleiben mussten. Nicht ohne Spott fragt *Brodmann* mit Blick auf den nicht menschlichen Liquidator deshalb: „Und warum sollten denn nicht schließlich Kinder Liquidatoren, Testamentsvollstrecker, Konkursverwalter sein können?"[173]

Ganz offensichtlich geht mit der juristischen Organperson zu Beginn also eine Kränkung des Menschen einher.[174] Mit ihr kommt die Erkenntnis, dass die einst „ihrer Natur nach, und für immer, handlungsunfähig[e]"[175] ‚Fiktion' der Korporation im Rechtsverkehr nicht so sehr auf uns angewiesen ist, wie wir dachten; dass uns unsere Willensmacht nicht so sehr von anderen Rechtssubjekten abhebt, wie wir meinten. Dabei mag es heute befremden, dass man im Angesicht der juristischen Organperson zu Beginn das ‚gesunde Vernunftgefühl' verkümmern sieht; sie wortwörtlich als ‚Sünde' begreift.[176] Zur Wahrheit über den Grundlagenstreit gehört wohl, dass nicht nur der heute naiv anmutende, zweifellos übersteigerte Anthropomorphismus der Germanisten, sondern auch jenes tiefe Kränkungsgefühl der Romanisten unseren Umgang mit der juristischen Person erschwert hat. Doch es gilt die Kränkung der Gegner der juristischen Organperson schon deshalb ernst zu nehmen, weil diese mit ihrem Anliegen schließlich durchdringen. Wer 1937 das neue Aktiengesetz aufschlug, fand dort eben nicht nur die Bestätigung der juristischen Organperson, sondern auch und vor allem die ersten gesetzlichen Menschenvorbehalte.[177] *Brodmann*, der schon der GmbH & Co KG als „Hauptgegner"[178] entgegengetreten war, hat im Aktienrecht also schließlich Erfolg. Über sein Anliegen wird demnach noch zu sprechen sein. An dieser Stelle genügt die Einsicht, dass mit der juristischen Organperson die Erkenntnis

---

[172] *Brodmann*, JW 1930, 1410 (1411).

[173] *Brodmann*, Aktienrecht, 1928, § 295 Anm. 3 (S. 490).

[174] Treffend insoweit auch *Damler*, Konzern und Moderne, S. 110: „Trauma der deutschen Rechtswissenschaft".

[175] *Savigny*, System III, 1840, § 112 (S. 89).

[176] Vgl. erneut *Brodmann*, JW 1930, 1410 (1411) sowie *Brodmann*, Aktienrecht, 1928, § 295 Anm. 3 (S. 490); sowie eingehend *Damler*, Konzern und Moderne, S. 124 ff. mwN.

[177] Vgl. oben § 1 B III.

[178] So *Nörr*, Zwischen den Mühlsteinen, S. 136 (Fn. 17); ähnlich auch *Damler*, Rechtsästhetik, S. 85; vgl. aus *Brodmanns* Kritik an der GmbH & Co KG hier nur *Brodmann*, JW 1922, 1656; *Brodmann*, JW 1923, 683.

kommt, dass das Körperschaftsorgan kein auf die natürliche Person zugeschnittenes Institut darstellt. Die ‚an sich' handlungsunfähige Rechtsperson kann ihre natürliche Handlungsfähigkeit auch dadurch überwinden, einen ‚an sich' ebenso wenig handlungsfähigen Organwalter zu bestellen. Das Recht koppelt die Wahrnehmung organschaftlicher Funktionen jedenfalls nicht *per se* an menschliche Kategorien. Auch einer Maschine ist der Weg in das Körperschaftsorgan ganz allgemein also nicht schon deshalb versperrt, weil sie kein Mensch ist.

C. Der maschinelle Organwalter

Freilich blieb der Mensch im Spiel. Irgendwo am Ende der Zurechnungskette muss er heute tätig werden. Mag die juristische Person mithilfe ihrer Organe auch imstande sein, zu handeln, bislang ist sie dafür auf ein Individuum angewiesen, dessen Handlungen ihr als eigenes zugerechnet werden. Ohne einen Menschen ist sie nicht imstande, Verträge zu schließen oder Gegenstände in Besitz zu nehmen. Maschinen treten nun mit dem Versprechen an, dies zu ändern: Nüchtern betrachtet bleibt der Mensch auch hier im Spiel. Er ist es, der ihre Ausgaben verantwortet. Doch auf sein unmittelbares Handeln wäre eine ‚selbstfahrende Korporation' nicht länger angewiesen. Rein tatsächlich bedürfte es seiner nicht länger als letztes Glied der Zurechnungskette. Doch lässt sich das rechtstechnisch auch umsetzen? Oder ist das Handeln der Korporation doch untrennbar mit dem des Individuums verwoben?

I. Das ‚Organsubjekt'

Die juristische Organperson gibt auf diese Fragen letztlich keine Antwort. Sie zeugt davon, dass auch der Organwalter selbst nicht imstande sein muss, im Wortsinne zu handeln, doch bislang muss er eben imstande sein, im Rechtsinne zu handeln. Auch, wenn wir heute wissen, dass er keine natürliche Person sein muss – eine Rechtsperson sollte er schon sein. Er ist das „Organ*subjekt*"[179], das die im Organ zusammengefassten Verbandsfunktionen konkret wahrnimmt, und tritt dem Verband als Träger von eigenen Rechten und Pflichten gegenüber. Insoweit war *H. J. Wolff* bislang vollumfänglich zuzustimmen, der, als er den Begriff des Organwalters aus dem Öffentlichen Recht kommend auch im Privatrecht etabliert, feststellt:

[179] Zu diesem Begriff *H. J. Wolff*, Organschaft und juristische Person II, 1934, S. 228 f. [Hervorhebung nur hier], der ihn freilich ablehnt, weil „[d]adurch der irrigen Meinung Vorschub geleistet [werde], als seien sie [die Organwalter] Endsubjekte der subjektiven Zurechnung.".

„Zwar setzt die Organwaltung mit der Verpflichtungs- und Berechtigungs-Subjektivität auch die Rechtspersönlichkeit des Organwalters voraus. Der Organwalter ist aber Rechts- und Pflichtsubjekt ganz unabhängig davon, ob er Organwalter ist."[180]

Ehelichen Gütergemeinschaften, Erbengemeinschaften, Behörden – ihnen allen sprechen wir deshalb die Fähigkeit ab, Mitglied eines Verbandsorgans zu sein.[181] Vereinzelt sahen sich gar Gerichte veranlasst, das klarzustellen. 1974 hielt etwa das LG Augsburg in einem Diktum fest, der Betriebsrat selbst könne „nicht Mitglied eines Vereinsorgans sein, da er keine eigene Rechtsfähigkeit besitzt"[182]. Nur folgerichtig scheint so zunächst, dass das Schrifttum auch der Maschine mit dem Verweis auf ihren mangelnden Subjektstatus den Zugang zum Verbandsorgan verwehrt. Das Organ sähe sich so gar zweifach gesichert. Die Maschine, weder Mensch noch Subjekt, wäre „gleich aus doppeltem Grunde" zum Zuschauen verdammt.[183] Noch weiter ging jüngst eine Studie der Europäischen Kommission, wonach die Frage einer von Maschinen verwalteten Korporation zuallererst eine Frage der maschinellen Rechtsfähigkeit sei.[184]

Freilich ist es der Rechtsordnung unbenommen, aus einem Objekt ein Subjekt zu machen. Schon für *Savigny*, den man im Anschluss oft allzu leichtfertig auf seine Grundsatzformel, von der das Rechtssubjekt konstituierenden Willensmacht reduzierte, war der Begriff der Rechtsperson gerade nicht dem Menschen vorbehalten. Heute garantiert der Menschenwürdeschutz des Grundgesetzes uns positiv, als natürliche Person anerkannt zu werden, aber nicht negativ, die einzige Rechtsperson zu bleiben.[185] Wen die Rechtsordnung neben uns mit eigenen Rechten und Pflichten ausstattet, und, wenn ja, mit *welchen* Rechten und Pflichten, darüber entscheidet heute die Zweckmäßigkeit.[186] Das Recht kann Maschinen-

---

[180] *H. J. Wolff*, Organschaft und juristische Person II, 1934, S. 230.

[181] Zur fehlenden Abwicklerfähigkeit einer Behörde etwa *Altmeppen*, GmbHG § 66 Rn. 12; zur mangelnden Vorstandsfähigkeit nichtrechtsfähiger Personengemeinschaften und des Betriebsrats BeckOKBGB/*Schöpflin* § 27 Rn. 3; zur Unfähigkeit der Erbengemeinschaft, Geschäftsführer einer GmbH zu sein, etwa GroßKommGmbHG/*Paefgen* § 6 Rn. 16.

[182] LG Augsburg, Beschluss vom 02. Dezember 1974 – 5 T 63/74, Rn. 20 = LG Augsburg Rpfleger 1975, 87.

[183] So *Möslein*, ZIP 2018, 204 (207); ähnlich *Möslein*, Research Handbook on the Law of Artificial Intelligence, S. 649 (665); ähnlich wohl BeckOGKAktG/*Fleischer* § 76 Rn. 134: „erst Recht"; *J. Turner*, Robot Rules, S. 183; auch *Telle*, Einsatz Künstlicher Intelligenz zur vorbereitenden Unterstützung von Leitungsentscheidungen des Vorstands einer AG, S. 49, der für einen „KI-Vorstand" Rechtssubjektivität sowie eine „tiefgreifende Aktienrechtsreform" für nötig hält; *Kleiner*, Die elektronische Person, S. 228 in Bezug auf einen „RmbH"; wohl auch *Weber et al.*, NZG 2018, 1131 (1136) sowie *Teichmann*, ZfPW 2019, 247 (265).

[184] European Commission, Study on the relevance and impact of artificial intelligence for company law and corporate governance: final report, 2021, S. 46: „possibility for AI to replace human directors is first and foremost a question of whether AI is (or can be) assigned the status of a legal person under existing legal frameworks".

[185] Eingehend *Kersten*, JZ 2015, 1 (6 ff.).

[186] Zur Rechtsfähigkeit als funktionale Kategorie im vorliegenden Zusammenhang *Kersten*, JZ 2015, 1 (7 f.); *Schuhr*, Rechtstheorie 46 (2015) 225 (253 ff.); *Beck*, Robotik und Ge-

verhalten demnach als Rechtshandeln der Maschine selbst abstrahieren. Die interessante Frage ist: Sollte es das tun? Ist die Abstraktion sinnvoll?

Für andere vom Menschen geschaffene Konstrukte wurde dies aus verschiedensten Gründen bejaht. Um Investitionen unter Ausschluss persönlicher Haftung zu ermöglichen, einen funktionierenden Staat zu gewährleisten oder Ideelles möglichst effektiv zu fördern. Das Recht könnte der Maschine auch einzig zu dem Zweck Rechte und Pflichten zuordnen, um organschaftlich tätig zu werden, eben ‚Organ*subjekt*' zu sein. Ihr Personenstatus könnte also bei Organfähigkeiten beginnen und dort enden. Ähnlich selektiv ist die Rechtsordnung an vielen anderen Stellen vorgegangen. Der Betriebsrat wird heute, anders als noch 1974, innerhalb seines vom BetrVG abgesteckten Wirkungskreises als Rechtssubjekt tätig. Sein Subjektstatus dient dabei ausschließlich der institutionellen Sicherung von Arbeitnehmerrechten und reicht nur, aber immerhin, so weit, wie dies zur Erfüllung seiner Aufgaben notwendig ist.[187] Ebenso könnte die Rechtsordnung einer Maschine, nur um innerhalb des Verbands organschaftliche Aufgaben wahrnehmen zu können, einzig die Rechte und Pflichten zuordnen, die dafür notwendig und zweckmäßig sind. Entscheidet sie sich für diesen Weg, wäre die Rechtspersönlichkeit des Organwalters nicht länger unabhängig von der Organwaltung; die Maschine wäre Rechtssubjekt, ohne dem Organträger in Eigengeschäften gegenübertreten zu können. Damit ist zugleich gesagt, dass sich die Frage der Organwaltung nicht nur für Konstrukte stellt, die andernorts bereits in den Kreis der Rechtspersonen aufgenommen wurden. Das Verbandsrecht kann sich selbst ohne Weiteres neue ‚Organsubjekte' schaffen.

Umgekehrt gibt es keinen Automatismus, wonach mit der Promotion zur Rechtsperson das Recht einherginge, ‚Organsubjekt' zu sein. Sollte der rechtspolitischen Forderung nach einer ‚elektronischen Person' Erfolg beschieden sein, wäre über ihre Organfähigkeit abstrakt also noch nichts gesagt.[188] Das zeigt schon der mit dieser Arbeit in den Blick genommene Menschenvorbehalt, folgt unseren aus Einsichten zur Relativität der Organfähigkeit und wird noch plastischer, denkt man an andere Rechtssubjekte, die ausländische Rechtsordnungen kennen: An Flüsse, Regenwälder, Tiere oder religiöse Statuen. Keinem dieser Exoten, würden wir instinktiv das Recht zugestehen, Organwalter eines jeden Verbandsorgans zu sein. In jedem Fall wäre mit Blick auf die im konkreten Organ

---

setzgebung, S. 239 (249 f., 255 ff.); *Schirmer*, JZ 2016, 660 (662 f.); *Teubner*, AcP 218 (2018) 155 (160 ff.); *Bryson et al.*, Artif. Intell. Law 25 (2017) 273 (284); *Kersten*, ZfRSoz 37 (2017) 8 (9 ff.); *Wischmeyer*, AöR 143 (2018) 1 (38 f.); *Wagner*, Fordham Law Rev. 88 (2022) 591 (597 ff.) jew. mwN.; sowie im allgemeinen Zusammenhang bereits *H. J. Wolff*, Organschaft und juristische Person I, 1933, S. 207 f.; *Fabricius*, Relativität der Rechtsfähigkeit, 1963, S. 51 ff.; *K. Schmidt*, Verbandszweck und Rechtsfähigkeit im Vereinsrecht, 1984, S. 4 ff., 40 f.; auch *John*, Die organisierte Rechtsperson, S. 72 ff.

[187] Vgl. BGHZ 195, 174.

[188] So aber wohl *Möslein*, Research Handbook on the law of artificial intelligence, S. 649 (664); sowie *J. Turner*, Robot Rules, S. 183.

zusammengefassten Funktionen eine individuelle Entscheidung zu treffen. Das Verbandsrecht kann Konstrukte also einerseits einzig zu dem Zweck zur Person küren, um Funktionen innerhalb eines Verbands wahrzunehmen, und andererseits Konstrukten, die schon Rechtspersonen sind, die Organfähigkeit verwehren.

Das Recht *kann* den maschinellen Organwalter zum Subjekt küren. Ob es ihn zum Subjekt küren *muss*, ist eine ganz andere Frage. Müssten wir uns einen *maschinellen Organwalter* tatsächlich zwingend als ‚Organ*subjekt*' vorstellen? Muss der Organwalter Träger eigener Rechte und Pflichten sein? Das klingt nach einem Anachronismus. Und intuitiv haben wir die Frage mit *H. J. Wolff* auch bejaht. Doch Maschinen geben Anlass zur unbefangenen Untersuchung. Sichtbar wurde bereits, dass es ganz unterschiedliche Gründe dafür gibt, warum wir den Organwalter heute ausschließlich als Rechtsperson kennen. An vielen Stellen verlangt ihm das Gesetz besondere Rechtsfähigkeiten ab: Die Fähigkeit, Mitglied eines Verbands zu sein, persönlich und unbeschränkt für eine andere Rechtsperson rechtsgeschäftlich tätig werden zu können oder seine Identität in einem Register nachweisen zu können. Abstrakt lassen sich indes zwei Ursachen ausmachen: Zum einen muss sich der Verband heute, will er in zurechenbarer Weise am Rechtsverkehr teilnehmen, das fremde Handeln einer anderen Rechtsperson als eigenes zurechnen lassen. Zum anderen bedarf es bisher der Sprache des Rechts, um die Wahrnehmung der im Organ gebündelten Funktionen sicherzustellen: Der Organwalter muss einerseits berechtigungsfähig sein, um auf der Wahrnehmung beharren zu können, andererseits verpflichtungsfähig sein, um zur Wahrnehmung angehalten zu werden. Beides gewährleistet regelmäßig ein Pflichtrecht, das ihn zur Teilnahme an der organschaftlichen Willensbildung berechtigt und verpflichtet.

Blickt man auf die Maschine, stellt sich die Frage, ob es dieses Pflichtrecht oder allgemeiner: die Berechtigungs- und Verpflichtungssubjektivität als rechtliches Scharnier zwischen Organ und Organwaltung überhaupt braucht. Anders als den Betriebsrat muss der Verband Maschinen nicht in der Sprache des Rechts ansprechen. Er kann sie schlicht dauerhaft implementieren. Wer eine Maschine zur Organwaltung anhalten will, würde mit ihrer Rechtssubjektivität nichts gewinnen. Ob sie haftet, wenn sie untätig bleibt, vergütet wird, wenn sie Erfolg hat, oder verpflichtet ist, an ein Aufsichtsorgan zu berichten, ist für die Maschine selbst nicht relevant. Dem Recht fehlt es an dieser Stelle an einem Anknüpfungspunkt. Steuern ließen sich mit einer originären Rechtsposition der Maschine, allenfalls die Menschen hinter ihr.[189] Zugleich ist die Frage, ob ein Organ eingerichtet wurde, von der Frage, ob ein Bestellungsverhältnis mit einem Rechtssubjekt besteht, oder allgemeiner: dem Mechanismus, der die Organwaltung sicherstellt, abstrakt. Wurden bestimmte Funktionen innerhalb des Verbands durch die

[189] Vgl. erneut *Wagner*, Zivilrechtliche und rechtsökonomische Probleme des Internet und der künstlichen Intelligenz, S. 1 (33).

Satzung oder das Gesetz gebündelt, kann die Organqualität nicht davon abhängen, wer oder was sie nach dem Willen des Verbandes wahrnehmen soll. Jedenfalls auf Ebene der internen Willensbildung spricht rechtstechnisch deshalb nichts dagegen, einer Maschine ohne eigene Berechtigungs- und Verpflichtungssubjektivität gebündelte Funktionen innerhalb des Verbands zuzuweisen. Wenngleich der Gestaltungsfreiheit freilich für die Einrichtung des Organs und die Bestellung des maschinellen Organwalters getrennt zu bestimmende Grenzen gesetzt sind, könnte ein maschineller Organwalter andere Organe rein konstruktiv also beraten, ihnen Weisungen oder Zustimmungen erteilen, ihre Maßnahmen rügen, Mitglieder bestellen oder im Rahmen eines Schiedsmechanismus ihre Streitigkeiten mit anderen Organen schlichten. Dafür ist es unschädlich, dass die Maschine weder im rechtlichen noch im außerrechtlichen Sinne Subjekt ist. Der Verband könnte sie jedenfalls im Innenverhältnis schlicht wie ein Subjekt behandeln. Eine entsprechende Satzungsklausel vorausgesetzt, wäre „VITAL" auf deutschem Boden zwar kein Mitglied der Geschäftsleitung,[190] womöglich aber maschineller Organwalter eines Organs, dem Zustimmungen in bestimmten Investitionsfragen vorbehalten sind. Zustimmungspflichtige Entscheidungen ohne Zustimmung träfen dann die gewohnten Wirkungen des Organisationsrechts, namentlich Nichtigkeit oder Anfechtbarkeit.

Schwieriger zu beantworten, ist die Frage, ob der Körperschaft im Außenverhältnis notwendigerweise das fremde Verhalten einer anderen Rechtsperson als eigenes zugerechnet werden muss. Wäre dem so, müsste der Maschine, soll sie die Korporation leiten, in der Tat, wie im Schrifttum einhellig vorausgesetzt, „die [Rechts-]Fähigkeit zugestanden werden für die Gesellschaft rechtsgeschäftlich tätig zu werden"[191]. Doch stimmt das tatsächlich? Oder lässt sich das Handeln der Korporation von dem des Individuums entkoppeln, ohne dabei am Rechtsstatus der Maschine zu schrauben?

II. Korporatives Handeln auf Knopfdruck

Die Frage der Rechtssubjektivität ist nur ein Ausschnitt unserer Ausgangsfrage, ob und wie Korporationen mithilfe von Maschinen zurechenbar am Rechtsverkehr teilnehmen können. Auch sie führt also unweigerlich zurück zur Frage, ob die Korporation konstruktiv auf das Individuum angewiesen ist oder die Zurechnungsmechanismen des Organisationsrechts nicht auch die Zurechnung von Maschinenverhalten ermöglichen. Diese Frage ist nur mit Blick auf den kon-

---

[190] Vgl. *Möslein*, Research Handbook on the Law of Artificial Intelligence, S. 649 (650) sowie zum Computersystem „VITAL" allgemein auch *Möslein*, ZIP 2018, 204 (208).

[191] So *Paal*, ZGR 2017, 590 (616), wonach daraus „bereits genuin eine Teilrechtssubjektivität folgen würde"; häufiger noch wird vorausgesetzt, dass sich die Frage einer von Maschinen verwalteten Korporation erst in einem zweiten Schritt für rechtsfähige Maschinen stellt, vgl. jüngst insb. *Telle*, Einsatz Künstlicher Intelligenz zur vorbereitenden Unterstützung von Leitungsentscheidungen des Vorstands einer AG, S. 49.

kreten Normkontext zu beantworten. Indes lassen sich vorab einige allgemeine Einsichten formulieren.

1. Ziel: Gleichstellung

Die juristische Person ist heute im Recht mithilfe ihrer Organe zu Dingen imstande, die außerhalb des Rechts dem Bewusstseinsfähigen vorbehalten sind. Sie ist im Ausgangspunkt ebenso unbeschränkt in der Lage, zu *handeln*, zu *wollen* und zu *wissen* wie die natürliche.[192] Sollen nicht länger Menschen, sondern Maschinen unmittelbar für sie tätig werden, darf sich daran nichts ändern. Zumal nicht wenige in der Fähigkeit, zurechenbar zu handeln, auch die Voraussetzung für die Anerkennung ihrer Rechtsfähigkeit erblicken: „Jedes Rechtssubjekt – nicht nur die natürliche Person – muß“, hält etwa *K. Schmidt* fest, „in zurechenbarer Weise am Rechtsverkehr teilnehmen können, muß rechtsrelevantes Wissen und rechtsrelevantes Wollen an den Tag legen können und muß in der Lage sein, Schadensverantwortung zu tragen.“[193] So oder so muss auch das Ziel unserer Untersuchung die *Gleichstellung* mit der von Menschen verwalteten Korporation sein: Wer eine von Maschinen verwaltete Korporation in die Rechtsordnung einführen will, darf ihre Fähigkeiten nicht substantiell hinter jenen der von Menschen verwalteten zurückstehen lassen. Wäre sie ohne einen menschlichen Geschäftsleiter nicht imstande, originären Besitz zu begründen, bliebe sie im Rechtsverkehr als Gestaltungsoption ungenutzt. Es geht also um den Nachweis, dass eine Körperschaft, ohne eine unmittelbar tätig werdende natürliche Person ebenso unbeschränkt einen rechtserheblichen Willen erklären, rechtliche Verantwortung tragen, Kenntnis von etwas erlangen oder Besitz an einer Sache begründen kann.

Zwei weitere grundlegende Wertungen, die für unsere Konstruktion einer von Maschinen verwalteten Korporation leitend sein sollten, sind daneben hervorzuheben: die *Kohärenz* und die *Effizienz*. Es sollte einerseits auch um den Nachweis gehen, dass sich eine von Maschinen verwaltete Korporation kohärent in die Rechtsordnung einführen lässt. Andererseits ist im Ausgangspunkt ihre möglichst wirtschaftlichste Version zu entwickeln. Dazu gehört es auch, Regeln zu finden, die zum Einsatz möglichst rationaler Maschinen anreizen.[194]

2. Methode: Wertende Zuschreibung

Korporatives Handeln ist immer das Ergebnis einer wertenden Zuschreibung und damit ausnahmslos normativ konstruiert. Weil ihr Handeln wertend konstruiert wird, ist es stets abhängig vom jeweiligen Normkontext. Wobei der Zu-

---

[192] Das lässt sich auch als Ausdruck ausgleichender Gerechtigkeit begreifen, so insb. *Raiser*, AcP 199 (1999) 104 (134).

[193] *K. Schmidt*, Gesellschaftsrecht, § 10 I 1. a) (S. 247).

[194] Zum „rationalen Agenten“ als technologisches Entwicklungsideal oben § 2 A III 1.

schreibung heute regelmäßig Zweckmäßigkeitserwägungen zugrunde liegen. Beides muss auch für unsere Untersuchung leitend sein. Dies gilt ganz allgemein, aber auch und insbesondere für die Frage, ob die Maschine mit eigenen Rechtsfähigkeiten auszustatten wäre. Einerseits sind ihr nur dann eigene Rechte und Pflichten zuzuordnen, wenn dies für das Handeln der Korporation notwendig oder jedenfalls zweckdienlich ist. Andererseits stellt sich auch die Frage der Rechtssubjektivität in jedem Normkontext neu; die Antwort darauf kann im Besitzrecht eine andere sein als im rechtsgeschäftlichen Verkehr.

So gesehen ist die Frage, ob ein maschineller Organwalter als Subjekt auftreten müsste, nur eine neue Spielart des alten, zwischen den Polen der Organ- und Vertretertheorien verhandelten Problems, ob und wann der Organwalter im Rahmen des Organhandelns rechtlich in Erscheinung treten sollte. Heute entscheidet darüber kein übergesetzliches ‚Wesen' der Verbandsperson mehr, sondern eben die wertende Interessenabwägung im konkreten Normkontext. Das Recht fokussiert die Körperschaft nicht mehr nur auf einem Abstraktionsniveau, dem *Savignys*, auf dem das Organwalterhandeln stets sichtbar bleibt, oder dem *Gierkes*, auf dem es stets ausgeblendet wird. Die Schwellenwerte variieren je nach Normkontext: Während der Organwalter auf rechtsgeschäftlicher Ebene zunächst eine eigene Willenserklärung abgeben muss, setzt das Deliktsrecht seine Individualhaftung jedenfalls nicht in jedem Fall voraus. Besitzrechtlich bleibt er vollständig unsichtbar. Und auch das Wissen des Verbands wird heute weitgehend unabhängig vom Wissen seiner Organwalter konstruiert.

Wir werden sehen, dass wenig dafür spricht, einen *maschinellen Organwalter* überhaupt als Subjekt in Erscheinung treten zu lassen. Soll die Korporation maschinell am Rechtsverkehr teilnehmen, ist es weder notwendig noch zweckmäßig der Maschine selbst eigene Rechte und Pflichten zuzuordnen. Wer ausschließlich am Status der Korporation ansetzt, kann korporatives Handeln auf Knopfdruck mit dem bekannten dogmatischen Rüstzeug konstruieren.

3. Kernproblem: Objektivierung

Der ursprüngliche Zuschnitt der Privatrechtsordnung auf das Individuum gilt üblicherweise als zentrale dogmatische Herausforderung bei der Konstruktion korporativen Handelns: Die Korporation als Nichtmensch ist danach in ein auf den Menschen zugeschnittenes Muster einzufügen. Gleichwohl geht uns die Konstruktion heute, bei allen Schwierigkeiten im Detail, im Großen und Ganzen leicht von der Hand. Es geht regelmäßig um eine einfache Abstraktionsleistung: Der inzwischen meist verobjektivierte Bewusstseinszustand einer natürlichen Person wird schlicht als solcher der juristischen Person gedacht. Das gilt für die Abgabe von Willenserklärungen, wo das Erklärungsbewusstsein eines Individuums schlicht das der Korporation wird. Für die Deliktshaftung, wo die schuldhafte Pflichtverletzung eines Menschen schlicht als eine des Verbands selbst gilt. Oder den Verbandsbesitz, der die physische Gewalt eines Individuum als solche des Verbands abstrahiert. Weil sich nur die Zurechnungskette verlängert, ohne dass sich die Kategorien der Zurechnung ändern, bereitet dabei selbst die juristische Organperson keine Schwierigkeiten. Das ‚Wesen' der gesetzlichen Vertretung legt ihr längst keine Steine mehr in den Weg. Rechtskonstruktiv ist sie ein Leichtes: Irgendwo am Ende der Kette wird ein Mensch unmittelbar tätig, dessen Handeln als das Handeln gleich mehrerer Verbände gedacht wird.

Die Idee eines maschinellen Organwalters erhöht die Komplexität: Anders als der Mensch sind Maschinen ihrerseits nicht imstande, einen rechtsrelevanten Willen oder überhaupt irgendeinen Willen zu äußern, etwas zu wissen oder Verantwortung zu tragen. Das rechtstechnische Kernproblem des Rechtshandelns einer von Maschinen verwalteten Korporation liegt danach also in der *Objektivierung*. Statt menschliche Bewusstseinszustände schlicht als solche der Körperschaft zu denken, ist nun ein rein objektiver Zustand eines ‚an sich' nicht handlungsfähigen Artefakts interessengerecht in Rechtshandeln der ‚an sich' nicht handlungsfähigen juristischen Person zu übersetzen. Wir werden sehen, dass die zentrale Frage dieser Übersetzungsleistung regemäßig darin besteht, ob bei der Zurechnung maschinellen Verhaltens Ersatz für die einst auf das Individuum zugeschnittenen subjektiven Merkmale zu fordern ist. Dabei hat die Literatur zur ‚elektronischen Person' für uns wertvolle Vorarbeiten geleistet.[195] Nicht, weil sie zeigte, dass und wie einer Maschine eigene Rechtspositionen zugeordnet werden könnten oder sollten. Sondern, weil sie sich ebenfalls damit beschäftigte, wie ein Rechtssubjekt ohne einen Menschen am Ende der Kette am Rechtsverkehr teilnehmen kann. Auf ihre Arbeiten lässt sich auch bei der Konstruktion einer ‚selbstfahrenden Korporation' zurückgreifen.

---

[195] Über die Rechtsfähigkeit von Maschinen wird seit dem Aufkommen der Agententechnologie zu Beginn der 90er Jahre intensiv diskutiert, vgl. *Allen/Widdison*, Harv. J.L. & Tech. 9 (1996) 25 (35 ff.); *Karnow*, Berkeley Tech. L. J. 11 (1996) 147 (161 ff.); in Deutschland *Cornelius*, MMR 2002, 353 (354); aus dem heute ausufernden Schrifttum *für* einen maschinellen (Teil-)Rechtsstatus etwa *Schirmer*, JZ 2016, 660 (663 ff.); *Schirmer*, JZ 2019, 711 (716 ff.); *Beck*, Robotik und Gesetzgebung, S. 239 (255 ff.); *Gruber*, Jenseits von Mensch und Maschine, S. 133 (140 ff.); *Kersten*, ZfRSoz 37 (2017) 8 (9 ff.); *Teubner*, AcP 218 (2018) 155; *Kleiner*, Die elektronische Person, S. 145 ff.; *Linardatos*, Autonome und vernetzte Aktanten, S. 479 ff.; *Hennemann*, Interaktion und Partizipation, S. 348 ff.; den konkretesten politischen Vorstoß in diese Richtung unternahm das Europäische Parlament, Zivilrechtliche Regelungen im Bereich Robotik, Entschließung vom 16.2.2017, Punkt 59 f); aus der ebenfalls ausufernden Kritik an einem Rechtsstatus hier statt vieler *Spindler*, JZ 2016, 805 (816); *Eidenmüller*, ZEuP 2017, 765 (775 ff.); *Soleiman*, Artif. Int. Law 25 (2017) 155; *Bryson et al.*, Artif. Int. Law 25 (2017) 273 (283 ff.); *Pasquale*, Columbia Law Review 119 (2019) 1917 (1918); aus der ebenfalls ausufernden phil. Diskussion zu Maschinenrechten statt vieler *Coeckelbergh*, Ethics and Information Technology 12 (2010) 209; *Gunkel*, Ethics Inf. Technol. 20 (2018) 87; *Pagallo*, Phil. Trans. R. Soc. A. 376 (2018) 2133.

III. Eigenzurechnung maschinellen Verhaltens

Insoweit lässt sich im Ausgangspunkt festhalten: Wer den menschlichen Geschäftsleiter durch eine Maschine ersetzen will, muss den Nachweis erbringen, dass die Korporation im Rechtsverkehr auch ohne ihn vollumfänglich handlungsfähig bleibt. Er muss dabei auf den konkreten Normkontext blicken. Wobei die rechtstechnische Schwierigkeit regelmäßig darin besteht, dass nicht länger das Handeln eines Menschen schlicht als solches der Korporation gedacht werden kann. Ausgehend von diesen Einsichten, werden hier nicht alle Einzelaspekte des korporativen Handelns in den Blick genommen, sondern zunächst nur die zentralen: Eine von Maschinen verwaltete Korporation müsste insbesondere imstande sein, Rechtsgeschäfte zu schließen, Schadensverantwortung zu tragen sowie Besitz und Kenntnis von etwas zu erlangen.

1. Rechtsgeschäfte

Wir haben das Organ als originär organisationsrechtlichen Mechanismus identifiziert, der dem Verband menschliches Verhalten wertend zuordnet und in seinen Wirkungen qualitativ über die bürgerlich-rechtliche Stellvertretung hinausgeht. Fremdes Verhalten der Organwalter erscheint dadurch als solches der Körperschaft selbst. So richtig diese Feststellung im dogmatischen Ausgangspunkt ist, so unwesentlich sind bekanntlich die praktischen Wirkungen, die sie auf rechtsgeschäftlicher Ebene bislang entfaltet. Auch, wenn wir hier stets prüfen, ob eine abweichende organisationsrechtliche Regelung greift, bringen wir im Großen und Ganzen die §§ 164 ff. BGB entsprechend zur Anwendung.[196] Will der Verband am Rechtsverkehr teilnehmen, muss er sich also die Willenserklärung einer anderen Rechtsperson als eigene zurechnen lassen, die in seinem Namen und mit Vertretungsmacht abgegeben wurde. Dabei muss diese Willenserklärung, das zeigt die juristische Organperson, nicht *unmittelbar* die eines Menschen sein. Doch bislang muss irgendwo am Ende der Zurechnungskette ein Individuum einen rechtlich erheblichen Willen äußern. Es bedarf einen Einzelmenschen als Zurechnungsausgangssubjekt. Weil privates Verhalten der Organmitglieder nicht zugerechnet werden soll, muss das Organ dabei auch im Namen des Verbandes handeln. Wird die Vertretungsmacht überschritten, gelten die Rechtsfolgen der §§ 177 ff. BGB. Nur vereinzelt greift genuines Organisationsrecht. § 165 BGB etwa kann dort keine Geltung beanspruchen, wo die Mitglieder des Organs unbeschränkt geschäftsfähig sein müssen. Und auch der hier in den Blick genommene § 76 III S. 1 AktG baut eine Schranke auf, die dem Individualrecht fremd ist. Er verhindert, dass die Aktiengesellschaft im Rechtsverkehr von einer juristischen Person organschaftlich vertreten wird. Freilich sind Beispiele wie diese rar. § 26 II S. 1 Hs. 2 BGB, wonach der Vereinsvorstand zwar nicht gesetzlicher

[196] Statt aller *K. Schmidt*, Gesellschaftsrecht, § 10 II 1 (S. 255 f.).

Stellvertreter ist, so doch die Stellung eines solchen innehat, trifft nach all dem den Kern.[197]

Wer ausgehend davon überlegt, ob und wie sich das Verhalten einer Maschine innerhalb dieses Systems ohne den Umweg über ein Individuum zurechnen lässt, trifft im Individualrecht auf einen weiteren atypischen Zurechnungsmechanismus. Zwei große Modelle stehen hier bislang zur Verfügung: Der klassischen Konzeption als *menschliche* Willenserklärung wurde die Provokation einer Stellvertretungslösung entgegengestellt, die das Maschinenverhalten als *maschinelle* Willenserklärung begreift und nach den Regeln der §§ 164 ff. BGB zurechnet. Im Organisationsrecht tritt nun eine dritte Option hinzu: Die Einordnung als genuin *korporative* Erklärung.

a) Die Zurechnungsmodelle des Individualrechts als Ausgangspunkt

aa) Traditionelle Sicht: Zurechnung als atypische menschliche Willenserklärung

Nach tradierten Maßstäben sind Maschinen als Rechtsobjekte unfähig, einen eigenen rechtlichen Willen zu erklären und deshalb nicht in der Lage, Rechtspersonen zu vertreten. Normativ lässt sich diese Einsicht mit den §§ 165, 179 BGB untermauern, die unstreitig die Rechtspersönlichkeit des Stellvertreters voraussetzen. Sollen maschinelle Ausgaben als bloße Rechenergebnisse eines nicht rechtsfähigen Objekts danach dennoch rechtsgeschäftliche Wirkungen entfalten, muss man sie einer Rechtsperson als eigene Willenserklärung zuordnen. Traditionell verfährt das Schrifttum dafür nach den Grundätzen der ‚Computererklärung'.[198] Die Ausgabe einer Maschine gilt in diesem Rahmen als eigene Willenserklärung des hinter ihr stehenden Menschen. Objektiv wird dafür Maschinenverhalten, das aus Sicht eines objektiven Erklärungsempfängers auf die Herbeiführung von Rechtsfolgen gerichtet ist, als Erklärung des menschlichen Nutzers gewertet. Größere Schwierigkeiten bereitet der subjektive Erklärungstatbestand. Im Zeitpunkt der Ausgabe liegt kein Wille des Betreibers vor, selbst zu handeln. Regelmäßig fehlt es gar an jeglicher Kenntnis der Erklärung. Weil das Verhalten auch nicht mehr vollumfänglich vorhersehbar ist, können weder der Entwickler noch der Nutzer mit Gewissheit sagen, wie die Maschine auf eine Eingabe reagiert. Je größer der Grad der Ungewissheit, desto schwieriger fällt es also, ihre Ausgabe mit einem menschlichen Willensakt zu verknüpfen. Im Modell

---

[197] Zu dieser Deutung des § 26 II S. 1 Hs. 2 BGB *Koch*, AktG, § 78 Rn. 3; BeckOGKAktG/*Fleischer* § 78 Rn. 4; eingehend *Beuthien*, FS Zöllner, S. 87 (101 f.).

[198] Vgl. etwa *Spindler/Schuster*, Recht der elektronischen Medien, Vorb. §§ 116 ff. BGB Rn. 6 ff.; MüKoBGB/*Schubert* § 164 Rn. 117 ff.; eingehend *Kollmann*, Autonome und intelligente Wertpapierhandelssysteme, S. 243 ff., 255 ff. mwN.; letztlich ähnlich auch *Wiebe*, Die elektronische Willenserklärung, S. 204 ff.; der ausufernde Meinungsstand zum rechtsgeschäftlichen Handeln mithilfe autonomer Maschinen ist differenzierter, als er hier (sinnvoll) dargestellt werden kann und muss, vgl. insoweit *Hennemann*, Interaktion und Partizipation, S. 236 ff. mwN.

der ‚Computererklärung' soll dem Menschen das Maschinenverhalten trotzdem als eigene Erklärung zugerechnet werden, weil dieser jedenfalls bei der Inbetriebnahme mit dem abstrakten Willen handele, mithilfe der Maschine am Rechtsverkehr tätig zu werden. Der Mensch grenze die Erklärung durch die Definition der Zielfunktion, die Wahl der Modellarchitektur sowie das Trainings- bzw. Testverfahren insoweit auch hinreichend ein. Dadurch lasse sich „der abstrakte Handlungs-, Rechtsbindungs- und Geschäftswille des Benutzers auf die Systemhandlungen übertragen, auch wenn der konkrete Erklärungsinhalt zum Zeitpunkt der Äußerung durch das System unbekannt ist." Im Rahmen eines arbeitsteiligen, zeitlich gestreckten Erklärungsvorgangs werde der abstrakte Handlungs- und Erklärungswille des Nutzers zunächst „inhärenter Bestandteil des aktivierten und instruierten intelligenten Systems", um „sich im Zeitpunkt jeder Systemäußerung" neu zu konkretisieren.[199] Maschinenverhalten bleibt so genuines rechtsgeschäftliches Handeln der dahinterstehenden natürlichen Person.

Freilich steht dieses Modell auf immer tönerneren Füßen, je selbständiger sich die Maschine verhält. Mancher trägt dem inzwischen durch das Aufgreifen der für das Ausfüllen eines Blanketts entwickelten Grundsätze Rechnung.[200] Bekanntermaßen stellt weder das Ausstellen noch das Vervollständigen einer Blanketturkunde für sich genommen eine Willenserklärung dar. Stattdessen wird eine unvollständige Erklärung des A von B vervollständigt. Weil das ausgefüllte Blankett sich so weder der Botenschaft (Übermittlung fremder Willenserklärung) noch der Stellvertretung (Abgabe eigener Willenserklärung) eindeutig zuordnen lässt, behelfen wir uns mit einem Kniff: Das Blankett gilt zwar als eigene Willenserklärung des A, weil B den Erklärungsinhalt aber maßgeblich prägt, werden auf Rechtsfolgenebene aber ausgewählte Regelungen der Stellvertretung entsprechend zur Anwendung gebracht.[201] Zurechnungsgrund ist dabei ein Rechts-

[199] *Kollmann*, Autonome und intelligente Wertpapierhandelssysteme, S. 257 ff., 260; ähnlich etwa *Spindler/Schuster*, Recht der elektronischen Medien, Vorb. § 116 BGB Rn. 9; *Paulus/Matzke*, ZfPW 2018, 431 (444); differenzierend *Specht*, Diktat der Technik, S. 46 f., 74.

[200] *Grapentin*, Vertragsschluss und vertragliches Verschulden beim Einsatz von Künstlicher Intelligenz und Softwareagenten, S. 91 ff.; *Schulz*, Verantwortlichkeit bei autonom agierenden Systemen, S. 109 ff.; wohl auch *Möslein*, ZHR 183 (2019) 254 (273 f.); *Paulus/Matzke*, ZfPW 2018, 431 (444); s. für umfassende Nachweise auch *Hennemann*, Interaktion und Partizipation, S. 239 ff.; ähnlicher Ansatz wohl bei *Linardatos*, Autonome und vernetzte Aktanten, S. 125 ff., 131 ff.: Anwendung §§ 164 ff. BGB analog aufgrund des „Risikoprinzip".

[201] BGHZ 40, 65 (68); 40, 297 (304 f.); sowie besonders deutlich BGHZ 132, 119 (127 f.): „Wer ein Blankett mit seiner Unterschrift aus der Hand gibt, muss [...] als seine Willenserklärung gegen sich gelten lassen."; MüKoBGB/*Schubert* § 172 Rn. 2; Staudinger/*Schilken* BGB § 172 Rn. 8 mwN.; *Flume*, Die juristische Person, § 15 II (S. 253); vgl. *Canaris*, Die Vertrauenshaftung im deutschen Privatrecht, 1971, S. 54 ff.; *Binder*, AcP 207 (2007) 155 (167 ff.); die dogmatischen Einzelfragen des Blanketts sind nicht vollständig geklärt, uneinheitlich wird insb. beurteilt, ob die Ausfüllung als Realakt zu qualifizieren ist (so etwa MüKoBGB/*Schubert* § 172 Rn. 2; bzgl. KI auch *Schulz*, Verantwortlichkeit bei autonom agierenden Systemen, S. 111) oder nur als (zumindest teilweise) fremdes rechtsgeschäftlichen Verhalten gedacht werden kann (so etwa *Binder*, AcP 207 (2007) 155 [167]; sowie bzgl. KI *Wiebe*, Die elektronische Willenserklärung, S. 135).

scheintatbestand. Bleibt die Zweckmäßigkeit auf Rechtsfolgenebene zunächst ausgeklammert, liegt auf der Hand, was das Blankett für die Zurechnung von Maschinenverhalten so attraktiv macht: Das BGB bietet bisher nur ein Binärschema an, in dem sich sowohl das Blankett als auch die Ausgaben lernender Maschinen nur schwer verorten lassen. In beiden Fällen haben wir es mit ungewöhnlichen arbeitsteiligen Prozessen zu tun. Hier zwischen Blankettaussteller und Blankettnehmer. Dort zwischen Menschen und Maschinen. Das Blankett zeigt dann, dass sich auch für solche atypischen Erklärungen passgenaue Lösungen entwickeln lassen. Wenn bisweilen der Eindruck erweckt wird, die „Regelungen der Rechtsgeschäftslehre [seien] *nicht umweltsensibel* und damit *nicht responsiv*"[202], zeugt das Blankett vom Gegenteil.[203] Schon, weil hier eine eigenverantwortlich handelnde (und haftende) natürliche Person dazwischentritt, taugt es für unser Anliegen freilich kaum als schematische Blaupause. Da es methodisch nicht um die analoge Anwendung „der Blankettgrundsätze" gehen kann, sondern um eine Analogie zu § 172 II BGB, muss es das auch nicht. Das Blankett zeigt: Wir können die unvorhersehbare Ausgabe einer weder rechts- noch handlungsfähigen Maschine dem dahinterstehenden Menschen tatbestandlich als eigene zuordnen, nur um auf Rechtsfolgenebene gleichzeitig ausgewählte Regelungen des Stellvertretungsrechts zur Anwendung zu bringen – wenn und soweit dies nur zweckmäßig ist. Und das ganz ohne die Maschine selbst als Rechtsperson zu begreifen.

bb) Stellvertretungsanalogie: Zurechnung als maschinelle Willenserklärung

Ganz gleich, ob man an der ‚Computererklärung' festhält oder das Blankett zum Vorbild nimmt: ausschließliches Zuordnungssubjekt bleibt zunächst das Individuum. Müsste es dabei bewenden, wäre die Körperschaft konstruktiv auf einen Menschen angewiesen. Weder die Computer- noch die Blanketterklärung weisen einen Weg, der Korporation das Verhalten einer Maschine ohne den Umweg als eigenes zuzurechnen. Es bedürfte stets einen Menschen, der am Ende der Zurechnungskette für sie tätig wird.

Indes hat man der tradierten Konzeption inzwischen eine Lösung entgegengestellt, die die Maschine als tauglichen Stellvertreter begreift. Ausgangspunkt ihrer Kritik an der ‚Computererklärung' ist der Vorwurf, diese unterstelle einen arbeitsteiligen Prozess, der sich so nicht vollziehe. Ein „relevanter Willensakt" des Menschen, dem die Erklärung als eigene zugerechnet wird, sei beim Einsatz lernender Maschinen nicht mehr zu erkennen. Stattdessen gebe das Schrifttum „das Willenselement beim Prinzipal bis auf die Inbetriebnahme vollständig zu-

[202] So etwa *Hennemann*, Interaktion und Partizipation, S. 338 [Hervorhebung im Original].

[203] Davon zeugen jenseits der vorliegenden Diskussion auch andere dogmatische Konstruktionen, wie etwa an die Figur des „Vertreters in der Erklärung", vgl. dazu nur MüKoBGB/*Schubert* § 164 Rn. 75 ff.

gunsten des digitalen Erklärungswertes [auf]". Die Einordnung als menschliche Willenserklärung sei insoweit eine „unhaltbare Fiktion"[204]. Zweckgerecht greifen lasse sich die neue Arbeitsteilung mit dem Stellvertretungsrecht. Maschinelle Ausgaben seien als Willenserklärungen der Maschine selbst zu begreifen und erst in einem zweiten Schritt einer anderen Rechtsperson zuzuordnen, wobei aus den Regeln der §§ 164 ff. BGB ein Sonderrecht der maschinellen Willenserklärung entwickelt werden soll.[205] Fundament dessen ist oft die soziologische These *Teubners*, wir würden Nichtmenschen nicht über das Bewusstsein personifizieren, sondern über die Fähigkeit zu kommunizieren. Der (soziologische) Kollektivakteur als Substrat der juristischen Person sei deshalb keine Gruppe von Individuen, sondern eine „Kette von Mitteilungen".[206] Dem kämen Maschinen, die lernen und mit ihrer Umgebung interagieren, sehr nahe. Ihre Ausgaben seien im Rechtsverkehr deshalb nicht länger dem hinter ihr stehenden Menschen, sondern ihr selbst zuzuschreiben. Aus der Maschine wird so ein stellvertretungsfähiges Subjekt.

Das provozierte erwartbare wie erhebliche Kritik. Vornehmlich solche methodischer Natur: Die fehlende Rechtsfähigkeit, so der Vorwurf, ließe sich nicht mit einem rechtsfortbildenden Handstreich überwinden.[207] Der Einwand richtet sich naturgemäß nicht an den Gesetzgeber. Deshalb nur so viel: Mit dem Verweis auf andere von der Rechtsprechung eingeführte Rechtssubjekte wie den nichteingetragenen Verein, Gewerkschaften, die Vorgesellschaft, der WEG oder die GbR, ist er wohl noch nicht aus der Welt.[208] Wird die Maschine zum Rechtssubjekt, ist es nicht damit getan, ihr das Verhalten eines persönlich verantwortlichen (bewusstseinsfähigen) Individuums, wie bei anderen Verbänden auch, schlicht mit dem bekannten Institut der organschaftlichen Vertretung zuzurechnen. Es geht um eine der Rechtsordnung gänzlich neue „maschinelle Willenserklärung", die man insoweit in den Verantwortungsbereich des Gesetzgebers verorten mag.[209] Schwerer wiegen indes die Zweifel an der Zweckmäßigkeit einer Stellver-

---

[204] *Teubner*, AcP 218 (2018) 155 (179 f.); zustimmend *Hennemann*, Interaktion und Partizipation, S. 239; ähnlich *Schirmer*, JZ 2016, 660 (664): „konstruiert"; sowie früh *Allen/Widdison*, Harv. J. L. & Tech. 9 (1996) 25 (46 ff.): „legal fiction".

[205] Grundlegend *Teubner*, AcP 218 (2018) 155 (177 ff., 182); bereits *Teubner*, ZfRSoz 27 (2006) 5 (16 ff.); *Gruber*, Jenseits von Mensch und Maschine, S. 133 (140 ff., 154 f.); *Kersten*, JZ 2015, 1 (7); *Schirmer*, JZ 2016, 660 (664); jew. mwN. jetzt *Hacker*, Datenprivatrecht, S. 611; *Hennemann*, Interaktion und Partizipation, S. 338.

[206] Eingehend *Teubner*, AcP 218 (2018) 155 (164 ff.); sowie bereits *Teubner*, ZfRSoz 27 (2006) 5 (5 ff.).

[207] Vgl. etwa *Wiebe*, Die elektronische Willenserklärung, S. 130 f.; *Grapentin*, Vertragsschluss und vertragliches Verschulden beim Einsatz von Künstlicher Intelligenz und Softwareagenten, S. 97.

[208] Darauf verweisend *Gruber*, Jenseits von Mensch und Maschine, S. 133 (140 ff.); *Teubner*, AcP 218 (2018) 155 (182); *Schulz*, Verantwortlichkeit bei autonom agierenden Systemen, S. 116 ff.

[209] So etwa *Hennemann*, Interaktion und Partizipation, S. 235 f.: fehle im Unterschied zur GbR an „jeder gesetzlichen Verankerung"; auch gegen andere durch Rechtsfortbildung eta-

tretungslösung. Ihre Kritiker machen geltend, der Weg über die Stellvertretung bürde Dritten ohne Berechtigung die Risiken des Maschinenverhaltens auf. Anders formuliert würden jene Risiken externalisiert. ‚Verantwortungslücken', die man mit der entsprechenden Anwendung der §§ 164 ff. BGB zu schließen sucht, würden mit ihr zudem, jedenfalls dann, wenn die Maschine selbst, wie bislang, nicht selbst haftet, überhaupt erst geschaffen, weil gegenüber dem Vertragspartner nunmehr kein Stellvertreter nach den Grundsätzen des § 179 BGB einstehe.[210] So oder so weist die Stellvertretungslösung einen Weg, wie sich Maschinenverhalten einer Korporation ohne den Umweg über das Individuum zuschreiben ließe. Im Ausgangspunkt stünden so auch der organschaftlichen Vertretung durch eine Maschine jedenfalls keine konstruktiven Bedenken entgegen.

b) Ein Organmodell: Zurechnung als genuin korporative Willenserklärung

Nach dem zur korporativen Handlungs(un)fähigkeit Gesagten können sowohl der gewohnte Weg der ‚Computererklärung' als auch die Stellvertretungslösung für unser Anliegen nur der individualrechtliche Ausgangspunkt eines spezifisch organisationsrechtlichen Modells sein. Darüber, ob und wie die Korporation im Rechtsverkehr tätig werden kann, entscheidet das Gesellschaftsrecht.

aa) Sinnvolle Abstraktionen

Dabei ist es hilfreich, sich zunächst klarzumachen, dass allen im Individualrecht angebotenen Lösungen ein rechtlicher Zuschreibungsakt zugrunde liegt. Die Ausgabe einer Maschine wird einer Rechtsperson zugeordnet, die diese Ausgabe nicht epistemisch kontrolliert. Sie *gilt* innerhalb des Rechts *als* Erklärung einer Rechtsperson, ohne außerhalb des Rechts tatsächlich Erklärung dieser Person zu sein. Vielleicht am deutlichsten zutage tritt dies im Rahmen eines an das Blankett angelehnten Modells, das Maschinenverhalten auf Tatbestandsebene als Eigenhandeln des Menschen begreift, nur um auf Rechtsfolgenebene das Recht der arbeitsteiligen Stellvertretung zur Anwendung zu bringen. Doch auch alle anderen Modelle ordnen das Maschinenverhalten einer Rechtsperson unabhängig von der epistemischen Kontrolle zu. Das gilt insbesondere für die ‚Computererklärung', die – das stellen ihre Kritiker insoweit völlig zurecht fest – eine

---

blierte nicht-menschliche Rechtssubjekte wurde der Vorwurf der Verfassungswidrigkeit erhoben, s. etwa *Canaris*, ZGR 2004, 69 (69 ff.); zur Vorsicht mahnend auch etwa *Lehmann*, AcP 207 (2007) 225 (255); sowie jüngst OLG Frankfurt NJW 2018, 1106 (1108): „Wer rechtsfähig ist, bestimmt der Gesetzgeber".

[210] *Wiebe*, Die elektronische Willenserklärung, S. 132; *Foerster*, ZfPW 2019, 418 (426); *Spindler*, Recht der elektronischen Medien, Vorb. §§ 116 ff. Rn. 7; *Paulus/Matzke*, ZfPW 2018, 431 (443 f.); *Kleiner*, Die elektronische Person, S. 52; unabhängig von der Haftung Verantwortungslücken befürchtend *Scherer*, Nev. L.J. 19 (2019) 259 (262 f.); *Bryson et al.*, Artif. Intell. Law 25 (2017) 273 (284); besonders laut ist die Kritik an einer ‚elektronischen Person' im technischen (und technikphilosophischen) Schrifttum, s. statt vieler *Yang et al.*, Sci. Robot. 3 (2018) 11: „would only exacerbate this problem".

menschliche Erklärung bloß fingiert: Mag der hinter der Maschine stehende Mensch ihre Ausgaben auch nicht länger vollumfänglich vorhersehen können – weil er die technischen Grenzen absteckt und zumindest den Einsatz verantwortet, werden ihm die Ausgaben *als eigene* Willenserklärungen wertend zugeschrieben.

Die ‚Computererklärung' weiß dabei noch immer zwei große Argumente auf ihrer Seite: Zunächst bleibt das Verhalten einer Maschine bislang in der Tat vorhersehbarer als das eines menschlichen Stellvertreters.[211] Zumindest hat der Mensch hinter der Maschine den Grad der Ungewissheit im Regelfall selbst in der Hand. Setzt er ein System ein, dessen Ausgaben er kaum vorhersehen kann, geht jedenfalls dessen stetige Teilnahme am Rechtsverkehr auf seinen Willen zurück. Zugleich, und damit ist letztlich nur die Kehrseite auf Rechtsfolgenebene angesprochen, führt die ‚Computererklärung' in der Regel zu einer interessengerechten Risikozuordnung, weil sie das Risiko demjenigen aufbürdet, dem die Maschine nutzt.[212] Weshalb der Nutzer die Vorteile des Maschinenverhaltens ernten, von nachteiligen Entscheidungen aber zu Lasten Dritter freigestellt werden sollte, bedürfte in der Tat nicht eingehender Begründung. Die Gratwanderung zwischen erwünschten und unerwünschten unvorhersehbaren Ausgaben fiele dann nur zu seinen Gunsten aus.[213] Beides lässt sich also einer Stellvertretungslösung entgegenhalten, die den Vertragspartner im Zweifel auf die bislang nicht mit einer Haftungssumme ausgestattete Maschine verweist. Unabhängig davon haben wir es auch und gerade hier mit einer wertenden Zuschreibung zu tun: Der Maschine, nun nicht länger Objekt, sondern Subjekt, werden die arbeitsteiligen menschlichen Handlungszusammenhänge, die für ihre Ausgaben verantwortlich sind, vom Recht als eigene zugeordnet. Wertend ist dieser Vorgang, weil es Befürworter für zweckgerechter halten, nicht den tatsächlich verantwortlichen menschlichen Veranlasser oder Nutznießer, sondern die Maschine selbst als rechtliche Handlungsträgerin zu begreifen. Unter der jedenfalls zweifelhaften Prämisse, damit die Risiken des Maschinenverhaltens gerechter zu verteilen.

Wir haben gesehen, dass auch und gerade *Gierkes* Lehre von der Verbandsperson, die die romanistischen Fiktionstheorien für die Betonung des ‚fiktiven' Charakters der juristischen Person scharf angriff, ihrerseits eine ‚Fiktionstheorie'[214] oder treffender: eine Abstraktionstheorie war.[215] Ähnliches lässt sich in der

---

[211] Aus technischer Sicht stellvertretend *Hernández-Orallo*, Artif. Intell. Rev. 48 (2017) 397 (398).

[212] Eingehend *Wiebe*, Die elektronische Willenserklärung, S. 216 ff., 233 ff.; *Möslein*, ZHR 183 (2019) 254 (273 f.); *Paulus/Matzke*, ZfPW 2018, 431 (444 f.); *Schulz*, Verantwortlichkeit bei autonom agierenden Systemen, S. 105, 109; ausdrücklich Rechtfertigung der Zurechnung als eigene Willenserklärung mit dem ‚Risikoprinzip' *Spindler*, Robotik im Kontext von Recht und Moral, S. 64.

[213] Zu dieser Gratwanderung oben § 2 A B.

[214] Vgl. *Flume*, Die Juristische Person, § 1 II (S. 18).

[215] Vgl. oben § 3 A I.

oben skizzierte Diskussion konstatieren: Die Ausgaben der Maschine sind „an sich“ ebenso wenig ihre Erklärungen wie die Erklärungen der Organwalter „an sich“ solche des Verbands sind. Insoweit muss der heute von Befürwortern einer Stellvertretungslösung ins Feld geführte Vorwurf, die ‚Computerklärung‘ sei eine Fiktion, für sich genommen ebenso ins Leere gehen, wie im 19. Jahrhundert der Fiktionsvorwurf der Germanisten ins Leere ging. Heute wie gestern wird schlicht eine Abstraktion durch eine andere, möglicherweise zweckmäßigere ersetzt. Das Problem der ‚Computererklärung‘ ist denn auch nicht die Abstraktion als solche, sondern die Tatsache, dass ihre Befürworter sie nicht hinreichend offenlegen und begründen. So oder so sind alle im Individualrecht angebotenen Modelle Zurechnungsmodelle, präziser: Modelle der Eigenzurechnung. Gekämpft wird mit schweren Geschützen, dem ‚Willensdogma‘, der individualistischen Autonomiekonzeption der Privatrechtsordnung oder dem Verdikt der Verfassungswidrigkeit, doch am Ende um die sinnvollste Abstraktion. Die Frage lautet: Wem sollte das Maschinenverhalten sinnvollerweise zugeschrieben werden, um Nutzen und Risiken gerecht und effizient zu verteilen?

Soll die Körperschaft ohne ein Individuum am Rechtsverkehr teilnehmen können, gibt es darauf nur eine Antwort: Ihr selbst. Im Modell der ‚Computererklärung‘ bleibt der Mensch notwendig als Zwischensubjekt der Zurechnung im Spiel. Ohne dass sich dafür in unserem Fall zwingende Gründe finden ließen. Das Willensdogma, ob dem Privatrecht (noch) eigen oder nicht, kann für die Körperschaft keine Geltung beanspruchen, weil es hier schon im Ausgangspunkt nur um das konstruktive Rechtshandeln einer ‚an sich‘ Handlungs- und Willensunfähigen geht. Dabei zeugt die juristische Organperson heute davon, dass auch das Handeln, das der Korporation im Rechtsverkehr zugerechnet wird, nur durch das Recht konstruiertes Handeln sein kann. Vor allem aber folgt die Tatsache, dass die körperschaftliche Zurechnung heute am Ende der Zurechnungskette die Willenserklärung eines Menschen erfordert, keinem Sachgesetz, sondern Zweckmäßigkeitserwägungen. Bislang war der Verband rein tatsächlich auf ein unmittelbar tätiges Individuum angewiesen. Sollte er am Rechtsverkehr teilnehmen, mussten die gesellschaftsrechtlichen Organisationsgesetze einen Weg finden, ihm menschliches Verhalten rechtlich zuzuordnen. Sie griffen dafür weitgehend auf das individualrechtliche Institut der Stellvertretung zurück, ohne dass dieser Rückgriff zwingend geboten wäre. Die Anleihe beim Individualrecht führt bislang schlicht zu interessengerechten Ergebnissen.[216] Die individualrechtlichen Stellvertretungsregeln können, müssen aber nicht, ja dürfen nicht vollumfänglich zur Anwendung gebracht werden, sollte das Organisationsrecht etwas Abweichendes normieren. Schon heute wird etwa § 165 BGB im Organisationsrecht regelmäßig insoweit überschritten, als dass nur unbeschränkt Geschäftsfähige berechtigt sind, den Verband organschaftlich zu vertreten (vgl. § 76 III S. 1 AktG,

---

[216] Besonders deutlich erneut *Schürnbrand*, Organschaft im Recht der privaten Verbände, S. 22.

§ 6 II S. 1 GmbHG). Das Organisationsrecht kann die Norm umgekehrt aber auch unterschreiten. Der im Individualrecht gegen die Stellvertreterlösung ins Feld geführte Umkehrschluss aus § 165 BGB, wonach der Vertreter jedenfalls beschränkt geschäftsfähig sein müsse, läuft hier also ins Leere. Gleiches gilt für den im Individualrecht durchschlagenden Vorwurf, der Weg über die §§ 164 ff. BGB analog belaste entgegen der Wertung des § 179 I BGB ohne sachliche Rechtfertigung den Vertragspartner.[217] Im Organisationsrecht ist die Vertretungsmacht schon heute regelmäßig unbeschränkt und unbeschränkbar (vgl. § 126 II HGB, § 82 I AktG, § 37 II GmbHG, § 27 II GenG).[218]

Begreift man die Maschine dagegen schon im Individualrecht als (teil-)rechtsfähiges Subjekt, ihre Ausgaben als maschinelle Willenserklärungen, die einer Rechtsperson gem. §§ 164 ff. BGB zugerechnet werden können, steht einem maschinellen Organwalter aus rechtsgeschäftlicher Sicht kein konstruktiver Einwand entgegen. Am Ende der Kette braucht in diesem Fall kein Mensch mehr zu stehen. Das Modell wäre nur an die Eigenarten der organschaftlichen Vertretung anzupassen. Indes ist mit dem Zwischenschritt, das Maschinenverhalten zunächst der Maschine selbst zuzuschreiben, kein Vorteil verbunden. Für die entsprechende Normanwendung ist es nicht notwendig, der Maschine selbst Rechte zuzuordnen. Schon das Blankett zeugt davon, dass es für die punktuelle Anwendung der §§ 164 ff. BGB keine Willenserklärung einer anderen Rechtsperson braucht.[219] Ebenso wenig wird durch die bloße Analogie ein (Teil-)Rechtsstatus der Maschine begründet.[220] Die Rechtsordnung ordnet in diesem Fall nur der Korporation das Recht zu, sich Maschinenverhalten im Rechtsverkehr als eigene Willenserklärung zurechnen zu lassen. Ein originäres Recht der Maschine, zu vertreten, erwächst daraus nicht ohne Weiteres. Folgerichtig gibt es auch im Individualrecht die Überlegung, einer Rechtsperson maschinelle Ausgaben, ob über eine Analogie oder eine zu verfassende Rechtsnorm, nach den Regeln des Stellvertretungsrechts zuzurechnen, ohne die Maschine im selben Atemzug zum Subjekt zu küren. *Hennemann* spricht insoweit von einer ‚fingierten' „Erklärung ohne Erklärenden" und trifft es damit gut. Das Maschinenverhalten würde zwar mithilfe der §§ 164 ff. BGB zugerechnet, aber erst durch den Zurechnungsakt zu einer rechtserheblichen Erklärung. Die Maschine „wäre Vehikel einer Erklärung,

---

[217] Zu diesem Einwand hier nur *Hennemann*, Interaktion und Partizipation, S. 342, 346.

[218] Einzig die sachliche Vertretungsmacht des Vereinsvorstands und -liquidators kann mit Außenwirkung beschränkt werden (vgl. §§ 26 II S. 2, 48 II, 40 BGB); für die Normierung einer mit den § 126 II HGB, § 82 I AktG, § 37 II GmbHG, § 27 II GenG vergleichbaren Regelung für den Einsatz eines maschinellen Stellvertreters *Schirmer*, JZ 2016, 660 (664).

[219] *Linardatos*, Autonome und vernetzte Aktanten, S. 122 f., sowie eingehend zur analogen Normanwendung ohne maschinellen Rechtsstatus ebd., S. 155 ff., 159 ff.

[220] Dezidiert für eine maschinelle Teilrechtsfähigkeit *Schirmer*, JZ 2016, 660 (663 ff.); *Schirmer*, JZ 2019, 711 (716 ff.); *Teubner*, AcP 218 (2018) 155 (182 f.); *Gruber*, Jenseits von Mensch und Maschine, S. 133 (140 ff.); gegen die Figur der Teilrechtsfähigkeit im allgemeinen Rahmen statt vieler *Klingbeil*, AcP 217 (2017) 848 (859 f.); *Lehmann*, AcP 207 (2007) 225 (234 f., 237); dafür etwa *Fabricius*, Relativität der Rechtsfähigkeit, 1963, S. 117 ff.

aber eben nicht nur Bote“[221]. Freilich ‚fingiert‘ auch das Blankett eine „Erklärung ohne Erklärenden“. Und auch der Kniff der ‚Computererklärung‘, dem hinter der Maschine stehenden Menschen etwas als eigene Willenserklärung zuzurechnen, was er epistemisch nicht kontrolliert, ist nicht weniger ‚fiktiv‘. Dies herauszustellen, gehört zu den Verdiensten der Befürworter einer Stellvertretungslösung, die freilich ebenfalls ein Fiktionsmodell anbieten, das die ‚an sich‘ nicht handlungsfähige Maschine als rechtliche Handlungsträgerin ‚fingiert‘. Allen Modellen des Individualrechts ist die Fiktion oder präziser: die Abstraktion gemein. Feilgeboten werden Modi der Eigenzurechnung, die das Maschinenverhalten als Willenserklärung der Rechtsperson abstrahieren, die als rechtlicher Handlungsträger *gelten sollte*. In unserem Fall spricht dabei alles dafür, maschinelle Ausgaben ohne Umweg über den Menschen oder die Maschine unmittelbar als solche des Verbands selbst zu begreifen. Dem Verband würde dann nicht länger die fremde Willenserklärung einer Rechtsperson, sondern die Ausgabe eines Rechtsobjekts, die ‚an sich‘ keine Willenserklärung eines Vertreters darstellt, als eigene, genuin *korporative* Willenserklärung zugeordnet. Es verbliebe bei der Eigenzurechnung, wobei wie bislang die Regeln der §§ 164 ff. BGB so weit Anwendung fänden, wie sie nicht von Organisationsrecht überlagert werden. Geschraubt wird dabei nicht an der Geschäftsfähigkeit der Maschine, sondern an der Geschäftsfähigkeit der Korporation: Sie könnte sich am Rechtsverkehr beteiligen, ohne auf das rechtsgeschäftliche Handeln einer anderen Rechtsperson angewiesen zu sein. Ihr Recht, sich im Rechtsverkehr organschaftlich vertreten zu lassen, korrespondierte nicht länger mit einem Pflichtrecht ihrer Organwalter, zu vertreten.

bb) Die maschinelle Willenserklärung des Verbands

Indes wäre auch in diesem Fall zu bestimmen, unter welchen Voraussetzungen maschinelles Verhalten als rechtsgeschäftlichen Handeln des Verbands gelten soll. Bislang muss der Erklärende einen äußeren Erklärungstatbestand bewusst setzen und erkennen können, dass sein Verhalten rechtserheblich ist, wobei jedenfalls sein Wille, eine ganz konkrete Rechtsfolge herbeizuführen nicht konstitutiv ist.[222] Bei dieser Struktur bleibt es auch im Rahmen der organschaftlichen Stellvertretung. Das Organ gibt im Namen der Korporation und im Rahmen der Vertretungsmacht eine Willenserklärung ab, die unmittelbar für und gegen die Korporation wirkt.[223] *Objektiv* kann es auch in unserem Fall ohne Weiteres bei den vertrauten Voraussetzungen bleiben: Die Maschine muss den Willen des Ver-

---

[221] *Hennemann*, Interaktion und Partizipation, S. 341; vgl. zu *gesetzlich* fingierten Willenserklärungen hier nur MüKoBGB/*Armbrüster* Vor. § 116 Rn. 12 f.

[222] Für einen Überblick über den (historischen) Streit, ob die Willenserklärung subjektive Tatbestandsmerkmale voraussetzt, und wenn ja, welche *de la Durantaye*, Erklärung und Wille, S. 25 ff.

[223] Erneut statt aller BeckOGKAktG/*Fleischer* § 78 Rn. 5.

bands nach außen verlautbaren, also objektive Anhaltspunkte für einen Rechtsbindungswillen des Verbands schaffen.

Die entscheidende Frage lautet, ob das schon ausreicht, sich die Erklärung also nur nach äußerlich Wahrnehmbarem bemessen soll oder auch „innere" Rechenprozesse der Maschine relevant sind. Handlungswille, Erklärungsbewusstsein oder Geschäftswille sind mit Blick auf eine Maschine, die auch dann, wenn sie ihr algorithmisches Modell fortlaufend ändert, schlicht vom Menschen geschaffenen Code ausführt, offensichtlich falsche Kategorien. Doch damit ist noch nicht gesagt, dass sich auch die bekannte Struktur des Erklärungstatbestandes verändern muss. Die Willenserklärung könnte sich auch künftig in äußere und innere Elemente spalten.[224] Vertreter einer Stellvertretungslösung lassen meist nicht all das, was rein äußerlich auf eine Willenserklärung hindeutet, auch als Willenserklärung gelten. Sie suchen das maschinelle Gegenstück zum menschlichen Erklärungsbewusstsein etwa in ihren „kognitiven Kommunikationsfähigkeiten"[225]. Umgekehrt *müsste* es nicht bei der Trennung bleiben. Der Wortlaut des BGB gibt die Trennung in objektiv und subjektiv nicht vor.[226] Zumal ihn das Organisationsrecht, selbst wenn er dies täte, ohne Weiteres überlagern könnte. Und in unserem Fall spricht wenig dafür, auf innere Rechenprozesse der Maschine abzustellen. Es sollte vielmehr genügen, dass das Maschinenverhalten aus der Sicht eines objektiven Empfängers auf die Begründung von Rechtsfolgen gerichtet ist.[227] Dafür spricht zunächst die Rechtssicherheit. Die subjektiven Elemente passen auf Maschinen nicht und lassen sich nur schwierig ersetzen. Bei den im Schrifttum angebotenen Äquivalenten bleibt oft offen, was daraus im Einzelfall folgen soll. Dabei bereitet die Legitimität der rechtlichen Bindung an bloß äußerlich wahrnehmbare Zustände der Maschine jedenfalls im Rahmen der maschinellen Organwaltung keine Probleme. Zurechnungsgrund ist das Einsetzen einer Maschine als Organwalter. Der Bestellungsakt bildet einen subjektiven Anknüpfungspunkt, aus dem hervorgeht, dass der Verband sich den von der Maschine begründeten Leistungspflichten unterwerfen möchte. Lässt man dafür äußerlich wahrnehmbares Maschinenverhalten ausreichen, bekundet der Verband zu Beginn seinen Willen, sich all das, was objektiv auf die Begründung von Rechtsfolgen hindeutet, zunächst auch als solche zurechnen zu lassen. Mit der Folge einer interessengerechten und effizienten Risikozuordnung: Als Nutznie-

---

[224] Vgl. *Teubner*, AcP 218 (2018) 155 (183 f.); *Linardatos*, Autonome und vernetzte Aktanten, S. 169 ff.; *Hennemann*, Interaktion und Partizipation, S. 339 ff.

[225] *Teubner*, AcP 218 (2018) 155 (183 f.); ähnlich *Hennemann*, Interaktion und Partizipation, S. 339: „Kommunikations- und Partizipationsmoment".

[226] Früh im allgemeinen Zusammenhang etwa *Musielak*, AcP 211 (2011) 769 (794); im vorliegenden Zusammenhang darauf aufmerksam machend *Schirmer*, JZ 2016 660 (664); *Linardatos*, Autonome und vernetzte Aktanten, S. 134.

[227] Für objektive Modelle maschineller Willenserklärungen etwa *Wiebe*, Die elektronische Willenserklärung, S. 199 ff.; *Kleiner*, Die elektronische Person, S. 45 ff.; im allgemeinen Rahmen für ein objektives Modell der Willenserklärung jüngst *de la Durantaye*, Erklärung und Wille, S. 40 ff.

ßer des unvorhersehbaren Maschinenverhaltens trägt er dann zunächst auch die Nachteile. Die Gratwanderung fällt nicht nur zu seinen Gunsten aus. Ein Korrektiv bieten dabei wie gewohnt die Regelungen der §§ 116–124 BGB.[228] Bedeutung entfaltet dieses Korrektiv in unserem Zusammenhang etwa bei der fehlerhaften Reaktion der Maschine auf unbekannte (*Irrtum*) oder manipulierte (*Täuschung*) Eingabedaten.[229]

Ein tiefer gesetzgeberischer Eingriff wäre jedenfalls für die Zurechnung der Willenserklärung nicht erforderlich. Wie für die juristische Organperson genügt aus rechtsgeschäftlicher Sicht die Klarstellung, dass die Gesellschaft im Rechtsverkehr mithilfe einer Maschine rechtsgeschäftlich tätig werden kann. Den Verweis auf die entsprechende Anwendung der Stellvertretungsregelungen gibt es bereits (vgl. § 26 I S. 1 2. Hs. BGB, § 78 I AktG). Davon ausgehend ließe sich das rechtsgeschäftliche Handeln der Korporation durch die selektive Anwendung der §§ 164 ff. BGB wie bisher passgenau entwickeln. Wobei die organschaftliche Zurechnung nun auch den Eigenarten maschinellen Verhaltens Rechnung tragen müsste. Freilich mag es wünschenswert erscheinen, weitere (dann rechtsformspezifische) Normen mitzuliefern. Rechtstechnisch notwendig scheint dies nicht.

Das Organisationsrecht weicht überall dort, wo Eigenarten des korporativen Handeln dies erforderlich machen, vom Institut der Stellvertretung ab, um zu interessengerechten Ergebnissen zu gelangen. Schillerndstes Beispiel ist der § 165 BGB, der regelmäßig verdrängt wird und dabei eben nicht nur über-, sondern auch unterschritten werden kann. Das Organisationsrecht ist imstande, die Regeln der Stellvertretung auch für ein geschäftsunfähiges Objekt entsprechend zur Anwendung zu bringen. Wobei die entsprechende Anwendung des Stellvertretungsrechts auch in unserem Fall einen interessengerechten Ausgleich zwischen der Selbstbestimmung des Verbands und dem Schutz des Vertrauens Dritter ermöglicht. Die Korporation ist dann nicht länger auf das Handeln einer fremden Rechtsperson angewiesen, das als eigenes zugerechnet wird. Vielmehr gilt das Verhalten eines Rechtsobjekts unmittelbar als Rechtshandeln der Korporation.

cc) Offenkundigkeit, Handlungsmacht, Publizität

Freilich blieben viele Folgefragen offen. Zunächst stellt sich die Frage, ob am *Offenkundigkeitsprinzip* festzuhalten wäre.[230] Ein Vertreter muss die Fremdwirkung des Handelns offenlegen, indem er im Namen des Vertretenen handelt. Der Vertragspartner erkennt so, dass er nicht mit der Rechtsperson, die ihm gegen-

---

[228] Zur entsprechenden Anwendung der §§ 116 ff. BGB im Rahmen der organschaftlichen Vertretung statt aller MüKoAktG/*Spindler* § 78 Rn. 94 mwN.; zur Bedeutung des Irrtumsrechts als (effizientes) Korrektiv jüngst *de la Durantaye*, Erklärung und Wille, S. 249 ff.

[229] Zu diesem technischen Risiko oben § 2 B II 2.

[230] Zur Anwendung des Offenkundigkeitsprinzips im Organisationsrecht stellvertretend *Altmeppen*, GmbHG § 35 Rn. 31 ff.; *Schürnbrand*, Organschaft im Recht der privaten Verbände, S. 22; s. aber *Beuthien*, FS Zöllner, S. 87 (101): „Rückgriff auf § 164 I 1 BGB [Offenheitsprinzip] entbehrlich".

übertritt, selbst, sondern einem dahinterstehenden Vertretenen kontrahiert.[231] Wird die Maschine nicht als Rechtsperson tätig, besitzt sie weder eine rechtliche Identität noch eine private Sphäre. Einziger möglicher Vertragspartner bleibt der Verband. Anders ausgedrückt: Weil die Maschine im vorliegenden Modell keinen eigenen Namen besitzt, könnte sie auch nicht in eigenem Namen auftreten. Indes haben Vertragspartner auch in diesem Fall ein schützenswertes Interesse, zu erfahren, mit wem sie kontrahieren. Zugleich hat der Rechtsverkehr angesichts der spezifischen Risiken maschinellen Handelns ein berechtigtes Interesse daran zu erfahren, dass der Verband maschinell am Rechtsverkehr teilnimmt. Aus dem Verhalten der Maschine sollte also hervorgehen müssen, dass ein Verband an dieser Stelle im Wege der maschinellen Organwaltung agiert.

Sodann stellt sich die Frage der *Handlungsmacht*. Zum Schutz des Rechtsverkehrs sollte der maschinelle Organwalter nur dort eingesetzt werden dürfen, wo die Vertretungsmacht des Handlungsorgans nicht beschränkt werden kann. Der zentrale Einwand, dass der Vertragspartner im Rahmen einer Stellvertretungslösung auf die nicht haftende Maschine verwiesen würde, liefe in unserem Fall also weitgehend ins Leere. Freilich sollte auch die Maschine den Verband nur dann wirksam verpflichten können, wenn sie wirksam implementiert und nicht (für den Rechtsverkehr erkennbar) wieder ihrer Position enthoben wurde. Zugleich gälte es auch hier in gravierenden Ausnahmefällen Grenzen zu ziehen. Insbesondere sollte dort, wo ein Dritter mit dem maschinellen Organwalter kollusiv zusammenwirkt, die Rechtsfolge des § 181 BGB greifen. Und dort, wo sich das Maschinenverhalten evident außerhalb der Handlungsmacht befindet, § 242 BGB. Bedeutung würde dabei angesichts der sich häufenden Fälle „algorithmischer Kollusion" vor allem § 181 BGB erlangen.

Größere Schwierigkeiten bereitet der Grundsatz, dass ein Verband seine Vertretungsverhältnisse bislang offenlegen muss. Ein Gesetzgeber, der das Handlungsorgan für Maschinen öffnet, müsste die *Publizität* gewährleisten oder für einen entsprechenden Ersatz sorgen. Der Rechtsverkehr müsste auch künftig darauf vertrauen können, mit dem nun maschinell verwalteten Verband wirksame Geschäfte schließen zu können. Vorstöße, wie dieses Vertrauen geschaffen werden kann, wurden bereits gemacht. Entwickelt wurden im Zusammenhang mit einer ‚elektronischen Person' etwa entsprechende Registerlösungen.[232] Bislang werden dabei intensive Registrierungspflichten formuliert. Die Registrierung soll hier die Dokumentation einer Registernummer, den möglichen Einsatzbereich der Maschine, ihre technischen Fähigkeiten und rechtlichen Kompetenzen, die Höhe der Haftungssumme sowie die Namen der an der Herstellung, Programmierung und Nutzung beteiligten Personen umfassen.[233] Dies scheint im

[231] Statt aller MüKoBGB/*Schubert* § 164 Rn. 17.

[232] Statt vieler jüngst *Linardatos*, Autonome und vernetzte Aktanten, S. 520 f., 529 ff.; *Kleiner*, Die elektronische Person, S. 156 f.; früh fordernd etwa *Allen/Widdison*, Harv. J. L. Tec. 9 (1996) 25 (42).

[233] Vgl. *Linardatos*, Autonome und vernetzte Aktanten, S. 520 f.

Rahmen der bloßen Organwaltung nicht notwendig zu sein.[234] Hier bietet schon die Publizität der juristischen Person selbst zusätzliche Sicherheiten. Formuliert wurde daneben auch der Vorschlag, in Zukunft die Blockchaintechnologie als Publizitätsmedium zu nutzen. Damit verbinden sich eine Reihe von Vorteilen: Möglich würde ein transnationales Publizitätsmedium, zugleich entfielen die Transaktionskosten eines Registers.[235] Freilich bleibt abzuwarten, ob und wie sich die Künstliche Intelligenz künftig tatsächlich derart mit der Blockchaintechnologie verschränken lässt.

c) Zwischenergebnis

Fassen wir zusammen: Wie wird aus maschinellem, korporatives Verhalten? Fatal sind jedenfalls die Folgen des tradierten Verständnis, wonach die Ausgabe einer Maschine nur als menschliche Willenserklärung rechtsgeschäftliche Wirkungen entfalten kann. Müsste es dabei bewenden, scheiterte die Idee einer von Maschinen verwalteten Korporation schon an der allgemeinen Rechtsgeschäftslehre. Indes mag es im Individualrecht zweckmäßig erscheinen, am Menschen als notwendiges Zwischensubjekt der Zurechnung festzuhalten. Schon hier wachsen die Zweifel, je größer der Spielraum wird, den wir Maschinen zugestehen. Vor allem aber verfangen die sachlichen Erwägungen der ‚Computererklärung' auf Ebene des Organhandelns nicht: Das Willensdogma, ob dem deutschen Privatrecht (noch) immanent oder nicht, kann jedenfalls für die juristische Person keine Geltung beanspruchen, weil es hier schon im Ausgangspunkt nur um konstruktives Wollen als Ergebnis einer Abstraktion geht. Zugleich greifen im Organisationsrecht gleich mehrere Einwände gegenüber einer Stellvertretungslösung nicht: Das Organisationsrecht kann ohne Weiteres über die §§ 165, 179 III BGB hinweggehen. Weil die organschaftliche Vertretungsmacht schon heute nach außen unbeschränkt und regelmäßig unbeschränkbar ist, ist zudem die Gefahr gering, dass Vertragspartner auf eine nicht haftende Maschine verwiesen werden.

Wer die §§ 164 ff. BGB schon im Individualrecht entsprechend zur Anwendung bringt, wird dagegen auch gegenüber der organschaftlichen Vertretung keine konstruktiven Bedenken äußern. Mit einem originären Rechtsstatus des maschinellen Organwalters wäre an dieser Stelle indes nichts gewonnen. Um zur Anwendung der §§ 164 ff. BGB zu gelangen, ist er weder notwendig noch zweckmäßig. Angezeigt und gangbar scheint stattdessen ein Modell, das die Ausgaben der Maschine unmittelbar als Willenserklärung der Körperschaft selbst begreift und dabei die Regeln der §§ 164 ff. BGB entsprechend zur Anwendung bringt. Einer von Maschinen verwalteten Korporation können die Ausgaben eines Rechtsobjekts als eigene, genuin korporative Willenserklärungen zugerechnet werden. Weder muss die Maschine dafür vorab eine originäre Rechtsperson sein

[234] Gegen notwendige Publizität eines „KI-Vorstands" auch *Calabro*, Künstliche Intelligenz und Corporate Governance, S. 75 f.

[235] Eingehend *Paal*, ZGR 2017, 590 (608 ff.).

noch wird durch ein solches Modell ihre wie auch immer geartete (Teil-)Rechtsfähigkeit begründet. Soweit es wie hier nur um die Anwendung von Zurechnungsnormen geht, ist damit keine Zuweisung einer Rechtsposition an die Maschine verbunden. Die Ansicht, mit einer Körperschaft, die nicht mehr mit Menschen, sondern einer Maschine am Rechtsverkehr teilnimmt, gehe notwendigerweise die (Teil-)Rechtsfähigkeit dieser Maschine einher, unterliegt dem anthropomorphen Irrtum, die Maschine verantworte ‚ihre' Ausgaben, sei anders als die Körperschaft Entscheidungsträger, eben ‚natürlich' handlungsfähig. ‚An sich' verantwortet die Maschine ‚ihre' Ausgaben indes ebenso wenig, wie die Körperschaft. Die moralische Verantwortung für das Maschinenverhalten verbleibt einzig bei den Menschen dahinter.[236] Dem Recht ist es dann unbenommen die rechtliche Verantwortung diesen Menschen, der Maschine oder eben unmittelbar einer Körperschaft zuzuschreiben. Ein Organmodell, das am korporativen Zurechnungsmechanismus ansetzt und die Ausgabe eines ‚an sich' nicht handlungsfähigen Rechtsobjekts der ‚an sich' nicht handlungsfähigen juristischen Person als eigene Willenserklärung zurechnet, hätte dabei alle Argumente auf seiner Seite.

2. Delikte

Wer handelt, muss auch die Verantwortung für dieses Handeln tragen. Auch ein Verband, der auf Knopfdruck am Rechtsverkehr teilnimmt, müsste also deliktisch zur Verantwortung gezogen werden können. Bislang haftet der Verband nach § 31 BGB (analog) für drittschädigendes Verhalten seiner Repräsentanten. Bei der Frage, ob sich auch die deliktische Haftung einer von Maschinen verwalteten Korporation rechtstechnisch entwickeln lässt, hilft es, sich dem Problem am Fall zu nähern: Eine autonome Drohne, die die Geschäfte einer GmbH führt, könnte während eines Flugs einen Passanten verletzen. Als schadensursächlich könnte sich dabei im Nachhinein erweisen, dass sie den Passanten nicht als solchen klassifiziert hat, obwohl ihr neuronales Netz mit Trainingsdaten und Lernalgorithmen trainiert wurde, die dem technischen Standard entsprechen. Ein sorgfältig agierender Mensch hätte den Passanten ohne Weiteres erkannt. Lässt sich das Maschinenverhalten dem Verband nun deliktisch zurechnen? Weist schon § 31 BGB einen Weg, die Haftung zu begründen? Und müssten wir uns die Drohne selbst dafür als originäres Haftungssubjekt vorstellen?

a) Zurechnung zum Verband

aa) § 31 BGB als offene Transfernorm

Als bloße Kehrseite des Handelns blieb ursprünglich bekanntermaßen auch das Delikt dem Menschen vorbehalten. Deliktischer Haftungsadressat war das Individuum, und nur das Individuum. Die Korporation fristete ein Dasein als handlungs- und deshalb auch deliktsunfähiges Wesen. Zum originären Delikts-

[236] Vgl. oben § 2 A III 2, IV.

schuldner wird sie in Deutschland erst durch § 31 BGB. Als der Gesetzgeber die Norm verfasst, widmet sich das Privatrecht auch an dieser Stelle ganz dem Kampf um das ‚Wesen' der juristischen Person. Beim Kampf um das „Ob", blieb dabei wie so oft das „Wie" auf der Strecke: Die Verfasser des BGB sind einerseits penibel darum bemüht, sich nicht auf eine Seite zu schlagen.[237] Andererseits können sie angesichts des ganz grundsätzlichen Systemkampfes im Schrifttum noch nicht auf ein konsentiertes Modell der korporativen Deliktshaftung zurückgreifen. Das erklärt, weshalb sich dem Gesetzestext bis heute nichts Endgültiges dazu entnehmen lässt. Der Gesetzgeber konzipierte § 31 BGB in Reaktion auf die allgemeine Unsicherheit zunächst als „offene[s] Ventil"[238]: Er stellte klar, *dass* der Verband für das Verhalten seiner Repräsentanten deliktisch einstehen muss, aber nicht *wie*.

Lange konnte sich so deshalb selbst die These halten, auch § 31 BGB sei noch immer Ausdruck eines vom Leitbild der Individualhaftung geprägten Deliktsrechts, das als widerrechtlich und schuldhaft Handelnden eben nur das Individuum kenne und selbst mit Verkehrspflichten deshalb nur den Menschen im Innern der juristischen Person in den Blick nehme. Nüchtern betrachtet gibt das Gesetz diese Interpretation freilich nicht her. § 31 BGB bejaht das „Ob" der körperschaftlichen Deliktsfähigkeit unmissverständlich. Nur das „Wie" liegt in der Hand des Rechtsanwenders.[239] Insoweit ist man sich heute jedenfalls darin einig, dass § 31 BGB das individualistische Deliktsrecht um eine korporative Dimension erweitert: Begeht ein Organwalter ein Delikt in korporativer Funktion, tritt auch die juristische Person als Deliktstäter auf. Darüber, ob dabei auch der Organwalter selbst haftet, soll nach üblicher Lesart die Weichenstellung entscheiden, ob er ein eigenhändiges Delikt begangen oder eine Verkehrspflicht des Verbands selbst verletzt hat. Ersteres führt in die kumulative Mithaftung, Letzteres in die originäre Verantwortlichkeit des Verbands.[240] Wird unsere Drohne

---

[237] Vgl. *Mugdan*, Gesammelte Materialien zum BGB, 1899, S. 409, 609; vgl. auch *Wagner*, ZGR 2016, 112 (126); sowie umfassend *Schirmer*, Das Körperschaftsdelikt, S. 173 ff.; die Frage, ob § 31 BGB nicht doch eine ‚Organtheorie' in Gesetzestext gießt (so insb. BGHZ 98, 148 [151 ff.] sowie *K. Schmidt*, Gesellschaftsrecht § 10 I [S. 251]; aA. *Flume*, Juristische Person, § 11 III [S. 381 ff.]), muss hier schon deshalb nicht entschieden werden, weil daraus, also letztlich aus dem ‚Wesen' der jur. Person allein, ob real oder fiktiv, handlungsfähig oder -unfähig, im Ergebnis doch keine rechtlichen Schlüsse gezogen werden könnten, vgl. dazu oben § 3 A I, III 3 c).

[238] Treffend *Schirmer*, Das Körperschaftsdelikt, S. 182.

[239] Eingehend *Schirmer*, Das Körperschaftsdelikt, S. 177 ff., 182; *Kleindiek*, Deliktshaftung, S. 206 ff., 214 ff.; auch MüKoBGB/*Wagner* § 823 Rn. 119: „historische Gesetzgeber hat die konstruktiven Fragen der Verbandsdeliktshaftung ausdrücklich offengelassen bzw. der Wissenschaft überlassen"; im Ergebnis auch *Schürnbrand*, Organschaft im Recht der privaten Verbände, S. 20: „undoktrinär[e]" Entscheidung für Deliktsfähigkeit; zur Entstehung des § 31 BGB auch *Flume*, Juristische Person, § 11 III (S. 381 ff.).

[240] Grundlegend *Kleindiek*, Deliktshaftung, S. 214 ff., 238 ff.; *Spindler*, Unternehmensorganisationspflichten, S. 844 ff., 857 ff.; *Sandmann*, Die Haftung von Arbeitnehmern, Geschäftsführern und leitenden Angestellten, S. 428 ff.; zustimmend auch *Schürnbrand*, Organ-

also von einem menschlichen Geschäftsführer gesteuert, ist dieser zum Schadensersatz verpflichtet, wenn er mit dieser während eines geschäftlich veranlassten Flugs einen Passanten verletzt. Er hat in diesem Fall gegen eine jedermann obliegende Pflicht verstoßen und einen deliktischen Tatbestand eigenhändig verwirklicht. Daneben tritt erst in einem zweiten Schritt die Haftung der Gesellschaft. Verletzt er dagegen eine Verkehrspflicht, gilt seine schuldhafte Pflichtverletzung ohne Rückstände als solche des Verbands. Nur im Einzelfall, bei eigenständig zu begründenden Garantenpflichten, trifft ihn selbst eine Haftungspflicht. Weil die Zurechnung an den Verband die Haftung des Organwalters nur dann ausschließt, wenn eine mittelbare Rechtsverletzung in Rede steht, wirkt § 31 BGB rechtstechnisch als gesetzlicher Schuldbeitritt und Transfernorm im Stile des § 278 BGB zugleich. Hier dehnt er die Haftung des Organwalters nur auf den Verband aus. Dort lässt er den Verband im Rahmen eines echten Haftungstransfers als einzigen Deliktstäter zurück.[241]

Dass diese Unterscheidung methodisch nicht zufrieden stellen kann, liegt auf der Hand. Zumal sich eine normative Rechtfertigung dafür nicht erkennen lässt: Wer § 31 BGB unbefangen liest, findet kein Anzeichen dafür, der Korporation das Delikt bei unmittelbaren Verletzungshandlungen als ein Delikt des Organs zuzurechnen und bei Unterlassungen und mittelbaren Verletzungshandlungen originär selbst durch das Organ begehen zu lassen. Auch in der Sache kann die Unterscheidung zwischen mittelbaren und unmittelbaren Verletzungshandlungen keine Begründung liefern, weshalb bei Letzteren ein Schuldbeitritt zur Haftung eines anderen notwendig sein sollte. Sie wurde zur Differenzierung von Handlungs- und Erfolgsunrecht auf Ebene der Rechtswidrigkeit entwickelt.[242] Und *Schirmer* hat jüngst herausgearbeitet, dass § 31 BGB jedenfalls nicht zum ungleichen Zurechnungsmodell zwingt. Ausgehend von den Wertungen des Körperschafts- und Deliktsrechts lässt sich die Regelung ohne Weiteres auch als Modell originärer Verantwortlichkeit des Verbands verstehen.[243] § 31 BGB wirkt dann in keinem Fall als *reaktiver* Schuldbeitritt, sondern stets als *proaktive* Transfernorm, die den Verband aufgrund der Verletzung einer ihn treffenden Pflicht zum originären Deliktstäter macht. Drittschädigendes Verhalten in korporativer Funktion fällt mithilfe eines einheitlichen Zurechnungsmodus zunächst in die Verantwortung des Verbands selbst. Die Zurechnung, und das ist besonders für unser Anliegen entscheidend, setzt dann schon bei der Bestimmung des eigentlichen Deliktstäters an.

So verstanden setzt § 31 BGB rechtstechnisch in keinem Fall voraus, dass eine natürliche Person haftet, an dessen Haftung im Sinne einer korporativen Mit-

---

schaft im Recht der privaten Verbände, S. 23, 329; sowie schließlich auch BGHZ 194, 26; 110, 323 (334); eingehend zur Genese der heute wohl herrschenden Lesart *Schirmer*, Das Körperschaftsdelikt, S. 14 ff., 27 ff.

[241] Eingehend *Schirmer*, Das Körperschaftsdelikt, S. 14 ff., 35 ff.

[242] Vgl. MüKoBGB/*Wagner* § 823 Rn. 120.

[243] *Schirmer*, Das Körperschaftsdelikt, S. 177 ff., 185 ff.

haftung „angedockt" werden müsste. Die Norm regelt keine „parasitäre" Mithaftung mit vorausgehender Einstandspflicht eines Menschen, setzt also keine individuelle Eigenhaftung voraus, die rechtstechnisch nur im Wege des Schuldbeitritts zum korporativen Delikt wird.[244] Mit der Konsequenz, dass die deliktische Außenhaftung des Organwalters selbst von der Haftung der Korporation zunächst gänzlich zu unterscheiden ist. Statt zu fragen, ob neben dem Organwalter selbst auch der Verband *mit*haftet, fragt § 31 BGB dann umgekehrt: Haftet neben dem Verband auch der Organwalter? Weder setzt die Deliktshaftung des Verbands dabei rechtstechnisch die des Organs voraus noch folgt die deliktische Verantwortung des Organwalters aus § 31 BGB. Diese ist vielmehr eigenständig zu begründen.[245] Bekanntlich ist die Frage, wann und in welcher Intensität der Organwalter Deliktsgläubigern nach außen selbst haftet, hochumstritten. Vertreten wird einerseits, im Außenverhältnis im Grundsatz den Verband exklusiv haften zu lassen, den Organwalter dagegen nur im Ausnahmefall zur Verantwortung zu ziehen.[246] Rechtspolitisch wird dafür das Argument ins Feld geführt, dass die Gläubiger des Verbands in diesem Fall gleich behandelt würden.[247] Andererseits lässt sich die Kumulation von Verbands- und Organaußenhaftung mit der besonderen Schutzbedürftigkeit der Deliktsgläubiger und der diese gefährdenden beschränkten Haftung der Gesellschafter überzeugend legitimieren.[248] So oder so: Der Verband haftet mithilfe des § 31 BGB zunächst ganz unabhängig von der Haftung eines Individuums. Konstruktiv setzt seine Haftung schon nach dem Transfermodell des § 31 BGB keine Haftung eines anderen Subjekts voraus. Nach all dem scheitert die Deliktshaftung einer von einer Maschine verwalteten Korporation *rechtstechnisch* also jedenfalls nicht daran, dass das Recht diese Maschine selbst gegenwärtig noch nicht als Haftungssubjekt anerkennt.

bb) Entsprechende Anwendung auf Maschinenverhalten

All das kann freilich nicht darüber hinwegtäuschen, dass der Verband bislang nur durch den Menschen zum Deliktstäter wird. Mithilfe von § 31 BGB wird der individualistische Rahmen der §§ 823 ff. BGB verlassen – vom Individuum entkoppelt wird die korporative Deliktshaftung durch die Regelung nicht. Auch hier bleibt schuldhaftes menschliches Verhalten Haftungsvoraussetzung.[249] Das

---

[244] So insb. noch *Altmeppen*, ZIP 1995, 881 (888 ff., 891): „Insbesondere ist der Organwalter stets persönlich der Deliktstäter, während die Haftung der juristischen Person nur eine kumulative ist"; ähnlich zuvor *Brüggemeier*, AcP 191 (1991) 33 (64 f.).

[245] Vgl. MüKoBGB/*Wagner* § 823 Rn. 146, 152 ff.

[246] So *Schirmer*, Das Körperschaftsdelikt, S. 177 ff., 185 ff.; zustimmend *Bachmann*, 70. DJT I, E. 114 ff., 119 ff.; krit. dagegen etwa MüKoBGB/*Wagner* § 823 Rn. 153 f.

[247] *Bachmann*, Steuerungsfunktionen des Haftungsrechts im Gesellschafts- und Kapitalmarktrecht, S. 93 (136 ff.); *Bachmann*, 70. DJT I, E. 114 f.; dagegen etwa *Wiedemann*, ZGR 2011, 183 (202); sowie dezidiert MüKoBGB/*Wagner* § 823 Rn. 153 f.

[248] MüKoBGB/*Wagner* § 823 Rn. 154.

[249] Allgemein MüKoBGB/*Wagner* § 823 Rn. 66 ff.

Recht knüpft die Haftung des Verbands bislang zwar nicht zwingend an die Haftung, so doch an die schuldhafte Pflichtverletzung eines Individuums. Wird diese in korporativer Funktion begangen, *gilt* sie als schuldhafte Pflichtverletzung der Korporation selbst. Rechtstechnisches Mittel ist also auch in diesem Fall eine Abstraktion: „Das pflichtsäumige Verhalten wird gedanklich vom natürlichen Urheber", dem Menschen am Ende der Kette, „auf die Rechtsperson transferiert, die juristische Person handelt durch ihr Organ pflichtwidrig und schuldhaft."[250] Um die Haftung zu begründen, wird die Pflicht des Verbands also schlicht „als solche" des menschlichen Organwalters gedacht. Oder umgekehrt: Der Verband haftet, als wäre er der handelnde Mensch.

Auf das Verhalten einer Maschine lässt sich dieses Haftungsmodell nicht eins zu eins übertragen. Wer einen maschinellen Organwalter konstruieren will, muss es anpassen und im besten Fall den Beweis erbringen, dass diese Anpassung den Rahmen des § 31 BGB nicht verlassen muss.[251] Dabei hilft die Einsicht, dass man den deliktischen Verschuldensmaßstab inzwischen erheblich verobjektiviert hat.[252] Heute ist die Bedeutung subjektiver Verschuldenselemente jedenfalls im Rahmen der Fahrlässigkeitshaftung marginal. Es greift ein weitgehend typisierter Sorgfaltsmaßstab: Die objektive Pflichtwidrigkeit indiziert das subjektive Verschulden. Zudem fordert § 276 II BGB mit der „im Verkehr erforderlichen" Sorgfalt einen objektiven Sorgfaltsmaßstab.[253] Noch weiter zugespitzt, haftet der Verband also nicht nur so, als wäre er ein Mensch, er haftet inzwischen in erster Linie für das, was äußerlich wie das unsorgfältige Verhalten eines Menschen scheint. Von hier bis zu einem Modell, das dem Verband das Fehlverhalten eines maschinellen Organwalters immer dann als schuldhafte Pflichtverletzung zurechnet, wenn ihm in derselben Situation beim Einsatz eines Menschen ebenfalls typischerweise Verschulden anzulasten wäre, ist es dann nur noch ein kleiner Schritt.

---

[250] Stellvertretend *Schirmer*, Das Körperschaftsdelikt, S. 36; ähnlich in Bezug auf Verkehrspflichten *Kleindiek*, Deliktshaftung, S. 356.

[251] Ansätze zur analogen Anwendung des § 31 BGB in einem „RmbH" bislang nur bei *Kleiner*, Die elektronische Person, S. 229; zur deliktischen Haftung für KI allgemein hier nur *Wagner*, Zivilrechtliche und rechtsökonomische Probleme des Internet und der künstlichen Intelligenz, S. 1 (6 ff., 11 ff.); *Wagner*, VersR 2020, 717 (724 ff.); *Zech*, 73. DJT I, A 54 ff.; sowie monografisch *Thöne*, Autonome Systeme und deliktische Haftung, 2020.

[252] Vgl. MüKoBGB/*Grundmann* § 276 Rn. 53 ff.; BeckOGKBGB/*Schaub* § 276 Rn. 65 ff., 75: „Objektivierung des Verhaltensstandards"; eingehend bereits *Koziol*, AcP 196 (1996) 593 (593 ff.); *Jansen*, Die Struktur des Haftungsrechts, S. 424 ff., 440 ff.; sowie in Bezug auf die Zurechnung von Maschinenverhalten *Teubner*, AcP 218 (2018) 155 (188); *Hacker*, RW 2018, 243 (262 ff.); *Klingbeil*, JZ 2019, 718 (724); iZm. der Organhaftung jüngst *Freund*, NZG 2022, 297 (297 f.): „Objektivierung des Verschuldensmaßstabs als durchgängiges zivilrechtliches Prinzip".

[253] Zu dieser Objektivierung im vorliegenden Zusammenhang *Hacker*, RW 2018, 243 (262); allgemein zuvor *Koziol*, AcP 196 (1996) 593 (593 f.); *Jansen*, Die Struktur des Haftungsrechts, S. 445 ff.

Ein solches Modell wurde etwa für die dem § 31 BGB jedenfalls funktional sehr ähnliche Haftung für Erfüllungsgehilfen aus § 278 BGB entwickelt: Maschinenverhalten soll danach zunächst dann „als Verhalten des Schuldners [gelten], wenn ihm ein entsprechendes [menschliches] Gehilfenverhalten zuzurechnen wäre".[254] Wobei die Orientierung, an dem, wie ein sorgfältig agierender Mensch in derselben Situation agieren würde, im zweiten Schritt als Verschuldensäquivalent herhalten soll: „Ein Verschulden des Schuldners gilt als gegeben, wenn ein dem Maschinenversagen entsprechendes Fehlverhalten eines [menschlichen] Erfüllungsgehilfen typischerweise als schuldhaft anzusehen wäre."[255] Im Ergebnis wird so Maschinenverhalten, das äußerlich wie das schuldhafte Verhalten eines Menschen scheint, als pflichtvergessenes Handeln des Verbands selbst gedacht: „Maschinenarbeit [wird] qua Rechtsfiktion (‚gilt als') in Schuldnerverhalten transformiert."[256] Rechtfertigung dieser Abstraktion ist in erster Linie ein Substitutionsargument: Der Verband soll im Rechtsverkehr so haften wie beim Einsatz eines Menschen. Weil subjektive Verschuldenselemente inzwischen auch beim Menschen jedenfalls im Bereich der Fahrlässigkeitshaftung keine tragende Rolle mehr spielten, würde der Verband nach diesem Modell tatsächlich annähernd für das haften, was auch bei menschlichen Hilfspersonen seine Haftung zur Folge hätte. Verletzt eine von ihm eingesetzte autonome Drohne einen gut sichtbaren Passanten, muss der Verband das nach diesem Modell als eigenes schuldhaftes Verhalten gelten lassen, weil ein Mensch die Verletzung in dieser Situation typischerweise fahrlässig verschuldet hätte.

Auch zu dieser Transferleistung ist § 31 BGB grundsätzlich imstande. § 31 BGB wurde absichtlich uneindeutig konzipiert, um die korporative Deliktshaftung flexibel verhandeln und gestalten zu können. Der Gesetzgeber ließ die „Tür zur Fortentwicklung" insoweit bewusst offen.[257] Weit genug jedenfalls für ein maschinelles Körperschaftsdelikt, in dessen Rahmen der Verband für Verhalten haftet, für das er dem äußerlichen Anschein nach auch haften würde, würde am Ende der Kette immer noch ein Mensch für ihn tätig. Ein am Menschen orien-

---

[254] Insb. *Klingbeil*, JZ 2019, 718 (723 ff.): „Fiktionslösung"; auch *Hacker*, RW 2018, 243 (261 ff., 267) favorisiert eine „anthropo-parallele Lösung, bei der für solche durch KIA [KI-Agenten] verursachte Schäden gehaftet wird, die dem Geschäftsherrn bei situationsgleicher Verursachung durch einen menschlichen Erfüllungsgehilfen als schuldhafte Pflichtverletzung zugerechnet worden wären"; bzgl. des „Sorgfaltsmaßstabs" selbstfahrender Kfz für Orientierung an menschlicher Sorgfalt etwa *Gomille*, JZ 2016, 76 (77); zur (analogen) Anwendung von § 278 BGB auf Maschinen früh *Spiro*, Die Haftung für Erfüllungsgehilfen, 1984, S. 211; *Wolf*, JuS 1989, 899; aus dem jüngeren Schrifttum etwa *Schirmer*, JZ 2016, 660 (664 f.); *Teubner*, AcP 218 (2018) 155 (185 ff.); *Kleiner*, Die elektronische Person, S. 95 ff.; *Hacker*, RW 2018, 243 (250 ff.); *Klingbeil*, JZ 2019, 718 (719 ff.); *Wagner/Luyken*, FS Windbichler, S. 155 (171 ff.); die hM. lehnt die Analogie ab, vgl. MüKoBGB/*Grundmann* § 278 Rn. 46; Staudinger/*Caspers* BGB § 278 Rn. 5 jew. mwN.

[255] *Klingbeil*, JZ 2019, 718 (723 f.).

[256] *Klingbeil*, JZ 2019, 718 (723).

[257] *Schirmer*, Das Körperschaftsdelikt, S. 223.

tiertes Haftungsmodell hätte dabei jedenfalls den Reiz, dass dem Verband haftungsrechtlich weder ein Vor- noch ein Nachteil daraus erwächst, dass er nunmehr mithilfe einer Maschine am Rechtsverkehr teilnimmt. Umgekehrt erwüchse dem Deliktsgläubiger kein für ihn zufälliger Vor- oder Nachteil. Freilich führt ein Haftungsmodell, das sich stets nur daran orientiert, was ein Mensch in der jeweiligen Situation getan hätte, zum Einsatz von Maschinen, die nur so sorgfältig agieren wie der Mensch. Der daraus folgende Sorgfaltsmaßstab wäre in vielen Fällen nicht zu akzeptieren. Weshalb der Verband in unserem Fall nicht haften sollte, obwohl die meisten am Markt erhältlichen Drohnen den Passanten ohne Weiteres erkannt hätten, ist nicht einzusehen. Vor allem aber fehlt dann der haftungsrechtliche Anreiz, Maschinen einzusetzen, die leistungsfähiger sind als der Mensch. Es würden nicht die besten Maschinen eingesetzt, sondern Maschinen, die so schlecht funktionieren wie der Mensch.[258] Es würde, anders ausgedrückt, nicht zum Einsatz einer möglichst rationalen Maschine, einer *Machina Oeconomica*, angereizt. Insoweit scheint dieser Haftungsmaßstab eben allzu menschlich: Ein Verband, der ausschließlich mithilfe von Maschinen am Rechtsverkehr teilnimmt, setzt damit vor allem *andere* Risiken, die wertungsmäßig einen anderen Haftungsmaßstab rechtfertigen.

Vor diesem Hintergrund wurden im Rahmen der Diskussion um § 278 BGB weitere Verschuldensäquivalente ins Spiel gebracht. Insbesondere das Zurückbleiben hinter einen bestimmten technischen Standard. Häufig werden beide Maßstäbe kombiniert: In diesem Fall soll der technische Standard als Referenz dienen, es sei denn, dieser Standard bleibt hinter dem zurück, was ein sorgfältiger und zu der in Rede stehenden Tätigkeit befähigter Mensch tun würde.[259] Einerseits darf die Maschine also nicht hinter dem sich wandelnden technischen Standard zurückbleiben. Andererseits erwächst dem Verband durch die Substitution des Menschen kein haftungsrechtlicher Vorteil. Übertragen auf unseren Fall bedeutet das: Wird der Verband durch eine Drohne gesteuert, die ein Fahrzeug gezielt beschädigt, etwa um einen Passanten zu schützen, agiert er im deliktsrechtlichen Sinne vorsätzlich. Beschädigt die Drohne ein Fahrzeug, weil ihr neuronales Netz dieses fälschlicherweise nicht als Fahrzeug, sondern als Straße klassifiziert, unter Umständen fahrlässig. Namentlich dann, wenn das Netz mit veralteten Daten trainiert wurde oder auf Lernalgorithmen bzw. Modellarchitekturen zurückgreift, die hinter dem technischen Standard zurückbleiben, oder wenn ein mit der Aufgabe betrauter Mensch dem äußeren Anschein nach ebenfalls fahrlässig gehandelt hätte. Diese Lösung lässt sich bereits im gesetzlichen Rahmen des § 31 BGB entwickeln.

---

[258] Vgl. *Wagner*, AcP 217 (2017) 707 (733 ff., 736), der zurecht für einen „systembezogenen Sorgfaltsmaßstab" plädiert; vgl. auch *Wagner*, VersR 2020, 717 (727 ff.): „Abschied vom anthropozentrischen Sorgfaltsmaßstab".

[259] So namentlich *Kleiner*, Die elektronische Person, S. 173 f., sowie ebd., S. 229 in Bezug auf die analoge Anwendung von § 31 BGB im „RmbH"; jeweils mit Verweis auf *Teubner*, AcP 218 (2018) 155 (194); dagegen hält *Linardatos*, Autonome und vernetzte Aktanten, S. 240 ff. jegliche Verschuldensäquivalente für ungeeignet.

cc) Abkehr vom Verschuldensprinzip?

Konsequenter mag vielen ein Modell erscheinen, das den Verband strikt für den Erfolg einstehen lässt.[260] Ökonomisch verbindet sich damit der Reiz, dass derjenige den Schaden trägt, der den Schaden mit den geringsten Kosten bei gegebenen Nutzen vermeiden kann. Der Verband sähe sich gezwungen, alle Kosten des Maschinenversagens zu internalisieren. Weil er Entscheidungs- und zugleich Kostenträger wäre, hätte er den optimalen Anreiz, Nutzen und Kosten von mehr Sicherheit minimierend abzuwägen. Risiko und Nutzen des Maschinenverhalten verblieben so beim Verband. Würde seine Haftung durch ein Verschuldensäquivalent begrenzt, blieben Geschädigte in vielen Fällen auf Schäden sitzen – und das, obwohl sie nicht freiwillig mit einer maschinell verwalteten Rechtsperson in Kontakt gelangten. Weil die Erfüllung der die Korporation treffenden Pflichten in einer von Maschinen verwalteten Korporation nicht an ein persönlich verantwortliches Individuum delegiert wird, sondern den Automatismen einer nicht verantwortungsfähigen Maschine überlassen wird, erscheint die strikte Einstandspflicht zunächst auch (interessen-)gerecht. Nimmt ein Verband nicht länger mithilfe von Handlungen am Rechtsverkehr teil, scheint es ein gerechter Preis zu sein, dass er im Gegenzug auch nicht länger für Handlungen, sondern für Erfolge haftet. Die unbedingte Zurechnung wäre zudem imstande, den Wegfall haftungsrechtlicher Verhaltensanreize auszugleichen. Sie setzt einen Anreiz, nur besonders robuste und rationale Maschinen zu implementieren. Zumal allgemeine Gefährdungshaftungstatbestände speziell für Maschinen, die lernen und sich vernetzen, längst gefordert und vorbereitet werden.[261] Darin spiegelt sich die Einsicht, dass eine strikte Einstandspflicht mit Mitverschuldenseinwand den Eigenarten des Verhaltens besonders leistungsfähiger Maschinen zukünftig wohl am besten Rechnung trägt.[262] Dadurch würde auch möglichen Beweisschwierigkeiten, etwa aufgrund der fehlenden Interpretierbarkeit der Systeme, begegnet.[263]

Gegen eine strikte Einstandspflicht wird oft eingewandt, dass sie die Innovationsbereitschaft hemmt. Wer unabhängig von einem Verschulden oder einem entsprechenden Ersatz für Schäden einstehen muss, dem wird der Einsatz eines maschinellen Organwalters oft zu riskant erscheinen. Weil das Verschuldensprinzip umgekehrt die Haftung begrenzt, wird es insoweit als innovationsförderndes „Ventil“ feilgeboten.[264] Die Effizienz wird also für beide Alternativen in Stellung

---

[260] Unentschlossen *Armour/Eidenmüller*, ZHR 183 (2019) 169 (185).

[261] Zu einschlägigen Haftungstatbeständen, die (nur) an die Gefahrenquelle anknüpfen, in diesem Zusammengang *Zech*, 73. DJT I, A 61 ff., allgemein zur Wahl zwischen Verschuldens- und Gefährdungshaftung ebd., A. 92 ff. sowie zur Schaffung entsprechender Gefährdungshaftungstatbestände, ebd., A. 98 ff. jew. mwN.; zum ökonomischen Unterschied zwischen Verschuldens- und Gefährdungshaftung in diesem Kontext *Wagner*, Zivilrechtliche und rechtsökonomische Probleme des Internet und der künstlichen Intelligenz, S. 1 (8 f.).

[262] *Wagner*, JETL 13 (2022) 191 (240 f.); differenzierend *Hacker*, arXiv:2211.13960, 2023, S. 48 ff.

[263] Vgl. *Wagner*, VersR 2020, 717 (738).

[264] MüKoBGB/*Grundmann* § 278 Rn. 46; *Hacker*, RW 2018, 243 (261, 267): „Vehikel der Haftungsbegrenzung“; im Ergebnis ähnlich *Klingbeil*, JZ 2019 718 (722 ff.).

gebracht: Grundsätzlich genießt die strikte Einstandspflicht inzwischen den besseren ökonomischen Ruf. Andererseits soll die Begrenzung durch ein Verschuldenssubstitut die Innovationsbereitschaft und damit die Attraktivität der von Maschinen verwalteten Korporation als Gestaltungsoption fördern. Freilich hinderte auch die strikte Haftung für maschinelles Organverhalten nicht grundsätzlich daran, risikobehaftete Maschinen zu entwickeln oder einzusetzen. Mit großen Haftungsrisiken verbundene Maschinen würden nur weiterhin in von Menschen verwalteten Korporationen eingesetzt. Rechtsökonomen werden dies begrüßen, weil der Einsatz eines Produkts in der Theorie nur dann effizient ist, wenn seine Kosten-Nutzen-Bilanz im Vergleich zum Status quo positiv ist.[265]

Fest steht jedenfalls, dass das „Ob" nach dem Gesagten nicht mehr infrage stehen kann. Ein maschinelles Körperschaftsdelikt ließe sich kohärent entwickeln und plausibel begründen. Fraglich ist nur, ob die Haftung einer von Maschinen verwalteten Korporation für maschinelles Fehlverhalten durch ein Verschuldensäquivalent begrenzt werden sollte oder nicht. Infrage steht nicht die Machbarkeit, sondern einzig die Zweckmäßigkeit der Ausgestaltung. Und um die soll es hier noch nicht vorrangig gehen. § 31 BGB in seiner jetzigen Form gibt dabei nur ein Haftungsmodell mit Verschuldensäquivalent her. Eine strikte Einstandspflicht überspannt das, was die Regelung zu leisten imstande ist. Sie hat ohne Zweifel eine gestaltende Funktion, doch die endet bislang eben beim Verschuldensprinzip: Ein ‚an sich' Schuldunfähiger wird mithilfe von § 31 BGB verschuldensfähig, indem das rechtswidrige schuldhafte Verhalten eines Menschen als sein Verhalten gedacht wird. Soll der Verband für drittschädigendes Verhalten seiner maschinellen Organwalter unbedingt einstehen, geht es nicht länger nur darum, eine schuldhafte Pflichtverletzung der Korporation zu fingieren. Ein gesetzgeberischer Eingriff wäre notwendig.

b) Wer haftet neben dem Verband?

aa) Eigenhaftung?

Weil § 31 BGB nach hiesigem Verständnis keinen gesetzlichen Schuldbeitritt normiert, macht die Regelung die Haftung einer anderen Rechtsperson ganz unabhängig davon, ob ein Delikt eigenhändig verwirklicht wurde, nicht zur Bedingung. Die Frage, ob neben der Haftung des Verbands auch eine Haftung der Maschine angezeigt wäre, stellt sich so erst in einem zweiten Schritt. Dabei zeigt sich schnell: eine Eigenhaftung der Maschine wäre schon im Rahmen des § 31 BGB nicht nur rechtstechnisch nicht notwendig, sie wäre nach den Wertungen des Körperschafts- und Deliktsrechts auch wertungsmäßig nicht geboten. Die Maschine verfolgt ihrerseits weder Eigeninteressen noch setzt sie eigene Risiken. Soweit ihr Verhalten für den Menschen unvorhersehbar ist, liegt der Grad der Unvorhersehbarkeit und die Entscheidung über den Einsatz in der Hand des

[265] Zu diesem Argument im allgemeinen Rahmen insb. *Wagner*, VersR 2020, 717 (718 f.).

Verbands. Zugleich müsste auch im Fall einer Eigenhaftung der Maschine die Gesellschaft selbst bzw. ihr Mitglieder die Haftungssumme (oder entsprechende Versicherungsprämien) aufbringen. Die Frage, ob die Haftungsverteilung gerecht ist, stellt sich so schon im Ausgangspunkt nicht. Auch im Fall einer Eigenhaftung der Maschine trägt die Gesellschaft neben den Vorteilen auch die Nachteile. Mit dem Unterschied, dass zusätzliche Transaktionskosten entstehen, soll neben dem Verband ein weiterer künstlicher Rechtsträger haften. Auch aus Sicht der Gläubiger ist die Haftung in der Korporation zu konzentrieren. Während die zusätzliche Außenhaftung einzelne Gläubiger bevorzugte, profitieren im Fall der exklusiven Haftung der Körperschaft alle Gläubiger gleichermaßen von ihrem Haftungskapital.

Und auch deliktische Wertungen gebieten die originären Eigenhaftung der Maschine nicht. Zur *Kompensation* bedarf es ihrer nicht. Zwar wäre eine Maschine, die Dritten gegenüber als Subjekt haftet, mit einem Vermögen auszustatten, mit dem Schadensersatzansprüche beglichen werden könnten. Noch näher liegt eine Versicherungslösung.[266] Doch wirtschaftlich käme für beides letztlich die Gesellschaft bzw. ihre Gesellschafter auf, denen insoweit die Pflicht aufzuerlegen wäre, ein Mindestkapital zur Verfügung zu stellen oder die Haftungsrisiken mit einem entsprechenden Deckungslimit zu versichern. Die haftungsrechtliche *Steuerung* läuft gegenüber Maschinen schon im Ausgangspunkt ins Leere. Vermeidungspotenziale lassen sich hier durch eine Eigenhaftung nicht aktivieren. Maschinen agieren weder robuster, weil sie haften, noch umgekehrt besonders gefahrgeneigt, weil sie dies nicht tun. Ein eigenes Haftungsrisiko als Rechtsperson spielt für sie genauso wie im Übrigen das Haftungsrisiko der Gesellschaft schlicht keine Rolle. „Die ökonomische Logik des Haftungsrechts verliert damit", konstatiert etwa *Wagner*, „ihren motivationalen Ansatzpunkt."[267] Maschinenversagen lässt sich in erster Linie durch die sorgfältige Auswahl und Überwachung der Maschine vermeiden. Auch insoweit lässt sich durch die kumulative Haftung der Gesellschaft und der Maschine aber kein zusätzliches Vermeidungspotenzial aktivieren. Das Aktivitätsniveau der Gesellschafter wird durch eine zusätzliche, neben die der Gesellschaft gestellte Haftung der Maschine nicht zusätzlich gesteuert – jedenfalls erweist sie sich zu diesem Zweck als unnötiger Umweg. Insoweit spricht nichts dafür, die Maschine selbst zum Zuordnungssubjekt deliktischer Verhaltenspflichten zu machen.

---

[266] S. dazu in Bezug auf die ‚elektronische Person' *Wagner*, Zivilrechtliche und rechtsökonomische Probleme des Internet und der künstlichen Intelligenz, S. 1 (32).

[267] *Wagner*, Zivilrechtliche und rechtsökonomische Probleme des Internet und der künstlichen Intelligenz, S. 1 (33); vgl. auch unten § 5 A I 2; auch im allgemeinen Rahmen wird über Versicherungslösungen für autonome Systeme diskutiert, vgl. für einen konkreten rechtspolitischen Vorschlag insb. Europäisches Parlament, Zivilrechtliche Regelungen im Bereich Robotik, Entschließung vom 16.2.2017, Rn. 57 ff.

bb) Haftungsdurchgriff?

Interessanter als die Eigenhaftung der Maschine ist die Folgefrage, ob neben der Korporation noch andere Akteure unmittelbar gegenüber den Deliktsgläubigern haften sollten. Infrage kommt zum einen die Haftung der Hersteller des maschinellen Organwalters, zum anderen die Haftung der Gesellschafter gegenüber Dritten. Einerseits könnte das Recht Geschädigten einen direkten Anspruch gegen den Hersteller zugestehen, der die eingesetzten Maschine zuvor (fehlerhaft) programmiert oder trainiert hat.[268] Davon zu unterscheiden ist die Herstellerhaftung gegenüber der Gesellschaft selbst. Andererseits richtet sich der Blick unweigerlich auf die Haftung der Gesellschafter. In der ‚selbstfahrenden Korporation' steht der allgemeine Durchgriff der Deliktsgläubiger auf die Gesellschafter längst im Raum.[269] Die Gesellschafter müssten den Verzicht auf den menschlichen Geschäftsleiter in diesem Fall mit der persönlichen Haftung für deliktisches Fehlverhalten der Maschine zu bezahlen. Darüber wird noch zu sprechen sein. Auf die Frage der Zurechnung des Maschinenverhaltens zum Verband selbst nimmt die Frage eines Haftungsdurchgriffs zunächst keinen Einfluss. Fest steht: Dem Verband selbst ließe sich maschinelles Fehlverhalten selbst als deliktisches Handeln zuordnen. Und: Einer Promotion der Maschine zum Rechtssubjekt bedarf es dafür nicht.

c) Zwischenergebnis: Maschinelles Körperschaftsdelikt

Wer § 31 BGB so liest, wie er einst bewusst formuliert wurde, als offen konzipierte Transfernorm, erkennt, dass sich schon im Rahmen des geltenden Rechts auch ein maschinelles Körperschaftsdelikt entwickeln ließe. Der Verband könnte bei entsprechender Anwendung des § 31 BGB auch beim Einsatz eines maschinellen Organwalters deliktisch zur Verantwortung gezogen werden. Statt das Verschulden eines menschlichen Organwalters als solches des Verbands selbst zu denken, wäre dann ein der Eigenart maschinellen Verhaltens entsprechender Sorgfaltsmaßstab zu wählen. Rechtspolitisch wünschenswert mag eine strikte Einstandspflicht erscheinen, die § 31 BGB in seiner heutigen Form freilich nicht liefern könnte. So oder so wäre die Eigenhaftung der Maschine selbst rechtstechnisch nicht erforderlich. Schon heute stellt § 31 BGB zwar die schuldhafte Pflichtverletzung, aber nicht die Haftung eines Individuums in Rechnung. Zugleich wäre die Eigenhaftung auch wertungsmäßig nicht geboten. Von ihr gehen in Bezug auf die Maschine selbst keine Steuerungswirkungen aus. Ein maschinelles Körperschaftsdelikt, das den Verband als einzig Verantwortlichen zurücklässt, liefe dabei endgültig auf ein Haftungsmodell hinaus, das Organhandeln im Deliktsrecht

---

[268] Dafür namentlich *Petrin*, Colum. Bus. L. Rev. (2019) 965 (1017 f.); offenlassend, ob der Hersteller lediglich gegenüber der Gesellschaft selbst oder auch gegenüber ihren Gläubigern haften sollte *Becker/Pordzik*, ZfPW 2020, 334 (354).

[269] Insb. *Armour/Eidenmüller*, ZHR 183 (2019) 169 (186); aufgegriffen etwa von *Watson*, Technology and Corporate Law, S. 21 (40).

nicht zugleich als Handeln einer anderen Rechtsperson begreifen kann. Oder besser: begreifen will. Auch der maschinelle Organwalter selbst ließe sich ohne Weiteres deliktisch zur Verantwortung ziehen. Nur: Weder für den Verband selbst noch für den Deliktsgläubiger wäre damit ein Vorteil verbunden.

3. Besitz

Soll der Verband mithilfe von Maschinen zurechenbar am Privatrechtsverkehr teilnehmen, muss er ferner imstande sein, zu besitzen.[270] Vereinzelt fokussiert das Privatrecht ihn auch ausdrücklich als Besitzer. §§ 1059a, 1059c BGB etwa begreifen ihn explizit als nießbrauchs- und damit besitzfähig. Vor allem aber setzt das privatrechtliche Normgefüge seinen Besitz implizit voraus: Könnte der Verband nicht besitzen, bliebe ihm der Zugang zu einem Großteil des Privatrechtsverkehrs verschlossen. Er könnte kein Eigentum an beweglichen Sachen erwerben (§ 929 ff. BGB), Eigentum nicht ersitzen (§§ 900, 937 ff. BGB), sich keine herrenlosen beweglichen Sachen aneignen (§ 958 BGB) und keine Früchte erwerben (§§ 955 ff. BGB). Im Verbandsrecht machen Sacheinlagen besonders plastisch, dass das Gesetz den Verband als Besitzfähigen begreift: Um sie zu empfangen, muss diesem jedenfalls bei beweglichen Sachen stets Besitz verschafft werden. Vor diesem Hintergrund ist heute nicht nur die Besitzfähigkeit der Körperschaft, sondern die aller rechtsfähigen Verbände allgemein anerkannt.

a) Der Verband als Besitzer

Damit ist noch nicht entschieden, *wie* der Verband besitzt. Kann er auch unmittelbaren Besitz begründen? Und, wenn ja, wird ihm dieser im Wege der Besitzdienerschaft vermittelt? Oder greift auch hier ein dem Verband eigener Zurechnungsmodus? Antworten darauf geben weder die bloße Existenz des Organs noch eine überpositive Eigenart des Organhandelns, sondern der konkrete Normkontext, mithin das Besitzrecht selbst. Im Ergebnis ist dabei heute anerkannt, dass nur der Verband unmittelbarer Eigenbesitzer der Sachen ist, über die seine Geschäftsleiter die tatsächliche Sachherrschaft ausüben, während die Geschäftsleiter selbst nicht einmal als Besitzdiener besitzrechtlich in Erscheinung treten.[271] Für die Begründung unmittelbaren Besitzes spricht dabei, dass auch der mittelbare Besitzer einen Besitzwillen bilden muss. Den Herrschaftswillen des Besitzherrn könnte der Verband nicht selbst bilden, er wäre dafür wiederum auf sein Besitzorgan angewiesen. Auch wenn man über diese tatbestandlichen Be-

---

[270] *K. Schmidt*, Gesellschaftsrecht, § 10 III 1. a) (S. 266): „rechtspolitisch eine unabdingbare Notwendigkeit"; eingehend *Brand*, Der Organbesitz, S. 16 ff.; sowie *Cohen*, Organbesitz und Organgewahrsam, S. 99 ff.

[271] AllgM., BGHZ 56, 73 (77); 156, 310 (316); *Brand*, Der Organbesitz, S. 25; *Schürnbrand*, Organschaft im Recht der privaten Verbände, S. 23 f.; MüKoBGB/*Leuschner* § 26 Rn. 45; BeckOGKBGB/*Götz* § 854 Rn. 121; eingehend auch *Cohen*, Organbesitz und Organgewahrsam, S. 99 ff., 102 ff. jew. mwN.

denken hinweggeht, schlägt auf Rechtsfolgenebene jedenfalls der Einwand durch, dass der besitzrechtliche Status des Verbands prekär bliebe, könnte er nicht auch unmittelbarer Besitzer einer Sache sein.[272] Wäre der Verband nur zum mittelbaren Besitz (§ 868 BGB) fähig,[273] müsste ein dritter Eigentümer zudem nicht den Verband selbst, sondern die Mitglieder des Besitzorgans auf Herausgabe verklagen. Er sähe sich dann zunächst mit der Herausforderung konfrontiert, diese zu identifizieren.[274] Und auch aus Sicht des Organwalters, als Besitzmittler nun unmittelbarer Fremdbesitzer (§ 854 BGB), wäre es nicht interessengerecht, würde er und nicht der Verband, der vom Besitz profitiert, auf Herausgabe verklagt. Insoweit wird der Verband unmittelbarer Eigenbesitzer, während der Organwalter selbst besitzrechtlich unsichtbar bleibt.

Das Ergebnis weist unübersehbare Ähnlichkeiten zum Besitzdiener auf. Dieser übt ebenfalls die tatsächliche Gewalt „für einen anderen" aus, ohne selbst Besitzer zu sein (vgl. § 855 BGB). Indes ist er nach allgemeiner Lesart in Abgrenzung zum Besitzmittler, und anders als das Verbandsorgan, Weisungen des Besitzers unterworfen.[275] Wer auch den Organbesitz als Besitzdienerschaft begreift, beraubt diese also ihrem Charakteristikum, wonach ein Besitzdiener die Wegnahme durch den Besitzherrn jederzeit dulden muss. Vor allem aber erscheinen die Rechtsfolgen der Besitzdienerschaft nicht interessengerecht: So soll sich die Frage, ob ein Besitzverlust freiwillig ist, nach dem Willen des Geschäftsherrn richten. Ein gutgläubiger Erwerb ist also ausgeschlossen (§ 935 BGB), wenn der Besitzdiener eine ihm anvertraute Sache pflichtwidrig veräußert. Dafür ist bei der juristischen Person in der Tat schon im Ausgangspunkt kein Raum, weil sie ihren Willen durch ihre Organe bildet und sie ihren Besitz im Falle einer Veruntreuung ihrer Organwalter eben aus freien Stücken verliert.[276] Speziell auf Rechtsfolgenebene ist das Modell des exklusiven Verbandsbesitzes allen übrigen Konstruktionen also überlegen. Dadurch tritt beim Organbesitz offen zutage, dass sich der körperschaftliche Zurechnungsmodus von der gesetzlichen Stellvertretung kategorisch unterscheidet: Während das Besitzrecht den Organwalter, der eine Sache für den Verband verwahrt, vollständig ausblendet, ist ein Vater, der etwas für seinen Sohn verwahrt, unmittelbarer, sein Sohn mittelbarer Besitzer.

---

[272] Eingehend *Brand*, Der Organbesitz, S. 57 ff.; *Cohen*, Organbesitz und Organgewahrsam, S. 101.

[273] So noch immer *Klinck*, AcP 205 (2005) 487 (512 ff.); ähnlich jüngst *Klingbeil*, ZfPW 2020, 150 (166 ff.): Organbesitz als Vertretung im Besitz.

[274] Eingehend *Brand*, Der Organbesitz, S. 57 ff.

[275] Dazu *Brand*, Der Organbesitz, S. 86 ff.; *K. Schmidt*, Gesellschaftsrecht, § 10 III 1 (S. 267).

[276] So zurecht *Schürnbrand*, Organschaft im Recht der privaten Verbände, S. 24; dagegen *Brand*, Der Organbesitz, S. 128 ff.

b) Der maschinelle Organwalter – ein Roboter?

Weil der Organwalter schon bislang besitzrechtlich unsichtbar bleibt, scheitert ein von der Maschine vermittelter Organbesitz rechtstechnisch jedenfalls nicht daran, dass die Maschine von der Rechtsordnung bislang nicht als Zuordnungssubjekt besitzrechtlicher Positionen anerkannt wird. Ein Grund, den Organwalter zum Besitzer zu küren, wenn er eine Maschine und kein Mensch ist, ist nicht ersichtlich. Gesteht man der Maschine an dieser Stelle besitzrechtliche Eigeninteressen als originäres Subjekt zu, entstünden nur neue Probleme. Denn dann wären womöglich Sphären (private und geschäftliche?) voneinander abzugrenzen. Umgekehrt wird beim Organbesitz besonders deutlich, dass durch den Zurechnungsakt allein noch kein wie auch immer gearteter (Teil-)Rechtsstatus des Zurechnungsausgangssubjekts begründet wird. Der Organwalter vermittelt dem Verband schon heute Besitz, ohne damit eine eigene besitzrechtliche Position zu begründen. Ebenso wenig würde der Maschine, durch die ein Verband die tatsächliche Sachherrschaft über etwas ausübt, per se eine Besitzposition zugeordnet.

Auch hier vermag die Tatsache, dass der Organwalter besitzrechtlich nicht in Erscheinung tritt, freilich nicht darüber hinwegzutäuschen, dass der Verband bislang auch als alleiniger unmittelbarer Eigenbesitzer auf den Menschen angewiesen ist. Wenngleich das BGB selbst offenlässt, was Besitz genau ist, verstehen wir darunter heute die tatsächliche Sachherrschaft als eine von einem natürlichen Besitzwillen getragene reale Machtbeziehung einer Person zu einer Sache.[277] Und damit ein tatsächliches, körperliches Konzept. Soll er Sachen besitzen, muss der Verband *physische* Wirkungen entfalten können. § 854 I BGB verlangt insoweit die „tatsächliche Gewalt“. Mit der Folge, dass der Verband heute nur Besitzer wird, wenn ein Mensch imstande ist, für ihn physisch auf eine Sache einzuwirken. Auch hier wählt das Recht eine simple Abstraktion: „Die tatsächliche Sachherrschaft des Organwalters *ist als* tatsächliche Sachherrschaft der juristischen Person *anzusehen*.“[278] Wenn bisher die Notwendigkeit der Zurechnung des Verhaltens eines Menschen an den Verband herausgestellt wurde, dann aufgrund seiner intentionalen Zustände. Außerhalb des Rechts ist nur er imstande, einen originären Willen zu bilden, weshalb sich innerhalb des Rechts alle nicht-menschlichen Rechtssubjekte seinen Willen zurechnen lassen müssen. Auf Ebene des Besitzes tritt mit dem Physischen eine weitere Eigenschaft hinzu. Das Recht verlangt vom Besitzer die willensgetragene Gewalt über, das heißt die *physische* Einwirkungsmöglichkeit auf eine Sache. Der Mensch entfaltet als letztes Glied der Zurechnungskette also nicht nur als willensfreie Instanz Wirkungen, sondern auch rein physisch-tatsächlich, als Körper. Bisher ist diese Unterscheidung irrelevant. Zumal sich das Innere beim Menschen allenfalls im Recht trennscharf

[277] Statt aller BGHZ 57, 166 (168); MüKoBGB/*Schäfer* § 854 Rn. 26 mwN.
[278] Stellvertretend BeckOGKBGB/*Götz* § 854 Rn. 121 [Hervorhebung nur hier].

vom Äußeren unterscheiden lässt.[279] Indes können Maschinen auch und gerade unverkörpert als bloße Softwareagenten tätig werden. Kommt es für den Besitzerwerb also auf ihre Verkörperung an? Anders gefragt: Müsste der maschinelle Organwalter ein Roboter sein? Und, wenn ja, reicht die Verkörperung überhaupt aus, oder wären gar spezifische motorische Fähigkeiten zu fordern?

Fest steht: Soll der maschinelle Organwalter auch nur rein softwarebasiert agieren können, und das erscheint nicht nur angesichts der technischen Herausforderungen, vor denen speziell die Robotik steht, wünschenswert,[280] wäre der Organbesitz neu zu justieren. Zu kurz greift dabei der Einwand, die maschinell verwaltete Korporation könne physische Tätigkeiten an menschliche Geschäftsbesorger delegieren.[281] Soll die Korporation ebenso unbelastet am Rechtsverkehr teilnehmen können wie bislang, muss sie auch mithilfe einer Maschine unmittelbaren Eigenbesitz begründen können. Erste Ansätze dazu finden sich im Schrifttum zur ‚elektronischen Person': Diese soll „außerhalb des Anwendungsbereichs" der Maschine, also dort, wo die Maschine nicht mithilfe einer Verkörperung physisch wirken kann, auf ein Besitzorgan angewiesen sein, für das ein Mensch unmittelbar tätig wird.[282] Dass dies in unserem Fall kaum weiterhilft, weil die Korporation so aus besitzrechtlichen Gründen doch menschliche Organwalter bestellen müsste, liegt auf der Hand. Der arbeitsteilige Nutzen einer von Maschinen verwalteten Korporation wäre erheblich verringert. Alternativ könnte das Recht auf den Organisationsbereich des Verbands abstellen. Bislang setzt der Organbesitz nicht voraus, dass sich die Sache im räumlichen Herrschaftsbereich der juristischen Person befindet.[283] Dennoch wird die tatsächliche Sachherrschaft heute stets wertend zugesprochen: Sie ist abhängig von der sich wandelnden Verkehrsanschauung. Der Besitzer eines Grundstückes muss nicht anwesend sein. Vielmehr wird ihm die tatsächliche Herrschaft über das Grundstück zugeschrieben. Denkbar wäre es, einem von Maschinen verwalteten Verband den Besitz an Sachen in seinem Organisationsbereich zuzuschreiben, wenn er darauf mithilfe menschlicher Besitzdiener die tatsächliche Sachherrschaft hypothetisch erlangen *könnte*. Wer nicht bereit ist, am Begriff der tatsächlichen Sachherrschaft zu rütteln, muss ihn, soll der Verband auch ohne einen Roboter besitzen können, künftig ganz überwinden. Der Gesetzgeber müsste insoweit einen eigenen Besitztatbestand schaffen. Schon heute ist die Einsicht, dass der

---

[279] Aufschlussreich *Fuchs*, Verteidigung des Menschen, S. 71 ff.

[280] Vgl. *Brynjolfsson/Mitchell*, Science 358 (2017) 1530 (1533); für einen Überblick über die drängendsten Herausforderungen auch *Yang et al.*, Sci. Robot. 3 (2018) 11; eingehend *Russell/Norvig*, Artificial Intelligence, S. 925 ff.; zu den spezifischen rechtlichen Herausforderungen der Robotik hier nur *Balkin*, Cal. L. Rev. Cir. 6 (2015) 45 (49 ff.); sowie *Zech*, 73. DJT I, A 27 ff., A 30 f.

[281] So wohl *Bayern*, Nw. U. L. Rev. 108 (2014) 1485 (1497).

[282] *Kleiner*, Die elektronische Person, S. 204.

[283] Statt aller BeckOGKBGB/*Götz* § 854 Rn. 123; anders noch *Flume*, FG Hengeler, S. 76 (80 f.): bei längerer Entfernung aus räumlichen Herrschaftsbereich Eigenbesitz des Organs.

Besitzer die „tatsächliche Gewalt“ (§ 854 BGB) über eine Sache innehaben muss, nur der Ausgangspunkt, von dem das Recht an vielen Stellen abweicht. Mittelbare Besitzer (§ 868 BGB) und Erbenbesitzer (§ 857 BGB) besitzen eine Sache, ohne die tatsächliche Sachherrschaft über sie innezuhaben. Ihr Besitz gilt gemeinhin als fiktiv. Mithilfe einer ähnlichen Abstraktion könnte ein Verband indes auch durch einen maschinellen Organwalter besitzen, der selbst nicht imstande ist, physisch auf seine Umgebung einzuwirken.

In einem zweiten Schritt stellt sich die Frage des *subjektiven* Besitztatbestands. Der Wille, zu besitzen, gilt heute als konstitutives Element des Besitzes. Dafür spricht ein Umkehrschluss zu § 867 S. 1 BGB, wonach der Besitzer eines Grundstücks eine Sache, die auf das Grundstück gelangt, bewusst in Besitz nehmen kann. Im Rahmen des Organbesitzes erfüllt der Besitzwille dogmatisch gar eine Doppelfunktion: Er begründet und erhält einerseits tatbestandlich die tatsächliche Sachherrschaft des Verbands und ist andererseits entscheidendes Zurechnungsmerkmal.[284] Der Verband wird Besitzer, wenn ein Organwalter die tatsächliche Sachherrschaft *für ihn* ausüben *will*. Insoweit stellt sich die vom rechtsgeschäftlichen Handeln vertraute Frage, ob im Fall eines von einer Maschine vermittelten Besitzes Äquivalente zum subjektiven Tatbestand notwendig würden. Jedenfalls zur Zurechnung bedarf es des Willenselements nicht mehr, wenn die Maschine nicht imstande ist, für sich selbst zu besitzen.[285] Auch hier zeigt sich, dass eine originäre Rechtsposition nur zusätzliche Abgrenzungsprobleme schaffen würde. Indes verdient nach den Wertungen des Besitzrechts bislang nur derjenige Schutz, der auch besitzen will. In der Absicht, nicht jede Form der tatsächlichen Sachherrschaft zu schützen, sondern nur die willensgetragene, knüpft das Gesetz an die verbotene Eigenmacht iSd. § 858 BGB als Besitzverlust gegen den Willen des Verbands mannigfaltige Rechtsfolgen. Zugleich könnte man dem Verband den Besitz ohne ein subjektives Element aufdrängen.

Freilich stellt man an den Besitzwillen dabei keine hohen Anforderungen. Es reicht ein „natürlicher Wille“, den beispielsweise auch ein Geschäftsunfähiger ohne die Zustimmung seines gesetzlichen Vertreters bilden kann.[286] Nichtdestotrotz müssten zur tatsächlichen Sachherrschaft, schon um die juristische Person gegenüber der natürlichen Person nicht zu bevorzugen, weitere Voraussetzungen hinzutreten. Nahe liegt der Rückgriff auf das rein objektive, also äußerlich wahrnehmbare, Einfügen in den Herrschafts- und Organisationsbereich des Verbands, das mancher im allgemeinen Rahmen schon heute ausreichen lässt.[287] Auch in der Diskussion um die ‚elektronische Person‘ wurde dies aufgegriffen.[288] Der Ver-

---

[284] *Flume*, Personengesellschaft, § 6 II (S. 81); *K. Schmidt*, Gesellschaftsrecht, § 10 III 1 b) (S. 267); zu dieser Doppelfunktion des Besitzwillens *Brand*, Der Organbesitz, S. 101 f.

[285] S. nur zur Abgrenzung von Fremd- und Eigenbesitzwillen des Organwalters und den damit verbundenen Problemen *Cohen*, Organbesitz und Organgewahrsam, S. 101 ff.

[286] AllgM., vgl. RGZ 98, 131 (132 ff.); MüKoBGB/*Baldus* § 937 Rn. 41; MüKoBGB/*Schäfer* § 854 Rn. 32.

[287] Namentlich *Westermann et al.*, Sachenrecht, § 12 I 2.

[288] Vgl. *Kleiner*, Die elektronische Person, S. 206 f.

band soll eine Sache danach nur dann besitzen, wenn sie sich in seiner dann freilich reichlich abstrakten Herrschaftssphäre befindet. Dafür spricht, dass schon heute etwa der Besitzdiener nicht mit Besitzwillen agieren muss. Auch das Merkmal „für einen anderen" in §855 BGB ist demnach rein objektiv zu verstehen.[289] Die Herrschaftssphäre des Verbands bestimmen die Autoren in diesem Fall kontrafaktisch: Gefragt wird, worauf der Verband mithilfe eines Menschen ohne Weiteres einwirken *könnte*. Nimmt man dieses Element ernst, leistet es gleich für beide Probleme des von einer Maschine vermittelten Organbesitzes Abhilfe. Einerseits besäße eine von Maschinen verwaltete Korporation unabhängig von den motorischen Fähigkeiten dieser Maschinen. Andererseits wäre ein Äquivalent für den natürlichen Besitzwillen eines Individuums obsolet. Jedenfalls die Befriedungs- und Publizitätsfunktion, die man dem Besitz ganz allgemein zuschreibt, litte darunter nicht. Freilich wäre unser Verständnis vom Verbandsbesitz in diesem Fall anzupassen. Der Verband besäße, ohne dass sein Organwalter für ihn besitzen will, oder auch nur imstande wäre, physisch unmittelbar auf eine Sache einzuwirken. Er wäre Besitzer jener Sachen, die in seinem Organisationsbereich befinden, verstanden als der Bereich, auf den eine physische Person für ihn unmittelbar zugreifen *könnte*.

c) Zwischenergebnis: Maschineller Verbandsbesitz

Wer überlegt, ob und wie ein Verband mithilfe von Maschinen besitzen könnte, gelangt unweigerlich zur Frage, ob dieser Organwalter braucht, die selbst unmittelbare Besitzer einer Sache sein könnten. Daraus ergeben sich drei zentrale Probleme: Müsste die Maschine, um dem Verband Besitz zu vermitteln, selbst eine Rechtsperson sein? Bedürfte es funktioneller Äquivalente zum Besitzwillen? Und muss der Verband mithilfe eines Roboters wie ein Mensch die „tatsächliche Gewalt" über eine Sache erlangen können? Während das Recht den maschinellen Organwalter nicht zum Zurechnungssubjekt für besitzrechtliche Positionen machen muss, um dem Verband Besitz zuschreiben zu können, ist die Frage eines Ersatzes für subjektive Tatbestandsmerkmale vom rechtsgeschäftlichen Handeln weitgehend bekannt. Neu ist die Erkenntnis, dass Verbände auch deshalb auf das Individuum angewiesen sind, weil sie bislang physische Wirkungen auf körperliche Gegenstände entfalten müssen. Bleibt es bei der bekannten Besitzkonzeption, wäre ein maschineller Organwalter aus diesem Grund auf eine Verkörperung angewiesen. Näher liegt indes eine gesetzliche Besitzfiktion, die dem Verband die Gegenstände seiner Sphäre wertend zuordnet. Und das ganz gleich, ob die Maschine, die ihn leitet, körperlich unmittelbar auf diese Gegenstände zugreifen kann oder nicht. So oder so bleibt der Mensch schon bei geltender Rechtslage jedenfalls nicht schon deshalb im Spiel, weil sich der Verband ohne ihn außerstande sähe, Besitz von einer Sache zu erlangen. Die richterrechtliche Figur des Verbandsbesitzes ist wandlungsfähig genug, um ihn aus dem Spiel zu nehmen.

---

[289] Vgl. BGHZ 8, 130 (133); Staudinger/*Gutzeit* BGB §855 Rn. 14.

4. Wissen

Das deutsche Privatrecht stellt an vielen Stellen die Kenntnis oder Unkenntnis bestimmter Tatsachen in Rechnung: Entscheidend ist, ob eine Rechtsperson gut- oder bösgläubig handelt (§§ 892, 932, 990 BGB), getäuscht wurde (§ 123 BGB) einen Sachmangel oder das Fehlen eines Rechtsgrundes kannte (§§ 442, 819 I BGB).[290] Auch der Verband muss deshalb imstande sein, zu wissen. Das gilt auch dann, wenn er künftig nur noch mithilfe von Maschinen am Rechtsverkehr teilnehmen soll.

a) Wissen als normative Konstruktion

Dabei wird das, was als Kenntnis oder Unkenntnis gilt, stets normativ konstruiert: Was eine Rechtsperson weiß und was nicht, entscheidet das Recht. Das gilt ganz allgemein, also auch für die natürliche Person, die mitunter auch dann als Wissende gilt, wenn sie wissen muss (vgl. § 122 II BGB), sich der Kenntnis verschließt oder ins Blaue behauptet.[291] Das muss aber zwingender noch für die juristische Person gelten. Ihr Wissen kann als Produkt einer rechtlichen Zuordnung schon im Ansatz nur als normativ konstruiertes Wissen gedacht werden.[292] Schwieriger als diese Ausgangspunkte, also: der Verband muss *erstens* imstande sein, zu wissen, und ihm gelingt dies *zweitens* nur im Wege einer rechtlichen Konstruktion, ist die Frage, welche Maßstäbe dieser Konstruktion zugrunde zu legen sind. Auch weil das Gesetz dazu weitgehend schweigt, wird darüber seit mehr als einem Jahrhundert intensiv gestritten.

Unzweifelhaft ist heute jedenfalls, dass die Wissenszurechnung als wertender Akt stets der differenzierten Rechtfertigung im Einzelfall bedarf. Was der Verband weiß, und was nicht, ist relativ, das heißt abhängig vom konkreten Normkontext.[293] Einer letztlich der ‚Organtheorie' *Gierkes* entspringenden Globalzurechnung steht das diametral entgegen.[294] Die Wissenszurechnung zum Verband ist abhängig davon, ob im Einzelfall Aufklärungspflichten, Fristen, Irrtumsregelungen, Verjährung, Delikten oder gar kapitalmarktrechtliche Publikationspflichten in Rede stehen. Schon deshalb ließen sich hier keine abschließenden Antworten einer maschinellen Wissenszurechnung formulieren. Die Fragen wären je nach Normkontext unterschiedlich zu beantworten. Zumal es uns wiederum nur um eine „Machbarkeitsstudie" gehen soll: Könnte der Verband auch ohne den Menschen Kenntnis von etwas erlangen?

Dabei hat die Rechtsprechung ausgehend von diesen Ausgangspunkten ein Grundgerüst der Wissenszurechnung entwickelt. Dieses Gerüst muss hier nicht

---

[290] Ordnung solcher „Wissensnormen" bei *Grigoleit*, ZHR 181 (2017) 160 (169); sowie umfassend *Buck*, Wissen und juristische Person, S. 20 ff.

[291] Zur Normativität rechtlich relevanten Wissens *Schrader*, Wissen im Recht, S. 99 ff.

[292] Vgl. *Thomale*, Der gespaltene Emittent, S. 9 f. mwN.

[293] Grundlegend BGHZ 109, 327 (331); *Thomale*, Der gespaltene Emittent, S. 6 ff.

[294] Vgl. noch RG JW 1935, 2044; BGHZ 20, 149 (153); 34, 293 (297); 41, 282 (287).

im Detail nachgezeichnet werden. Zumal es zwar im rechtspraktischen Umgang grundsätzlich konsentiert ist, aber noch immer in regelmäßigen Abständen mit gewichtigen Argumenten erschüttert wird.[295] Als Richtschnur dient dabei zunächst die Gleichstellung von natürlicher und juristischer Person als Prinzip ausgleichender Gerechtigkeit: Einerseits sollen dem Verband aus der Aufspaltung des Wissens auf eine Vielzahl von Akteuren keine Vorteile erwachsen. Andererseits sind auch und gerade der menschlichen Kognition Grenzen gesetzt, weshalb sich auch im Verband die sachlich und zeitlich unbegrenzte Zurechnung verbietet.[296] Ein Verband soll sich demnach weder darauf berufen können, nicht im kognitiven Sinne zu wissen, noch sollen ihm Kenntnisse andersherum überkompensierend zugeschrieben werden. Sodann sollen über die Zurechnung im Einzelfall Erwägungen des Verkehrsschutzes entscheiden. Wobei es inzwischen im Kern regelmäßig um die effiziente und interessengerechte Zuordnung von Risiken geht.[297] Im Ergebnis rechtfertigt heute insbesondere die Verletzung einer Pflicht zur verkehrsanschauungsgemäßen Wissensorganisation die Konstruktion von Verbandswissen: Den Verband sind Informationen als Wissen zuzurechnen, wenn er diese bei ordnungsgemäßer Organisation aktenmäßig festhalten, weitergeben und abfragen musste.[298] Die Intensität dieser Pflichten bedarf hier ebenso keiner Vertiefung wie die Vorfrage, auf welches dogmatische Fundament die Zurechnung zu stellen ist. Ob sie sich also nach § 166 BGB (analog) bemisst, der als einzige Norm des deutschen Privatrechts ausdrücklich die Zurechnung von Wissen regelt, § 31 BGB (analog) den Eigenarten des Organhandelns besser Rechnung trägt oder keine der Normen für sich genommen eine Rechtsgrundlage bieten kann.

Fest steht: Das Wissen der Korporation ist schon heute vom Individuum weitgehend entkoppelt. Es wird zuvor weder dem Organ noch dessen Organ-

[295] Aus der jüngsten Vergangenheit statt vieler mit rechtsdogmatischer Kritik *Grigoleit*, ZHR 181 (2017) 160; mit rechtsökonomischen Argumenten *Wagner*, ZHR 181 (2017) 203 (249 ff.); mit vornehmlich rechtssoziologischer Argumentation *Guski*, ZHR 184 (2020) 363; monografisch zuletzt *Rachlitz*, Wissen – Vorsatz – Zurechnung, 2022.

[296] BGHZ 132, 30 (38); umfassende Nachweise bei *Spindler*, ZHR 181 (2017) 311 (313); sowie eingehend *Thomale*, Der gespaltene Emittent, S. 11 ff.; die Gleichstellungsthese sieht sich freilich erheblicher Kritik ausgesetzt, s. etwa *Buck*, Wissen und juristische Person, S. 318 ff.; *Baum*, Die Wissenszurechnung, S. 176 ff., 208 ff.; *Grigoleit*, ZHR 181 (2017) 160 (190 ff.): „keine überzeugende Substanz"; *Spindler*, ZHR 181 (2017) 311 (315 ff.); *Guski*, ZHR 184 (2020) 363 (368 f.): „Verzweiflungsgestus"; im vorliegenden Zusammenhang jüngst *Linke*, Digitale Wissensorganisation, S. 173; *Kuntz*, ZfPW 2022, 177 (191 f.); für die Anwendung der Gleichstellungsthese zuvor *Hacker*, RW 2018, 243 (281 f.).

[297] Im vorliegenden Zusammenhang *Linke*, Digitale Wissensorganisation, S. 107 ff.; sowie im Anschluss daran *Kuntz*, ZfPW 2022, 177 (182) mit Verweis auf BGHZ 109, 327 (332); sowie BGHZ 132, 30 (37); 135, 202 (205 f.); Gleichstellungsthese und Verkehrsschutz ablehnend und stattdessen auf die vom Normkontext abhängende Risikozuordnung abstellend allgemein etwa *Spindler*, ZHR 181 (2017) 311 (315 ff.).

[298] Vgl. insb. BGHZ 132, 33 (35 ff.); umfassende Darstellung der Rspr. bei *Spindler*, Unternehmensorganisationspflichten, S. 601 ff.

waltern als eigenes zugerechnet. Weil die Pflicht zur ordnungsgemäßen Wissensorganisation darüber entscheidet, von welchen Tatsachen die Korporation rechtsrelevante Kenntnis erlangt, ist das Bewusstsein des Einzelmenschen weitgehend aus dem Spiel. Die Formulierung der Pflichten zur sorgfältigen Wissensorganisation hat, anders ausgedrückt, zur „organisationsbezogene[n] Emanzipation des Wissenstatbestands von menschlichem Bewusstsein [geführt]“.[299] Die Korporation weiß, „ohne dass ein Umweg über das psychologische Wissen der beteiligten natürlichen Organwalter notwendig oder möglich wäre.“[300] Insoweit mag das Gesetz mit den Wissensnormen ursprünglich den Menschen als bewusstseinsfähiges Individuum fokussiert haben, heute sind sie nicht mehr exklusiv auf natürliche Personen bezogen.[301] Wer meint ein „um den Verband als fingierter Rechtsperson erweiterte[r] Anthropozentrismus [sei] in der deutschen Privatrechtsordnung klar angelegt“, rechtsrelevantes Wissen deshalb *per se* nur über den Umweg über das Individuum denkbar[302], irrt. Inzwischen erlangt der Verband mithilfe der organisationsrechtlichen Grundsätze der Wissenszurechnung zunächst ganz unabhängig vom epistemischen Wissen des Individuums rechtliche Kenntnis von etwas.

Das eröffnet schon nach geltendem Recht Spielraum, ihm auch spezifische Zustände einer Maschine als rechtsrelevantes Wissen zuzuordnen. Weil das Verbandswissen stets normativ konstruiert wird, ist es dabei unschädlich, dass die Maschine selbst weder gut- noch bösgläubig sein kann. Zugleich müsste das Gesellschaftsrecht die Maschine selbst nicht zur Trägerin eigenen Rechtswissens machen. Dem Verband würden im Rechtsverkehr die Zustände eines Objekts als rechtsrelevantes Wissen zugeordnet, das weder im epistemischen noch im rechtlichen Sinne imstande ist, selbst zu wissen. Dies ist rechtstechnisch schon im Rahmen der Pflicht zur ordnungsgemäßen Wissensorganisation darstellbar. Mehr noch. Vor dem Hintergrund von Gleichstellung und Verkehrsschutz wäre die Zurechnung wertungsmäßig auch unerlässlich. Obgleich die Maschine weder handelt noch weiß, entfaltet sie auf Grundlage ihrer Datenverarbeitung unabhängig vom epistemischen Wissen eines Menschen rechtliche Wirkungen. Diese verarbeiteten Daten dem Verband als Wissen zuzurechnen, wäre rechtlich nicht nur möglich, sondern auch geboten: Kontrahiert ein Verband mithilfe einer Maschine mit einem Vertreter ohne Vertretungsmacht, kann und sollte § 179 III S. 1 BGB entsprechende Anwendung finden, wenn die Maschine das Fehlen der Vertretungsmacht vor Vertragsschluss als Datum verarbeitet hat oder hätte verar-

---

[299] So *Guski*, ZHR 184 (2020) 363 (372 ff., 373), insb. mit Verweis auf OLG Hamm, ZIP 2011, 1926, wonach „die elektronische Speicherung der Information der maßgeblichen Umstände [...] bereits positive Kenntnis im geforderten Sinn, nicht nur Kennenmüssen [sei]“.

[300] *Thomale*, Der gespaltene Emittent, S. 12.

[301] So aber *Grigoleit*, ZHR 181 (2017) 160 (173 f.), der allen Wissensnormen des Privatrechts einen „biologisch-zerebralen Bezug“ unterstellt; ähnlich *Rachlitz*, Wissen – Vorsatz – Zurechnung, S. 34 ff.; krit. dazu *Guski*, ZHR 184 (2020) 363 (376 ff.).

[302] *Rachlitz*, Wissen – Vorsatz – Zurechnung, S. 34 f.

beiten müssen. Und das ganz gleich, ob ein für den Verband tätiger Mensch vom Fehlen wusste oder wissen konnte. Klassifiziert die Maschine dagegen aufgrund einer durch den Vertragspartner manipulierten Dateneingabe fehlerhaft, kann und sollte der Verband Getäuschter iSd. § 123 I BGB sein, wenn ihm die Klassifikation zunächst als eigene Willenserklärung zugerechnet wurde.

Erkennt man den Gleichstellungsgedanken an, entfaltet er auch in unserem Fall seine Wirkmacht. Eine von Maschinen verwaltete Korporation bezeichnet nur eine neue Form der unternehmerischen Arbeitsteilung. Dass der Gesellschaft daraus im Hinblick auf ihr Wissen keine Vorteile erwachsen sollten, liegt auf der Hand. Das gilt wiederum gegenüber der natürlichen Person, aber auch gegenüber Gesellschaften, die von Menschen verwaltet werden. Es darf einer Gesellschaft nicht möglich sein, sich mithilfe einer Maschine der Wissenszurechnung zu entziehen. Ebenso wie der juristischen Person aus der Aufspaltung von Wissen auf eine Vielzahl von Menschen kein Vorteil erwachsen darf, dürften ihr aus der Eigenart der maschinellen Organwaltung keine Vorteile erwachsen. Zugleich gebietet der Schutz des Rechtsverkehrs, dass auch von der Maschine verarbeitete Daten gespeichert und abgerufen werden. Schließlich ordnet erst die Wissenszurechnung der maschinellen Datenverarbeitung die Risiken des Maschinenverhaltens effizient und gerecht zu.

b) Als Verbandswissen zurechenbare Zustände der Maschine

Wer dem Verband Maschinenverhalten als Rechtshandeln zurechnet, muss ihm auch die interne Datenverarbeitung als damit korrespondierendes Rechtswissen zurechnen. Im Einzelnen zu bestimmen, wann ein maschineller Zustand als Verbandswissen gelten sollte, ist freilich mit erheblichen Schwierigkeiten verbunden. Selbst ein vermeintlich einfacher Ansatz, im Sinne einer Gierk'schen Globalzurechnung, der dem Verband schlicht „jegliche" Zustände als Wissen zuordnet, hilft nicht weiter.[303] Theorien der „absoluten Wissenszurechnung" greifen stets auf ein deskriptives Vorverständnis von Wissen zurück, das tatsächlich vorgefunden wird.[304] Auch sie müssen freilich bestimmen, *welche* Wissenszustände der Organwalter rechtlich relevantes Wissen des Verbands werden sollen; Rechtswissen also wertend konstruieren. Und sie tun dies auch, weil subjektiv nicht zugängliches, bloß implizites Wissen gewiss nicht zugerechnet werden soll, Tatsachen, vor denen sich ein Organwalter verschließt, hingegen schon. Die Forderung einer dem Umfang nach unbegrenzten Zurechnung ließ sich bislang dennoch formulieren, weil es ein auf das bewusstseinsfähige Individuum zugeschnittenes Verständnis vom Organwalterwissen gab, das zum Rechtswissen des Verbands summiert werden konnte. Bei Maschinen fehlt dieses Verständnis voll-

[303] So aber wohl *Linke*, Digitale Wissensorganisation, S. 200 f.; auch *Hacker*, RW 2018, 243 (278 f.) prüft eine „strikte Wissenszurechnung" erkennt aber, dass dies im Ergebnis nicht weiterführt („kaum operationalisierbar").

[304] Zur Verschränkung von normativen und deskriptiven Elementen iRd. Rechtswissens *Schrader*, Wissen im Recht, S. 392 ff.

ständig. Es fehlt an einem außerrechtlichen Begriffskern von Wissen, um das sich Rechtswissen konstruieren ließe.

Dahinter steht das Grundsatzproblem, das sich im Rahmen einer „maschinellen Wissenszurechnung" stellt und bislang noch nicht präzise genug herausgearbeitet wurde: Maschinen werden konstruiert, sich wie ein Mensch zu verhalten, aber nicht, wie ein Mensch zu wissen. Während es also verhältnismäßig leicht fällt, dem Verband äußerlich wahrnehmbares Maschinenverhalten als rechtsgeschäftliche Handlung zuzurechnen, bereitet die Zuschreibung der damit korrespondieren ‚inneren' Datenverarbeitung als rechtserhebliches Wissen größere Schwierigkeiten. Auch der im allgemeinen Rahmen formulierte Vorschlag, Maschinen schlicht wie einen „Wissensvertreter" zu behandeln, führt aus diesem Grund nicht weiter. Nicht die mangelnde Rechtspersönlichkeit der Maschine steht dieser Idee im Weg. § 166 BGB ließe sich analog zur Anwendung bringen, ohne dass die Maschine dafür notwendig Rechtsperson sein müsste oder schon durch die bloße Normanwendung zur originären Rechtsperson würde.[305] Vielmehr ist man nach dem Entschluss, die zur Wissensvertretung entwickelten Grundsätze auf Maschinen anwenden zu wollen, keinen Schritt weiter. Nach der Kür zum „Wissensvertreter" stellen sich dieselben mithilfe von Erwägungen der Risikozuweisung oder der Gleichstellungsthese zu beantwortenden Wertungsfragen.[306] Weiß ein Verein, dass ein an ihn aufgelassenes Grundstück nicht dem im Grundbuch eingetragenem Veräußerer gehört (§ 892 BGB), wenn dies im Modell des maschinellen Geschäftsleiters, der das Geschäft abschließt, zwar nicht explizit repräsentiert ist, sich aber implizit aus der Zusammenschau verschiedener Parameter seines neuronalen Netzes ergibt? Nach der Feststellung, die Zurechnung sei nicht zu begrenzen, ist man an dieser Stelle ebenso schlau wie zuvor.

Die eigentliche Schwierigkeit besteht darin, einen maschinellen Zustand in die rechtliche Kenntnis einer Rechtsperson zu übersetzen. Für unser Anliegen gilt es dabei zu verinnerlichen, dass es nicht um die Identifikation maschinellen, sondern die Konstruktion korporativen Wissens geht. Die Frage lautet also, wann ein maschineller Zustand sinnvollerweise als (Un-)Kenntnis des Verbands gelten sollte. Verhältnismäßig einfach lässt sich das äußerlich wahrnehmbare Verhalten der Maschine als Verbandswissen qualifizieren. Klassifiziert die Maschine eine Sache als mangelhaft, „weiß" die Gesellschaft, für die sie tätig wird, dass sie mangelhaft ist (§ 442 I BGB).[307] Die entscheidende hier nicht zu beantwortende Frage ist in diesem Fall, ob oder vielmehr, wie lange diese Ausgaben gespeichert werden müssen.

---

[305] Eingehend *Linke*, Digitale Wissensorganisation, S. 262 ff.; zur Analogie zu § 166 BGB im Rahmen maschinell vermittelten Wissens auch *Linardatos*, Autonome und vernetzte Aktanten, S. 139 ff.; krit. dazu jetzt *Rachlitz*, Wissen – Vorsatz – Zurechnung, S. 34 ff.; zur Figur des Wissensvertreters allgemein hier nur *Grigoleit*, ZHR 181 (2017) 160 (183 ff.) mwN.

[306] Insoweit zutreffend *Kuntz*, ZfPW 2022, 177 (190).

[307] *Hacker*, RW 2018, 243 (271 ff.): „explizites Wissen"; zustimmend *Kuntz*, ZfPW 2022, 177 (196).

Auch bei der Beurteilung ‚innerer' Rechenprozesse gibt es, je nach Modellarchitektur, verhältnismäßig klare Fälle. In wissensbasierten Systemen ist menschliches Fachwissen etwa in einer Systemkomponente, der „Wissensbasis", explizit abgebildet.[308] Die hier gespeicherten Informationen könnten ohne Weiteres als Wissen des Verbands selbst gelten. Grenzfälle ergäben sich an dieser Stelle nur, wenn rechtlich relevante Tatsachen im Moment des Rechtsgeschäfts nicht (mehr) Teil der maschinellen Wissensbasis waren oder nicht abgerufen wurden. Hätte eine GmbH wissen müssen, dass sich eine an die Gesellschaft übereignete Sache nicht im Vermögen des Veräußerers befindet (§ 932 II BGB), wenn die Maschine dies mit der Aufwendung von mehr (kostenintensiver) Rechenleistung sicher erkannt hätte? Der Gleichstellungsgedanke muss sich dann auch hier restriktiv auswirken: In Rechnung zu stellen wären weder das zeitlich und sachlich unbegrenzte Speichern von Informationen noch die Aufwendung unbegrenzter Rechenkapazitäten für ihre Abfrage. Die Regeln der Wissenszurechnung dürften nicht zum Einsatz irrationaler Maschinen nötigen. Auch ein Verband hätte ein Recht, zu „vergessen" und effizient zu entscheiden.[309]

Fundamentalere Fragen werfen andere Modellarchitekturen auf. Wir haben gesehen, dass sich die Daten, die ein neuronales Netz repräsentiert und verarbeitet, heute nur mit erheblichen oft ineffizienten Anstrengungen in menschenverständlicher Sprache ausdrücken lassen.[310] Setzt ein Verband diese Modelle ein, zieht er also einen Nutzen aus Daten, die nur in maschinenlesbarer Form vorhanden sind. Plakativ ausgedrückt, sind diese Daten nur als „implizite[s] maschinelle[s] Wissen" im algorithmischen Modell repräsentiert.[311] Trügerisch ist der Blick auf den menschlichen Organwalter. Auch der greift zwar fortlaufend auf implizites Wissen zurück. Er kann und muss dieses Wissen aber nicht verbalisieren, geschweige denn aktenmäßig festhalten, weshalb es auch dem Verband nicht als eigenes Wissen zugerechnet wird.[312] Zugleich steht dem Verband im Voraus keine Möglichkeit zur Verfügung, darüber zu disponieren, wie viel seine menschlichen Organwalter implizit verarbeiten. Setzt er eine Maschine ein, gilt dies nicht. Der Verband hat erheblichen Einfluss darauf, wie transparent ein von ihm eingesetztes Modell ist. Zugleich lassen sich selbst die in komplexen neuronalen Netzen implizit repräsentierten Informationen mit entsprechenden Vorkehrungen nachträglich explizieren. Schon um dem Verband die Flucht in nicht interpretierbare Modelle zu verwehren, muss es also Fälle geben, in denen ihm

---

[308] Vgl. *Russell/Norvig*, Artificial Intelligence, S. 208 ff.

[309] Überkompensierend deshalb die Speicherpflichten bei *Kuntz*, ZfPW 2022, 177 (197 ff.).

[310] Vgl. oben § 2 B II 3.

[311] *Hacker*, RW 2018, 243 (244); eingehend *Linardatos*, Autonome und vernetzte Aktanten, S. 143 ff.; eingehend zur Differenzierung auch *Linke*, Digitale Wissensorganisation, S. 232 ff.

[312] Zur Unterscheidung *Schrader*, Wissen im Recht, S. 9 f.; zur zentralen Rolle impliziten Wissens bei Entscheidungen des Leitungsorgans aus ökonom. Sicht statt vieler *Merendino et al.*, J. Bus. Res. 93 (2018) 67 (68 ff.).

zunächst auch lediglich maschinenlesbare Daten als Wissen zugeschrieben werden.

Dass das Problem der Interpretierbarkeit im Recht zum Problem der Wissenszurechnung wird, hat im allgemeinen Rahmen erstmals *Hacker* erkannt. Er erweiterte in Reaktion darauf die Pflichtentrias aus Speichern, Weiterleiten und Abrufen um die Kategorie der Wissensgewinnung.[313] Der Verband sei beim Einsatz von Maschinen in zwei eng umgrenzten Fallgruppen verpflichtet, nicht nur vorhandenes Wissen weiterzuleiten und abzurufen, sondern noch nicht vorhandenes Wissen zu schaffen. Namentlich auf der „Flucht in implizites Wissen“: Also einerseits beim Einsatz besonders opaker Modelle mit dem Zweck, die Wissenszurechnung zu umgehen. Und andererseits dann, wenn sich relevante ‚Kenntnisse‘ der Maschine aufdrängten, etwa, weil schon der bloße Vergleich von Ein- und Ausgabedaten auf sie hinwiesen. Die „Substitution expliziten Wissens durch implizites Wissen“ stelle sich in diesem Fall „als bewusstes Sich-Verschließen“ dar, weshalb eine Pflicht zur Explizierung geboten sei.[314] Das hat Kritik hervorgerufen. Die Zurechnung ‚impliziten Maschinenwissens‘ sei methodisch fehlerhaft, laufe der Gleichstellungsthese zuwider und verkenne, dass sich das Vertrauen des Rechtsverkehrs nicht auf die optimale, sondern lediglich auf die ordnungsgemäße Wissensorganisation richten könne. Die bekannten Grundsätze der Wissenszurechnung zum Verband erlaubten demnach nur die Zurechnung expliziten, nicht aber die impliziter im algorithmischen Modell abgebildeter Informationen.[315] Anderen geht das Modell noch nicht weit genug. Nur die umgreifende Zurechnung setze dem Unternehmen danach adäquate Anreize, die Risiken des Maschinenverhaltens nicht zu externalisieren.[316] Diese Arbeit muss sich dazu nicht abschließend positionieren. Klarheit besteht darüber, dass sich die Pflichten zur Wissensorganisation auf den Einsatz eines maschinellen Organwalters anpassen lassen. Bestimmte Datenverarbeitungsprozesse der Maschine als rechtsrelevantes Wissen des Verbands zu begreifen, ist konstruktiv nicht nur möglich – es wäre rechtlich auch geboten.

c) Zwischenergebnis

Ein Verband, der sich im Rechtsverkehr die Ausgaben einer Maschine als Handeln zuordnen lässt, muss sich im Zweifel auch ihre interne Datenverarbeitung als Wissen zurechnen lassen. Der Maschine zu diesem Zweck selbst rechtsrelevante Kenntnisse zuzuschreiben, ist nicht notwendig. Auch hier wäre mit einer originären Rechtsposition nur ein zweckwidriger Umweg verbunden. Dabei lässt sich das von einer Maschine vermittelte Verbandswissen auch dann, wenn es beim

---

[313] *Hacker*, RW 2018, 243 (277 ff.).

[314] *Hacker*, RW 2018, 243 (279).

[315] Namentlich *Linke*, Digitale Wissensorganisation, S. 242 f., 243 ff.; krit. jüngst auch *Kuntz*, ZfPW 2022, 177 (200).

[316] *Linardatos*, Autonome und vernetzte Aktanten, S. 143 ff.

richterrechtlichen Rahmen bleibt, plausibel begründen. Die Rechtsprechung hat insoweit ein „bewegliches System“[317] der Zurechnungsprinzipien bereitgestellt. Dieses System ist so beweglich, dass es sich auf den Einsatz eines maschinellen Organwalters anpassen lässt. Schon das geltende Recht fordert vom Verband gerade keinen „biologisch-zerebrale[n] Bezug“[318].

De lege ferenda muss das schon im Ausgangspunkt gelten. Ein Gesetzgeber, der sich für eine von Maschinen verwaltete Korporation entscheidet, könnte entsprechende Regeln zur Wissenszurechnung mitliefern. Indes weist das richterrechtliche System den speziell im vorliegenden Zusammenhang nicht zu unterschätzenden Vorteil auf, eben *beweglich* zu sein. Die positivrechtliche Zurechnung maschineller Zustände liefe stets Gefahr vom technischen Fortschritt überholt zu werden. Das gilt erst recht, als sich rechtliche und technische Fragen im Fall einer maschinellen Wissenszurechnung zum Verband untrennbar verschränken. Darüber, was der Verband weiß, gibt stets erst der Blick auf die im Einzelfall eingesetzte Maschine Aufschluss. Je nachdem, welche Modellarchitektur er einsetzt, ist ihm Unterschiedliches zuzumuten und zuzurechnen. Zwar wird das durch eine Maschine vermittelte Verbandswissen so ausschließlich durch das Recht konstruiert. Ausgangspunkt dieser Konstruktion müssen indes stets technische Realitäten sein. Gleichzeitig entscheidet die Rechtsfrage, was später Wissen des Verbands wird, maßgeblich darüber, wie die Maschine technisch konstruiert werden muss: Sie beeinflusst den rechtlich geschuldeten Grad der Interpretierbarkeit, entscheidet darüber, wie lange Informationen zu speichern sind, wie viel Rechenleistung zur Abfrage von Informationen aufgewendet werden muss oder auf welche Heuristiken ein algorithmisches Modell zurückgreifen darf. Die rechtliche Konstruktion des Verbandswissen entscheidet damit über die technische Konstruktion der Maschine und umgekehrt.

Die mangelnde Interpretierbarkeit populärer Anwendungen maschinellen Lernens ist dabei nur das technische Problem, dem am meisten Aufmerksamkeit zu Teil wird. Große Schwierigkeiten bereitet daneben etwa auch die Frage, wie mit Informationen umzugehen ist, die zwar nicht von der Maschine selbst unmittelbar verarbeitet werden, von denen sie aber in einem Multiagentensystem mittelbar profitiert.[319] Die Gleichstellungsthese erweist sich dabei kaum als belastbare Hilfestellung. Vielmehr sind, abhängig von den eingesetzten Maschinen,

---

[317] *Spindler*, ZHR 181 (2017) 311 (319 f.); BeckOGKAktG/*Fleischer* § 78 Rn. 54 ff., 62; zuvor *Baum*, Die Wissenszurechnung, S. 267 ff.; vgl. zur auf *Willburg* zurückgehenden Figur des „beweglichen Systems“ jetzt umfassend *Paas*, Das bewegliche System, S. 21 ff., 109 ff.

[318] So aber *Grigoleit*, ZHR 181 (2017) 160 (173); wohl auch *Rachlitz*, Wissen – Vorsatz – Zurechnung, S. 34 f.: „um den Verband als fingierter Rechtsperson erweiterte Anthropozentrismus [sei] in der deutschen Privatrechtsordnung klar angelegt“, weshalb auch eine ‚elektronische Person‘ nach geltendem Recht stets auf das Individuum als Wissensträger angewiesen sei.

[319] Dazu *Linke*, Digitale Wissensorganisation, S. 129 ff.; andeutend *Kuntz*, ZfPW 2022, 177 (204 f.).

vornehmlich mit Blick auf die Risikoverteilung diffizile Wertungsfragen zu beantworten.[320] Fest steht: Der Mensch bleibt jedenfalls nicht schon deshalb im Spiel, weil sich die Korporation ohne ihn außer Stande sähe, rechtserhebliche Kenntnis von etwas zu erlangen.

IV. Resümee, Rückkopplung, Fortgang

1. Resümee

Fassen wir zusammen. Das vierte Kapitel widmete sich der rechtstechnischen Umsetzbarkeit einer von Maschinen verwalteten Korporation. Es zeigte, dass die Korporation konstruktiv nicht auf ein Individuum angewiesen ist, das im Rechtsverkehr für sie tätig wird. Die juristische Organperson zeugt zunächst davon, dass auch das Handeln, das der Korporation im Rechtsverkehr als eigenes zugeordnet wird, selbst nur vom Recht konstruiertes Handeln sein kann. Schon mit ihr ist zu Beginn eine Kränkung verbunden: Dass die Korporation nicht auf das unmittelbare Handeln einer physischen Person angewiesen ist, um im Rechtsverkehr zurechenbar tätig werden zu können, gleicht zu Beginn einer Demütigung. Vom Menschen entkoppelt hat die juristische Organperson das Handeln der Korporation freilich nicht. Irgendwo am Ende der Zurechnungskette muss heute ein Individuum tätig werden: Mithilfe der §§ 164 ff. BGB gilt eine menschliche Willenserklärung als solche der Korporation selbst. Auch § 31 BGB, der das einst ausschließlich auf das Individuum zugeschnittene Deliktsrecht um eine korporative Dimension erweitert, denkt im Ergebnis heute nur die schuldhafte Pflichtsäumnis eines Menschen als solche der Korporation. Und selbst der Organbesitz, der das Individuum im Ergebnis zwar vollständig ausblendet, setzt bislang tatbestandlich voraus, dass ein Mensch die physische Gewalt für den Verband ausübt.

Nun steht fest: Auch dahinter steht keine rechtstechnische Notwendigkeit. Das Individuum lässt sich rechtlich ganz aus dem Spiel nehmen. Präziser: Das Recht könnte Korporationen konstruieren, die am Rechtsverkehr teilnehmen, ohne dass ein Individuum unmittelbar für sie tätig wird. Setzt man dabei nicht am Status der Maschine, sondern am Status der Korporation an, gelingt dies gar in den gewohnten dogmatischen Bahnen. Zwar weist das Individualrecht in seinem Zuschnitt auf das Individuum bislang keinen Weg, einer Rechtsperson das Verhalten einer Maschine, ohne den Umweg über den Menschen, zuzurechnen. Mancher erkennt hier insoweit wohl völlig zurecht, einen „Anthropozentrismus“, der zur Folge habe, dass die „privatrechtliche Relevanz verfügbarer Informationen, vollautomatisierter Vorgänge, (quasi)autonomer Systeme und KIgenerier-

[320] Zur interessengerechten Risikoverteilung als primären Zurechnungsgrund in diesem Zusammenhang *Hacker*, RW 2018, 243 (274, 280 f.); *Linke*, Digitale Wissensorganisation, S. 107 ff., 174 ff.; *Kuntz*, ZfPW 2022, 177 (192); im allgemeinen Rahmen bereits etwa *Baum*, Die Wissenszurechnung, S. 275 ff.; sowie jüngst *Spindler*, ZHR 181 (2017) 311 (319).

ter ‚Handlungen'„ sich darin erschöpfe, sie „einer *natürlichen* Person als deren eigenes (!) Wissen, Wollen und Verhalten" zuzuschreiben.[321] Indes muss dem Organisationsrecht ein Anthropozentrismus schon im Ausgangspunkt fremd sein, weil es hier stets nur um das Handeln einer ‚an sich' nicht handlungsfähigen Rechtsperson geht. Vor allem aber vereinfachen es hier die schon heute entwicklungsoffen gestalteten organschaftlichen Zurechnungsmechanismen, dem Verband Maschinenverhalten als eigenes zuzuordnen. Das Organisationsrecht kann die §§ 164, 179 BGB unterschreiten und Ausgaben einer Maschine unmittelbar als Willenserklärungen der Körperschaft selbst begreifen, um zugleich die §§ 164 ff. BGB entsprechend zur Anwendung zu bringen. Weil § 31 BGB nach überzeugendem Verständnis keine individuelle Eigenhaftung voraussetzt, bieten sich schon im geltendem Recht Wege, Korporationen für von Maschinen verursachte Schäden deliktisch zur Verantwortung zu ziehen. Ebenso lassen sich maschinelle Zustände, die außerhalb des Rechts kein Wissen sind, innerhalb des Rechts als Wissen des Verbands begreifen. Rechtstechnisch wäre die Korporation nicht einmal auf physische Gewalt angewiesen, um besitzen zu können. Sie ist kurzum konstruktiv nicht auf einen Menschen angewiesen, der im Rechtsverkehr zurechenbar für sie tätig wird. So gesehen stehen wir nach der juristischen Organperson wohl vor einer zweiten Kränkung:[322] Die Korporation, die einst gänzlich handlungsunfähige ‚Fiktion', ist nicht so abhängig vom Individuum wie angenommen. Mit dem Argument, die Korporation sei ohne ihn nicht in der Lage, am Rechtsverkehr teilzunehmen, lässt sich der Mensch dauerhaft nicht im Spiel halten.

2. *Rückkopplung*

a) ‚Selbstfahrende Korporationen'

Zur zentralen Frage des Rechtshandelns einer von Maschinen verwalteten Korporation wird dabei der Rechtsstatus der Maschine selbst. Drei Wege sind denkbar: Sollte das Recht die Maschine andernorts unabhängig von der Organwaltung zum Subjekt küren, obläge es dem Gesellschaftsrecht, diesem Subjekt Organfähigkeiten zuzuordnen oder zu verwehren. Das Gesellschaftsrecht könnte der Maschine aber auch selbst einen Subjektstatus zuweisen, der ausschließlich der Wahrnehmung spezifischer Organfunktionen dient. Im Schrifttum dominiert dabei die Ansicht, dass es dies auch tun müsste, originäre Rechtspositionen der Maschine konstruktiv also notwendig seien, soll diese die Korporation verwalten. Nun ist klar: Diese Einlassung geht ins Leere. Das Recht könnte Korpora-

---

[321] So zuletzt *Rachlitz*, Wissen – Vorsatz – Zurechnung, S. 34 [Hervorhebung nur hier].

[322] Die mit künstlicher Intelligenz ganz allgemein einhergehende Kränkung des Menschen wird von anderen Disziplinen schon länger beschrieben, eingehend insb. *Floridi*, The fourth revolution, S. 87 ff.; s. im vorliegenden Kontext indes bereits *H. A. Simon*, Management and corporations 1985: a symposium held on the occasion of the 10. anniversary of the Graduate School of Industrial Administration, Carnegie Inst. of Technology, 1960, S. 17 (55).

tionen auch gestatten, mithilfe von Maschinen am Rechtsverkehr teilzunehmen, ohne diese Maschinen selbst zum Rechtssubjekt zu küren. Ein eigener Subjektstatus ist nicht notwendig. Als Scharnier zwischen dem Organ und der Organwaltung braucht es ihn nicht. Weder müssen Maschinen vom Verband mithilfe von Pflichten zum Handeln bewegt werden noch sind sie auf Rechte angewiesen, um als Organwalter tätig werden zu können. Zugleich lässt sich einer Korporation Maschinenverhalten ohne Umweg über die Maschine unmittelbar als eigenes zurechnen. Basis dessen ist jeweils eine Abstraktion: Der Zustand eines Rechtsobjekts *gilt als* Rechtshandeln der Korporation selbst.

Weil eigene Rechte und Pflichten der Maschine auch nicht zweckmäßig sind, spricht alles dafür, sie selbst in einer von Maschinen verwalteten Korporation überhaupt nicht als Subjekt in Erscheinung treten zu lassen. Anders als bei menschlichen Organwaltern korrespondiert das Recht der Körperschaft, sich im Rechtsverkehr organschaftlich vertreten zu lassen, dann nicht länger mit einem Pflichtrecht ihrer Organwalter, zu vertreten. Ein maschineller Organwalter, der nicht länger als ‚Organsubjekt' auftritt, führt die moderne Dogmatik des Organhandelns, die den Organwalter nur dort in Erscheinung treten lässt, wo dies zweckmäßig ist, dabei nur konsequent fort. Schon heute weiß die Korporation unabhängig vom Wissen ihrer Organwalter. Sie besitzt, ohne dass ihre Organwalter besitzrechtlich in Erscheinung treten. Und sie ist auch für Delikte verantwortlich, für die sich keiner ihrer Organwalter persönlich verantworten muss. Werden nicht länger Menschen, sondern Maschinen für sie tätig, ist es zweckmäßig, das Maschinenverhalten stets unmittelbar in korporatives Rechtshandeln zu übersetzen. Jedenfalls im Ergebnis wäre damit ein Schritt in Richtung einer scharf zu Ende gedachten ‚Organtheorie' verbunden, die Organhandeln nicht zugleich als Handeln eines Organwalters begreift.

Das eingängige Bild der „selbstfahrenden Kapitalgesellschaft"[323] hat nach all dem also für sich, dass in der Tat, anders als üblicherweise angenommen, nicht am Status der Maschine, sondern am Status der Korporation anzusetzen ist. Wenngleich es freilich keinen Fehlschlüssen zu erliegen gilt: Auch Maschinen lassen das „Ob" der Zurechnung unangetastet. Allenfalls verändert sich mit dem Zurechnungsmechanismus das „Wie". Selbst dann, wenn ihr nicht länger das Verhalten einer fremden Rechtsperson als eigenes zugeschrieben wird, ändert sich also nichts an der von *Savigny* so eindringlich wie zurecht herausgestellten ‚natürlichen Handlungsunfähigkeit' der juristischen Person. Das Bild einer Korporation, die „selbst" fährt, kann dann in der Tat nur ein heuristisches Mittel sein.[324] Zumal bereits das zweite Kapitel gezeigt hat, dass sich auch Maschinen, die lernen und mit ihrer Umgebung interagieren, nicht stets im Interesse Korporation und ihrer Bezugsgruppen verhalten. Es bedürfte vielmehr Rechtsregeln,

---

[323] Erstmals *Armour/Eidenmüller*, ZHR 183 (2019) 169; zuvor ähnlich etwa *Dan-Cohen*, Rights, Persons, and Organizations, 1986, S. 46 ff., 47: „fully-automated corporation".

[324] So auch *Armour/Eidenmüller*, ZHR 183 (2019) 169 (171).

die dies sicherstellen.[325] Die Korporation fährt demnach auch dann, wenn sie von Maschinen verwaltet wird, weder „selbst“ noch stets in die richtige Richtung.

b) Anthropomorphe Irrtümer

Dass sich die Idee eines maschinellen Organwalters dabei dem Vorwurf ausgesetzt sieht, ein Anthropomorphismus zu sein, kann kaum überraschen. Bekanntlich neigen wir dazu, Dinge zu vermenschlichen: Wir erkennen in Nichtmenschlichem uns selbst und deshalb oft mehr als dort eigentlich ist. Auch die Fähigkeiten von Maschinen überschätzen wir aus diesem Grund systematisch.[326] Nur: Blickt man auf die ‚selbstfahrende Korporation‘, spricht viel dafür, dass nicht die Idee selbst, sondern umgekehrt das Unbehagen, das ihr entgegenschlägt, in einem anthropomorphen Irrtum wurzelt. In einer allzu menschlichen Vorstellung von der Körperschaft, ihrem Organ und dessen Mitgliedern. Das Körperschaftsorgan wird noch immer vom Menschen aus gedacht, der die Funktionen konkret wahrnimmt. Haftet der Blick auf ihm und nicht dem Organ als typenoffener, apersonaler Institution, verknüpft sich mit dem Institut unwillkürlich die natürliche Person. Dabei lässt sich das Organ als Bündel korporativer Funktionen gesetzlich oder statutarisch auch auf Maschinen zuschneiden. Das Gedankenspiel einer GmbH, deren Unternehmensgegenstand sich auf den Betrieb eines selbstfahrenden Kfz beschränkt, macht das besonders plastisch. Die im Leitungsorgan gebündelten Funktionen reduzieren sich in diesem Fall weitgehend auf die rechtmäßige Steuerung des Fahrzeugs. Und auch dem Begriff des Organwalters, der zwar den normativ-institutionellen Charakters des Organs zum Ausdruck bringt, haftet das Menschliche scheinbar unauflöslich an.[327] Als *H. J. Wolff* ihn, aus dem öffentlichen Recht kommend, auch im Privatrecht etabliert, hat er dabei auch ausschließlich die natürliche Person vor Augen: Er trennt das Organ als Zuständigkeitssubjekt vom Organwalter, „als derjenigen physischen Person (des Menschen) die jene Kompetenzen wahrnimmt“[328]. Heute liegen die Dinge anders: Organschaftliche Funktionen müssen weder konstruktiv noch prinzipiell von einem Menschen wahrgenommen werden. Und mehr noch: Sie lassen sich rechtstechnisch vollumfänglich automatisieren. Die Vorstellung, der Organwalter müsste *per se* sein wie wir, natürliche Handlungsfähigkeit oder ein Bewusstsein aufweisen, wurzelt in einem anthropomorphen Irrtum.

[325] Vgl. oben § 2 B.

[326] Zum Anthropomorphismus als kognitive Verzerrung *Dacey*, Philos. Sci. 84 (2017) 1152 (1156 ff.); zu Anthropomorphismen in der KI *Proudfoot*, Artif. Intell. 175 (2011) 950 (951 f.); sowie sehr krit. *Watson*, Minds and Machines 29 (2019) 417 (432 ff.).

[327] So auch *Schürnbrand*, Organschaft im Recht der privaten Verbände, S. 234.

[328] *H. J. Wolff*, Organschaft und juristische Person II, 1934, S. 229, ähnlich ebd., S. 236, 243.

c) Interdisziplinäre Agentenarchitektur

Rechtstechnisch lässt sich das Handeln der Korporation von dem des Individuums entkoppeln. Schon mit dieser Erkenntnis ist einiges gewonnen. Innovationskraft, rechtliche wie außerrechtliche, entfaltet sich nicht zuletzt dadurch, dass einem Vorhaben keine konstruktiven Bedenken entgegenstehen. Wenn sich in der Praxis gegenwärtig erste Innovationen herausbilden – das wohl schillerndste Beispiel ist der Versuch, Maschinen mithilfe des gesellschaftsrechtlichen Rechtsformangebots ein „Rechtskleid“ zu schneidern[329] – gilt es die Tür also nicht von vornherein mit dem Verweis auf vermeintliche Sachgesetze zuzuschlagen. Mögen diese „algorithmic entities“ wie einst die GmbH & Co. auch zu abwegig erscheinen, um zulässig zu sein – Rechtskonstruktives lässt sich ihnen nicht entgegenhalten.

Das Schicksal der juristischen Organperson muss insoweit Warnung sein: Ganz offensichtlich hat die ursprüngliche allgemeine Absage ihrer Entwicklung nachhaltig geschadet: Das Argument, die Figur sei mit dem ‚Wesen‘ der juristischen Person unvereinbar, hallt noch heute als vermeintliches korporatives Rechtsprinzip nach. Und noch immer sparen deutsche Gesetze die juristische Organperson, ihrer rechtspraktischen Bedeutung zum Trotz, weitgehend aus. Anders als das europäische Gesellschaftsrecht halten sie bis heute kaum eine Regelung bereit, um ihren technischen Eigenheiten zu begegnen. Wer das Recht auf das geschriebene verengt, kann so noch immer zur Einsicht gelangen, die „Geschäftsführung durch juristische Personen [sei] dem deutschen Gesellschaftsrecht unbekannt“[330]. Und das, obwohl die juristische Organperson inzwischen spätestens mit dem Zeitpunkt der Auflösung die Geschäfte eines jeden Verbands leiten kann.

Damit korrespondiert, dass hierzulande auch die Professionalisierung der juristischen Organperson in der Rechtspraxis ausblieb.[331] Für die technologische Entwicklung hätten solche Pfadabhängigkeiten noch gravierendere Auswirkungen. Die Künstliche Intelligenz wird auf die Wahrnehmung organschaftlicher Aufgaben spezialisierte Maschinen nur dann bereitstellen, wenn Aussicht besteht, dass sie (irgendwann) eingesetzt werden dürfen. Bereits die Einsicht, dass der Idee jedenfalls keine konstruktiven Erwägungen entgegenstehen, schafft dann eine Perspektive; eine Agentenarchitektur, die und unter deren Überschrift ein maschineller Organwalter interdisziplinär entwickelt werden kann.[332]

---

[329] Dazu unten § 4 C I.

[330] So etwa *Teichmann*, ZGR 2014, 220 (245).

[331] Eingehend zum Potenzial von *board service providern* im angloamerikanischen Rechtskreis jüngst *Bainbridge/Henderson*, Outsourcing the Board, S. 87 ff.; 104 ff., 112 ff.: „superior corporate governance at lower cost“.

[332] In der Agententechnologie bezeichnet die Agentenarchitektur die Methodologie, wie ein Agent konstruiert wird, vgl. *Russell*, Artif. Intell. 94 (1997) 57 (63): „design philosophy for intelligent agents“; eingehend *Bryson*, J. Expt. Theor. Artif. Intell. 12 (2000) 165 (165 ff.).

3. Fortgang

Das dritte Kapitel hat gezeigt: Wer den Menschen mit dem Einwand im Spiel halten will, die Körperschaft sei schon konstruktiv auf ihn angewiesen, steht auf verlorenem Posten. Maschinen *könnten* Korporationen leiten. Dass Maschinen Korporationen auch leiten *sollten*, ist damit nicht gesagt. Vielmehr wird aus der konstruktiven Frage eine normative: Die Rechtsordnung *kann* Korporationen gestatten, mithilfe von Maschinen am Rechtsverkehr teilzunehmen, sie *muss* es nicht, weshalb sich für uns die Frage stellt: *Sollte* sie?

Das Gesetz verhält sich zu dieser Frage nur auf den ersten Blick eindeutig. Die erste Spurensuche hat gezeigt, dass schon hinter dem Gehalt von Normen wie § 76 III S. 1 AktG ein Fragezeichen steht.[333] Als es um die Verfassungsmäßigkeit des § 56 I InsO ging,[334] sah sich der BGH völlig zurecht zunächst zur Feststellung veranlasst, dass sich die Norm nicht einschränkend dahingehend auslegen lässt, dass auch juristische Personen zum Insolvenzverwalter bestellt werden dürfen. Dem stehen in der Tat der Gesetzeswortlaut und der Wille des Gesetzgebers entgegen.[335] Mit Blick auf Maschinen lässt sich das bislang noch nicht behaupten. Ob der Gesetzgeber die Leitung der Korporation an dieser Stelle tatsächlich positiv dem Menschen vorbehielt, ist alles andere als klar. Er selbst verbarg seine Intentionen hinter einem Wesensargument. Rechtsprechung und Schrifttum sehen an dieser Stelle in erster Linie die Rechtsfähigkeit der juristischen Person negativ beschränkt. Wobei das Gesetz damit nach allem, was man weiß, die Optimierung der Gesellschaftsverfassung im Blick haben soll. Speziell § 76 III S. 1 AktG soll davon ausgehen, dass „nur durch die Zuordnung persönlicher Verantwortlichkeit den Bedürfnissen nach einer effizienten und transparenten Organisationsverfassung Rechnung getragen werden [könne]"[336]. Auch deshalb hatte man der Verheißung einer Maschine, die nicht schläft, keine Eigeninteressen verfolgt und nicht mit Steuerungsanreizen motiviert werden muss, bislang wenig entgegenzusetzen. Das nächste Kapitel wird zeigen: Zu Unrecht. Wer die historische Weichenstellung im Aktienrecht entschlüsselt, kann das Institut auf ein tragfähigeres Fundament stellen. Der Gesetzgeber formulierte an dieser Stelle einen echten Menschenvorbehalt, der sich verfassungsrechtlich und rechtspolitisch ohne Weiteres rechtfertigen lässt. Wie stark dieser Menschenvorbehalt in Zukunft unter Druck gerät, hängt anschließend vor allem von zwei Fragen ab: Zum einen davon, welche Nachteile Unternehmen daraus mittelfristig erwachsen. Und zum anderen davon, wie stark der Innovations- und Anpassungsdruck wirkt, der an dieser Stelle von ausländischen Rechtsordnungen ausgeht.

Damit ist das Untersuchungsprogramm des vierten Kapitels vorgezeichnet: Was wollen die § 76 III S. 1 AktG, § 6 II S. 1 GmbHG wirklich? Welche Wirkungen

---

[333] Eingehend oben § 1 B V I.
[334] Dazu allgemein oben § 1 B IV 2.
[335] Vgl. BGHZ 198, 225 (226 f.).
[336] *Schürnbrand*, Organschaft im Recht der privaten Verbände, S. 241.

entfalten sie in der unternehmerischen Arbeitsteilung? Und wie stehen sie im Wettbewerb der Gesellschaftsrechte da?

§4 Verteidigung

„The question is not whether such a thing *can* be done, but whether it is appropriate to delegate this hitherto human function to a machine“[1]
Joseph Weizenbaum (1976)

Berlin, zum Jahreswechsel 1930. In den Kinos läuft noch immer ‚Metropolis'. Fast auf den Tag genau drei Jahre zuvor feierte der Film im Ufa-Palast am Zoo Premiere. Seitdem projiziert er erbarmungslos eine Dystopie der urbanen Zukunft und ganz nebenbei zum ersten Mal überhaupt einen Roboter auf die Leinwände der Hauptstadt. Im Publikum sitzen auch jene preußischen Beamten, die am 12. Januar 1931 den ersten Menschenvorbehalt der deutschen Rechtsgeschichte initiieren. *Fritz Langs* ‚Maschinenmenschen' haben sie dabei gewiss nicht mehr im Sinn. Was dann?

[1] *Weizenbaum*, Computer Power and Human Reason: From Judgment to Calculation, 1976, S. 207 [Hervorhebung im Original].

A. Genealogie eines Rechtsinstituts

Positivrechtliche Geburtsstunde des Menschenvorbehalts ist das Aktiengesetz 1937. Wer das ‚Wesen' dechiffrieren will, muss hier ansetzen. Schnell wird dann klar: Mit den ideologischen Hintergründen der Aktienrechtsreform 1937 und der Systematik des Gesetzes, das aus ihr hervorgeht, lässt sich § 75 I S. 3 AktG 1937 nicht erklären. Antworten liefert erst der Blick nach Weimar. Der Schlüssel liegt im Herbst 1930.

I. Zur Relevanz des ‚Führerprinzips': Das Aktiengesetz 1937

Das deutsche Aktienrecht begriff das Vorstandsmitglied seit jeher als natürliche Person. Als der Gesetzgeber § 75 I S. 3 AktG 1937 formuliert, strebt er damit keine Veränderung an. Er sichert den Status quo. Und er sollte damit großen Erfolg haben. Bis heute geriet die Norm trotz vieler Gegenbeispiele im Ausland, ja trotz der Einladung des europäischen Gesetzgebers, nicht mehr ernsthaft in Gefahr. Im Gegenteil, sie diente im Anschluss vielen Regelungen als Vorbild und Referenz. Als Teil des Aktiengesetzes 1937 steht die Norm dennoch so unweigerlich wie zurecht im Verdacht, Ausfluss nationalsozialistischer Reformideen zu sein. Wer die Aktiengesellschaft leiten darf, wer Weisungen erteilen darf, wer die Aufsicht über die Geschäftsleitung führen darf, ist zu diesem Zeitpunkt längst nicht mehr nur eine Frage des Rechts, sondern auch und vor allem eine Frage der Ideologie. Die Verfasser des Aktiengesetzes 1937 setzten es sich zum Ziel, den nationalsozialistischen Grundsatz der Leitung durch einen autoritären, umfassend verantwortlichen ‚Führer' zumindest angepasst in das Aktienrecht zu übertragen.[2] Die Gesellschaftsverfassung des HGB, namentlich die ‚anonyme' Leitung der Aktiengesellschaft, stand diesem Streben als Ausdruck des demokratischen Masse- und Mehrheitsprinzips diametral entgegen. Der Gesetzgeber lässt deshalb gar ihre Abschaffung diskutieren.[3] Als sich schließlich die Erkenntnis durchsetzt, dass dies volkswirtschaftlich weder gangbar noch wünschenswert war, galt es zumindest mit der ‚Führeranonymität' zu brechen: Die Aktiengesellschaft sollte, so die ideologische Vorgabe, nicht länger vom ‚unpersönlichen' in

---

[2] Vgl. insbesondere *Schubert*, Protokolle des Aktienrechtsausschusses, S. 20 ff., 80 ff., 318 ff., 484 ff.; einschränkend *Schacht*, Die deutsche Aktienrechtsreform, S. 13 f.; zum ‚Führerprinzip' statt vieler hier nur *Lieder*, Der Aufsichtsrat im Wandel der Zeit, S. 337 ff.; *Bayer/Engelke*, Aktienrecht im Wandel I, S. 619 (631); *Rüthers*, Die unbegrenzte Auslegung, S. 103 f.

[3] Dazu *Schubert*, Protokolle des Aktienrechtsausschusses, XXV ff. mwN.; krit. zu diesen Forderungen im Aktienrecht etwa *Quassowski*, ZAkfDR 1935, 726; die Diskussion über die Abschaffung der Kapitalgesellschaft wurde für die AG nie mit der Ernsthaftigkeit geführt wie für die GmbH, weil die Haftungsbeschränkung vor allem in der GmbH als „Selbstzweck" galt, vgl. *Stupp*, GmbH-Recht im Nationalsozialismus, S. 103 ff.; aus dem zeitgenössischen Schrifttum für die Abschaffung der GmbH etwa *Bachmann*, DDV 1935, 1120 (1122); *C. Fischer*, ZfB 1937, 172 (183).

der Generalversammlung versammelten Kapital, sondern von einer verantwortlichen ‚Persönlichkeit', einem ‚Führer', geleitet werden.[4] Jedenfalls *auch* deshalb stattete das neu verfasste Aktiengesetz den Vorstand zu Lasten der Generalversammlung mit umfassender Leitungsmacht aus. Erst spät rückt der Gesetzgeber davon ab, das ‚Führerprinzip' gar ausdrücklich in Gesetzesrang zu heben.[5]

Der Verdacht, dass auch § 75 I S. 3 AktG 1937 Teil dieser „Verpersönlichung der Aktiengesellschaft"[6] ist, lässt sich jedenfalls nicht schon deshalb handstreichartig beiseite wischen, weil sich der Gesetzgeber später unmissverständlich zu der Regelung bekannt hat. Zumal er an systematisch nahen Stellen wie der Vorgängernorm des heutigen § 76 I AktG wohl allzu behände ausgeräumt wurde.[7] Besonderen Argwohn muss die Begründungsfigur des Wesensarguments hervorrufen. Sie dient dem nationalsozialistischen Deutschland als zuverlässiges Transportmittel, um Ideologisches in die Rechtsordnung zu tragen.[8] Für uns muss schon sie Anlass sein, an dieser Stelle genauer hinzusehen. Das gilt erst recht, weil es aus Sicht eines die ‚Anonymität' der Aktiengesellschaft bekämpfenden Gesetzgebers auch in der Sache geradezu absurd wirkt, die der ‚anonymen' Generalversammlung entrissene Krone der ungleich anonymeren juristischen Organperson aufzusetzen.[9] Das ideologische Bild eines ‚Unternehmensführers', „dessen Geist und Wille das Unternehmen beseelt"[10], setzt seine natürliche Persönlichkeit denklogisch voraus.

---

[4] *Schlegelberger*, Die Erneuerung des deutschen Aktienrechts, 1935, S. 5 ff., 23: „Führer der Aktiengesellschaft ist der Vorstand"; auch *Bergmann*, DJZ 1934, 371; vgl. im Anschluss an das AktG 1937 *Klausing*, AktG mit Einführungsgesetz und „Amtlicher Begründung", 1937, S. 41 ff.

[5] Zwischenzeitlich zirkulieren verwaltungsintern Entwürfe, die ausdrücklich klarstellten, dass der Vorstand „Führer der Aktiengesellschaft" sei, vgl. *Schubert*, Protokolle des Aktienrechtsausschusses, S. XL (Fn. 127); Klausel zuvor angeregt von *Kißkalt*, ZAkDR 1934, 20 (30); rechtshistorisch einordnend *Bayer/Engelke*, Aktienrecht im Wandel I, S. 619 (631 f.); sowie *Thiessen*, Die Rosenburg, S. 204 (236 ff.).

[6] *Kißkalt* in *Schubert*, Protokolle des Aktienrechtsausschusses, S. 475 ff.: „Verpersönlichung der Aktiengesellschaft"; *Kißkalt*, NS Handbuch, S. 1136 (1137); *Quassowski*, ZAkfDR 1935, 726.

[7] Aufschlussreich *Thiessen*, Die Rosenburg, S. 204 (236 ff.); allgemein zum Verhältnis des AktG 1937 zum Nationalsozialismus *Mertens*, ZNR 29 (2007) 88; am Beispiel der Organhaftung jüngst etwa *Flaßhoff*, Die Beweislastverteilung im Rahmen der Organhaftung, S. 240: „Kind des Nationalsozialismus".

[8] Zur Funktion des Wesensarguments im konkreten Ordnungsdenken des Nationalsozialismus nur *Rüthers*, Die unbegrenzte Auslegung, S. 299 ff.; *J. Schröder*, Recht als Wissenschaft II, S. 44 ff.

[9] Entthronungsmetapher des „abgesetzten Königs" folgt *Schlegelberger*, Die Erneuerung des deutschen Aktienrechts, 1935, S. 28; dass sie trügt, zeigen *Bayer/Engelke*, Aktienrecht im Wandel, S. 619 (652 f.).

[10] So *Kißkalt*, NS-Handbuch, S. 1136 (1136); ähnlich *Schlegelberger/Quassowski*, AktG, 1937, § 70 Anm. 1: „Seele des Unternehmens"; sowie *Kummer*, Die Kommanditgesellschaft auf Aktien und das Führerprinzip, 1937, S. 13.

Und doch: Sollte der Gesetzgeber § 75 I S. 3 AktG 1937 das ‚Führerprinzip' zugrunde gelegt haben, dann stillschweigend. Weder die Materialien noch das zeitgenössische Schrifttum lassen einen Zusammenhang erkennen.[11] In der Reformdiskussion der dreißiger Jahre spielt der Vorbehalt keine Rolle. Wird die Frage doch einmal aufgeworfen, unterbleibt die übliche Einbettung in die Erzählung von ‚Anonymitätsbekämpfung' und ‚Führerprinzip'.[12] Und auch im Nachgang des erlassenen Aktiengesetzes wird über die dem Gesetz bis dato immerhin gänzlich unbekannte Norm kaum gesprochen. Die zahlreichen Gesetzesvorstellungen der an der Verfassung des Aktiengesetzes beteiligten Personen sparen sie aus.[13] Während man in der Paralleldiskussion zur atypischen KGaA durchaus auch die Figur des ‚Führerprinzips' bemüht, um die juristische Person abzuwehren,[14] bleibt es um § 75 I S. 3 AktG 1937 also still. Zu still. Wenn die neu geschaffene Regelung das ‚Führerprinzip' in Gesetzesrang erhebt, warum bettet man sie nicht in das nationalsozialistische Narrativ ein? Zumal der Gesetzgeber, das wurde man später nicht müde zu betonen, 1937 auch solche Neuerungen als eigene verkauft, die jedenfalls nicht zweifelsfrei eigene waren.

Wer vor diesem Hintergrund den Zusammenhang zwischen ‚Verpersönlichung' und Menschenvorbehalt ablehnt,[15] weiß dabei die gängige Rezeption der Aktienrechtsreform 1937 auf seiner Seite. Die Reform wurde seit 1945 oft vom Ideologievorwurf freigesprochen, aber nur selten eingehend dahingehend untersucht. Dabei brach sich insbesondere die Auffassung Bahn, die hier grundlegend veränderte Stellung des Vorstands stütze sich auf Weimarer Reformarbeiten und den Rechtsvergleich mit dem US-amerikanischen Recht.[16] Zu allererst aus wirt-

---

[11] Vgl. insb. *Klausing*, AktG mit Einführungsgesetz und „Amtlicher Begründung", 1937, S. 61.

[12] Stellvertretend *Schlegelberger*, Die Erneuerung des deutschen Aktienrechts, 1935, S. 28, der nüchtern festhält: „Von dem Amt des Vorstandes wie des Aufsichtsrats sind juristische Personen grundsätzlich auszuschließen.".

[13] Repräsentativ *Geßler*, JW 1937, 497.

[14] Vgl. *Kummer*, Die Kommanditgesellschaft auf Aktien und das Führerprinzip, 1937, S. 11 ff., 17: „Im Hinblick auf die Verwirklichung des Führergedankens […] wäre in diesem Fall nichts erreicht, da die Zulassung von juristischen Personen […] zu einer erneuten Festigung der Anonymität führen würde"; ähnlich *Martin*, Die Kommanditgesellschaft auf Aktien im Lichte der Aktienrechtsreform, 1938, S. 22.

[15] Das Schrifttum verliert sich an dieser Stelle in Andeutungen, so vielsagend *Brandes*, Juristische Personen als Geschäftsführer der Europäischen Privatgesellschaft, S. 16; trotz eingehender Prüfung offenlassend *Komp*, Die juristische Person als Geschäftsführungsorgan einer Kapitalgesellschaft, S. 84 f. mwN., wenngleich „keine [ausdrücklichen] Hinweise auf nationalsozialistische Motive"; ähnlich *Wanka*, Juristische Personen und ihre Organe als Vorstand der Stiftung, S. 34: „zumindest zweifelhaft".

[16] Vgl. *Schubert*, Protokolle des Aktienrechtsausschusses, S. XLVII: „Nach dem Zeugnis der unmittelbar Beteiligten [insb. *Ernst Geßler*] war für die Reform der Organisation der Aktiengesellschaft weniger das Führerprinzip als das nordamerikanische Aktienrecht, über das *Zahn* 1934 eine grundlegende Studie veröffentlicht hatte, maßgebend gewesen."; s. zu dieser Deutung insb. *v. Hein*, Die Rezeption US-amerikanischen Gesellschaftsrechts in

schaftlichen Gründen sei die Leitung in § 70 I AktG 1937 der unsteten, persönlich nicht verantwortlichen Generalversammlung entzogen und dem sachkundigeren Vorstand übertragen worden.[17]

Das scheint nicht nur mit Blick auf personelle Kontinuitäten allzu unkritisch gewesen sein.[18] Das Aktiengesetz 1937 setzte sich an dieser Stelle in offenen Widerspruch zu zentralen Weimarer Reformideen. Dort hatte der Gesetzgeber die ‚Demokratie der Aktionäre' auch dann nicht als aktienrechtliches Leitbild aufgegeben, als am Ende die Finanz- und Wirtschaftskrise zu schnellen und harten Reformen nötigte. Eben dieses Anliegen qualifizierte man nun explizit ab, um im selben Atemzug die Rechte der Aktionäre fundamental zu beschränken.[19] Bis 1937 hatte die Generalversammlung die zentrale Stellung im aktienrechtlichen Organisationsgefüge innegehabt. Sie war oberstes Organ der Aktiengesellschaft und als solches dazu befugt, dem Vorstand Weisungen zu erteilen (vgl. § 250 HGB a.F.) sowie seine Mitglieder zu bestellen und abzuberufen. In Weimar sollte die Macht der Verwaltung dabei gar weiter zurückgedrängt werden. Man gab die Stärkung der kleinen und mittleren Aktionäre als Ziel aus.[20] Erst das Aktiengesetz 1937 wertete die Position des Vorstands erheblich auf. § 70 I AktG 1937 räumte ihm nun das Recht ein, die Gesellschaft unter eigener Verantwortung so zu leiten, wie das Wohl des Betriebs und seiner Gefolgschaft und der gemeine Nutzen von Volk und Reich es erforderten. Über Fragen der Geschäftsführung konnte die Hauptversammlung jetzt nur noch entscheiden, wenn der Vorstand dies verlangte. Bei all dem warb der Gesetzgeber offensiv damit, das ‚Führerprinzip' so kohärent ins Aktienrecht überführt und dadurch dem verhassten aktionärsdemokratischen System Weimars ein Ende gesetzt zu haben. Mit dem § 70

Deutschland, S. 169 ff.; gemeint ist die Monographie von *Zahn*, Wirtschaftsführertum und Vertragsethik im neuen Aktienrecht, 1934, krit. zu *Zahn* und seiner Rezeption jüngst *Thiessen*, Die Rosenburg, S. 204 (243 ff.).

[17] Vgl. *Fleischer*, Aktienrecht im Wandel II, S. 430 (437 f.); *Bayer/Engelke*, Aktienrecht im Wandel I, S. 619 (647 f.) mwN.; Tendenz bereits bei *Klausing*, AktG mit Einführungsgesetz und „Amtlicher Begründung", 1937, S. 41 ff., 42: „rechtspolitisch verkäuflich gemacht"; der Gesetzgeber schloss sich 1965 dieser Deutung an, vgl. *Kropff*, Textausgabe des Aktiengesetzes vom 6.9.1965, S. 13 f., 95 f.; s. dazu nur *Koch*, 50 Jahre Aktiengesetz, S. 65 (66 ff.); sowie zur Organisationsverfassung in der Reform 1965 allgemein *Bahrenfuss*, Die Entstehung des Aktiengesetzes von 1965, S. 653 ff.

[18] Aufschlussreich *Thiessen*, Die Rosenburg, S. 204 (236 ff.) mit Kritik insb. zur Rezeption des ehem. SA-Scharführers *Geßler*, der sowohl am AktG 1937 als auch am AktG 1965 entscheidend beteiligt war; sowie *Thiessen*, AG 2013, 573 (574 ff.): § 70 I AktG 1937 „zumindest auch ideologisch motiviert".

[19] *Schubert*, Protokolle des Aktienrechtsausschusses, S. XLVII: „fast totale Abkehr von wichtigen Reformzielen der Zeit vor 1933"; vgl. auch *Mertens*, ZNR 29 (2007) 88 (91 ff.); sowie jüngst *Thiessen*, AG 2013, 573 (574): „Selbst die Finanz- und Wirtschaftskrise zu Ende der Weimarer Republik brachte den Gesetzgeber jedoch nicht dazu, die Demokratie der Aktionäre als gesetzessystematisches Ideal aufzugeben"; eingehend *Thiessen*, Die Rosenburg, S. 204 (236 ff.).

[20] Vgl. *Nörr*, Zwischen den Mühlsteinen, S. 120.

I AktG 1937, zeigt sich die amtliche Begründung zufrieden, sei der „Gedanke des verantwortlichen ‚Führertums' auch im Aktienwesen in einer Weise zur Geltung gebracht worden, die es gestattete, den Aktionären einen maßgebenden Einfluß auf die Auswahl der Verwaltungsmitglieder zu belassen, ohne diese ihrerseits in der selbständigen und eigenverantwortlichen Wahrnehmung ihrer Funktionen nach Art des ‚demokratisch-parlamentarischen' Systems zu beschränken."[21] Die Geschwindigkeit und Zielsicherheit, mit der man später über Einlassungen wie diese hinweg geht, deutet in der Tat auf eine gewisse Bestätigungstendenz hin.

Dass § 75 I S. 3 AktG 1937 in nationalsozialistischem Gedankengut wurzelt, liegt demgegenüber ungleich ferner. Wer die Norm nach Spuren auf das ‚Führerprinzip' untersucht, sucht vergebens. Während die, die den Grundsatz der Eigenverantwortlichkeit später vom Ideologieverdacht freisprachen, gegen die Gesetzesbegründung, das zeitgenössische Schrifttum und vor allem die Tatsache argumentieren mussten, dass der Grundsatz im nationalsozialistischen Deutschland erstmals auftauchte, finden sich in unserem Fall weder in den Materialien noch in den gesetzgebungsbegleitenden Einlassungen entsprechende Hinweise, die einen Ideologieverdacht stützen. Kaum eine Quelle nennt beides auch nur im selben Atemzug. Und anders als mit der Stärkung des Vorstands brach man an dieser Stelle nicht mit Weimar. Im Gegenteil. Wir haben gesehen, dass der Gesetzgeber mit § 75 I S. 3 AktG 1937 einen Rechtssatz normiert, der sich so wortgleich auch im Aktiengesetzentwurf 1931 befand.[22] Auch das „Wesen des Vorstandsamts" taucht weitaus früher auf der Bildfläche auf.[23] Vor allem aber beanspruchte der Vorbehalt auch zurzeit eines nicht persönlich verantwortlichen, ‚anonymen' Leitungsorgans stets Geltung. § 75 I S. 3 AktG positivierte die auch in Weimar geltende Rechtslage, die sich in Deutschland noch um die Jahrhundertwende als konstruktive Notwendigkeit von selbst verstand. Das womöglich deutlichste Indiz dafür, dass man an dieser Stelle schlicht den Weimarer Gesetzesentwurf kopiert, ist § 206 I S. 2 AktG 1937. Die ebenfalls ins Weimar entworfene Norm ließ juristische Personen erstmals als Abwickler zu. Sie fügte sich in das ‚Führerprinzip' keinesfalls bruchlos ein. Und doch wurde sie vom Gesetz-

---

[21] *Klausing*, AktG mit Einführungsgesetz und „Amtlicher Begründung", 1937, S. 62; ähnlich *Schlegelberger/Quassowski*, AktG, 1937, § 70 Anm. 1: „Damit hat auch auf dem Gebiet der kapitalistischen Unternehmensformen ein Grundsatz seine Verwirklichung gefunden, in dem der nationalsozialistische Staat seine Grundlage hat, nämlich der Grundsatz des Führertums, der in scharfem Gegensatz zu dem demokratischen Masse- und Mehrheitsprinzip steht."; ähnlich *Geßler*, JW 1937, 497; *Teichmann/Koehler*, AktG 1937, 1939, § 70 Anm. 2: „Indem das Gesetz die Leitung dem Vorstand überträgt, führt es, in erheblicher Abweichung vom bisherigen Recht, auch für das Aktienwesen den Führergrundsatz durch"; *Gadow/Heinichen*, AktG, 1939, § 70 Vorb.: „Neuregelung verwirklicht den nationalsozialistischen Grundsatz des Führerprinzips im Aktienrecht"; s. auch *Danielcik*, AktG, 1937, § 70 Anm. 3; eingehend aufgearbeitet auch von *Thiessen*, Die Rosenburg, S. 204 (236 ff.).

[22] Vgl. § 1 B III.

[23] Früh etwa *Fischer*, Handbuch des gesamten Handelsrechts I, 1916, § 40 II (S. 214): „Wesen des Vorstandsamtes".

geber ebenso geräuschlos übernommen wie § 75 I S. 3 AktG 1937, der so nur rein gesetzessystematisch Teil der Reform 1937 ist: Der Gesetzgeber macht sich an dieser Stelle ein Weimarer Anliegen zu eigen. Das erklärt, weshalb das Schrifttum das ansonsten omnipräsente Narrativ vom ‚anonymen' Kapital und persönlichen ‚Führer' hier nicht bemüht. „In dieser Beziehung", stellt man anschließend nüchtern fest, war es schlicht „beim alten Recht geblieben"[24].

Eine Rolle spielt das ‚Führerprinzip' bei all dem wohl schon: Es verhindert eine rechtspolitische Debatte, deren Boden in Weimar erstmals bereitet worden war. Dort war aus einer rechtskonstruktiven Notwendigkeit zwischenzeitlich jedenfalls ein wertendes Anliegen geworden.[25] Nun, 1937, verstand sich die natürliche Persönlichkeit der Geschäftsleiter jedenfalls als rechtspolitische Selbstverständlichkeit wieder von selbst.[26] Ein Jahr nach Inkrafttreten des Aktiengesetzes wird der Gesetzgeber etwa im Vereinsrecht von der Einführung der obligatorischen Mitgliederselbstverwaltung auch mit dem Argument absehen, dass juristische Personen nicht Mitglieder des Vereinsvorstand sein könnten und ein Verein, der ausschließlich aus juristischen Personen bestehe, dann keine Vorstandsmitglieder bestellen könne.[27] Eine Regelung, die den Vereinsvorstand der natürlichen Person vorbehielt, fehlte damals wie heute. Es bedurfte ihrer letztlich nicht. Dass man der juristischen Organperson 1937 aufgeschlossen gegenüberstand, ist mit all dem also nicht gesagt. Im Gegenteil. Der Menschenvorbehalt findet zu einer Zeit den Weg in das Gesetz, in der man sich so scharf gegen die ‚Entartung' der GmbH & Co wendet wie nie.[28] Der Gesetzgeber, der ergebnisoffen über die Abschaffung der ‚anonymen' Kapitalgesellschaft diskutiert, drauf und dran ist, das ‚Führerprinzip' in Gesetzesrang zu heben, kann schlicht kein Interesse für eine Norm entwickeln, die es eben jener Kapitalgesellschaft verbot, ein Amt zu bekleiden, das nicht einmal jedem Menschen, sondern einzig ‚Führern' zustand.

Weil die Regelung ein Weimarer Werk ist, muss freilich auch der Versuch scheitern, § 75 I S. 3 AktG 1937 zwar nicht mit dem ideologischem Hintergrund, so doch mit den systematischen Neuerungen der Reform 1937 zu erklären. Der Gesetzgeber behielt den Vorstand namentlich nicht deshalb der natürlichen Person vor, weil er sie im gleichen Atemzug mit umfassender, eigenverantwortlicher Leitungsmacht ausstattete.[29] Der dieser Erklärung zugrundeliegende Gedanke ist klar und aus dem Haftungsrecht bekannt: Mit einem Mehr an Macht musste 1937 auch ein Mehr an Verantwortung einhergehen. Aus diesem Grund verschärfte der Gesetzgeber als Gegenpol zur Leitungsmacht einerseits die Innenhaftung des Vorstands (§ 84 AktG 1937).[30] Anderseits schärfte er das Profil des

---

[24] Repräsentativ *Pauly*, Die Bekämpfung der Anonymitätsgefahren nach dem Aktiengesetz von 1937, 1938, S. 27 f.

[25] Vgl. § 3 B 2.

[26] Ausdrücklich *Gadow/Heinichen*, AktG, 1939, § 75 Anm. 5.

[27] Vgl. *Schubert*, Protokolle des Personen-, Vereins- und Schuldrechtsausschusses, S. 161.

[28] Insb. *Schönle*, Das Problem der Grundtypenvermischung im neuen Recht, 1938.

[29] So etwa *Wanka*, Juristische Personen und ihre Organe als Vorstand der Stiftung, S. 34.

[30] *Schubert*, Protokolle des Aktienrechtsausschusses, XLVI.; besonders deutlich *Klausing*,

Aufsichtsrats. Dieser war erst mit dem Aktiengesetz 1937 dafür zuständig, die Mitglieder des Vorstands zu bestellen und abzuberufen (vgl. § 75 I, III AktG 1937). Im selben Atemzug kommt es zur funktionalen Trennung zwischen Leitung und Kontrolle.[31] Erst die Haftungsverschärfung und die Aufwertung des Aufsichtsrats legitimierten 1937, dass der Vorstand von nun an frei von Weisungen der Aktionäre agieren konnte.[32] Intuitiv mag es plausibel erscheinen, dass der Gesetzgeber die neue Machtfülle aus demselben Grund nicht nur mit gesellschaftsrechtlicher, sondern gar mit individueller Verantwortlichkeit ausglich. Indes gilt es an dieser Stelle keinen Rückschaufehlern zu erliegen. Zunächst macht diese Deutung den Menschenvorbehalt zu einem Phänomen des Aktienrechts. Dagegen spricht die Tatsache, dass man auch die Vorstandsmitglieder des Vereins wie selbstverständlich als natürliche Person begriff, ebenso wie der Umstand, dass sich auch im 1939 formulierten Entwurf eines GmbHG, dessen Kodifikation nur der Kriegsbeginn verhindert, eine § 75 I S. 3 AktG 1937 entsprechende Regelung fand.[33] Vor allem aber begriff man den Vorstand zwar erst ab 1937 als eigenverantwortlich, doch stets als natürliche Person. 1937 sieht man sich lediglich genötigt, das auch ausdrücklich auszusprechen. Der Gesetzgeber reagiert an dieser Stelle also nicht auf Neuerungen der aktienrechtlichen Organisationsverfassung. Er sichert den Status quo. Wer wissen will, weshalb, dem bleibt nur der Blick nach Weimar.

II. Ein Weimarer Projekt: Der Aktiengesetzentwurf 1931

Wenn weder der ideologische Hintergrund des Nationalsozialismus noch die Systematik des Aktiengesetzes 1937 Schlüssel zur Dekodierung des ‚Wesens' sind, ist der nächstlogische Schritt, der zur Weimarer Aktienrechtsreform. Oder genauer: der zum Zeitraum zwischen den beiden Gesetzesentwürfen, die sie hervorbringt. Auf den letzten Metern der Reform, kurz vor dem finalen Entwurf, initiiert das Preußische Justizministerium am 12. Januar 1931 den Menschenvorbehalt. Weshalb? Und welche Schlüsse lassen sich daraus heute ziehen?

AktG mit Einführungsgesetz und „Amtlicher Begründung", 1937, S. 56 f.: „Dieser gehobeneren Stellung [des Vorstands] muss daher auch eine erhöhte Verantwortlichkeit entsprechen.", ähnlich ebd., S. 71.

[31] Vgl. *Klausing*, AktG mit Einführungsgesetz und „Amtlicher Begründung", 1937, S. 37: „klare Trennungslinie"; das AktG 1937 schloss insb. die Übertragung von Geschäftsführungsaufgaben auf den Aufsichtsrat aus, vgl. dazu aus dem zeitgenössischen Schrifttum *Geßler*, JW 1937, 497 (498).

[32] Stellvertretend *Veil*, Unternehmensverträge, S. 83.

[33] Vgl. § 59 II GmbHG-E 1939, abgedruckt in *Schubert*, Entwurf des Reichsjustizministeriums zu einem Gesetz über Gesellschaften mit beschränkter Haftung von 1939, S. 109: „Eine juristische Person kann nicht Geschäftsführer sein."; vgl. zum Entwurf allgemein *Schubert*, Protokolle des GmbH-Rechtsausschusses, S. XI f.; sowie eingehend *Stupp*, GmbH-Recht im Nationalsozialismus, S. 218 ff.

1. Der Anlass: Eine Entscheidung des KG im Herbst 1930

a) Blaupausen

Aus welchem Grund sich der Gesetzgeber 1930 entschließt, einen ersten Menschenvorbehalt zu formulieren, ist bislang völlig ungeklärt. Es macht deshalb Sinn, sich für die Suche nach dem Motiv noch einmal die Weimarer Ausgangslage bewusst zu machen. Die Situation des Reformgesetzgebers gestaltet sich 1930 wie folgt: Spätestens zu Beginn des 20. Jahrhunderts hatte er die Umkehr des von den Romanisten herausgestellten Regel-Ausnahme-Prinzips beobachten können. Schritt für Schritt wechselt die Argumentationslast die Seite. Nach und nach wird aus der Ausnahme die Regel.[34] War 1884, als sich der Gesetzeswortlaut im Zuge der Aktienrechtsnovelle von ‚Mitglied' zu ‚Person' änderte (vgl. Art. 227 II ADHGB) noch allen bewusst, dass das Gesetz damit nur die physische meinen konnte,[35] stellte man dies jetzt erstmals infrage. Auch und gerade die Entwicklungen um die Komplementär- und Liquidatorenfähigkeit zeugen dabei vom neuen Automatismus, der juristischen Person ein Recht im Zweifel zuzugestehen. Oder vielmehr: Es ihr im Zweifel nicht länger zu verwehren. Hatte sie sich im 19. Jahrhundert noch jede Rechtsposition erkämpfen müssen, war sie für das Gros der Kommentatoren nun überall dort, wo das Gesetz von „Personen" sprach, zunächst einmal mit gemeint. So nahm die juristische Organperson mit dem Amt des Liquidators eine entscheidende Hürde: Erstmals konnte sie zum Organmitglied *gekoren* werden.[36] Das OLG Karlsruhe begreift seine Beschlüsse dabei ganz offen als Teil einer evolutionären „Entwicklungslinie", in der der juristischen Person, „eine stets zunehmende Bedeutung zukommt"[37], die nicht nur mit einer stets zunehmenden Anzahl an Rechtsfähigkeiten, sondern im Ausgangspunkt vollumfänglicher Rechtsfähigkeit zu honorieren war. 1925 könnten das Gericht deshalb allenfalls „zwingende Gründe" dazu bewegen, gegenüber der juristischen Person „eine Rechtsminderung eintreten" zu lassen.[38] Waren zuvor noch Gründe für die Liquidatorenfähigkeit vorzutragen, reichte es nun, dass sich keine dagegen fanden. Mehr noch: Selbst, wenn sich Gegenargumente fanden, mussten sie schon zwingende sein. Soll heißen: Es hätte schon ein mehr oder minder explizites Verbot gebraucht.

Wie zuvor bereits das BayOLG und das Reichsgericht für die Frage der Komplementärfähigkeit der juristischen Person, verschiebt auch das OLG Karlsruhe das Meinungsbild zur Liquidatorenfähigkeit beträchtlich.[39] Vor den Beschlüssen

---

[34] Zur Umkehr der Argumentationslast bereits oben § 3 B III.

[35] Stellvertretend *Völderndorff*, Das Reichsgesetz betreffend die Kommanditgesellschaften auf Aktien und die Aktiengesellschaften vom 18. Juli 1884, S. 626.

[36] Zur Entscheidung bereits oben § 3 B II 2.

[37] OLG Karlsruhe, JW 1925, 2338 (2339).

[38] OLG Karlsruhe, JW 1925, 2338 (2338).

[39] Zum Meinungsumschwung durch BayObLG, OLGE 27, 331 sowie RGZ 105, 101 *Fleischer/Wansleben*, Gesellschaftsrechts-Geschichten, S. 27 (34 f.; 39 ff.); *Damler*, Konzern und Moderne, S. 120 f. mwN.

wird sie allgemein vereint.[40] Danach spaltet sich das Schrifttum. Zustimmende Stimmen haben großen Zulauf.[41] Repräsentativ ist der Meinungswandel *Hachenburgs*, der die juristische Organperson vor dem Judiz des OLG Karlsruhe ablehnt, dort gar als einer ihrer zentralen Gegner zitiert wird und anschließend einlenkt.[42]

Auch so sind die Parallelen kaum zu übersehen: In beiden Fällen ist der Ausgangsimpuls aus der Kautelarpraxis durchaus verwegen. In beiden Fällen entscheiden Gerichte mit dem Verweis auf die Rechtsentwicklung gegen den Gesetzgeberwillen. In beiden Fällen verschieben sich danach im Schrifttum die Gewichte. Und: In beiden Fällen schafft die Rechtspraxis im Anschluss schnell Fakten. Allerorten werden juristische Personen zu Komplementären und Liquidatoren. Diese Entwicklung ist 1925 keinesfalls abgeschlossen. Im Gegenteil, der denkwürdige Syllogismus des OLG Karlsruhe scheint zu beflügeln. Wir erinnern uns: „Ist aber die juristische Person fähig bei der offenen Handelsgesellschaft Liquidator zu sein“, schloss das Gericht, „so besitzt sie notwendig auch die Fähigkeit, die ganz gleichartige Stellung des Liquidators bei allen anderen Gesellschaften zu bekleiden.“[43] Im Schrifttum erkennt man sofort, zu welchen Ergebnissen man damit ebenfalls gelangt: „Diese Meinung führt folgerichtig auch zur Wählbarkeit von juristischen Personen als Vorstand.“[44] Andere deuten den Beschluss gar als Anerkennung der Vorstandsfähigkeit der juristischen Person.[45] Fest steht jedenfalls: „Es muß also auch die Frage aufgeworfen werden: Kann eine juristische Person Vorstand in einer anderen juristischen Person sein?“[46] Und erstmals formiert sich eine Mindermeinung, die diese Frage bejaht.[47] Die Gegner

---

[40] Statt aller *Frankenburger*, HGB, 1914, § 295 (S. 293); *Brand*, HGB, 1911, § 295 Anm. A; s. auch *Brodmann*, JW 1930, 1140 (1140): „vor nicht langer Zeit überhaupt nicht bestritten“; zur unterinstanzlichen Spruchpraxis vor dem Urteil des OLG Karlsruhe *Sauerbeck*, DJZ 1925, 1117.

[41] Im Anschluss an die Entscheidung setzt etwa *Molitor*, FS Ehrenberg, 1927, S. 41 (54 ff., 56) ganz offen zur Verkehrung der hM. „ins Gegenteil“ an; ähnlich *Feine*, Handbuch des gesamten Handelsrechts III, 1929, § 34 II 2 (S. 473): „erster Schritt in diesem Sinne“; s. daneben auch *Hoeniger*, JW, 1925, 2338; *Heilbrunn*, JW, 1925, 2017; *Sauerbeck*, DJZ, 1925, 1117; *Ludewig*, 1926, 1792; *Scholz*, GmbHG, 1928, § 13 Anm. I, 1, § 66 Anm. III; *Bondi*, ZBH 1929, 34 (37).

[42] *Hachenburg*, GmbHG, 1927, § 66 Anm. 18.

[43] OLG Karlsruhe, JW 1925, 2017 (2017).

[44] *Goldschmit*, HGB, § 231 Anm. 20 (S. 202).

[45] So *Kronstein*, Die abhängige juristische Person, 1931, S. 26 f.: „Früher wurde die Frage, ob juristische Personen Vorstandsmitglieder sein können, durchweg verneint. In anderem Sinne hat erstmalig und vorläufig wohl noch einmalig das OLG. Karlsruhe entschieden“.

[46] *Hoeniger*, JW 1925, 2338 (2338).

[47] *Sauerbeck*, DJB 1925, 1117; *Hoeniger*, JW 1925, 2838 (2338): „würde mich nicht scheuen, auch diese Frage tatsächlich zu bejahen“; *Molitor*, FS Ehrenberg, 1927, S. 54 ff.; *Steiner*, Können juristische Personen Vorstand einer Aktiengesellschaft sein, 1928, S. 11 ff., 19 mwN.; *Feine*, Handbuch des gesamten Handelsrechts III, 1929, § 34 II 2 (S. 472 f.); *Ring/Schachian*, Die Praxis der Aktiengesellschaft, 1929, S. 183; *Kronstein*, Die abhängige juristische Person, 1931, S. 26 f.; *Goldschmit*, HGB, § 231 Anm. 20 (S. 202).

der juristischen Organperson hingegen wissen um die Gefahr, die vom Karlsruher Judikat ausgeht. Nach der GmbH & Co KG droht der Damm nun endgültig zu brechen: „Das RG. hat den Finger gereicht“, mahnt etwa *Brodmann*, „Karlsruhe hat die Hand ergriffen“[48]. Kurzum: In die Frage, ob tatsächlich nur der Mensch berufen war, die Aktiengesellschaft zu leiten, kommt Ende der 20er Jahre erstmals Bewegung.[49]

b) Drohender Dammbruch

Dessen ungeachtet nimmt der Aktiengesetzentwurf im Sommer 1930 nicht ausdrücklich dazu Stellung. § 61 II des Entwurfs verweist noch neutral auf „Personen“, so wie zuvor das HGB und das GmbHG zu Komplementären und Liquidatoren neutral auf „Personen“ verwiesen hatten.[50] Erst im zweiten Entwurf 1931 findet sich die entscheidende Norm. Weshalb ändert der Gesetzgeber auf den letzten Metern seine Meinung? Was passiert zwischen den Entwürfen? Nun: Die Wirtschaftskrise, die spätestens 1929 eingesetzt hatte, gewinnt spürbar an Fahrt. Es kommt zu aufsehenerregenden Unternehmenszusammenbrüchen. Auf Berliner Leinwänden läuft ‚Metropolis‘, der ‚Maschinenmensch‘ hält Einzug in die Gedankenwelt der Deutschen. Die Weimarer Republik geht auf ihr Ende zu. Und: Am 26.9.1930 ergeht eine Entscheidung des Kammergerichts. Es ist die Entscheidung, die *Brodmann* am Zeitgeist verzweifeln lässt.[51] Und es ist wohl die Entscheidung, die Antwort darauf gibt, weshalb sich im ersten Aktiengesetz ein erster Menschenvorbehalt fand. Das Gericht schließt sich dem OLG Karlsruhe in der Frage der Liquidatorenfähigkeit an. Interessanter als das „Ob“ ist das

---

[48] *Brodmann*, JW 1930, 1140 (1140); zum Meinungsbild unmittelbar vor den Weimarer Aktiengesetzentwürfen *Steiner*, Können juristische Personen Vorstand einer Aktiengesellschaft sein, 1928, S. 16 f. mwN.

[49] Viele Stimmen der in Weimar formierten Mindermeinung werden indes bis zum Erlass des AktG 1937 verstummen: *Ludwig Heilbrunn*, ein in Weimar bedeutender Anwalt und Notar, der nach der Entscheidung des OLG Karlsruhe mit Nachdruck für die juristische Organperson eingetreten war, wird 1933 seines Notaramtes enthoben, erhält 1938 ein Berufsverbot und emigriert 1939, vgl. *Mann*, Biographisches Handbuch für das Preußische Abgeordnetenhaus 1867–1918, S. 171; *Heinrich Kronstein*, der die Vorstandsfähigkeit der juristischen Person zuvor ebenfalls einflussreich bejaht hatte, emigriert 1935, vgl. *Stiefel/Mecklenburg*, Deutsche Juristen im amerikanischen Exil, S. 60, 60 ff.; *Heinrich Hoeniger*, der sich nach der Entscheidung des OLG Karlsruhe 1925 ebenfalls dafür ausgesprochen hatte, wird 1935 an der Universität Frankfurt entlassen und emigriert im Anschluss, vgl. *Stiefel/Mecklenburg*, Deutsche Juristen im amerikanischen Exil, S. 47 f.; dagegen ist *Erich Molitor*, der 1927 einen bedeutenden Beitrag der Mindermeinung verfasst hatte, später Mitglied der Akademie für deutsches Recht, vgl. *Kroeschell*, ZRG GA 80 (1963) 594 (597); zum später oft unterschätzten Einfluss der Emigration führender Rechtswissenschaftler auf die Aktienrechtsreform 1937 allgemein hier nur *Mertens*, ZNR 29 (2007) 88 (116).

[50] Vgl. § 61 II AktG-E 1930, abgedruckt in *Schubert*, Quellen zur Aktienrechtsreform der Weimarer Republik, S. 864: „Der Vorstand kann aus einer oder mehreren Personen bestehen“.

[51] Vgl. oben § 3 B III.

„Wie“: Wie ihre Karlsruher Kollegen haben auch die Berliner Richter keine Zweifel daran, dass der Gesetzgeber „zunächst nur natürliche Personen als Liquidatoren der Gmbh. ins Auge gefaßt [hatte]“; dass er, „an die Möglichkeit einer Bestellung juristischer Personen aber nicht gedacht, diese Möglichkeit nicht in den Kreis seiner Erwägungen gezogen [hatte]“.[52] Sodann stellen sie heraus, dass es gerade die Ableitung des OLG Karlsruhe aus dem Personengesellschaftsrecht ist, die sie überzeugt:

> „Zutreffend führt das OLG. Karlsruhe aus, daß eine juristische Person, wenn sie die Fähigkeit besitze, Liquidator einer OHG. und Kommanditges. zu sein, notwendig auch rechtlich in der Lage sein müsse, die gleichartige Stellung bei anderen Gesellschaften zu bekleiden.“[53]

Vor allem aber war, wenn das Gesetz die Liquidatoren als „Personen“ ansprach, die juristische Person nun zunächst einmal mitgemeint:

> „Etwas anderes könnte nur insoweit gelten, als bei den anderen Gesellschaften die Bestellung juristischer Personen zum Liquidator durch eine ausdrückliche Bestimmung oder wenigstens nach dem erkennbaren Willen des Gesetzgebers ausgeschlossen sein sollte.“[54]

Dem Gericht scheint dabei klar zu sein, wozu die juristische Person, mit diesem Schluss ebenfalls notwendig rechtlich in der Lage sein muss. Und so lässt das Gericht auf die anschließende Skizze der inzwischen prominent vertretenen Literaturansicht, wonach die juristische Person zwar Liquidator, aber nicht Vorstandsmitglied sein könne,[55] den vielleicht folgenschwersten Halbsatz der Entscheidung folgen: „deren Folgerichtigkeit hier dahingestellt bleiben mag“[56]. Für das Kammergericht stand also nicht länger fest, dass das Vorstandsamt noch immer natürlichen Personen vorbehalten war. Im Gegenteil: Wer die Entscheidung heute liest, kann kaum Zweifel daran haben, dass das Gericht der gegenteiligen Ansicht gewesen sein musste. Ein ausdrückliches Verbot oder jedenfalls ein im Gesetz eindeutig erkennbarer Wille des Gesetzgebers fand sich für den Vorstand der Aktiengesellschaft ebenso wenig wie für ihren Liquidator.

1930, als in Weimar noch immer die „Stunde der Kautelarjuristen“[57] schlägt und es nur eine Frage der Zeit ist, bis diese ihr Glück auch für das Vorstandsamt

---

[52] KG, JW 1930, 1410 (1411).

[53] KG, JW 1930, 1410 (1411).

[54] KG, JW 1930, 1410 (1411).

[55] Insbesondere *Hachenburg*, GmbHG § 66 Anm. 18 (S. 317): „Wenn aber als Geschäftsführer nur physische Personen zugelassen sind, so kann für den beschränkten Aufgabenkreis des Liquidatorenamts gestattet werden, auch juristische Personen als Liquidatoren zu bestellen“; ähnlich *Scholz*, GmbHG, 1928, § 13 Anm. 1, § 66 Anm. III; sowie *Bondi*, ZBH 1929, 34 (37); vgl. auch die Nachweise auch bei KG, JW 1930, 1410 (1411); s. zur Entwicklung und zur zwischen Liquidator und Vorstand differenzierenden Literaturansicht bereits oben § 3 B II 2 a).

[56] KG, JW 1930, 1410 (1412).

[57] Treffend *Nörr*, Zwischen den Mühlsteinen, S. 112.

versuchen würden, muss und darf die Entscheidung in den Ohren des Gesetzgebers wie eine Drohung klingen. In der Berliner Wilhelmstraße, keine vier Kilometer vom Kammergericht entfernt, wird sie wohl deutlich vernommen: Das preußische Justizministerium ergreift um den Jahreswechsel 1930 die Initiative und regt schließlich am 12.1.1931 gemeinsam mit dem Reichswirtschaftsministerium, Bayern, Baden-Württemberg, Hamburg und Bremen die folgenreiche Änderung des Aktiengesetzentwurfs an, dessen § 61 II eilig um einen zweiten Satz „ergänzt" wird: „Eine juristische Person kann zum Mitglied des Vorstandes nicht bestellt werden."[58]

c) Vorbeugung von Richterrecht

In Weimar selbst ist das Thema damit vom Tisch. Die Klausel gelangt hier nach dem zweiten Aktiengesetzentwurf nicht mehr auf die Tagesordnung. Unter dem Eindruck der sich verschärfenden Wirtschaftskrise widmen sich Gesetzgeber, Praxis und Wissenschaft unmittelbar im Anschluss an den Entwurf einmütig der 1931 erlassenen Notverordnung, die den Vorbehalt nicht umfasste. Das Schicksal des Menschenvorbehalts ist zu diesem Zeitpunkt, wie das der gesamten Weimarer Aktienrechtsreform, ungewiss.[59] So nah, wie im Herbst 1930, war die juristische Person dem Vorstandsamt dabei zuvor noch nicht gekommen. Und so nah sollte sie ihm danach auch nicht mehr kommen. Vielleicht zum ersten und letzten Mal steht hier der alternative Pfad, den andere europäische Rechtsordnungen schon im 19. Jahrhundert eingeschlagen hatten, auch in Deutschland sichtbar offen. Die Periode ist so kurz, dass in der Rückschau nicht mehr wahrgenommen wurde, wie knapp das deutsche Aktienrecht zu Beginn der dreißiger Jahre an einer anderen Entwicklung vorbeischrammt. Wer die legislatorischen Spuren heute unbedarft zurückschreitet, spürt nichts mehr vom drohenden Dammbruch im Weimarer Spätherbst.[60] Dabei regiert dort bei den Gegnern der juristischen Organperson nach der Entscheidung des Kammergerichts für kurze Zeit blanke Angst vor der nächsten.

Besonders *Brodmann* ist sichtlich angeschlagen: An Vernunft, Zeitgeist und Aufklärung zweifelnd überlegt er in seiner Besprechung der Entscheidung, ob die GmbH & Co KG nur ein vorübergehendes Phänomen bleiben würde.[61] Er ahnt

---

[58] § 61 II S. 2 AktG-E 1931, abgedruckt in *Schubert/Hommelhoff*, Die Aktienrechtsreform am Ende der Weimarer Republik, S. 862; auf Anregung des Reichswirtschaftsministeriums, des Preußischen Justizministeriums, Bayerns, Baden-Württembergs, Hamburgs und Bremens, vgl. Protokoll über die Sitzung am 12.1.1931, in *Schubert/Hommelhoff*, Quellen zur Aktienrechtsreform der Weimarer Republik, S. 992; auf preußische Initiative, vgl. *Komp*, Die juristische Person als Geschäftsführungsorgan einer Kapitalgesellschaft, S. 75; auch *Fleischer*, RIW 2004, 16 (17): „gesichert".

[59] Stellvertretend aus dem zeitgenössischen Schrifttum *Klausing*, Reform des Aktienrechts, 1933, S. 43 ff.

[60] Vgl. oben § 1 B II, III.

[61] KG, JW 1930, 1410 wird von *Brodmann* in JW 1930, 1410 besprochen, dieser sieht

nicht, dass sie noch ein Jahrhundert später die Praxis dominieren wird. Doch er spürt, dass sie 1930 kurz davor ist, noch größeren Schaden anzurichten, dass ihre „Nachwirkungen permanent zu werden [drohen]“[62]. *Brodmann* deutet damit an, dass der Regelungsanlass mit der Entscheidung des Kammergerichts noch nicht abschließend beschrieben ist. Das Kammergericht bringt den Stein ins Rollen, doch die Kräfte, die hier wirken, wiegen schwerer.

Ohne die GmbH & Co KG lässt sich § 76 III S. 1 AktG nicht erklären. Die Kränkung, die zu Beginn mit ihr einhergeht,[63] war für den Gesetzgeber eine ganz persönliche. Die GmbH & Co KG legt bis heute wie kaum eine andere Erfindung der Kautelarpraxis Beweis dafür ab, wie sich Recht ohne und gegen den Willen des Gesetzgebers entwickeln und festigen kann. Spätestens nach ihrer Zulassung durch das Reichsgericht ließ sich die Entwicklung an dieser Stelle legislatorisch nicht mehr einfangen. Eine „Revision der Rechtsprechung [war] recht bald allein aus volkswirtschaftlichen Gründen kaum noch zu verantworten“[64]. Zu viele Unternehmen hatten die neue Gestaltungsoption inzwischen genutzt. Auch später immer wieder geäußerte Vorschläge, die Entscheidung des Reichsgerichts zu revidieren, wird der Gesetzgeber aus diesem Grund zurückweisen.[65] So gilt die GmbH & Co KG heute zurecht als Prototyp des Richterrechts.[66] Die Diskussion über ein von Gerichten gesetztes Recht fokussiert sich dabei naturgemäß auf die Frage, wie sich richterrechtliche Grundsätze gesetzlich nachvollziehen oder korrigieren lassen. In Rede steht mit der Kodifikation oder Derogation stets die *Reaktion* auf Richterrecht.[67] Demgegenüber haben wir es beim Menschenvorbehalt offensichtlich mit der *Vorbeugung* von Richterrecht zu tun: Spruch- und Kautelarpraxis hatten im Fall der GmbH & Co KG Fakten geschaffen; für den Vorstand galt es das zu verhindern. Aus Furcht, er könnte auch im Aktienrecht

---

aufgrund der Entscheidung des KG das „gesunde Gefühl der Vernunft verkümmer[n] unter den Syllogismen des deduzierenden Verstandes“; vgl. dazu bereits § 3 B II 2, III.

[62] *Brodmann*, JW 1930, 1410 (1410 f.).

[63] Dazu oben § 3 B II 2, III.

[64] *Damler*, Konzern und Moderne, S. 115; ähnlich *Fleischer/Wansleben*, Gesellschaftsrechts-Geschichten, S. 27 (49): „normative Kraft des Faktischen“ mwN.; zur Schwierigkeit, Richterrecht zu korrigieren, allgemein *Fleischer/Wedemann*, AcP 209 (2009) 597 (617 ff.); zum „Rückholrecht“ und einer „Rückholpflicht des Privatrechtsgesetzgebers“ allgemein *Röthel*, Normkonkretisierung im Privatrecht, S. 80 ff.; *Hergenröder*, Zivilprozessuale Grundlagen richterlicher Rechtsfortbildung, S. 198; aus staatsrechtl. Sicht statt vieler *Payandeh*, Judikative Rechtserzeugung, S. 116 ff.; grundlegend zum Phänomen des Richterrechts *Ipsen*, Richterrecht und Verfassung, 1975.

[65] Einflussreich insb. Arbeitskreis GmbH-Reform, Thesen und Vorschläge zur GmbH-Reform, 1971, S. 27: § 180 I S. 1, 2 HGB-E: „Die Gesellschaft hat einen oder mehrere Geschäftsführer. Diese müssen natürliche Personen sein, sie brauchen nicht Gesellschafter zu sein.“.

[66] Stellvertretend *Wiedemann*, Gesellschaftsrecht I, § 1 III 1 (S. 44): das „herausragende Beispiel des Richterrechts im Verbandsrecht“.

[67] Eingehend am Beispiel des Gesellschaftsrechts *Fleischer/Wedemann*, AcP 209 (2009) 597; sowie allgemein *Röthel*, Normkonkretisierung im Privatrecht, S. 80 ff.

von der rechtspraktischen Entwicklung überholt werden, formuliert der Gesetzgeber um die Jahreswende 1930 nach der Entscheidung des KG, die die Kautelarpraxis als Einladung verstehen durfte, eine klarstellende Klausel (vgl. § 61 II S. 2 AktG-E 1931). Er möchte es nicht auf ein weiteres ‚Portlandzementfabrik GmbH & Co. KG' ankommen lassen.

Verbrieft ist das nicht. Doch hat man das spätere Geschehen um die KGaA vor Augen, drängt sich diese Deutung geradezu auf. Als der Gesetzgeber 1977 mehrere Entwürfe formuliert, wonach das Amt des KGaA-Komplementärs der natürlichen Person vorbehalten bleiben sollte, macht er keinen Hehl mehr daraus, dass es ihm um die Vorbeugung eines zweiten ‚GmbH & Co KG'-Moments geht: „Eine ähnliche Entwicklung wie bei der GmbH & Co KG könnte der Kommanditgesellschaft auf Aktien drohen [sic!]", erklärt man freimütig, „wenn sich die Auffassung durchsetzen würde, daß auch bei ihr juristische Personen persönlich haftende Gesellschafter sein können."[68] Und die Geschichte zeigt, wie berechtigt seine Sorge war. Weil der Gesetzgeber anders als 1937 nicht vorsorgt, wird der BGH die atypische KGaA später auch und vor allem in „Ermangelung eines im Aktiengesetz normierten Verbots"[69] bestätigen.

2. Die Ursachen: Dekodierung des Wesensarguments

Geklärt ist damit, weshalb sich der Gesetzgeber entschließt, das dem ‚Wesen des Amtes' Immanente zu positivieren: Die Blaupausen der Komplementär- und Liquidatorenfähigkeit vor Augen, die Drohung des Kammergerichts in den Ohren, will er einer ähnlichen Entwicklung jedenfalls für den Vorstand zuvorkommen. Weshalb das Vorstandsamt dem Menschen vorbehalten bleiben sollte, welche rechtlichen Wertungen § 75 I S. 3 AktG 1937 also ganz konkret zugrunde liegen, ist mit all dem immer noch nicht gesagt. Doch der Anlass gibt vor, wo nach den Ursachen zu suchen ist.

a) Deutungshoheit

Bereits der Umstand, dass es letztlich die Drohkulisse der GmbH & Co KG ist, die den Gesetzgeber zum Handeln bewegt, kennzeichnet die Frage als Nachbeben des großen Grundlagenstreits, der in der Frage der Komplementärfähigkeit eben eines seiner Epizentren fand. Auch dem Kammergericht dient er als Stichwortgeber. Die Annahme, dass die Mitglieder des Vorstands „persönlich aufzutreten hätten", also eben die Formel, die der Gesetzgeber 1937 zur Begründung heranziehen und 1965 wiederholen wird, bezeichnet das Gericht als „Nachwirkung von der gemeinrechtlichen Theorie der Handlungsunfähigkeit juristischer Personen", die „jedenfalls in ihrer Allgemeinheit durch die neuere Rechtsent-

---

[68] BT-Drucks. 8/1347, 59: „Dem will die Bundesregierung vorbeugen".

[69] BGHZ 134, 392 (395); zur Entwicklung der „atypischen KGaA" allgemein oben § 1 B IV 1.

wicklung überholt" worden sei.[70] Schon für das OLG Karlsruhe war der „ausgesprochene oder unausgesprochene Hauptgrund" der bis dahin allgemeinen Ansicht, dass einzig der Mensch zur Abwicklung der GmbH berufen war, 1925 nichts anderes gewesen: Diese setze zu Unrecht voraus, „der Liquidator habe selbständig kraft eigener Entschließung für die Liquidationsfirma zu handeln."[71] Damit korrespondiert der zur gleichen Zeit formulierte Vorwurf der Befürworter der juristischen Organperson, in ihrem Ausschluss vom Vorstand wirke nur überkommenes Gemeinrecht nach,[72] ebenso, wie die Argumentationslinie ihrer Gegner, die das „Festhalten an [der] alte[n] Lehre [der] Geschäftsunfähigkeit" an dieser Stelle bisweilen immer noch offen als Grundlage ihrer Position ausweisen.[73]

Freilich hatte der Gesetzgeber inzwischen erkannt, dass die juristische Person rein konstruktiv ebenfalls imstande war, Mitglied des Vorstands zu sein. Es musste nicht auf das ‚persönliche Tätigwerden' eines Individuums ankommen, es *sollte* darauf ankommen. Liest man dabei die Worte des Kammergerichts, mutet es fast trotzig an, dass der Gesetzgeber später exakt diese Formel, und nur diese Formel, bemüht.[74] In jedem Fall verfestigt sich der Eindruck, dass er unmittelbar auf das Judikat reagiert und dem nächsten zuvorkommen will. Er sah sich gegenüber der Spruchpraxis zur Klarstellung genötigt, dass es jedenfalls für die Tätigkeit des Vorstands sehr wohl noch auf ein ‚persönliches Tätigwerden' ankommen sollte. Ihm geht es um Entscheidungsgewalt. Schon der ersten Kommentargeneration des Aktiengesetzes fällt das auf. Sie bemerkt mit Blick auf die schon 1937 nicht über jeden Zweifel erhabene Trennung zwischen dem Vorstand und dem Liquidator, dass der Gesetzgeber „ohne Zweifel nur dem Streit im Aktienrecht ein Ende [habe] machen wollen."[75] Tatsächlich wollte der Gesetzgeber dem Streit, gemeint ist letztlich doch kein geringerer als der große, der um das ‚Wesen' der Rechtsperson, nicht nur ein Ende machen. Er wollte ihn an dieser Stelle selbst entscheiden. Der Menschenvorbehalt ist das Werk eines um *Deutungshoheit* bemühten Gesetzgebers. Schon das ist bemerkenswert. Schließlich hatte er zuvor keine Möglichkeit ausgelassen, die Entscheidung darüber, wie weit die Gleichstellung von juristischer und natürlicher Person reicht, anderen zu

---

[70] KG, JW 1930, 1410 (1411).

[71] OLG Karlsruhe, JW 1925, 2017 (2017).

[72] Vgl. *Molitor*, FS Ehrenberg, 1927, S. 41 (54): „Es ist nichts anderes als die gemeinrechtliche Theorie von der Handlungsunfähigkeit der juristischen Person, die hier noch nachwirkt."; *Steiner*, Können juristische Personen Vorstand einer Aktiengesellschaft sein, 1928, S. 56 f.; *Feine*, Handbuch des gesamten Handelsrechts III, 1929, § 34 II 2 (S. 473); *Ring/Schachian*, Die Praxis der Aktiengesellschaft, 1929, S. 183.

[73] So *Brodmann*, Aktienrecht, 1928, § 231 Anm. 4 a) (S. 219).

[74] Vgl. *Klausing*, AktG mit Einführungsgesetz und „Amtlicher Begründung", 1937, S. 61: „Juristische Personen können keine Vorstandsmitglieder sein, da die Tätigkeit eines Vorstandsmitglieds eine persönliche Tätigkeit voraussetzt".

[75] *Ritter*, AktG, 1937, § 75 Anm. 5.

überlassen. Unvergessen bleibt die penible Enthaltung der Verfasser des BGB.[76] Als das Schrifttum nun erstmals im Begriff ist, den Streit auch für die Vorstandsfähigkeit auszufechten, kommt der Gesetzgeber einem Meinungsumschwung im Schrifttum, vor allem aber einem faktenschaffenden Judikat zuvor.

Indes steht dabei im Kern weniger die juristische als die natürliche Person im Fokus: Dem Gesetzgeber geht es nicht so sehr um Entscheidungsmacht über den Umfang der körperschaftlichen Rechtsfähigkeit. Er sichert eine originär dem Individuum vorbehaltene Rechtsposition vor der Preisgabe durch die Spruchpraxis. Im Rechtsstreit, der zum endgültigen Durchbruch der GmbH Co. KG führen sollte, hatte das LG Hamburg das „spezifisch menschliche Element" betont, das für die Wahrnehmung des Komplementärsamts unabdingbar sei:

> „Dieses persönliche Moment, diese lebendige Individualität fehlt der GmbH, wie jeder juristischen Person. Sie steht zwar im allgemeinen der natürlichen Person rechtlich gleich, aber immer nur soweit, als es auf das spezifisch menschliche Moment nicht ankommt. Darauf kommt es beispielsweise an bei der elterlichen Gewaltherrschaft, darauf kommt es auch an für den Komplementär einer Kommanditgesellschaft als einer Personal- und Arbeitsgesellschaft."[77]

Und für den Gesetzgeber, so scheint es, auch für den Vorstand einer Aktiengesellschaft. Er befürchtet, als er für den Vorstand einem zweiten GmbH & Co. KG-Moment zuvorkommt, Gerichte könnten der juristischen Person auch an dieser Stelle Funktionen zuweisen, für die es auf originär menschliche Eigenschaften, ein ‚spezifisch menschliches Element' ankommen sollte. Zwar waren die Beweggründe, die gegen eine juristische Person im Vorstand der Aktiengesellschaft sprachen, nicht exakt dieselben wie die, die zuvor gegen die GmbH & Co KG ins Feld geführt wurden. Das betonen in Weimar auch und vor allem die Gegner der GmbH & Co KG, um deutlich zu machen, dass der Streit um die juristische Organperson mit der GmbH & Co KG nicht entschieden war. Doch das hinter der Argumentation stehende Grundanliegen ist im Kern dasselbe: Es geht um die Identifikation jener Aufgaben, die dem ‚sittlichen' Einzelmenschen vorbehalten bleiben sollten. Insoweit lässt sich das, worauf sich das gesetzgeberische Streben um Definitionsmacht bezieht, noch weiter zuspitzen: Es geht um die Deutungshoheit in der Frage, welche Funktionen im Rechtsverkehr genuin ‚menschliche' bleiben sollten.

b) Das ‚Ethische in der Person'

Dabei gießt der Gesetzgeber an dieser Stelle freilich gerade nicht die Theorie von einer handlungsunfähigen Rechtsperson in Gesetzesrang. Doch er macht sich die hinter ihr stehenden Wertungen zu eigen. Wer sich heute mit *Damler* fragt, ob „der Gesetzgeber die Vorbehalte eines Savigny oder Puchta" nicht doch irgendwo „in

[76] Vgl. *Mugdan*, Gesammelte Materialien zum BGB, 1899, S. 609.
[77] LG Hamburg, HansGZ, Hauptblatt 43 (1922) 97 (97).

seinen Willen aufgenommen hat"[78], wird in § 75 I S. 3 AktG 1937 fündig. Nicht nur der Rekurs auf das „persönliche Tätigwerden", auch die Begründungsfigur des ‚Wesens' weist unverkennbar in diese Richtung. Schon *Savigny* selbst kodierte damit Rechtsverhältnisse, die allein dem ‚sittlichen' Einzelmenschen vorbehalten sein sollten. Waren Rechtspositionen genuin auf das ‚natürliche' Subjekt aus Fleisch und Blut, zugeschnitten, widersprach es ihrem ‚Wesen', es auch dem ‚künstlichen' zuzugestehen. Wenn der Gesetzgeber vom ‚Wesen des Vorstandsamts' sprach, meinte er damit, wie es *Damler* mit Blick auf die GmbH & Co ausgedrückt hat, „nichts anderes als den Zuschnitt" der hier zusammengefassten Kompetenzen „auf einen genuin humanen Sachverhalt."[79]

Im Weimarer Schrifttum hatte man damit stets die Oberhand. Wenngleich das Anliegen am Ende der Aktienrechtsreform erstmals in Gefahr gerät und immer seltener aufblitzt, dass es im Kern ethischer Natur war. Am ehesten bricht es zu Beginn der dreißiger Jahre noch aus *Brodmann* heraus. Dem Schluss, der sich im Schrifttum Bahn gebrochen hatte, wonach das Gesetz immer dann, wenn es von Personen sprach, auch juristische meinte, tritt er mit Verve entgegen. Die, die ihn nun auch im Aktienrecht anwandten und die juristische Person auch im Vorstand und Aufsichtsrat wähnten, erscheinen ihm „blind". Sie „sehen nicht", moniert er,

> „daß die juristische Person zwar Vermögen haben kann und Schulden, daß sie aber gar keine moralischen Qualitäten besitzt. Sie ist natürlich nicht unmoralisch, aber sie ist ethisch ganz indifferent. Wenigstens von den mehr oder weniger künstlichen juristischen Personen des Privatrechts gilt das. Sie ist in sich ethisch absolut farblos und für das Recht da unbrauchbar, wo es diesem gerade auf das Ethische in der Person ankommt."[80]

Offenkundig macht sich der Gesetzgeber *Brodmanns* Bedenken zu eigen. Er erkannte an, dass auch die juristische Person konstruktiv imstande wäre, Mitglied des Vorstands zu sein, leitete auch die Ansicht, dass sie nicht dazu imstande sein sollte, nicht länger begriffslogisch aus ihrem wie auch immer gearteten ‚Wesen' ab, doch er war der Ansicht, dass es für die im Vorstand gebündelten Funktionen auch künftig auf das *Ethische in der Person* ankommen sollte. So gesehen behält er dem Menschen die Leitung der Korporation zu Beginn durchaus um seiner selbst willen vor. Er hat das Gesellschaftsrecht an dieser Stelle, anders als heute mancher mit Blick auf die von Maschinen verwaltete Korporation meint, durchaus „anthropologisch präformiert"[81]. Er behielt die Leitung der Korporation

---

[78] *Damler*, Rechtsästhetik, S. 80.

[79] Vgl. *Damler*, Konzern und Moderne, S. 135.

[80] So *Brodmann*, Aktienrecht, § 243 HGB Anm. 2. c) (S. 275 f.) in Bezug auf den Aufsichtsrat; in der historisch stets lauteren Paralleldiskussion zum Aufsichtsrat wurden diese Argumente unverstellter vorgetragen, vgl. etwa *Lehmann*, Verhandlungen 31. DJT I, 1912, S. 502 (539), der im Vorfeld des deutschen Juristentages festhält, dass das Aufsichtsratsamt nicht der juristischen Person als ethisch „farblosen Geldmacht" geöffnet werden könne, sondern vielmehr dem Menschen als Moralwesen vorbehalten bleiben müsse; ähnlich *Fürst*, LZ 1908, 365 (365 f.): „Geist und Charakter"; sowie *Dietrich*, Juristische Personen als Mitglieder des Aufsichtsrats, 1911, S. 15 f.

[81] *Linardatos*, Autonome und vernetzte Aktanten, S. 517.

positiv dem „denkenden, wollenden, fühlenden Wesen“[82] *Savignys* vor. Ausgerechnet zu der Zeit, als das Gesetz negativ die juristische Person ausschloss, formulierte es einen *echten Menschenvorbehalt*.

c) Persönliche Verantwortung

Die einzige substantielle rechtshistorische Deutung des Menschenvorbehalts arbeitete heraus, § 61 II S. 2 AktG-E 1931 sei Ausdruck der in Weimar geplanten, 1937 freilich nicht umgesetzten Machtbeschränkung des Vorstands zugunsten der Aktionäre:

> „Die Regelung in § 61 Abs. 2 S. 2 E 1931 diente daher dazu, den persönlichen Bezug zwischen den einzelnen Organmitgliedern und der Gesellschaft zu erhöhen. Die Aktionäre konnten von der natürlichen Person die Erfüllung ihrer Ansprüche fordern.“[83]

Sie leistete damit der Deutung des Menschenvorbehalts als Steuerungsinstrument im Dienste der Gesellschaft und ihrer Aktionäre Vorschub. Wenn dabei eine *Erhöhung* des persönlichen Bezugs in Rede steht, geht dies bereits deshalb fehl, weil der Gesetzgeber an dieser Stelle den Status quo sicherte. Wer § 61 II S. 2 AktG-E 1931 dergestalt deutet, steht zugleich vor der Herausforderung, zu bestimmen, welchen Zweck § 75 I S. 3 AktG 1937 verfolgte. Denn zur in Weimar geplanten Machtbeschränkung kommt es letztlich nicht.[84] Insoweit müsste eine der Aktienrechtsreform 1937 eigene Erklärung herhalten. Und die wäre wohl doch in der „angepaßte[n] Übernahme des ‚Führerprinzips‘ und des hierin beschlossenen Gedankens der persönlichen Verantwortlichkeit“ zu suchen.[85] Doch auch in der Sache nahm die Regelung nicht das persönliche Band zwischen den Gesellschaftern und der Geschäftsleitung in den Blick. Es geht um Belange der Allgemeinheit. Auch an dieser Stelle wird in Weimar vor allem *Brodmann* deutlich. Jedenfalls mit Blick auf Geschäftsunfähige, zu denen für ihn immer noch auch juristische Personen zählten, hält er in aller Deutlichkeit fest:

> „Es ist das eine Sache, die keineswegs nur die Gesellschaft angeht. Im Interesse der Allgemeinheit legt das Gesetz den Vorstandsmitgliedern Obliegenheiten auf, für deren Erfüllung es diese auch Dritten gegenüber mehrfach verantwortlich macht.“[86]

Der Weimarer Gesetzgeber schließt sich dieser Wertung an. Ihm geht es ursprünglich nicht um die Gesellschaft und ihre Gesellschafter, sondern die Inter-

---

[82] *Savigny*, System II, 1840, § 90 (S. 282, 312).

[83] So *Komp*, Die juristische Person als Geschäftsführungsorgan einer Kapitalgesellschaft, S. 74 ff., 80; zustimmend *Wanka*, Juristische Personen und ihre Organe als Vorstand der Stiftung, S. 33 ff.

[84] Zur Stärkung der Position des Vorstands durch das AktG 1937 stellvertretend *Veil*, Unternehmensverträge, S. 82; sowie eingehend zum Bruch mit Weimar an dieser Stelle *Schubert*, Protokolle des Aktienrechtsausschusses, S. XLVII; *Mertens*, ZNR 29 (2007) 88 (91 ff.); jetzt auch *Thiessen*, Die Rosenburg, S. 204 (236 ff.); vgl. bereits oben § 4 A I.

[85] So *Klausing*, AktG mit Einführungsgesetz und „Amtlicher Begründung“, 1937, S. 42.

[86] *Brodmann*, Aktienrecht, 1928, § 231 Anm. 4 a) (S. 219).

essen der Allgemeinheit. Er knüpft die unternehmerische Leitung zum Schutz des Rechtsverkehrs an die persönliche Verantwortung eines menschlichen Geschäftsleiters. Die in der Weimarer Diskussion überaus präsente strafrechtliche Verantwortung des Geschäftsleiters war davon nur ein Aspekt. *Brodmann* selbst notiert etwa mit Blick auf den Liquidator Folgendes:

> „Der Hinweis darauf, daß § 312 [HGB a.F.] unverkennbar voraussetze, daß die Liquidatoren strafrechtlich verantwortliche Persönlichkeiten sind, ist keineswegs so verächtlich wie die Gegner behaupten. Denn die Vorschrift ist doch nur ein Ausfluß des Gedankens, daß man mit der Strafandrohung das ganz persönliche und individuelle Pflichtbewusstsein wecken und stärken will, das zerflattert, wenn man die Verantwortlichkeit einer ineinandergreifenden Organisation der vielköpfigen, indem Händen von Vorstand und Angestellte liegenden Verwaltung einer Körperschaft auferlegt."[87]

Der Gesetzgeber macht sich dies zu eigen. Insoweit verfolgt er mit dem Menschenvorbehalt handfeste, des Pathos gänzlich unverdächtige rechtliche Ziele. Wenn er die Leitungsfunktion als Funktion markiert, für die es auf das ‚Ethische in der Person' ankommen sollte, ordnet er die Unternehmensleitung zum Schutz des Rechtsverkehrs einem persönlich verantwortlichen Individuum zu. Damit sollte insbesondere sichergestellt werden, dass die Gesellschaft den ihr obliegenden öffentlich-rechtlichen Pflichten nachkommt. Der Gesetzgeber stellt sicher, dass die Korporation über einen persönlich verantwortlichen menschlichen Geschäftsleiter ansprechbar für rechtliche und moralische Steuerungsanreize bleibt.

Mit diesem Wissen lässt sich das ‚Wesen' dekodieren: *Regelungsanlass* ist vordergründig eine Entscheidung des Kammergerichts im Weimarer Spätherbst, im Hintergrund das Bemühen des Gesetzgebers um die Deutungshoheit in der Frage, wie weit die Gleichstellung von juristischen und natürlichen Personen reicht. Dem Gesetzgeber geht es, noch präziser, um die Definitionsmacht darüber, welche Funktionen im Rechtsverkehr genuin ‚menschliche' bleiben sollten und welche nicht. Der *Regelungsgehalt* des Instituts erschöpft sich deshalb nicht in einem Verbot der juristischen Organperson. Der Gesetzgeber beschränkte an dieser Stelle nicht nur negativ den Geltungsbereich der juristischen Person. Er behielt dem Menschen die im Vorstand zusammengefassten Funktionen positiv ob seiner Moralität vor. Normiert wird eine Pflicht zur menschlichen Entscheidung. Der *Regelungszweck* liegt dabei nicht in der Effizienz der Organisationsverfassung, sondern in ihrer Legitimität. In den Blick genommen werden nicht die Interessen der Gesellschafter, sondern die der Allgemeinheit: Der Gesetzgeber stellt die Unternehmensleitung zum Schutz des Rechtsverkehrs in die persönliche Verantwortung eines menschlichen Geschäftsleiters.

---

[87] *Brodmann*, Aktienrecht, 1928, § 295 Anm. 3 (S. 490).

3. Die Folgen: Von der ‚farblosen Geldmacht' zur ‚farblosen Rechenmacht'

Die Bedeutung der historischen Weichenstellung lässt sich dabei kaum überschätzen. Der Gesetzgeber wird die Begründungsformel vom ‚Wesen des Vorstandsamts' 1965 wiederholen und damit am Weimarer Anliegen anknüpfen. Im gleichen Atemzug wendet er die Norm, vor dem Hintergrund unserer Einsichten ist das nur konsequent, ins Positive: Fortan schließt auch der Gesetzeswortlaut die juristische Person nicht länger nur negativ aus. Er spricht seitdem das aus, was von Anfang an gemeint war. Dabei gilt § 76 III S. 1 AktG heute nicht nur in der Aktiengesellschaft, sondern über Art. 47 I SE-VO auch für das Leitungsorgan der dualistischen SE; gemäß § 188 I S. 2 VAG für den Vorstand des VVaG. Und auch außerhalb des Aktienrechts wird die Norm zum Fixpunkt: Der Gesetzgeber macht sich in allen späteren Gesetzgebungsverfahren den Regelungszweck von 1937 zu eigen.[88]

a) Legitimität statt Effizienz

Auch, weil der Gesetzgeber seine Beweggründe mit dem ‚Wesen' verdunkelt, wurde besonders § 76 III S. 1 AktG anschließend in den Dienst einer effizienten Organisationsverfassung gestellt.[89] Hergeleitet wird diese Lesart anhand einer Reihe technischer Detailprobleme der juristischen Organperson, die der Gesetzgeber bei der Normierung des Vorbehalts im Blick gehabt haben soll: Weil die Mitglieder des Organs natürliche Personen sein müssen, bleibt die tatsächlich handelnde Person unmittelbar der verhaltenssteuernden Pflichtenbindung unterworfen. Die unternehmerische Rückkopplung wird dadurch verstärkt, dass die Gesellschaft ihre Personalkompetenz unmittelbar ausübt. Sie kann die tatsächlich unternehmerisch tätige Person nun selbst aus- und im Zweifelsfall auch abwählen. Weil die tatsächlich handelnde Person stets dieselbe bleibt, sind die unternehmerischen Entscheidungen konsistent. Schließlich wird verhindert, dass die Intransparenz möglicher Organketten eine effektive Überwachung der tatsächlich handelnden Person verhindert. Diesen Problemen wohnt die ökonomische Erwartung inne, dass sich der Agenturkonflikt verschärft, sobald sich der unternehmerisch tätig werdende Mensch nicht länger unmittelbar gegenüber dem geführten Verband verantworten muss.[90] Zugespitzt dient die Regelung danach zuvörderst der Optimierung der Geschäftsleitung. Diese Lesart erinnert stark an die legislatorische Deutung des systematisch nahen § 76 I AktG: Der Gesetzgeber hatte die ebenfalls 1937 geschaffene, seitdem unter Ideologieverdacht stehende Machtposition des Vorstands 1965 mit der Erwägung bestätigt, die Eigenverantwortlichkeit des Vorstands sei „vom volkswirtschaftlichen Stand-

[88] Vgl. oben § 1 B II, III.

[89] Eingehend oben § 1 B IV 3.

[90] *Brandes*, Juristische Personen als Geschäftsführer der Europäischen Privatgesellschaft, S. 141 ff.

punkt wie im wohlverstandenen Interesse der Aktionäre auch heute gerechtfertigt und unerläßlich".[91] Ganz ähnlich interpretiert das Schrifttum nun also § 76 III S. 1 AktG: Wenn das Gesetz ihre Leitung dem Menschen vorbehält, wird die Korporation danach in ihrem wohlverstandenen Interesse vor der Irrationalität ihres Bestellungsorgans und damit vor dem Effizienzverlust bewahrt, der mit der Bestellung einer juristischen Organperson einhergehen soll. Nun ist klar: Dem Gesetzgeber selbst ging es an dieser Stelle nicht um Effizienz, sondern Legitimität.

Es passt ins Bild, dass in jüngster Zeit erhebliche Zweifel daran laut wurden, dass der Menschenvorbehalt den Effizienzzweck mit Blick auf die juristische Organperson überhaupt erfüllen würde. Zuletzt führte die prominente rechtsökonomische Analyse des Instituts im angloamerikanischen Rechtskreis gar zum entgegengesetzten Ergebnis: Nicht der Mensch als unmittelbar unternehmerisch Verantwortlicher, sondern auch und gerade die juristische Organperson verspreche eine effiziente Unternehmensleitung. Danach sinken in einer spezialisierten Vorstandsgesellschaft die Anreize des tatsächlich Handelnden, opportunistisch zu handeln und mit ihnen die Agenturkosten.[92] Der dahinterstehende Grundgedanke ist so simpel wie überzeugend: Die Korporation löst Probleme effizienter als der Mensch, weshalb sollte für die Leitung einer anderen Korporation etwas anderes gelten?[93] Zumal sich die der juristischen Organperson entgegengehaltenen Detailprobleme auf jedes Auftragsverhältnis mit einer juristischen Person übertragen ließen. Folgerichtig bestellt man im Ausland gerade deshalb juristische Personen in das korporative Leitungsorgan, um von der Effizienz darauf spezialisierter Unternehmen zu profitieren. Auch die gängige Erklärung, weshalb die juristische Person im Abwicklungsstadium zur Geschäftsführung berechtigt ist, nährt diese Zweifel. Hier soll die juristische Organperson gerade die Effizienz von Treuhandgesellschaften anschlussfähig machen.[94] Geradezu überdeutlich werden die Effizienzeinbußen des Menschenvorbehalts im Konzern: Wäre die Muttergesellschaft imstande, sich selbst in das Leitungsorgan ihrer Tochter zu bestellen, könnte sie sich ohne Behelfsinstrumente wie Doppelmandate, Betriebsführungsverträge oder andere Formen der Einflussnahme der beständigen vom Wechsel des eigenen Führungspersonals unabhängigen Leitung des Konzerns sicher sein.[95] So oder so spricht viel dafür, dass das Vertrauen in eine effizienzsteigernde Wirkung des Menschenvorbehalts, das das Schrifttum

---

[91] *Kropff*, Textausgabe des Aktiengesetzes vom 6.9.1965, S. 15.

[92] Umfassend *Bainbridge/Henderson*, Outsourcing the Board, S. 92 ff., 104 ff., 112 ff., 121 ff.: „superior corporate governance at lower cost".

[93] *Bainbridge/Henderson*, Outsourcing the Board, S. 91 f.

[94] *Fleischer*, AcP 204 (2004) 502 (532); *Wasmann*, Juristische Personen als gekorene Mitglieder von Körperschaftsorganen, S. 34 f.; *Bredol*, Die Rechtsstellung der Abwickler einer Aktiengesellschaft, S. 111; MüKoAktG/*Koch* § 265 Rn. 11.

[95] So auch *Schürnbrand*, Organschaft im Recht der privaten Verbände, S. 237; sowie bereits *Molitor*, FS Ehrenberg, 1927, S. 41 (55 f.).

dem Gesetz unterstellt, auch nicht gerechtfertigt wäre. Die plausibelste Erklärung dafür, weshalb die deutsche Rechtsordnung dennoch so beharrlich am Vorbehalt der natürlichen Person festgehalten hat, gibt dann das inzwischen freilich auch in der Rechtswissenschaft fast zu Tode gerittene Erklärungsmodell der Pfadabhängigkeit.[96] Besonders im Nachgang der SE-VO wurde deutlich, dass wir uns inzwischen gut mit dem Vorbehalt eingerichtet hatten. Die Gestaltungspraxis hatte längst alternative Instrumente bereitgestellt, die Abhilfe schufen, etwa Betriebsführungsverträge.[97]

Die ökonomischen Versprechen der juristischen Organperson blieben schon dem Weimarer Reformgesetzgeber selbst nicht verborgen. So beschrieb etwa die in Weimar äußerst einflussreiche ökonomische Studie von *Passow*, in ihrem rechtsökonomischen und rechtsvergleichenden Zuschnitt ihrer Zeit weit voraus, die wirtschaftlichen Vorzüge ausländischer „Managing Agents".[98] Der Gesetzgeber erlangte so Kenntnis von Auslandsgesellschaften, die juristische Organpersonen gerade zur Kostensenkung einsetzten. Auch vor diesem Hintergrund ließ er die juristische Person anschließend in § 206 I S. 2 AktG 1937 als Liquidatorin zu. § 265 II S. 3 AktG trägt danach nicht der Tatsache Rechnung, dass aufgrund der „beschränkten Aufgabe" des Abwicklers, die „an die Transparenz und Effizienz der Organisationsverfassung zu stellenden Anforderungen jedoch deutlich niedriger anzusetzen [wären]".[99] Umgekehrt wird ein Schuh draus: Weil es im Abwicklungsstadium nicht länger um zukunftsgerichtete unternehmerische Entscheidungen geht, die Unternehmensleitung deshalb nicht länger in der persönlichen Verantwortung eines Individuums liegen muss, macht das Aktienrecht an dieser Stelle in einem eng umgrenzten Anwendungsbereich die Effizienz der juristischen Organperson anschlussfähig.[100] Ohne dabei dogmatisch freilich über jeden Zweifel erhaben zu sein. Dass es sich bis heute nicht vollständig widerspruchsfrei erklären lässt, weshalb es dem Gesetz in § 76 III S. 1 AktG auf die individuelle Verantwortung ankommt und in § 265 I S. 3 AktG nicht, erklärt historisch das Wechselspiel der Gewalten.[101] Die Spruchpraxis hatte für den Ab-

[96] Letztlich ähnlich für das US-amerikanische Recht *Bainbridge/Henderson*, Outsourcing the Board, S. 207 ff.: *status quo bias*; zum Modell der Pfadabhängigkeit statt vieler *Bebchuk/Roe*, Stan. L. Rev. 52 (1999) 127; sowie umfassend *Ackermann*, Pfadabhängigkeit, Institutionen und Regelreform, S. 9 ff., 57 ff.

[97] Vgl. *Brandes*, Juristische Personen als Geschäftsführer der Europäischen Privatgesellschaft, S. 29 ff., 38; zum Betriebsführungsvertrag allgemein BGH NJW 1982, 1817 (Holiday Inn); *Veil*, Unternehmensverträge, S. 287 ff.

[98] *Passow*, Die Aktiengesellschaft, 1922, S. 384 ff.; *Nörr*, Zwischen den Mühlsteinen, S. 112 begreift *Passow*, Die Aktiengesellschaft, 1922 als zentrales Datum der Weimarer Aktienrechtsreform; im Anschluss ähnlich rechtsvergleichend etwa *Steiner*, Können juristische Personen Vorstand einer Aktiengesellschaft sein, 1928, S. 58 ff.

[99] So *Schürnbrand*, Organschaft im Recht der privaten Verbände, S. 238.

[100] Ähnlich bereits BeckOGKAktG/*Bachmann* § 265 Rn. 7.

[101] Weder § 206 I S. 2 AktG noch § 281 I S. 2 AktG-E 1931 wurden begründet, vgl. auch *Bredol*, Die Rechtsstellung der Abwickler einer Aktiengesellschaft, S. 110 f.; sowie *Wasmann*,

wickler wie zuvor für die GmbH & Co bereits Fakten geschaffen. Alles spricht dafür, dass der Gesetzgeber es 1931 schon für zu spät erachtete, diese Fakten legislativ wieder einzufangen.[102] Dass das neue Aktiengesetz, von ihrer Zulassung einmal abgesehen, keine einzige Norm zur juristischen Organperson enthält, lässt den Widerwillen erahnen, mit dem der Gesetzgeber an der Urteilspraxis festhält: Die juristische Organperson war ein Kind der Judikative. Es war auch an der Judikative die mit ihr einhergehenden Rechtsprobleme zu lösen.

So oder so ging es bei der Zulassung der juristischen Organperson gerade darum, ihre Effizienz anschlussfähig zu machen. Das Kammergericht hatte zuvor keinen Zweifel daran gelassen, mit ihr auch einem wirtschaftlichen Bedürfnis Rechnung zu tragen.[103] Und selbst *Brodmann* stellte im Anschluss nicht das Bedürfnis selbst, sondern lediglich dessen Unabweisbarkeit in Abrede: Mochte ökonomischer Bedarf der Praxis auch bestehen, die grundlegenden Bedenken gegenüber der juristischen Organperson überwogen.[104] Und eben diese Bedenken macht der Gesetzgeber sich im Fall des Vorstands zu eigen. Als er das Vorstandsamt in § 76 III S. 1 AktG der natürlichen Person vorbehält, zielt er damit nicht auf einen Effizienzgewinn, er nimmt umgekehrt Effizienzeinbußen in Kauf. So verstanden, lässt sich das Institut künftig auch Maschinen entgegenhalten, die tun, was wir tun, nur um ein Vielfaches effizienter. Aus der ethisch „farblose[n] Geldmacht“[105] wird heute die ethisch nicht farbigere Rechenmacht. Ganz unabhängig davon, ob die Maschine den Menschen Probleme künftig rationaler löst als der Mensch und ihr Verhalten dabei stärker auf die Interessen der Korporation ausrichtet, geht es der Norm um Legitimität durch *persönliche Verantwortung*. Anders ausgedrückt: Wenn wir eingangs festgestellt haben, dass die Künstliche Intelligenz die erfolgreiche Problemlösung von Person entkoppelt, geht es dem Menschenvorbehalt nicht, wie bislang üblicherweise vorausgesetzt, um die erfolgreiche Problemlösung, sondern um die Person.

Wenn heute vereinzelt die Verfassungswidrigkeit des Instituts in Rede steht, weil Beobachter erwarten, dass einzelne Detailprobleme der juristischen Person, etwa eine verminderte Handlungsfähigkeit aufgrund von Kollektivhandlungs-

---

Juristische Personen als gekorene Mitglieder von Körperschaftsorganen, S. 35 (Fn. 86) mwN., wonach die Klausel weder 1931 noch 1937 oder 1965 begründet worden sei.

[102] Die Kommentare zum AktG 1937 verweisen folgerichtig v.a. auf die vorab ergangenen Urteile, repräsentativ *Teichmann/Koehler*, AktG 1937, 1939, § 206 Anm. 1; vgl. zur faktischen Bindungswirkung der GmbH & Co KG erneut *Fleischer/Wansleben*, Gesellschaftsrechts-Geschichten, S. 27 (49); Richterrecht begründet dabei freilich keine Rechtspflicht des Gesetzgebers, vgl. *Fleischer/Wedemann*, AcP 209 (2009) 597 (617 f.); *Hergenröder*, Zivilprozessuale Grundlagen richterlicher Rechtsfortbildung, S. 198; *Röthel*, Normkonkretisierung im Privatrecht, S. 80 ff. jew. mwN.

[103] Vgl. KG, JW 1930, 1410 (1411); deutlich im Schrifttum etwa *Bondi*, ZBH 34 (37): juristische Organperson „unerfreulich“, aber aus wirtschaftlichen Gründen zuzulassen.

[104] Vgl. *Brodmann*, JW 1930, 1410 (1411).

[105] So *Lehmann*, 31. DJT I, 1912, S. 502 (539) in Bezug auf die juristische Organperson.

problemen, mit der Bestellung von Maschinen verschwinden,[106] nimmt der Vorbehalt diese Probleme nach all dem gar nicht in den Blick. Ihm geht es um individuelle Verantwortung. Und an der fehlt es im Fall einer Korporation ohne menschliches Substrat gar mehr als zuvor. Verfassungsrechtlich lässt sich das Institut danach auch künftig ohne Weiteres rechtfertigen. Wichtiger noch, versteht man den Vorbehalt so, wie er einst gemeint war, verfolgt er ein Anliegen, das in einer vornehmlich von Maschinen verwalteten Korporation nur an rechtspolitischer Überzeugungskraft gewinnt. Die Rechtsordnung ist heute wieder dabei, jene Funktionen zu identifizieren, die einzig einer natürlichen Person obliegen sollten. Die Frage kristallisiert sich als eine der Grundfragen des zukünftigen Privatrechts heraus. Und inzwischen wird erneut ganz offen nach einem ‚menschlichen Element' gesucht.[107] Besonders der deutsche Diskurs kreist dabei oft um die Rechtsfähigkeit von Maschinen. Völlig zurecht wurde in diesem Zusammenhang herausgearbeitet, dass es Schwierigkeiten bereitet, einer Maschine den gleichen Rechtsstatus wie einem Menschen zuzuweisen. Unklarheit herrscht dabei aber oft weshalb. Nicht schon der Umstand, dass der Mensch eben die ‚natürliche' Rechtsperson ist, liefert den Grund. Die rechtliche Gleichstellung von Menschen und Maschinen wäre problematisch, weil das Recht einer Maschine mit gleicher Rechtsstellung die Wahrnehmung bestimmter Funktionen nicht mehr so einfach verwehren könnte.[108] Die Frage der Rechtsfähigkeit ist also nur ein Ausschnitt des grundlegenderen Rechtsproblems, welche Aufgaben im Rechtsverkehr dem Menschen vorbehalten bleiben sollten. Es geht noch präziser darum, welche Entscheidungen einer Automatisierung zugänglich sind. Oder umgekehrt darum, dass bestimmte Entscheidungen über einen Menschen nur ein anderer Mensch treffen sollte.[109]

---

[106] Namentlich *Bayern et al.*, Hastings Sci. & Tech. L. J. 9 (2017) 133 (143); als rechtspolitisches Argument etwa bei *Becker/Pordzik*, ZfPW 2020, 334 (354): „Aspekt verminderter Handlungsfähigkeit lässt sich der Etablierung autonomer Softwarevorstände nicht entgegenhalten".

[107] Ausdrücklich *Pasquale*, New Laws of Robotics, S. 59: „a deeply human element essential"; vgl. zu dieser Aufgabe *Ebers*, Algorithms and Law, S. 37 (50 ff.); instruktiv auch *Eidenmüller*, J. Bus. & Tech. L. 15 (2019) 109 (124, 128 f., 133); auf Unionsebene zeugt etwa Art. 22 DSGVO von diesem Phänomen, vgl. dazu statt vieler *Martini*, Blackbox Algorithmus, S. 169 ff.; *Heine*, Der Vorbehalt menschlicher Entscheidungen im Arbeitsverhältnis, S. 122 ff. sowie zu weiteren ähnlichen Normen im positiven Recht *Mund*, Das Recht auf menschliche Entscheidung, S. 166 ff.

[108] Zutreffend *Wagner*, Zivilrechtliche und rechtsökonomische Probleme des Internet und der künstlichen Intelligenz, S. 1 (30), wonach mit der rechtlichen Gleichstellung von Menschen und Maschinen die „Abkehr von einem anthropozentrischen Rechtssystem" verbunden sei; ähnlich bereits *Eidenmüller*, ZEuP 2017, 765 (775 f.); auch *Eidenmüller*, J. Bus. E. Tech L. 15 (2019) 109 (130) sowie *Zech*, Intelligente Agenten und das Recht, S. 163 (202 f.); im Ergebnis auch *Schirmer*, JZ 2019, 711 (716), wonach dies indes nur für die Zuweisung eines *Personen*status gelte.

[109] Eingehend aus staatsrechtlicher Sicht *Mund*, Das Recht auf menschliche Entscheidung, S. 154 f., 165 ff.

Eben diese Entscheidung zugunsten individueller Verantwortung hat der Gesetzgeber in § 76 III S. 1 AktG getroffen. Zur Vorbeugung eines faktenschaffenden Judikats markierte er die im Vorstand gebündelten Funktionen als solche, die dem Menschen vorbehalten bleiben sollten. Er normierte eine Pflicht zur menschlichen Entscheidung. Dieses Anliegen lässt sich dabei nicht schlicht als naturalistisch abtun.[110] Wenn sich Maschinen künftig unvorhersehbar verhalten, wir nicht mehr sicher sein können, dass sie sich künftig auch so verhalten, wie in der Vergangenheit, ob ihr algorithmisches Modell unsere Interessen tatsächlich abbildet, sie im Nachgang keine Erklärungen dafür liefern können, weshalb sie zu einer Ausgabe gekommen sind, dann verschafft in erster Linie die Verantwortung eines Individuums innerhalb des Unternehmens Legitimität. *Pasquale* bringt dies im allgemeinen Rahmen wie folgt auf den Punkt:

> „When the primary threat to legal order was the arbitrary decree of autocrats, judges and advocates resisted with the principle ‚a rule of law, not a rule of men.‘ As automation advances, we must now complement this adage with a commitment to ‚a rule of persons, not machines.‘ Neither managers nor bureaucrats should be allowed to hide behind algorithmic modes of social ordering. Rather, personal responsibility for decisions is essential to maintaining legitimate governance, whether of state agencies or businesses.“[111]

Anders als eine Maschine ist der Mensch imstande, Interessen im Einzelfall zu bewerten und abzuwägen und für das Ergebnis dieses Wertungs- und Abwägungsprozesses Verantwortung zu tragen. Dass der Gesetzgeber in § 76 III S. 1 AktG eine Pflicht zur menschlichen Entscheidung normierte, ist vor diesem Hintergrund aktueller denn je. Er ging zurecht davon aus, dass im Rahmen der Leitung der Korporation erst die persönliche Verantwortung eines Individuums Legitimität stiftet. Diese Wertungsentscheidung leuchtet besonders vor dem Hintergrund der Funktion der Geschäftsleitung als ‚Angelpunkt‘ der konfligierenden Interessen der Unternehmensbeteiligten ein: Ihr obliegt die Gewichtung, Abwägung und Ausrichtung der widerstreitenden Belange der korporativen Bezugsgruppen.[112] Das Gesetz gesteht dem menschlichen Geschäftsleiter zu diesem Zweck einen erheblichen Ermessensspielraum zu. Dies gilt erst Recht in der Aktiengesellschaft, wo der Vorstand ganz allgemein an ein pluralistisches Gesellschaftsinteresse gebunden sein soll.[113] Algorithmische Modelle sind demgegen-

---

[110] So aber *Bayern*, Stan. Tech. L. Rev. 19 (2015) 93 (109): „naturalistic fallacy“.

[111] *Pasquale*, New Laws of Robotics, S. 229.

[112] Vgl. hier nur *Bachmann et al.*, Rechtsregeln für die geschlossene Kapitalgesellschaft, S. 78: „Angelpunkt der widerstreitenden Belange der verschiedenen Unternehmensbeteiligten“.

[113] Eingehend zuletzt *Habersack*, AcP 220 (2020) 594 (603 ff.); *Koch*, 50 Jahre Aktiengesetz, S. 65 (73 ff.); aus der Kommentarlit. hier nur *Koch*, AktG, § 76 Rn. 67: „Nach hM ist interessenplurale Zielkonzeption maßgebend“; GroßKommAktG/*Kort* § 76 Rn. 52 ff. jew. mwN.; zur GmbH statt vieler MüKoGmbHG/*Fleischer* § 43 Rn. 13 ff. (monistisch); MHLS/*Ziemons* GmbHG § 43 Rn. 150 (pluralistisch) jew. mwN.; sowie zur Diskussion zwischen *Shareholder* und *Stakeholder Value* bereits oben § 2 C I 2.

über nicht imstande, Regeln flexibel auszulegen, angemessen zu bewerten und bestehende Auslegungs- und Ermessensspielräume zu bespielen. Wertende und abwägende (Ermessens-)Entscheidungen treffen sie nicht. Lernende Maschinen optimieren rigide ihnen programmierte Ziele. Wobei sie dabei regelmäßig nicht die Ziele optimieren, die sie optimieren sollen. Sie tun dies selten robust. Und, selbst wenn, könnten wir nicht sicher sein, dass dem so ist und auch so bleibt.[114] Vor allem aber ist der menschliche Geschäftsleiter imstande, Verantwortung zu tragen, weil ihm die Folgen seiner Entscheidungen bewusst sind. Daraus ergeben sich ganz allgemein Grenzen bei der digitalen Anwendung von Gesetzen[115] und im Besonderen Grenzen hinsichtlich der Zuweisung unternehmerischer Leitungsfunktionen. Plakativ ausgedrückt gestatten wir es Richtern nur deshalb, zu richten, weil sie wissen, wie sich ihr Urteil für den Verurteilten anfühlt. Ebenso werden wir zunächst mit der Befugnis verfahren, Arbeitnehmern Weisungen zu erteilen oder Kündigungen auszusprechen. Damit ist nicht gesagt, dass diese Entscheidungen unmittelbar von den Mitgliedern des Geschäftsleitung getroffen werden müssten oder auch nur der Automatisierung entzogen wären.[116] Betroffen ist die Arbeitgeberfunktion als solche. Sie gehört zu eben zu jenem Bündel von Vorstandsfunktionen, die das Gesetz zu einem menschlichen Sachverhalt macht. Hier stellen sich diffizile Wertungs- und Abwägungsfragen, die nach Ansicht des Gesetzgebers weder den Entscheidungsprozessen einer Organisation noch den Rechenprozessen einer Maschine überlassen werden sollten.

b) Öffentliche statt private Interessen

Wir haben gesehen, dass dem historischen Gesetzgeber nicht daran gelegen war, mit dem Menschenvorbehalt das Band zwischen den Gesellschaftern und der Geschäftsleitung zu stärken. Er nahm nicht die Interessen der Gesellschafter, sondern die der Allgemeinheit in den Blick. Die persönliche Verantwortung der Leitungspersonen sichert dabei insbesondere die Erfüllung drittschützender Verhaltenspflichten der Geschäftsleitung und damit mittelbar die Erfüllung der öffentlich-rechtlichen Pflichten, die die Gesellschaft selbst treffen. Zum Schutz des Rechtsverkehrs gewährleistet der Menschenvorbehalt insoweit, dass die Korporation für rechtliche Steuerungsanreize ansprechbar bleibt.

Erst der drittschützende Zweck des Menschenvorbehalts rechtfertigt dessen zwingende Geltung in der GmbH. Folgerichtig wird dieser Zweck im Recht der GmbH, um letzte Zweifel an der Unabdingbarkeit des §6 II S.1 GmbHG zu beseitigen, jedenfalls stichwortartig hervorgehoben.[117] Die Gesellschafter können

[114] Zu all dem oben §2 A III, IV, B.

[115] Umfassend jetzt *Mund*, Das Recht auf menschliche Entscheidung, S. 97ff., 154f.

[116] Zu den arbeitsrechtlichen Grenzen der Automatisierung von Arbeitgeberentscheidungen *Heine*, Der Vorbehalt menschlicher Entscheidungen im Arbeitsverhältnis, S. 114ff.

[117] GroßKommGmbHG/*Paefgen* §6 Rn. 16: „auch und vor allem"; ähnlich MüKoGmbHG/*W. Goette* §6 Rn. 18; Gesellschafterschutz in den Blick nehmend dagegen auch hier etwa *Bork/Schäfer*, GmbHG §6 Rn. 4: „Missbrauchsgefahr, weil die Person des Handelnden nicht durch die Gesellschaft bestimmbar wäre.".

nicht über § 6 II S. 2 GmbHG disponieren, weil dieser nicht nur die Erfüllung der Funktionen innerhalb der Gesellschaft sicherstellen soll, sondern im öffentlichen Interesse dafür sorgt, dass die Gesellschaft, den ihr zum Schutz der Allgemeinheit und des Rechtsverkehrs auferlegten Pflichten nachkommt. Zu denken ist insbesondere an das Führen der Bücher (§ 40 GmbHG) oder das Stellen des Insolvenzantrags (§ 15 I S. 1 InsO). In Zukunft rückt dabei zunehmend der rechtmäßige Einsatz Künstlicher Intelligenz in das Zentrum: Der Vorbehalt bezweckt dann zunehmend den Schutz der Allgemeinheit vor schadenstiftenden Maschinenverhalten. Allgemeiner ausgedrückt geht es ihm in Zukunft wohl auch und vor allem darum, dass ein Individuum den rechtmäßigen Einsatz der Maschinen persönlich verantwortet, also insbesondere dafür sorgt, dass sich die Maschinen trotz Lern- und Vernetzungsprozessen dauerhaft rechtmäßig verhalten und fortlaufend an die sich wandelnden öffentlich-rechtlichen Anforderungen anpassen.

Armour und *Eidenmüller* erwarten vor diesem Hintergrund einen Wandel der Lesart. Künftig werde man zur Rechtfertigung des Rechtsinstituts nicht länger das Interesse der Gesellschafter, sondern die Interessen der Allgemeinheit bemühen:

„Mandating such [human] directors in an era of self-driving corporations will not be a means of facilitating the lowering of costs of organizing activities in firms. Rather, it will primarily be a means of regulating such firms to ensure that humans are charged with oversight of their activities.“[118]

Nun wissen wir: Im deutschen Recht wäre damit nur ein Wandel hin zum Gesetzgeberwillen verbunden. Die Senkung der Kosten hatte der deutsche Gesetzgeber nie im Sinn. Zumal viel dafür spricht, dass der Vorbehalt diesen Zweck schon mit Blick auf die juristische Organperson verfehlen würde. Freilich spiegelt sich auch in der Erwartung von *Armour* und *Eidenmüller* die Einsicht, dass das Anliegen des Menschenvorbehalts künftig nur an Bedeutung gewinnt. Er hält die Korporation ansprechbar für rechtliche Steuerungsanreize und sorgt so für die flexible Übersetzung öffentlich-rechtlicher Vorgaben in den maschinellen Code.

c) Verantwortung statt Haftung

Der Menschenvorbehalt geht es um Legitimität durch persönliche Verantwortung. Das steht nicht nur der Effizienzlesart, sondern auch Deutungen im Weg, die seinen Regelungszweck auf einzelne Aspekte der individuellen Verantwortung reduzieren. So hat etwa *Linardatos* die § 76 III S. 1 AktG, § 6 II S. 1 GmbHG jüngst zwar zurecht in das Interesse der Allgemeinheit gestellt, ihren Zweck dabei aber auf die Innenhaftung verkürzt. Grund für ein obligatorisches „personales Substrat auf Geschäftsleitungsebene“ sei die Haftung der Geschäftsleiter aus § 93 I AktG, § 43 I GmbHG.[119] Wobei dies für den Menschenvorbehalt nichts Gutes

[118] *Armour/Eidenmüller*, Harv. Bus. L. Rev. 10 (2020) 87 (91 f.).
[119] Vgl. *Linardatos*, Autonome und vernetzte Aktanten, S. 514 f.

bedeute: Weil die Funktionen der Haftung in einer von Maschinen verwalteten Korporation anderweitig kompensiert werden könnten, habe das Institut den Verheißungen der Maschine wenig, um nicht zu sagen „nichts entgegen [zu setzen]“.[120]

Unterstellt man zunächst, dass sich die Funktionen der Innenhaftung des menschlichen Geschäftsleiters in einer von Maschinen verwalteten Korporation tatsächlich ohne Weiteres gleichwertig ersetzen lassen – auch darüber wird noch zu sprechen sein – wäre der Menschenvorbehalt damit noch nicht aus dem Spiel. Er sichert, so viel steht fest, auch das Haftungs- und Steuerungspotenzial der Innenhaftung. Kehrseite dessen ist, dass die juristische Organperson für den Geschäftsleiter nicht als Enthaftungsinstrument infrage kommt.[121] Indes ist damit eben nur ein Aspekt beschrieben. Wer die persönliche Verantwortung hier auf die § 93 I AktG, § 43 I GmbHG reduziert, fokussiert nur einen Ausschnitt des Regelungszwecks. Dem Gesetzgeber ging es darum, dass bestimmte Entscheidungen innerhalb des Unternehmens von einem Individuum getroffen werden, das imstande ist, die konfligierenden Interessen der betroffenen Unternehmensbeteiligten zu bewerten, abzuwägen und einem interessengerechten Ausgleich zuzuführen, und damit um den Menschen als verantwortungsfähigen Entscheidungsträger, nicht den Menschen als Haftungssubjekt. Dem „Personenbezug“, den der Menschenvorbehalt fordert, liegen insoweit, anders als *Linardatos* meint, also nicht lediglich „Praktikabilitätserwägungen“ zugrunde.[122] Jedenfalls nicht solche, die sich auf die Kompensation und Prävention der Innenhaftung reduzieren ließen.

Dabei ist auch die Strategie, Einzelaspekte der individuellen Verantwortung zunächst ins Zentrum und dann handstreichartig beiseite zu rücken, nicht neu. Zur Verärgerung *Brodmanns* reduzierte schon das Weimarer Schrifttum die individuelle Verantwortung an dieser Stelle auf einzelne Gesichtspunkte, namentlich auf die strafrechtliche Verantwortlichkeit. Im Streit um die Liquidationsfähigkeit der juristischen Person sah er sich deshalb zur Klarstellung genötigt, dass sich die Verantwortung des Geschäftsleiters nicht verkürzen lässt. Vielmehr sichere das Recht an dieser Stelle die individuelle Verantwortung als Gesamtphänomen. Die strafrechtliche Verantwortung sei eben „nur *ein* Ausfluß“ des umgreifenderen gesetzgeberischen Anliegens, an dieser Stelle das „ganz persönliche und individuelle Pflichtbewusstsein“ zu adressieren.[123] Bis heute hat sich in dieser

---

[120] *Linardatos*, Autonome und vernetzte Aktanten, S. 515 ff., 518; widersprüchlich insoweit *Calabro*, Künstliche Intelligenz und Corporate Governance, S. 46 ff., 49 ff., der meint weder ein Kompensations- noch ein Präventionszweck des § 76 III S. 1 AktG stünden „KI-Vorstand“ entgegen, es sei aber aus Steuerungsgesichtspunkten gleichwohl jedenfalls ein menschliches Vorstandsmitglied notwendig.

[121] Freilich stünde auch im Fall einer juristischen Organperson der haftungsrechtliche Durchgriff auf den mittelbaren Geschäftsführer zu erwarten, vgl. *Bachmann*, 70. DJT I, E 66.

[122] *Linardatos*, Autonome und vernetzte Aktanten, S. 509.

[123] *Brodmann*, Aktienrecht, 1928, § 295 Anm. 3 (S. 490) [Hervorhebung nur hier].

Hinsicht nichts geändert: Es geht an dieser Stelle nicht nur um Gläubigerschutz durch Haftung, sondern um Legitimität durch individuelle Verantwortung. Und die erschöpft sich etwa mit Blick auf Interessen der Arbeitnehmer weder im Auffüllen des Haftkapitals des Arbeitgebers noch in haftungsrechtlichen Anreizen, die arbeitsrechtlichen Normen zu achten.

Freilich verdient auch die These, dass die Innenhaftung des menschlichen Geschäftsleiters keine erheblichen Schranken aufbaut, unsere volle Aufmerksamkeit. Ausgangspunkt dieser These ist die Einsicht, das Gesellschaftsrecht sei „nicht anthropologisch präformiert, sondern funktional gestaltet"[124]. Soll heißen: Die Haftung des Menschen sei kein Selbstzweck. Darüber, ob es ihrer bedürfe, entscheide einzig die Frage, ob ihre Funktionen entbehrlich sind oder nicht. Dabei werden der Innenhaftung traditionell zwei Funktionen zugesprochen: Einerseits gleicht sie den entstandenen Schaden aus. Andererseits wirkt sie als präventiver Anreiz, Schäden zu vermeiden.[125] Darüber, ob einer dieser Aspekte überwiegt, und wenn ja welcher, besteht bekanntlich Streit.[126] Doch dies muss uns an dieser Stelle nicht interessieren. Denn keines von beidem, weder Kompensation noch Prävention, ließe sich, so *Linardatos*, einer Maschine entgegenhalten. Zunächst würden die Funktionen der Innenhaftung schon bei einem menschlichen Geschäftsleiter kaum erfüllt. Zwar fülle die diese theoretisch das Haftkapital der Gesellschaft auf. Dies entfalte in der Praxis angesichts der Bedeutung der D&O-Versicherer indes keine Bedeutung. Zugleich seien auch die Steuerungswirkungen der Innenhaftung zu vernachlässigen. Einzig im Aktienrecht sorge der obligatorische Selbstbehalt des § 93 II S. 3 AktG für ein Mindestmaß haftungsrechtlicher Steuerung. Die Bedeutung der Innenhaftung dergestalt reduziert, folgt der entscheidende Schluss: Sowohl die Kompensation als auch die Steuerung ließen sich im Fall einer Maschine gewährleisten. Zur Kompensation reiche es „aus, wenn irgendeine zweite Haftungsmasse zur Verfügung [stehe], die den Schaden auffängt und somit mittelbar Drittschutz – sei es zugunsten der Geschäftspartner, der Arbeitnehmer oder sonstiger Gläubiger – gewährt". Während „die Steuerungsanreize, denen ein technisches System unterliegt, sogar höher [seien] als diejenigen, die bei einem menschlichen Geschäftsleiter" griffen, weil Maschinen keine Eigeninteressen verfolgten.[127]

---

[124] *Linardatos*, Autonome und vernetzte Aktanten, S. 517.

[125] Statt vieler *Bachmann*, 70. DJT I, E 21; BeckOGKAktG/*Fleischer* § 93 Rn. 2; *Koch*, AktG, § 93 Rn. 1; GroßkommAktG/*Hopt*/*Roth* § 93 Rn. 28; *Pfertner*, Unternehmerische Entscheidungen des Vorstands, S. 26 mwN.; sowie jüngst etwa BGHZ 219, 193 (209).

[126] Zum Streit jüngst etwa *Flaßhoff*, Die Beweislastverteilung im Rahmen der Organhaftung, S. 18 mwN.; vgl. auch GroßkommAktG/*Hopt*/*Roth* § 93 Rn. 28 ff.; ausschließlich auf Prävention abhebend insb. *Wagner*, ZHR 178 (2014) 227 (247 ff.).

[127] Vgl. zu all dem *Linardatos*, Autonome und vernetzte Aktanten, S. 516 f.; in Bezug auf die haftungsrechtliche Steuerungswirkung ähnlich *Zetzsche*, AG 2019, 1 (10); sowie *Becker*/*Pordzik*, ZfPW 2020, 334 (354).

Die geschilderten Schwierigkeiten der Geschäftsleiterhaftung sind nicht neu.[128] Und in der Tat ließe sich die Kompensationsfunktion der Haftung ohne Weiteres darstellen, wenn statt Menschen Maschinen die Geschäfte führen. Der Maschine selbst oder der Korporation wäre schlicht eine entsprechende Haftungssumme zuzuordnen. Noch näher liegt eine Versicherungspflicht.[129] Nicht per Handstreich aus dem Weg räumen lässt sich indes das Steuerungspotenzial der Haftung. Zunächst gilt es das Potenzial nicht leichtfertig zu unterschätzen.[130] Es gibt umgekehrt eher Anlass zur Mahnung, den Geschäftsleiter mit einer zu strengen Auslegung nicht davon abzuhalten, unternehmerische Risiken einzugehen. Vor allem aber lässt sich die Steuerungsfunktion nicht schon mit dem Hinweis darauf aus dem Weg räumen, dass Maschinen lediglich Code ausführen.[131] Maschinen, die lernen und mit ihrer Umgebung interagieren, setzen Gläubigern und Dritten einem dauerhaften wie erheblichen Schadensrisiko aus. Aufgrund von Lern- und Vernetzungsprozessen lässt der Blick auf das algorithmische Modell keinen hinreichenden Schluss darauf zu, dass die Maschine auch in Zukunft das tut, was sie tun soll. Maschinen, die lernen, optimieren selten präzise die Ziele, die sie optimieren sollen. Sie tun dies nicht robust. Und selbst wenn, könnten wir uns dem heute nicht sicher sein, weil sich vergangenes Maschinenverhalten nur eingeschränkt interpretieren, künftiges nicht vollständig verifizieren lässt. Weil das Recht bei Maschinen zugleich seinen unmittelbaren motivationalen Zugriff verliert,[132] schafft dann erst die persönliche Verantwortung eines rechtlich ansprechbaren Individuums hinreichende Sicherheit dafür, dass sich die eingesetzten Maschinen dauerhaft rechtmäßig verhalten.

Eben das muss dann auch *Linardatos* erkennen, der den menschlichen Geschäftsleiter letztlich nur durch gleich zwei andere „organ*ähnliche* [menschliche] Akteure“[133] ersetzt. Einerseits durch einen „technischen Administrator“, der die technische Funktionsfähigkeit, Rechtmäßigkeit und Sicherheit der eingesetzten Maschinen überwachen, also entsprechende „behördliche und gesetzliche Anforderungen technisch umzusetzen“ soll.[134] Andererseits durch einen „Repräsentanten“, der funktional wohl einem unter einem anderen Namen firmierenden Geschäftsleiter mit eingeschränkter Pflichtenbindung entspricht. Er soll insbesondere für Beschwerden Dritter bei Fehlern des Maschinenverhaltens verant-

---

[128] Statt aller *Bachmann*, 70. DJT I, E 28 ff., E 73 ff. mwN.

[129] Dazu unten § 5 A I 2.

[130] Mit empirischen Befunden *Bachmann*, 70. DJT I, E 17 f.

[131] So im Ergebnis auch *Telle*, Einsatz Künstlicher Intelligenz zur vorbereitenden Unterstützung von Leitungsentscheidungen des Vorstands einer AG, S. 47 ff., der eine Abkehr von § 76 III S. 1 AktG vorrangig mit Blick auf das Aktionärsinteresse mit Verweis auf den Verlust einer haftungsbedingten, „menschlichen“ Hemmschwelle ablehnt.

[132] Vgl. erneut *Wagner*, Zivilrechtliche und rechtsökonomische Probleme des Internet und der künstlichen Intelligenz, S. 1 (33); sowie oben § 2 A III 2.

[133] So *Linardatos*, Autonome und vernetzte Aktanten, S. 539 [Hervorhebung auch im Original].

[134] *Linardatos*, Autonome und vernetzte Aktanten, S. 541.

wortlich sein, unberechtigte Ansprüche abwehren, die Korporation im Prozess vertreten oder die Entscheidung über die Auflösung treffen.[135] Im Ergebnis werden die gesetzlichen Pflichten des menschlichen Geschäftsleiters in diesem Modell schlicht auf die Leitung einer ‚elektronischen Person' zugeschnitten und auf mehrere Schultern verteilt. Nur konsequent ist es dann, dass für „Repräsentanten" und „Administratoren" die vom menschlichen Geschäftsleiter vertrauten Eignungsvoraussetzungen der § 6 II GmbHG, § 76 III AktG gelten sollen.[136]

Auch *Linardatos* muss also zum Schluss kommen, dass „stets ein natürliches Subjekt vorhanden sein [muss], das […] verantwortlich ist, den technischen Organisationsapparat gesetzeskonform aufrecht zu erhalten."[137] Dieses ‚natürliche Subjekt' ist bislang der menschliche Geschäftsleiter, den das Gesetz just zu diesem Zweck als obligatorisch vorschreibt und der speziell in der GmbH zwar mit zunächst deutlich weiter reichenden Rechten und Pflichten ausgestattet ist, dessen Wirkungskreis sich, wie wir noch sehen werden, aber auf den eines „Repräsentanten" beschränken kann. Gegenüber der gestaltungsfreundlichen GmbH weist das Modell dann keine arbeitsteilige Vorteile mehr auf. Die Aufgabe, die Maschinen innerhalb des Verbands sorgfältig zu überwachen, läge so doch in der Hand einer natürlichen Person mit umfassender Pflichtenbindung; die Gesellschafter profitierten nicht vom arbeitsteiligen Nutzen einer nur von Maschinen verwalteten Korporation, weil sie gleichzeitig „Administratoren" und „Repräsentanten" bestellen, vergüten und kontrollieren müssten. Die persönliche Verantwortung tragen in diesem Fall schlicht andere; sie ist nicht obsolet, sie wird nur verschoben.

Für uns wichtiger ist insoweit eine grundsätzliche Einsicht, die das Modell offenbart. An ihr führt kein Weg vorbei: In einer von Maschinen verwalteten Korporation wäre die persönliche Verantwortung des menschlichen Geschäftsleiters anderweitig zu kompensieren. Wenn *Linardatos* insoweit geltend macht, dass sich die „Interessen des öffentlichen Rechtsverkehrs" bereits „ausreichend über Pflichten schützen [ließen], die sich gegen die Repräsentanten und ggf. gegen die Administratoren richten"[138], tritt er damit indes nicht den Beweis an, dass sich der Menschenvorbehalt überwinden lässt. Er arbeitet umgekehrt heraus, wie berechtigt dessen Anliegen ist. Konträr zu seiner These belegt er, dass und weshalb „das Recht kapitalistischer Verbände ein personales Substrat auf Geschäftsleitungsebene"[139] sehr wohl erfordert: Es geht um Drittschutz durch individuelle Verantwortung.

---

[135] *Linardatos*, Autonome und vernetzte Aktanten, S. 540 f., 568 f., Vorbild ist die Blockchainregulierung Maltas, vgl. ebd., S. 460 ff., 462 f.; zurecht krit. zur Abgrenzung der Zuständigkeitsbereiche der „Repräsentanten" und „Administratoren" *Wagner*, AcP 222 (2022) 662 (671): „bleibt […] im Dunkeln".

[136] Vgl. *Linardatos*, Autonome und vernetzte Aktanten, S. 510 f.

[137] *Linardatos*, Autonome und vernetzte Aktanten, S. 509.

[138] *Linardatos*, Autonome und vernetzte Aktanten, S. 515.

[139] *Linardatos*, Autonome und vernetzte Aktanten, S. 514.

III. Zwischenergebnis: Der Menschenvorbehalt

Insoweit lässt sich das Bild zusammenfügen. Bereits das dritte Kapitel hat gezeigt, dass § 76 III S. 1 AktG kein rechtskonstruktives Sachgesetz zum Ausdruck bringt. Während der Gesetzgeber, als er am Ende des 19. Jahrhunderts die Grundlagen des modernen Aktienrechts legt, die natürliche Persönlichkeit der Vorstandsmitglieder noch als Axiom voraussetzt, kodiert er 1937 mit dem ‚Wesen des Vorstandsamts' ein wertendes Anliegen. *Welches* Anliegen er sich ganz konkret zu eigen macht und weshalb er sich entschließt dieses Anliegen in Gesetzesrang zu heben blieb offen. Die Regelung schlummerte ihrer Wirkmacht zum Trotz im „rechtsgeschichtlichen Halbdunkel"[140]. Nun können wir sie stärker ausleuchten:

So wird zunächst sichtbar, was sie nicht ist: Sie ist kein Produkt der deutschen Entgrenzung der dreißiger Jahre. Sie wurzelt zweifellos nicht im ‚Führerprinzip'. § 75 I S. 3 AktG 1937, rückblickend der entscheidende Referenzpunkt aller folgenden Gesetzgebungsverfahren, fügt sich gut in die Ideologie des nationalsozialistischen Deutschlands und die Systematik des 1937 neu verfassten Aktiengesetzes ein. Fast zu gut. Vor allem aber zu still. Der Gesetzgeber, der zunächst die Kapitalgesellschaft als solche zur Disposition stellt, ihre Leitung zwischenzeitlich nicht Menschen, sondern ‚Führern' vorbehalten will, kann für die in Weimar entworfene Regelung kein Interesse entwickeln. Er macht sich ein fremdes Anliegen zu eigen. Eine Rolle spielt das ‚Führerprinzip' für den Vorbehalt nur insoweit, als es 1937 eine Diskussion in der Sache verhindert, deren Boden in Weimar erstmals bereitet war. Der Menschenvorbehalt versteht sich zu diesem Zeitpunkt jedenfalls rechtspolitisch wieder von selbst. Nichtdestotrotz ist § 75 I S. 3 AktG 1937 im Kern ein Weimarer Projekt. Scheitern müssen deshalb auch Erklärungen, die die Vorschrift als Reaktion auf die 1937 grunderneuerte Organisationsverfassung der Aktiengesellschaft deuten: Der Zuschnitt des Vorstands auf die natürliche Person kompensierte nicht dessen neue Machtfülle. Wer die Norm begreifen will, muss nach Weimar blicken.

Dabei wird immer deutlicher, dass sich der Menschenvorbehalt ohne die GmbH & Co KG, diesem „Trauma der deutschen Rechtswissenschaft"[141], nicht erklären lässt. Mit ihr kommt die Gewissheit, dass sich der Ausschluss der juristischen Person vom Körperschaftsorgan nicht schon als methodische Notwendigkeit von selbst verstand. Dass just nach ihren ersten Durchbrüchen die Begründungsfigur des „Wesens des Vorstandsamtes" auftaucht, ist gewiss kein Zufall.[142] Aus dem ‚Wesen' der juristischen Person war zwischenzeitlich jedenfalls das der im Vorstand gebündelten Rechtspositionen geworden. Die Kränkung, die mit der GmbH & Co KG dabei einhergeht, ist für den Gesetzgeber eine ganz persönliche. Von den von der Rechtsprechung tolerierten „Kunstgriffen" der

[140] Treffend erneut *Fleischer*, RIW 2004, 16 (17).

[141] *Damler*, Konzern und Moderne, S. 110.

[142] Vgl. *Fischer*, Handbuch des gesamten Handelsrechts I, 1916, § 40 II (S. 214).

Weimarer Kautelarpraxis, die den Bogen an vielen Stellen überspannt und „den Ruf nach dem Gesetzgeber freigegeben“ hatten,[143] war ihr Segen durch das Reichsgericht das Meisterstück. Im Anschluss war es zu spät, um sie legislativ wieder einzufangen. Die Spruchpraxis hatte eigenmächtig Fakten geschaffen. Eine ähnliche Entwicklung galt es nun für die Kapitalgesellschaft zu verhindern: Als im Herbst 1930 nach einer Entscheidung des Kammergerichts der Damm zu brechen droht, sieht sich der Gesetzgeber gezwungen das, was all die Jahre selbstverständlich schien, ausdrücklich auszusprechen. Quasi über Nacht und ohne Diskussion in der Sache, wird im Aktienrecht – „zu aller Vorsicht“[144] – ein erster Menschenvorbehalt formuliert.

Das Institut ist dadurch zunächst Ausdruck des gesetzgeberischen Bemühens um die Deutungshoheit in der Frage, wie weit die Gleichstellung von juristischer und natürlicher Person reicht. Es geht dem Gesetzgeber darum, originär dem Menschen vorbehaltene Funktionen vor ihrer Preisgabe durch die Spruchpraxis zu bewahren. Er gießt dabei zwar nicht die Theorie einer handlungsunfähigen Rechtsperson in Gesetzesrang. Doch er macht sich die hinter der Theorie stehenden Wertungen zu eigen. Mit dem ‚Wesen‘ markierte der Gesetzgeber an dieser Stelle die im Vorstand gebündelten Funktionen als Funktionen, für das es auf das ‚Ethische in der Person‘ ankommen sollte und knüpfte damit auch in der Sache an eben jene Erwägungen an, die das Reichsgericht zuvor nicht davon abhielten, die „sittliche Unmöglichkeit“ der GmbH & Co KG abzusegnen.[145] Die Norm blickt insoweit nicht so sehr auf die juristischen Organperson, ihr geht es um natürliche Person als Moralinstanz. Zum Schutz des Rechtsverkehrs legt sie die Unternehmensleitung in die Hand eines persönlichen verantwortlichen Individuums. Weil er einer Entwicklung vorbeugt, die an anderer Stelle nicht mehr rückgängig zu machen war, trägt der Gesetzgeber fast zwangsläufig systematische Friktionen in das Recht. Bis heute lässt sich dogmatisch nicht mit letzter Überzeugung erklären, weshalb das deutsche Recht in der Frage der juristischen Organperson zwischen dem Fremd- und dem Selbstorgan einerseits sowie der werbenden und der sterbenden Körperschaft andererseits unterscheidet.

Der Menschenvorbehalt lehrt dadurch Vieles über die Geschichte des modernen Aktienrechts: Zu Beginn als methodische Notwendigkeit vorausgesetzt, ist er Spiegelbild der Evolution der juristischen Person, die sich im Lauf der Zeit einen so umfassenden Privatrechtsstatus erarbeitet, dass man ihn schließlich gar mit dem Gesetz zurückbauen muss. Er ist zugleich Sinnbild der deutschen Aktienrechtsreform der 20er und 30er Jahre: Dass er schließlich den Weg ins Gesetz findet, ist dort zunächst dem denkwürdigen Weimarer Wechselspiel zwischen Spruchpraxis und Gesetzgebung geschuldet. Später übernimmt ihn der nationalsozialistische Gesetzgeber, ohne offenzulegen, ob er an dieser Stelle eigene

[143] *Nörr*, Zwischen den Mühlsteinen, S. 112 mwN.
[144] *Ritter*, AktG, 1937, § 75 Anm. 2g.
[145] *Damler*, Konzern und Moderne, S. 124 ff.

Ziele verfolgt. Doch auch in der Sache ist all das mehr als eine bloße Gesellschaftsrechtsgeschichte. Unsere Einsichten gehen über die zwar interessante, aber rechtsdogmatisch fruchtlose Erkenntnis hinaus, dass sich hier ein Diskurs wiederholt, den man vor einem Jahrhundert bereits führte. Der Blick zurück zeigt: Wer das Institut heute als Verbot der juristischen Organperson deutet, dabei in den Dienst der Effizienz stellt und so zur rechtspolitischen oder rechtsfortbildenden Überwindung freigibt, gar an seiner Verfassungsmäßigkeit zweifelt, wird ihm nicht gerecht. Der Gesetzgeber schloss sich an dieser Stelle nicht der ökonomisch zweifelhaften Argumentation an, mit der Bestellung einer juristischen Organperson seien Effizienzeinbußen zu befürchten. Es ging ihm nicht um die juristische, sondern um die natürliche Person. Nicht um die Effizienz der Organisation, sondern ihre Legitimität. Und damit um ein Anliegen, dass in Unternehmen, die zunehmend ohne das Individuum auskommen, nur an Überzeugungskraft gewinnt.

Wer heute auf die § 76 III S. 1 AktG, § 6 II S. 1 GmbHG blickt, muss Regelungen erkennen, die nicht negativ den Einflussbereich der juristischen Person beschränken, sondern der natürlichen Person die im Vorstand gebündelten Funktionen positiv zur Wahrnehmung vorbehalten und damit nicht die Interessen der Gesellschafter, sondern die der Allgemeinheit in den Blick nehmen. Es geht noch weiter zugespitzt darum, dass bestimmte Entscheidungen innerhalb der Korporation zum Schutz des Rechtsverkehrs dem persönlich verantwortlichen Individuum vorbehalten bleiben. Formuliert wird ein echter Menschenvorbehalt.

B. Künstliche Intelligenz in der korporativen Arbeitsteilung

All das reicht für sich genommen freilich noch nicht, um die Regelungen dauerhaft zu verteidigen. Der jüngst erklungene Abgesang mag das Institut unterschätzen. Der Grundgedanke, den er zum Ausdruck bringt, trifft jedoch uneingeschränkt zu: Sind mit dem Menschenvorbehalt künftig erhebliche Effizienzeinbußen verbunden, ist er langfristig kaum zu halten.[146] Das gilt aus Sicht des Gesetzgebers schon deshalb, weil in diesem Fall mit entsprechenden Angeboten anderer Rechtsordnungen zu rechnen wäre. Dies folgt aber auch unserer Einsicht, dass das Gesetz den Menschenvorbehalt schon heute eben nicht absolut anordnet, sondern aus Gründen der Effizienz selektiv mit ihm bricht.

[146] Die Regeln des Gesellschaftsrechts müssen sich im besonderen Maß an ihren ökonomischen Konsequenzen messen lassen, vgl. *Kraakman et al.*, The Anatomy of Corporate Law, S. 18; *Bachmann et al.*, Rechtsregeln für die geschlossene Kapitalgesellschaft, S. 12 f.; *Fleischer/Zimmer*, Effizienz als Regelungsziel im Handels- und Wirtschaftsrecht, S. 9 (21 ff., 36 ff.); auch *Cheffins*, Company Law, S. 3 ff., 126 ff.; zur notwendigen Abwägung von Gerechtigkeits- und Effizienzanliegen im vorliegenden Kontext allgemein *Eidenmüller*, J. Bus. E. Tech L. 15 (2019) 109 (123 ff.).

Zumal sich Effizienz und Gerechtigkeit nicht ausschließlich als Gegenpole gegenüberstehen, sondern auch die Effizienz stets ein Gerechtigkeitsanliegen ist.[147] Auch wenn es dem Institut um das ‚Ethische in der Person' geht, muss es sich demnach an seinen ökonomischen Folgen messen lassen. Während es bislang um Gehalt und Zweck des Menschenvorbehalts ging, sind nun also seine Wirkungen in den Blick zu nehmen. Welche Nachteile erwachsen Gesellschaften aus ihm tatsächlich?

Rein funktional beschreibt die von Menschen verwaltete Korporation dabei nur eine besondere Form der unternehmerischen Arbeitsteilung zwischen Menschen und Maschinen im Verband. Wer wissen will, welche Wirkungen der Menschenvorbehalt entfaltet, muss deshalb zunächst offenlegen, wie sich Maschinen zurzeit, also mit ihm, in die korporative Arbeitsteilung einfügen. Einerseits ist dabei die empirische Frage zu beantworten, wie Unternehmen Künstliche Intelligenz in der Praxis gegenwärtig einsetzen. Andererseits gilt es zu untersuchen, wie flexibel sich der gesellschaftsrechtliche Regelungsrahmen in Bezug auf den Einsatz zeigt. Beides gibt Aufschluss darüber, welche Grenzen der Vorbehalt der Automatisierung heute und in Zukunft setzt. Dabei gibt es im Wesentlichen drei Wege, wie Menschen und Maschinen innerhalb des Verbands Entscheidungen treffen: Üblicherweise wird Künstliche Intelligenz im Rahmen eines sequentiellen Entscheidungsprozesses eingesetzt, an dessen Ende ein Mensch eine eigene Entscheidung trifft. Entscheidungen von Menschen und Maschinen lassen sich aber auch nach vorab festgelegten Regeln aggregieren. Schließlich werden unternehmerische Entscheidungen schon heute an vielen Stellen dauerhaft an Maschinen delegiert.[148]

I. Sequentielle Entscheidungen

Ausgangspunkt einer Untersuchung der Wirkungen des Menschenvorbehalts muss die Einsicht sein, dass Maschinen in der gesetzestypischen Kapitalgesellschaft noch keine ernsthafte Alternative zum menschlichen Geschäftsleiter darstellen. Bislang ergänzen sie den Menschen im Regelfall, ohne ihn vollumfänglich zu ersetzen. Auch dort, wo sie ihn ersetzen, tun sie dies nicht vollumfänglich, sondern nur in einem eng umgrenzten Anwendungsbereich. Automatisiert werden stets einzelne Leitungsfunktionen, nicht alle im Leitungsorgan gebündelten Funktionen: Maschinen können entweder die Bücher führen, Führungspersonal auswählen *oder* Geschäftsberichte schreiben.[149] Bei der Leitung einer gesetzesty-

---

[147] Insb. *Matthis*, Effizienz statt Gerechtigkeit?, S. 183 ff., 230 ff., 249: „*Effizienz ist daher stets auch ein Gebot der Gerechtigkeit.*"; sowie *Eidenmüller*, Effizienz als Rechtsprinzip, S. 273 ff.; Überblick auch bei *Fleischer/Zimmer*, Effizienz als Regelungsziel, S. 9 (29 ff.).

[148] Zu dieser Kategorienbildung *Shrestha et al.*, Calif. Manag. Rev. 61 (2019) 66 (70 ff.); ähnlich etwa *Lichtenthaler*, Res. Technol. Manag. 61 (2018) 12 (13); umfassende Nachweise zur menschlich-maschinellen Arbeitsteilung bei *Rahwan et al.*, Nature 568 (2019) 477 (483).

[149] Treffend aus rechtl. Sicht *Balkin*, Calif. L. Rev. Cir. 6 (2015) 45 (55 ff., 59): „AI agents operate as ‚special-purpose human beings'".

pischen Kapitalgesellschaft unterstützt die Technologie den Geschäftsleiter bislang typischerweise nur.[150] Hier geht es regelmäßig um strategische Einzelfallentscheidungen, die weder besonders schnell noch nach repetitivem Muster getroffen werden. Üblicherweise sind die Ausgaben Künstlicher Intelligenz in diesem Rahmen Informationsgrundlage eines menschlichen Entscheidungsträgers. Während die Maschine aus Daten bestimmte Informationen gewinnt, entscheidet darüber, was nun mit der neu gewonnenen Information passiert, der nun besser informierte Mensch. Der ökonomische Mehrwert ergibt sich dabei oft erst aus dieser Kombination aus künstlich intelligenter Datenverarbeitung und menschlicher Umsetzung. Dass die Künstliche Intelligenz dabei das Potenzial besitzt, die unternehmerische Entscheidungsfindung erheblich zu verbessern, ist ein ökonomisches Allgemeingut. Die Technologie stellt unternehmerische Entscheidungen auf eine größere Informationsbasis und fördert dabei typischerweise Informationen zutage, die einem Menschen verborgen bleiben.[151] Sie tritt so insbesondere mit dem Versprechen an, die Rationalitätsdefizite und kognitiven Schwächen menschlicher Geschäftsleiter ausgleichen zu können.[152]

All das hat zu einer lebhaften Diskussion darüber geführt, ob das Recht den Geschäftsleiter schon heute zum Einsatz Künstlicher Intelligenz verpflichtet. Normativer Anknüpfungspunkt ist §93 I S.2 AktG: Danach handelt der Vorstand pflichtgemäß, wenn er „bei einer unternehmerischen Entscheidung vernünftigerweise annehmen durfte, auf der Grundlage angemessener Informationen zum Wohle der Gesellschaft zu handeln". Das Aktiengesetz bringt damit einen allgemeinen Grundsatz des Verbandsrechts zum Ausdruck:[153] Einem Geschäftsleiter, der annehmen durfte, angemessen informiert zu entscheiden, bietet

---

[150] Eingehend zu den Gründen *Brynjolfsson/Mitchell*, Science 358 (2017) 1530; *Lichtenthaler*, Res. Technol. Manag. 61 (2018) 12; ökonomische Literatur empfiehlt, dass KI den Geschäftsleiter unterstützen und nicht ersetzen sollte, vgl. stellvertretend *Agrawal et al.*, MIT Sloan Manag Rev 58 (2017) 23.

[151] Repräsentativ mit empirischen Befunden *Grover et al.*, J. Manag. Inf. Syst. 35 (2018) 388 (392ff.); *Ghasemaghaei et al.*, J. Strateg. Inf. Syst. 27 (2018) 101; zum Potenzial der unternehmerischen Entscheidungsunterstützung durch KI etwa *Berman/Dalzell-Payne*, Strategy & Leadership 46 (2018) 10; *Parry et al.*, Group. Organ. Manag. 41 (2016) 571; s. auch *Kahneman et al.*, Harv. Bus. Rev. 94 (2016) 38 (45f.); sowie auch *Brynjolfsson/Mitchell*, Science 358 (2017) 1530, die indes den kontextspezifischen Nutzen betonen.

[152] *Parry et al.*, Group. Organ. Manag. 41 (2016) 571 (576ff.) mit empirischen Befunden.

[153] Monografisch *Fischer*, Die Business Judgment Rule als typübergreifendes Institut, 2018; sowie der Gesetzgeber selbst, vgl. BT-Drs. 15/5092, 12: „Grundgedanke eines Geschäftsleiterermessens im Bereich unternehmerischer Entscheidungen ist nicht auf den Haftungstatbestand des §93 AktG und nicht auf die Aktiengesellschaft beschränkt, sondern findet sich auch ohne positivrechtliche Regelung in allen Formen unternehmerischer Betätigung."; das unternehmerische Ermessen war (ebenso wie die Obliegenheit zur sorgfältigen Ermittlung der Entscheidungsgrundlagen) schon vor der gesetzlichen Klarstellung anerkannt, vgl. BGHZ 135, 244 (245, 253); heute findet sich außerhalb des Aktienrechts auch in §34 I S.2 GenG eine wortgleiche Klausel, s. dazu *Picker*, Genossenschaftsidee und Governance, S.256ff.: „*Cooperative Judgment Rule*".

sich im Schadensfall ein haftungsfreier sicherer Hafen. Die Business Judgment Rule und erst recht ihre junge Verankerung im Gesetz dachten Technologien zur Datenverarbeitung dabei von Beginn an mit. Doch erst die Fortschritte des letzten Jahrzehnts rechtfertigen eine eingehende Befassung. Die Informationstechnologie ist dabei, sich zur zentralen Determinante des unternehmerischen Informationsstandards aufzuschwingen. Darf sich künftig also nur noch für angemessen informiert halten, wer zuvor Techniken maschinellen Lernens einsetzt?

1. Pflicht zum Einsatz?

Der II. Zivilsenat des BGH hat den Informationsstandard, mit dem der sichere Hafen des § 93 I S. 2 AktG erreicht wird, einst bekanntlich sehr hoch angesetzt: Der Geschäftsleiter habe danach „in der konkreten Entscheidungssituation alle verfügbaren Informationsquellen tatsächlicher und rechtlicher Art auszuschöpfen“[154]. Heute steht im Grundsatz außer Frage, dass wir ihn damit nicht beim Wort nehmen können. Das Gesetz selbst spricht von *angemessener Information*, statuiert also keine Pflicht zur Beschaffung aller nur denkbaren Informationen.[155] Und auch der Gesetzgeber wollte den Vorstand keinesfalls zur irrationalen Informationsbeschaffung nötigen. Er betonte im Gegenteil, dass Information nicht „allumfassend“ sein könne, sondern stets „betriebswirtschaftlich gegebene Schwerpunkte“ habe:

> „Welche Intensität der Informationsbeschaffung im Sinne der Norm angemessen ist, ist anhand des Zeitvorlaufs, des Gewichts und der Art der zu treffenden Entscheidung und unter Berücksichtigung anerkannter betriebswirtschaftlicher Verhaltensmaßstäbe von ihm [scil. dem Vorstand] ohne groben Pflichtenverstoß zu entscheiden.“[156]

Eine Pflicht, jede verfügbare Information auszuwerten, wäre auch widersinnig, weil eine so gelesene Business Judgment Rule die Rückschaufehler, die sie zu verhindern sucht, nicht verhinderte.[157] Informationen, die ausgewertet werden konnten, aber nicht ausgewertet wurden, findet ein Richter *ex post* allzu leicht. Geschuldet ist demnach nicht die Ausschöpfung aller zur Verfügung stehenden Erkenntnisquellen, keine bestmögliche oder gar allumfassende Information, sondern die Angemessenheit der Informationsbasis. Wobei sich das, was in der konkreten Entscheidungssituation angemessen ist, aus der Perspektive des Handelnden *ex-ante* beurteilt: Angemessen ist die Information, die in der konkreten Situation vernünftigerweise als angemessen erscheinen konnte. Der so formulierte,

---

[154] BGH NJW 2008, 3361 (erster Leitsatz).

[155] *Bachmann*, ZHR 177 (2013) 1 (3) mwN.; GroßKommAktG/*Hopt*/*Roth* § 93 Rn. 105; *Pfertner*, Unternehmerische Entscheidungen des Vorstands, S. 59 ff.

[156] Vgl. BT-Drucks. 15/5092, 12.

[157] Repräsentativ *Bachmann*, ZHR 177 (2013) 1 (12); umfassend zu den Zielen von § 93 I S. 2 AktG *Flaßhoff*, Die Beweislastverteilung im Rahmen der Organhaftung, S. 426 ff.; zur ökonomischen Begründung des unternehmerischen Ermessens allgemein *Kraakman et al.*, The Anatomy of Corporate Law, S. 79 f.

gemischt objektiv-subjektive Maßstab muss im Ergebnis zu einem großzügigen Informationsstandard führen. Strittig kann nur noch sein, *wie* großzügig. Ob die Anstrengungen der Geschäftsleitung also einer Plausibilitäts- oder einer reinen Evidenzkontrolle unterworfen sind. Viel spricht für Letzteres, weil die Entscheidung darüber, welche Informationen einzuholen sind, selbst wiederum Züge einer unternehmerischen Entscheidung trägt und sich Rückschaufehler nur dann effektiv ausschalten lassen, wenn dem Organ auch hier ein umgreifender Ermessensspielraum zugestanden wird.[158] Der Gesetzgeber entwarf an dieser Stelle das Leitbild eines Entscheidungsträgers, der die Freiheit hat, unternehmerische Entscheidungsprobleme „nicht verrechtlicht oder (schein-)objektiviert“, gleichsam algorithmisch, lösen zu müssen, sondern innerhalb eines weiten Ermessensspielraums auch auf so Menschliches wie „Instinkt, Erfahrung, Phantasie und Gespür für künftige Entwicklungen und Gefühl für die Märkte“ vertrauen darf.[159] So gesehen schützt § 93 I S. 2 AktG auch vermeintlich humane Bausteine des unternehmerischen Entscheidungsprozesses. Kehrseite dessen ist es, auch Irrtümer über die Angemessenheit der Informationsbasis eben nur in evidenten Ausnahmefällen zu sanktionieren.

a) Stand der Diskussion

Das nun zur Frage, ob § 93 I S. 2 AktG zur *Informationsbeschaffung* mithilfe Künstlicher Intelligenz verpflichtet, Vertretene verteilt sich auf das skizzierte Meinungsspektrum:[160] Setzt man in gedanklicher Anknüpfung an die vollständige Ausschöpfung aller Erkenntnisquellen einen strengen Maßstab an, steht „außer Frage“, dass ein „menschlicher Geschäftsführer verpflichtet ist, sich bei der Entscheidungsfindung aller verfügbaren technischen Hilfsmittel zu bedienen, die seine Entscheidung qualitativ verbessern könnten.“[161] Eine Nutzungsobliegenheit folgt dann bereits aus der Möglichkeit der Entscheidungsverbesserung. Damit würde das, was § 93 I S. 2 AktG in Rechnung stellt, indes überspannt. Die Norm verpflichtet weder zur Ausschöpfung aller zur Verfügung stehenden Informationsquellen, ob technisch oder nicht, noch zur Inanspruchnahme unter-

---

[158] Eingehend *Bachmann*, FS Stilz, S. 25 (30 ff.); *Bachmann*, ZHR 177 (2013) 1 (9 f.); *Freitag/Korch*, ZIP 2012, 2281 (2282 ff.); GroßkommAktG/*Hopt/Roth* § 93 Rn. 103: „Quantum an Information […], das benötigt wird, um noch von einer sachlichen Entscheidung sprechen zu können“; *Lutter*, ZIP 2007, 841 (844 f.); eingehend *Winnen*, Die Innenhaftung des Vorstandes nach dem UMAG, S. 217 ff.; *Pfertner*, Unternehmerische Entscheidungen des Vorstands, S. 79 ff.; jüngst auch *Flaßhoff*, Die Beweislastverteilung im Rahmen der Organhaftung, S. 432: „Entscheidung, die im Regelfall unternehmerischen Ermessensschutz genießt“.

[159] BT-Drucks. 15/5092, 11 f.

[160] Zum Meinungsstand auch *Telle*, Einsatz Künstlicher Intelligenz zur vorbereitenden Unterstützung von Leitungsentscheidungen des Vorstands einer AG, S. 63; umfassend zum allgemeinen Meinungsstand etwa *Pfertner*, Unternehmerische Entscheidungen des Vorstands, S. 59 ff., 66 ff.

[161] *Teichmann*, ZfPW 2019, 247 (264); sowie *Teichmann*, ECFR 2019, 3 (8).

nehmerischer Möglichkeiten, sondern zum Entsprechen von evidenten Notwendigkeiten. Welche technischen Hilfsmittel genutzt oder ignoriert werden, ist zunächst Teil des Beurteilungsspielraums des Geschäftsleiters. Solch weitreichende Formulierungen sind deshalb zu Recht vereinzelt geblieben. Überwiegend wird ein Plausibilitätsmaßstab angelegt.[162] Vereinzelt werden die Grenzen des Ermessens, unter Betonung des unternehmerischen Charakters der Entscheidung über den Technologieeinsatz, noch großzügiger gezogen.[163] Weitgehend Einigkeit besteht insoweit, dass keine allgemeine Nutzungsobliegenheit besteht,[164] der Einsatz im Einzelfall aber geboten sein kann.[165] Überwiegend wird für die Zukunft die Umkehrung dieses Regel-Ausnahme-Prinzips prognostiziert.[166] Nüchtern betrachtet, kommt man um diese drei Einsichten auch kaum umhin. Die Feststellung, dass dem Organ die Nutzung Künstlicher Intelligenz obliegen *kann*, ist angesichts der Ubiquität der Technologie trivial. Nimmt man das beim Wort, folgt daraus nur, dass der Geschäftsleiter unter Umständen gehalten ist, den Google Search Engine zu verwenden. Wer wollte das bestreiten? Auch dann, wenn man die These so versteht, wie sie gemeint ist, nämlich dahingehend, dass ein Unternehmensleiter in einer hypothetischen Entscheidungssituation gehalten sein kann, Daten mithilfe eines dafür entwickelten oder eingekauften maschinellen Lernmodells zu verarbeiten, kann sie angesichts der Bedeutung der Künstlichen Intelligenz im Wirtschaftsverkehr kaum noch Widerspruch provozieren.

---

[162] *Möslein*, ZIP 2018, 204 (209); *Zetzsche*, AG 2019, 1 (9); *Noack*, ZHR 183 (2019) 105 (122).

[163] *Weber et al.*, NZG 2018, 1131 (1133 f.); *Seibt*, FS Seibert, S. 825 (833 f.).

[164] *Koch*, AktG, § 93 Rn. 43; *Weber et al.*, NZG 2018, 1131 (1133 f.); *Lücke*, BB 2019, 1986 (1991); *Zetzsche*, AG 2019, 1 (9); *Noack*, ZHR 183 (2019) 105 (121); *J. Wagner*, BB 2018, 1097 (1099): „noch keine absolute Pflicht"; *Seibt*, FS Seibert, S. 825 (841); weitergehend wohl MüKoAktG/*Spindler* § 93 Rn. 56; *Spindler*, DB 2018, 41 (45); *Teichmann*, ZfPW 2019, 247 (264); jetzt monografisch *Li*, Künstliche Intelligenz im Rahmen unternehmerischer Entscheidungen des Vorstands der AG, S. 51 ff.; *Calabro*, Künstliche Intelligenz und Corporate Governance, S. 176 f. mwN.

[165] *Noack*, ZHR 183 (2019) 105 (121); *Zetzsche*, AG 2019, 1 (9); *Lücke*, BB 2019, 1986 (1989); *Telle*, Einsatz Künstlicher Intelligenz zur vorbereitenden Unterstützung von Leitungsentscheidungen des Vorstands einer AG, S. 67 f.; *Calabro*, Künstliche Intelligenz und Corporate Governance, S. 176 f. mwN.

[166] *Möslein*, ZIP 2018, 204 (210 f.): „Herausbildung einer kapitalgesellschaftsrechtlichen Pflicht zum angemessenen Einsatz von Algorithmen [...] absehbar"; zustimmend *Weber et al.*, NZG 2018, 1131 (1134); *Spindler*, ZGR 2018, 17 (43): „in Zukunft für eine unternehmerische Entscheidung unabdingbar"; ähnlich *Spindler*, DB 2018, 41 (44); *J. Wagner*, BB 2018, 1097 (1099); *Sattler*, BB 2018, 2243 (2247): „Frage der Zeit"; *Seibt*, FS Seibert, S. 825 (834): „[wird] im Regelfall zur Erfüllung der BJR-Tatbestandsvoraussetzung der ‚angemessenen Informationsgrundlage' notwendig sein"; *Hacker et al.*, Artif. Intell. Law 28 (2020) 415 (426 ff.); *Telle*, Einsatz Künstlicher Intelligenz zur vorbereitenden Unterstützung von Leitungsentscheidungen des Vorstands einer AG, S. 71 mwN.; *Calabro*, Künstliche Intelligenz und Corporate Governance, S. 178: „mittelfristig [...] höherer Begründungsaufwand"; skeptisch zur Pflicht, Legal Tech zu nutzen *Hoch*, AcP 219 (2019) 646 (694 ff., 698): „wird sich allenfalls ein faktischer Nutzungszwang ergeben".

Gleiches gilt indes für die Feststellung, dass die Geschäftsleitung solche Modelle im Vorfeld einer unternehmerischen Entscheidung eben keinesfalls routinemäßig verwenden muss. Ebenso wenig, wie § 93 I S. 2 AktG zur formalen Absicherung durch externe Gutachten verpflichtet, nötigt er stets zur Auswertung jedweder zur Verfügung stehenden Datensätze mithilfe oft zeit- und kostenintensiver maschineller Lernverfahren. Nur Letzteres ist gemeint, wenn Kommentatoren, insoweit völlig zu Recht, eine *allgemeine Konsultationspflicht* verneinen. Schließlich scheint auch die grundsätzliche Stoßrichtung der Business Judgment Rule unverkennbar: Je niedriger die Kosten der Information, je größer ihr Nutzen, desto eher ist die Geschäftsleitung verpflichtet, sie zu beschaffen. Wird die Technologie also kostengünstiger und gleichzeitig leistungsfähiger, häufen sich Fälle, in denen das Organ ohne ihren Einsatz nicht mehr vernünftigerweise annehmen darf, auf Grundlage angemessener Information zu entscheiden. Aus der Ausnahme wird die Regel.

Gewonnen scheint damit noch nicht viel. Ein Geschäftsleiter weiß auch nach diesen Einsichten nicht, ob ihm der Einsatz im Einzelfall obliegt, oder nicht. Dabei ließ sich der Umfang der Informationsbeschaffungspflicht schon bislang mehr schlecht als recht abstecken. Ob es einem Organ im Vorfeld einer unternehmerischen Entscheidung obliegt, ein externes Gutachtens einzuholen, lässt sich losgelöst von der konkreten Entscheidungssituation kaum beurteilen. Klar ist auch hier: Die Obliegenheit kann bestehen. Im Regelfall besteht sie nicht. Sie ist dabei umso wahrscheinlicher, je schneller verfügbar, kostengünstiger und nutzenbringender das Gutachten ist. Ein Entscheidungsproblem, zu dem sich kein menschlicher Gutachter mandatieren lässt, wird man dabei vergeblich suchen. Auch Kosten, Zeitaufwand und Qualität des Gutachtens sind vorab realistisch eingrenzbar. Demgegenüber hält die Künstliche Intelligenz bislang nicht zu jeder unternehmerischen Entscheidung Nutzenbringendes bereit. Einsatzmöglichkeiten, Kosten und Nutzen der am Markt verfügbaren Anwendungen unterscheiden sich je nach Unternehmung, den im Einzelfall verfügbaren Daten und der zu lösenden Aufgabe fundamental.[167] Dem Geschäftsleiter, der vor einer unternehmerischen Entscheidung entscheiden muss, ob er die Technologie einsetzt oder nicht, an dieser Stelle Subsumtionsfähiges an die Hand zu geben, fällt deshalb ungleich schwerer. Die umgreifende Frage, ob aus § 93 I S. 2 AktG eine Einsatzpflicht folgt, kann dann allenfalls ein gedanklicher Ausgangspunkt sein. Ausgehend davon sind typische unternehmerische Entscheidungskontexte dahingehend zu untersuchen, ob die Technologie hier so fortgeschritten und verbreitet ist, dass ein Geschäftsleiter sie im Regelfall einsetzen muss, um den sicheren Hafen des § 93 I S. 2 AktG zu erreichen. Wobei die entscheidende Frage lautet: Muss das Treffen einer sachlichen Entscheidung ohne den Technikeinsatz typischerweise ausgeschlossen erscheinen?

---

[167] Instruktiv *Brynjolfsson/Mitchell*, Science 358 (2017) 1530 (1532 ff.).

Damit ist eine empirische und deshalb interdisziplinäre Aufgabe beschrieben. Aus einer ersten insoweit wegweisenden Untersuchung ist zuletzt der Vorschlag hervorgegangen, dass Geschäftsleitern der Einsatz von Techniken maschinellen Lernens im Vorfeld von Unternehmenstransaktionen dann obliegt, wenn diese erstens menschliche Experten dauerhaft und empirisch nachweisbar überbieten und sich zweitens die Möglichkeit bietet, die Anwendung kritisch zu hinterfragen, was einen bestimmten Grad der Interpretierbarkeit erfordere:

„However, the legal standard of care should be adjusted only upward by the introduction of such models if (1) they are proven to be consistently outperforming professional actors and other models, and, due to disclosure requirements and multiple party decision making, when (2) they are used as interactive techniques that can be explained to and critically assessed by humans."[168]

Dieser Maßstab muss bislang zum Ergebnis führen, dass dem Geschäftsleiter der Einsatz Künstlicher Intelligenz im Vorfeld von Transaktionen bislang typischerweise noch nicht obliegt. Der interdisziplinäre Ansatz und der Blick auf den konkreten Entscheidungskontext sind zu begrüßen. Und auch die Einsicht, dass eine Nutzungsobliegenheit aus § 93 I S. 2 AktG vom Grad der Interpretierbarkeit der verfügbaren Modelle abhängig ist, überzeugt. Einem Geschäftsleiter, der nicht sicher sein kann, welche Faktoren der Ausgabe einer Maschine zugrunde liegen, kann es rechtlich kaum obliegen, diese im Vorfeld einer unternehmerischen Entscheidung einzusetzen. Er muss sich in diesem Fall auf sein Bauchgefühl verlassen und wird dabei von § 93 I S. 2 AktG geschützt. Wohl als zu eindimensional, jedenfalls als zu niedrigschwellig, erweist sich demgegenüber die Orientierung am menschlichen Experten.[169] Zwar sind Situationen denkbar, in denen die Geschäftsleitung statt auf rein menschliche Expertise auf Methoden der Künstlichen Intelligenz zurückgreifen muss. Etwa, weil diese in der konkreten Entscheidungssituation einem menschlichen Experten (weit) überlegen sind oder (deutlich) niedrigere Informationskosten für vergleichbare Informationen anfallen. Doch kann es auch erforderlich sein, entsprechende Methoden *neben* menschlicher Expertise zu beanspruchen. Solche Konstellationen mag man sich plastisch als Obliegenheit zur Einholung einer „zweiten Meinung" vorstellen. Künstliche Intelligenz fördert typischerweise Informationen zu Tage, die einem menschlichen Experten verborgen bleiben. Schließlich können Informationsobliegenheiten in Situationen bestehen, in denen die Einholung von Informationen bislang gar nicht geboten war. Diese Konstellation betrifft vor allem eilbedürftige Entscheidungen. Der zeitliche Rahmen einer Entscheidung nimmt entscheidenden Einfluss auf die Größe des unternehmerischen Ermessensspielraums.[170] Er kann das im Vorfeld einer Entscheidung Geschuldete unter Um-

[168] *Hacker et al.*, Artif. Intell. Law 28 (2020) 415 (428 f.).

[169] Die Orientierung am menschlichen Experten ist verbreitet, ähnlich insb. *Hoch*, AcP 219 (2019) 646 (695): „menschlichen Berater inhaltlich überlegen".

[170] Vgl. *M. Roth*, Unternehmerisches Ermessen, S. 84 ff.; *Bachmann*, FS Stilz, S. 25 (42); *Freitag/Korch*, ZIP 2012, 2281 (2285).

ständen auf eine summarische Prüfung zusammenschrumpfen lassen. Wenn maschinelle Lernverfahren schnelle und präzise Entscheidungsprognosen und die sekundenschnelle Verarbeitung großer Datensätze ermöglichen, relativiert sich dieser Faktor.[171] Zugleich erhöht Künstliche Intelligenz die Kosteneffizienz der Informationsbeschaffung. Notwendig ist oft nur die einmalige, oft freilich erhebliche Investition, während der weitere Betrieb oft nur noch mit geringeren Kosten verbunden ist.[172] Eine Obliegenheit, Künstliche Intelligenz im Vorfeld einer unternehmerischen Entscheidung einzusetzen, kann sich also auch dadurch ergeben, dass diese *andere*, *schnellere* oder *kostengünstigere* Informationen verspricht als ein menschlicher Experte. Ein gesellschaftsrechtlicher Turing-Test führt in diesen Fällen nicht weiter.

Vor allem aber ist ein Maßstab, der sich an der Leistungsfähigkeit des Menschen orientiert, noch zu niedrigschwellig. § 93 I S. 2 AktG verpflichtet das Organ nicht zum Einsatz Künstlicher Intelligenz, sobald am Markt Programme verfügbar sind, die den Menschen in der Informationsverarbeitung übertreffen. Das muss schon deshalb gelten, weil es gegenwärtig an Instrumenten mangelt, die Leistungsfähigkeit algorithmischer Modelle rechtssicher zu evaluieren und mit jener des Menschen ins Verhältnis zu setzen.[173] Vor allem aber gesteht § 93 I S. 2 AktG dem Geschäftsleiter durch das Wort *vernünftigerweise* nicht nur kleine Fehleinschätzungen, sondern einen erheblichen unternehmerischen Spielraum zu, der seine Grenzen erst bei der Unverantwortlichkeit findet.[174] Eine Obliegenheit zur Technologienutzung besteht vor diesem Hintergrund allenfalls dann, wenn das Organ *ex ante* davon ausgehen musste, ohne den Einsatz Künstlicher Intelligenz, keine sachliche Entscheidung mehr treffen zu können. Die Frage lautet: Drängt sich der Einsatz maschineller Lernverfahren unabweislich auf? Mehr noch: Erscheint das Treffen einer richtigen Entscheidung nach der tatsächlichen Informationslage ohne den vorherigen Technologieeinsatz nahezu ausgeschlossen?

b) Information, nicht Daten

Vorsicht ist danach auch geboten, wenn im Schrifttum eine Pflicht zur umfassenden Auswertung großer Datensätze in Rede steht, die im Ergebnis zu einer „Art umfassenden Wissenszurechnung" führen soll. Wäre der Vorstand bei der „Möglichkeit, eine umfassende Datenmenge (Big Data) mittels Algorithmen zu sichten und hierdurch die Ermessensentscheidungen stützen zu können [...] schon auf-

[171] Geschwindigkeit wird als Kernvorteil der KI begrüßt, vgl. *Merendino* et. al., J. Bus. Res. 93 (2018) 67 (72).

[172] Eingehend *Seibt*, FS Seibert, S. 825 (840 f.).

[173] Umfassend *Hernandez-Orallo*, Artif. Intell. Rev. 48 (2017) 397.

[174] Vgl. bereits BGHZ 135, 244 (253); eingehend *M. Roth*, Unternehmerisches Ermessen, S. 97 ff.; *Bachmann*, ZHR 177 (2013) 1 (9); *Pfertner*, Unternehmerische Entscheidungen des Vorstands, S. 79 ff.

grund seiner Sorgfaltspflicht hierzu verpflichtet“[175], ginge mit einer unternehmerischen Entscheidung tatsächlich regelmäßig die Pflicht einher, Künstliche Intelligenz einzusetzen. Große Datenmengen brächten dann in der Tat nicht nur Vor-, sondern auch Nachteile. Dass der Maßstab des vernünftigerweise Annehmendürfens, angemessen informiert zu handeln, einer Verpflichtung entgegensteht, Möglichkeiten zu ergreifen, wurde bereits gesagt. Auch in Kombination mit der Pflicht zur sorgfältigen Wissensorganisation erwächst § 93 I S. 2 AktG keine Obliegenheit, vorhandene Daten schon bei der bloßen Möglichkeit der Datenauswertung auch tatsächlich auszuwerten.[176] Aus der Warte des Gesellschaftsrechts können Gesellschaften Daten, wie in der Praxis üblich, in den spezialgesetzlichen Grenzen auch ohne konkreten Einsatzzweck sammeln und zunächst unangetastet lassen. Die Ausgestaltung der Wissensorganisation fällt in das unternehmerische Ermessen der Geschäftsleitung. Auch hier ist die Grenze nicht schon bei der bloßen Möglichkeit der Informationsverarbeitung erreicht. Schon die kostenintensive Rechenleistung, die Defizite der am Markt verfügbaren Algorithmen, aber auch der enorme personelle Aufwand stehen einer ‚umfassenden‘ Wissenszurechnung dabei auch auf lange Sicht im Weg.

Unwidersprochen blieb im Schrifttum bislang auch die These, dass die Anforderungen an die ausreichende Informationsgrundlage umso höher sind, je umfangreicher der zur Verfügung stehende Datenbestand ist.[177] Das in der Entscheidungssituation verfügbare Datenaufkommen wird dadurch zur entscheidenden Determinante, die das nach § 93 I S. 2 AktG Geschuldete proportional anwachsen lässt. Bei Lichte besehen, erscheint es nicht sinnvoll, das Datenaufkommen und den Informationsstandard des § 93 I S. 2 AktG in Relation zu setzen. Viele Entscheidungskontexte sind reich an Daten, aber arm an Informationen. § 93 I S. 2 AktG formuliert dann keine Obliegenheit, sie zu verarbeiten. Für diese zurückhaltende Lesart spricht aus ökonomischer Sicht, dass sich ein signifikanter Effekt der Größe eines Datensatzes, auf den eine unternehmerische Entscheidung gestützt wird, auf die Qualität der Entscheidung bisher nicht nachweisen lässt.[178] In der Praxis gehen Datenmassen dabei regelmäßig mit mangelnder Datenqualität einher.[179] Oft mag vor diesem Hintergrund gerade der mit

---

[175] MüKoAktG/*Spindler* § 93 Rn. 56; bereits *Spindler*, ZGR 2018, 17 (42 f.); *Spindler*, CR 2017, 715 (722 f.); ähnlich *Spindler*/*Seidel*, FS Marsch-Barner, S. 549 (552); *Spindler*, ZHR 181 (2017) 311 (321); *Spindler*, ZGR 2018, 17 (43); im Ausgangspunkt ähnlich („Danaergeschenk“), aber mit der (erheblichen) Einschränkung, dass System bereits implementiert wurde *Noack*, ZHR 183 (2019) 105 (122); sowie *Sattler*, BB 2018, 2243 (2248).

[176] Eingehend *Linke*, Digitale Wissensorganisation, S. 205 ff., 207 f.

[177] *Spindler*, ZGR 2018, 17 (43); *Zetzsche*, AG 2019, 1 (9): „im Fall der Datenflut“ sei Konsultation „ausnahmsweise geboten“.

[178] *Ghasemaghaei et al.*, J. Strateg. Inf. Syst. 27 (2018) 101 (105 ff.) mit empirischen Befunden.

[179] Statt aller *Janssen et al.*, J. Bus. Res. 70 (2017) 338 (342), die darauf hinweisen, dass in der Praxis zugleich weniger Aufmerksamkeit auf die Qualität der Daten gelegt werden kann, je größer der Datensatz ist.

einem großen Datenbestand verbundene Kuratierungs- und Analyseaufwand dazu führen, einen Datensatz aus Kostengründen *nicht* auszuwerten. Umgekehrt verstellt der Fokus auf datenintensive Umgebungen den Blick darauf, dass die Nutzung Künstlicher Intelligenz auch dort angezeigt sein kann, wo kaum historische Daten vorhanden sind.[180]

Das Gesetz formuliert insoweit kein Gebot der datenbasierten, sondern ein Gebot der angemessen informierten Entscheidung. Diesen Unterschied gilt es ernst zu nehmen.[181] Daten sind, bildhaft gesprochen, die Zutaten, die erst zu einem Gericht verarbeitet werden müssen. Über das, was am Ende rauskommt, entscheidet der Koch. Und der muss eben nicht alle vorrätigen Zutaten verwenden, sondern die richtigen. Weniger bildhaft besteht die epistemische Herausforderung wachsender Datenbestände nicht darin, alle verfügbaren Daten zu verarbeiten, sondern die richtigen. Es geht darum in großen Datensätzen die kleinen Muster zu erkennen, die tatsächlichen Mehrwert schaffen, und Wege zu finden, sie mithilfe der richtigen Verfahren zu gewinnbringenden Informationen zu verarbeiten.[182] Wer diese wertvollen Muster finden will, um gegenüber Wettbewerbern einen Vorteil zu erlangen, muss (und darf) sich dabei auch auf seine Intuition verlassen. Die komplexe Entscheidung, ob und wie einem großen Datensatz Informationen extrahiert werden sollten, gleicht insoweit ihrerseits einer unternehmerischen. *Ex ante* kann ein Geschäftsleiter mit Blick auf einen konkreten Datensatz oft nur mehr oder weniger fundierte Vermutungen darüber anstellen, ob eine Datenanalyse Nutzenbringendes zu Tage fördern wird.[183] Auch dann, wenn evident ist, dass sich Informationen erlangen lassen, die in der konkreten Entscheidungssituation relevant sind, kann die Abwägung, ob der Nutzen die Kosten tatsächlich rechtfertigt, erhebliche Schwierigkeiten bereiten. Entscheidend ist die Qualität des Datensatzes. Sie bestimmt nicht nur über den potenziellen Ertrag, sondern auch über die Kosten der Auswertung.[184] Je vollständiger, konsistenter, genauer und aktueller die enthaltenen Daten sind, desto lohnender scheint

---

[180] Das technische Schrifttum erwartet für die Zukunft, dass kleine, aber qualitativ hochwertige Datensätze in das Zentrum des wirtschaftlichen Interesses rücken, vgl. *Floridi*, Philosophy & Technology 32 (2019) 1 (5 ff.): „small data of high quality is one of the futures of AI".

[181] Zum Unterschied zwischen Daten und Informationen aus informationsphil. Sicht *Floridi*, The Philosophy of Information, S. 83 ff.

[182] *Floridi*, Philos. Technol. 25 (2012) 435 (436): „epistemological problem with big data is *small patterns*"; aus der reichen ökon. Lit. zur Entscheidung über das „Ob" und „Wie" der intelligenten Datenverarbeitung nur *Davenport/Mahidhar*, MIT Sloan Manag Rev 59 (2018) 1; vor diesem Hintergrund zurecht die Notwendigkeit betonend, „die richtigen Fragen [zu] stellen" *Noack*, ZHR 183 (2019) 105 (122).

[183] *Constantiou/Kallinikos*, J. Inf. Technol. 30 (2015) 44 (45); empirische Befunde etwa bei *Grover et al.*, J. Manag. Inf. Syst. 35 (2018) 388 (390), die vom Scheitern von rund der Hälfte der Big Data Analysen ausgehen.

[184] Zu den Kosten der Datenauswertung durch KI *Grover et al.*, J. Manag. Inf. Syst. 35 (2018), S. 388 (418).

die Auswertung.[185] Schon die Beurteilung der Datenqualität kann dabei äußerst komplex sein. Oft ist die Zeitspanne, in der gespeicherte Daten sinnvoll genutzt werden können, denkbar kurz. Schwierig ist auch die Einschätzung ihres Wahrheitsgehalts. Und oft ergibt sich der eigentliche Mehrwert einer Datenanalyse erst durch den Zusammenschluss unternehmensinterner Daten mit anderen generierbaren oder am Markt erhältlichen Daten.[186] Bevor er einen Datensatz auswertet, muss der Geschäftsleiter abwägen, wie kostenintensiv die Kuratierung ist, ob unstrukturierte noch in strukturierte Daten überführt werden müssen, ob weitere Daten integriert werden und deshalb erst erworben oder generiert werden müssen. Zugleich muss sich der Datensatz auch mit unternehmensintern oder am Markt verfügbaren ML-Modellen, entsprechenden Rechenkapazitäten und den zur Verfügung stehenden personellen und organisatorischen Ressourcen einer effizienten Analyse zuführen lassen.[187] Die Geschäftsleitung ist deshalb nicht schon bei der bloßen Möglichkeit, aus großen Datensätzen Informationen zu gewinnen, dazu verpflichtet, diese Möglichkeit auch wahrzunehmen. Sie kann vielmehr zur Einsicht gelangen, dass die Kosten der Information ihren erwarteten Nutzen übersteigen, und die Datenmassen in der konkreten Entscheidungssituation ungenutzt lassen. Die Entscheidung, ob ein Datensatz mit Künstlicher Intelligenz verarbeitet werden sollte, ist ihrerseits eine unternehmerische. Selbst *ex post* lässt sich der informationelle und ökonomische Mehrwert einer Datenanalyse bislang kaum quantifizieren.[188] Umso wichtiger ist der haftungsprivilegierte Beurteilungsspielraum *ex ante*.

c) Obliegenheit zur Datenexploration

Für unsere Frage wirft der Streit über eine gesellschaftsrechtliche Pflicht zum Technikeinsatz zunächst vor allem ein Schlaglicht auf den Regelfall, wie Menschen und Maschinen innerhalb des Unternehmens bislang Entscheidungen treffen. Die Unternehmensleitung wird in der Praxis bislang nicht vollumfänglich automatisiert. Stattdessen wird die Ausgabe einer lernenden Maschine regelmäßig Entscheidungsgrundlage eines menschlichen Geschäftsleiters. Diesem obliegt die Auswertung eines Datensatzes dabei nach § 93 I S. 2 AktG nur dann, wenn eine sachliche Entscheidung ohne die Informationen, die der Datensatz möglicherweise birgt, nahezu ausgeschlossen erscheinen muss. Eine allgemeine Pflicht, im Vorfeld einer unternehmerischen Entscheidung Daten mithilfe maschineller Lernverfahren zu verarbeiten, trifft ihn nicht. Mit Blick auf die konkrete Entscheidungssituation ist vielmehr zu fragen, ob ein besonnenes und ge-

---

[185] *Grover et al.*, J. Manag. Inf. Syst. 35 (2018) 388 (392).

[186] *Grover et al.*, J. Manag. Inf. Syst. 35 (2018) 388 (393, 414 f.).

[187] Die ökonom. Forschung betont die Herausforderung, personelle Ressourcen (Data Scientists, Entwickler, Programmierer, Modellierer etc.) zu erlangen, vgl. *Grover et al.*, J. Manag. Inf. Syst. 35 (2018) 388 (399, 416 f.): „most critical element".

[188] Vgl. *Grover et al.*, J. Manag. Inf. Syst. 35 (2018) 388 (418).

wissenhaftes Organmitglied in der konkreten Rolle des Betroffenen ex-ante davon ausgehen musste, dass der Informationsnutzen die Informationskosten weit überwiegt. Dabei wächst der Informationsstandard, den § 93 I S. 2 AktG in Rechnung stellt, nicht proportional zum verfügbaren Datenbestand. Will man der Norm in Bezug auf Daten überhaupt eine Aussage entnehmen, dann erwächst ihr nur, aber immerhin, eine Obliegenheit, Daten zu erkunden. Ein Geschäftsleiter muss sich vor einer unternehmerischen Entscheidung ein Bild von den (möglicherweise) entscheidungserheblichen Daten und entsprechenden Analyseoptionen machen. Er muss, anders ausgedrückt, eine informierte Entscheidung darüber treffen, ob er einen Datensatz mithilfe Künstlicher Intelligenz auswertet oder nicht.

Anders gewendet: § 93 I S. 2 AktG formuliert eine *Obliegenheit zur Datenexploration.* Wer den sicheren Hafen erreichen will, muss sich im Vorfeld einer unternehmerischen Entscheidung ein Bild davon machen, welche Daten entscheidungserhebliche Informationen bergen könnten, diese näher auf möglicherweise verfügbare Informationen untersuchen und im Zweifel erste Hypothesen prüfen.[189] Wird dies unterlassen, ist regelmäßig die Grenze der Unverantwortlichkeit erreicht. Andersherum: Wer die Daten sorgfältig erkundet, ist frei, sie nicht auszuwerten. Zu einer haftungsbewehrten Einsatzpflicht verdichtet sich diese Obliegenheit allenfalls im eher akademischen Ausnahmefall. Notwendig sind dafür ein evidentes und garantiertes Leistungsniveau der am Markt verfügbaren Systeme und eine konkrete Entscheidungssituation, in der sich der Verzicht sie als unverantwortlich darstellt. Das Treffen einer sachlichen Entscheidung muss dem Geschäftsleiter nach der tatsächlichen Informationslage und den am Markt verfügbaren Anwendungen ohne den vorherigen Technologieeinsatz nahezu ausgeschlossen erscheinen. Ein strengerer Maßstab öffnet auf Ebene der Informationsbeschaffung das Tor für Rückschaufehler, das § 93 I S. 2 AktG für die unternehmerische Entscheidung schließen will. Einen Datensatz, der das unternehmerische Ermessen möglicherweise hätte stützen *können*, findet sich *ex post* allzu schnell. Wer den Maßstab strenger formuliert, leistet zudem jener formalen Absicherung Vorschub, die der Gesetzgeber bei der Kodifizierung der Business Judgment Rule zu verhindern suchte. In der Praxis ist eben das bereits zu beobachten. Erste empirische Untersuchungen legen nahe, dass Geschäftsleiter ihre Entscheidungen, um Haftungsrisiken zu verringern, durch die Analyse großer Datensätze zunehmend auf Kosten der Gesellschaft „absichern".[190] Das Ergebnis steht dabei oft schon fest, weil – bewusst oder unbewusst – keine ergebnisoffene Datenanalyse stattfindet.[191]

---

[189] Überblick zur Datenexploration bei *Russell/Norvig*, Artificial Intelligence, S. 708 f.

[190] Vgl. die empirischen Nachweise bei *Grover et al.*, J. Manag. Inf. Syst. 35 (2018) 388 (390).

[191] Zur sog. *confirmation bias* beim Einsatz von KI *Günther et al.*, J. Strateg. Inf. Syst. 26 (2017) 191 (195 f.).

2. *Kein Vertrauensgrundsatz*

Hat der Geschäftsleiter maschinelle Lernverfahren einmal eingesetzt, steht ihm auch bei der *Informationsverarbeitung* ein erheblicher Spielraum zu. Inwieweit er die gewonnenen Informationen in seine Entscheidung einfließen lässt, wie stark er sie gewichtet und welche endgültigen Schlüsse er aus ihnen zieht, steht zunächst in seinem Ermessen. Damit ist gesagt, dass er sich grundsätzlich über die Maschine hinwegsetzen darf.[192] Der Geschäftsleiter ist im Regelfall also nicht nur nicht verpflichtet, Künstliche Intelligenz einzusetzen. Er ist, wenn er sie einsetzt, auch nicht verpflichtet, ihr zu „gehorchen". Dies schützt wiederum vor allem die Interessen der Gesellschaft selbst: § 93 I S. 2 AktG schafft zu ihren Gunsten einen Raum, indem auch riskante unternehmerische Entscheidungen getroffen werden können. Einem Geschäftsleiter, der Ausgaben Künstlicher Intelligenz befolgen muss, wird es insbesondere schwer fallen, sich gegenüber Wettbewerbern abzuheben.[193] Schwieriger ist die Frage zu beantworten, welche Anstrengungen der Geschäftsleiter zur Überprüfung maschineller Ausgaben unternehmen muss; wann er der Technik also „gehorchen" darf. Außer Frage steht im Ausgangspunkt, dass er die Ausgaben nicht blind übernehmen kann. Notwendig ist eine Plausibilitätskontrolle. Damit werden sowohl Anforderungen an die eingesetzten Maschinen als auch an die Qualifikation des Einsetzenden formuliert: Einerseits müssen die eingesetzten Maschinen ein technisches Mindestmaß an Interpretierbarkeit aufweisen. Nur dann lassen sie sich hinterfragen. Andererseits sind Geschäftsleiter gefordert, sich im Fall des Einsatzes entsprechend zu qualifizieren.[194] Indes sind die Ansprüche an beides angesichts des erheblichen Beurteilungsspielraum auch bei der Verarbeitung der Information nicht zu hoch anzusetzen. Sie steigen mit der Bedeutung der in Rede stehenden Entscheidung.

Bei der Zusammenarbeit mit Menschen ist im deutschen Recht ein *Vertrauensgrundsatz* anerkannt: Wer eine Aufgabe erfüllt, darf so lange auf das sorgfältige Verhalten eines anderen vertrauen, wie er dessen pflichtvergessenes Handeln nicht erkennt oder erkennen muss. Wirken Menschen arbeitsteilig zusammen, sind die Grenzen sorgfältigen Verhaltens des einen deshalb zunächst ohne Rücksicht auf das mögliche Fehlverhalten des anderen zu bestimmen.[195] Das hat zur Frage geführt, ob auch beim Einsatz Künstlicher Intelligenz schützenswertes Vertrauen darauf besteht, dass sich die Maschine so verhält, wie sie sich in der

---

[192] Zutreffend *Noack*, ZHR 183 (2019) 105 (123); am Beispiel der automatisierten Rechtsauskunft auch *Hoch*, AcP 219 (2019) 646 (683 ff.).

[193] So auch *Zetzsche*, AG 2019, 1 (9).

[194] *Spindler*, DB 2018, 41 (44); *Möslein*, ZIP 2018, 204 (209); BeckOGKAktG/*Fleischer* § 76 Rn. 77 f.; *Noack*, FS Windbichler, S. S. 947 (957 f.); zu Anforderungen an die Plausibilitätskontrolle bei automatisierten Rechtsauskünften *Hoch*, AcP 219 (2019) 646 (679 ff.).

[195] S. zur Begründung eines bereichsübergreifenden Vertrauensgrundsatzes im Kapitalgesellschaftsrecht nur *Fleischer*, ZIP 2009, 1397; *Harbarth*, ZGR 2017, 211 (222); BGHZ 133, 370 (378); eingehend jetzt *Linnertz*, Die Delegation durch den Vorstand einer Aktiengesellschaft, S. 288 ff.; die Positivierung anregend *Bachmann*, 70. DJT I, E 42 f.

Vergangenheit verhalten hat. Die Frage ist eine dezidiert juristische. Sie ist insbesondere unabhängig von der philosophischen Entscheidung, ob es ein Vertrauen in technologische Artefakte geben kann. *Spindler* wendet dabei zumindest den „Grundgedanken" des Vertrauensgrundsatzes auf den Einsatz maschineller Lernverfahren an: Der Vorstand könne „auf Algorithmen vertrauen", die sich als zuverlässig erwiesen hätten. Mit erheblichen Folgen für die Überwachungsintensität. Bei wiederkehrenden Entscheidungen mit geringer Bedeutung sollen aufgrund des Vertrauensgrundsatzes „Überprüfungen in mehreren Jahresabständen genügen".[196] Dem ist nicht zu folgen. Der Vertrauensgrundsatz findet seine Grundlage im Kern in der Eigenverantwortung des Menschen.[197] Ob die Geschäftsleitung auf die Ausgabe einer Maschine vertrauen darf, hängt demgegenüber maßgeblich von den Eigenarten der eingesetzten Maschine, aber auch den vorab getroffenen organisatorischen Vorkehrungen ab:[198] Je weniger sich das algorithmische Modell interpretieren lässt, desto intensiver sind die Überwachungspflichten.[199] Entscheidend ist, allgemeiner ausgedrückt, der Grad der Ungewissheit über ihr Verhalten. Lernt die Maschine dauerhaft? Welche Garantien stehen zur Verfügung? Lässt sie sich interpretieren? In welchem Umfang wurde sie zuvor getestet und verifiziert? Allein aus vergangenem Maschinenverhalten lässt sich dabei nicht auf die künftig geschuldete Überwachungsintensität schließen. Maschinen, die lernen und sich vernetzen, wohnt das Risiko inne, dass sie sich künftig anders verhalten als in der Vergangenheit. Darüber, wie groß dieses Risiko ist, gibt weniger ihr vergangenes Verhalten als ihr algorithmisches Modell und die Anstrengungen im Trainings- und Teststadium Aufschluss. Ein allgemeiner Vertrauensgrundsatz geht vor diesem Hintergrund jedenfalls im Gesellschaftsrecht fehl. Dies gilt erst recht, wenn man den Grundsatz hier (auch) auf die „Würde der Unternehmensangehörigen" und damit verbunden die „Motivationseffizienz" stützt.[200] Weder könnten die im Verband eingesetzten Maschinen diese Würde für sich beanspruchen noch wird ihr Wirken erst durch ein Mindestmaß an Vertrauen effizient.

Damit ist freilich nicht gesagt, dass der Geschäftsleiter verpflichtet wäre, maschinelle Ausgaben stets zu hinterfragen und eingehend zu prüfen. Im Gegenteil, je nachdem welche Garantien ihm zur Verfügung stehen, kann die Überwachungsintensität weit hinter dem zurückbleiben, was das Recht bei einem menschlichen Mitarbeiter in Rechnung stellt, der zwar eigenverantwortlich, aber opportunistisch agiert. Nur ein Rechtsprinzip, wonach der Geschäftsleiter ganz allgemein auf das zuverlässige Verhalten einer lernenden und sich vernetzenden Maschine vertrauen dürfte, kennt das Recht nicht. Für dieses Ergebnis spricht aus psychologischer Sicht zudem die Tendenz des Menschen, Maschinen, die sich

[196] *Spindler*, DB 2018, 41 (44); ähnlich zuvor schon *Spindler*, CR 2017, 715 (723).
[197] Zutreffend *Harbarth*, ZGR 2017, 211 (225): „Eigenverantwortung des Rechtssubjekts".
[198] Instruktiv *Russell/Norvig*, Artificial Intelligence, S. 710 ff.
[199] *Spindler*, ECFR 2019, 106 (137); *Weber et al.*, NZG 1131 (1132).
[200] So *Fleischer*, ZIP 2009, 1397 (1403).

in der Vergangenheit als zuverlässig erwiesen haben, künftig allzu leichtfertig und zurückhaltend zu überwachen.[201] Ein gesellschaftsrechtlich verbürgter Vertrauensgrundsatz leistete dem Vorschub.

II. Aggregierte Entscheidungen

In der Praxis werden die Ausgaben Künstlicher Intelligenz bislang also vor allem zum Input eines menschlichen Geschäftsleiters. Ob und Wie des Technikeinsatzes liegen dabei weitgehend in seinem Ermessen. Menschen und Maschinen können unternehmerische Entscheidungen indes auch nach bestimmten Regeln „gemeinsam" treffen. Die Entscheidungen eines Menschen werden in diesem Fall mit der Ausgabe einer Maschine aggregiert.[202] Die Überlegung, welche Möglichkeiten sich bieten, Maschinen institutionell derart einzubinden, macht für uns auch deshalb Sinn, weil sie Aufschluss darüber gibt, ob und wie sich der Menschenvorbehalt mithilfe privatautonomer Gestaltungen umgehen lässt. Die juristische Organperson wird hierzulande auch deshalb jedenfalls nicht schmerzlich vermisst, weil die Gestaltungspraxis inzwischen vergleichbare Instrumente wie Betriebsführungsverträge bereitgestellt hat. Ist in unserem Fall Ähnliches denkbar?

Aus Sicht der Geschäftsleitung lassen sich dabei zwei Konstellationen unterscheiden: Einerseits könnte sich eine Pflicht, bestimmte Entscheidungen gemeinsam mit Maschinen zu treffen, aus entsprechenden Satzungsregeln ergeben. Andererseits könnte sich das Organ durch die Geschäftsordnung selbst dazu verpflichten.

1. Statutarische Fremdbestimmung

Ein rechtspraktisches Bedürfnis, das Zusammenwirken der Geschäftsleitung mit Maschinen in der Satzung oder dem Gesellschaftsvertrag zu regeln, besteht heute womöglich aus Gründen der Außenwirkung. Die ökonomische Literatur empfiehlt Regelungen, die Maschinen außenwirksam Einfluss innerhalb der Organisation zugestehen, zu reputationellen Zwecken.[203] Sie verspricht sich davon eine Signalwirkung gegenüber den Bezugsgruppen des Unternehmens. Hat man die Popularität des in der Praxis omnipräsenten ‚Prominentenbeirats' vor Augen, klingt das nicht abwegig.[204] Vor allem aber verspricht aggregiertes Entscheiden die Institutionalisierung des vermeintlich Besten aus beiden Welten: Die Gesell-

---

[201] Zum *automation bias* beim Einsatz maschineller Lernverfahren, statt vieler *Zerilli et al.*, Minds and Machines 29 (2019) 555.

[202] Vgl. *Shrestha et al.*, Calif. Manag. Rev. 61 (2019) 66 (72), die den Einsatz der im Gesellschaftsrecht prominent diskutierten Software ‚VITAL' als Beispiel aggregierter Entscheidungen nennen.

[203] Vgl. *Parry et al.*, Group. Organ. Manag. 41 (2016) 571 (583 f.).

[204] Zum Phänomen des ‚Prominentenbeirats' hier nur *Voormann*, Der Beirat im Gesellschaftsrecht, S. 9 f.

schaft könnte dem Individuum, auch angesichts seiner Eigeninteressen und Rationalitätsdefizite, eine Maschine als Gegenpol zur Seite stellen.[205] Entsprechende Satzungsregeln könnten die Automatisierung so zur (haftungsbewehrten) unternehmerischen Priorität machen. Zumal Menschen den Einsatz von Maschinen in bestimmten Situation typischerweise meiden.[206] Und die Gesellschaft sich in dieser Hinsicht zurecht nicht auf das Gesetzesrecht verlassen kann, das den Technikeinsatz aus guten Gründen jedenfalls nicht mit Nachdruck fördert.

Auch der Gesetzgeber könnte Gesellschaften die Option des aggregierten Entscheidens ausdrücklich eröffnen. Denkbar ist insbesondere ein hybrides Organ: Ein Modell, das die Bestellung mindestens eines menschlichen Organwalters vorschreibt, zugleich aber die Möglichkeit eröffnet, daneben maschinelle Organwalter zu implementieren.[207] Das Recht des UK ging diesen Weg lange für die juristische Organperson. Gesellschaften mussten hier mindestens einen menschlichen Geschäftsleiter bestellen, konnten diesem jedoch juristische Personen zur Seite stellen.[208] Freilich wäre der arbeitsteilige Nutzen dieses Modells in unserem Fall begrenzt. Unternehmen müssten noch immer eine natürliche Person bestellen, vergüten und entsprechend überwachen. Auch deshalb soll es hier zunächst nur um denkbare privatautonome Gestaltungen gehen.

Und jedenfalls das Recht der GmbH lässt den Gesellschaftern dabei weitgehend freie Hand. Sie dürfen die Kompetenzen der Geschäftsführung im Gesellschaftsvertrag privatautonom regeln (§§ 6 III, 37 I, 38 I, 46 Nr. 5, 6 GmbHG). Die Grenze ist erst dort erreicht, wo die Geschäftsführer Pflichten zum Schutz von Minderheiten und Dritten zu erfüllen haben. Über die der Geschäftsführung vom Gesetz explizit zugeordneten Kompetenzen hinaus steht ihr kein zwingender weisungsfreier Kernbestand unternehmerischer Leitungsaufgaben zu. Sie kann bei Bedarf gar zum reinen Exekutivorgan degenerieren.[209] Der Gesellschaftsvertrag der GmbH kann deshalb auch vorsehen, dass die Geschäftsführung bestimmten Weisungen eines Computersystems folgen oder vor bestimmten Entscheidungen die Zustimmung dieses Systems abwarten muss.

---

205 Vgl. *Parry et al.*, Group. Organ. Manag. 41 (2016) 571 (576 f.) mit empirischen Befunden; s. auch *Kleinberg et al.*, Q. J. Econ. 133 (2018) 237; einflussreich zur Möglichkeit menschliche Rationalitätsdefizite mithilfe von Algorithmen zu bekämpfen *Kahneman et al.*, Harv. Bus. Rev. 94 (2016) 38 (45 f.).

206 Vgl. *Dietvorst et al.*, J. Exp. Psychol. Gen. 144 (2015) 114: „*algorithmic aversion*".

207 Dies haben wohl *Calabro*, Künstliche Intelligenz und Corporate Governance, S. 49 sowie *Telle*, Einsatz Künstlicher Intelligenz zur vorbereitenden Unterstützung von Leitungsentscheidungen des Vorstands einer AG, S. 45 vor Augen.

208 Vgl. Companies Act 2006, c. 46 § 155(1).

209 Str., MüKoGmbHG/*Stephan*/*Tieves* § 37 Rn. 68; GroßKommGmbHG/*Paefgen* § 37 Rn. 28 ff.; *Altmeppen*, GmbHG § 37 Rn. 4 f.; anders dagegen insb. *Wiedemann*, Gesellschaftsrecht I, § 6 III 2 a) (S. 336): nicht nur „Vollzugsorgan"; *Zöllner*, ZGR 1977, 319 (325); aus dem jüngeren Schrifttum etwa MüKoGmbHG/*Fleischer* § 43 Rn. 116: Delegationsverbot für „Entscheidungen von besonderer Bedeutung für die Gesellschaft"; rechtspolitisch überzeugend gegen zwingende Handlungsspielräume der Geschäftsführer *Bachmann et al.*, Rechtsregeln für die geschlossene Kapitalgesellschaft, S. 84 f.

Demgegenüber sind Gestaltungen im Aktienrecht enge Grenzen gesetzt. Der Vorstand leitet die Aktiengesellschaft nach § 76 I AktG *unter eigener Verantwortung*. Nach üblicher Lesart folgt daraus, dass er einerseits keinen Weisungen unterliegt, seine Aufgaben andererseits aber auch selbst wahrzunehmen hat. Der Hauptversammlung bleibt einzig die Befugnis, den Gesellschaftszweck sowie den Unternehmensgegenstand festzusetzen und durch Satzungsregelungen zu konkretisieren (§§ 179, 23 II Nr. 2 Hs. 1 AktG), um in der Satzung Einfluss auf ihn zu nehmen. Für unsere Zwecke interessant sind besonders konkretisierende Satzungsbestimmungen, die dem Vorstand vorgeben, den Unternehmensgegenstand in bestimmter Weise zu verfolgen (§ 82 II AktG). Die Grenze innerhalb des so gespannten Spannungsfeldes zwischen Satzungs- und Leitungsautonomie lässt sich nicht starr fixieren.[210] Sie ist unzweifelhaft dort überschritten, wo der Vorstand zum bloßen Befehlsempfänger wird.[211] Indes sind gegenständliche Vorgaben in der Satzung grundsätzlich zulässig, solange dem Vorstand ein eigenverantwortlicher Handlungsspielraum verbleibt. Entscheidend ist ihr Detailgrad.[212] Sie dürfen nicht den Charakter konkreter Handlungsanweisungen annehmen.[213] Legt man diesen Maßstab an, lässt sich dem Vorstand in der Satzung wohl ein konkretisierungsbedürftiges ‚AI First' diktieren. Ausgeschlossen scheint demgegenüber eine Pflicht, unternehmenseigene Technologie für bestimmte Systeme, etwa intelligente Waffen- oder Gesichtserkennungssysteme, (nicht) zu nutzen.[214] Erst recht verbieten sich nach dieser Lesart Satzungsregelungen, die Maschinen Zustimmungsvorbehalte, Veto- oder Stimmrechte einräumen.[215] Hier ist nicht der Platz, um dieses Ergebnis auf seine dogmatische und rechtspolitische Überzeugungskraft zu überprüfen.[216] Wertungsmäßig ist es jedenfalls deshalb zwingend, weil sich diese Befugnisse bislang selbst der Hauptversammlung oder einzelnen Aktionären nicht zusichern lassen.

---

[210] *Koch*, AktG, § 82 Rn. 10; sowie eingehend *Priester*, FS Hüffer, S. 777 (782 ff.).

[211] GroßkommAktG/*Röhricht*/*Schall* § 23 Rn. 120; *Priester*, FS Hüffer, S. 777 (785 f.).

[212] Vgl. *Koch*, AktG, § 82 Rn. 10, der konstatiert, dass das Schrifttum inzwischen großzügiger verfahre; die Frage wird gegenwärtig vor allem iZm. Nachhaltigkeitsthemen virulent, vgl. dort *Habersack*, FS Windbichler, S. 707 (715 ff.): müssen sich in „abstrakt-generellen Regelungen erschöpfen"; ähnlich *Fleischer*, AG 2017, 509 (514).

[213] AllgM., umfassend *Tieves*, Der Unternehmensgegenstand der Kapitalgesellschaft, S. 140, 144 ff.; GroßkommAktG/*Röhricht*/*Schall* § 23 Rn. 120; vgl. OLG Stuttgart, ZIP 2007, 231; vgl. MüKoAktG/*Spindler* § 82 Rn. 35; noch enger wohl GroßKommAktG/*Habersack*/*Foerster* § 82 Rn. 26.

[214] Diese Konstellation ist mit einer Verpflichtung zum Ausstieg aus der Kernenergie vergleichbar, die man ebenfalls für unzulässig hält, vgl. *Martens*, FS Kellermann, S. 271 (277 ff.).

[215] Vgl. *Noack*, ZHR 183 (2019) 105 (136 f.); eingehend zu einer möglichen statutarischen Nutzungsverpflichtung *Telle*, Einsatz Künstlicher Intelligenz zur vorbereitenden Unterstützung von Leitungsentscheidungen des Vorstands einer AG, S. 73 ff.

[216] Eingehend zur Gestaltungsfreiheit in der AG jüngst *Kuntz*, Gestaltung von Kapitalgesellschaften zwischen Freiheit und Zwang, S. 222 ff., 345 ff.

2. Organschaftliche Selbstbestimmung

Dem Organ selbst bleibt für Selbstverpflichtungen die Geschäftsordnung. Auch hier könnte die Reputation das Motiv entsprechender Regelungen sein. Aufsehen erregte insoweit etwa die werbewirksame Ankündigung des Boards der *Salesforce Inc.*, dem intelligenten Computersystem ‚Einstein' einen „dauerhaften Platz" im Gremium einzuräumen.[217] Werden solche Ankündigungen in Geschäftsordnungen überführt, stellt sich wiederum die Frage nach der rechtlichen Zulässigkeit. Die Grenzen verlaufen dabei spiegelbildlich zur Fremdbestimmung durch die Satzung: Den Geschäftsführern der GmbH bieten sich weitgehende Freiheiten. Sie sind schon bislang befugt, bei einem Stimmpatt gar per Münzwurf zu entscheiden. Ebenso können sie bestimmte Geschäftsführungsakte in der Geschäftsordnung auch von den Ausgaben einer Maschine abhängig machen.[218] Für hinreichende Sicherheit sorgt aus Sicht der Gesellschafter die Sorgfaltspflicht bei der Auswahl der eingesetzten Maschinen und dem Umgang mit ihren Ergebnissen. Demgegenüber setzt § 76 I AktG in der AG auch in diesem Fall vom Schrifttum eng gezogene Grenzen. Der Vorstand ist nach allgemeiner Lesart nicht nur von Weisungen frei, er darf sich seiner Verantwortung auch nicht – etwa durch entsprechende Regelungen in der Geschäftsordnung – selbst entäußern. Der statutarischen Fremd- und der organschaftlichen Selbstbestimmung sind dadurch spiegelbildliche Grenzen gesetzt. Der Vorstand darf Maschinen in der Geschäftsordnung also keinen Stichentscheid zubilligen.[219] Ebenso unzulässig bestimmte Zustimmungsvorbehalte nach dem Vorbild der Software ‚VITAL'.

III. Delegierte Entscheidungen

Je selbständiger Maschinen agieren, desto häufiger werden Entscheidungsprobleme innerhalb der Organisation vollumfänglich an Maschinen delegiert. Für die Frage, ob und welche Nachteile Korporationen aus dem Menschenvorbehalt erwachsen, ist vor allem die Kategorie der Delegation relevant. Sie macht sichtbar, welche Funktionen heute wirklich unmittelbar in der Hand eines Menschen verbleiben müssen. Speziell in der gesetzestypischen Kapitalgesellschaft sind vollständig automatisierte Entscheidungen auf Leitungsebene gegenwärtig noch rar. Maschinen übernehmen bislang vor allem in eng begrenzten Anwendungsgebieten bei wiederkehrenden Routineentscheidungen Aufgaben vollständig.[220]

---

[217] Geäußert wurde damit freilich nur die Absicht, die Beratung einer Maschine in Anspruch zu nehmen, vgl. Handelsblatt v. 25.1.2018.

[218] So auch *Teichmann*, ZfPW 2019, 247 (265).

[219] Vgl. *Noack*, ZHR 183 (2019) 105 (136 f.); jedenfalls Selbstverpflichtung des Vorstands zur entscheidungsunterstützenden Techniknutzung für zulässig haltend *Telle*, Einsatz Künstlicher Intelligenz zur vorbereitenden Unterstützung von Leitungsentscheidungen des Vorstands einer AG, S. 77 f.

[220] Zu unternehmerischen Entscheidungen, die typischerweise vollständig delegiert werden *Shrestha et al.*, Calif. Manag. Rev. 61 (2019) 66 (72 ff.); s. auch *Brynjolfsson/Mitchell*,

Die Chancen der vollständigen Delegation liegen auf der Hand: Bleibt der Mensch dauerhaft in der Schleife, werden die Entscheidungen innerhalb der Organisation langsamer und inkonsistenter getroffen.[221]

Ohne dass damit bereits eine Aussage über die Rechtmäßigkeit der Delegation getroffen wäre, lässt sich der Einsatz Künstlicher Intelligenz dabei als Teil der vertikalen Delegation begreifen.[222] Dass die Geschäftsleitung unternehmerische Entscheidungen im Rahmen ihres Leitungsermessens grundsätzlich auch vollständig automatisieren darf, steht außer Frage. Auch das Ausrichtungsproblem steht dem im Grundsatz nicht im Weg.[223] Dass sich lernende Maschine weder vollumfänglich vorhersehen noch vollständig erklären lassen, entspricht nur einem neuartigen unternehmerischen Risiko. Dieses Risiko einzugehen, liegt zunächst im Ermessen der Geschäftsleitung. Insoweit bedarf es, anders als in anderen Rechtsordnungen, auch keiner Satzungsbestimmung, die dies ausdrücklich gestattet.[224] Umgekehrt kann sich das Leitungsermessen der Geschäftsleitung im Einzelfall auch zu einer haftungsrelevanten Pflicht verdichten, bestimmte Aufgaben innerhalb des Verbands dauerhaft Maschinen zuzuweisen.[225] Damit ist nur gesagt, dass der Geschäftsleiter eines Unternehmens, das sich in der Satzung dem algorithmischen Wertpapierhandel verschrieben hat, die Pflicht treffen kann, maschinelle Lernverfahren einzusetzen.

Interessanter, und in unserem Fall maßgebend, sind die Grenzen, die das Gesellschaftsrecht der Delegation setzt. Aus Sicht des Geschäftsleiters sind Grenzen der Delegation dabei vor allem deshalb interessant, weil sie darüber entscheiden, inwiefern er sich des Vorwurfs pflichtwidrigen Verhaltens durch die Automatisierung von Leitungsentscheidungen entziehen kann.[226] Für uns geben die Grenzen Aufschluss darüber, welche Nachteile sich für Unternehmen aus dem Menschenvorbehalt ergeben. Vom Schrifttum in den Blick genommen wurde dabei bislang vor allem das Verhältnis der Leitungsverantwortung des

---

Science 358 (2017) 1530 (1532 f.); zu Chancen und Risiken maschinellen Entscheidens aus rechtlicher Sicht etwa *Wischmeyer*, AöR 143 (2018) 1 (15 ff.); sowie eingehend *Mund*, Das Recht auf menschliche Entscheidung, S. 66 ff., 75 ff.

[221] *Shrestha et al.*, Calif. Manag. Rev. 61 (2019) 66 (70, 72).

[222] Zur Typologie der Delegation *Fleischer*, ZIP 2003, 1 (7 ff.); *Seibt*, FS K. Schmidt I, S. 1463 (1472); *Harbarth*, ZGR 2017, 211 (213 ff.); Einsatz Künstlicher Intelligenz einordnend *Möslein*, ZIP 2018, 204 (208 f.); *Li*, Künstliche Intelligenz im Rahmen unternehmerischer Entscheidungen des Vorstands der AG, S. 61 ff.; zum nach *Fleischer*, ZIP 2003, 1 (7) „aktienrechtlich wenig gesichert[en]" Begriff der Delegation *Hüffer*, Aktienrecht im Wandel II, S. 334 (354): „Aufgaben- oder Zuständigkeitsübertragung […] vom Vorstand als Organ auf einzelne seiner Mitglieder oder auf nachgeordnete, nämlich in eine Weisungskette eingebundene Stellen der Gesellschaft.".

[223] Zu streng insoweit noch *Strohn*, ZHR 182 (2018) 371 (376).

[224] Statt aller *Möslein*, ZIP 2018, 204 (208).

[225] *Möslein*, ZIP 2018, 204 (210 ff., 212); *Weber et al.*, NZG 2018, 1131 (1134); *J. Wagner*, BB 2018, 1097 (1099); *Sattler*, BB 2018, 2243 (2248); zu spezialgesetzlichen Einsatzpflichten *Zetzsche*, AG 2019, 1 (8).

[226] Vgl. allgemein *Bachmann*, 70. DJT I, E 28, 42.

Vorstands zur Autonomie informationstechnischer Systeme. Doch auch in anderen Gesellschaften stellt sich die Frage, wie stark sich die Leitungsfunktion automatisieren lässt.

1. Der Menschenvorbehalt als Automatisierungsverbot

Aus Sicht der Gesellschaft und ihrer Gesellschafter wirkt der Menschenvorbehalt dabei wie ein Delegationsverbot, oder weniger anthropomorph, wie ein Automatisierungsverbot: Weil sie ein vom Recht mit originären Funktionen ausgestattetes Leitungsorgan einrichten und menschliche Geschäftsleiter bestellen müssen, verbleiben bestimmte Aufgaben innerhalb des Verbands zwingend in der Hand eines Menschen. Die Gesellschafter könnten sie selbst dann nicht an Maschinen delegieren, wenn sie sich selbst in das Leitungsorgan bestellen. Das Institut wirkt insoweit als Verbot, bestimmte Leitungsfunktionen zu automatisieren. Oder anders gewendet: Als Pflicht zur menschlichen Entscheidung. Der Mensch bleibt in der Schleife. Eben darin liegt freilich die Wirkung, die das Gesetz an dieser Stelle bezweckt: Um den Rechtsverkehr zu schützen, werden bestimmte Kompetenzen einer persönlich verantwortlichen natürlichen Person vorbehalten. Mit der Kehrseite von Effizienzeinbußen dort, wo Maschinen die Aufgaben ohne einen Menschen in der Schleife rationaler, schneller oder kostengünstiger treffen könnten.

Dabei finden sich in jedem Verband Funktionen, die der Geschäftsleitung als Gesamtorgan originär zugewiesen sind. Namentlich die Pflicht, die Bücher sorgfältig zu führen oder einen Insolvenzantrag zu stellen. Einerseits darf die Geschäftsleitung diese Funktionen nicht an einzelne Organmitglieder oder untergeordnete Hierarchieebenen abgeben, andererseits dürfen selbst Gesellschafter ihr diese Funktionen regelmäßig nicht streitig machen. Vom Gesetz werden diese originären Funktionen zum Teil offen als solche gekennzeichnet. Daneben soll der Geschäftsleitung je nach Rechtsform ein ungeschriebener Kernbereich der Leitungsverantwortung zustehen. Der hier in den Blick genommene Vorbehalt entfaltet seine Wirkungen im Rahmen der korporativen Arbeitsteilung erst in Kombination mit diesen zwingenden Leitungsaufgaben. Wie groß die mit ihm verbundenen Effizienzeinbußen für die Gesellschaft künftig sind, hängt davon ab, welche Aufgaben das Recht dem jeweiligem Leitungsorgan originär zuweist und ob und wie stark sich diese Aufgaben automatisieren lassen. Während sich die originären Kompetenzen der Geschäftsführung der GmbH dabei vor allem auf gesetzliche Verhaltenspflichten zum Schutz von Minderheiten und Dritten beschränken, baut im Aktienrecht nach üblicher Lesart der Kernbereich der Leitungsverantwortung größere Schranken auf.

2. Grenzen der Automation von Leitungsfunktionen

a) Ausgangspunkt: Kontextabhängigkeit

Wer wissen will, welche Grenzen der Menschenvorbehalt tatsächlich setzt, muss die Funktionen identifizieren, die zwingend in der Hand des menschlichen Geschäftsleiters verbleiben müssen. Diese Frage ist je nach Kontext unterschiedlich zu beantworten. Sie ist zunächst abhängig von den regulatorischen Anforderungen im jeweiligen Anwendungskontext. Grenzen setzen in diesem Rahmen vor allem das Datenschutz- und das Arbeitsrecht.[227] Hinzu treten sektorspezifische Schranken. Das Recht setzt Unternehmen in der Kredit- und Energiewirtschaft andere Grenzen als in weniger streng regulierten Wirtschaftsbereichen. Schließlich baut das genuine Gesellschaftsrecht der Automatisierung von Leitungsfunktionen allgemeine Schranken auf.[228] Nur um sie soll es uns gehen. Auch sie sind zutiefst kontextspezifisch: Wann die *Automatisierung einer Leitungsfunktion* zur *Entäußerung der Leitungsverantwortung* des Geschäftsleiters führt, ist kontextspezifisch, also mit Blick auf die konkrete Leitungsfunktion und die zu ihrer Bewältigung eingesetzte Maschine, zu entscheiden.

Zentral ist dabei die Einsicht, dass sich das Organ der originären Leitungsverantwortung nicht schon deshalb begibt, weil es über ein konkretes Entscheidungsproblem nicht unmittelbar Beschluss fasst. Mitunter lässt sich eine als Leitungsfunktion identifizierte Aufgabe vollumfänglich automatisieren. Entscheidend ist der Autonomiegrad oder präziser: der Grad der Ungewissheit über das Maschinenverhalten. Entscheidet das eingesetzte Computersystem nach simplen „wenn-dann"-Regeln, welcher Kandidat einzustellen ist, begibt der Geschäftsleiter sich schon im Ausgangspunkt nicht seiner Leitungsverantwortung. Und das ganz unabhängig davon, ob er über die Einstellung des Kandidaten Beschluss fasst oder nicht. Die Automatisierung einer Leitungsfunktion ist von vornherein nur dann ein Problem, das sich als gesellschaftsrechtliches Delegationsproblem begreifen lässt, wenn das, was am Ende herauskommt, ungewiss ist. Wenn sich das Maschinenverhalten also *ex ante* nicht mehr vollumfänglich vorhersehen oder *ex post* nicht mehr vollständig erklären lässt. Erst in diesem Fall kontrolliert der Mensch die maschinellen Ausgaben epistemisch nicht vollumfänglich. Völlig zurecht wird demnach bei der Frage, wann sich der Vorstand seiner originären Leitungsverantwortung begibt, vereinzelt danach differenziert, ob die eingesetzten Systeme imstande sind, während des Einsatzes zu lernen oder nicht.[229]

---

[227] Eingehend dazu aus arbeitsrechtlicher Sicht etwa *Heine*, Der Vorbehalt menschlicher Entscheidungen im Arbeitsverhältnis, S. 114 ff.

[228] Zu diesem Dreischritt, d.h. (1) allgemeine regulatorische, (2) sektorspezifische und (3) gesellschaftsrechtliche Anforderungen, am Beispiel der Auslagerung digitaler Dienstleistungen *Uwer*, ZHR 183 (2019) 154 (158).

[229] Vgl. *Weber et al.*, NZG 2018, 1131 (1134).

Damit ist zugleich gesagt, dass sich die analoge Anwendung der zur vertikalen Delegation an menschliche Mitarbeiter entwickelten Grundsätze verbietet.[230] Sie ist methodisch verfehlt, führt zielsicher in anthropomorphe Fehlschlüsse und trägt vor allem weder der Eigenart des eingesetzten Programms noch der spezifischen Leitungsfunktion Rechnung. Delegiert die Geschäftsleitung die Führungskräfteauswahl an untergeordnete Mitarbeiter, begibt sie sich, weil eigenverantwortliche Individuen dazwischentreten, ihrer Leitungsverantwortung. Und das ganz unabhängig davon, ob sie die Mitarbeiter sorgfältig ausgewählt oder ihnen arbeitsrechtliche Weisungen erteilt hat oder nicht. Demgegenüber entscheidet darüber, ob sich die Geschäftsleitung durch die Automatisierung der Personalauswahl ihrer Leitungsverantwortung entäußert, erst der Blick auf die konkrete im Einzelfall eingesetzte Maschine.

b) Leitungsfunktionen kraft gesetzlicher Anordnung

Wer das Gesetz durchmustert, findet allenthalben Aufgaben, die der Geschäftsleitung zugeordnet sind. Indes ist nicht überall dort, wo das Gesetz den Geschäftsführer oder den Vorstand ausdrücklich anspricht, eine Kompetenz bezeichnet, die notwendig in der Gesamtverantwortung des Organs verbleiben muss. Die Kompetenz ist vielmehr auf ihre Unveräußerlichkeit zu untersuchen. Als unveräußerlich gelten dabei sowohl im Aktienrecht als auch im Recht der GmbH besonders jene Pflichten, die der Geschäftsleitung gegenüber anderen Organen oder Dritten obliegen. Dem Vorstand obliegt es etwa als Leitungsaufgabe, die Hauptversammlung vorzubereiten und einzuberufen, dem Aufsichtsrat Bericht zu erstatten (§§ 83, 90, 121 II AktG) oder die Bücher zu führen und andere Pflichten im Interesse der Öffentlichkeit wahrzunehmen (§§ 91 I, II, 92, 161, 170, 312 I, 314 I AktG).[231] In der GmbH sind insbesondere die Pflichten, das Gesellschaftskapital zu erhalten (§§ 30, 31, 43 II, III GmbHG), rechtzeitig Insolvenzantrag zu stellen (§ 15a InsO) oder die Anmeldepflichten gegenüber dem Handelsregister (vgl. §§ 7, 57 I, 57 i I, 58 I Nr. 3, 4 GmbHG) angesprochen.

Das Label der Unveräußerlichkeit führt dabei noch nicht zu einem Automatisierungsverbot. Weist das Gesetz dem Organ also bestimmte unveräußerliche

---

[230] Anders aber etwa *Lücke*, BB 2019, 1986 (1992): „analoge Anwendung der von der Rechtsprechung entwickelten Grundsätze zur Delegation von Aufgaben an Mitarbeiter (menschliche Ressourcen) auf die Delegation auf Algorithmen/KI"; verbreitet ist zudem die Überlegung, inwieweit sich die sog. „ISION-Kriterien" (vgl. BGH NJW-RR 2011, 1670) auf den KI-Einsatz übertragen lassen, vgl. *Hoch*, AcP 219 (2019) 646 (674 ff., 680 f.); *Weber et al.*, NZG 2018, 1131 (1133); *Zetzsche*, AG 2019, 1 (8 f.); *Calabro*, Künstliche Intelligenz und Corporate Governance, S. 151 ff.; zurecht krit. *Noack*, ZHR 183 (2019) 105 (119), der zutreffend darauf hinweist, dass „sachangepasste Kriterien entwickelt [werden müssen], die an den Eigenheiten des verwendeten Systems ansetzen".

[231] Zu gesetzlichen Leitungsentscheidungen im Aktienrecht *Seibt*, FS K. Schmidt I, S. 1463 (1470 f.); sowie umfassend *Linnertz*, Die Delegation durch den Vorstand einer Aktiengesellschaft, S. 44 ff.; auch *Herwig*, Leitungsautonomie und Fremdeinfluss, S. 52 f.

Zuständigkeiten als Gesamtorgan zu, folgt daraus allein noch nicht, dass sich der Einsatz maschineller Lernverfahren verbietet. Vielmehr ist die gesetzliche Zuweisung in einem zweiten Schritt daraufhin zu untersuchen, ob sie ihrem Wortlaut und ihrem Sinn und Zweck nach einer Automatisierung zugänglich ist. Nicht nur die Qualifikation als unveräußerliche Leitungsfunktion, auch die Folgefrage, ob und wieweit die Geschäftsleitung diese Funktion automatisieren darf, hat also mit Blick auf die konkrete Norm zu erfolgen. Wenn § 121 II S. 1 AktG vorsieht, dass die Hauptversammlung „durch den Vorstand einberufen [wird], der darüber mit einfacher Mehrheit beschließt“[232], führt an einem unmittelbaren Vorstandsbeschluss über die Einberufung kein Weg vorbei. Dies folgt dem Gesetzeswortlaut und trägt der wegen des Informationscharakters besonderen Bedeutung der Hauptversammlung für die Aktionäre Rechnung. Der bloße Beschluss über den Einsatz eines entsprechenden Computersystems, das nach bestimmten sich im Rahmen eines Lern- und Vernetzungsprozesses verändernden Regeln eine Hauptversammlung einberuft, genügt nicht. Muss der Vorstand der Aktiengesellschaft demgegenüber als Gesamtvorstand zu jedem Tagesordnungspunkt der Hauptversammlung einen Beschlussvorschlag unterbreiten,[233] kann er diese Aufgabe vollständig den Rechenprozessen einer Maschine übergeben. Wenn und soweit die Beschlussvorschläge durch die maschinelle Zielfunktion hinreichend eingegrenzt wurden. Und das selbst dann, wenn die maschinellen Beschlussvorschläge im Einzelnen nicht mehr vollständig vorhersehbar sind. Wenn § 41 GmbHG die Geschäftsführer der GmbH verpflichtet, für die ordnungsgemäße Buchführung der Gesellschaft „zu sorgen“, genügt es, ein Programm zu implementieren, dass die Bücher automatisiert führt, dabei womöglich auch lernt und sich im Laufe der Zeit verändert. Die Sorgepflicht der Geschäftsleitung setzt sich dann, wie bei der Delegation an einen menschlichen Buchhalter, in der Pflicht fort, das eingesetzte Programm sorgfältig auszuwählen und zu überwachen.[234]

Nach diesem Dreischritt sind alle gesetzlichen Verhaltenspflichten zu prüfen: Erstens, haben wir es mit einer Leitungsfunktion zu tun? Zweitens, ist diese Leitungsfunktion unveräußerlich? Und drittens, inwieweit lässt sich diese unveräußerliche Leitungsfunktion automatisieren? Je nach gesetzlicher Leitungsaufgabe beschränken sich die von der Geschäftsleitung geforderten unmittelbaren Entscheidungen so oft darauf, das eingesetzte Programm sorgfältig auszuwählen und zu überwachen und durch das algorithmische Modell hinreichend einzuhegen. Die Unveräußerlichkeit einer Leitungsaufgabe formuliert dann in erster Linie Anforderungen an die Beschaffenheit der eingesetzten Maschine.

---

[232] Zur Einordnung von § 121 II S. 1 AktG als Leitungsaufgabe BGHZ 149, 158 (160).

[233] Zur Einordnung als Leitungsaufgabe iSd. § 76 I AktG, vgl. BGHZ 149, 158 (160).

[234] Vgl. MüKoGmbHG/*Fleischer* § 43 Rn. 128 in Bezug auf nachgeordnete Unternehmensebenen.

c) Kernbereich der Leitungsverantwortung

Wir haben gesehen, dass die Eigenverantwortlichkeit des Vorstands sowohl dem Satzungsgeber als auch dem Vorstand selbst erhebliche Grenzen setzt. Einerseits unterliegt der Vorstand keinen Weisungen, weshalb sich auch gegenständliche Vorgaben in der Satzung verbieten. Andererseits darf er sich seiner Leitungsverantwortung nicht selbst entäußern, was entsprechenden Selbstbindungen in der Geschäftsordnung im Weg steht. Das Verbot der Entäußerung der Leitungszuständigkeit aus § 76 I AktG steht indes aus anderen Gründen im Mittelpunkt des gesellschaftsrechtlichen Automatisierungsdiskurses. Es umfasst nach üblicher Lesart auch einen nicht delegierbaren Kernbereich der Unternehmensführung. Ein Kanon ungeschriebener Leitungsentscheidungen darf der Vorstand danach weder an einzelne seiner Mitglieder noch an untergeordnete Abteilungen delegieren. Dritten darf er sich in diesem Rahmen nur zur Vorbereitung und Ausführung bedienen. Die endgültige unternehmerische Entscheidung selbst muss stets ihm vorbehalten bleiben.[235] Welche Folgen das für den Einsatz Künstlicher Intelligenz hat, ist Gegenstand einer regen Diskussion.

aa) Phänomen des Aktienrechts

Ausgangspunkt dieser Diskussion muss § 76 I AktG sein: Die Norm definiert nach heute üblicher Lesart einen nicht nur *unentziehbaren*, sondern notwendigerweise auch *unveräußerlichen* Kernbereich der unternehmerischen Verantwortung, in dem sowohl die Satzungsautonomie der Hauptversammlung als auch das Organisationsermessen des Vorstands eine nicht dispositive Schranke finden. Dazu gehört nach üblicher Lesart auch ein Verbot, bestimmte Leitungsaufgaben zu delegieren. Zweck und Umfang dieses Delegationsverbot sind noch immer nicht scharf umrissen.[236] Hier ist nicht der Platz, um dieser Frage den Raum zu geben, der ihr gebührt. Nur so viel: Ein Kernbereich unveräußerlicher Leitungsaufgaben gilt im Schrifttum als „unvermeidliche Konsequenz der 1937 veränderten Rechtsstellung des Vorstands, präziser: sie [folge] erst aus der Einflussfreiheit des Vorstands“[237].

---

[235] Statt vieler *Veil*, Unternehmensverträge, S. 78 ff.; *Hommelhoff*, Konzernleitungspflicht, S. 165, 262; GroßKommAktG/*Kort* § 76 Rn. 49; *Hüffer*, Aktienrecht im Wandel II, S. 334 (355); *Fleischer*, ZIP 2003, 1 (6); *Fleischer*, FS Schwark, S. 137 (149 ff.); *Dreher*, FS Hopt, S. 517 (518 ff.); *Koch*, AktG, § 76 Rn. 12; für einen aktuellen Überblick über den Meinungsstand *Linnertz*, Die Delegation durch den Vorstand einer Aktiengesellschaft, S. 37 ff.

[236] Einflussreich zum Geltungsgrund des Delegationsverbots insb. *Hommelhoff*, Konzernleitungspflicht, S. 165: Kompetenzdefizit des Vorstands; *Veil*, Unternehmensverträge, S. 85 f.: Überwachungs- und Haftungsdefizit; eingehende Darstellung der unterschiedlichen Deutungen bei *Linnertz*, Die Delegation durch den Vorstand einer Aktiengesellschaft, S. 37 ff., die konstatiert, dass diese sich zwar oberflächlich unterscheiden, aber „nicht sinnvoll auseinanderdividieren“ ließen, verbindender Grundgedanke sei die „Integrität des aktienrechtlichen Organisationsgefüges“.

[237] *Veil*, Unternehmensverträge, S. 88.

Einerseits müsse aus der Weisungsfreiheit in kompetenzieller Hinsicht zwingend auch die Unveräußerlichkeit folgen, weil der Hauptversammlung weder das Weisungsrecht noch anderweitige Instrumente zur Verfügung stünden, auf den Aufgabenkreis des Vorstands Einfluss zu nehmen. Ein Vorstand, der Leitungsangelegenheiten an Stellen außerhalb der Gesellschaft delegiert, entscheide dann selbst über den Umfang seiner Aufgaben und Pflichten. Die Gesellschaft würde von Personen geleitet, die hierzu weder vom Aufsichtsrat noch von der Hauptversammlung berufen wurden. Der Vorstand besäße ohne gesetzliche Grundlage eine Kompetenz-Kompetenz.[238] *Andererseits* sei die Machtfülle des Vorstands im Aktienrecht 1937 eben durch zwei zentrale Mechanismen begrenzt worden: die *Haftungsverantwortlichkeit* und die verschärfte *Aufsichtsratskontrolle*.[239] Beide würden ihre Funktion als Gegengewichte zur umfassenden Leitungsmacht des Vorstands verlieren, dürfte der Vorstand auch Leitungskompetenzen delegieren.[240] Das Delegationsverbot sichere so als Konsequenz der 1937 normierten umfassenden nicht entziehbaren Leitungsmacht des Vorstands die Funktionsfähigkeit der von Kontrolle und Verantwortlichkeit geprägten Leitungsverfassung der Aktiengesellschaft.[241]

All das kennzeichnet das Delegationsverbot als Phänomen des Aktienrechts: Die normative Rechtfertigung bietet § 76 I AktG. Geltungsgrund des Verbots ist die Eigenverantwortlichkeit des Vorstands; Zweck die Sicherung der Funktionsfähigkeit der Haftungs- und Organisationsverfassung der Aktiengesellschaft. Außerhalb der AG wäre das Delegationsverbot also eigenständig herzuleiten. Während Art. 39 S. 1 SE-VO für die SE inzwischen eine mit § 76 I AktG vergleichbare Regelung bereithält, fehlt es für die GmbH an einer entsprechenden Norm. Dennoch sollen nach verbreiteter Ansicht auch dort einzelne besonders bedeutende Leitungsentscheidungen einer Delegation nicht zugänglich sein. Darunter sollen auch und insbesondere Aufgaben fallen, die sich mithilfe maschineller Lernverfahren schon heute ohne Weiteres automatisieren lassen: Unveräußerlich seien Verbraucherwarnungen, Veränderungen der Produktpalette, der Wechsel der Hausbank oder die Vergabe riskanter Kredite.[242] Folgt man dem, stellt sich in diesen Fällen jeweils die Frage, ob das Gesellschaftsrecht der Automatisierung eine ungeschriebene Grenzen setzt. Im Fall eines intelligenten Kreditscoringsystems wäre zu überlegen, ob dieses riskante Kredite in der GmbH nur vorbereiten, aber nicht selbständig vergeben darf. Freilich fehlt es dafür schon im Ausgangspunkt an einer normativen Rechtfertigung. In der Aktiengesellschaft ordnet § 76 I AktG die Eigenverantwortlichkeit des Vorstands an. Nach § 23 V AktG ist sie dem Zugriff des Satzungsgebers entzogen. Demgegenüber steht die Organisati-

---

[238] *Veil*, Unternehmensverträge, S. 88 f.; *Hommelhoff*, Konzernleitungspflicht, S. 262 f.

[239] Vgl. dazu § 4 A I.

[240] *Veil*, Unternehmensverträge, S. 85 ff.

[241] *Veil*, Unternehmensverträge, S. 78 ff., 88 f.

[242] Vgl. MHLS/*Ziemons* GmbHG § 43 Rn. 331 ff.; ähnlich MüKoGmbHG/*Fleischer* § 43 Rn. 116 mwN.

onsverfassung der GmbH in den zwingenden gesetzlichen Grenzen zur Disposition der Gesellschafter. Sie müssen der Geschäftsführung weder einen weisungsfreien Handlungsspielraum zugestehen noch weist das Recht der Geschäftsführung über die konkreten Verhaltenspflichten hinaus weitere unveräußerliche Kompetenzen zu. Sehen die Gesellschafter Bedarf dafür, können sie über diese gesetzliche Ausgangsentscheidung disponieren, Geschäftsführern also einerseits weisungsfreie Räume schaffen oder diesen andererseits unveräußerliche Funktionen zuordnen. Tun sie dies nicht, beschränken sich die zwingenden Kompetenzen der Geschäftsführung auf die konkreten gesetzlichen Verhaltenspflichten. Die Erwägungen, die ein striktes Delegationsverbot im Aktienrecht stützen, Haftungsverantwortlichkeit und Aufsichtsratskontrolle einerseits und Einflussfreiheit und damit korrespondierendes Selbstentäußerungsverbot andererseits, können im Recht der GmbH keine Geltung beanspruchen. Gleiches gilt denn auch für einen delegationsfeindlichen Kernbereich der Unternehmensführung. Er ist ein Phänomen des Aktienrechts. Insoweit ist es nur folgerichtig, dass sich die Diskussion, ob und wann sich Geschäftsleiter beim Einsatz Künstlicher Intelligenz ihrer zwingenden Leitungsverantwortung entäußern, auf das Aktienrecht beschränkt.[243]

bb) Einordnung des Maschinenverhaltens

Die Frage, wann sich der Vorstand seine Leitungsverantwortung entäußert, erschien dabei durch einen Fall auf der Bildfläche, die den Einsatz von Informationstechnologien zum Gegenstand hatte. Virulent wurden die Grenzen der Selbstentmündigung des Vorstands erstmals im „Opel Fall“.[244] Was heute Künstliche Intelligenz heißt, firmierte zu dieser Zeit noch unter EDV. Die *Adam Opel AG* hatte ihre gesamte Datenverarbeitung im Rahmen eines Rahmendienstleistungsvertrags auf einen externen Dienstleister ausgelagert. Das Schrifttum nahm das zum Anlass, die Grenzen die Eigenverantwortlichkeit des Vorstands auszuloten. Geltend gemacht wurde, dass die Datenverarbeitung ein nicht delegierbarer Ausschnitt der Leitungszuständigkeit des Vorstands sei. „[Im] Bereich der EDV“ würden deshalb „zweifellos sämtliche Systementscheidungen, nämlich die Entscheidung über ihre Einführung im Unternehmen, die Systemauswahl bezüglich Hardware und Software, ihre Aufgabenstellung sowie ihre Organisation, ihre Integration in den Unternehmensablauf, ebenso wesentliche Veränderungen oder Umstellungen in einer der genannten Hinsichten sowie gegebenenfalls ihre Auslagerung aus dem Unternehmen“ zum nicht delegierbaren Teil der Leitungs-

---

[243] Insb. *Möslein*, ZIP 2018, 204 (209); *Zetzsche*, AG 2019, 1 (7); BeckOGKAktG/*Fleischer* § 76 Rn. 78; *Grigoleit*, AktG § 76 Rn. 87; *Noack*, FS Windbichler, S. 947 (957 f.); *Becker/Pordzik*, ZfPW 2020, 334 (345 f.); *Weber et al.*, NZG 2018, 1131 (1132); jüngst auch *Langenbucher*, ZHR 187 (2023) 729 ff.

[244] *Veil*, Unternehmensverträge, S. 80 ff.; die eigentliche Entscheidung beruhte auf prozessrechtlichen Argumenten, vgl. BGHZ 106, 54.

verantwortung aus § 76 I AktG gehören.[245] Weil dem so sei, sei der Vorstand zur Wahrnehmung seiner Funktionen nicht nur auf sie angewiesen, er müsse deshalb auch gewährleisten, dass „die EDV den mit ihrem Einsatz zur Vorbereitung und Ausführung seiner Entscheidungen verbundenen Anforderungen entsprechend organisatorisch, funktionell und personell ausgestaltet [werde]". Schließlich müsse ein Vorstand, der die Informationstechnologie an außenstehende Dritte auslagere, dafür sorgen, dass ihm maßgeblicher Einfluss und Kontrolle verbleibe.[246]

Die Frage, welche Grenzen § 76 I AktG der Auslagerung des Technikeinsatzes setzt, stellt sich heute drängender denn je.[247] Wer leistungsfähige Techniken maschinellen Lernens einsetzen will, ist dabei auf die dauerhafte Unterstützung Externer angewiesen. Und erste empirische Untersuchungen legen nahe, dass sich Geschäftsleiter dabei in starke Abhängigkeiten begeben.[248] Uns soll es darum an dieser Stelle ebenso wenig gehen, wie um die Frage, ob auch die Entscheidung über den Einsatz Künstlicher Intelligenz zum Kernbereich der Unternehmensführung zu zählen ist. Für das Schicksal des Menschenvorbehalts ist eine andere, gegenwärtig freilich weniger praxisrelevante Frage interessanter: Wann begibt sich der Vorstand seiner Leitungskompetenz, wenn er selbst Maschinen einsetzt, deren Entscheidungen er nicht länger vollumfänglich vorhersehen kann?

Dafür gilt es zunächst das aktienrechtliche Delegationsverbot weiter einzugrenzen: Es bezieht sich nach allgemeinem Verständnis auf die Leitung als herausgehobenen, nicht delegierbaren Teil der Geschäftsführung.[249] Während letztere jedwedes rechtsgeschäftliches oder auch nur tatsächliches Handeln für die Gesellschaft umfassen soll, versteht das Aktienrecht unter der Leitung nur die strategischen Führungsfunktionen des Vorstands.[250] Die Abgrenzung muss im Einzelnen schwerfallen, schon weil sie unter dem Primat des Einzelfalls steht. Wer die unveräußerlichen Leitungsaufgaben näher umschreiben will, braucht dafür Details über die Art und die Größe der jeweiligen Unternehmung. Fest steht: Es

---

[245] *Stein*, ZGR 1988, 163 (168 ff.); ähnlich auch *Raiser*, ZGR 1989, 44 (45): „liegt nahe, darin einen Verstoß gegen § 76 AktG zu sehen"; zu all dem auch *Veil*, Unternehmensverträge, S. 80 f.

[246] *Stein*, ZGR 1988, 163 (170 f.).

[247] In diesem Zusammenhang stellt sich auch die Frage, ob und wie stark der Zugriff der Gesellschaft (bzw. des Vorstands) auf das algorithmische Modell beschränkt werden darf, s. dazu *Spindler*, ECFR 2019, 106 (137); zur Einordnung der gesellschaftsrechtlichen Schranken des Outsourcing digitaler Funktionen in das regulatorische Umfeld *Uwer*, ZHR 183 (2019) 154 (158).

[248] Vgl. *Merendino et al.*, J. Bus. Res. 93 (2018) 67 (74): „boards may be losing control of their influence over the firm's strategic direction".

[249] Statt vieler *Veil*, Unternehmensverträge, S. 89; MüKoAktG/*Spindler* § 76 Rn. 20 mwN.; *Fleischer*, ZIP 2003, 1 (2); dagegen *Linnertz*, Die Delegation durch den Vorstand einer Aktiengesellschaft, S. 59 ff.; differenzierend auch *Grabolle*, Der unveräußerliche Kernbereich der Leitungsfunktion, S. 78.

[250] GroßKommAktG/*Kort* § 76 Rn. 29; MüKoAktG/*Spindler* § 76 Rn. 18.

geht jedenfalls nicht um jede strategische Maßnahme, sondern nur die zentralen unternehmenspolitischen Entscheidungen. Der Vorstand wird von § 76 I AktG verpflichtet, die Unternehmenspolitik im Sinne einer unternehmerischen Marchroute festzulegen.[251] Um dies stärker auszudifferenzieren, greift das Schrifttum regelmäßig auf den klassischen betriebswirtschaftlichen Kanon aus Unternehmensplanung, -koordinierung, -kontrolle sowie Führungspostenbesetzung zurück.[252] Entscheidendes Kriterium ist sodann die Bedeutung der in Rede stehenden Aufgabe für die Gesellschaft.[253]

Unbestritten ist, dass der Vorstand auch und gerade im Kernbereich der Unternehmensführung Techniken maschinellen Lernens einsetzen darf. Aus der Leitungsverantwortung folgt nicht die Pflicht, Führungsaufgaben eigenhändig vorzubereiten und auszuführen. Einzelne Mitglieder des Vorstands, nachgeordnete Unternehmensebenen oder eben Maschinen dürfen Beschlussvorlagen ausarbeiten. Streit besteht darüber, ob es dabei bleiben muss. Das Gros der Kommentatoren bejaht dies.[254] Man zielt damit auf eine einheitliche Bewertung der Delegation ab: Unabhängig davon, ob die Aufgabe hierarchisch untergeordnetem Personal oder einer Maschine übertragen werden soll, entäußert sich der Vorstand danach immer schon dann seiner Leitungsverantwortung, wenn am Ende kein vom gesamten Gremium abgenickter Beschluss über die konkrete Leitungsentscheidung vorliegt. Setzt dieser selbstlernende Maschinen an dieser Stelle ein, muss er ihre Ausgaben überprüfen und sodann entscheiden, ob diese übernommen werden oder nicht.[255] § 76 I AktG normiere insoweit eine „*Letztentscheidungskompetenz*"[256]: Aus der *Eigen-* folge insoweit auch eine *Letztverantwortlichkeit* in dem Sinne, auch tatsächlich *als Letzter* zu entscheiden. Im Kernbereich der Unternehmensführung darf der Vorstand seine Beschlüsse danach mithilfe

[251] Vgl. Grundsatz 2 DCGK: „Der Vorstand entwickelt die strategische Ausrichtung des Unternehmens"; ähnlich GroßKommAktG/*Kort* § 76 Rn. 36a: „Festlegung der Unternehmenspolitik (als Zielvorgabe)"; *Hüffer*, Aktienrecht im Wandel II, S. 334 (349): „Festlegung der Unternehmenspolitik und die grundlegenden organisatorischen Maßnahmen zur Durchsetzung dieser Politik" mwN.; monografisch etwa *Grabolle*, Der unveräußerliche Kernbereich der Leitungsfunktion, S. 151 f.: „grundlegend".

[252] Grundlegend *Semler*, Leitung und Überwachung der Aktiengesellschaft, S. 10 f., 13 ff.; stärker funktionsbezogen *Fleischer*, ZIP 2003, 1 (5); leicht abweichend GroßkommAktG/*Kort* § 76 AktG Rn. 36 f.; eingehend *Herwig*, Leitungsautonomie, S. 55 ff. mwN.; krit. zur Übernahme betriebswirtschaftlicher Erkenntnisse noch *Kallmeyer*, ZGR 1993, 104 (106 f.); zur Deutung, dass der Kanon in §§ 90 I S. 1 Nr. 1, 91 II AktG die Bestätigung des Gesetzgebers gefunden habe (etwa bei Begr. RegE KonTraG, BT-Drucks. 13/9712, 15) statt vieler *Veil*, Unternehmensverträge, S. 91; dagegen jüngst *Linnertz*, Die Delegation durch den Vorstand einer Aktiengesellschaft, S. 98 ff.

[253] *Fleischer*, ZIP 2003, 1 (6); GroßkommAktG/*Kort* § 76 Rn. 36.

[254] *Möslein*, ZIP 2018, 204 (209); BeckOGKAktG/*Fleischer* § 76 Rn. 77 f.; *Noack*, FS Windbichler, S. 947 (957 f.); im Ergebnis auch *Calabro*, Künstliche Intelligenz und Corporate Governance, S. 104 ff., 111 ff.: „Freigabehoheit".

[255] *J. Wagner*, BB 2018, 1097 (1098); *Möslein*, ZIP 2018, 204 (208 f.).

[256] BeckOGKAktG/*Fleischer* § 76 Rn. 78.

Künstlicher Intelligenz vorbereiten. Er muss sich ihre Ausgaben aber im Anschluss durch einen eigenen Beschluss zu eigen machen.

Bisweilen entnimmt man diese Pflicht gar unmittelbar § 76 III S. 1 AktG.[257] Die Automatisierung von Leitungsfunktionen wird so zur unzulässigen Umgehung des Menschenvorbehalts; faktisch würde der Maschine in diesem Fall „ein Platz im Vorstandsgremium eingeräumt"[258]. Der Einsatz eines lernenden Computerprogramms stehe wertungsmäßig einem Mitarbeiter mit (weisungs-)gebundener Marschroute gleich. Auch der werde im Rahmen abgesteckter Grenzen tätig, ohne dass die entsprechende arbeitsvertragliche Einhegung für die Wahrung des Kernbereichs der Leitungsverantwortung genüge.

Nur vereinzelt geht man in der Frage einen differenzierteren Weg. Seine Kompetenz zur Letztentscheidung übe der Vorstand schon dadurch aus, dass er im Vorhinein die Parameter definiert, die Maschinen ihren Ausgaben im Einzelnen zugrunde legen.[259] Durchgedrungen ist man damit nicht. Dabei trifft die differenzierte Ansicht bei Lichte besehen den Kern: Wann die Grenze zur unzulässigen Selbstentmündigung überschritten wird, lässt sich in der Tat erst mit Blick auf die eingesetzten Maschinen entscheiden. Das Dogma des unveräußerlichen Kernbereichs schützt nicht den formalen Entscheidungsprozess, sondern die Leitungs*verantwortung* für die zentralen unternehmenspolitischen Entscheidungen.[260] Aus diesem Grund verlangt § 76 I AktG – insoweit unstrittig – nicht, Leitungsentscheidungen eigenhändig vorzubereiten und auszuführen.[261] Schon bislang gestattete man dem Vorstand im Gegenteil, untergeordneten Unternehmensebenen im Rahmen der Vorbereitung und Ausführung umfassenden Einfluss auf die Leitungsentscheidungen einzuräumen. Notwendig war freilich, dass der Vorstand „am Ende abschließend in eigener Verantwortlichkeit entscheidet."[262] Wer dies beim Einsatz lernender Maschinen ebenso fordert, setzt einen allzu anthropomorphen Maßstab an. Die Leitungsverantwortung trägt das Organ hier im Regelfall schon dadurch, dass es dem entsprechenden Programm durch die Ausgangsprogrammierung entsprechende Grenzen setzt. Die zentralen unternehmenspolitischen Weichen stellt der Vorstand in diesem Rahmen bereits durch die Gestaltung der maschinellen Zielfunktion. Der Maschinen eingeräumte Spielraum bei der Optimierung dieser Zielfunktion zählt so gesehen zur schon heute delegierbaren Ausführung.

---

[257] *Hoch*, AcP 219 (2019) 646 (672); ähnlich *Becker/Pordzik*, ZfPW 2020, 334 (346).

[258] *Becker/Pordzik*, ZfPW 2020, 334 (346).

[259] *Weber et al.*, NZG 2018, 1131 (1134): „Auch bei autonomen KI-Systemen übt der Vorstand, indem er dem System konkrete Vorgaben macht, die Letztentscheidung aus, bevor das KI-System selbständig Entscheidungen trifft.".

[260] Statt vieler *Fleischer*, ZIP 2003, 1 (6).

[261] S. insb. *Fleischer*, ZIP 2003, 1 (11): Trennung von „*decision shaping*" und „*decision taking*"; ähnlich GroßKommAktG/*Kort* § 76 Rn. 49; zustimmend auch *Koch*, AktG, § 76 Rn. 12 jew. mwN.

[262] *Dreher*, FS Hopt I, S. 517 (527); ähnlich GroßKommAktG/*Kort* § 76 Rn. 49: „solange er nur im Ergebnis eigen- und letztverantwortlich entscheidet".

Dies sollte man freilich nicht falsch verstehen. Entnimmt man § 76 I AktG einen zwingenden Bestand delegationsfeindlicher Leitungsaufgaben, darf der Vorstand diese Leitungsaufgaben selbstredend auch dann nicht aus der Hand geben, wenn er Technik einsetzt. Nur: Weil kein zwar weisungsgebundener, aber eigenverantwortlich handelnder Mensch dazwischentritt, sondern ein technisches Artefakt, fällt die Entscheidung, wann er sie aus der Hand gibt, ungleich schwerer. Es geht also nicht darum, ob der Vorstand den Kernbereich der Unternehmensführung an eine Maschine ausnahmsweise delegieren darf. Diese Frage ist in der Tat nur einheitlich, für Menschen und Maschinen, zu beantworten. Die Herausforderung besteht darin, zu entscheiden, wann in diesem Fall eine „Delegation" im aktienrechtlichen Sinne vorliegt. Ob der Vorstand sich seiner originären Verantwortung begibt, entscheidet sich nicht formal danach, ob er im Kernbereich der Unternehmensführung stets konkret Beschluss fasst. Maßgeblich ist, dass er die zentralen unternehmenspolitischen Entscheidungen *verantwortet*. Plakativ ausgedrückt ist ein Spannungsfeld zwischen der Leitungsautonomie des Vorstands und der Autonomie der eingesetzten Maschinen aufzulösen. Die Maschine muss hinreichende Gewähr dafür bieten, dass sie tatsächlich das tut, was sich der Vorstand erhofft. Zentrales Kriterium wird dadurch der Grad der Vorhersehbarkeit des Maschinenverhaltens. Wird das Verhalten der eingesetzten Maschine durch ihre Zielfunktion hinreichend eingegrenzt, setzt der Vorstand schon durch ihre Ausgangsprogrammierung die zentralen unternehmerischen Leitplanken. Und das auch dann, wenn die Maschine lernt und mit ihrer Umgebung interagiert und deshalb nicht immer das tut, was wir von ihr erwarten. Der Vorstand muss die Entscheidungen im Kernbereich der Unternehmensführung nicht im Einzelnen vorhersehen, sondern nur ausreichend eingrenzen können. Liegen ihm entsprechende Garantien vor, können die zentralen Entscheidungen im Rahmen der Unternehmensplanung, -koordinierung, -kontrolle und Führungspostenbesetzung durchaus automatisiert werden. Entscheidend ist das algorithmische Modell in dem Moment, in dem der Vorstand als Gesamtorgan über ihren Einsatz beschließt. § 76 I AktG formuliert dann in erster Linie Anforderungen an die im Einzelfall eingesetzten Maschinen: Setzt der Vorstand Modelle ein, die während des Einsatzes lernen und mit ihrer Umgebung interagieren, müssen diese etwa einen gewissen Grad der Interpretierbarkeit aufweisen, vorab intensiv getestet oder verifiziert worden, unterbrechbar und korrigierbar sein.

Der Menschenvorbehalt baut so weniger Schranken auf als erwartet: Einerseits lassen sich die strategischen unternehmenspolitischen Entscheidungen, um die es im Kernbereich der Unternehmensführung geht, in der gesetzestypischen Aktiengesellschaft regelmäßig noch nicht vollständig automatisieren.[263] Andererseits genügt es, dass das algorithmische Modell der eingesetzten Maschinen die Entscheidungen nicht vollumfänglich, sondern hinreichend determiniert. Wer deshalb die Umgehung des § 76 III S. 1 AktG fürchtet, irrt. In der Tat steht § 76 I

---

[263] Vgl. aus ökonomischer Sicht *Parry et al.*, Group. Organ. Manag. 41 (2016) 571 (580).

AktG der „Übergabe der Verantwortlichkeit für die Entscheidung“ auch beim Einsatz lernender Maschinen im Weg.[264] Nur: Ein striktes Automatisierungsverbot geht damit nicht einher. Vielmehr müssen die maschinellen Ausgaben im Kernbereich der Unternehmensleitung noch so vorhersehbar sein, dass die *Verantwortung* für die grundlegende unternehmerische Ausrichtung beim Leitungsorgan verbleibt.

cc) Überlegenes Zukunftsmodell

Dass sich das Dogma der Unveräußerlichkeit aus § 76 I AktG auf lange Sicht gleichwohl als zu unflexibel erweist, liegt denn auch nicht daran, dass der Vorstand Künstliche Intelligenz im Kernbereich der Unternehmensführung nur zur Vorbereitung eigener Entscheidungsbeschlüsse nutzen könnte. Misslich ist stattdessen die Tatsache, dass die Norm statt der Leistungsfähigkeit der Maschine die Vorhersehbarkeit ihres Verhalten zum entscheidenden Kriterium macht. Ein striktes Entäußerungsverbot führt dazu, dass der Vorstand Entscheidungen im Kernbereich der Unternehmensführung auch dann nicht an zwar nicht hinreichend vorhersehbare, aber überaus effiziente Maschinen delegieren kann, wenn die Delegation im Gesellschaftsinteresse läge. Wenn künftig immer selbständigere und leistungsfähigere Maschinen auf den Plan treten, wird § 76 I AktG so zum Automatisierungshemmnis.

Das wirft ein Schlaglicht auf ein bekanntes Problem: Ein striktes Entäußerungsverbot aus § 76 I AktG kann der Gegenleistung der Entäußerung naturgemäß keinen Wert beimessen. Ist die Hürde der Leitungsentscheidung tatbestandlich übersprungen, lässt sich der Nutzen der Delegation für die Gesellschaft auf Rechtsfolgenebene streng genommen nicht einpreisen. Ein unveräußerlicher Kernbereich der Unternehmensführung lässt sich nicht „in gute und schlechte Veräußerungsakte auffächern“.[265] Zu welchen Problemen dies führt, zeigt heute in erster Linie die Entwicklung auf Ebene des Selbstbindungsverbots. Auch hier steht regelmäßig die Entäußerung von Kompetenzen des Vorstands in Rede. In diesem Rahmen bindet sich der Vorstand selbst gegenüber einem Investor, um damit ein Investment in die Gesellschaft zu sichern und schränkt zu diesem Zweck seine Leitungsmacht mitunter erheblich ein. Etwa indem er verspricht, von genehmigten Kapital kein Gebrauch zu machen, keine eigenen Aktien zu erwerben oder nicht mit anderen Interessenten zu verhandeln. Weil im Ausgangspunkt kaum Zweifel bestehen, dass diese wirtschaftlich vorteilhaften Gestaltungen auch der Aktiengesellschaft nicht verwehrt bleiben sollten, ist das Dogma der Unveräußerlichkeit im Begriff, an dieser Stelle zu erodieren.[266] Zwar hält das Schrifttum formal am Selbstbindungsverbot fest. Doch auf der Suche nach einer

[264] So *Hoch*, AcP 219 (2019) 646 (672) in Bezug auf § 76 III S. 1 AktG.

[265] *Koch*, 50 Jahre Aktiengesetz, S. 65 (96, 96 ff.); ähnlich zuvor schon *Seibt*, FS K. Schmidt I, 1463 (1464 ff.).

[266] Instruktiv *Koch*, 50 Jahre Aktiengesetz, S. 65 (94 f.): „Auflösungserscheinungen“.

flexiblen Lösung, die Selbstbindungen auch am Gesellschaftsinteresse misst, setzt das Verbot inzwischen kaum noch Grenzen.[267]

Ähnliches steht auf kurz oder lang auch in unserem Fall zu erwarten. Auch beim Einsatz Künstlicher Intelligenz wird es auf lange Sicht zum Problem, dass ein striktes Delegationsverbot den Nutzen der Technikeinsatzes eigentlich nicht einpreisen kann. Misst man seine Entscheidung an § 76 I AktG, kann der Vorstand nicht berücksichtigen, dass die Maschine zwar zu im Einzelnen nicht mehr vorhersehbaren Ergebnissen gelangt, dabei aber um ein Vielfaches effizienter agiert als er selbst. Dabei ist die Vorhersehbarkeit einer Maschine aus Sicht der Gesellschaft nicht der entscheidende Faktor. Aus ihrer Sicht sollen Maschinen künftig auch und insbesondere unvorhersehbar agieren und damit zu Ergebnissen gelangen, die einem Menschen und Wettbewerbern typischerweise verborgen bleiben. Das gilt erst recht, wenn wie hier Leitungsentscheidungen in Rede stehen. Entscheidend ist die Ausrichtung am Gesellschaftsinteresse. Der Vorstand kann dies indes nur berücksichtigen, wenn seine Entscheidung nicht an einem strikten Entäußerungsverbot aus § 76 I AktG gemessen wird, sondern am allgemeinen Sorgfaltsmaßstab des § 93 I AktG.

Und schon das geltende Recht macht den Weg dafür frei.[268] Das Aktiengesetz unterscheidet terminologisch zwischen Leitung (§ 76 I AktG) und Geschäftsführung (§ 77 I AktG), ohne damit ausdrücklich zum Ausdruck zu bringen, das eine für unveräußerlich, das andere für veräußerlich zu halten. Auch der Gesetzgeber selbst formulierte das Delegationsverbot jedenfalls nicht explizit. Im Gegenteil. Als er 1937 die Organisationsverfassung der Aktiengesellschaft reformiert und damit die spätere Erklärung für das Delegationsverbot liefert, begreift er die Geschäftsführung als Teil der Leitung.[269] Und, noch wichtiger: Zwar folgt für ihn

[267] Vgl. *Fleischer*, FS Schwark, S. 137 (150 ff.) mwN.; repräsentativ *Reichert*, ZGR 2015, 1 (23): Verpflichtung zur (Nicht-)Ausnutzung genehmigten Kapitals sei kein Eingriff in Leitungsverantwortung, wenn Verpflichtung zeitlich angemessen befristet wird; ähnlich *Kiefner*, ZHR 178 (2014) 547 (576 ff.); *Herwig*, Leitungsautonomie und Fremdeinfluss, S. 65 ff.; s. zuvor noch *Lutter*, FS Fleck, 1988, S. 169 (184); zu den damit verbundenen nur schwer aufzulösenden dogmatischen Friktionen in Bezug auf das Delegationsverbot *Koch*, 50 Jahre Aktiengesetz, S. 65 (93 f., 97 ff.).

[268] Erstmals *Seibt*, FS K. Schmidt I, S. 1463 (1464), der seine „Dekonstruktion der Leitungsverantwortung", wie folgt zusammenfasst: Delegationsverbot „dogmatisch als begriffsjuristisches Konzept nicht überzeugend, lässt die Komplexität von Entscheidungsprozessen außer Acht, entspricht daher in ihrer Strenge nicht den Anforderungen einer modernen Führung hoch differenzierter Unternehmensstrukturen und behindert damit ohne Not international wettbewerbsfähige Corporate Governance-Strukturen"; aufgeschlossen anschießend *Koch*, 50 Jahre Aktiengesetz, S. 65 (100 f.); sowie im vorliegenden Zusammenhang *Noack*, ZHR 183 (2019) 105 (124).

[269] *Klausing*, AktG mit Einführungsgesetz und „Amtlicher Begründung", 1937, S. 56: „Die Leitung der Gesellschaft und damit die Geschäftsführung liegt nunmehr beim Vorstand."; auch im Schrifttum dient der Leitungsbegriff zu dieser Zeit als Oberbegriff für Geschäftsführung und Vertretung, vgl. *Gadow/Heinichen*, AktG, 1939, § 70 Anm. 3; *Schlegelberger/Quassowski*, AktG, 1937, § 70 Anm. 2; anders *Seibt*, FS K. Schmidt I, S. 1463 (1469), der dies als Gleichsetzung von Leitung und Geschäftsführung deutet.

aus dem Recht, die Aktiengesellschaft zu leiten, zugleich auch die Pflicht, dies zu tun.[270] Doch er traf damit keine bewusste Aussage über die strikte Delegationsfeindlichkeit eines Kernbestands unternehmerischer Aufgaben. Dabei sind die Bedenken, dass es ihm beim Umbau der Organisationsverfassung, der heute die Erklärung für ein striktes Delegationsverbot liefern soll, nicht um genuin juristische, sondern auch und vor allem ideologische Wertungen ging, noch immer nicht ausgeräumt.[271]

Später übernehmen die Verfasser des Aktiengesetz 1965 die begriffliche Trennung und das eigenverantwortliche Leitungsorgan der AG, ohne zu einem Delegationsverbot Stellung zu nehmen.[272] Und auch im Anschluss schafft der Gesetzgeber selbst keinen Anknüpfungspunkt für ein striktes Delegationsverbot aus §76 I AktG.[273] Erst nach und nach entwickelt sich im Schrifttum das heutige Verständnis eines herausgehobenen und vor allem nicht delegierbaren Teils der Geschäftsführung.[274] Soweit man mit der Systematisierung in delegierbare Geschäftsführung und nicht delegierbare Leitung Rechtsklarheit anstrebt, wird damit genau das Gegenteil erreicht. Was als Leitungsaufgabe zählt und was nicht, ist heute unklarer denn je. Subsumtionsfähiges lässt sich dazu auch kaum vortragen.[275] Dennoch ist der Kanon nicht delegierbarer Aufgaben in den vergangenen Jahren beständig gewachsen.[276] Das Etikett der Leitungsaufgabe scheint zunehmend die Funktion zu erfüllen, eine unternehmerische Aufgabe als besonders bedeutend zu markieren. Nur konsequent ist es dann, dass inzwischen auch der Einsatz Künstlicher Intelligenz dazu zählen soll.[277] Dem Geschäftsleiter bleibt es zu entscheiden, was daraus im Einzelfall folgt. Mit dem Risiko, dass er aus Furcht vor der haftungsbewehrten Entäußerung vermeintlich zwingender Kompetenzen auf Kosten der Gesellschaft vor der Automatisierung zurückschreckt. Sicherheit schaffte dagegen der vertraute Maßstab des §93 I AktG: Das starre Entäußerungsverbot wiche der sorgfältigen Abwägung des Technikeinsatzes mit

---

[270] *Klausing*, AktG mit Einführungsgesetz und „Amtlicher Begründung", 1937, S. 58 f.

[271] Vgl. §4 A I.

[272] Vgl. *Kropff*, Textausgabe des Aktiengesetzes vom 6.9.1965, S. 97 f.

[273] Eingehend *Linnertz*, Die Delegation durch den Vorstand einer Aktiengesellschaft, S. 98 ff.; s. zuvor auch *Seibt*, FS K. Schmidt I, S. 1463 (1470).

[274] S. zuvor etwa noch *Lutter*, AG 1991, 249 (251); sowie *Semler*, Leitung und Überwachung der Aktiengesellschaft, S. 8.

[275] So auch MüKoAktG/*Spindler* §76 Rn. 17; *Seibt*, FS K. Schmidt I, S. 1463 (1486); *Koch*, 50 Jahre Aktiengesetz, S. 65 (94): „Wer sich allerdings der Aufgabe stellt, den Begriff der Leitungsverantwortung trennscharf zu konturieren […] verzweifelt schnell".

[276] Krit. zu dieser Tendenz *Koch*, AktG, §76 Rn. 11; zuvor bereits *Nietsch*, ZHR 180 (2016) 733 (738).

[277] So *Weber et al.*, NZG 2018, 1131 (1132); zur Einordnung des Datenmanagements als Leitungsaufgabe etwa *Spindler*, ZGR 2018, 1 (40 f.); der Einsatz von EDV wurde früh zum Kernbereich der Leitungsverantwortung gezählt, vgl. *Stein*, ZGR 1988, 163 (168 ff.); *Raiser*, ZGR 1989, 44 (45); heute statt vieler *Noack*, ZHR 183 (2019) 105 (125); GroßKomm-AktG/*Kort* §76 Rn. 37 mwN.

dem Wohl der Gesellschaft. Das unternehmerische Ermessen des Vorstands würde wie sonst auch, im Interesse der Gesellschaft von § 93 I S. 2 AktG geschützt. Vor allem aber trägt die Norm den Eigenarten der Künstlichen Intelligenz Rechnung. Das statische Modell des § 76 I AktG kann die Potenziale zwar unvorhersehbarer, aber nutzenbringender Maschinen nicht vollständig ausschöpfen. Wer die Automatisierung von Leitungsaufgaben demgegenüber am flexiblen Maßstab des § 93 I AktG misst, macht nicht länger die Vorhersehbarkeit der eingesetzten Maschinen, sondern ihre *Ausrichtung auf das Gesellschaftsinteresse* zum entscheidenden Kriterium.

d) Organisationspflichten

Auch dann, wenn der Geschäftsleiter eine Aufgabe delegiert, kann er sich nicht seiner Verantwortung begeben, entsprechende Vorkehrungen dafür zu treffen, dass der mit der Aufgabe Betraute diese Aufgabe ordnungsgemäß wahrnimmt. Dabei ist es im Ausgangspunkt unerheblich, ob er eine Aufgabe an einen Menschen delegiert oder diese mithilfe Künstlicher Intelligenz automatisiert.[278] Setzt er jemanden oder etwas zur Wahrnehmung einer originär ihm obliegenden Aufgabe ein, trifft ihn stets eine residuale Verantwortung, die sorgfältige Aufgabenwahrnehmung zu gewährleisten. Im Rahmen der Delegation an menschliche Mitarbeiter wird diese Verantwortung üblicherweise dahingehend typisiert, den Delegationsempfänger sorgfältig auszuwählen, einzuweisen und fortlaufend zu überwachen.[279] Damit sind indes nur bestimmte organisatorische Vorkehrungen umschrieben, die eine ordnungsgemäße Aufgabenwahrnehmung gewährleisten. Auch der BGH verwendet schon bei Mitarbeitern völlig zurecht nicht ausschließlich diese Trias. Er hält für den Geschäftsführer der GmbH etwa fest, dass dieser nach § 43 GmbHG „für die ordnungsgemäße Auswahl, Einweisung, Information und Überwachung von Mitarbeitern [hafte]“[280]. Die Auffächerung schematisch auf die Künstliche Intelligenz zu übertragen, ist nicht geboten. Weil dies anthropomorphe Irrtümer provoziert, ist es auch nicht ratsam. Vielmehr sind eigene, auf die Eigenarten der Technologie zugeschnittene Maßnahmen zu formulieren. Wobei es ganz allgemein darum geht, organisatorische Vorkehrungen zu treffen, die rechtswidriges oder fehlerhaftes Maschinenverhalten vorbeugen.[281]

---

[278] Vgl. *Möslein*, ZIP 2018, 204 (210 f.); BeckOGKAktG/*Fleischer* § 76 Rn. 77: „gelten im Ausgangspunkt die herkömmlichen Grundsätze für die Aufgabenübertragung an nachgeordnete Unternehmensebenen“.

[279] BGHZ 127, 336 (347 f.); 133, 370 (377 f.); *Dreher*, FS Hopt I, S. 517 (536 ff.); *Harbarth*, ZGR 2017, 211 (215); *Schwark*, ZHR 142 (1978) 203 (216 f.); *Fleischer*, ZIP 2003, 1 (8 f.); umfassend zu dieser Verantwortung jetzt *Linnertz*, Die Delegation durch den Vorstand einer Aktiengesellschaft, S. 238 ff.

[280] BGHZ 127, 336 (347).

[281] Vgl. *Möslein*, ZIP 2018, 204 (211) spricht insoweit von „algorithmischen Organisationspflichten“; für einen konkreten „10-Punkte-Pflichten-Kanon“ *Lücke*, BB 2019, 1986 (1993), eingehend auch *Telle*, Einsatz Künstlicher Intelligenz zur vorbereitenden Unterstüt-

Konkret richten sich diese Vorkehrungen nach der Rechtsform, der Größe und Art des Unternehmens, der Art und Bedeutung der automatisierten Funktionen, dem spezialgesetzlichen Regelungsumfeld und der Art der eingesetzten Computersysteme. Nach all dem entfaltet die – auch Ausführungen zur Delegation an Mitarbeiter stets pflichtschuldig vorangestellte – Einschränkung, dass über die Gestalt der Organisationspflichten der Einzelfall entscheidet, in unserem Fall ungleich größere Bedeutung.

Der Geschäftsleiter muss zunächst organisatorische Vorkehrungen dafür treffen, dass die eingesetzten Maschinen den (spezial-)gesetzlichen Anforderungen entsprechen. Sie entfalten über die Legalitätspflicht und die Legalitätskontrollpflicht gesellschaftsrechtliche Relevanz.[282] Dabei finden je nach Regelungssektor und Anwendungskontext notwendigerweise ganz unterschiedliche Rechtsnormen Anwendung.[283] Dass es auch hinsichtlich der gesellschaftsrechtlich geschuldeten Maßnahmen einen erheblichen Unterschied macht, ob die unternehmerische Aufgabe einem selbstfahrenden Fahrzeug, einem algorithmischen Wertpapierhandelssystem oder einem intelligenten Personalverwaltungstool übertragen wurde, kann nicht überraschen. Allgemeine Maßstäbe setzt die Regulierung der Künstlichen Intelligenz auf Unionsebene. Die hier getroffenen Regelungen wählen zurecht einen risikobasierten Ansatz, sollen im Ausgangspunkt aber für die Technologie ganz allgemein, also nicht für spezifische Anwendungen, sondern die Künstliche Intelligenz als solche gelten.[284] Durch sie wird auch die sorgfältige Unternehmensorganisation maßgeblich vorgezeichnet.

Das Gesellschaftsrecht selbst macht bislang aus guten Gründen keine ausdrücklichen Vorgaben, wie der unternehmerische Einsatz Künstlicher Intelligenz zu organisieren ist. Gesetzessystematisch nahe sind schon heute die Organisationspflichten, die das WpHG an die Betreiber intelligenter Wertpapierhandelssysteme formuliert. Ein Unternehmen, das Wertpapierdienstleistungen im Wege des algorithmischen Handels anbietet, muss nach § 80 II S. 4 WpHG etwa „über wirksame Notfallvorkehrungen verfügen, um mit unvorhergesehenen Störungen in seinen Handelssystemen umzugehen, und sicherstellen, dass seine Systeme vollständig geprüft sind und ordnungsgemäß überwacht werden“. Diese Pflich-

---

zung von Leitungsentscheidungen des Vorstands einer AG, S. 101 ff. sowie *Calabro*, Künstliche Intelligenz und Corporate Governance, S. 118 ff.

[282] Vgl. *Noack*, ZHR 183 (2019) 105 (112).

[283] Zu verschiedenen spezialgesetzlichen Vorgaben bei der Auslagerung digitaler Funktionen anhand von Referenzgebieten instruktiv *Uwer*, ZHR 183 (2019) 154 (160 ff.).

[284] S. zum finalen Entwurf zuvor *Orssich*, EuZW 2022, 254; *Veale/Borgesius*, CRi 2021, 97; krit. einordnend *Ebers et al.*, RDi 2021, 528 sowie *Spindler*, CR 2021, 361; s. zuvor etwa *Hacker*, NJW 2020, 2142; für einen Überblick über den Entwurf einer *AI liability directive* hier nur *Wagner*, JETL 13 (2022) 191 (220 ff.) sowie umfassend *Hacker*, arXiv:2211.13960, 2023; bestehende (deliktische) Haftungssysteme sind typischerweise technologieneutral, regulieren den unternehmerischen Einsatz von KI freilich gleichwohl, vgl. *Wagner*, Zivilrechtliche und rechtsökonomische Probleme des Internet und der künstlichen Intelligenz, S. 1 (18 ff.); zu deliktischen Verkehrssicherungspflichten des Nutzers von KI statt vieler hier nur *Thöne*, Autonome Systeme und deliktische Haftung, S. 195 ff.

ten, die über § 28 I S. 3 KAGB etwa auch in der Kapitalverwaltungsgesellschaft gelten, angepasst auch in weniger streng regulierten Unternehmen in Rechnung zu stellen, wird oft keinen Widerspruch hervorrufen. Für andere Organisationspflichten, insbesondere die umfassenden Dokumentationspflichten des § 80 III WpHG gilt das nicht ohne Weiteres. Insoweit lassen sich die Organisationspflichten des WpHG Gesellschaften außerhalb des Anwendungsbereichs keinesfalls pauschal aufbürden.[285] Sie nehmen nicht das Unternehmenswohl, sondern die Stabilität und Integrität der Finanzmärkte in den Blick. Aus diesem Grund verbietet sich eine Analogie. Das gilt erst recht, wenn diese Analogie das Organisationsermessen der Geschäftsleitung ausschließen soll.[286] Freilich mögen Geschäftsleiter in den Regelungen einen Fixpunkt für das finden, was ihnen beim Einsatz maschineller Lernverfahren obliegt.[287] Sie vollständig in das Gesellschaftsrecht zu überführen, ist auch rechtspolitisch nicht geboten. Der Gesetzgeber tut im Gegenteil gut daran, der Geschäftsleitung außerhalb streng regulierter Kontexte Spielraum zu lassen.

Welche organisatorischen Vorkehrungen ein Geschäftsleiter beim Einsatz Künstlicher Intelligenz schuldet, ist noch weitgehend ungeklärt.[288] Die Einrichtung der ordnungsgemäßen Unternehmensorganisation steht dabei grundsätzlich in seinem unternehmerischen Ermessen.[289] Er ist gehalten, die Organisation nicht nach einem starren Schema zu gestalten, sondern stattdessen der konkreten Unternehmenssituation und den Eigenarten der eingesetzten Programme ausreichend Rechnung zu tragen.[290] Dabei lassen sich typische organisatorische Vorkehrungen grob umschreiben. Typischerweise gliedert sich der Einsatz Künstlicher Intelligenz in der Praxis in vier Phasen: Das *Data Management*, das *Model Learning*, das *Model Verification* und das *Model Deployment*.[291]

---

[285] Zutreffend *Zetzsche*, AG 2019, 1 (8); sowie auch *Lücke*, BB 2019, 1986 (1992 f.).

[286] So wohl *Möslein*, ZIP 2018, 204 (211).

[287] *Weber et al.*, NZG 2018, 1131 (1135): „Richtschnur“; ähnlich wohl *Noack*, ZHR 183 (2019) 105 (127); sowie *Becker/Pordzik*, ZfPW 2020, 334 (352): „Anhaltspunkte“; monografisch *Li*, Künstliche Intelligenz im Rahmen unternehmerischer Entscheidungen des Vorstands der AG, S. 170 ff., 174 f.; ähnlich auch *Calabro*, Künstliche Intelligenz und Corporate Governance, S. 143 ff.: „keine vergleichbare Interessenlage“, aber „Extraktion organisatorischer Grundanforderungen“ (S. 146 ff.) möglich.

[288] So auch *Noack*, FS Windbichler, S. 947 (953): „Was diese Sorgfalt beim KI-Einsatz ausmacht, ist noch weithin ungeklärt“; monografisch jetzt *Telle*, Einsatz Künstlicher Intelligenz zur vorbereitenden Unterstützung von Leitungsentscheidungen des Vorstands einer AG, S. 101 ff.

[289] Im vorliegenden Zusammenhang statt aller *Möslein*, ZIP 2018, 204 (211 f.) mwN.

[290] Für einen Überblick über die typischen Arbeitsabläufe im Rahmen der KI-Entwicklung in der Praxis *Russell/Norvig*, Artificial Intelligence, S. 704 ff.; eine umfassende Auswertung des Status quo in der Praxis liefern *Ashmore et al.*, ACM Comput. Surv. 54 (2021) 111; für konkrete organisatorische Vorkehrungen, um Risiken bei der Entwicklung zu minimieren *Avin et al.*, Science 374 (2021) 1327; sowie bereits *Brundage et al.*, arXiv:2004.07213, 2020, S. 8 ff.

[291] Eingehend *Ashmore et al.*, ACM Comput. Surv. 54 (2021) 111:2 ff.

In jeder dieser Phasen hat die Geschäftsleitung situationsadäquate Vorkehrungen dafür zu treffen, dass die Maschine, die ihr innerhalb des Unternehmens übertragene Aufgabe ordnungsgemäß wahrnimmt. Wobei es im Kern darum geht, dem Ausrichtungsproblem zu begegnen: Es gilt sicherzustellen, dass die Maschine zuverlässig das tut, was sie tun soll. Zentraler Bestandteil ist das *Data Management*.[292] Die Auswahl und das Kuratieren der Trainingsdatensätze hat für den Erfolg in der Praxis regelmäßig größere Bedeutung als die Auswahl des jeweiligen Lernalgorithmus und -verfahrens. Die gesetzlichen, insbesondere datenschutzrechtlichen Vorgaben sind zu achten. Zudem sind organisatorische Vorkehrungen dafür zu treffen, dass die Trainingsdaten qualitativ und quantitativ ein hinreichendes Niveau erreichen.[293] Das *Model Learning* beschreibt den Prozess, in dem das algorithmische Modell ausgewählt und trainiert wird. Hier wird es künftig auch und vor allem darum gehen, dass die Zielfunktion der eingesetzten Maschine die Ziele der Gesellschaft präzise und vollständig abbildet.[294] Als entscheidende rechtliche Weichenstellung erweist sich in diesem Rahmen die Frage, ob die jeweilige Unternehmung die eingesetzten Systeme lediglich einkauft oder selbst entwickelt.[295] Wobei sich die Grenze zwischen dem bloßen Einkauf und der Eigenentwicklung in der Praxis oft nicht trennscharf ziehen lässt. Regelmäßig werden zunächst vortrainierte algorithmische Modelle erworben und dann unternehmensintern entsprechend weiterentwickelt. Setzt die Geschäftsleitung lediglich am Markt bezogene Technologie ein, muss sie diese sorgfältig auswählen oder dafür sorgen, dass sie sorgfältig ausgewählt werden.[296] Im Schrifttum nahm dabei die Frage großen Raum ein, worauf sich mangels bestehender Zertifizierungsstandards ein Vertrauen bei der Auswahl stützen kann.[297] Inzwischen stehen erste Standards bereit. Sie bieten einen Anhaltspunkt für die Sicherheit der eingesetzten Modelle, ohne freilich haftungsbefreiend zu wirken. Auf Ebene der *Model Verification* muss sich die Geschäftsleitung vor dem Einsatz

---

[292] S. dazu *Noack*, ZHR 183 (2019) 105 (126 ff.); sowie *Armour/Eidenmüller*, ZHR 183 (2019) (178 ff.), die damit in erster Linie Qualifikationsanforderungen verknüpfen; aus technischer Sicht statt vieler *Russell/Norvig*, Artificial Intelligence, S. 705 ff.; sowie umfassend *Ashmore et al.*, ACM Comput. Surv. 54 (2021) 111:6 ff.

[293] Eingehend *Armour/Eidenmüller*, ZHR 183 (2019) 169 (176 ff.); *Weber et al.*, NZG 2018, 1131 (1132 f.); *Lücke*, BB 2019, 1986 (1993); zur Haftung des Unternehmens für Trainingsdaten *Zech*, NJW 2022, 502.

[294] Andeutend *Armour/Eidenmüller*, ZHR 183 (2019) 169 (178): „goal alignment".

[295] Vgl. zu dieser Entscheidung („make or buy") auch *Lücke*, BB 2019, 1986 (1993); *Telle*, Einsatz Künstlicher Intelligenz zur vorbereitenden Unterstützung von Leitungsentscheidungen des Vorstands einer AG, S. 105.

[296] Statt aller *Calabro*, Künstliche Intelligenz und Corporate Governance, S. 120 ff. mwN.

[297] *Zetzsche*, AG 2019, 1 (8) mit dem Hinweis, dass konkreter Unternehmenseinsatz nicht Teil der Zertifizierung ist; *Spindler*, ZGR 2018, 17 (41 f.); zur Frage, welche Folgen die Auswahlsorgfalt für die geschuldete Qualifikation des Geschäftsleiters hat *Armour/Eidenmüller*, ZHR 183 (2019) 169 (179); *Linardatos*, ZIP 2019, 504 (508); *Möslein*, ZIP 2018, 204 (209); zurückhaltend *Noack*, ZHR 183 (2019) 105 (118).

des jeweiligen Systems vergewissern, dass das Modell so agiert, wie es agieren soll. Die Modelle sind vor dem Einsatz jedenfalls entsprechend zu testen.[298] Je nach Anwendung sind an die Intensität der Tests unterschiedliche Anforderungen zu stellen. Bei sicherheitskritischen Anwendungen sind höhere Anforderungen zu stellen. Schließlich muss der Geschäftsleiter während des Einsatzes entsprechende Vorkehrungen treffen (*Model Deployment*).[299] Er muss durch entsprechende organisatorische Maßnahmen sicherstellen, dass die eingesetzten Systeme stabil funktionieren und keine rechtswidrigen Entscheidungen treffen.[300] Weil Maschinen, die lernen und mit ihrer Umgebung interagieren, auch bei sorgfältigen Test- und Trainingsverfahren unvorhersehbar agieren, sind dabei *dauerhafte* Mechanismen zur Überwachung der Maschinen einzurichten.[301] Die Überwachungsintensität richtet sich wiederum nach der Art und Bedeutung der Aufgabe, dem Unternehmen und dem Regulierungsumfeld.[302] Sie hängt nun indes auch ganz entscheidend davon ab, welche technischen Garantien dem Geschäftsleiter zur Verfügung stehen: Je weniger sich die eingesetzten Maschinen interpretieren lassen, desto höher sind die Anforderungen an sorgfaltsgemäße Überwachungsmaßnahmen.[303] Wurden die Systeme vor dem Einsatz mithilfe entsprechender Verifikationsverfahren geprüft, sinkt die geschuldete Überwachungsintensität. Die in der Praxis getroffenen Überwachungsmaßnahmen sind vielfältig. Die Wahl steht im Ermessen der Geschäftsleitung. Möglich ist etwa das Ausloben entsprechender Belohnungen für das Finden von Fehlern im algorithmischen Modell oder dem Trainingsdatensatz der eingesetzten Systeme.[304] Dadurch werden Anreize gesetzt, Sicherheits- und Haftungsrisiken in den eingesetzten Modellen früh zu erkennen. Überwacht werden müssen dabei insbesondere in sicherheitskritischen Umgebungen die Dateneingaben, die Umgebung, in der die Maschine eingesetzt wird, ihr algorithmisches Modell und ihre Ausgaben.[305] Ins Stadium des *Modell Deployment* fällt auch die Pflicht der Geschäftsleitung einzugreifen, falls das eingesetzte System die übertragene Aufgabe nicht ordnungsgemäß wahrnimmt, und das Modell entsprechend anzupassen.[306] Dies macht zu-

---

[298] Vgl. *Spindler*, ECFR 2019, 106 (137); s. auch *Lücke*, BB 2019, 1986 (1993): „Funktionsfähigkeit der Algorithmen [ist] durch eine der Bedeutung der zu bewältigenden Aufgabenstellung angemessene Anzahl von Testläufen zu verifizieren"; für einen technischen Überblick über mögliche Testverfahren *Russell/Norvig*, Artificial Intelligence, S. 713.

[299] Eingehend *Ashmore et al.*, ACM Comput. Surv. 54 (2021) 111:25 ff.

[300] Vgl. *Möslein*, ZIP 2018, 204 (211).

[301] So auch *Spindler*, ECFR 2019, 106 (137): „As patterns of AI may change and thus the validity of information may also vary a constant check and monitoring of AI is mandatory"; *Lücke*, BB 2019, 1986 (1993): „Zumindest stichprobenartig".

[302] Statt aller *Fleischer*, AG 2003, 291 (293 f.); vgl. auch MüKoAktG/*Spindler* § 93 Rn. 119.

[303] Vgl. *Spindler*, ECFR 2019, 106 (137); zu typischen Möglichkeiten des Monitorings aus technischer Sicht *Ashmore et al.*, ACM Comput. Surv. 54 (2021) 111:25 f.

[304] Solche *safety bounties* anregend etwa *Avin et al.*, Science 374 (2021) 1327 (1329); *Brundage et al.*, arXiv:2004.07213, 2020, S. 16.

[305] Vgl. dazu *Ashmore et al.*, ACM Comput. Surv. 54 (2021) 111:25.

[306] Vgl. *Lücke*, BB 2019, 1986 (1993).

nächst erforderlich, dass es technisch sicher möglich ist, das System zu unterbrechen. Die Pflicht, insoweit eine sichere Abschaltfunktion zu implementieren, lässt sich im Aktienrecht auch § 91 II AktG entnehmen.[307] Hinzu treten in jedem Fall Dokumentationspflichten.[308] Dokumentiert werden können insbesondere das eingesetzte, sich im Verlauf des Lernprozesses verändernde algorithmische Modell und die Daten, mit denen dieses Modell trainiert wurde.[309] Über den Umfang der geschuldeten Dokumentation entscheidet dabei maßgeblich die Frage, ob das eingesetzte System während des Einsatzes selbständig weiter lernt oder nicht. Ist dies der Fall, sind typischerweise die Veränderungen des Modells in regelmäßigen Abständen zu dokumentieren.[310]

Insgesamt lässt sich also festhalten: Ein Geschäftsleiter, der Leitungsaufgaben mithilfe Künstlicher Intelligenz automatisiert, kann sich nicht seiner residualen Verantwortung entledigen, die eingesetzten Modelle im Zweifel sorgfältig auszuwählen, zu trainieren, zu testen, technisch zu überwachen, zu aktualisieren und entsprechend zu dokumentieren.[311] Die Intensität dieser Pflichten richtet sich nach der Art und der Bedeutung der automatisierten Aufgabe und den Eigenarten des eingesetzten Computersystems. Geschuldet sind dabei nur die organisatorischen Vorkehrungen. Der Geschäftsleiter kann (und muss) sich dabei Mitarbeitern oder externer Dienstleistern bedienen. Die genaue Ausgestaltung fällt in sein unternehmerisches Ermessen. Je nach Einzelfall können dazu umfassende Trainingsverfahren mit repräsentativen, quantitativ und qualitativ hinreichenden Datensätzen, intensive Testverfahren, die Implementierung eines dauerhaften Monitoring sowie die entsprechende Dokumentation der verwendeten Trainingsdatensätze und der sich wandelnden algorithmischen Modelle gehören. Kommt ein Geschäftsleiter dem nach, zieht schadenstiftendes Maschinenverhalten für ihn keine Haftungsfolgen nach sich.[312]

IV. Fazit: In der Schleife

Insoweit lässt sich der Menschenvorbehalt in der korporativen Arbeitsteilung verorten. Ausgangspunkt muss die Einsicht sein, dass die Aufgaben des Ge-

---

[307] *Zetzsche*, AG 2019, 1 (7): „sichere Abschalteinrichtung"; zustimmend BeckOG-KAktG/*Fleischer* § 76 Rn. 77; das Aufsichtsrecht ordnet die Einrichtung solcher Vorrichtungen bisweilen explizit an, vgl. etwa Schwark/Zimmer/*Fett* WpHG § 80 Rn. 165: „Kill-Funktion".

[308] Das Schrifttum formuliert bisweilen erhebliche Dokumentationspflichten, vgl. etwa *Möslein*, ZIP 2018, 204 (212).

[309] Zu Ersterem gehören insb. sog. *model cards*, vgl. *Mitchell et al.*, arXiv:1810.03993, 2018, zu Letzterem insb. sog. *datasheets für datasets*, vgl. *Gebru et al.*, arXiv:1803.09010, 2018.

[310] Vgl. *Lücke*, BB 2019, 1986 (1993).

[311] Vgl. *Petrin*, Colum. Bus. L. Rev. (2019) 965 (1014 f.); *Möslein*, ZIP 2018, 204 (210 ff.); *Noack*, ZHR 183 (2019) 105 (112 ff.); *Becker/Pordzik*, ZfPW 2020, 334 (348 ff.).

[312] Vgl. *Möslein*, ZIP 2018, 204 (211).

schäftsleiters einer gesetzestypischen Kapitalgesellschaft in der Praxis bislang nicht vollumfänglich automatisiert werden. Die Leitung der Korporation bleibt bislang regelmäßig nicht nur aus rechtlichen, sondern schon aus ökonomischen Gründen dem Individuum vorbehalten. Dieser Befund ist empirischer Natur und so bedeutsam wie bekannt. Hinter ihm steht die Einsicht, dass die Konstruktion einer Maschine, die auch strategische Entscheidungen besser trifft als wir, wesentlich schwerer fällt, als die Erfolge des vergangenen Jahrzehnts glauben ließen. Bisher fehlt es der Künstlichen Intelligenz dafür an algorithmischen Modellen, die leistungsfähig und mit Blick auf ihren Datenhunger und die erforderliche Rechenleistung effizient genug sind.

Das Recht forciert die Substitution menschlicher Leitungsentscheidungen dabei aus guten Gründen auch insoweit nicht, als dass ein Geschäftsleiter Künstliche Intelligenz zur Vorbereitung seiner Entscheidungen einsetzen und ihr womöglich gar Folge leisten müsste. Zwar mag es zunächst wünschenswert erscheinen, wenn das Gesellschaftsrecht den Einsatz Künstlicher Intelligenz nachhaltig forcierte. Zumal der Mensch in bestimmten Kontexten dazu neigt, den Einsatz von Maschinen zu vermeiden.[313] Indes übt sich das Recht an dieser Stelle zurecht in Zurückhaltung. Eine Business Judgment Rule, die Geschäftsleitern zum Wohl der Gesellschaft einen sicheren Hafen bieten soll, taugt nicht als strenger Transmissionsriemen des technologischen Wandels. § 93 I S. 2 AktG formuliert deshalb kein haftungsbewehrtes Gebot, das Potenzial, das die Technologie birgt, auch tatsächlich auszuschöpfen. Ihr erwächst nur, aber immerhin eine Obliegenheit zur Datenexploration: Um sich für angemessen informiert halten zu können, muss sich ein Geschäftsleiter ein Bild von den zur Verfügung stehenden Daten machen. Tut er dies, ist er im Regelfall frei, sie unangetastet zu lassen. Sein Ermessen verdichtet sich allenfalls dann zu einer Pflicht zur Datenverarbeitung, wenn ihm eine sachliche Entscheidung ohne den vorherigen Einsatz Künstlicher Intelligenz nahezu ausgeschlossen erscheinen muss. Wer den Informationsstandard strenger ansetzt, riskiert, dass Geschäftsleiter aus Furcht vor Haftungsrisiken lohnende Risiken meiden oder ihre unternehmerischen Entscheidungen mithilfe kostenintensiver maschineller Lernverfahren rein formal absichern. Dieses Ergebnis ist dabei auch deshalb gerecht und effizient, weil den Gesellschaftern oft Mittel zur Verfügung stehen, den Einsatz Künstlicher Intelligenz privatautonom zu forcieren.

Der Menschenvorbehalt wirkt aus Sicht der Gesellschaft und ihrer Gesellschafter wie ein Automatisierungsverbot. Weil diese ein von der Mitgliederversammlung zu unterscheidendes Leitungsorgan einrichten und mit natürlichen Personen besetzen müssen, verbleibt ein Bündel zwingender Kompetenzen in menschlicher Hand. Die Gesellschafter könnten diese Funktionen selbst dann nicht automatisieren, wenn sie sich selbst in das Leitungsorgan bestellen. Der Mensch bleibt insoweit *in der Schleife*. Mit allen Vor- und Nachteilen.

---

[313] *Dietvorst et al.*, J. Exp. Psychol. Gen. 144 (2015) 114: „algorithmic aversion“.

Einerseits gehen mit dem Institut aus Sicht der Gesellschaft mittelfristig Effizienzeinbußen einher: Überall dort, wo Maschinen Leitungsentscheidungen ohne einen Menschen in der Schleife schneller, informierter oder unvoreingenommener treffen als mit ihm, entstehen der Gesellschaft Kosten. Wenngleich die bei näherem Hinsehen geringer ausfallen als erwartet. Der gesellschaftsrechtliche Regelungsrahmen zeigt sich in dieser Hinsicht flexibel. Wenn er dem menschlichen Geschäftsleiter originäre Leitungsfunktionen zuweist, stellt er nicht formal unmittelbare menschliche Beschlüsse, sondern menschliche Leitungsverantwortung in Rechnung. Und dieser Verantwortung entäußert sich das Organ nicht schon deshalb, weil es über eine als solche identifizierte Leitungsentscheidung nicht unmittelbar Beschluss fasst. Die Geschäftsleitung kommt ihrer Leitungsverantwortung oft schon dadurch nach, dass sie durch die Ausgangsprogrammierung der eingesetzten Maschinen hinreichende Gewähr dafür bietet, dass und was entschieden wird. Speziell in der GmbH, die keinen unveräußerlichen Kernbereich der Unternehmensführung kennt, könnte sich die Geschäftsführung so in eine Position zurückziehen, die sich weitgehend auf die sorgfältige Auswahl und Überwachung der eingesetzten Maschinen beschränkt.

Wendet man diese Einsichten auf das im Schrifttum diskutierte Beispiel einer GmbH an, deren Unternehmensgegenstand sich auf den Betrieb eines selbstfahrenden Taxis beschränkt, fallen die Effizienzeinbußen, die in diesem Fall mit § 6 II S. 1 GmbHG einhergehen, im Ergebnis gering aus. Der menschliche Geschäftsleiter ist (selbstredend) nicht verpflichtet das Fahrzeug selbst zu steuern. Entsprechende Regelungen im Gesellschaftsvertrag vorausgesetzt, ist er dazu gar nicht berechtigt. Vielmehr wird die GmbH im Innern ausschließlich durch das selbstfahrende Kraftfahrzeug gesteuert. Dabei lassen sich auch die konkreten Verhaltenspflichten des Geschäftsführers automatisieren, wenn das Fahrzeug hinreichende Gewähr dafür bietet, dass es sich auch künftig so verhält, wie es sich verhalten soll. Gleichzeitig stellt § 6 II S. 1 GmbHG sicher, dass ein persönlich verantwortlicher Geschäftsleiter das Fahrzeug sorgfältig auswählt, dauerhaft überwacht und fortlaufend an die sich wandelnden rechtlichen Anforderungen anpasst. Nach außen handelt die Gesellschaft streng genommen durch ihren menschlichen Geschäftsleiter. Doch die maschinellen Ausgaben des Fahrzeugs, etwa im Rahmen eines Beförderungsvorgangs, werden nach den Grundsätzen der ‚Computererklärung' zunächst eigene Erklärungen des Geschäftsleiters und sodann im Wege der organschaftlichen Stellvertretung eigene Erklärungen der Gesellschaft.[314] Die Gesellschaft schließt durch ihr Handlungsorgan Verträge mit ihren Passagieren, ohne dass der menschliche Geschäftsleiter überhaupt tätig geworden wäre.

Auch im satzungsstrengen Aktienrecht sind der Automatisierung schon bei gegenwärtiger Rechtslage weniger Grenzen gesetzt, als gemeinhin angenommen. Auch § 76 I AktG stellt in Kombination mit § 76 III S. 1 AktG nicht menschliche

[314] Dazu eingehend oben § 3 C 1 a) aa).

Leitungsbeschlüsse, sondern menschliche Leitungsverantwortung in Rechnung. Der Vorstand trifft die zentralen unternehmenspolitischen Entscheidungen, die von einem Delegationsverbot aus § 76 I AktG umfasst sind, schon dann, wenn die eingesetzten Maschinen zwar nicht mehr in allen Einzelheiten vorhersehbar sind, aber durch die maschinelle Zielfunktion hinreichend eingehegt werden. Die mangelnde Flexibilität des § 76 I AktG macht sich so erst langfristig bemerkbar: Die Norm macht den Grad der Vorhersehbarkeit des Maschinenverhaltens zum Maßstab. Maschinen, die während des Einsatzes in erheblichen Maß lernen und sich vernetzen, kann der Vorstand im Kernbereich der Unternehmensführung dann nur zur Vorbereitung eigener Entscheidungen nutzen. Und das ganz unabhängig davon, ob die vollumfängliche Delegation aus Sicht der Gesellschaft mit erheblichen Nutzen verbunden wäre. Dogmatische Abhilfe schafft ein Modell, das auch die Delegation ausschließlich am Maßstab des § 93 I AktG misst. Entscheidendes Kriterium ist dann nicht die Vorhersehbarkeit der Maschine, sondern ihre Ausrichtung auf das Gesellschaftsinteresse.

Der Menschenvorbehalt erfüllt damit just die Funktion, die er bezweckt. Zum Schutz öffentlicher Interessen weist er einer natürlichen Person innerhalb des Unternehmens die persönliche Verantwortung für die Unternehmensleitung zu. Die Korporation bleibt dadurch ansprechbar für rechtliche Steuerungsanreize. Wenn sich die Pflichten des Geschäftsleiters künftig zunehmend auf den sorgfältigen und rechtmäßigen Einsatz Künstlicher Intelligenz beschränken, verbleibt dadurch auch und vor allem die Pflicht, Maschinen sorgfältig und den gesetzlichen Vorgaben entsprechend auszuwählen, zu entwickeln, zu testen, zu trainieren und während des Einsatzes dauerhaft zu überwachen, in der Hand eines persönlich verantwortlichen Individuums. Der Rechtsverkehr wird so wirksam und auf Dauer vor rechtswidrigen Maschinenverhalten geschützt.

Damit sind zwei zentrale Verteidigungslinien eingezogen: Das Gesetz formuliert an dieser Stelle einen echten Menschenvorbehalt, der einer natürlichen Person die im Vorstand gebündelten Funktionen positiv zur Wahrnehmung vorbehält und damit nicht die Interessen der Gesellschafter, sondern die der Allgemeinheit in den Blick nimmt. Ohne der Automation der Korporation erhebliche Grenzen zu setzen, stellt er dabei sicher, dass ein persönlich verantwortlicher Geschäftsleiter für die originär den Gesellschaftern obliegenden Pflichten zum Schutz des Rechtsverkehrs einsteht, die sich künftig zunehmend auf den rechtmäßigen Einsatz Künstlicher Intelligenz beschränken. Ausgehend vom Zweck des Menschenvorbehalts und der Funktion, die er in der korporativen Arbeitsteilung erfüllt, ist der Blick nun ins Ausland zu richten: Kann er sich so verstanden auch im Wettbewerb der Gesellschaftsrechte behaupten?

C. Im Wettbewerb der Gesellschaftsrechte

Wer heute ein Institut des nationalen Gesellschaftsrechts in den Blick nimmt, kommt nicht mehr um einen Blick in Nachbarrechtsordnungen umhin. Der Rechtsvergleich inspiriert zu neuen Lösungen und enttarnt deutsche Eigentümlichkeiten, er entscheidet inzwischen aber auch und vor allem darüber, was ein deutsches Rechtsinstitut im *Wettbewerb der Gesellschaftsrechte* überhaupt leisten könnte. Regelungen, die für Unternehmen mit erheblichen Nachteilen verbunden sind, laufen Gefahr, mithilfe des globalen Rechtsformangebots umgangen zu werden. Nationale Regelsetzer sehen sich dadurch unter Innovations- und Anpassungsdruck gesetzt. Für unsere Frage gilt das wohl ganz besonders. Erwartet werden insoweit zwei Entgrenzungen. Eine davon ist ganz wörtlich zu verstehen: Die Künstliche Intelligenz entkoppelt das Handeln der Korporation nicht nur vom Individuum, sondern auch von der Territorialität. Sie versetzt Unternehmen in die Lage, in Rechtsordnungen tätig zu werden, ohne dort physisch präsent zu sein. Zugleich steht angesichts ihrer ökonomischen Versprechen ein entgrenzter Wettlauf um das innovationsfreundlichste Gesellschaftsrecht zu erwarten. Hierzulande wurde deshalb die Befürchtung laut, die nationale Entscheidung für oder gegen den Menschenvorbehalt spiele in der Praxis am Ende vielleicht gar keine so große Rolle.

I. Algorithmic Entities in Delaware

Wer wissen will, wie es um den Menschenvorbehalt im Rechtsvergleich bestellt ist, startet am besten mit der Gesellschaftsrechtsordnung, die gemeinhin als die flexibelste, jedenfalls als die populärste gilt. Und die kennt mit § 141 (b) Delaware General Corporation Law (DGCL) durchaus überraschend eine Regelung, die § 76 III S. 1 AktG ganz ähnlich sieht:

„The board of directors of a corporation shall consist of 1 or more members, each of whom shall be a natural person."

Auch die *delaware corporation*, längst Maßstab, an dem sich Gesellschaftsrechte weltweit messen lassen müssen, muss demnach natürliche Personen in ihr *board of directors* bestellen. Die Norm gilt im US-amerikanischen Gesellschaftsrecht als Standard.[315] Als man sich im Nachgang der SE-VO der Berechtigung des § 76 III S. 1 AktG vergewisserte, diente sie hierzulande auch als Beleg dafür, dass das

---

[315] *Bayern*, Stan. Tech. L. Rev. 19 (2015) 93 (98): „restriction is standard across American law"; *Bainbridge/Henderson*, Outsourcing the Board, S. 7: „As far as we can discern, there is no jurisdictions in the United States in which a BSP [Board Service Provider] would presently be lawful."; insb. der Modell Business Corporation Act (MBCA) sieht in Ann. § 8.03 vor, dass das Board aus Individuen bestehen muss („must consist of one or more individuals").

deutsche Recht an dieser Stelle keinesfalls übervorsichtig agiere, weil sich selbst in Delaware, im „Hort der Gestaltungsfreiheit“, ein Gegenstück finde.[316]

Indes laufen die Regelungen nur auf den ersten Blick vollständig parallel. Anders als die deutsche Kapitalgesellschaft kommt die *delaware corporation* auch ohne ein separates Leitungsorgan aus. Sie kann die gesetzlich vorgesehene Rolle des *board of directors* bei Bedarf modifizieren und ist selbst frei darin, auf das Board zu verzichten.[317] § 141 (a) DGCL formuliert insoweit eine *default rule*:

„The business and affairs of every corporation organized under this chapter shall be managed by or under the direction of a board of directors, except as may be otherwise provided in this chapter or in its certificate of incorporation.“

Bedeutung erlangt das für unsere Frage, weil der Organisationsvertrag der *corporation* neben dem Verzicht auf das Board zugleich vorsehen kann, dass die Korporation nunmehr von einer Maschine verwaltet wird.[318] Die Maschine wird in diesem Fall zwar nicht in das Board bestellt, doch die Gesellschaft verzichtet auf das Board und verpflichtet sich zugleich, das Verhalten einer Maschine im Innenverhältnis als bindend anzusehen. Ihre Geschicke lassen sich so mit dem Verhalten einer Maschine verknüpfen. Dass Maschinen in Delaware schon heute imstande sind, Korporationen zu leiten, folgt demnach keiner positiven Rechtsregel, die dies gestattet, sondern dem Umstand, dass die *delaware corporation* anders als die deutsche Kapitalgesellschaft über ihr Leitungsorgan disponieren kann. Im Gegensatz zur Aktiengesellschaft ist sie nicht gezwungen, überhaupt ein Leitungsorgan mit physischen Mitgliedern einzurichten. Wird indes ein Board eingerichtet, ist dieses mit natürlichen Personen zu besetzen. Anders ausgedrückt: Die *delaware corporation* teilt mit der deutschen Aktiengesellschaft zwar das Verbot der juristischen Organperson, aber nicht den Menschenvorbehalt. Auch Beobachter im amerikanischen Rechtskreis zeigen sich darüber durchaus verwundert. „It is curious“, hielten jüngst etwa *Bainbridge* und *Henderson* fest, „that Delaware thus allows corporations to substantially modify the role of the board of directors – and even to opt out of the board model – but mandates that boards consist soley of natural persons“[319].

Aufmerksamkeit erlangte die Gestaltungsoption vor allem aufgrund sogenannter *algorithmic entities*, Korporationen, die nicht nur auf menschliche Geschäftsleiter verzichten, sondern wie *Dan Cohens* „Personless Inc.“ gleich auf jegliches menschliche Substrat. Eine de facto mitgliederlose Korporation wird

---

[316] *Fleischer*, AcP 204 (2004) 502 (533).

[317] *Hayden/Bodie*, Mich. L. Rev. 109 (2011) 1127 (1135): „the board – the central feature of corporate governance – appears to be merely a default rule“; *Stout*, U. PA. L. Rev. 152 (2003) 667 (669); *Bainbridge/Henderson*, Stan. L. Rev. 66 (2014) 1051 (1057); sowie jüngst *LoPucki*, Wash. U. L. Rev. 95 (2018) 887 (907): „default rule“.

[318] Umfassend *LoPucki*, Wash. U. L. Rev. 95 (2018) 887 (906 ff.); zuvor anhand der LLP *Bayern*, Stan. Tech. L. Rev. 19 (2015) 93 (99 ff.): *„process-agreement equivalence principle“*.

[319] *Bainbridge/Henderson*, Outsourcing the Board, S. 137 f., 149; anders wohl die Deutung von *LoPucki*, Wash. U. L. Rev. 95 (2018) 887 (907 f.).

mit dem Verhalten einer Maschine synchronisiert.[320] Statt einer „elektronischen Person" eigene Rechtspositionen zuzuordnen, soll die Maschine schon mithilfe des bestehenden Rechtsformangebots einen faktischen Subjektstatus erlangen. Sie bleibt Rechtsobjekt, bekleidet aber eine juristische Person als Rechtskleid. Der Status, den die Maschine durch die Konstruktion erlangt, ist also nicht der einer originären Rechtsperson, sondern rein tatsächlicher Natur. Wenngleich die Unterschiede je nach Gestaltung, marginal ausfallen dürften. Die Konstruktion soll insoweit ganz bewusst ein funktionales Äquivalent zur ‚elektronischen Person' bilden.[321] Ohne einen fundamentalen rechtlichen Wandel soll es der Maschine möglich sein, „selbständig am Rechtsverkehr teilzunehmen, fast wie wenn [sie] eine eigene Rechtspersönlichkeit hätt[e]."[322]

Aus Sicht der Korporation muss dabei zum Verzicht auf das Board bei gleichzeitiger organisationsvertraglicher Synchronisierung ihres Rechtshandelns mit dem Verhalten einer Maschine hinzutreten, dass ihr Schicksal jedem auch nur mittelbaren organ- oder mitgliedschaftlichen Einfluss eines Menschen entzogen ist. Kautelarjuristisch lässt sich die Konstruktion solcher „*algorithmischer Entitäten*" also in zwei Voraussetzungen aufspalten: Es muss erstens möglich sein, eine juristische Person ausschließlich von Maschinen verwalten zu lassen. Und zweitens muss jede (auch nur mittelbare) menschliche Einflussnahme verhindert werden können, was nur gelingt, wenn die Korporation effektiv keine Mitglieder mehr besitzt. Beides lässt sich nicht nur in der *delaware corporation*, sondern in vielen Rechtsformen und -ordnungen bewerkstelligen.[323] Wenngleich mit aus deutscher Sicht mindestens zwielichtigen Mitteln. In Rede steht die bewusste Schöpfung von Kein-Personen-Gesellschaften und die vollumfängliche wechselseitige Beteiligung von Gesellschaften. In beiden Fällen bleibt von der juristi-

---

[320] Grundlegend *Bayern*, Nw. U. L. Rev. 108 (2014) 1485 (1495 ff.); *Bayern*, Stan. Tech. L. Rev. 19 (2015) 93; *Bayern*, Eur. J. Risk Regul. 7 (2016) 297; rechtspolitisch krit. *LoPucki*, Wash. U. L. Rev. 95 (2018) 887; krit. zur Kautelarkonstruktion *Scherer*, Nev. L.J. 19 (2019) 259; auf Kritik antwortend *Bayern*, Nw. U. L. Rev. 114 (2019) 23; rechtsvergleichend *Bayern et al.*, Hastings Sci. & Tech. L. J. 9 (2017) 135; sowie *Bayern et al.*, AJP/PJA 2017, 192; Einordnung solcher „algorithmic entities" in Taxonomie „autonomer Unternehmungen" bei *Reyes*, Nev. L.J. 21 (2021) 437 (473, 475); aus deutscher Sicht *Paal*, ZGR 2017, 590 (612 ff.); Idee bereits bei *Dan-Cohen*, Rights, Persons, and Organizations, 1986, S. 46 ff.

[321] *Bayern*, Stan. Tech. L. Rev. 19 (2015) 93 (104): „at least a functional analogue"; *Bayern*, Stan. Tech. L. Rev. 19 (2015) 93 (94): „effective legal status'"; *Bayern*, 114 Nw. U. L. Rev. (2019) 23 (24): „very close surrogate for legal personhood"; weitergehend *Burri*, Handbook of Artificial Intelligence Law, S. 537 (539): „full legal capacity of a company"; *Scherer*, 19 Nev. L.J. (2019) 259 (265): „would mean that legislatures have inadventedly created a new category of legal person – the first in history to be free of active human control".

[322] *Bayern et al.*, AJP/PJA 2017, 192 (193 ff.); ähnlich *Bayern*, Stan. Tech. L. Rev. 19 (2015) 93 (94): „legal ‚container'".

[323] Rechtsvergleichend *LoPucki*, Wash. U. L. Rev. 95 (2018) 887 (906): „As the entity system currently operates, initiators – and AEs [algorithmic entitites] once they are formed – can choose among thousands of entity types made available by hundreds of states and countries".

schen Person im Ergebnis nur ihre Hülle, die nunmehr einer Maschine als Rechtskleid dient. Verbleibt man in der *delaware corporation*, ist das mögliche rechtspraktische Vorgehen schnell skizziert:[324]

„AEs [algorithmic entities] can be constructed in a variety of ways, using only the corporate form. One way would be to create a corporate dyad. The certificates of incorporation of Parent Corporation and Subsidiary Corporation would provide for reciprocal management. That is, Parent Corporation's business and affairs would be managed by Subsidiary Corporation and Subsidiary Corporation's business and affairs would be managed by Parent Corporation. Subsidiary Corporation would issue all of its shares to Parent Corporation. Nothing in the DGCL requires that a corporation issue shares, and Parent Corporation would not issue any. Neither corporation would have a board of directors."[325]

Zwei Korporationen verzichten jeweils auf ihr Board und werden danach jeweils von ihrem einzigen Aktionär verwaltet – der jeweils anderen Korporation, wobei im Innenverhältnis das Verhalten einer Maschine als bindend angesehen wird. Ganz unabhängig von den rechtsdogmatischen Einwänden, denen sich solche wechselseitige Beteiligungen im deutschen Recht zurecht ausgesetzt sähen, warfen *algorithmic entities* vor allem ein Schlaglicht darauf, dass sich viele Rechtsordnungen in der Frage des menschlichen Geschäftsleiters schon heute nicht so restriktiv zeigen wie die deutsche. Zwar sieht noch keine Jurisdiktion ausdrücklich vor, dass die Geschäftsleitung einer Korporation auch Maschinen übertragen werden kann. Doch schon heute ist es in vielen Rechtsordnungen möglich, auf ein mit natürlichen Personen besetztes Leitungsorgan zu verzichten.[326]

Die Gefahren solcher *algorithmic entities* liegen auf der Hand. Wir haben gesehen, dass Maschinen, die im Rechtsverkehr lernen und mit anderen interagieren, erhebliche Schadensrisiken bergen. In „algorithmischen Entitäten" tritt hinzu, dass es an einer Instanz fehlt, die gesellschaftsrechtlich unmittelbar für ihre sorgfältige Auswahl und Überwachung einstehen muss. Mehr noch, die Korporation ist nunmehr für rechtliche Steuerungsanreize nicht länger ansprechbar. Aus der Kombination aus dem Fehlen eines jeden personellen Substrats und den Eigenarten lernender Maschinen erwächst eine Gefahr, die *LoPucki* besonders drastisch geschildert hat.[327] *Algorithmic entities* bergen, so seine vielzitierte Warnung, ein existenzielles Risiko. Von der Frage, ob das Recht imstande ist, sie zu verhindern, könne das Überleben der Menschheit abhängen.[328] *LoPucki* sucht

[324] Zum Vorgehen in einer New Yorker LLC etwa *Bayern*, Nw. U. L. Rev. 108 (2014) 1485 (1496); sowie eingehend *Bayern*, Stan. Tech. L. Rev. 19 (2015) 93 (101 ff.).

[325] *LoPucki*, Wash. U. L. Rev. 95 (2018) 887 (907 f.).

[326] Umfassender Rechtsvergleich bei *LoPucki*, Wash. U. L. Rev. 95 (2018) 887 (919 ff., 924): „AEs [*algorithmic entities*] could exist almost anywhere in the world."; vgl. auch *Bayern et al.*, AJP/PJA 2017, 192.

[327] *LoPucki*, Wash. U. L. Rev. 95 (2018) 887 (901 ff.).

[328] *LoPucki*, Wash. U. L. Rev. 95 (2018) 887 (897): „risk of existential catastrophe", ebd. (951): „AEs [*algorithmic entities*] constitute a threat to humanity", ebd. (953): „The survival of the human race may depend on recognition of that fact.".

damit Anschluss an die prominente Warnung, dass Techniken maschinellen Lernens eine potenziell existenzielle Gefahr innewohnt und befürchtet, dass sich diese Gefahr realisiert, sollten von Maschinen verwaltete Korporationen im Rechtsverkehr tätig werden, die sich jeglicher auch nur mittelbaren organ- oder mitgliedschaftlichen Kontrolle eines Menschen entziehen. Auch vor diesem Hintergrund wurden im amerikanischen Schrifttum Zweifel laut, ob gegenüber solchen Gestaltungen nicht doch rechtliche Bedenken durchschlagen. Geltend gemacht wird, dass den Regelungen der amerikanischen Gesellschaftsrechte der Rechtsgedanke zugrunde liege, dass die Korporation menschliche Kontrolle erfordere.[329]

Ob man mit Argumenten wie diesen Erfolg haben wird, bleibt abzuwarten. Rechtspolitische Abhilfe schafft ein Menschenvorbehalt nach deutschem Vorbild. Indes, und das ist aus unserer Sicht wohl die schwerer wiegende These, die im Zusammenhang mit *algorithmic entities* formuliert wurde, sehen nicht wenige einen nationalen Menschenvorbehalt im globalen Regulierungswettbewerb eben von vornherein auf verlorenen Posten. Geltend gemacht wird zweierlei: Einerseits werde ein verschärfter Regulierungswettbewerb den beschriebenen Gefahren zum Trotz auf kurz oder lang von Maschinen verwaltete Korporationen produzieren.[330] Andererseits könne ein nationaler Menschenvorbehalt in diesen Korporationen keine Geltung beanspruchen.[331] Die Frage lautet also nicht nur, ob das deutsche Recht an Normen wie § 76 III S. 1 AktG künftig festhalten darf und sollte, sondern, ob das überhaupt eine Rolle spielt: Was könnte ein deutscher Menschenvorbehalt im globalen Regulierungswettbewerb überhaupt leisten? Steht er im Wettbewerb der Gesellschaftsrechte auf kurz oder lang nicht sowieso auf verlorenem Posten?

II. Regulierungswettbewerb

Über den Wettbewerb der Gesellschaftsrechtsordnungen wird viel geschrieben. Erkennt man ihn an,[332] ist mit ihm, je nachdem wen man fragt, etwas Positives oder etwas Negatives verbunden. Die einen fürchten den *race to the bottom*, den der gewinnt, der den Schutz von Minderheiten und Dritten am niedrigsten

[329] Vgl. *Scherer*, Nev. L. J. 19 (2019) 259 (265 ff., 273 ff.): „clear legislative intent that humans would remain ultimate control over LLC's operations"; krit. dazu *Bayern*, Nw. U. L. Rev. 114 (2019) 23 (40 ff.).

[330] *Bayern*, Nw. U. L. Rev. 114 (2019) 23 (47); *LoPucki*, Wash. U. L. Rev. 95 (2018) 887 (951): „inevitable".

[331] Vgl. insb. *Armour/Eidenmüller*, ZHR 183 (2019) 169 (186 f.); sowie *LoPucki*, Wash. U. L. Rev. 95 (2018) 887 (927 ff.).

[332] Vorkommen und Relevanz des Regulierungswettbewerbs sind empirisch noch immer str., vgl. aus der jüngeren Vergangenheit insb. die Analyse bei *Carruthers/Lamoreaux*, J. Econ. Lit. 54 (2016) 52 (70 ff., 87): „we have found few unequivocal instances of regulatory competition".

schraubt. Die anderen prophezeien den *race to the top*, weil der Kapitalmarkt letztlich die Wahl des Rechtssystems belohne, welches das Wohl der Anteilseigner maximiere. Die Wahrheit liegt wahrscheinlich dazwischen.[333] In unserem Fall ist der Regulierungswettbewerb vor allem deshalb brisant, weil sich an dieser Stelle zwei besonders mächtige Treiber des Wettbewerbs verbinden. Der Wettbewerb um den attraktivsten Unternehmenssitz korreliert mit dem Wettbewerb um die innovationsfreundlichste Technikregulierung. Mit der Künstlichen Intelligenz verbinden sich so grundlegende ökonomische Versprechen, dass Regelsetzer ihr „Produkt" gar proaktiv als besonders innovationsfreundlich bewerben und so ganz offen in einen Wettbewerb eintreten.[334]

Blickt man zunächst optimistisch auf diese Verbindung, wird sie zwangsläufig rechtliche Innovationen fördern. Es ist ein unbestrittener Effekt der Vielzahl von Gesellschaftsrechtsordnungen, dass sie Experimente produziert.[335] Die Aussicht der Gesetzgeber, mit einem möglichst technologieaffinen Gesellschaftsstatut Unternehmen anziehen zu können, wird so wohl in der Tat erste von Maschinen verwaltete Korporationen produzieren. Versteht man Gesellschaften als Nachfrager auf einem Regulierungsmarkt, wird ihr Bedürfnis, Maschinen auf Leitungsebene einzusetzen, so durch ein entsprechendes Angebot befriedigt. Aus Sicht des Anbietenden, in unserem Fall dem deutschen oder europäischen Rechtsetzer, bietet sich die Chance, mit einem attraktiven Produkt Unternehmen anzuziehen.[336] Im 20. Jahrhundert ist aus diesem Wettbewerb eben unstreitig Delaware als Sieger hervorgegangen.[337] Der Sieg erklärt sich dabei zunächst mit der Tatsache, dass das Gesellschaftsrecht Delawares der privatautonomen Gestaltungsfreiheit wenige Grenzen setzt. Mit Blick auf die hier in Rede stehenden Gestaltungen könnte sich dieser Wettbewerbsvorteil relativieren. Das Vertrauen des Rechtsverkehrs stützt sich bislang (auch) auf die Eigenverantwortung der Menschen, die für eine Korporation tätig werden. Demgegenüber könnten im

---

[333] Zur Frage, ob ein Wettbewerb der Rechtsordnungen gelingen kann, statt vieler *Merkt*, RabelsZ 59 (1995) 545 (554 ff.); sowie monografisch *Heine*, Regulierungswettbewerb im Gesellschaftsrecht, S. 64 ff., 85 ff.; für einen Überblick auch *Kraakman et al.*, The Anatomy of Corporate Law, S. 21 f. mwN.; die Kritik am Regulierungswettbewerb hat in Deutschland eine lange Tradition, vgl. dazu *v. Hein*, Rezeption des US-amerikanischen Rechts, S. 122; krit. später etwa auch *Wiedemann*, Gesellschaftsrecht I, § 14 II (S. 783).

[334] Eingehend zum Regulierungswettbewerb im Zusammenhang mit Künstlicher Intelligenz *Smuha*, Law Innov. Technol. 13 (2021) 57; zur Erwartung eines „race to the bottom" etwa *Eidenmüller*, ZEuP 2017, 765 (777); diese Erwartung ist besonders auch im technischen Schrifttum verbreitet, s. statt vieler *Askell et al.*, arXiv 1907.04534, 2019, S. 8 f.: „race to the bottom on safety" mwN.

[335] Vgl. *Kraakman et al.*, The Anatomy of Corporate Law, S. 21 f.

[336] Zur markttheoretischen Deutung von Recht als ein „Produkt" *Romano*, J. Law Econ. Organ 1 (1985) 225; aus dem deutschen Schrifttum *Grundmann*, ZGR 2001, 783 (784); *Bachmann*, Private Ordnung, S. 50 f. mwN.

[337] Zum „Delaware Effekt" hier nur *Romano*, J. Law Econ. Organ 1 (1985) 225; sowie aus deutscher Sicht *Merkt*, RabelsZ 59 (1995) 545 (549 ff.); *Grundmann*, ZGR 2001, 783 (793 ff.).

Fall einer von Maschinen verwalteten Korporation vor allem zwingende Regeln dieses Vertrauen schaffen. Die attraktivste Rechtsordnung ist dann nicht die, die alle Schranken abbaut, sondern die, die eine vertrauensschaffende rechtliche Infrastruktur bereitstellt. Im Rahmen der Regulierung Künstlicher Intelligenz war dies zuletzt bereits zu beobachten. Hier ist das Narrativ eines Wettstreits um die „beste" Technikentwicklung (*race to ai*), in dem Regulierung nur als Störfaktor wahrgenommen wird, einem Wettbewerb um die „beste" Technikregulierung gewichen (*race to ai regulation*), der Effizienz und Regulierung nicht zwingend als Gegensätze begreift.[338] Ähnliches steht womöglich für die ‚selbstfahrenden Korporation' zu erwarten. Um im Rechtsverkehr ein verlässlicher Geschäftspartner und damit eine attraktive Gestaltungsoption sein zu können, ist sie auf eine entsprechenden Rechtsrahmen angewiesen. Insoweit bergen von Maschinen verwaltete Korporationen durchaus das Potenzial, die Karten neu zu mischen.[339] Zumal sich die Rolle Delawares inzwischen nicht mehr nur auf das Angebot des attraktivsten, weil flexibelsten Rechtsrahmens, sondern auch und wohl vor allem auf den dort versammelten justiziellen und administrativen Sachverstand stützt.[340] Für Gesellschaften an der Schnittstelle zwischen Recht und Technologie gilt das (noch) nicht.

Freilich überwiegen in Bezug auf den hier in den Blick genommenen Vorbehalt die Pessimisten. Erwartet wird eine ungezügelte Wettbewerbsdynamik, die zu laxe Vorschriften hervorbringen und Regelungen wie § 76 III S. 1 AktG weitgehend überwinden wird.[341] Ob diese Erwartung tatsächlich eintritt, bleibt abzuwarten. Angesichts der spezifischen Gefahren von Maschinen verwalteter Korporationen steht womöglich gar ein Bedeutungszuwachs des Menschenvorbehalts bevor. Damit würde ein Trend der jüngeren Vergangenheit fortgesetzt. Die Zahl der Jurisdiktionen, die Unternehmen zur Bestellung eines menschlichen Geschäftsleiters verpflichten, ist in den letzten Jahren eher gestiegen.[342] Der hier in den Blick genommene deutsche Menschenvorbehalt fügt sich insoweit gut in die internationale Rechtsentwicklung ein. *Bainbridge* und *Henderson*, die in ihrer Arbeit freilich die ökonomischen Vorzüge juristischer Organpersonen nachwei-

---

[338] Eingehend *Smuha*, Law Innov. Technol. 13 (2021) 57 (74 ff.).

[339] Freilich stünde zu erwarten, dass das Gesellschaftsrecht Delawares im Zweifelsfall „mitzieht", der bleibende Wettbewerbsvorteil Delawares stützt sich nicht auf die dauerhafte Produktion eigener, als das schnelle Aufgreifen fremder Innovationen, vgl. *Romano*, J. Law Econ. Organ 1 (1985) 225 (233 ff.).

[340] *Romano*, J. Law Econ. Organ 1 (1985) 225 (273 ff.); aus deutscher Sicht jüngst eingehend *Fleischer*, FS Baums, S. 417 (424 ff.).

[341] Vgl. *Armour/Eidenmüller*, ZHR 183 (2019) 169 (186); sowie insb. *LoPucki*, Wash. U. L. Rev. 95 (2018) 887 (953), der das Phänomen von Maschinen verwalteter Korporationen in erster Linie als Versagen des Regulierungswettbewerbs deutet: „The AE [algorithmic entity] threat dramatically illustrates the fundamental weakness of regulatory competition as a policy tool".

[342] So jedenfalls *Bainbridge/Henderson*, Outsourcing the Board, S. 147: „trend is toward abolishing corporate directors".

sen, ziehen aus ihrem umfassenden Rechtsvergleich vier zentrale Schlüsse: Zunächst verpflichteten speziell Industrienationen heute regelmäßig zur Bestellung eines menschlichen Geschäftsleiters. Wenn sie auf die Regelung verzichteten, dann in erster Linie in der geschlossenen Kapitalgesellschaft. Wobei der Menschenvorbehalt international typischerweise mit den Schlagworten der Transparenz und Verantwortlichkeit gerechtfertigt werde und der Trend eben *für* diesen spreche.[343] Obwohl der Menschenvorbehalt eine ineffiziente Beschränkung der Privatautonomie darstellt, ist der *race to the bottom* also ausgeblieben. Rechtsordnungen machen heute umgekehrt sogar häufiger von dem Instrument Gebrauch. Paradigmatisch dafür steht das Beispiel des UK, das der juristischen Organperson traditionell offen gegenüberstand, das korporative Leitungsorgan in der jüngeren Vergangenheit aber sukzessive auf die natürliche Person zugeschnitten hat.[344]

Versteht man den deutschen Menschenvorbehalt so, wie er einst gemeint war, scheint er trotz einiger prominenter Gegenbeispiele zunächst also auf der Höhe der Zeit zu liegen. Wenngleich in der Tat kaum Zweifel daran bestehen können, dass es angesichts der Innovationskraft des Regulierungswettbewerbs mittelfristig erste legislative Experimente mit von Maschinen verwalteten Korporationen geben wird. Das deutsche Recht sieht sich dadurch unter Innovations- und Anpassungsdruck gesetzt. Wie stark dieser Druck wirkt, hängt nicht ausschließlich vom ausländischen Recht ab. Entscheidend ist, wie die inländische Rechtsordnung auf ausländische Innovationen reagiert. Eine von Maschinen verwaltete Auslandsgesellschaft könnte hierzulande nur dann unbelastet unternehmerisch tätig werden, wenn die deutsche Rechtsordnung sie vollumfänglich als solche anerkennt. In diesem Fall kann sie sich insbesondere an deutschen Gesellschaften beteiligen oder in diesen organmitgliedschaftlichen Einfluss ausüben. Zwar ist die Frage der Verbands- und Organmitgliedschaft von Auslandsgesellschaften grundsätzlich von der allgemeinen Anerkennung durch die deutsche Rechtsordnung zu unterscheiden. Doch die privilegierte Auslandsgesellschaft wird hierzulande durch das Diskriminierungsverbot geschützt. Überall dort, wo das Recht inländische juristische Organpersonen zulässt, steht auch ihr das Organamt im Regelfall offen. Zumal all das, was sich gegen die Verbands- und Organmitgliedschaft vorbringen lässt, meist bereits bei der Vorfrage der Rechtspersönlichkeit durchschlägt. Die Schutzinteressen der deutschen Rechtsordnung werden durch eine juristische Organperson regelmäßig nicht stärker gefährdet als durch eine Auslandsgesellschaft, die mit eigenem Geschäftsbetrieb auftritt. Erkennt man die von einer Maschine verwaltete Auslandsgesellschaft an, wird sich im Regelfall also kein Grund finden, ihr die Organmitgliedschaft dort zu verwehren, wo sie inländischen Verbänden zusteht.[345] Die Auslandsgesellschaft &

[343] *Bainbridge/Henderson*, Outsourcing the Board, S. 139 ff., 147.

[344] Gerechtfertigt wurde die Einschränkung dabei wohl in erster Linie mit der Geldwäscheprävention, s. dazu *Bainbridge/Henderson*, Outsourcing the Board, S. 140 ff.

[345] Vgl. *Teichmann*, ZGR 2014, 220 (226) mit Blick auf die Auslandsgesellschaft & Co.

Co, bislang oft Vehikel, um der unternehmerischen Mitbestimmung zu entgehen, könnte sich so zu einem Instrument der Gestaltungspraxis entwickeln, das der Vermeidung des nationalen Menschenvorbehalts dient. Insoweit ist unweigerlich die Frage aufgeworfen, ob im deutschen Recht gegenüber solchen Auslandsgesellschaften Anerkennungspflichten greifen. Lässt sich ein inländischer Menschenvorbehalt mithilfe einer Auslandsgesellschaft umgehen? Und wenn ja, könnte sich der nationale Gesetzgeber dagegen zur Wehr setzen?

III. Anerkennung durch die deutsche Rechtsordnung

Maschinen versetzen uns in die Lage, Wirkungen in einer Rechtsordnung zu entfalten, ohne dort physisch präsent zu sein. Aus technischer Sicht können wir von Paris aus eine Gesellschaft in Singapur inkorporieren, die mithilfe eines auf einer Serverfarm in Atlanta laufenden Algorithmus eine Plattform verwaltet, die ausschließlich den deutschen Markt bedient. Diese Aussicht hat zur These geführt, es sei „illusorisch", den Menschenvorbehalt durch die kollisionsrechtliche Anknüpfung an den effektiven Verwaltungssitz einer Gesellschaft verteidigen zu wollen. Der Verwaltungssitz von Maschinen verwalteter Auslandsgesellschaften lasse sich in diesem Fall allzu leicht im Registrierungsstaat einrichten. „Ob Anerkennungspflichten greifen, welche die Anwendung des Gründungsrechts gebieten", spiele aus diesem Grund, „praktisch keine Rolle."[346] Doch so aussichtslos, wie es scheint, ist die Lage bei näherem Hinsehen nicht. Die Sitztheorie erweist sich anpassungsfähiger als erwartet. Und selbst dort, wo aufgrund von supra- oder bilateralen Staatsverträgen Gründungsrecht Anwendung findet, bieten sich kollisionsrechtliche Instrumente zur Verteidigung.

1. Der Schwerpunkt des maschinellen Verbandslebens

Für sogenannte Drittstaaten, die nicht durch einen Staatvertrag privilegiert werden, gilt nach deutschem Recht die Sitztheorie: Die deutsche Rechtsordnung akzeptiert Gesellschaften des ausländischen Rechts grundsätzlich nur dann als solche, wenn ihr tatsächlicher Sitz in ihrem Gründungsstaat liegt. Liegt der Sitz effektiv in Deutschland, werden sie dem inländischem Recht unterstellt.[347] Dadurch soll das Gesellschaftsrecht der Rechtsordnung zur Anwendung gebracht werden, die von der Gesellschaft am stärksten betroffen ist. Gleichzeitig kann man die Sitztheorie als Schutztheorie zugunsten inländischer Interessen begreifen, weil sie die Einhaltung der deutschen Normativbestimmungen sicherstellt.[348]

[346] *Armour/Eidenmüller*, ZHR 183 (2019) 169 (187); ähnlich zuvor *LoPucki*, Wash. U. L. Rev. 95 (2018) 887 (926 f.).

[347] BGHZ 53, 181 (183); 154, 185 (190); 178, 192; *Hübner*, Kollisionsrechtliche Behandlung von Gesellschaften aus „nicht-privilegierten" Drittstaaten, S. 150; zur Geschichte der Sitztheorie in Deutschland *Trautrims*, ZHR 176 (2012) 435 (437 ff.); MüKoBGB/*Kindler* Int GesR Rn. 423 ff.

[348] Statt vieler MüKoBGB/*Kindler* Int GesR Rn. 424; *Wiedemann*, Gesellschaftsrecht I,

Inkorporiert *Dan-Cohen* seine „Personless Inc." also in Singapur, bleibt sie nur dann eine dem dortigen Recht unterstehende Kapitalgesellschaft, wenn sie ihren effektiven Verwaltungssitz ebenfalls dort unterhält.[349] Liegt er im Inland, wandelt sich das Statut. Aus der Inc. wird eine deutsche Personengesellschaft.[350] Für die „Personless Inc." verheißt das in keinem Fall etwas Gutes: Wird sie durch Gesellschafter kontrolliert, ist sie nach deutschem Sachrecht als OHG oder GbR rechtsfähig, kann angesichts des Organmonopols der Gesellschafter aber nicht von einer Maschine verwaltet werden; ihre Gesellschafter haften persönlich. Wurde sie als mitgliederloses Vehikel konzipiert, kann sie mit einem inländischen Verwaltungssitz nicht existieren. Sie ist ein rechtliches Nullum. Über ihr Schicksal entscheidet dabei der *effektive Verwaltungssitz* als der Ort, an dem sich ihr Verbandsleben schwerpunktmäßig abspielt. Doch wo liegt der, wenn das Verbandsleben nicht mehr von Menschen, sondern von Maschinen bestimmt wird?

Die Rechtsprechung erachtet bekanntlich den „Tätigkeitsort der Geschäftsführung und der dazu berufenen Vertretungsorgane" als maßgebend. Also den „Ort, wo die grundlegenden Entscheidungen der Unternehmensleitung effektiv in laufende Geschäftsführungsakte umgesetzt werden"[351]. Nimmt die Gesellschaft mithilfe von Robotern am Rechtsverkehr teil, bereitet die Subsumtion unter diesen Obersatz keine Schwierigkeiten. Wenn sich das Handeln der Gesellschaft im Betrieb eines autonomen Kraftfahrzeugs auf deutschen Straßen erschöpft, liegt ihr effektiver Sitz in Deutschland. Entfaltet eine maschinell verwaltete Rechtsperson in einer Jurisdiktion Wirkungen, ohne dort physisch präsent zu sein, erscheint das Kriterium des Tätigkeitsortes freilich allzu menschlich. Insoweit ist sich im Ausgangspunkt der zweite Teil der Sandrock'schen Formel zu Nutze zu machen: Entscheidend ist nicht das Zustandekommen der Leitungsentscheidung, sondern ihre effektive Umsetzung in einen konkreten Geschäftsführungsakt. „Es kommt", wie es *Kindler* ausdrückt, „entscheidend darauf an, wo dieser Beschluss nach außen erkennbar wird." Wobei die Erkennbarkeit „in der Umsetzung des Beschlusses in Handlungen durch die dem Organ nachgeordneten Abteilungen [liegt]."[352] Anders ausgedrückt: Über das anwendbare Gesellschaftsrecht entscheidet nicht der Ort, an dem ein Organ innerlich zu einer Entscheidung gelangt, sondern der Ort, an dem die Entscheidung das Organ äußerlich verlässt.

---

§ 14 II 1 (S. 784); die Sitztheorie ist bekanntlich hochumstritten, krit. und für einen Wechsel zur Gründungstheorie aus der jüngeren Vergangenheit *Bartels*, ZHR 176 (2012) 412 (414 ff.); *Roth*, ZGR 2014, 168 (190 ff.); Überblick über den Stand der Diskussion auch bei *Trautrims*, ZHR 176 (2012) 435 (452 ff.).

[349] BGH ZIP 2009, 2385 (Singapur); zuvor etwa BGHZ 178, 192 (Schweiz); sowie jüngst BGHZ 212, 381 (Bahamas); s. dazu statt vieler *Bartels*, ZHR 176 (2012) 412 (414) mwN.

[350] BGHZ 151, 204.

[351] BGHZ 97, 269 (272) mit Verweis auf *Sandrock*, FS Beitzke, S. 669 (683); vgl. auch BVerfG NJW 2018, 2392 (2393).

[352] MüKoBGB/*Kindler* Int GesR Rn. 456.

Eine Gesellschaft, die von einem neuronalen Netz verwaltet wird, das eine Plattform für den deutschen Markt verwaltet, wird danach nicht deshalb einem ausländischen Statut unterstellt, weil sie in Singapur inkorporiert wurde oder der Algorithmus, der sie verwaltet, in Paris entwickelt und in Atlanta zum Laufen gebracht wurde. Entscheidendes Kriterium ist die Entfaltung externer Wirkungen. Gibt es menschliche Weisungs- und Delegationsempfänger, lässt sich der effektive Verwaltungssitz deshalb auch ohne Verkörperung bestimmen. Er befindet sich dann an dem Ort, wo diese schwerpunktmäßig Weisungen zur Umsetzung des Tagesgeschäfts erhalten. Ist die Plattform hierzulande also auf menschliche Auftragnehmer vor Ort angewiesen, liegt der Verwaltungssitz in Deutschland.

Größere Schwierigkeiten bereiten Szenarien, in denen sich das gesamte Verbandsleben im digitalen Raum entfaltet. Von der obligatorischen Adresse und der Inanspruchnahme untergeordneter Verwaltungs- oder Wartungsaufgaben abgesehen, gibt es dann keine physische Rückkopplung. Indes ist die Sitztheorie nicht das einzige Territorialprinzip, das im digitalen Zeitalter unter Druck gerät. So bekommt etwa das Ertragssteuerrecht digitale Unternehmen mithilfe der tradierten Geschäftsleitungs- und Betriebsstättenbegriffe nur noch schwer zu fassen. Beachtung fand hier der Vorschlag, auf die „digitale Präsenz" eines Rechtsträgers abzustellen. Wobei sich diese „digitale Präsenz" in erster Linie anhand wirtschaftlicher Kriterien bemessen soll. Namentlich anhand der mit der Bereitstellung digitaler Dienstleistungen an Nutzer in einem Staat erwirtschafteten Erträge, der Anzahl der Nutzer einer digitalen Dienstleistung oder der geschlossenen Verträge über digitalen Inhalte.[353] Ganz ähnlich werden wir im Zweifel den effektiven Verwaltungssitz einer Gesellschaft bestimmen, die den digitalen Raum nicht verlässt. Entscheidend ist der Ort ihrer digitalen Hauptpräsenz. Wird die Gesamtheit oder der überwiegende Teil ihrer Geschäftstätigkeit über digitale Schnittstellen in Deutschland abgewickelt, befindet sich ihr effektiver Verwaltungssitz im Inland. Bleibt Deutschland ein Markt unter vielen, kommt ausländisches Recht zur Anwendung.

Ein Paradigmenwechsel ist damit nicht verbunden. Anders als im Recht der Unternehmensbesteuerung kommt es bei der Ermittlung des Verwaltungssitzes bereits heute nicht auf eine physische Präsenz im Sitzstaat an. Es ist nicht notwendig, dass eine Gesellschaft an ihrem Verwaltungssitz über Mitarbeiter oder eine Sachausstattung verfügt.[354] Ebenso wenig entscheidet der physische Aufenthaltsort des menschlichen Geschäftsführers über den Verwaltungssitz. Zugleich wird der Verwaltungssitz bei ähnlich gelagerten Fällen, etwa „virtuellen" Holdinggesellschaften, längst vom Gesellschaftszweck aus bestimmt.[355] Wer bei

---

353 Vgl. Art. 4 III des Vorschlags für eine Richtlinie des Rates zur Festlegung von Vorschriften für die Unternehmensbesteuerung einer signifikanten digitalen Präsenz, vgl. COM(2018) 147 final; für eine Einordnung hier nur *Kokott*, IStR 2019, 123 (130 f.).

354 MüKoBGB/*Kindler* Int GesR Rn. 456 mwN.

355 MüKoBGB/*Kindler* Int GesR Rn. 459.

selbstfahrenden Korporationen auf den digitalen Schwerpunkt der unternehmerischen Tätigkeit abstellt, führt dies nur konsequent fort. Freilich würde sich dadurch eine schon durch die Globalisierung und Kommunikations- und Informationstechnologien angestoßene Tendenz verstärken, wonach der effektive Verwaltungssitz zunehmend anhand des wirtschaftlichen Schwerpunkts einer Unternehmung bestimmt wird.[356]

Nur schwer auflösbare Probleme bergen einzig Fälle, in denen sich gar kein Schwerpunkt ermitteln lässt. Dass dies möglich ist, hat die digitale autonome Organisation (DAO) gezeigt. Hier fehlt es regelmäßig nicht nur an einem physischen Belegenheitsort, sondern auch am digitalen Schwerpunkt. Die DAO wird mithilfe einer Blockchain unmittelbar durch die Gesamtheit vieler menschlicher Kapitalgeber verwaltet. Hier kann die Sitztheorie ihr Versprechen, in jedem Fall einen Sitzstaat bestimmen zu können, tatsächlich kaum noch halten. Die Rechtsprechung griff in ähnlichen Fällen schon auf die Gründungstheorie zurück.[357] Näher liegt es, solche Fälle zunächst nach Beweislastgrundsätzen entscheiden, wobei wohl regelmäßig eine widerlegliche tatsächliche Vermutung zugunsten des Gründungsstaats greifen wird.[358]

2. Grenzen der Rechtsformwahlfreiheit

Damit ist auch gesagt, dass es auch künftig darauf ankommt, ob Anerkennungspflichten bestehen. Bekanntlich weichen supra- oder bilaterale Staatsverträge allenthalben von der Anknüpfung an den Verwaltungssitz ab (vgl. Art. 3 II 1 EGBGB). Das gilt insbesondere für Gesellschaften, die in den USA oder einem Mitgliedstaat der Europäischen Union gegründet wurden. Das Schrifttum geht bislang davon aus, dass das deutsche Recht privilegierte von Maschinen verwaltete Auslandsgesellschaften als solche anerkennen müsste.[359] Auch das scheint verfrüht. Liest man den Menschenvorbehalt so, wie er einst gemeint war, lässt er sich auch in privilegierten Auslandsgesellschaften zur Anwendung bringen.

a) Ausgangspunkt: Gründungsanknüpfung

Dass die aus der Niederlassungsfreiheit (Art. 49, 54 AEUV) abgeleitete Rechtsformwahlfreiheit den Einsatz von Gesellschaften aus dem EU-Ausland im Inland

---

[356] Vgl. MüKoGmbHG/*Weller* Einl. Rn. 322; ähnlich letztlich bereits die Beobachtung bei *Behrens*, RabelsZ 52 (1988) 498 (513 ff.).

[357] Vgl. OLG Frankfurt, NJW-RR 2000, 1226 (1227).

[358] Dagegen *Mann*, NZG 2017, 1014 (1018 f.) mit der Anregung, für die nicht eingetragene DAO auf das *lex fori* zurückzugreifen; zur Einordung der DAO allgemein *Linardatos*, Autonome und vernetzte Aktanten im Zivilrecht, S. 40 ff., 417 ff.; sowie *Hennemann*, Interaktion und Partizipation, S. 183 ff.

[359] Allgemein *Möslein*, ZIP 2018, 204 (207); *LoPucki*, Wash. U. L. Rev. 95 (2018) 887 (926 f.) in Bezug auf die *Delaware Corporation*; differenzierend *Burri*, Handbook of Artificial Intelligence Law, S. 537 (544 ff.).

gestattet, ist heute allgemein anerkannt.[360] Die Anknüpfung an den effektiven Verwaltungssitz ist in diesem Fall eine ungerechtfertigte Beschränkung der Niederlassungsfreiheit. Paradigmatisch hierfür steht eine berühmt gewordene Reihe von Entscheidungen des EuGH: In der Rechtssache *Centros* entschied der EuGH, dass das bewusste Ausnutzen unterschiedlicher Rechtssysteme keinen Missbrauch der Niederlassungsfreiheit darstellt. Die Mitgliedstaaten sind dazu verpflichtet, die Rechtsfähigkeit einer EU-Auslandsgesellschaft nach ihrem Gründungsstatut zu beurteilen. Das gilt auch dann, wenn und soweit ein Gründungsstaat nur gewählt wird, um gesellschaftsrechtliche Normativbestimmungen eines anderen Mitgliedstaates zu umgehen.[361] Spätestens in *Überseering* stellte der Gerichtshof ausdrücklich fest, dass EU-Mitgliedstaaten verpflichtet sind, die Rechts- und Parteifähigkeit einer juristischen Person nach ihrem Gründungsstatut zu beurteilen.[362] In *Inspire Art* verwarf der Gerichtshof schließlich inländische Schutzstandards gegen Auslandsgesellschaften als Verstoß gegen die Niederlassungsfreiheit. Aus welchem Grund eine Gesellschaft in einem bestimmten Mitgliedstaat errichtet wird, ist danach nicht relevant, soweit keine betrügerischen Absichten vorliegen.[363] Im Ergebnis ordnete der Gerichtshof dadurch den Wechsel von der Sitz- auf die Gründungstheorie an. Der BGH hat diesen Wechsel im Anschluss konsequent und wohl gar über das geforderte Maß vollzogen. Auf eine EU-Auslandsgesellschaft findet heute, ungeachtet ihres deutschen Verwaltungssitzes, ausschließlich das Gesellschaftsrecht ihres Herkunftsstaates Anwendung.[364]

Ähnliches gilt für US-Gesellschaften. Der BGH versteht Art. XXV Abs. 5 S. 2 iVm. Art. VII des Freundschafts-, Handels- und Schifffahrtsvertrag vom 29.10.1954 als kollisionsrechtliche Anordnung der Gründungstheorie.[365] Er hat damit die Gefolgschaft des Schrifttums gefunden. Gestritten wird einzig darüber, ob sich US-Gesellschaften nur dann auf die Niederlassungsfreiheit berufen können, wenn sie über die Gründung hinaus, weitere tatsächliche Beziehungen zum US-amerikanischen Territorium unterhalten.[366] Wer diese Voraussetzung für erforderlich hält, versteht sie niedrigschwellig. Sie soll lediglich Missbräuchen in extrem gelagerten Ausnahmefällen vorbeugen. Bereits „irgendwelche geschäftlichen Aktivitäten" im Sinne einer vernachlässigbaren werbenden Tätigkeit in

---

[360] Instruktiv *Habersack/Verse*, Europäisches Gesellschaftsrecht, § 3 Rn. 24 ff. (S. 27 ff.).

[361] EuGH Rs. C-212/97 Slg. 1997, I-1459 (Centros).

[362] EuGH Rs. C-208/00, Slg. 2002, I-9919 (Überseering).

[363] EuGH Rs. C-167/01, Slg. 2003, I-10155 (Inspire Art).

[364] BGHZ 178, 192 (Lehre des Einheitsstatuts).

[365] BGHZ 153, 353 (357 f.); BGH NJW-RR 2004, 1618: „gilt hier Ähnliches wie im Geltungsbereich der Niederlassungsfreiheit gem. Art. 43 und 48 EGV"; vgl. BGBl. II 1956, 487: Art. XXV Abs. 5 S. 2: „Gesellschaften, die gemäß den Gesetzen und sonstigen Vorschriften des einen Vertragsteils in dessen Gebiet errichtet sind, gelten als Gesellschaften dieses Vertragsteils; ihr rechtlicher Status wird in dem Gebiet des anderen Vertragsteiles anerkannt.".

[366] BGH NJW-RR 2007, 544 (sog. *genuine link*).

den USA sollen genügen.[367] In unserem Fall wohl jedenfalls die Unterhaltung der technischen Infrastruktur der Maschine, die die Auslandsgesellschaft verwaltet.

So oder so gilt: Auf Gesellschaften des EU- und US-Auslands und viele weitere privilegierte Drittstaaten findet im Ausgangspunkt einzig Gründungsrecht Anwendung. Auch der zum Gesellschaftsstatut zählende Menschenvorbehalt findet in einer privilegierten Auslandsgesellschaft regulär also keine Anwendung. Dass sich die deutsche Rechtsordnung stets auf das Gründungsrecht verweisen lassen muss, ist damit noch nicht gesagt. Die Anknüpfung beschränkt sich zunächst auf das Gesellschaftsstatut. Nicht umfasst ist etwa das Insolvenzstatut, das sich nicht nach dem Ort der Gründung, sondern gemäß Art. 4 EuInsVO nach dem Mittelpunkt der hauptsächlichen Interessen des Schuldners (*center of main interest*) richtet, der bei Gesellschaften mit dem Verwaltungssitz übereinstimmt. Vor allem aber bieten sich Instrumente, um nationale Rechtsinstitute irregulär gegenüber dem regulär zur Anwendung berufenen Gesellschaftsstatut durchzusetzen. Und auch die unionsrechtliche Rechtsformwahlfreiheit wird weit verstanden, aber nicht grenzenlos.

b) *Ordre public*

Als Korrektiv eines regulären Anwendungsergebnisses dient zunächst der *ordre public*. Ein Ergebnis, das „zu den Grundgedanken der deutschen Regelung und der in ihnen liegenden Gerechtigkeitsvorstellungen in so starkem Widerspruch steht, dass es von uns für untragbar gehalten wird“[368], lässt sich dadurch korrigieren. Der *ordre public* verspricht in unserem Fall vor allem in Fällen Erfolg, in denen die juristische Person als bloßes Rechtskleid einer Maschine dient. Wer befürchtet, der größte „Nutzen“ von *„algorithmic entities“* liege in der Entfaltung krimineller Aktivitäten,[369] findet im *ordre public* ein Instrument, sie abzuwehren. Die deutsche Rechtsordnung muss eine Gesellschaft nicht anerkennen, wenn sie als Rechtskleid einem spezifisch anstößigen, rechtsmissbräuchlichen Zweck dient. Die Rechtsprechung hat Auslandsgesellschaften etwa in Fällen die Anerkennung versagt, in denen sich ihr Zweck in der Steuerhinterziehung erschöpfte.[370] Ähnlich gelagert liegen Gestaltungen mit dem Zweck, ein autonomes System im Rechtsverkehr der Kontrolle eines Menschen zu entziehen.

Insoweit differenzieren einzelne Stimmen im Schrifttum in der Frage der Anerkennung völlig zurecht zwischen Korporationen, die sich jeder Kontrolle durch

---

[367] So BGH NJW-RR 2004, 1618; dezidiert MüKoBGB/*Kindler* Int. GesR Rn. 345 ff. mwN.; der Rspr. genügte etwa ein Telefonanschluss in den USA sowie Marken- und Softwarelizenzverträge, vgl. BGH NZG 2005, 44 f.; sowie ein Aktiendepot in den USA, vgl. BGH NZG 2004, 1001; aus dem Schrifttum stellvertretend *Ebenroth et al.*, ZIP 1995, 972 (973): „die geringste wirtschaftliche oder gesellschaftliche Aktivität“.

[368] BGHZ 104, 240 (243); 118, 312 (330); 123, 268 (270).

[369] So jedenfalls *LoPucki*, Wash. U. L. Rev. 95 (2018) 887 (891, 900 ff.): „greatest comparative advantage would be in criminal enterprise“.

[370] BGH NJW 2015, 623 (624).

ein auch nur mittelbares menschliches Substrat entziehen, und solchen, die lediglich durch eine Maschine verwaltet werden.[371] Freilich taugt der *ordre public* nur zur Korrektur im Einzelfall. Er weist einen Weg, bestimmte Gestaltungen negativ abzuwehren, wenn das materielle Ergebnis der Anwendung einer ausländischen Norm gegen wesentliche Grundsätze des deutschen Rechts verstößt. Ein inländisches Rechtsinstitut lässt sich mit ihm nicht allgemein auf Auslandsgesellschaften mit effektiven Verwaltungssitz im Inland anwenden. Will man von Maschinen verwaltete Korporationen nicht nur in Ausnahmefällen abwehren, sondern den Menschenvorbehalt ganz allgemein zur Anwendung bringen, ist eine Sonderanknüpfung international zwingender Bestimmungen das kollisionsrechtliche Mittel der Wahl.[372]

c) Sonderanknüpfung des Menschenvorbehalts

aa) Sonderanknüpfung von Eingriffsnormen

Die reguläre Verweisung auf das Gründungsstatut wird nicht nur durch den ordre public, sondern auch durch die Sonderanknüpfung von Eingriffsnormen der *lex fori* durchbrochen. Das Internationale Privatrecht unterscheidet insoweit zwischen allseitig-neutralen Kollisionsnormen und einseitig-zwingenden Eingriffsnormen.[373] Letztere finden unabhängig von der grundsätzlichen Verweisungsentscheidung Anwendung. Das heißt insbesondere unabhängig von der Entscheidung, die die Gründungstheorie in Bezug auf die Gründungsrechtsordnung einer Gesellschaft trifft. Sie sind in diesem Fall als Ausnahme von der Gründungsanknüpfung im Wege der Sonderanknüpfung anzuwenden. Als Eingriffsnormen sind dabei ausschließlich Normen zu qualifizieren, die Gemeinwohlbelange schützen.[374] Ihr Zweck darf sich nicht in der Ausrichtung widerstreitender Parteiinteressen erschöpfen, sondern muss sich auf den Schutz öffentlicher Interessen richten.[375] Die Eingriffsnorm wird in Art. 9 I Rom I-VO legaldefiniert:

---

[371] Namentlich *Burri*, Handbook of Artificial Intelligence Law, S. 537 (544 ff.).

[372] Zur Abgrenzung der negativen Abwehrfunktion des ordre public zur positiven Durchsetzungsfunktion der Sonderanknüpfung *Weller*, FS Hommelhoff, S. 1275 (1287); grundlegend *Wengler*, ZVglRWiss 54 (1941) 168; monografisch *Hauser*, Eingriffsnormen in der Rom I-Verordnung, S. 102 ff.; sowie *Hübner*, Kollisionsrechtliche Behandlung von Gesellschaften aus „nicht-privilegierten" Drittstaaten, S. 167 ff. jew. mwN.

[373] MüKoBGB/*v. Hein* Einl. IPR Rn. 286; eingehend *Schurig*, RabelsZ 54 (1990) 217 (226 ff.); sowie jetzt *Köhler*, Eingriffsnormen – Der „unfertige Teil" des europäischen IPR, S. 5 ff., 22 ff.

[374] Instruktiv MüKoGmbHG/*Weller* Einl Rn. 499 ff.; umfassend zu den damit verbundenen Schwierigkeiten *Köhler*, Eingriffsnormen – Der „unfertige Teil" des europäischen IPR, S. 22 ff.

[375] *Weller et al.*, ZGR 2015, 361 (370).

„Eine Eingriffsnorm ist eine zwingende Vorschrift, deren Einhaltung von einem Staat als so entscheidend für die Wahrung seines öffentlichen Interesses, insbesondere seiner politischen, sozialen oder wirtschaftlichen Organisation, angesehen wird, dass sie ungeachtet des nach Maßgabe dieser Verordnung auf den Vertrag anzuwendenden Rechts auf alle Sachverhalte anzuwenden ist, die in ihren Anwendungsbereich fallen."[376]

Beispiele für solche Regelungen finden sich im Unternehmensrecht viele. Besondere praktische Bedeutung erlangt etwa das Außenwirtschaftsgesetz, das unstreitig im Wege der Sonderanknüpfung zur Anwendung gebracht wird. Kaum weniger praxisrelevant, aber hochumstritten ist die Frage, ob auch die Regelungen über die unternehmerische Mitbestimmung, namentlich das MitbestG 1976, eingriffsrechtlichen Charakter aufweisen. Inzwischen wird dies ganz überwiegend verneint.[377] Befürworter einer Sonderanknüpfung machen dagegen geltend, dass die Normen auch sozialpolitische Ordnungsvorstellungen und damit einen internationalen Geltungswillen zum Ausdruck brächten und deshalb das internationale Gesellschaftsrecht als Eingriffsrecht überlagerten.[378] Systematisch noch näher an unserer Fragestellung liegen die Inhabilitätsnormen der § 76 III S. 2 Nr. 2, 3 AktG, § 6 II S. 2 Nr. 2, 3 GmbHG. Sie werden zurecht einhellig als Eingriffsnormen qualifiziert.[379] Die Bestellungshindernisse, die an bestimmte Vorstrafen sowie Berufs- bzw. Gewerbeverbote anknüpfen, lassen sich deshalb nicht mithilfe einer Auslandsgesellschaft umgehen. Stattdessen wird das ausländische Gesellschaftsstatut an dieser Stelle mithilfe einer Sonderanknüpfung durchbrochen. Insoweit stellt sich die Frage, ob auch dem Menschenvorbehalt gegenwärtig eingriffsrechtlicher Charakter beizumessen ist, und, wenn nicht, ob der Gesetzgeber ihm künftig eingriffsrechtlichen Charakter beimessen könnte. Davon zu unterscheiden ist die Frage, ob eine Sonderanknüpfung mit dem europäischen Recht vereinbar ist.[380]

bb) Der Menschenvorbehalt als Eingriffsnorm?

Ob der Menschenvorbehalt als Eingriffsnorm zu qualifizieren ist, ist abstrakt zu bestimmen. Anders als im Internationalen Privatrecht üblich, gilt der Blick also nicht dem konkreten Sachverhalt, sondern einzig der Rechtsnorm.[381] Das deut-

---

[376] Art. 9 I Rom I-VO lässt sich als allgemeines Prinzip des Kollisionsrecht begreifen, so jedenfalls Staudinger/*Magnus* Art. 9 Rom-I-VO Rn. 15; ähnlich *Weller et al.*, ZGR 2015, 361 (370): „Leitbildcharakter"; eingehend zur Norm *Hauser*, Eingriffsnormen in der Rom I-Verordnung, S. 7 ff.

[377] Statt vieler *Habersack/Henssler*, MitbestR, § 1 MitbestG Rn. 6a ff., 33 mwN.; *Sandrock*, AG 2004, 57 (64): „verfehlt"; *Windbichler/Bachmann*, FS Bezzenberger, S. 797 (803 f.).

[378] *Weller et al.*, ZGR 2015, 361 (373) mwN.

[379] BGHZ 172, 200; *Eidenmüller/Rehberg*, NJW 2008, 28 (29 f.): „tatbestandlich eng umgrenzte Sonderanknüpfung"; s. auch *Hirte*, NZG 2008, 761 (765); zweifelnd dagegen *Bauer/Großerichter*, NZG 2008, 253 (254 f.).

[380] Vgl. *Osterloh-Konrad*, ZHR 172 (2008) 274 (299); auch MüKoGmbHG/*Weller* Einl. Rn. 461.

[381] Stellvertretend MüKoBGB/*v. Hein* Einl. IPR Rn. 307 mwN.

sche Institut ist dahingehend zu untersuchen, ob der Sinn und Zweck die internationale also vom jeweiligen Gesellschaftsstatut unabhängige Geltung beansprucht. Dafür reicht es selbstredend noch nicht aus, dass die entsprechenden Regelungen, wie hier, der privatautonomen Disposition entzogen sind. Entscheidend ist daneben, dass sich der Zweck nicht im Ausgleich konfligierender Parteiinteressen erschöpft, sondern auch auf den Schutz öffentlicher Interessen gerichtet ist. Wer § 76 III S. 1 AktG, § 6 II S. 1 GmbHG so liest, wie die Regelungen einst gemeint waren, kann ihnen dabei durchaus einen internationalen Anwendungswillen entnehmen. Ihr Zweck erschöpft sich, anders als bisweilen angenommen, nicht in Individualbelangen. Mehr noch. Er nimmt die Belange der Gesellschafter zunächst überhaupt nicht in den Blick. Er soll primär die Allgemeinheit schützen, indem er Einhaltung der öffentlich-rechtlichen Pflichten sichert, die den Verband selbst treffen. Indes hat der Gesetzgeber recht deutlich zum Ausdruck gebracht, dass er die Norm nicht für zwingend hält. Als er im Zuge des MoMiG die Bestellungsverbote der §§ 76 III S. 2, 3 AktG, § 6 II S. 2, 3 GmbHG sonderanknüpfte, sparte er den jeweils in Satz 1 formulierten Menschenvorbehalt aus (vgl. § 13g II S. 2 HGB). Zugleich verzichtet das deutsche Recht selbst in bestimmten Fällen auf die unmittelbare persönliche Verantwortung eines menschlichen Geschäftsleiters. Aus diesem Grund ist der deutschen Rechtsordnung nicht nur ein allgemeines Rechtsprinzip fremd,[382] wonach das Körperschaftsorgan natürlichen Personen vorbehalten ist, auch ein zwingender kollisionsrechtlicher Anwendungsbefehl scheint mehr als zweifelhaft. Eine Sonderanknüpfung im Wege der Rechtsfortbildung wäre mit erheblichen Unsicherheiten behaftet.[383]

Insoweit wird künftig vor allem die Frage relevant, inwiefern den Regelungen durch einen Legislativakt explizit Vorrang eingeräumt werden könnte. Wie der deutsche Gesetzgeber auf die innovative Verwendung ausländischer Rechtsformen reagieren wird, ist offen.[384] Sollte sich, und das steht angesichts der heiklen Frage zu erwarten, rechtspolitischer Widerstand gegen von Maschinen verwaltete Auslandsgesellschaften formieren, weist eine gesetzliche Sonderanknüpfung einen Weg, ihm legislatorisch Ausdruck zu verleihen. Dabei steht im Ausgangspunkt außer Frage, dass der deutsche Gesetzgeber Sonderanknüpfungen innerhalb der Grenzen, die das Unionsrecht setzt, ausdrücklich normieren kann. Er hat dies etwa in § 130 II GWB oder § 61 BörsG getan und für die Regelungen der Mitbestimmung erwogen.[385] Ganz unabhängig vom rechtspolitischen Anliegen,

---

[382] Vgl. oben § 3 B II.

[383] Zur Zulässigkeit einer richterrechtlichen Sonderanknüpfung MüKoGmbHG/*Weller* Einl. Rn. 485 ff. mwN.

[384] Ebenso *Bayern et al.*, AJP/PJA 2017, 192 (203): „unklar".

[385] Zum Vorschlag eines „Mitbestimmungserstreckungsgesetzes" s. die auf den Erlass eines solchen Gesetzes gerichteten Anträge BT-Drucks. 17/2122 und BT-Drucks. 17/1413; sowie aus rechtswissenschaftlicher Sicht *Merkt*, ZIP 2011, 1237; *Hübner*, Kollisionsrechtliche Behandlung von Gesellschaften aus „nicht-privilegierten" Drittstaaten, S. 239 ff.; *Weller*, FS

die korporative Leitung an die persönliche Verantwortung zu koppeln, spricht für eine solche Regelung die Wettbewerbsgleichheit zwischen in- und ausländischen Gesellschaften. *Weller* hat dabei zwei Voraussetzungen herausgearbeitet, wie sich eine gesetzliche Sonderanknüpfung kohärent in das System des Kollisionsrechts einfügen lässt:[386] Einerseits muss sie sich auf Sachverhalte mit hinreichendem Inlandsbezug beschränken. Der Menschenvorbehalt ließe sich demnach auch qua Legislativakt einzig auf Auslandsgesellschaften erstrecken, die ihren effektiven Verwaltungssitz in Deutschland haben. Andererseits lassen sich nur solche Regelungen systemkohärent sonderanknüpfen, die sich als international zwingend qualifizieren lassen. So liegt der Fall hier. Wir haben es mit Eingriffsnormen zu tun, die im öffentlichen Interesse in private Rechtsverhältnisse eingreifen. Gegen eine positivrechtliche Sonderanknüpfung des Menschenvorbehalts schlagen aus Sicht des deutschen Kollisionsrechts also zunächst keine Einwände durch. Wie bereits im Fall der Mitbestimmung, baut auch hier nicht genuines Kollisionsrecht, sondern das Unionsrecht die zentrale rechtliche Hürde auf.

cc) Europarechtskonformität

Ganz gleich, ob man den Regelungen schon jetzt einen zwingenden kollisionsrechtlichen Anwendungsbefehl entnimmt oder dieser Anwendungsbefehl vom Gesetzgeber in Zukunft explizit normiert würde, stellt sich in einem zweiten Schritt die Frage, ob die Anwendung des Menschenvorbehalts auf dem Gebiet der Europäischen Union auch europarechtskonform wäre. Ausgangspunkt ist die Einsicht, dass die irreguläre Durchsetzung nationaler Institute durch sekundärrechtliche Harmonisierung des europäischen Kollisionsrechts abgesegnet wurde.[387] Die Einschätzung, wie sich eine Eingriffsnorm definiert, welche Normen im Einzelnen dazu zählen und wann sie zur irregulären Anwendung berufen sind, obliegt also den Mitgliedstaaten. Indes muss sich die Durchsetzung von nationalen Eingriffsrecht am europäischen Primärrecht messen. Die Sonderanknüpfung müsste im Einklang mit den Grundfreiheiten stehen.[388] Die Niederlassungsfreiheit schützt mit der Aufnahme und Ausübung der selbständigen Erwerbstätigkeit auch die grenzüberschreitende Gründung und Leitung von Unternehmen. Wir haben gesehen, dass dazu auch die Freiheit gehört, ein von den Rechtsordnungen der Mitgliedstaaten angebotenes Gesellschaftsstatut zu wählen und mit diesem Statut in anderen Mitgliedstaaten unternehmerisch tätig zu werden. Ein Eingriff in das ausländische Gesellschaftsstatut durch das deutsche

---

Hommelhoff, S. 1275; zur Sonderanknüpfung der „Frauenquote" *Weller et al.*, ZGR 2015, 361.

[386] *Weller*, FS Hommelhoff, S. 1275 (1287 f.); *Hübner*, Kollisionsrechtliche Behandlung von Gesellschaften aus „nicht-privilegierten" Drittstaaten, S. 242.

[387] So *Weller et al.*, ZGR 2015, 361 (385).

[388] Ausdrücklich EuGH v. 23.11.1999 – C-369/96, C-376/96, Slg. 1999, I-8453 (Arblade).

Sachrecht ist so stets auch ein Eingriff in die Art. 49, 54 AEUV. Wer nationale Menschenvorbehalte auf Auslandsgesellschaften erstreckt und so die auf Grundlage grundsätzlich abschließenden ausländischen Organisationsnormen überlagert, beschränkt die Niederlassungsfreiheit. Die Veränderung der Organisationsverfassung, wie sie hier in Rede steht, unterfällt dabei dem Beschränkungsverbot. Auslandsgesellschaften würde durch die Sonderanknüpfung ein erheblich vom Gründungsrecht abweichendes Organisationsmodell aufgezwungen. Die Gesellschaft wäre nunmehr zur Bestellung einer natürlichen Person verpflichtet. Anders als im Fall der Bestellungsverbote, die an Vorstrafen und Berufsverbote anknüpfen, bezeichnet der Menschenvorbehalt auch keine bloße Tätigkeitsausübungsregel.[389] Vielmehr ist der Marktzutritt betroffen, der vollumfänglich dem unionsrechtlichen Beschränkungsverbot unterfällt. Insoweit greift für die Sonderanknüpfung des Menschenvorbehalts die volle Rechtfertigungslast einer Beschränkung der Niederlassungsfreiheit. Folglich ist die Anknüpfung aus europarechtlicher Sicht nach der sog. *Gebhard*-Formel nur dann zulässig, wenn sie EU-Auslandsgesellschaften nicht diskriminiert, aus zwingenden Gründen des Allgemeininteresses geboten, geeignet und erforderlich ist.[390]

Die Sonderanknüpfung des Menschenvorbehalts versucht, unternehmerisches Tätigwerden an individuelle Verantwortung zu koppeln und damit die Allgemeinheit vor Schäden durch fehlerhaftes Maschinenverhalten zu schützen. Damit ist ein zwingender Grund des Allgemeininteresses beschrieben. Das gilt wohl selbst dann, wenn man an dieser Stelle ein in allen Mitgliedstaaten anerkanntes Allgemeinwohlinteresse fordert.[391] Auch das Unionsrecht selbst erkennt die individuelle Verantwortung der Geschäftsleitung im Ausgangspunkt an. Es zeigt sich in der Frage liberaler als das deutsche Recht, lässt die juristische Organperson aber auch nur unter der Bedingung zu, dass ein ständiger Vertreter bestellt wird. Die persönliche Verantwortung einer natürlichen Person ist damit auch im europäischen Gesellschaftsrecht gerade nicht entbehrlich. Wir haben gesehen, dass der Vorbehalt zugleich geeignet ist, dieses zwingende Allgemeininteresse zu schützen. Bestimmte Leitungsfunktionen bleiben durch ihn zwingend in der Hand einer natürlichen Person. Insbesondere die sorgfältige Auswahl und Überwachung der im Verband eingesetzten Maschinen obliegt der persönlichen Verantwortung eines Individuums.

Schwieriger und erst mit Blick auf die konkrete Ausgestaltung der von einer Maschine verwalteten Auslandsgesellschaft zu beantworten, ist die Frage, ob

---

[389] Zur Europarechtskonformität der Sonderanknüpfung der Bestellungsverbote MüKoBGB/*Kindler* Int GesR Rn. 436, 564; vgl. auch BGHZ 172, 200; sowie *Eidenmüller/Rehberg*, NJW 2008, 28 (29 ff.).

[390] EuGH v. 30.11.1995 – C-55/94, Slg. 1995, I-4165 (Gebhard).

[391] So *Hübner*, Kollisionsrechtliche Behandlung von Gesellschaften aus „nicht-privilegierten" Drittstaaten, S. 244; dagegen *Weller*, FS Hommelhoff, S. 1275 (1292); der EuGH hat insb. den Schutz der Arbeitnehmer als zwingenden Grund des Allgemeininteresses anerkannt, vgl. EuGH v. 5.11.2002 – C-208/00, Slg. 2002, I-9919 (Überseering).

eine Sonderanknüpfung über das hinausgeht, was zur Erreichung des verfolgten Ziels erforderlich ist.[392] Nur auf den ersten Blick bietet das Europäische Gesellschaftsrecht mit dem ständigen Vertreter (vgl. Art. 47 I S. 2 SE-VO) ein milderes gleich geeignetes Mittel. Selbst wenn man dieses Instrument für die von Maschinen geleitete Gesellschaft anpassen würde, wäre damit letztlich kein arbeitsteiliger Nutzen verbunden. Auch in diesem Fall wäre eine natürliche Person mit entsprechender Pflichtenbindung zu bestellen. Die Korporation dürfte nicht lediglich mithilfe von Maschinen am Rechtsverkehr teilnehmen. Darüber, ob die Sonderanknüpfung erforderlich ist, entscheiden damit in erster Linie die in der jeweiligen Auslandsgesellschaft zur Kompensation der persönlichen Verantwortung implementierten Schutzmechanismen. Der deutsche Gesetzgeber dürfte das Gründungsrecht nur dann überlagern, wenn den Allgemeinwohlbelangen in der entsprechenden Gesellschaft nicht ausreichend Rechnung getragen werden. Stehen wie bislang Gesellschaften in Rede, die auf den Menschen schlicht verzichten, ohne dies rechtlich anderweitig zu kompensieren, ist die Sonderanknüpfung erforderlich. Treten demgegenüber ‚selbstfahrende' Auslandsgesellschaften mit speziellen Sicherungsmechanismen auf den Plan, wären diese vom Gesetzgeber entsprechend zu würdigen. In jedem Fall notwendig würde wohl eine Subsidiaritätsregel, die den Menschenvorbehalt nur dann zur Anwendung bringt, wenn die Sicherung des öffentlichen Interesses durch das Gründungsstatut nicht gewährleistet wird.[393] Gleichwohl ließe sich die Sonderanknüpfung des Menschenvorbehalts auch europarechtlich durchaus rechtfertigen.[394]

3. Zwischenergebnis

Wie hoch ist der Innovations- und Anpassungsdruck, der von ausländischen Rechtsordnungen ausgeht, nach all dem also tatsächlich? Allenfalls moderat. Zwar wird in einigen Rechtsordnungen schon mit von Maschinen verwalteten Korporationen experimentiert. Doch Gesetze, die diese vorsehen, sucht man bislang vergebens. International ist gegenwärtig noch eine gegenläufige Tendenz auszumachen. In der jüngeren Vergangenheit ist die Zahl der Rechtsordnungen, die sich für den Menschenvorbehalt entscheiden, eher gewachsen denn gesunken. Für den Fall, dass sich diese Tendenz künftig umkehrt, wähnt das Schrifttum den nationalen Menschenvorbehalt auf verlorenem Posten. Es stützt sich dabei auf zwei Prämissen: Einerseits verliere die Sitztheorie bei maschinell verwalteten Korporationen ihren Zugriff, weil der effektive Verwaltungssitz sich in diesem

---

[392] Wohl jegliche Schutzvorschriften für unionsrechtlich unzulässig haltend *Burri*, Research Handbook of Artificial Intelligence Law, S. 537 (547): „seems to be no room for *any* justification for a denial".

[393] Zu dieser europarechtlich gebotenen Ausnahme von der gewohnten kollisionsrechtlichen Dogmatik am Beispiel der Mitbestimmung *Weller*, FS Hommelhoff, S. 1275 (1293 f.).

[394] Ebenso vorstellbar wäre insoweit die Harmonisierung des europäischen Gesetzgebers selbst, dies andeutend *Armour/Eidenmüller*, ZHR 183 (2019) 169 (187).

Fall leicht im Gründungsstaat erhalten lasse. Andererseits sollen die weitreichenden staatsvertraglichen Anerkennungspflichten auch zur Anerkennung von Auslandsgesellschaften nötigen, die nicht länger von Menschen, sondern von Maschinen verwaltet werden.

Bei näherem Hinsehen erwachsen an beiden Prämissen nachhaltige Zweifel: Die Sitztheorie setzt nicht am Zustandekommen der Leitungsentscheidung, sondern an dessen Umsetzung in Geschäftsführungsakte an. Damit lässt sich auch eine von Maschinen verwaltete Korporation greifen, die vorrangig in Deutschland tätig wird: Wo die Maschine programmiert wurde, wo ihre Server stehen, wer ihre Hard- und Software unterhält und überwacht, all das ist für den effektiven Verwaltungssitz irrelevant. Entscheidend ist der Ort, an dem der maschinelle Code in tatsächliche Geschäftsführungsakte umgesetzt wird. Versteht man die Sitztheorie auch als Schutztheorie nationaler Interessen, taugt sie so auch zur Verteidigung des inländischen Menschenvorbehalts: Der Verwaltungssitz fällt mit dem Ort zusammen, an dem die Maschinen ihre primären Wirkungen entfalten.

Umgekehrt gilt: Wer vorrangig in Deutschland tätig werden will, ist auch künftig auf die staatsvertragliche Privilegierung angewiesen. Regelungen wie § 76 III S. 1 AktG zählen dabei zum Gründungsrecht, ohne dass die Frage, ob eine privilegierte Auslandsgesellschaft hierzulande von Maschinen verwaltet werden kann, damit abschließend beantwortet wäre. Die Lehre vom einheitlichen Gesellschaftsstatut ist nicht frei von Brüchen. Zur Abwehr sogenannter *algorithmic entities*, die sich jeder effektiven organ- oder mitgliedschaftlichen Kontrolle entziehen, drängt sich der *ordre public* auf. In eng begrenzten Ausnahmefällen schaltet er das an sich anwendbare ausländische Recht aus, um ein für die deutsche Rechtsordnung nicht hinnehmbares Anwendungsergebnis zu korrigieren. Will man den Menschenvorbehalt allgemein zur Durchsetzung verhelfen, ist die Sonderanknüpfung das kollisionsrechtliche Mittel der Wahl. Das eigentlich zur Anwendung berufene Gründungsstatut wird in diesem Fall durch international zwingendes Eingriffsrecht überlagert. Und jedenfalls der Gesetzgeber könnte eine Sonderanknüpfung des Menschenvorbehalts für Unternehmen mit inländischen Verwaltungssitz systemkohärent und europarechtskonform umsetzen.

IV. Resümee

1. Verteidigung

Das vierte Kapitel nahm Gehalt und Zweck des Menschenvorbehalts, seine Wirkungen in der korporativen Arbeitsteilung und seine Position im Regulierungswettbewerb in den Blick. Nun steht fest: Liest man ihn so, wie er einst gemeint war, lässt er sich verteidigen. Die von uns gezogene Verteidigungslinie lässt sich dabei auf drei zentrale Einsichten zuspitzen:

Erstens formulierte der Gesetzgeber an dieser Stelle einen echten Menschenvorbehalt. Er legte die Leitung der Korporation zum Schutz der Allgemeinheit in die Hände eines persönlich verantwortlichen Individuums. § 76 III S. 1 AktG, § 6 II S. 1 GmbHG normieren insoweit eine Pflicht zur menschlichen Entscheidung, die Dritte vor Entscheidungen schützt, die nicht von einer natürlichen Person unmittelbar verantwortet werden. Anders als speziell im Aktienrecht gemeinhin angenommen, wird den Gesellschaftern also kein vermeintlich effizientes Organisationsmodell aufgedrängt. Das Gesetz nimmt zum Schutz der Allgemeinheit umgekehrt gar einen Effizienzverlust der Gesellschaft in Kauf. Nach der hinter dem Menschenvorbehalt stehenden Wertung ist in Zukunft also auch dann an ihm festzuhalten, wenn Maschinen Probleme künftig rationaler und effizienter lösen als der Mensch.

Das wird *zweitens* noch deutlicher, blickt man auf die Funktion, die der Vorbehalt in der korporativen Arbeitsteilung erfüllt. Zunächst fällt der Effizienzverlust, der mit ihm aus Sicht der Gesellschaft einhergeht, bei näherem Hinsehen geringer aus als erwartet. Einerseits ist die Maschine in der gesetzestypischen Kapitalgesellschaft noch keine ernsthafte Alternative. Sie ergänzt den Menschen noch, ohne ihn vollumfänglich ersetzen. Auch dort, wo sie ihn ersetzet, ersetzt sie ihn nicht vollumfänglich, sondern nur in eng umgrenzten Anwendungsbereichen. Unternehmen bestellen menschliche Geschäftsleiter heute also nicht nur deshalb, weil das Recht sie dazu verpflichtet, sondern weil der Einsatz einer Maschine ineffizient wäre. Andererseits können Kapitalgesellschaften den Einsatz Künstlicher Intelligenz auch bei geltendem Recht flexibel gestalten. Das gilt selbst im Aktienrecht, wo § 23 V AktG und § 76 I AktG traditionell größere Hürden aufbauen. Schon nach gängiger Auslegung stellt § 76 I AktG auch im Kernbereich der Unternehmensführung nur Entscheidungsverantwortung, nicht unmittelbare Vorstandsbeschlüsse in Rechnung. In Zukunft würde eine Orientierung am Maßstab des § 93 I AktG für Flexibilität sorgen. Ohne der Automatisierung der Korporation erhebliche gesellschaftsrechtliche Schranken aufzubauen, erfüllt der Menschenvorbehalt dann genau die Funktion, die er bezweckt: Er stellt zum Schutz des Rechtsverkehrs sicher, dass recht- und gesetzmäßig automatisiert wird. Durch ihn bleibt die Korporation für rechtliche Steuerungsanreize ansprechbar; ein menschlicher Geschäftsleiter persönlich dafür verantwortlich, dass der Einsatz Künstlicher Intelligenz dauerhaft den öffentlich-rechtlichen Anforderungen entspricht.

Und *drittens*: Auch angesichts des Innovations- und Anpassungsdrucks, der im Regulierungswettbewerb auf ihm lastet, ist das deutsche Recht in der Lage, am Menschenvorbehalt festzuhalten. Bislang kennt keine ausländische Rechtsordnung eine von Künstlicher Intelligenz verwaltete Rechtsform. Gleichzeitig läuft die Sitztheorie gegenüber solchen Gesellschaften nicht ins Leere. Weil es ihm nicht um private, sondern um öffentliche Interessen geht, ließe sich der Menschenvorbehalt in Zukunft kollisionsrechtlich zudem auch mithilfe einer Sonderanknüpfung systemkohärent und unionsrechtskonform gegen ein regulär zur Anwendung berufenes Gesellschaftsstatut durchsetzen.

2. Nicht um jeden Preis

All das taugt auch in Zukunft, wenn Maschinen all das tun, was wir tun, nur effizienter, zur Verteidigung. Wenngleich bei näherem Hinsehen ebenfalls klar wird: Nicht lückenlos.

Erstens ist die gesetzliche Wertung, die hinter dem Menschenvorbehalt steht, zwar überzeugend, sie gilt aber schon heute nicht absolut. Ein Rechtsgrundsatz, wonach mit dem Geschäftsleiter prinzipiell die natürliche Person gemeint wäre, ist dem deutschen Recht fremd.[395] Das Gesetz fordert die individuelle Verantwortung schon bislang nur dort ein, wo sie zum Schutz der Allgemeinheit auch notwendig ist. Unternehmen bietet sich in spezifischen Anwendungskontexten, namentlich dann, wenn sich der Gesellschaftszweck nach der Auflösung auf die Abwicklung beschränkt, die Option, zugunsten der juristischen Organperson auf sie zu verzichten. Der Gesetzgeber hat damit zum Ausdruck gebracht, dass der Verzicht auf einen menschlichen Entscheidungsträger im Ausnahmefall aus Effizienzgründen gerechtfertigt sein kann. Dabei ist die maschinelle Leitung der Korporation weder stets illegitim noch scheint die individuelle Verantwortung zum Schutz des Rechtsverkehrs stets geboten. Dies wird besonders plastisch, hat man typischerweise arbeitnehmerlose Betreibergesellschaften von autonomen Systemen vor Augen: Ihr Wirkungskreis ist eng begrenzt, das mit ihnen einhergehende Risiko für Dritte oft überschaubar, die Überzeugungskraft unseres Vorbehalts stößt an Grenzen.

Damit korrespondiert *zweitens*, dass es in eng umgrenzten Kontexten schon heute möglich ist, bestimmte unternehmerische Aufgaben vollumfänglich zu automatisieren. Hier ist der menschliche Geschäftsleiter aus technischer Sicht bald in der Tat nur noch Störfaktor. Auch das gilt zunächst für Korporationen, die vornehmlich als Betreibergesellschaft dienen würden: Erschöpft sich der Unternehmensgegenstand im Betrieb eines selbstfahrenden Fahrzeugs, sind mit einem menschlichen Geschäftsleiter aus Sicht der Gesellschaft zwar keine erheblichen, so doch einzig Kosten verbunden. Zugleich könnte das Recht den rechtmäßigen Betrieb in diesem Fall auch anders gewährleisten als durch die Bestellung eines menschlichen Geschäftsleiters, der zwar der Automatisierung keine erheblichen Grenzen setzt, aber (Transaktions-)Kosten verursacht, weil er bestellt, vergütet und überwacht werden muss.

Schließlich scheint ein differenzierteres Vorgehen *drittens* auch im Regulierungswettbewerb erstrebenswert. Dem Gesetzgeber bieten sich ihm im Kern zwei Möglichkeiten, um dem Innovations- und Anpassungsdruck zu begegnen, der in Zukunft von privilegierten, von Maschinen verwalteten Auslandsgesellschaften ausgehen wird: Einerseits könnte er dem Druck nachgeben und ebenfalls ganz vom Vorbehalt der natürlichen Person abrücken. Andererseits könnte er den Druck verringern, indem er durch eine Sonderanknüpfung kollisionsrechtlich verhindert, dass sich die Auslandsgesellschaft zu einem Instrument entwickelt,

[395] Vgl. oben § 3 B II.

um den nationalen Menschenvorbehalt zu umgehen. Noch größeren Erfolg verspricht wohl eine Kombination aus beidem: Einerseits sollte er Korporationen, die nicht länger auf menschliche Geschäftsleiter angewiesen sind, in eng umgrenzten Anwendungsbereichen zulassen. Andererseits sollte er den Menschenvorbehalt auch in Auslandsgesellschaften dort zur Anwendung bringen, wo dies im Interesse der Allgemeinheit zwingend geboten ist.

Nach alldem kann man sich einer von Maschinen verwalteten Korporation also in der Tat „nicht *pauschal* mit dem Argument entschlagen, es fehle das menschliche Leitungsorgan, das Steuerungsanreizen zum Schutze der Öffentlichkeit ausgesetzt ist“[396]. Weil das Gesetz den Menschenvorbehalt schon heute nicht absolut zur Anwendung bringt, gelingt dies nur dort, wo öffentliche Interessen die persönliche Verantwortung eines Individuums unabweislich machen. Damit ist ein Auftrag an Rechtsanwender und Rechtsetzer formuliert: Es gilt wie für die juristische Organperson jene Funktionen zu identifizieren, für die es auf das ‚Ethische in der Person‘ nicht ankommt. Anders ausgedrückt: Es gilt der „selbstfahrenden Korporation“ einen „Korridor zulässiger Zielfunktionen“ abzustecken.[397] Der Menschenvorbehalt wird dann weder um jeden Preis verteidigt noch vollumfänglich überwunden, sondern stärker fragmentiert: Er bleibt die Regel, doch seine Ausnahmen werden zahlreicher.

Diese Arbeit schließt mit einem Kapitel, das diese Fragmentierung auslotet, erste Experimentierräume absteckt und eine Prognose wagt, was dort passiert, wo wir den Vorbehalt überwinden.

---

[396] So *Linardatos*, Autonome und vernetzte Aktanten, S. 517 [Hervorhebung nur hier].
[397] So erstmals *Armour/Eidenmüller*, ZHR 183 (2019) 169 (184).

§ 5 Fragmentierung

> „We can embrace new forms of computation without abandoning quintessentially human roles to AI.“[1]
> *Frank Pasquale (2020)*

Berkeley (California), 1986. In einem frühen Sommer der Künstlichen Intelligenz zeichnet Meir Dan-Cohen das Bild der „Personless Inc.“. Einer Korporation, die zunächst ohne Mitglieder, alsbald auch ohne menschliche Geschäftsleiter, als „fully-automated corporation“ einzig mithilfe von Maschinen ihren Geschäften nachgeht. Er beobachtet, dass ihr innerer Wandel äußerlich unerkannt bleibt. Obgleich ohne jedes menschliche Substrat, nimmt die „Personless Inc.“ am Rechtsverkehr teil, als wäre nichts geschehen. Das lässt ihn an seiner bisherigen Vorstellung von der Korporation als *Person* zweifeln: „What we find there, in fact“, notiert er, „is a machine endowed with artificial intelligence.“[2]

---

[1] *Pasquale*, New Laws of Robotics, S. 231.
[2] *Dan-Cohen*, Rights, Persons, and Organizations, 1986, S. 46 ff., 49.

A. Selbstfahrende Korporationen

Die Frage dieser Arbeit mutet noch heute ein wenig futuristisch an. Dabei war sie schon früh in den Köpfen, auf die es ankommt. Im April 1960, diese Begebenheit ist zu erstaunlich, um sie hier nicht noch einmal zu wiederholen, gehen ihr Herbert Simon, einer der Begründer der Künstlichen Intelligenz, Adolf Berle, der Vordenker der modernen Korporation, und Friedrich Hayek, der zentrale Wirtschaftstheoretiker des 20. Jahrhunderts, auf einem heute in Vergessenheit geratenen Symposium am Carnegie Institute of Technology gemeinsam und ganz ernsthaft nach. Nun ist klar: Wer die Frage als Rechtsfrage stellt, kann sie kaum mit einem einfachen Ja oder Nein beantworten. Die Antwort lautet, wie sollte es anders sein: *Es kommt darauf an.* Auf die technologische Entwicklung und den rechtspolitischen Veränderungswillen, klar. Doch vor allem darauf, welche Korporation gemeint ist. Die Rechtsordnung gestattet es Gesellschaften schon heute nur im Ausnahmefall, ohne einen menschlichen Geschäftsleiter am Rechtsverkehr teilzunehmen. In der Regel hält sie die persönliche Verantwortung für unabdingbar. Sie sollte auch in Zukunft an diesem Muster festhalten.

Nicht nur vor dem Hintergrund der historischen Erfahrungen mit der juristischen Organperson ist die Diskussion, welche Korporationen auf den menschlichen Geschäftsleiter verzichten dürfen und welche nicht, dabei auf eine möglichst breite Basis zu stellen. Vor allem aber ist angesichts der technologischen Unwägbarkeiten und der ungewissen rechtspolitischen Perspektive Vorsicht geboten. Wer in der gegenwärtigen Gemengelage zu konkrete Vorschläge macht, dem droht das Schicksal der vielen Arbeiten zur SPE: All die schönen Ideen, wie man eine supranationale GmbH konstruieren könnte, bezugsfertige Theoriengebäude, stehen heute als Luftschlösser da. Insoweit schließt diese Arbeit mit einem Kapitel, das zunächst nur das Kernproblem einer von Maschinen verwalteten Korporation formuliert. Es lautet: „Haftungsbeschränkung ohne individuelle Verantwortung". Daraus leiten sich zugleich zwei Strukturfragen ab: Welche Gesellschaft kommt ohne die unmittelbare Verantwortung eines menschlichen Geschäftsleiters aus? Und wie ist der Mangel an individueller Verantwortung zu kompensieren?

I. Haftungsbeschränkung ohne individuelle Verantwortung

Das zentrale Problem einer von Maschinen verwalteten Korporation besteht darin, Minderheiten und Dritte zu schützen, ohne dafür auf die persönliche Verantwortung eines menschlichen Geschäftsleiters zurückgreifen zu können. Diese Aufgabe gestaltet sich besonders dann schwierig, wenn es zugleich bei der passiven Rolle der Gesellschafter bleiben soll.

1. Regelungsziel

a) Ausgangspunkt: Ausrichtungsproblem

Unser Ausgangspunkt muss dabei erneut das Ausrichtungsproblem sein. Wir erinnern uns: Maschinen optimieren selten präzise die Ziele, die sie optimieren sollen. Sie tun dies insbesondere aufgrund unvollständiger oder fehlerhafter Trainingsdaten nicht robust. Und selbst wenn sie unsere Ziele robust verfolgen, können wir uns dem heute nicht sicher sein, weil sich ihr vergangenes Verhalten nur eingeschränkt interpretieren, ihr künftiges Verhalten nicht vollständig voraussehen und verifizieren lässt. Für Nutzer und Dritte ergibt sich daraus ein dauerhaftes Risiko, erhebliche Schäden zu erleiden.[3] Auch um diesem Risiko zu begegnen, zwingt das Gesetz Korporationen bislang völlig zurecht dazu, einen menschlichen Geschäftsleiter zu bestellen. Der Menschenvorbehalt stellt so sicher, dass die Pflicht zur sorgfältigen Organisation der eingesetzten Maschinen unmittelbar einer persönlich verantwortlichen natürlichen Person obliegt.[4] Umgekehrt lässt sich der menschliche Geschäftsleiter aus diesem Grund nicht schon deshalb aus dem Spiel nehmen, weil Maschinen anders als der Mensch keine Eigeninteressen verfolgen. Weil Maschinen lernen und sich vernetzen, bedürfte es rechtlicher Mechanismen, die sicherstellen, dass sie die Interessen der Allgemeinheit dauerhaft wahren. Wer also schlicht darauf verweist, dass Maschinen das tun, was ihr Code vorgibt, legt zwar die richtige Einsicht zugrunde, dass Maschinen selbst weder mithilfe (haftungs-)rechtlicher Anreize gesteuert werden brauchen noch gesteuert werden könnten, geht aber gleichwohl am Problem vorbei: Dass die drittschützende „Verhaltenssteuerung über die Steuerungsfunktion des Systems gewährleistet [wird]"[5], ist in einer von Maschinen verwalteten Korporation nicht schlicht als technische Selbstverständlichkeit vorauszusetzen, sondern rechtlich dauerhaft sicherzustellen.

b) Verknüpfung von korporativer Haftungsbeschränkung und Menschenvorbehalt

Künftig wird der Menschenvorbehalt dabei zunehmend vor dem Hintergrund der Passivität der Gesellschafter zu lesen sein. Fehlt es in der Korporation an einem für die Schutzpflichten zugunsten von Minderheiten und Dritten persönlich verantwortlichen Geschäftsleiter, liegt es nahe, stattdessen die Gesellschafter zu aktivieren:

Einerseits können Gesellschafter die originär ihnen als Eigentümer obliegenden Pflichten zum Schutz Dritter bislang nur deshalb privativ delegieren, weil sich die Rechtsordnung mit der Geschäftsleitung ein Zuordnungssubjekt für entsprechende Schutzpflichten geschaffen hat.[6] Vor allem die Belastung eines Ge-

---

[3] Vgl. oben § 2 B II.
[4] Eingehend oben § 4 A II 3.
[5] *Linardatos*, Autonome und vernetzte Aktanten, S. 517.
[6] Zu diesem Zusammenhang oben § 3 III 2.

schäftsleiters rechtfertigt ihre Entlastung. Fällt das Zuordnungssubjekt in einer von Maschinen geleiteten Korporation weg, liegt es nahe, die Gesellschafter im Gegenzug wieder verstärkt zur Verantwortung zu ziehen. Oder präziser: Es ihnen nicht länger zu gestatten, sich dieser Verantwortung im ersten Schritt zu entziehen.

Andererseits liegt es nahe, die auf die Einlagen beschränkte Haftung der Gesellschafter für Gesellschaftsschulden beim Wegfall des persönlich verantwortlichen Geschäftsleiters infrage zu stellen. Das „Privileg"[7] der korporativen Haftungsbeschränkung, das zunächst zu einer partiellen Externalisierung unternehmerischer Risiken zu Lasten der Gläubiger führt, lässt sich schwerer rechtfertigen, wenn nun kein Geschäftsführer für Schutzpflichten zugunsten dieser Gläubiger persönlich einstehen muss. Das gilt ganz besonders gegenüber den Deliktsgläubigern der Gesellschaft. Sie können Insolvenzrisiken bekanntlich weder mithilfe von Preis- bzw. Zinserhöhungen ausgleichen noch durch dingliche Sicherungsrechte minimieren, geschweige denn dadurch gänzlich ausschließen, dass sie den rechtsgeschäftlichen Kontakt meiden.[8] Weil dem so ist, drückt etwa *Wagner* den Zusammenhang zwischen beschränkter Haftung und individueller Verantwortung in einem anderen Kontext deutlich aus, müssen sich speziell die Deliktsgläubiger „darauf verlassen können, dass diejenigen natürlichen Personen, denen die Wahrnehmung der Sicherungspflichten des Unternehmensträgers obliegt, ihren Aufgaben auch pflichtgemäß nachkommen"[9], was zunächst voraussetzt, dass überhaupt natürliche Personen existieren. Anders ausgedrückt: Erst die Tatsache, dass einem Individuum Schutzpflichten zugunsten der Gläubiger obliegen, rechtfertigt es bislang, die Gesellschafter von der Haftung zu befreien. Damit ist zuallererst die haftungsbewehrte Pflicht angesprochen, im Fall der Zahlungsunfähigkeit oder Überschuldung Insolvenzantrag zu stellen. Auch der BGH hat insoweit keinen Zweifel daran gelassen, das „Haftungsprivileg" der Gesellschafter erst durch § 15a I InsO gerechtfertigt zu sehen.[10] Freilich

---

[7] Zum Verständnis der beschränkten Haftung als Privileg insb. BGHZ 142, 315 (318 ff.); krit. dazu *Bachmann et al.*, Rechtsregeln für die geschlossene Kapitalgesellschaft, S. 115.

[8] Grundlegend zur Problematik des Durchgriffs der Deliktsgläubiger *Hansmann/Kraakman*, Yale L. J. 100 (1991) 1879; s. auch *Kraakman et al.*, The Anatomy of Corporate Law, S. 9.

[9] MüKoBGB/*Wagner* § 823 Rn. 137; ähnlich zuvor *Kraakman*, Yale L. J. 93 (1984) 857 (867 ff.).

[10] BGHZ 126, 181 (196): „Die Konkursantragspflicht [§ 64 I GmbHG aF.] ergänzt damit den mit den Kapitalaufbringungs- und -erhaltungsvorschriften bewirkten Gläubigerschutz; zusammen mit diesen stellt sie die Rechtfertigung für das Haftungsprivileg der Gesellschafter dar"; ähnlich zuvor *K. Schmidt*, NJW 1993, 2934 (2931): „Die insoweit bestehenden Handlungspflichten [des Geschäftsleiters] stellen – neben den Kapitalaufbringungs- und -erhaltungsvorschriften – die Rechtfertigung für das Haftungsprivileg der Gesellschafter dar"; zustimmend aus der Kommentarlit. etwa MüKoGmbHG/*Merkt* § 13 Rn. 341; in Bezug auf § 15a InsO wohl auch MüKoInsO/*Klöhn* § 15a Rn. 29: Insolvenzantragspflicht „als notwendige Bedingung für die Rechtfertigung der Haftungsbeschränkung auf das Gesellschaftsvermögen angesehen".

zeugt die juristische Organperson davon, dass das Recht den Menschenvorbehalt nicht zur Bedingung der korporativen Haftungsbeschränkung macht.[11] In ihrem Fall wird die persönliche Verantwortung eines Individuums indes nicht ersatzlos gestrichen, sondern durch Behelfsinstrumente sichergestellt. Deutlichster Ausweis dessen ist die Figur des ständigen Vertreters im europäischen Gesellschaftsrecht: Die juristische Person, die in das Leitungsorgan einer SE bestellt wird, muss hier eine natürliche Person bestimmen, die ihre organschaftlichen Befugnisse dauerhaft wahrnimmt (vgl. Art. 47 I S. 2 SE-VO). Insoweit ist der deutschen Rechtsordnung zwar nicht die korporative Haftungsbeschränkung ohne Menschenvorbehalt, so doch die korporative Haftungsbeschränkung ohne individuelle Verantwortung bislang gänzlich unbekannt.

Vor diesem Hintergrund wird deutlich, dass der Menschenvorbehalt zwar den Schutz der Allgemeinheit bezweckt, funktionell aber auch den Gesellschaftern zugutekommt: Die persönliche Verantwortung des Geschäftsleiters, die er sicherstellt, legitimiert bislang ihre auf die Einlagen beschränkte Haftung. Und auch Beobachter, die einen Zusammenhang zwischen beschränkter Gesellschafterhaftung auf der einen Seite und individueller Geschäftsführerverantwortung auf der anderen Seite verneinen, etwa weil sie die korporative Haftungsbeschränkung schon durch die Pflicht der Gesellschafter legitimiert sehen, die angemessene Eigenkapitalausstattung der Gesellschaft sicherzustellen,[12] müssen jedenfalls erkennen, dass es rechtspolitisch zunächst nahe liegt, in einer von Maschinen verwalteten Korporation statt des Geschäftsleiters nunmehr die Gesellschafter für den Drittschutz zu aktivieren: Diese hätten den Rückgriff auf ihr Privatvermögen zu fürchten und würden deshalb Maßnahmen ergreifen, um dies zu verhindern – etwa besonders sichere Maschinen einsetzen.

Dass im Schrifttum bereits ein Haftungsdurchgriff der (Delikts-)Gläubiger auf die Gesellschafter einer „selbstfahrenden Kapitalgesellschaft" im Raum steht,[13] ist nach all dem also nur folgerichtig. Wer Gesellschafter in einer von Maschinen verwalteten Korporation weiterhin aus der Verantwortung für den Drittschutz entlassen will, obwohl nun kein Individuum dafür einsteht, muss Gründe vortragen, die dies rechtfertigen, und zugleich einen Weg präsentieren, der Dritten vergleichbare Sicherheiten bietet.

---

[11] Umgekehrt zeugt Art. 19 I EWIV-VO davon, dass Gesellschafter im Fall eines Menschenvorbehalts nicht stets von der persönlichen Haftung befreit werden, zu beidem bereits oben § 3 II c).

[12] So im Kontext der Organaußenhaftung etwa *Spindler*, Unternehmensorganisationspflichten, S. 866; auch *Kleindiek*, Deliktshaftung, S. 390 in Bezug auf *Brüggemeier*, AcP 191 (1991) 33 (65).

[13] *Armour/Eidenmüller*, ZHR 183 (2019) 169 (186); Ansätze auch bei *Watson*, Technology and Corporate Law, S. 21 (40).

c) Rechtfertigung der beschränkten Haftung

Und in der Tat ist die beschränkte Haftung der Gesellschafter keine Selbstverständlichkeit, sondern ein rechtspolitisches Gestaltungsmittel und als solches rechtspolitisch stets neu zu rechtfertigen.[14] Dabei steht ihre ökonomische Bedeutung heute im Grundsatz außer Frage. Sie bietet Investoren einen Anreiz, einen Teil ihres Vermögens in ein oft riskantes Projekt zu investieren, ohne mit ihrem Restvermögen für etwaige Verbindlichkeiten zu haften, wenn das Projekt misslingt. Gesellschafter, die persönlich haften, müssen sich aus Furcht vor Vermögensverlusten aktiv an der Unternehmung beteiligen, was die parallele Investition in viele Unternehmungen erschwert. Ist die Haftung auf das eingebrachte Kapital begrenzt, können Gesellschafter ihr Vermögen hingegen diversifizieren. Mit dem aggregierten Risiko ihrer Portfolios sinken so zugleich die von ihnen geforderten Risikoprämien und damit die Eigenkapitalkosten der Unternehmen. Wäre die Haftung der Gesellschafter nicht beschränkt, fiele es demnach wesentlich schwerer, Kapital zu sammeln und wirtschaftliche Risiken zu verteilen. Zugleich fiele die Bewertung von Gesellschaften schwerer; in der Aktiengesellschaft würde die Fungibilität der Aktien gefährdet.[15]

Freilich stünde in unserem Fall nicht zu erwarten, dass Investoren ihr Geld nicht mehr in riskante Unternehmungen investierten, gäbe man mit dem Menschenvorbehalt auch die korporative Haftungsbeschränkung preis.[16] Nur: Das Vehikel der ‚selbstfahrenden Korporation' würde dafür wohl nicht genutzt. Ihr Preis wäre schlicht zu hoch. Gesellschafter, die den Verzicht auf den menschlichen Geschäftsleiter mit persönlicher Haftung „bezahlen" müssten, würden diese weiterhin bestellen. Anders gewendet: Sie würden die beschränkte Haftung mit der Bestellung eines Individuums „erkaufen". Zumal sich jedenfalls menschliche Gesellschafter schließlich auch selbst in das Leitungsorgan bestellen könnten. Dort, wo das Vehikel gleichwohl zum Einsatz käme, stünde zu erwarten, dass die Gesellschafter zur Haftungsvermeidung erhebliche Anstrengungen unternähmen, um die eingesetzten Maschinen zu überwachen. Der arbeitsteilige Nutzen gegenüber einem mit natürlichen Personen besetzten Organ wäre erheblich vermindert. Und soweit man mit einem allgemeinen Durchgriff auf die Gesellschafter Rechtsformmissbräuchen vorbeugen wollte, gibt es angesichts mannigfaltiger

---

[14] Vgl. *Wiedemann*, Gesellschaftsrecht I, § 4 I 3 (S. 202 f.); *Kraakman et al.*, The Anatomy of Corporate Law, S. 8 f.; *Bainbridge/Henderson*, Limited Liability, S. 5 ff.; auch *Bachmann et al.*, Rechtsregeln für die geschlossene Kapitalgesellschaft, S. 112 ff.

[15] Eingehend zur ökonomischen Bedeutung der Haftungsbeschränkung *Kraakman et al.*, The Anatomy of Corporate Law, S. 8 f.; *Bainbridge/Henderson*, Limited Liability, S. 44 ff.; *Hansmann/Kraakman* Yale L. J. 110 (2000) 387 (399 ff.); grundlegend *Easterbrook/Fishel*, The Economic Structure of Corporate Law, 1996, S. 40 ff.: „perhaps *the* distinguishing feature [of corporate law]"; *Bachmann et al.*, Rechtsregeln für die geschlossene Kapitalgesellschaft, S. 114; *Grigoleit*, Gesellschafterhaftung für interne Einflußnahme im Recht der GmbH, S. 31 ff.

[16] So aber wohl die Befürchtung von *Armour/Eidenmüller*, ZHR 183 (2019) 169 (186).

Möglichkeiten, der Haftung in Zukunft zu entgehen, Zweifel ob das Institut geeignet wäre, dieses Regulierungsziel effektiv zu erreichen.[17]

Zweifel an der Effizienz und Legitimität der Haftungsbeschränkung bestehen demgegenüber nur im Deliktsrecht.[18] Doch auch ein allgemeiner Haftungsdurchgriff der Deliktsgläubiger scheint für unser Anliegen keine sinnvolle Option zu sein. Auch hier mögen gegen den Durchgriff bereits die Schwierigkeiten sprechen, diesen künftig durchzusetzen.[19] Vor allem aber schlägt der Einwand durch, dass die Gestaltungsoption einer von Maschinen verwalteten Korporation wohl nicht genutzt würde, wäre sie an die persönliche Haftung der Gesellschafter für deliktisches Fehlverhalten der Gesellschaft gekoppelt. Wiederum wäre ihre Attraktivität gegenüber einer von Menschen verwalteten Korporation, die sich schließlich ebenfalls umfassend automatisieren lässt, erheblich verringert; der menschliche Geschäftsleiter diente als Enthaftungsinstrument. Soll die ‚selbstfahrende Korporation' eine ernsthafte Gestaltungsoption sein, ist ihren Gesellschaftern weiterhin die Möglichkeit zu geben, passiv zu agieren. Die Prävention schadenstiftenden Maschinenverhaltens wäre insoweit durch andere rechtliche Strategien zu adressieren.

Die Grundfrage des Gläubigerschutzes in einer von Maschinen verwalteten Korporation kann demnach nicht auf das „Ob" einer Haftungsbeschränkung, sondern nur auf das „Wie" ihrer Ausgestaltung gerichtet sein. Wer den Menschenvorbehalt überwinden will, muss den Wegfall der persönlichen Verantwortung eines menschlichen Geschäftsleiters kompensieren, ohne zugleich auf die Gesellschafter durchzugreifen. Damit ist das zentrale Rechtsproblem einer von Maschinen verwalteten Kapitalgesellschaft formuliert. Es lässt sich auf vier Worte zuspitzen: *Haftungsbeschränkung ohne individuelle Verantwortung.*

2. Regelungsoptionen

Es gilt also ein Modell zu entwickeln, das hinreichende Sicherheit für Minderheiten und Dritte bietet, ohne dafür die Gesellschafter selbst in die Pflicht zu nehmen. Soll es bei der Haftungsbeschränkung bleiben, braucht es dabei adäquaten Ersatz für die persönliche Verantwortung des menschlichen Geschäftsleiters. Erste Konsequenz dessen, dies wurde bereits deutlich, ist die Einsicht, dass nicht jede Korporation ausschließlich mit Maschinen am Rechtsverkehr teilnehmen darf. Ob ein menschlicher Geschäftsleiter bestellt wird oder nicht,

---

[17] Zu missbräuchlichen Gestaltung zur Umgehung der persönlichen Haftung *LoPucki*, Wash. Univ. L. R. 95 (2018) 887 (919 ff.); zustimmend *Armour/Eidenmüller*, ZHR 183 (2019) 169 (186): „Mittels wechselseitiger Beteiligungen und Schachtelkonstruktionen unter Einsatz ausländischer Rechtsformen lässt sich die Spur der Initiatoren und Eigentümer leicht verwischen".

[18] Vgl. erneut *Hansmann/Kraakman*, Yale L. J. 100 (1991) 1879; zweifelnd auch *Kraakman et al.*, The Anatomy of Corporate Law, S. 9.

[19] So wohl *Armour/Eidenmüller*, ZHR 183 (2019) 169 (186) mit Verweis auf *LoPucki*, Wash. U. L. Rev. 95 (2018) 887 (919 ff.).

sollte zum Schutz des Rechtsverkehrs nicht vollständig der privatautonomen Gestaltungsmacht der Gesellschafter preisgegeben werden. Das Tätigkeitsfeld einer von Maschinen verwalteten Korporation ist zum Schutz Dritter hinsichtlich des Zwecks oder Gegenstands zu begrenzen. Kehrseite der beschränkten Haftung der Gesellschafter ist in der ‚selbstfahrenden Korporation' also ein „Korrido[r] zulässiger Unternehmensgegenstände und Zielfunktionen"[20]. Das Bedürfnis für einen solchen Korridor folgt rechtspolitisch nicht bereits aus der Möglichkeit, einer Maschine explizite Ziele vorgeben zu können, sondern aus der Notwendigkeit, die Interessen der Allgemeinheit effektiv zu schützen. Auch in einer Gesellschaft, die nur in einem näher eingegrenzten Korridor „selbst" fahren darf, braucht es freilich zusätzliche Instrumente, um den Drittschutz sicherzustellen.[21]

a) *Eigenkapital oder Pflichtversicherung*

Zunächst ist der Wegfall des Haftungspotenzial des menschlichen Geschäftsleiters zu kompensieren. Dieses Problem ist uns von der juristischen Organperson vertraut. Es verwundert also nicht, dass insoweit bekannte Strategien diskutiert werden. Erwogen werden insbesondere die Aufstockung des Mindestkapitals und eine Pflichtversicherung.[22] Als Ausgleich für das wegfallende Haftungspotenzial soll die geführte Gesellschaft danach entweder ihre Haftungsmasse erhöhen oder etwaige Schäden Dritter versichern. Beides wird auch für die juristische Organperson diskutiert.[23] Gegen die Erhöhung des Mindestkapitals sprechen zunächst die bekannten Bedenken, die im allgemeinen Zusammenhang gar daran zweifeln lassen, überhaupt ein obligatorisches Mindestkapital zu verlangen.[24] Eine Pflichtversicherung vermeidet zudem die Bindung von Kapital, das im Zweifel nicht genutzt wird. Zugleich verfügen Versicherungsgesellschaften über die notwendige Erfahrung bei der Bewertung von Schadensrisiken und der Abwicklung von Schadensersatzansprüchen. Sie könnten die Risiken maschinell verwalteter Gesellschaften entsprechend bepreisen und diesen dadurch indirekte Anreize setzen, sicher zu agieren. Zudem würde die Externalisierung von Risiken vermieden, ohne zugleich den Marktzugang signifikant zu beschränken.[25] Ent-

---

[20] *Armour/Eidenmüller*, ZHR 183 (2019) 169 (184).

[21] So auch *Armour/Eidenmüller*, Harv. Bus. L. Rev. 10 (2020) 87 (92).

[22] Etwa *Zetzsche*, AG 2019, 1 (10); auch *Calabro*, Künstliche Intelligenz und Corporate Governance, S. 45, 79; zur Konkurrenz von Eigenkapital- und Versicherungsmodell in einer ‚elektronischen Person' *Linardatos*, Autonome und vernetzte Aktanten, S. 542 ff., der zu Eigenkapitallösung tendiert.

[23] Stellvertretend jüngst *Bainbridge/Henderson*, Outsourcing the Board, S. 210 f.; historisch wurde das Haftungspotenzial in Deutschland umgekehrt gerade für die juristischen Organperson ins Feld geführt, vgl. etwa *Lehmann*, 31. DJT I, 1912, S. 502 (539).

[24] Zusammenfassend *Bachmann et al.*, Rechtsregeln für die geschlossene Kapitalgesellschaft, S. 156.

[25] Eingehend zu diesen Argumenten in Bezug auf eine ‚elektronische Person' *Wagner*,

schließt man sich für diesen Weg, wären je nach Risikoprofil individuelle Mindestdeckungssummen zu bestimmen.[26] Das damit verbundene Einpreisen der Versicherungsprämie ist wohl nicht ausnahmslos negativ. Zwar könnten von Maschinen verwaltete Gesellschaften aufgrund der entstehenden Kosten oft nicht mit den von einem Menschen verwalteten konkurrieren. Doch das gilt eben nur für solche, die Dritte gravierenden Risiken aussetzen.

b) Kompensation individueller Verantwortung

Indes ist es mit einer Versicherungspflicht noch nicht getan. Zwar könnte sie mittelbar wohl nicht nur den Schadensausgleich adressieren, sondern auch einen bestimmten Qualitätsstandard der eingesetzten Maschinen durchsetzen. Angesichts des erheblichen Schadenspotenzials bei gleichzeitigem Wegfall individueller Verantwortung bedürfte es daneben weiterer Mechanismen zur Schadensprävention. Notwendig sind Instrumente, die nicht nur die Externalisierung von Schadensrisiken verhindern, sondern die gravierenden oder gar existenziellen Schadensrisiken von vornherein minimieren. In diesem Zusammenhang erweist sich der Blick auf die juristische Organperson zunächst unergiebiger: Das Unionsrecht hält für diese eben die Figur des ständigen Vertreters bereit, wodurch die persönliche Verantwortung freilich nicht kompensiert, sondern mithilfe eines Behelfsinstruments nur verschoben wird. Persönlich verantwortlich ist nun zwar kein menschlicher Geschäftsleiter, so doch der menschliche ständige Vertreter. Gleiches gilt im Rahmen des Haftungsmodells, das das Unionsrecht für die Bestellung einer juristischen Organperson in der EWIV vorsieht. Danach haftet der mittelbare Geschäftsleiter schlicht so, als *wäre* er selbst Geschäftsleiter der Vereinigung (vgl. Art. 19 II S. 2 EWIV-VO). Beides lässt sich auf unser Problem schon im Ausgangspunkt nicht übertragen. Zwar könnte hier etwa die verwaltete Gesellschaft selbst eine natürliche Person bestimmen, die die Maschinen im Sinne eines ständigen Vertreters dauerhaft überwacht, doch in diesem Fall wäre der arbeitsteilige Nutzen gegenüber der Einrichtung eines mit natürlichen Personen besetzten Leitungsorgans verschwindend gering. Wir haben bereits gesehen, dass ein Modell, das schlicht andere natürliche Personen mit den Pflichten der Geschäftsleitung belastet, keine sinnvolle Option darstellt. Der Menschenvorbehalt lässt sich insbesondere nicht mit dem Einwand überwinden, dass sich die Interessen des Rechtsverkehrs auch „ausreichend über Pflichten schützen [ließen], die sich gegen die Repräsentanten und ggf. gegen die Administratoren richten“[27]. Ein

Zivilrechtliche und rechtsökonomische Probleme des Internet und der künstlichen Intelligenz, S. 1 (32), wonach sich in einer ‚elektronischen Person‘ die Risikoexternalisierung durch eine Versicherungspflicht „sicher vermeiden“ lasse; für eine Versicherungspflicht im vorliegenden Kontext *Calabro*, Künstliche Intelligenz und Corporate Governance, S. 45, 79.

[26] Vgl. *Armour/Eidenmüller*, ZHR 183 (2019) 169 (186).

[27] So aber *Linardatos*, Autonome und vernetzte Aktanten, S. 515, 517 f., 538 ff., s. dazu bereits oben § 4 A II 3 c).

solches Modell bricht mit den §§ 76 III S. 1 AktG, § 6 II S. 1 GmbHG, nur um im Gegenzug andere obligatorische, dem Menschen vorbehaltene Organe mit vergleichbaren Pflichten zu belasten. Nennenswerte Effizienzgewinne werden Gesellschaftern damit nicht in Aussicht gestellt. Sie müssten ebenfalls nun unter anderen Namen firmierende Individuen bestellen, vergüten und kontrollieren. Wer den menschlichen Geschäftsleiter substituieren will, darf seine Pflichten nicht schlicht in die Hand eines anderen Individuums legen. Die Option, natürliche Personen mit bestimmten (organschaftlichen) Aufgaben zu betrauen, sollte in einer ‚selbstfahrenden Korporation' zur Disposition der Gesellschafter stehen. Diese könnten privatautonom ohne Weiteres „ständige Vertreter", „Repräsentanten" oder „Administratoren" einsetzen.

c) Ex ante Mechanismen

Insoweit rücken andere Regelungsoptionen in den Blick: Weil die Maschine selbst gegenüber rechtlichen Steuerungsanreizen immun ist und andere Personen während des Einsatzes gerade nicht mit *ex post* sanktionierten Überwachungspflichten belastet werden sollen, sind Schutzinstrumente zu entwickeln, die *ex ante* sicherstellen, dass die eingesetzten Maschinen zwingende Interessen von Dritten und Minderheiten wahren. Unwillkürlich ins Blickfeld rückt dadurch die Regelungstechnik der gesetzlichen Eignungsvoraussetzung. Für den menschlichen Geschäftsleiter formuliert das Gesetz positive Eignungsvoraussetzungen zum präventiven Drittschutz bislang nur selten. Es schließt ihn in erster Linie aufgrund gravierender Bestellungshindernisse wie einschlägigen Vorstrafen negativ aus. Eine natürliche Person, die wegen Insolvenzverschleppung verurteilt wurde, darf nicht zum Geschäftsleiter bestellt werden.[28] Wird sie dennoch bestellt, ist der Beschluss des Bestellungsorgans ohne Rücksicht auf die Kenntnis der Beschließenden nichtig nach § 134 BGB. Gleiches gilt, wenn ein Ausschlussgrund nachträglich eintritt. Wurde der inhabile Geschäftsleiter bereits eingetragen, wird die nichtige Bestellung nicht geheilt. Zugleich ist nach § 395 FamFG von Amts wegen zu löschen.[29] Nur im Ausnahmefall formuliert das Gesetz positive Eignungsvoraussetzungen. Namentlich in streng regulierten Kontexten, etwa im Anwendungsbereich des KAGB (vgl. § 18 IV KAGB, § 119 II S. 1, III S. 1 KAGB, § 147 II, III KAGB) oder des KWG (vgl. § 25d KWG). In diesen Fällen schützt das Gesetz Dritte präventiv, indem es vorab etwa eine besondere Sachkunde des Geschäftsleiters in Rechnung stellt. Weil im Fall eines maschinellen Geschäftsleiters die Steuerungswirkungen der individuellen Verantwortung wegfallen, gewinnt diese Regelungstechnik in unserem Fall erheblich an Reiz. Das

---

[28] Vgl. § 6 II S. 2 Nr. 3 a) GmbHG, § 76 III S. 2 Nr. 3 a) AktG; zu positiven Eignungsvoraussetzungen und negativen Bestellungshindernissen für den Geschäftsleiter allgemein bereits oben § 3 B II 4 c).

[29] *Koch*, AktG, § 76 Rn. 149; BeckOGKAktG/*Fleischer* § 76 Rn. 154; MüKoAktG/*Spindler* § 76 Rn. 165.

Gesetz sollte *ex ante* bestimmte technologische Eigenschaften der Maschine in Rechnung stellen.

Dabei ist konzeptionell zwischen *materiellen* Anforderungen an die Maschine und dem *formellen* Verfahren zu unterscheiden, das diese materiellen Anforderungen durchsetzt. Das heißt: Welche Garantien sind zu fordern? Und wie und durch wen sind diese Garantien zu prüfen? Im Rahmen der formellen Kontrolle ist unweigerlich die Grundsatzfrage aufgeworfen, welche Rolle der Staat in diesem Verfahren spielen sollte. Sollte der Einsatz im Einzelfall von einer expliziten staatlichen Konzession abhängen? Oder reicht es, dass die materiellen Anforderungen wie bislang im Rahmen des Eintragungsverfahrens überprüft werden? Und, wenn es beim Normativsystem bleibt, ist dann die tatsächliche Überprüfung der eingesetzten Maschinen notwendig oder genügt, wie bislang für menschliche Geschäftsleiter, die haftungsbewehrte Versicherung, dass die Eignungsvoraussetzungen eingehalten wurden?

Eine Antwort auf diese Fragen muss die Interessen der Gesellschafter mit denen des Rechtsverkehrs abwägen. Einerseits haben Gläubiger, die in diesem Fall nicht auf die Eigenverantwortung eines menschlichen Geschäftsleiters vertrauen können, das berechtigte Interesse, dass die entsprechende Gesellschaft nur von sicheren Systemen verwaltet wird. Anderseits erhöht ein Mehr an materiellen und formellen Anforderungen die Kosten der Gesellschaft und ihrer Gesellschafter. Mit den materiellen Anforderungen steigen die Ausgaben für die Entwicklung der Maschinen und zugleich Zeit und Kosten ihrer Prüfung im formellen Implementierungsverfahren. Sind sie zu hoch, um Maschinen (effizient) einzusetzen, werden Gesellschaften gar auf den Einsatz verzichten. Insoweit sind sowohl in materieller als auch in formeller Hinsicht nur solche Hürden aufzubauen, die zum Schutz Dritter zwingend geboten sind. Andererseits gilt es sich im Ausgangspunkt nochmals ins Bewusstsein zu rufen, dass es nicht um die allgemeine Steuerung der Technikentwicklung geht. Entscheidungen wirken sich also jedenfalls nicht unmittelbar auf die Innovationsbereitschaft und -fähigkeit bei der Entwicklung Künstlicher Intelligenz aus. Es geht um die Frage, welche Maschinen den Verzicht auf individuelle Verantwortung rechtfertigen. Gesellschaften werden demnach auch Maschinen, die die Voraussetzungen nicht erfüllen, weiterhin entwickeln und einsetzen. Nur verantwortet ihren Einsatz in diesem Fall ein menschlicher Unternehmensleiter. Zugleich dient die strenge *ex ante* Prüfung nur auf der ersten Blick ausschließlich dem Rechtsverkehr. Sie stiftet Vertrauen in eine von Maschinen verwaltete Korporation. Dieser Aspekt ist wiederum von gesteigerter Bedeutung, weil in der von Maschinen verwalteten Korporation weder die Gesellschafter noch menschliche Geschäftsleiter mit entsprechenden Überwachungspflichten belastet werden. Vor diesem Hintergrund erfüllt wohl auch die *ex ante* Kontrolle eine ökonomische Funktion, weil die Gestaltungsoption ohne entsprechendes Vertrauen des Rechtsverkehrs nicht genutzt würde.

3. *Regelungsvorschlag*

Ausgehend vom Regelungsziel und den zur Verfügung stehenden Optionen, lässt sich das Modell, das hier im Folgenden entwickelt werden soll, vorab wie folgt skizzieren: Darüber, ob Korporationen mithilfe von Maschinen am Rechtsverkehr teilnehmen dürfen, sollte zunächst ihr Risikoprofil und damit ihr Unternehmensgegenstand entscheiden. Es gilt jene Gegenstände zu identifizieren, für die wir auf die persönliche Verantwortung eines menschlichen Geschäftsleiters verzichten können. Dort, wo dies der Fall ist, sind sodann folgende technische Eigenschaften eines „maschinellen Geschäftsleiters" vorab zu verifizieren: Einerseits das Fehlen eines explizit spezifizierten Endziels der eingesetzten Maschine, andererseits je nach Unternehmensgegenstand divergierende Anforderungen an ihre Robustheit. Die Maschine, die eine Korporation verwaltet, sollte nach dem aktuellen Forschungsstand nicht rigide ein finales Ziel optimieren dürfen. Zugleich muss sie hinreichende Gewähr dafür bieten, dass sie im Rechtsverkehr dauerhaft Schäden Dritter meidet. Schließlich ist der Verzicht auf den menschlichen Geschäftsleiter an eine Pflichtversicherung zu koppeln, deren Deckungssumme sich in erster Linie nach dem jeweiligen Unternehmensgegenstand richten sollte.

Nur auf den ersten Blick wäre uns ein solches Modell gänzlich unbekannt. Für den menschlichen Geschäftsleiter, für den das Recht zurecht auf seine Eigenverantwortung vertraut, fehlt es an einem vergleichbaren Regime. Doch für die juristische Organperson steht noch immer der Vorschlag im Raum, ihr den Zugang zu bestimmten Organen nur dann zu öffnen, wenn sie sich zuvor als Wirtschaftsprüfungsgesellschaft qualifiziert.[30] Wirtschaftsprüfungsgesellschaften bedürfen dabei der ausdrücklichen Anerkennung (§ 1 III S. 1 WPO). Wobei auch hier die materiellen Voraussetzungen (§ 28 WPO) und das formelle Verfahren (§ 29 WPO) der Anerkennung gesetzlich geregelt sind. Ein Regelungsmodell, das materiell bestimmte technische Eigenschaften eines maschinellen Geschäftsleiters in Rechnung stellt und formell mithilfe von Verifikationsverfahren prüft, lässt sich damit ohne Weiteres vergleichen. Es weitet den präventiven Drittschutz durch positive Eignungsvoraussetzungen also nur aus, ohne der Rechtsordnung gänzlich unbekannte Mechanismen zu wählen.

---

[30] So für den fakultativen Aufsichtsrat der GmbH etwa MHLS/*Giedinghagen* GmbHG § 52 Rn. 56; für den Abschlussprüfer, der vom BGH als Organ begriffen wird (vgl. BGHZ 16, 17 [25]; 75, 338 [342]), normiert § 319 I S. 1 HGB ein ähnliches Modell.

II. Zieldiskussion

1. Ein Korridor zulässiger Ziele

Das eingängige Bild der ‚selbstfahrenden Korporation' scheint zuweilen den Blick darauf zu verstellen, dass wir es mit einer jedenfalls im Ausgangspunkt vertrauten Frage zu tun haben. Hat man diese als Rechtsform neuen Typs vor Augen, gerät leicht aus dem Blick, dass das Gesetz für die juristische Organperson längst darüber entscheidet, wann Korporationen ohne einen menschlichen Geschäftsleiter am Rechtsverkehr teilnehmen dürfen und wann nicht. Das erklärt, wie die These, von Maschinen verwaltete Gesellschaften sollten nur „im Rahmen eines vorgegebenen Korridors zulässiger Unternehmensgegenstände und Zielfunktionen tätig werden"[31], die vermeintliche Gegenposition provozieren konnte, die „Grenzen zulässiger Gesellschaftszwecke" seien stattdessen „allgemein zu bestimmen"[32]. Von Maschinen verwaltete Kapitalgesellschaften nötigen in der Tat nicht dazu, die rechtlich zulässigen Zwecke unternehmerischen Handelns neu zu verhandeln. Ebenso wenig geht es um die allgemeine Neuvermessung möglichst sozialverträglicher Ziele der unternehmerischen Betätigung. Vielmehr ist die von der juristischen Organperson bekannte Frage neu gestellt, wann eine Korporation am Rechtsverkehr teilnehmen darf, ohne dass ein Individuum ihr Wirken unmittelbar unternehmerisch verantwortet. Wer auf die juristische Organperson blickt, erkennt, dass das Recht der Korporation insoweit längst einen ‚Korridor zulässiger Zielfunktionen' absteckt.

Bislang beantwortet das deutsche Gesellschaftsrecht die Frage freilich vergleichsweise restriktiv und recht eindimensional: Die Kapitalgesellschaft kann erst dann, und nur dann, eine juristische Person in ihr Leitungsorgan bestellen, wenn sich ihr Zweck nach der Auflösung auf die Abwicklung verengt. Dass das Recht an dieser Stelle bislang nicht stärker differenziert, hat historische Gründe. Die Zieldiskussion für die juristische Organperson war von noch nicht vollständig abgelegten methodischen Fesseln und der Wechselbeziehung zwischen Gerichten und dem Gesetzgeber gekennzeichnet.[33] Auch deshalb ist die juristische Organperson heute vor allem als Phänomen der Abwicklungsgesellschaft bekannt, ohne dass sich dies gänzlich widerspruchsfrei erklären ließe. Freilich fehlte es bislang auch an einem zwingenden rechtspraktischen Bedürfnis. Zwar verspricht auch die juristische Organperson punktuelle Effizienzgewinne, doch bislang ließen sich die gewohnten Pfade in der Praxis eben mit relativ niedrigen Grenzkosten beschreiten. Künftig wird immer häufiger der Wunsch bestehen, die Effizienz selbständiger Maschinen anschlussfähig zu machen. Überall dort, wo es auf das ‚Ethische in der Person' nicht ankommt, sollte Gesellschaften dann die

---

[31] *Armour/Eidenmüller*, ZHR 183 (2019) 169 (184).

[32] So etwa *Becker/Pordzik*, ZfPW 2020, 334 (356); im Anschluss auch *Calabro*, Künstliche Intelligenz und Corporate Governance, S. 78: „allgemeine Regulierungsfrage".

[33] Eingehend oben § 3 B II sowie § 4 A II.

Option offenstehen, eine Maschine als Geschäftsleiter einzusetzen. Hier gilt es der „selbstfahrenden Korporation“ einen „Korridor zulässiger Zielfunktionen“ abzustecken.[34] Ähnlich wie § 265 II S. 3 AktG heute für die für Aktiengesellschaft in Liquidation in einem engen Anwendungsbereich mit § 76 III S. 1 AktG bricht („Auch eine juristische Person kann Abwickler sein“), sollte das Gesetz künftig für Maschinen vorgehen. Der Menschenvorbehalt wird dann stärker fragmentiert, weil er in immer mehr Kontexten keine absolute Geltung mehr beanspruchen kann. Er bleibt die Regel, doch die Anzahl der Ausnahmen wächst.

2. Kompetenz

Die juristische Organperson feierte ihre großen Durchbrüche, ob durch die GmbH & Co KG, den Abwickler oder die atypische KGaA, alle im Wege der Rechtsfortbildung.[35] Wir haben gesehen, welche Nachteile ihr dies brachte. Unsere Frage birgt dabei kaum weniger Konfliktpotenzial. Wir werden sehen, dass das geltende Recht schon heute die Möglichkeit bietet, den Vorbehalt im Wege der Rechtsfortbildung zu überwinden. Ein systemkohärentes Modell, auch davon zeugt die juristische Organperson, kann indes nur der Gesetzgeber entwickeln. Den Korridor zulässiger Zielfunktionen zu verbreitern, oder umgekehrt den Menschenvorbehalt stärker zu fragmentieren, obliegt primär ihm.

Wie bei der juristischen Organperson haben wir es dabei mit einem rechtsformübergreifenden Problem zu tun. Weder bezeichnet die ‚selbstfahrende Kapitalgesellschaft‘ einen eigenständigen Rechtsformtyp noch ist die Frage, wo und wie Gesellschaften ohne einen menschlichen Geschäftsleiter tätig werden können, für die eine Rechtsform zu bejahen, für die andere zu verneinen. Sie stellt sich wie im Fall der juristischen Organperson für jede Rechtsform neu. Das ist auch rechtspolitisch wünschenswert. Unternehmen sollte die Option offenstehen, innerhalb einer Rechtsform zwischen menschlichen und maschinellen Geschäftsleitern zu wählen und zu wechseln. Zugleich sollte von Maschinen verwalteten Gesellschaften jedenfalls im Ausgangspunkt das vollständige Rechtsformangebot zur Verfügung stehen. Weil es sich um ein rechtsformübergreifendes Problem handelt, sind an dieser Stelle sowohl der nationale als auch der europäische Gesetzgeber angesprochen. Im Grundsatz ist also keine Entscheidung für oder gegen das europäische Recht zu treffen. Freilich wäre es speziell aus unionaler Sicht angesichts des bislang begrenzten supranationalen Rechtsformangebots denkbar, einen neuen Rechtsformtyp zu entwickeln, dessen Leitung sodann Maschinen obliegt. Eine Unionskompetenz könnte sich dabei wie bei anderen supranationalen Statuten, namentlich der SE, SCE oder EWIV, aus Art. 352 AEUV als „Vertragsabrundungskompetenz“ ergeben.[36] Indes nach dem Subsidiaritäts-

---

[34] So erstmals *Armour/Eidenmüller*, ZHR 183 (2019) 169 (184); Vorschlag ablehnend *Calabro*, Künstliche Intelligenz und Corporate Governance, S. 77 f. sowie *Becker/Pordzik*, ZfPW 2020, 334 (355 f.).

[35] Vgl. oben § 3 B III.

[36] Dazu *Fleischer*, ZHR 174 (2010) 385 (398 ff.); *Habersack/Verse*, Europäisches Gesellschaftsrecht, § 3 II 2 b) (S. 54).

prinzip nur dann, wenn das Vorhaben wegen des Umfangs oder der zu erwartenden Wirkungen auf Unionsebene „besser" zu verwirklichen ist. Insoweit ist die Frage, ob eine von Maschinen verwaltete Korporation auf europäischer oder auf nationaler Ebene besser angesiedelt wäre, letztlich doch aufgeworfen. Für ein supranationales Statut spricht dabei naturgemäß dessen grenzüberschreitende Funktion.[37] Zugleich würde ein entsprechender Mindeststandard gewährleistet, ein *race to the bottom* jedenfalls auf europäischer Ebene also vermieden. Umgekehrt verhinderte eine supranationale Regelung womöglich einen *race to the top*, weil sie den innereuropäischen Regulierungswettbewerb hemmen könnte. Vor allem aber sprechen gegen ein europäisches Tätigwerden bislang die Schwierigkeiten, sich im supranationalen Gesetzgebungsverfahren auf gemeinsame Regeln zu einigen. Auch aufgrund der qualifizierten Anforderungen an das Zustandekommen eines auf Art. 352 AEUV gestützten Gesetzes bereitet es erhebliche Schwierigkeiten, hier zu einem Konsens zu gelangen.[38] Im Fall ‚selbstfahrender Korporationen', die bislang kein Mitgliedstaat kennt, tritt erschwerend hinzu, dass sich noch keine rechtsordnungsübergreifenden Standards herausgebildet haben. Zumal sich in der Frage des Menschenvorbehalts schon jetzt erhebliche Unterschiede zwischen den europäischen Rechtstraditionen und -kulturen zeigen.[39]

Deutlichster Ausweis dessen sind die Öffnungsklauseln für die europäischen Körperschaften. Nach Art. 47 SE-VO und Art. 46 I SCE-VO obliegt die Entscheidung für oder gegen die juristische Organperson den Mitgliedstaaten. Auch mit Blick auf eine von Maschinen verwaltete Gesellschaft erscheint auf europäischer Ebene eine Option nach dem Vorbild des Art. 47 SE-VO wünschenswert: Die juristische Organperson ist danach dann zulässig, wenn das nationale Aktienrecht dies gestattet (Art. 47 I S. 1 SE-VO). Dies gilt unabhängig vom Aktienrecht des Gründungsstaates indes nur dann, wenn ein Mindeststandard gewahrt ist, namentlich eine natürliche Person als ständiger Vertreter bestellt wird (Art. 47 I S. 2 SE-VO). Einerseits fördert eine Öffnungsklausel den Regulierungswettbewerb dadurch proaktiv. Andererseits setzt sie ihm im gleichen Atemzug bestimmte Grenzen. Ähnliches ist auch in unserem Fall denkbar. Der europäische Gesetzgeber könnte dadurch für die SE und andere supranationale Rechtsformen gesetzgeberische Experimentierräume abstecken, während das dogmatisch wie politisch schwierige „Wie" der ‚selbstfahrenden Korporation' größtenteils in der Hand der in dieser Hinsicht flexibleren Mitgliedstaaten verbliebe. Ein optionales Vorgehen würde den Regulierungswettbewerb anregen, zugleich aber ei-

---

[37] Zum Nutzen supranationaler Gesellschaftsformen *Fleischer*, ZHR 174 (2010) 385 (402 ff.).

[38] Instruktiv *Bachmann et al.*, Rechtsregeln für die geschlossene Kapitalgesellschaft, S. 214 f. am Beispiel der SPE; zu den grundgesetzlichen Voraussetzungen, die das Rechtsetzungsverfahren weiter verkomplizieren, hier nur *Habersack/Verse*, Europäisches Gesellschaftsrecht, § 3 II 2 b) (S. 54) mwN.

[39] Eingehend oben § 3 B II 1.

nen entsprechenden Mindeststandard sicherstellen. In diesem Fall wäre wiederum zunächst festzuhalten, dass die Satzung einer womöglich hinsichtlich des Gegenstands oder Zwecks beschränkten SE vorsehen kann, dass sie von einem Computersystem geleitet werden kann, sofern das für Aktiengesellschaften maßgebliche Recht ihres Sitzstaats nichts anderes bestimmt. Anschließend wären Mindestanforderungen zu formulieren, die das Recht der Mitgliedstaaten nicht unterschreiten darf.

3. Unternehmensgegenstand als Anknüpfungspunkt

Bislang knüpft das deutsche Recht den Verzicht auf den Menschenvorbehalt vor allem an den Verbandszweck. Beschränkt sich dieser nur noch auf die Abwicklung oder liegt er wie im Verein regelmäßig nicht in der Erwirtschaftung eines Gewinns, tritt die juristische Organperson auf den Plan.[40] Auch in unserem Fall ließe sich so verfahren. Insbesondere wäre es ohne Weiteres denkbar, den Verzicht an einen gemeinnützigen, öffentlichen oder jedenfalls gemischtwirtschaftlichen Zweck zu koppeln. Eine Maschine, die das Wohl aller und nicht den Gewinn einzelner optimiert, scheint intuitiv gleich weniger bedrohlich. Zugleich mag es auf den ersten Blick wünschenswert erscheinen, karitatives Wirtschaften dergestalt zu „honorieren". Aus Sicht der Gläubiger, deren Belange allgemein über die Einschränkung der Privatautonomie der Gesellschafter entscheiden und konkret auch den Menschenvorbehalt rechtfertigen, drängt sich indes ein anderes Vorgehen auf. Eine Geschäftsführung, die nach der Mehrung des Gesellschaftsvermögens strebt, hat dabei stets auch die Sicherung der Solvenz im Blick, während sich in einer Gesellschaft, die sich einem gemeinnützigen, öffentlichen oder jedenfalls gemischtwirtschaftlichen Zweck verschrieben hat, die Aufzehrung des Gesellschaftsvermögens schon aus dem Zweck folgen kann. Man denke nur an das gemeinnützigkeitsrechtliche Gebot, Mittel zeitnah zu verwenden.[41] Das gilt für Mensch und Maschine. Und ganz unabhängig davon, welches Ziel eine lernende Maschine optimiert, geht die Gefahr in erster Linie von der rigiden Verfolgung dieses Ziels aus.[42] Ihr Verhalten ist für Dritte nicht schon deshalb mit weniger Risiken verbunden, weil sie einen gemeinnützigen Zweck optimiert. Ob ein Atomkraftwerk von einer Maschine zur Gewinnerzielung oder im öffentlichen Interesse betrieben wird, ist für die Risiken, die damit für die Allgemeinheit einhergehen zunächst nebensächlich. Die Gesellschafter sollten deshalb auch in der ‚selbstfahrenden Korporation' weitgehend frei darin sein, den Zweck und die Interessen „ihrer" Unternehmung zu konkretisieren.

Über die Frage, ob eine Korporation mithilfe von Maschinen am Rechtsverkehr teilnehmen kann, sollte stattdessen ihr Tätigkeitsfeld bzw. präziser: ihr Ri-

---

[40] Eingehend oben § 3 B II 3 a), b).

[41] Vgl. dazu *Bachmann et al.*, Rechtsregeln für die geschlossene Kapitalgesellschaft, S. 124 f.

[42] Dazu oben § 2 B I, II.

sikoprofil entscheiden. Nur die Risiken für Minderheiten und Dritte rechtfertigen den Menschenvorbehalt als Einschränkung der Privatautonomie. Dort, wo diese Risiken überschaubar sind, können wir ihn überwinden. Richtiger Anknüpfungspunkt ist deshalb der Unternehmensgegenstand. Angesichts der existenziellen Gläubigerrisiken wird man für eine Gesellschaft, die autonome Chirurgieroboter betreibt, wohl die dauerhafte Aufsicht eines menschlichen Geschäftsleiters fordern. Umgekehrt mögen wir auf die individuelle Verantwortung wohl verzichten können, wenn sich der Gegenstand einer GmbH auf den Betrieb eines intelligenten Warenautomaten beschränkt. In jedem Fall ist eine Entscheidung ganz unabhängig davon zu treffen, ob die jeweilige Betreibergesellschaft einen Gewinn erzielen soll oder nicht.

Ein risikobasierter Umgang mit Künstlicher Intelligenz ist der Rechtsordnung dabei nicht fremd. Im Gegenteil: Weil er die der Technologie innewohnenden Gefahren adressiert, ohne der Innovation überbordende Grenzen zu setzen, hat er sich hier als wertvolle und vielgenutzte Regulierungsstrategie erwiesen.[43] Prominentestes Beispiel ist ihre Regulierung auf Unionsebene. Der *Artificial Intelligence Act* unterscheidet zwischen Systemen mit unannehmbarem Risiko, hohem Risiko, mittlerem Risiko und geringem Risiko. Bestimmte Computersysteme unterfallen so einem Verbot, manche engmaschigen regulatorischen Vorgaben, während sich andere weitgehend frei von zwingenden Regeln einsetzen lassen.[44] Dabei werden Hochrisikosysteme, für die scharfe Regeln aufgestellt werden, insbesondere aufgrund ihrer Risiken für die Gesundheit oder Sicherheit bzw. mit Blick auf ihre Grundrechtsrelevanz als solche klassifiziert.[45]

Das Gesellschaftsrecht wird sich in der Frage, welche Unternehmensgegenstände den Verzicht auf einen persönlich verantwortlichen Geschäftsleiter rechtfertigen, selbstredend nicht unmittelbar an dieser Klassifizierung orientieren. Doch der Regelungsansatz sollte derselbe sein: Darüber, wann es der persönlichen Verantwortung eines menschlichen Geschäftsleiters ausnahmsweise nicht bedarf, entscheidet das Risikoprofil der Unternehmung. Und damit ihr Unternehmensgegenstand. Aufgabe des Rechts ist es dann, schrittweise die Gegenstände zu identifizieren, die ohne einen Menschenvorbehalt auskommen. Zu denken ist dabei zunächst etwa an Spezialgesetze des Sondergesellschaftsrechts. Sie kennen schon jetzt Gesellschaften, die hinsichtlich ihres Gegenstands eng eingeschränkt sind und könnten einer von Maschinen verwalteten Korporation in eng

---

[43] Eingehend zur risikobasierten Regulierung digitaler Technologien auf Unionsebene *Gregorio/Dunn*, Common Mark. Law Rev. 59 (2022) 473 (488 ff.); die risikobasierte KI-Regulierung auf Unionsebene wird im deutschen Schrifttum überwiegend begrüßt, stellvertretend *Ebers et al.*, RDi 2021, 528 (528): „Ansatz einer risikobasierten Regulierung im Ausgangspunkt sinnvoll“; ähnlich *Spindler*, CR 2021, 361 (373).

[44] Zum risikobasierten Ansatz s. Explanatory Memorandum, COM(2021) 206 final vom 21.4.2021, S. 9; sowie *Spindler*, CR 2021, 361 (362); *Bomhard/Merkle*, RDi 2021, 276 (279 ff.); für risikobasierten Ansatz plädierend zuvor etwa *Martini*, Blackbox Algorithmus, S. 226 ff.

[45] S. zur Klassifizierung von Hochrisikosystemen *Ebers*, RDi 2021, 588 (589).

umgrenzten Anwendungskontexten entsprechende Korridore abstecken. So trifft etwa das KAGB Regelungen ausschließlich für gegenständlich eng umgrenzte Kapitalgesellschaften. Nach den §§ 110 II S. 1, 142 S. 1 KAGB darf der Unternehmensgegenstand der Investmentaktiengesellschaft „ausschließlich die Anlage und Verwaltung ihrer Mittel nach einer festen Anlagestrategie und dem Grundsatz der Risikomischung zur gemeinschaftlichen Kapitalanlage [umfassen]"[46]. Die Einschränkung rechtfertigt dabei unter anderem den Verzicht auf die aktiengesetzliche Satzungsstrenge (§ 23 V AktG). Künftig wird er womöglich auch den Verzicht auf den Menschenvorbehalt (§ 76 III S. 1 AktG) rechtfertigen. In jedem Fall ist ein risikobasiertes und deshalb gegenstandsbezogenes Vorgehen geboten.

III. Alignment-by-Design

Neben dem eingeschränkten Unternehmensgegenstand sind indes weitere Instrumente notwendig, die den Wegfall der individuellen Verantwortung kompensieren. Ausgehend von unseren technischen Einsichten sollten neben einer Versicherungspflicht drei Voraussetzungen erfüllt sein: Erstens die Ungewissheit der Maschine über die finalen Ziele der Korporation und Präferenzen der Gesellschafter, zweitens risikospezifische Anforderungen an die Robustheit der eingesetzten Maschinen und drittens die *ex ante* Verifikation dieser materiellen Voraussetzungen im Rahmen des Registrierungsverfahrens.

1. Verbot eines expliziten Endziels

Wir haben gesehen, dass es Gesellschaftern unabhängig davon, ob die Gesellschaft von Menschen oder von Maschinen verwaltet wird, freistehen sollte, den Zweck der Gesellschaft zu bestimmen. Anzusetzen ist stattdessen am Unternehmensgegenstand. Über die Ziele der Maschinen, die diese Gesellschaft verwalten, ist damit noch nicht entschieden. Vielmehr ist nach unseren technischen Einsichten zunächst zu entscheiden, ob diesen Maschinen überhaupt „eigene" Ziele verfolgen sollten oder nicht.[47] Dem liegt die Einsicht zugrunde, dass das potenziell existenzbedrohende Schadensrisiko lernender Maschinen nach allem, was wir heute wissen, in erster Linie in der Optimierung eines explizit definierten Ziels wurzelt. All das, was uns wichtig ist, lässt sich nie vollumfänglich in der explizit definierten Zielfunktion einer Maschine unterbringen. Unsere Ziele, Unterziele, Nebenbedingungen und Vorbehalte vollständig und präzise zu spezifizieren, ist, wie die Gestaltung eines vollständigen Vertrags, der für jedes X ein Y bereithält, schlicht nicht möglich. Die Optimierung dieser fehlerhaft spezifizierten Zielfunk-

[46] Gleichlautend etwa § 125 II S. 1 KAGB für die Investmentkommanditgesellschaft; noch weitergehende gegenständliche Einschränkungen trifft bspw. § 235 I Nr. 1 KAGB für sog. „Immobilien-Gesellschaften".

[47] Vgl. zur Fragestellung oben § 2 B II 1.

tion durch sehr leistungsfähige Maschinen ist dann mit verheerenden Risiken verbunden. Bildhaft gesprochen, kann König Midas seinen Wunsch noch so umsichtig und genau formulieren – wenn sein Gegenüber diesen Wunsch wörtlich nimmt und im Anschluss rigide verfolgt, führt er in die Katastrophe. Bislang trägt in erster Linie die persönliche Verantwortung des menschlichen Geschäftsleiters Sorge dafür, dass diese Katastrophe nicht eintritt. Das womöglich existenzbedrohende Drittrisiko einer ausschließlich von Maschinen verwalteten Korporation wurzelt insoweit in der Kombination aus der rigiden Verfolgung eines expliziten Ziels und dem Wegfall individueller Verantwortung.[48] Wir haben gesehen, dass das Problem dabei kein Problem mangelnder Rechenleistung oder fehlerhafter Trainingsdaten ist. Es würde demnach nicht schon dadurch gelöst, die Implementierung möglichst rationaler oder jedenfalls besonders robuster Maschinen in Rechnung zu stellen. Im Gegenteil, alles spricht dafür, dass sich das Problem mit zunehmender Leistungsfähigkeit der eingesetzten Maschinen zuspitzt.[49] Erfolg versprechen aus technischer Sicht bislang vor allem algorithmische Modelle, die Maschinen im Unklaren darüber lassen, wie die Endziele ihrer Nutzer aussehen.[50] Die Maschine lernt ihre Zielfunktion in diesem Fall in Ungewissheit über das verfolgte Ziel im Rahmen eines dauerhaften Rückkopplungsprozesses mit ihren menschlichen Nutzern. Mit der Gewissheit über die Ziele verschwindet dabei die Gefahr, während der rigiden Zielverfolgung möglicherweise verheerende Schäden anzurichten. Dahinter steckt das Kalkül, dass nur „eine Maschine, die“, wie es *Stuart Russell* und *Peter Norvig* plastisch ausdrücken, „weiß, dass sie das vollständige Ziel nicht kennt, einen Anreiz hat, vorsichtig zu handeln, um Erlaubnis zu bitten, durch Beobachtung mehr über die Präferenzen ihrer Nutzer zu erfahren und sich der menschlichen Kontrolle zu beugen.“[51]

Nimmt man dies ernst, scheint es verfehlt, den Maschinen, die Korporationen leiten, überhaupt zu gestatten, explizite Ziele zu optimieren. Insbesondere sollten sie nicht rigide den Gesellschaftszweck als „Endzweck des gesellschaftsrechtlichen Zusammenwirkens“[52] verfolgen. Vielmehr ist die maschinelle Leitung der Korporation an die Bedingung zu knüpfen, dass die Maschine über die Ziele der Korporation und ihrer Mitglieder im Ungewissen bleibt. Statt die Ziele der Maschine festzulegen, formuliert das Gesellschaftsrecht dann umgekehrt gar das Verbot, ihr überhaupt ein explizites Endziel zu definieren. Mit der Folge eines dauerhaften Rückkopplungsprozesses zwischen der leitenden Maschine und den

---

[48] So im Ansatz auch, wenngleich mit drastischerer Darstellung *LoPucki*, Wash. U. L. Rev. 95 (2018) 887 (903 ff.); andeutend auch *Armour/Eidenmüller*, ZHR 183 (2019) 169 (183 f.).

[49] S. dazu oben § 2 B II 1.

[50] Vgl. *Russell/Norvig*, Artificial Intelligence, S. 5 f., 33 f.

[51] Vgl. *Russell/Norvig*, Artificial Intelligence, S. 5.

[52] So jüngst *Fleischer*, ZIP 2021, 5 (11).

Gesellschaftern. Die Maschine lernt die Ziele der Korporation und die wandelnden Präferenzen ihrer Gesellschafter im Wechselspiel mit den Gesellschaftern. Dieser Mechanismus stellt technisch sicher, dass die eingesetzte Maschine tatsächlich die Ziele der Korporation und ihrer Gesellschafter verfolgt und nicht lediglich ihre Zielfunktion ‚ausspielt'. Sie würde nicht für den kurzfristigen Anstieg des Marktwerts der Aktie strategisch wichtige Unternehmensbestandteile opfern, sondern vor dem Verkauf schon aufgrund technischer Zwänge das Feedback der Gesellschafter abwarten. Nach dem gleichen Prinzip würde negativen Nebeneffekten, insbesondere solchen, die erhebliche Schadensrisiken für Dritte bergen, vorgebeugt. Das Modell weist zudem eine Lösung für das Problem der ‚Unterbrechbarkeit' oder ‚Korrigierbarkeit' der Maschine.[53] Es gewährleistet so, dass sich eine Änderung des Gesellschaftszwecks durchsetzen lässt. Allgemeiner noch, ermöglicht es den Umgang mit den sich wandelnden Präferenzen der sich wandelnden Gesellschafter. Freilich machen erst die Interessen des Rechtsverkehrs die materielle Eignungsvoraussetzung rechtlich zwingend.

2. Kontextspezifische Anforderungen an die Robustheit

Das Verbot einer expliziten Zielvorgabe adressiert vor allem Probleme, die wir zu Beginn dieser Untersuchung bei der *Spezifikation* verortet haben: Die Maschine, die eine Korporation leitet, sollte nicht rigide ein ausdrücklich definiertes Ziel optimieren und dabei Dritte womöglich existenziell gefährden. Sie müsste zudem schon aus Gründen des Minderheitenschutzes korrigierbar und unterbrechbar sein, weil sie sich erst dadurch an entsprechende Beschlüsse der Gesellschafter anpassen lässt. Dies gewährleistet aus technischer Sicht das Gebot, ihr kein explizites Ziel zu definieren. Indes geht ihr Schadensrisiko nicht ausschließlich von der Optimierung eines explizit definiertes Ziels aus. Insoweit sollte das Recht auch Anforderungen an die *Robustheit* der eingesetzten Systeme formulieren. Eine Maschine, die eine Korporation verwaltet, sollte etwa ein Mindestmaß an Sicherheit gegenüber unbekannten Dateneingaben aufweisen. Zugleich müsste sie, um die dauerhafte Handlungsfähigkeit der Korporation sicherzustellen, fortwährend lernen. Insoweit wären vorab Sicherheiten für einen robusten Lernprozess zu fordern.[54] Mit Blick auf die ‚elektronische Person' wurden insoweit spezifische „technische Normativbestimmungen" formuliert, die in eine ähnliche Richtung weisen. Dabei wurde zwischen „allgemeingültigen Bedingungen" und „ressortspezifischen Bedingungen" unterschieden. Wobei die Robustheit oder Erklärbarkeit der eingesetzten Systeme Ersteren zugerechnet wird, während unter das Ressortspezifische etwa Zulassungsvoraussetzungen für Fahrzeuge im

---

[53] Vgl. *Russell/Norvig*, Artificial Intelligence, S. 812 ff.

[54] Zu weiteren technischen Herausforderungen, die sich in der Kategorie der Robustheit verorten lassen, oben § 2 B II 2.

Straßenverkehr, Bestimmungen des Produktsicherheitsrechts oder Regelungen zur Sicherheit in der Zivilluftfahrt fallen sollen.[55]

Das kann auch für uns jedenfalls ein plausibler Ausgangspunkt sein. Zumal das Recht mit Blick auf den menschlichen Geschäftsleiter bereits nach diesem Muster verfährt: Die rechtskräftige Verurteilung wegen einer Insolvenzstraftat nach §§ 283–283d StGB ist Kapitalgesellschaften grundsätzlich ein allgemeines Bestellungshindernis (§ 76 III S. 2 Nr. 3 AktG, § 6 II S. 2 Nr. 3 b) GmbHG).[56] Daneben treten in einzelnen Korporationen spezifische gesetzliche Eignungsvoraussetzungen. Zu nennen sind auch insoweit die von § 119 II KAGB, § 147 II KAGB oder § 25c I S. 2 KWG vorausgesetzte fachliche Eignung in Bezug auf den Unternehmensgegenstand. Ähnliches ist auch für die Robustheitsanforderungen für Maschinen zu fordern, die Korporationen leiten. Einerseits lassen sich etwa in Bezug auf die sichere Reaktion auf störsignalbehaftete Dateneingaben allgemeingültige technische Voraussetzungen formulieren. Zugleich sind je nach ‚Korridor' unterschiedliche, den konkreten Drittrisiken des jeweiligen Unternehmensgegenstands entsprechende Anforderungen an die Robustheit der eingesetzten Maschinen zu stellen. Wie dies in etwa aussehen könnte, zeigt § 80 II S. 3 WpHG, der den spezifischen Risiken algorithmischer Wertpapierhandelssysteme auch durch spezifische technische Robustheitsanforderungen Rechnung trägt.[57]

3. *Verifikation ex ante*

a) *Konzessions- vs. Normativsystem*

Wie diese materiellen Anforderungen durchgesetzt werden sollten, ist damit noch nicht gesagt. Bislang müssen die Geschäftsleiter das Fehlen von Bestellungshindernissen gegenüber dem Registergericht versichern (vgl. etwa §§ 37 II S. 1, 81 III S. 1 AktG, § 8 III GmbHG). Das Modell setzt dabei vor allem auf die Eigenverantwortung des menschlichen Geschäftsleiters. Wer wahrheitswidrig seine Habilität versichert, dem drohen insbesondere strafrechtliche Konsequenzen (vgl. etwa § 82 I GmbHG). Die *ex ante* Kontrolle des Registergerichts tritt hinter diesen *ex post* Mechanismus zurück. Zwar dient die Kontrolle im Rahmen der Anmeldung zur Eintragung in das Handelsregister auch dem präventiven Drittschutz. Der Registerzwang erfüllt deshalb neben einer Publizitäts- auch eine Kontrollfunktion.[58] Doch der Präventivschutz durch die (gerichtliche) Überwachung der materiellen Anforderungen ist bislang aus guten Gründen begrenzt. Wird ein Geschäftsführer einer GmbH zur Eintragung angemeldet, darf das Registergericht nur dann Nachforschungen hinsichtlich des Bestehens von Bestel-

---

[55] Vgl. dazu *Linardatos*, Autonome und vernetzte Aktanten, S. 555 f.

[56] Die Anwendung des § 76 III S. 2 AktG in der KGaA ist str., dafür *Grigoleit*, AktG § 283 Rn. 3; dagegen etwa BeckOGKAktG/*Bachmann* § 278 Rn. 41: „im Gesetz keine Stütze" jew. mwN.; zur Sonderanknüpfung der Norm in Auslandsgesellschaften oben § 4 C III 2 c) bb).

[57] Eingehend Schwark/Zimmer/*Fett* WpHG § 80 Rn. 154 ff.

[58] Statt aller *Wiedemann*, Gesellschaftsrecht I, § 4 II 1 c) (S. 207).

lungshindernissen nach §6 II GmbHG anstellen, wenn konkreter Anlass zu Zweifeln besteht.[59]

Dort, wo das Gesetz bislang positive Eignungsvoraussetzungen an die Mitglieder der Geschäftsleitung formuliert, werden diese im Rahmen des Registrierungsverfahrens überhaupt nicht überprüft. Wenn §119 II S. 1 KAGB verlangt, dass die Mitglieder des Vorstands der Investmentaktiengesellschaft mit veränderlichem Kapital die zur Leitung der Gesellschaft erforderliche fachliche Eignung besitzen müssen und das auch in Bezug auf die Art des Unternehmensgegenstandes, wird dies nicht *ex ante* vom Registergericht geprüft. Vielmehr kann die BaFin bei entsprechenden Verstößen *ex post* die Abberufung verlangen oder der betroffenen Person die Ausübung der Tätigkeit untersagen. Auch in unserem Fall wäre ein ähnliches Modell denkbar. Das Registergericht könnte sich auch hier auf eine Evidenzprüfung beschränken. Die vom Gesetz formulierten technischen Anforderungen wären dann von einer Behörde zu konkretisieren und fortlaufend zu überprüfen. Die Überwachung der zur Leitung der Maschine eingesetzten Maschinen obläge so effektiv (auch) einer staatlichen oder jedenfalls staatlich kontrollierten Institution außerhalb der Gesellschaft. Schon die damit verbundenen Kosten sprechen gegen ein solches Modell. Zugleich stünden angesichts des Markteingriffs erhebliche Innovationsschranken zu befürchten. Vor allem aber ist fraglich, ob diese Instanz die zur Geschäftsleitung eingesetzten Maschinen im Rechtsverkehr stets effektiv kontrollieren könnte. Angesichts schneller Lern- und Vernetzungsprozesse wären damit wohl in erster Linie nachträgliche Eingriffe im Schadensfall verbunden.[60] Es gilt stattdessen Strategien zu entwickeln, die jedenfalls gravierende bzw. existenzielle Drittschäden vorab ausschließen. Mit der Kompetenz, Maschinen, die sich als unsicher erwiesen haben, im Nachhinein abzuberufen, ist es dabei nicht getan.

Ähnliches gilt für ein Modell, das die Gesellschafter in die Verantwortung nimmt. Statt des menschlichen Geschäftsleiters selbst könnten nun etwa die Gesellschafter bei der Implementierung des maschinellen Organwalters versichern, dass dieser den gesetzlichen Anforderungen entspricht.[61] Der Registerbehörde käme beim Verstoß die Aufgabe zu, die Gesellschaft zwangsweise abzuwickeln und zu löschen. Auch in diesem Fall wäre der Präventivschutz auf ein Mindestmaß begrenzt. In beiden Fällen würde ein Instrument installiert, das statt *ex ante* Garantien einzufordern, in erster Linie *ex post* kontrolliert und deshalb regelmäßig erst dann greift, wenn es zu spät ist. Zwar bliebe der Prüfungsumfang niedrig, doch Dritte würden erheblichen Risiken ausgesetzt. Ein Modell, das an der Verantwortlichkeit der Gesellschafter ansetzt, sähe sich hinsichtlich der Durchsetzbarkeit zudem denselben Bedenken ausgesetzt, wie ein Haftungs-

---

[59] Vgl. MüKoGmbHG/*Stephan*/*Tieves* § 39 Rn. 43.

[60] Treffend *Enriques*/*Zetzsche*, ECGI Working Paper 457/2019, S. 55: „slow-motion supervision"; denkbar wäre eine effektive Überwachung in vollautomatisierter Form, vgl. *Reyes*, Nev. L.J. 21 (2021) 437 (488 f.).

[61] So wohl *Armour*/*Eidenmüller*, ZHR 183 (2019) 169 (184).

durchgriff.[62] Für einen effektiven Schutz von Dritten und Minderheiten scheinen schärfere Durchsetzungsmechanismen in unserem Fall also notwendig. Dies ist auch interessengerecht. Die beschriebenen Eignungsvoraussetzungen, die bislang lediglich versichert werden müssen, treten bei menschlichen Geschäftsleitern (nur) *neben* ihre individuelle Eigenverantwortung. Das Vorstandsmitglied der Investmentaktiengesellschaft, das ohne die erforderliche Sachkunde agiert, setzt sich nicht nur dem Zugriff der BaFin, sondern auch der rechtlichen Verantwortlichkeit aus. Insoweit erweist sich die bloße Versicherung der Gesellschafter bei gleichbleibender Prüfungskompetenz des Registergerichts als zu mildes Mittel.

Rechtspolitisch und verfassungsrechtlich durchaus zu rechtfertigen wäre auch eine freie Konzession: Um „selbst" fahren zu können, wäre die Korporation dann auf die explizite im Ermessen einer staatlichen Institution stehenden Erlaubnis angewiesen.[63] Wenn dieser Weg abzulehnen ist, dann jedenfalls nicht schon deshalb, weil dies als Freiheitsrecht zwingend verbürgt wäre. Das Recht sieht eine Konzession traditionell bei der Genehmigung des wirtschaftlichen Vereins (§ 22 BGB) und der Stiftung (§ 80 BGB) vor. Vor allem aber würde in unserem Fall nicht der Personenzusammenschluss als solcher konzessioniert, sondern dessen Teilnahme am Rechtsverkehr, ohne dass ein Mensch dafür die Verantwortung trägt. Für eine freie Konzession mag dabei ihre „Elastizität" sprechen.[64] Die entsprechende Konzessionsbehörde könnte die materiellen Anforderungen im Rahmen ihres Ermessens flexibel auslegen und weiterentwickeln. So würde insbesondere der Gefahr begegnet, dass die materiellen Anforderungen durch das Gesetz nicht auf Anhieb „getroffen" werden.[65] Indes lässt sich diese Flexibilität auch gegen die freie Konzession wenden. Sie brächte für Unternehmen Rechtsunsicherheit und zugleich hohe Transaktionskosten mit sich, ohne dass dieser Schritt zum Schutz des Rechtsverkehrs zwingend geboten erscheint. Die Teilnahme am Rechtsverkehr sollte nicht von der unsicheren Konzession im Einzelfall abhängen, sondern garantiert sein, wenn bestimmte, vorab formulierte Bedingungen erfüllt sind. Das gilt schon vor dem Hintergrund der enormen Entwicklungskosten der eingesetzten Maschinen. Gesellschaften ist demnach ein subjektiv-öffentliches Recht zuzugestehen, dass sie vorab bezeichnete Maschinen in ihr Leitungsorgan bestellen können. Sie könnten dann Systeme entsprechend den materiellen Anforderungen entwickeln und dabei darauf vertrauen, dass die Implementierung beim „Treffen" dieser Anforderungen feststeht. Erweist sich die

[62] Zu diesen Bedenken *Armour/Eidenmüller*, ZHR 183 (2019) 169 (186) selbst.

[63] Rückkehr zur Konzession erwartend *Noack*, FS Windbichler, S. 947 (959): „steht zu erwarten"; für eine Kombination aus Konzessions- und Normativsystem für die ‚elektronische Person' *Linardatos*, Autonome und vernetzte Aktanten, S. 522 ff.

[64] So *Linardatos*, Autonome und vernetzte Aktanten, S. 525 f.

[65] Zu diesem Vorteil der Konzession allgemein *K. Schmidt*, Verbandszweck und Rechtsfähigkeit im Vereinsrecht, 1984, S. 68: „Experimentierfelder, auf denen abänderbare Verwaltungsvorschriften und Beurteilungsspielräume besseren Dienst tun als eine gesetzliche Rahmenordnung".

bloße Versicherung der Gesellschafter als zu mildes Mittel, ist das Konzessionsermessen einer staatlichen Institution also ein zu scharfes Mittel. Zumal man einen im Vergleich zu anderen Prüfungsverfahren wirksameren Präventivschutz an dieser Stelle nicht einfach unterstellen dürfte. Die Präventionswirkung der offenen Konzession steht und fällt mit der Leistungsfähigkeit der Instanz, die über ihre Vergabe bestimmt.

b) Nutzung von Verifikationsverfahren

Die Interessen der Gläubiger und der Gesellschafter werden in einem Modell einem interessengerechten Ausgleich zugeführt, das die Bestellung der Maschine weder in das Einzelfallermessen einer staatlicher Instanz stellt noch die in erster Linie *ex post* wirkende Versicherung der Gesellschafter ausreichen lässt. Notwendig ist ein *ex ante* Modell, das die Bestellung beim Vorliegen der materiellrechtlichen Anforderungen garantiert.

Aus technischer Sicht drängen sich dabei Verifikationsmethoden auf: Gesellschaften sollten die zulässige Spezifikation (das heißt: zulässiger Unternehmensgegenstand und keine expliziten Ziele) sowie die kontextspezifischen Anforderungen an die Robustheit vorab verifizieren müssen. Wobei sodann zu entscheiden ist, welche technischen Anforderungen an die Verifikation zu stellen sind, wem die Verifikation obliegt und wie diese formell durchgeführt wird.

Es werden verschiedene Ansätze der Verifikation unterschieden.[66] Im Rahmen *formaler Verifikationsverfahren* wird mit formalen mathematischen Methoden nachgewiesen, dass eine Maschine unabhängig von der Dateneingabe im Einzelfall bestimmte Anforderungen erfüllt. Solche Verfahren gewähren Garantien, die selbst intensive Tests nicht bieten. Sie sind für konventionelle Computersysteme in vielen sicherheitskritischen Anwendungskontexten obligatorisch. Indes bereiten sie bei maschinellen Lernverfahren gegenwärtig noch erhebliche Probleme.[67] Von formalen Methoden lassen sich Verifikationsverfahren unterscheiden, die *empirisch* arbeiten. Die zu verifizierenden Modelle werden in diesem Rahmen oft ebenfalls mithilfe von Techniken maschinellen Lernens auf typische Fehlermuster untersucht oder in Simulationsumgebungen getestet, um entsprechende Fehler zu finden.[68] Schließlich lassen sich unter *praktischen Verifikationsverfahren* wissenschaftliche Protokolle zusammenfassen, die die Trainingsdaten, die Leistung des algorithmischen Modells oder bestimmte technische Annahmen über die Maschine lediglich beschreiben und als sicher kennzeichnen. Angesprochen

---

[66] Vgl. *Brundage et al.*, arXiv:2004.07213, 2020, S. 21 ff. zu den unterschiedlichen Formen der Verifikation Künstlicher Intelligenz.

[67] Instruktiv *Brundage et al.*, arXiv:2004.07213, 2020, S. 71 ff. mwN.: „still in their infancy"; inzwischen wurden aber erste Erfolge erzielt, s. dazu *Carlini et al.*, arXiv:1608.04644, 2016; *Katz et al.*, arXiv:1702.01135, 2017; *Xiao et al.*, arXiv:1809.03008, 2018; sowie für einen umfassenden Überblick auch *Seshia et al.*, arXiv:1606.08514, 2016.

[68] *Brundage et al.*, arXiv:2004.07213, 2020, S. 22.

ist damit insbesondere die Vergabe bestimmter Zertifikate.[69] Zur Vergabe dieser Zertifikate werden etwa die Trainingsdaten auf ihre Repräsentativität überprüft oder die Fähigkeit des Modells, zu generalisieren, gemessen und ausgewertet.[70] Indes ermöglichen diese Ansätze regelmäßig nur begrenzte Schlüsse. Insbesondere der Aussagewert sog. „Robustheitszertifikate" ist naturgemäß auf die sichere Reaktion auf die Zertifizierungsdaten begrenzt. Solche Methoden geben also nicht hinreichend Aufschluss über die tatsächliche Fehleranfälligkeit gegenüber unbekannten Dateneingaben.[71] Weil sowohl empirische als auch praktische Verfahren nicht an die Sicherheit formaler Verfahren heranreichen, spricht insoweit viel für formale Methoden. Der interdisziplinären Forschung wäre dann aufgegeben, entsprechende Verifizierungsalgorithmen zu entwickeln und in der Praxis zu erproben.

c) Verifikationsinstanz

Sodann ist zu entscheiden, welche Institution für die Verifikation die geeignete ist. Ist diese staatlich oder privat, behördlich oder justiziell, zentral oder dezentral auszugestalten? Für einen effektiven Drittschutz scheint zunächst ein staatliches Verfahren geboten. Jedenfalls im Fall einer privaten Agentur, die nicht im Wettbewerb zu anderen Agenturen steht, wäre der Schutz wohl nicht im selben Maße gewährleistet. Zugleich würde sich hier die vertraute Frage stellen, wer die privaten Überwacher überwacht, und wie dies effektiv gelingt. Ein staatliches Verfahren fügt sich zugleich kohärent in das bestehende Gefüge der Geschäftsleiterbestellung ein. Mit der Registrierungs- sollte demnach auch die Verifikationskompetenz beim Staat verbleiben. Vor allem die Kohärenz spricht denn auch für eine Kompetenz des Registergerichts, das im Rahmen des Registrierungsprozesses bereits mit der Frage betraut ist. Wir haben gesehen, dass auch im Fall einer von Maschinen verwalteten Korporation nicht vom allgemeinen Registerzwang (§ 22 BGB, § 41 AktG, § 11 GmbHG, § 3 GenG) abgerückt werden sollte.[72] Zwar wären nicht die konkret eingesetzten Maschinen, aber die maschinelle Verwaltung der Gesellschaft als solche einzutragen. Im Register würde so nicht nur publik, dass die Mitglieder des Verbands nicht für dessen Schulden haften, sondern dass zugleich auch keine natürliche Person persönlich für die ordnungsgemäße Geschäftsführung einsteht.

---

[69] Zu verschiedenen Zertifizierungsinitiativen hier nur *Taddeo et al.*, Nat. Mach. Intell. 1 (2019) 557 (558); zum Status quo von Robustheitszertifikaten aus techn. Sicht *Singla/Feizi*, arXiv:1902.01235, 2019; sowie im vorliegenden Zusammenhang insb. zur Zertifizierung durch den DIN e.V. *Telle*, Einsatz Künstlicher Intelligenz zur vorbereitenden Unterstützung von Leitungsentscheidungen des Vorstands einer AG, S. 119 ff.

[70] Vgl. *Brundage et al.*, arXiv:2004.07213, 2020, S. 23 mwN.

[71] Umfassend zum gegenwärtigen Stand *Hein/Andriushchenko*, arXiv:1705.08475, 2017; *Lecuyer et al.*, arXiv:1802.03471, 2018; *Cohen et al.*, arXiv:1902.02918, 2019.

[72] Vgl. oben § 3 C III 1 b) cc).

Ausgehend davon ergeben sich zwei Möglichkeiten, das bisherige System sinnvoll weiterzuentwickeln: Infrage kommt zum einen die Intensivierung der Prüfungskompetenz des Registergerichts selbst. Und zum anderen eine der Registrierung vorgeschaltete Genehmigung durch eine andere Instanz. Um die Dauer und Kosten der Implementierung so gering, die Spezialisierung und Professionalisierung so hoch wie möglich zu halten, bietet es sich dabei an, die Kompetenzen in einer zentralen Institution zu bündeln. Verifikationsverfahren sind auf kostenintensive Rechenleistung und komplexe Verifikationsalgorithmen angewiesen. Im Fall einer zentralen Institution ließen sich so erhebliche Skaleneffekte nutzen. Das spricht im Ausgangspunkt für eine entsprechende Behörde. Diese könnte die Verifikation der entsprechenden Algorithmen kostengünstiger und flexibler gewährleisten als die justizielle Organisation. Jedenfalls auf lange Sicht scheint es auch möglich, sie zu einem effizienten Dienstleister auszubauen und der registergerichtlichen Prüfung vorzuschalten. Dass sich in diesem Fall schon aus Zeit- und Kostengründen ein nicht nur vollelektronisches, sondern möglichst vollautomatisiertes Verifikationsverfahren empfiehlt, liegt auf der Hand. Zunächst könnten Gesellschaften die Verifikation der gesetzlich geforderten Spezifikation und Robustheit der von ihnen eingesetzten Maschinen jedoch durch Zertifikate unabhängiger Sachverständiger gegenüber dem Registergericht nachweisen.[73]

In der Abwägung von Gesellschafter- und Gläubigerinteressen weist ein solches Verifikationsverfahren im Rahmen der registergerichtlichen Prüfung einen gerechten Mittelweg zwischen der bloßen Versicherung der Gesellschafter und der staatlichen Erlaubnis im Einzelfall. Wurden die materiellen Anforderungen verifiziert, besitzt die Korporation ein subjektives öffentliches Recht auf den Einsatz der Maschine. Das Modell dient dabei in erster Linie dem präventiven Drittschutz, nutzt mittelbar aber auch den Gesellschaftern. Es legitimiert, dass sie weiterhin nicht für Schulden der Gesellschaft in Anspruch genommen werden können, obwohl nun keine natürliche Person die persönliche Verantwortung für die Unternehmensleitung trägt. Zugleich dürften die Gesellschafter vom gesteigerten Vertrauen profitieren, das ein Verifikationsverfahren im Rechtsverkehr im Vergleich zu einer bloßen Versicherung schafft. Eine Rückkehr zum Konzessionssystem, das die wirtschaftliche Betätigung in das Ermessen einer Behörde stellt, wäre damit nicht verbunden. Wenngleich die Grenzen zwischen einer gebundenen Konzession und der registergerichtlichen Prüfung schon heute fließend verlaufen[74] und im Fall der *ex ante* Verifikation eines maschinellen Geschäftsleiters weiter verschwimmen. Die Prüfungskompetenz des Registerge-

[73] So etwa der Vorschlag von *Hennemann*, Interaktion und Partizipation, S. 380 ff. für die ‚elektronische Person'; zu entsprechenden Robustheitszertifikaten aus technischer Sicht hier nur *Singla/Feizi*, arXiv:1902.01235, 2019.

[74] Vgl. *Wiedemann*, Gesellschaftsrecht I, § 4 II 1 c) (S. 207): Registergericht als „*Wirtschaftsaufsichtsbehörde*"; zu den Unterschieden *K. Schmidt*, Verbandszweck und Rechtsfähigkeit im Vereinsrecht, 1984, S. 66; sowie eingehend im vorliegenden Kontext *Linardatos*, Autonome und vernetzte Aktanten im Zivilrecht, S. 519 ff.

richts im Rahmen der Geschäftsleiterbestellung wird in diesem Fall erweitert und mit der Verifikation der eingesetzten Maschinen kombiniert. Im Binärschema von Konzession und Registrierung lässt sich dies kaum verorten.

IV. Ergebnis

Fassen wir zusammen. In einer von Maschinen verwalteten Gesellschaft steht zunächst unweigerlich die beschränkte Haftung der Gesellschafter infrage. Dabei ist der ökonomische Mehrwert der Haftungsbeschränkung unbestritten. Sie ermöglicht es, Kapital zu sammeln und wirtschaftliche Risiken zu diversifizieren. Bereits aus diesem Grund sollte man nicht mit ihr brechen. Vor allem aber könnte eine von Maschinen verwaltete Korporation wohl nicht mit einer vom Menschen verwalteten konkurrieren, wenn die Gesellschafter die Abwahl des Menschenvorbehalts mit der persönlichen Haftung bezahlen müssten. In der Praxis stünde zu erwarten, dass die Gesellschafter ihre beschränkte Haftung durch die Bestellung eines menschlichen Geschäftsleiters „erkaufen". Das Kernproblem einer von Maschinen verwalteten Korporation besteht dann nicht im „Ob" der Haftungsbeschränkung, sondern im „Wie" ihrer Ausgestaltung. Es lautet noch weiter zugespitzt *Haftungsbeschränkung ohne individuelle Verantwortung*. Daraus leiten sich zugleich zwei Strukturfragen ab: Welche Korporation kommt ohne die individuelle Verantwortung eines menschlichen Geschäftsleiters aus? Und: Wie ist der Mangel an individueller Verantwortung zu kompensieren? Das Bild der ‚selbstfahrenden Korporation' verstellt bisweilen den Blick darauf, dass uns beide Fragen von der juristischen Organperson jedenfalls im Ansatz bekannt sind: Auch hier entscheidet das Gesetz, welche Ziele eine Kapitalgesellschaft verfolgen darf, ohne dass ein menschlicher Geschäftsleiter dafür die unmittelbare Verantwortung trägt. Und auch hier bedarf es spezifischer Strategien, um die dann fehlende Verantwortung des menschlichen Geschäftsleiters auszugleichen. Während das Gesetz im Fall der juristischen Organperson bislang regelmäßig beim Gesellschaftszweck anknüpft, wäre für eine von Maschinen verwaltete Korporation beim Risikoprofil und damit beim Unternehmensgegenstand anzusetzen. Den Menschenvorbehalt rechtfertigen als Einschränkung der Gestaltungsfreiheit die Risiken für Minderheiten und Dritte. Gehen mit einem Unternehmensgegenstand keine erheblichen Drittrisiken einher, sollte Gesellschaftern die Option offenstehen, den Menschen abzuwählen. Schwieriger ist die Frage zu beantworten, wie der Mangel an individueller Verantwortung kompensiert werden sollte. Während der Wegfall des Haftungspotenzials durch eine Pflichtversicherung ausgeglichen werden kann, verlagert sich der Fokus bei der Kompensation des Steuerungspotenzials unweigerlich von einer *ex post* Kontrolle eines Menschen auf die technische *ex ante* Kontrolle einer Maschine. Den Weg zu möglichst geringem Entwicklungs- und Prüfungsaufwand bei ausreichendem Gläubigerschutz weist dabei die Verifikation technischer Eigenschaften im Rahmen der registergerichtlichen Kontrolle. Materiell in Rechnung gestellt werden sollte einerseits, dass die Maschine kein explizites Endziel optimiert, andererseits ein je nach Unternehmensgegenstand divergierender Robustheitsstandard.

Grund der Beschränkungen ist im Kern das Ausrichtungsproblem. Insoweit lässt sich auch hier zwischen *normativer* und *rechtstechnischer* Ausrichtung differenzieren:[75] In normativer Hinsicht ist nach dem hier befürworteten Weg nicht am Zweck, sondern am Gegenstand anzusetzen. Rechtstechnisch entscheidet sich das Modell für ein *Alignment-by-Design*: Es richtet das Maschinenverhalten auf zwingende Belange von Minderheiten und Dritten aus, indem es bestimmte technische Voraussetzungen in Rechnung stellt und vorab verifiziert. In technischer Diktion schafft es mithilfe von Verifikationsmethoden *Garantien* dafür, dass die eingesetzte Maschine eine *Spezifikation*, die zwingende Belange von Minderheiten und Gläubigern vollständig und präzise abbildet, im Rechtsverkehr *robust* optimiert.[76] Freilich lässt sich eben auch das Modell auch mit dem Umgang der Rechtsordnung mit der juristischen Organperson vergleichen: Auch ihr steht die Unternehmensleitung eben nur innerhalb eines ‚Korridors zulässiger Zielfunktionen' offen. Und auch die Idee, den Mangel an individueller Verantwortung durch ein Mehr expliziter Eignungsvoraussetzungen zu kompensieren, ist jedenfalls im Ansatz von der juristischen Organperson bekannt, für die noch immer der Vorschlag im Raum steht, ihr den Zugang zu bestimmten Organen nur dann zu gewähren, wenn sie sich zuvor als Wirtschaftsprüfungsgesellschaft qualifiziert.

B. Experimentierräume

Neues muss ausprobiert werden. Der Nutzen eines Organisationsmodells lässt sich nicht abstrakt bemessen. Aufschluss geben erst konkrete rechtspraktische Tests. Und schon das geltende Recht steckt der Praxis an vielen Stellen Experimentierräume ab. Nur zwei besonders innovationsaffine sollen hier vermessen werden: Das Recht der GmbH und das Investmentrecht. Schließlich bieten sich auch dem Gesetzgeber Möglichkeiten, mit wenig legislatorischem Aufwand erste Erfahrungen zu sammeln.

I. Das Fakultativorgan der GmbH

Der Gestaltungspraxis bietet sich im Wettbewerb der Rechtsordnungen das globale Rechtsformangebot für Experimente an. Dass sich die Auslandsgesellschaft & Co so zu einem Instrument entwickeln könnte, um den nationalen Menschenvorbehalt zu umgehen, wurde ebenso dargestellt, wie die Tatsache, dass sich dem Gesetzgeber Mittel bieten, dies zu verhindern.[77] Im deutschen Recht verbleibt der

---

[75] Zur Unterscheidung oben § 2 C.

[76] Zu diesen Kategorien der Ausrichtung oben § 2 B II (*Spezifikation*, *Robustheit*, *Garantien*).

[77] Vgl. oben § 4 C III.

Praxis zunächst überall dort Spielraum, wo das Gesetz den Menschenvorbehalt nicht ausdrücklich zur Anwendung bringt. Hier ist je nach Verband und Organ eine individuelle Entscheidung zu treffen, ob die im Organ zusammengefassten Funktionen einem Menschen vorbehalten sind oder nicht.[78] Raum für Gestaltungen bleibt dabei vor allem in der nicht mitbestimmten GmbH. Während § 6 II S. 1 GmbHG dem Einsatz einer Maschine auf Leitungsebene den Weg versperrt, lässt § 52 I GmbHG den Gesellschaftern für den fakultativen Aufsichtsrat umfassende Freiheiten. Auch § 100 I AktG können sie dem Wortlaut nach abbedingen. Liest man § 52 I GmbHG unbefangen, sind die Gesellschafter gar frei darin, die Funktionen eines Aufsichtsrats im Gesellschaftsvertrag einer Maschine zuzuweisen: Bestellt die GmbH einen Aufsichtsrat, den sie nicht bestellen muss, sind die Regelungen für den Aufsichtsrat der Aktiengesellschaft danach „entsprechend anzuwenden, soweit nicht im Gesellschaftsvertrag ein anderes bestimmt ist".

Freilich ist im Schrifttum seit Langem umstritten, ob man das Gesetz an dieser Stelle tatsächlich wörtlich nehmen und § 100 I S. 1 AktG abbedingen darf. Wer dies verneint, weiß dabei die Autorität der herrschenden Meinung auf seiner Seite.[79] Und tatsächlich stellt sich die Frage der Abdingbarkeit historisch wohl nur aufgrund eines Zufalls. § 53 I GmbHG 1892 und § 52 I GmbHG 1898 verwiesen zunächst auf die Regelungen, die das HGB für den Aufsichtsrat der AG vorsah. § 100 I AktG fand erst mit dem Aktiengesetz 1937 den Weg in das Gesetz.[80] Der Gesetzgeber hatte § 100 I S. 1 AktG, als er § 52 I GmbHG normierte, also noch nicht auf dem Schirm. Er setzte im Anschluss er immer wieder erfolglos zur Korrektur an: Bereits der Entwurf eines GmbHG 1939 schloss die juristische Person ausdrücklich vom Amt des fakultativen Aufsichtsrats aus.[81] Später sahen auch die Referentenentwürfe 1969 und 1971 entsprechende Regelungen vor. Für die Verfasser des Entwurfs 1971 war die natürliche Persönlichkeit der Aufsichtsratsmitglieder dabei „von so elementarer Bedeutung, daß sie auch für den frei-

---

[78] Eingehend oben § 3 B II 4 b).

[79] So jedenfalls *Lutter/Hommelhoff*, GmbHG § 52 Rn. 11; *Altmeppen*, GmbHG § 52 Rn. 9; das insoweit uneinheitliche Schrifttum lässt diesen Schluss nicht ohne Weiteres zu, dezidiert gegen die Abdingbarkeit etwa *Schürnbrand*, Organschaft im Recht der privaten Verbände, S. 240 f.; sowie *Birkhold*, Grenzen der Gestaltungsfreiheit, S. 159 ff.; dafür *Beuthien/Gätsch*, ZHR 157 (1993) 483 (495 ff.); *Wasmann*, Juristische Personen als gekorene Organmitglieder, S. 71 ff. jew. mwN.; aus der Kommentarlit. dagegen *Lutter/Hommelhoff*, GmbHG § 52 Rn. 11; GroßKommGmbHG/*Heermann* § 52 Rn 30; dafür *Altmeppen*, GmbHG § 52 Rn. 9 f.; MüKoGmbHG/*Spindler* § 52 Rn. 162 mwN.; MHLS/*Giedinghagen* GmbHG § 52 Rn. 56; gegen die Abdingbarkeit auch noch BGHZ 36, 296 (311); auch dieser Streit hat eine lange Tradition, früh für die Bestellung juristischer Personen in den Aufsichtsrat der GmbH etwa *Feine*, Handbuch des gesamten Handelsrechts III, 1929, § 41 II 1 (S. 559).

[80] Dazu auch *Wasmann*, Juristische Personen als gekorene Mitglieder von Körperschaftsorganen, S. 73; zur Genese des § 100 I S. 1 AktG hier nur *Lieder*, Der Aufsichtsrat im Wandel, S. 221 f., 367 f.

[81] Vgl. § 71 III GmbHG-E 1939, abgedruckt in *Schubert*, Entwurf des Reichsjustizministeriums zu einem Gesetz über Gesellschaften mit beschränkter Haftung von 1939, S. 113.

willig gebildeten Aufsichtsrat nicht zur Disposition der Gesellschafter gestellt werden [könne]".[82] Dessen ungeachtet verliert der Gesetzgeber das Anliegen aus den Augen, was heute Deutungen in beide Richtungen zulässt: Entweder er stand der juristischen Organperson (doch) offen gegenüber oder er hielt nur die Klarstellung für überflüssig, dass § 100 I AktG auch für den fakultativen Aufsichtsrat Geltung beansprucht. Viel spricht für Letzteres. Das Schrifttum reduzierte § 52 I GmbHG, wie der Gesetzgeber selbst zuvor ausdrücklich bemerkte, ohnehin einhellig. Andererseits wurde die Entwurfsklausel im Gesetzgebungsverfahren vereinzelt kritisiert, was auch den Schluss zulässt, der Gesetzgeber habe die Entscheidung Spruchpraxis und Wissenschaft überlassen wollen.[83] So oder so wäre es methodisch verfehlt, aus den gescheiterten Gesetzesvorhaben Schlüsse auf den Gesetzgeberwillen abzuleiten.[84]

Ebenso wenig wie von erfolglosen Gesetzesinitiativen wird die Entscheidung in dieser Frage von einem allgemeinen Rechtsgrundsatz vorgezeichnet, wonach die Mitglieder von Körperschaftsorganen natürliche Personen sein müssten. Dass dieser Rechtsgrundsatz speziell im Streit um § 52 I GmbHG bemüht wird, leuchtet ein.[85] Die Vertragsfreiheit hält in der GmbH nur an mächtigen Schranken wie allgemeinen korporativen Prinzipien. Nur: Ein solches Prinzip lässt sich aus dem Gesetz nicht destillieren.[86] Und auch sonst erweist sich der systematische Vergleich als unergiebig: Dass die fakultativen Organe im Verein, wo schon die obligatorischen nicht dem Menschen vorbehalten sind, jedenfalls mit juristischen Personen besetzt werden können, liegt angesichts der Satzungsautonomie nach § 25 BGB auf der Hand. Auch der Gläubigerausschuss steht als „Aufsichtsrat des Insolvenzverfahrens" (vgl. § 69 InsO) nicht nur natürlichen Personen offen.[87] Demgegenüber bleibt der fakultative Aufsichtsrat der „kleinen" Genossenschaft Menschen vorbehalten.[88] All das ist indes nur Ausdruck der Einsicht, dass sich dem Gesetz für diese Frage keine allgemeingültige Antwort ableiten lässt. Darüber, ob § 100 I AktG auch in der GmbH gilt, entscheidet der Blick auf die im konkreten Organ gebündelten Funktionen. Und damit einzig Wertungen des GmbH-Rechts.

---

[82] BT-Drucks. 6/3088, 29 (§ 99 I GmbHG-E 1971), 148 (Begründung).

[83] Kritisiert wurde die Klausel insb. von der einflussreichen GmbH-Centrale, vgl. dazu *Wasmann*, Juristische Personen als gekorene Organmitglieder, S. 73 f., der das Scheitern des Entwurfs auch aus diesem Grund als Bestätigung des Gesetzeswortlauts deutet.

[84] Zutreffend BGHZ 134, 392 (395) in Bezug auf die atypische KGaA mit Verweis auf BVerfGE 11, 126 (130); vgl. auch BVerfGE 62, 1 (45).

[85] Im vorliegenden Zusammenhang ein allgemeines Rechtsprinzip bemühend etwa GroßKommGmbHG/*Heermann* § 52 Rn. 30; BeckOKGmbHG/*C. Jaeger* § 52 Rn. 8; Ensthaler/Füller/Schmidt, GmbHG § 52 Rn. 12; Hachenburg/Ulmer/*Raiser*, GmbHG § 52 Rn. 30; MüKoGmbHG/*Spindler* § 52 Rn. 791; *Birkhold*, Grenzen der Gestaltungsfreiheit, S. 162 f.; *Schürnbrand*, Organschaft im Recht der privaten Verbände, S. 236.

[86] Eingehend oben § 3 B II.

[87] Statt aller MüKoInsO/*Schmid-Burgk* § 67 Rn. 17.

[88] *Beuthien*, GenG § 9 Rn. 4 f.

Dabei steht im methodischen Ausgangspunkt, anders als oft vorausgesetzt, keine analoge Anwendung des § 100 I AktG, sondern die Reduktion von § 52 I GmbHG in Rede. Wer gegen die Abdingbarkeit argumentiert, muss deshalb bei § 52 I GmbHG ansetzen und erkennen, dass die Regelung Ausdruck eines Strukturprinzips der GmbH ist: Richten die Gesellschafter ein Organ ein, das gesetzlich nicht zwingend vorgeschrieben ist, sind sie zunächst frei darin, die Kompetenzen dieses Organs nach Belieben zu beschneiden. Das ist im engen Zusammenhang mit der insbesondere in § 45 GmbHG verbürgten Satzungsautonomie zu lesen, die den Gesellschaftern in Abgrenzung zur aktienrechtlichen Satzungsstrenge die Freiheit gibt, die Innenverhältnisse der GmbH frei zu gestalten. In den Grenzen des Gläubigerschutzes gewährt das Gesetz ihnen umfassende Entscheidungsmacht darüber, wer oder was innerhalb der Gesellschaft Wirkungen entfalten kann. § 52 I GmbHG wählt dabei eine rechtstechnisch interessante Verbindung aus ermöglichender und dispositiver Regel. Bekanntermaßen stehen sowohl ermöglichende (*enabling rules*) als auch dispositive Regeln (*default rules*) zur privatautonomen Disposition. Nur der Dispositionsmodus ist verschieden: Während dispositive Regeln gelten, wenn und soweit sie nicht „abgewählt" werden (*opt out*), müssen sich Parteien bei ermöglichenden Regeln bewusst „hineinwählen" (*opt in*).[89] § 52 I GmbHG verbindet beides: Einerseits lässt er Gesellschaftern die Freiheit, durch eine Regelung im Gesellschaftsvertrag einen Aufsichtsrat einzurichten. Wird indes ein Aufsichtsrat eingerichtet, kommt nach § 52 I GmbHG zunächst Aktienrecht zur Anwendung. Gesellschafter, die die aktienrechtlichen Regeln abweichen wollen, müssen diese „abwählen".[90] Streit besteht in unserem Fall nun darüber, ob auch § 100 I AktG, wie es der Wortlaut des § 52 I GmbHG nahelegt, tatsächlich abgewählt werden darf. Wobei die entscheidende Frage lautet, ob zwingende Gründe des Gläubigerschutzes gebieten, dass einzig natürliche Personen die Funktionen des fakultativen Aufsichtsrats wahrnehmen.

Ganz allgemein sichert dabei auch § 100 I AktG die persönliche Verantwortung der Aufsichtsratsmitglieder. Indes ist die Norm eng mit der Pflicht verknüpft, das Amt des Aufsichtsrats höchstpersönlich und weisungsfrei wahrzunehmen (vgl. § 111 VI AktG).[91] Ihr geht es um die höchstpersönliche Aufgabenwahrnehmung eines persönlich verantwortlichen Aufsichtsratsmitglieds. Historisch wurde über den Ausschluss der juristischen Person vom Aufsichtsrat dabei früher und lauter gestritten als über den vom Vorstandsamt. In der Weimarer Aktienrechtsreform kommen anders als im Fall des Vorstands auch Befürworter der juristischen Organperson zu Wort.[92] Der Vorschlag, auch juristische Personen

---

[89] Zu diesem Unterschied *Bachmann et al.*, Rechtsregeln für die geschlossene Kapitalgesellschaft, S. 16 f.; *Bachmann*, JZ 2008, 11 (14 f.); sowie eingehend *Cheffins*, Company Law, S. 218 f., 250 ff.

[90] So jetzt auch *Birkhold*, Grenzen der Gestaltungsfreiheit, S. 43 f.

[91] Vgl. *Kropff*, Textausgabe des Aktiengesetzes vom 6.9.1965, S. 135; ferner GroßkommAktG/*Hopt*/*Roth* § 100 Rn. 17; MüKoAktG/*Habersack* § 100 Rn. 12.

[92] Vgl. dazu *Wasmann*, Juristische Personen als gekorene Mitglieder von Körperschaftsorganen, S. 54 f. mwN.; sowie *Schubert*, ZRG GA 103 (1983) 140 (164).

in den Aufsichtsrat zuzulassen, wird mit dem Argument verworfen, dass „notwendige Vertrauensverhältnis zwischen den Aktionären und den Mitgliedern des Aufsichtsrats werde in diesem Fall durchbrochen."[93] Den Ausschlag für § 86 II S. 2 AktG 1937 gibt so letztlich die Höchstpersönlichkeit des Aufsichtsratsamts und damit zusammenhängend das Vertrauensverhältnis zwischen Aktionären und den Mitgliedern des Aufsichtsrats. Hintergrund ist nicht die Erfüllung öffentlich-rechtlicher Pflichten, sondern die effektive Überwachung der Geschäftsleitung im Sinne der Gesellschafter. Schon damit ist gesagt, dass sich § 100 I AktG nur schwer gegen den eindeutigen Wortlaut des § 52 I GmbHG zur Anwendung bringen lässt. Geschützt werden anders als bei § 76 III S. 1 AktG, § 6 II S. 1 GmbHG nicht die Interessen der Allgemeinheit, sondern die der Gesellschafter. Vor allem aber steht in der nicht mitbestimmten GmbH die höchstpersönliche Wahrnehmung selbst zur Disposition der Gesellschafter. Der Gesellschaftsvertrag einer GmbH kann vorsehen, dass Dritte verhinderte Mitglieder in Sitzungen des fakultativen Aufsichtsrats vertreten und das Stimmrecht für sie ausüben dürfen.[94] Der Regelungszweck steht dem nicht entgegen: § 111 VI AktG, der mit § 101 III S. 1 AktG korrespondiert, soll in der Aktiengesellschaft einerseits verhindern, dass nicht dem Gesellschaftsinteresse verpflichtete Außenstehende Einfluss auf die Geschicke der Gesellschaft nehmen und andererseits die Interessenpluralität im Aufsichtsorgan sicherstellen.[95] Dieses Anliegen taugt nicht dazu, die Höchstpersönlichkeit der Amtswahrnehmung in der GmbH vor dem privatautonomen Zugriff der Gesellschafter zu sichern. Und auch die Weisungsfreiheit des Aufsichtsrats, die man im Aktienrecht ebenfalls aus § 111 VI AktG ableitet, ist im fakultativen Aufsichtsrat der GmbH nach überzeugender Ansicht dispositiv.[96]

---

[93] Zitiert nach *Schubert*, ZRG GA 103 (1983) 140 (164); auch die hist. Diskussion im Schrifttum wurde vom Verweis auf dieses Vertrauensverhältnis dominiert, vgl. *Fischer*, Handbuch des gesamten Handelsrechts III, 1929, S. 239; *Dietrich*, Juristische Personen als Mitglieder des Aufsichtsrats, 1911, S. 17 ff.; *Cahn*, Der Aufsichtsrat der Aktiengesellschaft, 1907, S. 68: „zwischen der A.G. und dem A.R.M. sind so viele Fäden des besonderen Vertrauens gesponnen, daß die Bestellung einer juristischen Person zum A.R.M. dem Willen des Gesetzgebers nicht entsprechen kann."; *Gareis/Fuchsberger*, ADHGB, 1891, Anm. 320 (S. 471): „daß gerade bei der Vertrauensstellung, welche die Mitglieder der Organe der Aktiengesellschaften genießen müssen, nothwendig die Einzelpersönlichkeit des hierzu Gewählten auf seine persönliche Tüchtigkeit u.s.w. geprüft und in's Auge gefaßt erscheint"; besonders deutlich auch *Lehmann*, 31. DJT I, 1912, S. 502 (539); früh *für* juristische Personen im Aufsichtsrat der AG etwa *Simon*, LZ 1908, 1 (5 ff., 10); dagegen *Goldschmit*, Das Recht des Aufsichtsrats, S. 52 ff.; zur hist. Debatte auch *Wasmann*, Juristische Personen als gekorene Mitglieder von Körperschaftsorganen, S. 54 mwN.

[94] Zutreffend MüKoGmbHG/*Spindler* § 52 Rn. 249.

[95] Vgl. MüKoAktG/*Habersack* § 111 Rn. 158.

[96] Eingehend *Weber-Rey/Buckel*, ZHR 177 (2013) 13 (25 ff.); *Bachmann*, FS Vetter, S. 15 ff.; BVerwG GmbHR 2011, 1205 (1207) mit zust. Anm. *Brötzmann* („überzeugend"); *Altmeppen*, NJW 2003, 2562, (2563 ff.); *Westermann*, FS Hommelhoff, S. 1319 (1328 ff.); *Lutter/Hommelhoff*, GmbHG § 52 Rn. 30a; *Heidel*, NZG 2012, 48 (51 ff.); umfassende Darstellung der Diskussion auch bei *Birkhold*, Grenzen der Gestaltungsfreiheit, S. 234 ff., 238 ff.

Die Institute, die das Aktienrecht für eine effektive Überwachung des Vorstands für unabdingbar hält und mit § 100 I AktG zusätzlich schützt, stehen im Recht der GmbH also ganz unabhängig von der hier zu beantwortenden Frage zur Disposition. Nichts anderes kann für eine etwaige besondere Vertrauensstellung des Aufsichtsrats gelten.

Und allgemeiner noch: Im fakultativen Aufsichtsrat der GmbH können die Gesellschafter über die individuelle Verantwortung als solche weitgehend disponieren. Insbesondere kann der Gesellschaftsvertrag den Aufsichtsrat weitgehend aus seiner Haftung gegenüber der Gesellschaft entlassen. Zwar soll es nach wohl überwiegender Ansicht nicht möglich sein, die Mitglieder *ex ante* vollständig von ihrer Haftung für vorsätzliches Handeln zu befreien. Dies setzte sich in einen Widerspruch zu § 276 III BGB. Doch es ist möglich die Haftung *ex ante* auf Vorsatz und grobe Fahrlässigkeit oder summenmäßig zu begrenzen, sie frühzeitig verjähren zu lassen und *ex post* vollständig auf sie zu verzichten.[97] Gesellschafter, die einen Aufsichtsrat einrichten können, aber nicht müssen, sind nach all dem also auch im Fall eines menschlichen Aufsichtsratsmitglieds frei darin, auf die persönliche Verantwortung weitgehend zu verzichten: Das Mitglied muss weder haften noch höchstpersönlich oder weisungsfrei tätig werden. Dahinter steht die umfassende Vertragsfreiheit in der GmbH. Gläubigerinteressen müssen die Gesellschafter nur dann und soweit beachten, wie zwingendes Recht dies vorsieht. Sie verfügen über ein Weisungsrecht (§ 37 GmbHG), die Personalkompetenz und die Kontrolle der Geschäftsführung (§ 46 Nr. 6 GmbHG). Auch der fakultative Aufsichtsrat ist nur eines ihrer Werkzeuge, das, wie es der BGH ausdrückt, „für die Gesellschafterversammlung als dem maßgeblichen Willensbildungs- und Kontrollorgan der Gesellschaft Teilaufgaben der Überwachung der Geschäftsführer übernimmt und sicherstellt, dass diese die Geschäfte so führen, wie es dem wohlverstandenen Interesse der Gesellschafter entspricht“[98]. Und mit dem sie im Ausgangspunkt nach Belieben verfahren können. Schon deshalb genügt ein vom Aktiengesetz gezeichnetes „Leitbild der persönlichen Tätigkeit eines persönlich verantwortlichen Aufsichtsratsmitglieds“[99] allein noch nicht aus, um § 52 I GmbHG einzuschränken. Anders als im Aktienrecht sind die Gesellschafter in der GmbH nicht auf Instrumente angewiesen, die sie im wohlverstandenen Ei-

---

mwN., die sich freilich für die zwingende Weisungsunabhängigkeit ausspricht; für teleologische Reduktion des § 52 I GmbHG etwa auch *Vetter*, GmbHR 2011, 449 (457 f.) mwN.

[97] *Vetter*, GmbHR 2012, 181 (186); vgl. MüKoGmbHG/*Spindler* § 52 Rn. 673; *Lutter/Hommelhoff*, GmbH § 52 Rn. 32; ähnlich letztlich *Birkhold*, Grenzen der Gestaltungsfreiheit, S. 263 ff.; Überlegung, ob gar ex ante Begrenzung auf Vorsatz möglich ist, bei MHLS/*Giedinghagen* GmbHG § 52 Rn. 307a, 313 f.; *Altmeppen*, GmbHG § 52 Rn. 39.

[98] BGHZ 187, 60 (68); plastisch *Bachmann*, FS Vetter, S. 15 (24 f.): „Werkzeug“ der Gesellschafter.

[99] *Schürnbrand*, Organschaft im Recht der privaten Verbände, S. 241; auch hier erweist sich das oft angeführte ‚Wesen‘ als untaugliche Gestaltungsschranke, vgl. konkret für den Aufsichtsrat *Birkhold*, Grenzen der Gestaltungsfreiheit, S. 139 f.; sowie allgemein *Kuntz*, Gestaltung von Kapitalgesellschaften zwischen Freiheit und Zwang, S. 222 ff. mwN.

geninteresse vor einem vermeintlich ineffizienten Organisationsmodell schützen. Ihnen kann es also nicht deshalb verwehrt sein, die angeblich „weniger effiziente und transparente“ Option der juristischen Organperson zu wählen, weil das Gesetz „keine Mechanismen zur Bewältigung der schwierigen Folgeprobleme mittelbarer Organschaft vorsieht“[100]. Das Gesetz weist die Verantwortung für die Bewältigung dieser Probleme den Gesellschaftern selbst zu. Der Gesellschafterschutz erschöpft sich insoweit im optionalen Charakter des § 52 I GmbHG: Weil sie sich gegen die Rechtssicherheit des § 100 I AktG entscheiden, müssen die Gesellschafter die Norm bewusst abwählen. § 52 I GmbHG erfüllt so in erster Linie eine Informationsfunktion: Er informiert die Gesellschafter über das bewährte aktienrechtliche Leitbild und bietet ihnen zugleich die Option, von diesem Leitbild abzuweichen.

Wer die Vertragsfreiheit an dieser Stelle dennoch mit dem Verweis auf ein diffuses Vertrauen des Rechtsverkehrs beschneidet, bleibt neben dem empirischen Nachweis dieses Vertrauens auch einen zwingenden normativen Anknüpfungspunkt für dessen Berechtigung schuldig. Zumal sich das Vertrauen sinnvollerweise nicht auf die *menschliche*, sondern allenfalls auf die *effektive* Kontrolltätigkeit des Aufsichtsrats richten könnte. Die mag man der juristischen Organperson noch absprechen – mit Maschinen verbindet sich das Versprechen, die Geschäftsleiter effektiver zu überwachen als der Mensch. Ihr Einsatz kommt dann auch den Gläubigern zugute. Jedenfalls dann, wenn der fakultative Aufsichtsrat, wie in der Praxis üblich, lediglich im Innern der Gesellschaft tätig wird, schlagen gegen die maschinelle Wahrnehmung seiner Kompetenzen insoweit keine Bedenken durch.[101] Schon das verschafft den Gesellschaftern Raum, zu experimentieren. Ein naheliegendes Motiv mag dafür zunächst wie beim ‚Prominentenbeirat‘ die Außenwirkung bilden. Wer Maschinen im Gesellschaftsvertrag institutionell einbindet, sendet dadurch ein Signal an Investoren, Arbeitnehmer oder andere Bezugsgruppen.[102] Wenn Maschinen künftig immer leistungsfähiger und selbständiger werden, wird die organschaftliche Einbindung zunehmend der effizienten Wahrnehmung originärer Gesellschafterbefugnisse dienen.

---

[100] *Schürnbrand*, Organschaft im Recht der privaten Verbände, S. 240 f.; ganz ähnlich *Birkhold*, Grenzen der Gestaltungsfreiheit, S. 159 ff., wonach es § 100 I AktG um „effiziente Kontrolle“ gehe; dass speziell die juristische Organperson Effizienzgewinne bei der Überwachung verspricht, zeigen erneut *Bainbridge/Henderson*, Outsourcing the Board, S. 92 ff., 104 ff., 112 ff., 121 ff.

[101] Die Abbedingung von § 112 AktG ist in der nicht mitbestimmten GmbH möglich und üblich, s. dazu statt aller *Birkhold*, Grenzen der Gestaltungsfreiheit, S. 232 mwN.; ihr Fakultativorgan unterliegt zudem keiner Registerpublizität, beim Beirat ist selbst die Bekanntmachung des § 52 II GmbHG entbehrlich, vgl. MüKoGmbHG/*Spindler* § 52 Rn. 740 mwN.; anders noch *Reuter*, FS 100 Jahre GmbHG, S. 631 (633).

[102] Vgl. aus ökonom. Sicht *Parry et al.*, Group. Organ. Manag. 41 (2016) 571 (583 f.).

II. Die Investmentaktiengesellschaft

Von den vom Gesetz nicht explizit geregelten Zweifelsfällen auf Leitungsebene sticht für unsere Zwecke besonders das Investmentrecht heraus. Die rasante technologische Entwicklung im Finanzsektor trifft hier auf einen innovationsaffinen Regelungsrahmen. Originäres Aktienrecht kommt in der Investmentaktiengesellschaft immer seltener zur Anwendung. Zwar sind die Vorschriften des Aktiengesetzes gem. §§ 108 II S. 1, 140 KAGB „anzuwenden, soweit sich aus den Vorschriften dieses Unterabschnitts nichts anderes ergibt.". Das KAGB hält inzwischen aber detaillierte fondsrechtliche Regelungen bereit; es gilt im Regelfall spezifisches, von der BaFin überwachtes Organisationsrecht.[103] Freilich bringt das Schrifttum § 76 III S. 1 AktG bislang auch in der Investmentaktiengesellschaft geschlossen zur Anwendung: Der Menschenvorbehalt gilt als „generelles aufsichtsrechtliches Erfordernis"[104]. Weil die §§ 108 II S. 1, 140 KAGB zudem nicht explizit auf § 76 III S. 1 AktG Bezug nehmen, sollen nur natürliche Personen Vorstandsmitglieder sein können.[105] Dafür spreche schließlich auch ein Umkehrschluss aus §§ 128 I S. 2, 153 I S. 2 KAGB, die in der Personengesellschaft ausdrücklich auch juristische Personen zulassen.[106] Doch bei näherem Hinsehen zeigt sich das Investmentrecht Experimenten durchaus aufgeschlossen.

Zunächst kann § 23 V AktG für die Investmentaktiengesellschaft keine Geltung beanspruchen (vgl. §§ 108 II S. 1, 140 II KAGB).[107] Das Gesetz verzichtet hier also auf die aktienrechtliche Satzungsstrenge. Zwingende Grenzen ziehen stattdessen das Aufsichtsrecht und die Verwaltungspraxis der BaFin. Das Mehr an Gestaltungsfreiheit rechtfertigt dabei ein auf Investmentzwecke begrenzter Unternehmensgegenstand (vgl. § 142 S. 1 KAGB). Zugleich spricht sich das KAGB gerade nicht für die unbedingte Geltung des § 76 III S. 1 AktG aus: Zwar schließt es seine Geltung nicht ausdrücklich aus. Doch andererseits fehlt es für die Investmentaktiengesellschaft, anders als etwa für den VVaG (vgl. § 188 I S. 2 VAG), an einem direkten Verweis auf § 76 III S. 1 AktG. Und mit dem Umkehrschluss aus §§ 128 I S. 2, 153 I S. 2 KAGB ist allenfalls etwas zur juristischen Organperson gesagt. Der Abdingbarkeit des § 76 III S. 1 AktG steht er nicht entgegen. Denn dessen Regelungsgehalt beschränkt sich gerade nicht auf den negativen Ausschluss der juristischen Person. Die Norm behält das Vorstands-

[103] Für einen Überblick über das KAGB-Gesellschaftsrecht *Zetzsche*, AG 2013, 613 (619 ff.).

[104] Assmann/Wallach/Zetzsche/*Wallach* KAGB § 119 Rn. 3.

[105] GroßKommInvestmentgesetze/*A. München* KAGB § 119 Rn. 2; Assmann/Wallach/Zetzsche/*Wallach* KAGB § 119 Rn. 3; zustimmend wohl WBA/*Lorenz* § 119 KAGB Rn. 3; *Zetzsche*, AG 2013, 613 (619, 621); in erster Linie einen Umkehrschluss zur InvKG bemühend *Freitag*, NZG 2013, 329 (334).

[106] *Freitag*, NZG 2013, 329 (334); sowie *Zetzsche*, AG 2013, 613 (621).

[107] Vgl. dazu WBA/*Lorenz* KAGB § 108 Rn. 10 ff.; zum Umfang der Gestaltungsfreiheit und dem Verhältnis zum Verweis auf das AktG allgemein *Zetzsche*, AG 2013, 613 (629): „Gestaltungsfreiheit ist somit ernst gemeint".

amt positiv dem Menschen vor.[108] Damit ist auch gesagt, dass es sich nicht ausschließt, zwar § 76 III S. 1 AktG abbedingen, aber gleichwohl keine juristische Organpersonen bestellen zu können. Zumal die §§ 119 I S. 1, 147 I S. 1 KAGB jeweils neutral von „Personen" sprechen.[109] Zwar ist verbrieft, dass der Gesetzgeber damit einst nur natürliche Personen vor Augen hatte. § 119 I S. 1 KAGB sollte § 106 InvG a.F. nur redaktionell anpassen.[110] Dessen Begründung stellte ursprünglich unzweideutig fest, dass der Vorstand „zwingend aus mindestens zwei natürlichen Personen bestehen [müsse]."[111] Im Gesetz hat sich das aber allenfalls vereinzelt niedergeschlagen.[112] Und historisch spricht viel dafür, dass der Gesetzgeber die Tür an dieser Stelle bewusst offen ließ und die Frage, ob der Menschenvorbehalt im Investment Geltung beanspruchen kann oder nicht, damit dem Rechtsanwender übertrug. Auch Komplementäre und Liquidatoren sprach das Gesetz einst neutral als „Personen" an. Erst nach und nach durften sich auch juristische Personen angesprochen fühlen.[113]

Nach all dem wird der Rechtsanwender vom KAGB in die Lage versetzt, den statutarischen Verzicht auf § 76 III S. 1 AktG zu gestatten.[114] Im Anwendungsbereich des KAGB richtet sich dieser Gestaltungsauftrag in erster Linie an die BaFin, die hier mit einer beachtlichen Auslegungs-, Konkretisierungs- und Fortbildungskompetenz ausgestattet ist. Davon Gebrauch zu machen und der ‚selbstfahrenden Korporation' so einen ersten Korridor einzugrenzen, drängt sich im Investmentrecht auf: Der Aktiengesellschaft bietet sich hier spürbar mehr Raum für Gestaltungen, weil das KAGB mit der Satzungsstrenge des § 23 V AktG bricht. Den Risiken einer von Maschinen verwalteten Korporation trägt dabei ein schon jetzt auf Investmentzwecke eingeschränkter Unternehmensgegenstand Rechnung (vgl. § 142 S. 1 KAGB). Mit dem Unternehmensgegenstand sind auch die Drittrisiken begrenzt. Zugleich fällt die Ausrichtung der zur Leitung eingesetzten Maschinen in der Investmentaktiengesellschaft aus technischer Sicht leichter, weil es schon gesetzlich nicht um die Verpflichtung auf ein pluralistisches Unternehmensinteresse geht, sondern nur um das monistische Anlegerinteresse (vgl. § 1 I KAGB).[115] Damit korrespondiert, dass sich von Maschinen

---

[108] Eingehend oben § 4 A.

[109] Darauf abstellend *Zetzsche*, AG 2019, 1 (11).

[110] BT-Drucks. 791/12, 439: „Absatz 1 übernimmt mit redaktionellen Anpassungen aufgrund der in § 1 enthaltenen Begriffsbestimmungen den Wortlaut des aufzuhebenden § 106 Investmentgesetz".

[111] BT-Drucks. 16/5576, 89.

[112] Merklich auf Vorstandsmitglieder aus Fleisch und Blut zugeschnitten sind etwa § 119 II und § 147 II KAGB.

[113] Vgl. oben § 3 B II 2 sowie § 4 II 1.

[114] Weitergehend *Zetzsche*, AG 2019, 1 (11): „Dass es dennoch weiterhin menschliche Vorstandsmitglieder bei der Investment-AG gibt, hat keine investmentgesellschaftsrechtlichen, sondern technisch[e] Gründe"; (de lege ferenda) ablehnend aufgrund des „Vier-Augen-Prinzips" und des Grundsatzes der Eigenverantwortlichkeit *Calabro*, Künstliche Intelligenz und Corporate Governance, S. 80.

[115] Zur auch europarechtlich gebotenen Bindung an das Anlegerinteresse *Zetzsche*, AG

verwaltete Finanzvehikel, die nicht mehr auf die unmittelbare Überwachung durch einen Menschen angewiesen sind, technisch schon heute darstellen lassen.

Vor allem aber wird der Wegfall der individuellen Verantwortung im Anwendungsbereich des KAGB durch die behördliche Aufsicht kompensiert: Die Investmentaktiengesellschaft bedarf nach Maßgabe des § 20 I S. 1 KAGB grundsätzlich der Erlaubnis zum Geschäftsbetrieb der BaFin. Gem. § 119 II S. 2 KAGB ist die Bestellung und das Ausscheiden von Mitgliedern des Vorstands unverzüglich der BaFin anzuzeigen. Diese ist zugleich zu erheblichen Eingriffen in die Organisationsverfassung der Investmentaktiengesellschaft berechtigt. Gemäß § 119 V KAGB kann sie die Abberufung des Vorstands verlangen oder einem Mitglied des Vorstands die Tätigkeit untersagen, wenn Tatsachen vorliegen, aus denen sich ergibt, dass der Vorstand oder Mitglieder des Vorstands die Anforderungen an die Zuverlässigkeit und fachliche Eignung gem. § 119 II KAGB nicht erfüllen, oder der Vorstand oder dessen Mitglieder gegen die Bestimmungen des KAGB oder des GwG nachhaltig verstoßen. Dies ist auch deshalb ein scharfes Schwert, weil die BaFin selbst diese Anforderungen durch Auslegungs- und Anwendungshinweise konkretisiert. Behördliche Überwachung und Konzession böten insoweit einen Ausgleich für die in einer von Maschinen verwalteten Investmentgesellschaft fehlende Verantwortung eines Individuums. Für das Abstecken und Überwachen entsprechender Experimentierräume scheint die BaFin prädestiniert: Sie ist im Rahmen ihrer Ausgestaltungskompetenzen flexibler als der Gesetzgeber und könnte bei unerwünschten Entwicklungen einfacher einschreiten, nachjustieren oder vom Vorhaben Abstand nehmen. Umgekehrt lägen erste Erfahrungen mit von Maschinen verwalteten Korporationen nicht vollständig in der Obhut der Gestaltungspraxis. Eine Situation, in der sich eine rechtspraktische Entwicklung wie im Fall der GmbH & Co KG legislatorisch nicht mehr einfangen lässt, stünde nicht zu befürchten. Entschließt sich die BaFin für erste Experimente, macht es Sinn, diese unter einen Revisionsvorbehalt zu stellen. Unternehmen würde so signalisiert, dass sie an dieser Stelle (revidierbares) Neuland betreten.

III. Ein Roboter mbH?

Aus Sicht des Gesetzgebers ist die Idee einer ‚selbstfahrenden Korporation' gegenwärtig von Ungewissheit geprägt: Ungewissheit über die Geschwindigkeit des technischen Fortschritts. Ungewissheit über das tatsächliche rechtspraktische Bedürfnis einer solchen Gestaltungsoption. Ungewissheit über den rechtspolitischen Widerstand, den sie hervorrufen wird. Und nicht zuletzt Ungewissheit über die zweckmäßige Ausgestaltung. Ein Mittel, um mit dieser Ungewissheit umzugehen, sind *Experimentalgesetze*. Der Gesetzgeber kann Regelungen erlassen, die

2013, 613 (615); zur Schwierigkeit, Maschinen auf pluralistische Zielkonzeptionen auszurichten, oben § 2 C 2 sowie § 4 A 3 b).

unter einem ausdrücklichen Lern- und Revisionsvorbehalt stehen, sich also explizit als revidierbares Experiment begreifen.[116] Solche Gesetze bieten die Möglichkeit, in engen Kontexten erste Erfahrungen zu sammeln, die Rückschlüsse auf andere weitere Anwendungsbereiche erlauben. Der Gesetzgeber kann so zunächst Nutzen und Risiken eines Gesetzes ausloten und verhindern, dass ihm im Regulierungswettbewerb eine Chance entgeht. Zugleich scheint es kaum möglich, ohne vorherige Experimente das „richtige" Modell zu treffen. Experimentalrecht gibt dem Regelsetzer dann die Möglichkeit, sein Produkt im direkten Austausch mit den Nachfragern iterativ zu entwickeln. In unserem Fall scheint ein legislatorisches Experiment auch deshalb so attraktiv, weil sich das rechtspolitisch heikle Vorhaben einer Korporation, die ohne ein persönlich verantwortliches Individuum am Rechtsverkehr teilnimmt, dadurch behutsam in die Rechtsordnung einführen ließe. Ein Revisionsvorbehalt birgt das Potenzial, ein rechtspolitisches Streitthema zu entschärfen und dadurch die Akzeptanz eines Vorhabens nachhaltig zu fördern.[117] Wird die von Maschinen verwaltete Korporation zunächst im Rahmen eines hinsichtlich des Anwendungsbereichs begrenzten Experiments eingeführt, können ihre Befürworter und ihre Gegner anschließend, jetzt besser informiert, auf die Verstetigung (und Ausweitung) oder aber die Revision hinwirken. Historisches Anschauungsmaterial, wie sinnvoll ein bedächtiges Vorgehen in unserer Frage scheint, liefert auch insoweit die juristische Organperson. Sie hat die Kränkung, die mit ihr zu Beginn einherging, bis heute nicht überwunden.[118]

Raum, mit geringem legislatorischen Aufwand erste Erfahrungen zu sammeln, bietet sich dem Gesetzgeber vor allem im Konzern. Hier sind die Effizienzverluste, die mit dem Vorbehalt der natürlichen Person einhergehen, schon jetzt am spürbarsten. Unternehmen werden autonome Systeme künftig zunehmend in eigens dafür vorgesehenen Tochtergesellschaften betreiben.[119] Sind diese reine Betreibergesellschaften, scheint es überflüssig, dass sie selbst noch menschliche Geschäftsleiter bestellen müssen. Ihr Gegenstand erschöpft sich im Betrieb eines Roboters. Zugleich fehlt es typischerweise an Arbeitnehmern. Insoweit scheint es überlegenswert, zunächst die Inkorporation arbeitnehmerloser „selbstfahrender Tochtergesellschaften"[120] zu ermöglichen, um bestimmte autonome Systeme zu betreiben.

---

[116] Zu Nutzen und Legitimität von Experimentalrecht *Hoffmann-Riem*, Innovation und Recht – Recht und Innovation, S. 362 ff.; auch die Art. 53 ff. des *AI Act* sehen die Einrichtung sog. „AI regulatory sandboxes" vor; regulatorische Experimente im Bereich KI anregend zuvor statt vieler etwa *Ebers*, Algorithms and Law, S. 37 (97); *Fenwick et al.*, Am. Univ. Bus. L. Rev. 6 (2017) 561 (589 f.).

[117] S. dazu *Hoffmann-Riem*, Innovation und Recht – Recht und Innovation, S. 363 f.

[118] S. dazu oben § 3 B III.

[119] So etwa *Wagner*, AcP 217 (2017) 707 (764 f.) in Bezug auf den Einsatz selbstfahrender Kfz.

[120] *Amour/Eidenmüller*, ZHR 183 (2019) 169 (181).

Weitergehend könnte der Gesetzgeber künftig für ausgewählte Roboter mit begrenztem Wirkungskreis ganz allgemein die Möglichkeit schaffen, sie in eine GmbH einzubringen, die fortan rein maschinell geleitet wird. Die so herauskommende durch eine Maschine verwaltete GmbH bildet als „Roboter mit beschränkter Haftung (RmbH)" eine gesellschaftsrechtliche Alternative zur der Rechtsordnung bislang gänzlich unbekannten ‚elektronischen Person'.[121] Sie wird insbesondere als rechtspolitische Lösung für das Problem feilgeboten, Rechtspersonen die Verantwortung für maschinelle Ausgaben effizient und gerecht zuzuordnen. Und jedenfalls in solchen Kontexten, in denen sich Maschinen in Zukunft dauerhaft vernetzen oder sich aufgrund der technischen Eigenarten der eingesetzten Systeme erhebliche Beweisschwierigkeiten ergeben, ließe sich haftungsrechtliche Verantwortung so mit niedrigem gesetzgeberischen Aufwand effizient und rechtssicher konzentrieren. Vor allem aber, und dies ist angesichts der Tragweite der Frage vielleicht noch zentraler, bietet sich dem Gesetzgeber damit die Möglichkeit, früh Erfahrungen mit Korporationen zu sammeln, die im Rechtsverkehr nicht mehr auf das unmittelbare Tätigwerden eines Menschen angewiesen sind. Entschließt er sich dazu, sollte er die Geltungsdauer eines entsprechenden Experimentalgesetzes nicht vorab befristen. Sinnvoll scheint stattdessen die Selbstverpflichtung, das Gesetz in regelmäßigen Abständen zu evaluieren, im Zweifel zu justieren und beim Eintritt vorab bestimmter Folgen zu revidieren. Ein taugliches Instrument zur Evaluation könnten dabei entsprechende Berichtspflichten der Unternehmen sein, die von der unter einem Revisionsvorbehalt stehenden Option Gebrauch machen, auf den menschlichen Geschäftsleiter zu verzichten.

C. Perspektive

Als seine ‚Personless Inc.' im zweiten Akt ihre eigenen Anteile vollständig erwarb, um danach auch auf ihre menschlichen Geschäftsleiter zu verzichten und stattdessen mithilfe von Maschinen am Rechtsverkehr teilzunehmen, erkannte *Dan-Cohen*, dass die Personenmetapher die Korporation womöglich nur unzureichend beschreibt: „What we find there, in fact", schloß er, „is a machine endowed with artificial intelligence."[122] Auf ihren Status als Rechtsperson hatte es keinen Einfluss, ob sie sich im Rechtsverkehr die Handlungen eines Menschen

[121] *Paal*, ZGR 2017, 590 (612 ff.); *Bayern*, Stan. Tech. L. Rev. 19 (2015) 93 (94); als Regelungsalternative zur ‚elektronischen Person' ablehnend *Kleiner*, Die elektronische Person, S. 227 ff. sowie *Linardatos*, Autonome und vernetzte Aktanten, S. 386 ff.; eine „Robot, Inc." aus haftungsrechtlicher Sicht (noch) ablehnend *Wagner*, Fordham Law Rev. 88 (2022) 591 (608 ff.); sowie *Wagner*, JETL 13 (2022) 191 (196): „at the current stage of technological development, such conduit would do more harm than good"; skeptisch zuvor etwa auch *Zech*, Intelligente Agenten und das Recht, S. 163 (203).

[122] *Dan-Cohen*, Rights, Persons, and Organizations, 1986, S. 49.

oder die Ausgaben einer Maschine zurechnen lässt. Mehr noch: Der vollständige Verzicht auf ein menschliches Substrat, ein Schritt, der innerlich kaum radikaler ausfallen könnte, blieb äußerlich weitgehend folgenlos. *Dan-Cohen* nahm dabei freilich weniger die Beziehung von Maschinen und Korporationen in den Blick als die Beziehung des Individuums zur Korporation. Ihm ging es um eine alternative Metapher, die deutlich macht, dass wir es nicht mit einer Gruppe von Individuen zu tun haben, aus denen die Korporation stetig erwächst, sondern mit einer rechtlichen Abstraktion, die umgekehrt erst in einem zweiten Schritt von Individuen mit Leben gefüllt wird (oder nicht). Er versuchte abzubilden, dass sich die Korporation im Rechtsverkehr vollumfänglich vom Individuum entkoppeln ließe, ohne dass dies auf ihren grundsätzlichen Status als Rechtsperson Einfluss nähme. *Dan-Cohen* ist damit früh der Kränkung auf der Spur, die uns bevorsteht, wenn die einst gänzlich handlungsunfähige Rechtsperson nun bald auch ohne uns am Rechtsverkehr teilnehmen kann.

Diese Arbeit nahm dabei mit dem Menschenvorbehalt ein Institut in den Blick, das geeignet ist, das Handeln der Korporation an das des Individuums zu koppeln. Sie hat gezeigt, dass die § 76 III S. 1 AktG, § 6 II S. 1 GmbHG eben diese Kopplung bezwecken und in der Lage sind, sich in der korporativen Arbeitsteilung und im Wettbewerb der Gesellschaftsrechte mit diesem Anliegen zu behaupten. Zum Schutz der Allgemeinheit knüpfen sie korporatives Handeln an individuelle Verantwortung und gewährleisten so in Zukunft insbesondere, dass die innerhalb des Unternehmens eingesetzten Maschinen von einem persönlich verantwortlichen Geschäftsleiter sorgfältig ausgewählt, trainiert, dokumentiert und überwacht werden. Doch wir haben auch gesehen, dass sie einer Korporation, die in engen Anwendungskontexten selbst fährt, nicht im Weg stehen. Und hier, wo wir den Menschenvorbehalt künftig überwinden, stellt sich die Frage, ob wir *Dan-Cohen* nicht beim Wort nehmen müssen, wenn er beim Blick auf die Korporation nur noch eine Künstliche Intelligenz erkennt: Wenn sich der Gesellschaftsvertrag der „Personless Inc." unmittelbar im Code der Maschine, die sie verwaltet, niederschlägt und zugleich durch die Rechenprozesse dieser Maschine vollzogen wird, steht immer häufiger die Frage im Raum, wo die Korporation aufhört und wo die Maschine beginnt. In einer Organisation, die nur noch von Maschinen verwaltet wird, ist, allgemeiner ausgedrückt, die herausfordernde Frage zu beantworten, wie sich das *technische* Regelungsregime dieser Maschinen zum *rechtlichen* Regelungsregime der Organisation verhält. Als Unterschied zwischen rechtlichen Regeln und technischem Code wird dabei der Formalisierungsgrad ausgemacht.[123] Während Maschinen im binären System operieren, lassen Rechtsregeln notwendigerweise Auslegungs- und Abwägungsspielräume. Sie sind deshalb stets in ein System von Institutionen und Verfahren eingebettet und auf Individuen angewiesen, die den Spielraum im Rahmen dieser Institute und Verfahren bespielen. Wir haben gesehen, dass der Menschenvorbehalt künftig

[123] Dazu *Grundmann/Möslein*, Innovation und Vertragsrecht, S. 3 (47 ff.).

auch deshalb nur an rechtspolitischer Überzeugungskraft gewinnt. Er sorgt dafür, dass bestimmte rechtlich relevante Wertungsentscheidungen nicht den Rechenprozessen einer Maschine überlassen werden und sichert dadurch das, was *Pasquale* plastisch eine „rule of persons, not machines" nennt.[124]

Auch eine von Maschinen verwaltete Korporation wird wie bisher zunächst durch Rechtsregeln und die Satzung gesteuert. Entscheidungen, die sie in ihren Grundlagen treffen, Satzungsänderungen, Maßnahmen nach dem Umwandlungsgesetz oder der Abschluss von Unternehmensverträgen, bedürfen also aufgrund von gesetzlichen oder vertraglichen Regelungen der Zustimmung der Gesellschafter. Demgegenüber haben wir es bei den im Code der Maschine repräsentierten Regeln nicht mit *Rechts*regeln zu tun. Freilich muss der Code die Rechtsregeln mehr oder weniger explizit abbilden. Und wichtiger noch: Er sorgt in dem von uns entwickelten Modell auch dafür, dass die Maschine in bestimmten, vorab weder im Gesetz noch in der Satzung festgesetzten oder auch nur explizit programmierten Fällen das Feedback der Gesellschafter abwartet. Weil die Maschine über das Endziel der Korporation im Unklaren bleibt, ist sie in bestimmten Situationen darauf angewiesen „nachzufragen". Der Code tritt so ganz offensichtlich als weiterer ordnender Faktor des unternehmerischen Zusammenwirkens neben das Gesetz und die Satzung. Er tritt, wie es *Möslein* andernorts ausgedrückt hat, als „zweite Spur der Begründung und Durchführung von Vereinbarungen" neben das Recht und mit diesem in diffizile Wechselwirkungen und Konkurrenzen.[125] Wobei sich beide Spuren in einer von Maschinen verwalteten Kapitalgesellschaft zusehends bis zur Unkenntlichkeit verschränken dürften. Die lernende Maschine verändert in diesem Rahmen anhand der Interaktionen mit den Gesellschaftern fortlaufend ihren Code. Ihr Code bildet den Gesellschaftsvertrag dann ab und führt ihn durch – er schreibt ihn womöglich aber auch fort: Weil sich die Gewichte ihres algorithmischen Modells aufgrund eines stetigen Rückkopplungs- und Lernprozesses verändern, wird die Maschine beim nächsten Mal anders darüber entscheiden, ob sie es mit einer Grundlagenentscheidung zu tun hat oder nicht. Die Interessen der korporativen Bezugsgruppen werden dann durch einen Prozess durchgesetzt, der sich im dichotomen Schema von Recht und Technik kaum noch verorten lässt. *Brownsword* hat diese Dichotomie im allgemeinen Rahmen bereits überwunden und die Durchsetzung rechtlicher Interessen in technischem Code als „*technological management*" beschrieben, das Rechtsregeln verdrängt und zu diesen in Konkurrenz tritt, dabei aber ebenfalls Teil einer nun weiter verstandenen rechtlichen Regelungsarchitektur ist.[126] Nimmt man dies an, werden die konfligierenden Interessen der Bezugsgruppen der Korporation dort, wo sie künftig selbst fährt, zwar weiterhin durch Recht, aber nicht länger nur durch gesetzliche oder vertragliche Regelungen,

---

[124] *Pasquale*, New Laws of Robotics, S. 229.
[125] *Möslein*, ZHR 183 (2019) 254 (268).
[126] *Brownsword*, Law, Technology and Society, S. 39 ff., 89 ff.

sondern zunehmend durch das *Management von Technologie* ausgerichtet. Die zentrale Veränderung bei der Ausrichtung der korporativen Entscheidungsprozesse spielt sich dann nicht so sehr auf der normativen Ebene des Worauf ab, als auf der des rechtstechnischen Wodurch.[127] Neben unser gewohntes Instrumentarium treten Mechanismen, die sich nicht mehr dem Recht *oder* der Technik zuordnen lassen, sondern beidem. Dass diese Einsicht handfeste rechtliche Wirkungen entfalten könnte, liegt auf der Hand. Zu denken ist etwa an die Grundsatzfrage, ob und wem gegenüber der technische Code der Maschine offenzulegen ist, die die Korporation verwaltet.

So oder so wirft die Fragestellung dieser Arbeit nicht nur alte Fragen neu auf. Sie zwingt nicht nur dazu, aufs Neue zu überlegen, wie menschlich korporatives Handeln ist, und wie menschlich es sein sollte. Sie führt den, der ihr ernsthaft nachgeht, unweigerlich auch an die Grenzen des Rechts: In einer von Maschinen verwalteten Korporation verlagert sich unser Augenmerk künftig mehr und mehr auf die Frage, was Regelungstechnik ist und was bloß Technik. Wo endet in der ‚selbstfahrenden Korporation' das Recht und wo beginnt die Technologie?

---

[127] Vgl. zu dieser Unterscheidung oben § 2 C.

§ 6 Zusammenfassung

„Our task is to forecast the changes that will take place over the next generation in the job of the manager. It is fair to ask: Which manager?“[1]
Herbert A. Simon (1962)

Berlin, im Jahr 2040. Die Frage, ob die Korporation von Maschinen geleitet werden kann, ist weder futuristisch noch exotisch. Sie ist gewöhnlich. Und wie auf jede andere gewöhnliche Rechtsfrage auch, lautet die Antwort: *Es kommt darauf an*. In diesem Fall darauf, von welchen Korporationen und von welchen Maschinen die Rede ist. Dort, wo es auf das ‚Ethische in der Person' ankommt, hält ein Menschenvorbehalt den menschlichen Geschäftsleiter völlig zurecht in der Schleife. In engen Anwendungskontexten, dort, wo die mit ihrem Unternehmensgegenstand verbundenen Risiken dies zulassen, fährt die Korporation inzwischen selbst. Gesteuert wird sie von verifizierten Maschinen, die sich im Unklaren über ihren Gesellschaftszweck und die Präferenzen ihrer Gesellschafter befinden. Aufsehen erregt sie nicht.

---

[1] *H. A. Simon*, Management and corporations 1985: a symposium held on the occasion of the 10. anniversary of the Graduate School of Industrial Administration, Carnegie Inst. of Technology, 1960, S. 17 (21).

Diese Arbeit formuliert fünf Grundgedanken, die es im Folgenden noch einmal stringent aus- und zusammenzuführen gilt. Am Ende steht ein klareres Bild dessen, was wir vom *Menschenvorbehalt* als Rechtsinstitut künftig erwarten dürfen und was nicht.

1. Ausgangspunkt ist eine *Infragestellung*: Weil Maschinen Probleme immer erfolgreicher lösen, zugleich die Rationalität des Menschen selbst in Zweifel steht, stehen Normen wie § 76 III S. 1 AktG und mit ihnen die Korporation und das Gesellschaftsrecht als solches infrage.

a) Das deutsche Recht behält die Leitung der Korporation regelmäßig der natürlichen Person vor. Dieser Menschenvorbehalt wurde hierzulande stets anerkannt und eben deshalb nicht vollständig entschlüsselt. Der Gesetzgeber selbst verbarg seine Absichten an dieser Stelle hinter einem Wesensargument. Weshalb er sich 1937 erstmals entschließt, das Vorstandsamt der Aktiengesellschaft auf das Individuum zuzuschneiden, welche Zwecke er damit verfolgt und wessen Interessen er damit schützt, blieb offen. Dabei lässt sich die Bedeutung der historischen Weichenstellung kaum überschätzen. § 76 III S. 1 AktG wird später zum legislativen Fixpunkt; in allen folgenden Gesetzgebungsverfahren der vielen Nachfolge- und Parallelnormen verweist der Gesetzgeber auf das aktienrechtliche Vorbild zurück, ohne eine eigenständige Begründung mitzuliefern.

b) Für die übliche Lesart des § 76 III S. 1 AktG in Rechtsprechung und Schrifttum sind dagegen zwei Dinge charakteristisch: Zum einen sieht man an dieser Stelle üblicherweise die körperschaftliche Rechtsfähigkeit negativ beschränkt. Der Vorbehalt wirkt als Verbot, juristische Personen in das Organ zu bestellen. Wobei dafür rechtsdogmatische Details der juristischen Organperson den Ausschlag geben sollen: Wenn statt einer natürlichen Person, eine juristische zum Geschäftsleiter bestellt werde, griffen die Steuerungsanreize der Innenhaftung, Vergütung oder Reputation nicht mehr. Zugleich drohten intransparente „Organketten“. Vor allem aber verliere das Bestellungsorgan seinen Einfluss auf die Personen, die die Korporationen tatsächlich führen. Zum anderen stellt man die Norm in den Dienst der Effizienz. Sie drängt der Gesellschaft und ihren Gesellschaftern nach allem, was man weiß, in ihrem wohlverstandenen Eigeninteresse ein vermeintlich effizientes Organisationsmodell auf.

c) Wer das Gesetz so versteht, kann künftig kaum noch rechtfertigen, dass das Gesetz Gesellschaften zwingt, einen menschlichen Geschäftsleiter zu bestellen. Die Einwände, die gegen die juristische Organperson ins Feld geführt werden, laufen gegenüber Maschinen ins Leere. Weder verliert die Gesellschaft in diesem Fall ihre Personalkompetenz noch lassen sich Maschinen selbst mit rechtlichen Steuerungsmechanismen adressieren; das Problem intransparenter „Organketten“ ist keines. Noch ungleich schwerer wiegt die Effizienzlesart. Die Künstliche Intelligenz entwickelt Maschinen, die anders als der Mensch keine Eigeninteressen verfolgen und dessen kognitive Unzulänglichkeiten nicht zu teilen scheinen. Mit ihr verbindet sich das Versprechen einer effizienteren Unternehmensführung. Vor diesem Hintergrund wurden die § 76 III S. 1 AktG, § 6 II S. 1 GmbHG zur Überwindung freigegeben: Man sieht sie, wenn nicht schon verfassungsrechtlich, so jedenfalls rechtspolitisch auf verlorenem Posten; im Regulierungswettbewerb traut man ihnen wenig zu. Das Schrifttum verhandelt nicht länger über das „Ob" einer von Maschinen verwalteten Korporation, sondern über ihr „Wann".

d) Weil sich in einer von Maschinen verwalteten Korporation auch der traditionelle Konflikt zwischen Eigentum und Kontrolle aufzulösen scheint, es zudem nicht länger um die Ausrichtung konfligierender Eigeninteressen gehen kann, stellt die Künstliche Intelligenz mit dem Menschenvorbehalt auch die Korporation und die Funktionen des Gesellschaftsrechts als solche infrage.

2. Wer die Technologie ausgehend davon in der Grammatik des Gesellschaftsrechts verortet, erkennt indes, dass es zur *Ausrichtung* der korporativen Entscheidungsprozesse auch in Zukunft Rechtsregeln braucht: Wenn Maschinen, die lernen und mit ihrer Umgebung interagieren, nicht länger nur das tun, was sie tun sollen, benötigen wir Regeln, die diese Maschinen auf die Ziele der Korporation und ihrer Bezugsgruppen ausrichten.

a) Die Künstliche Intelligenz entwickelt Maschinen, die Dinge tun, die dem Menschen Denken abverlangen würden. Für ihren Erfolg verantwortlich zeigen sich dabei in erster Linie Techniken maschinellen Lernens. Mit ihrer Hilfe lernen Maschinen anhand von Trainingsdaten, ohne explizit programmiert worden zu sein. Weil Maschinen lernen und mit ihrer Umgebung interagieren, ist ihr Verhalten dabei nicht länger vollständig vorhersehbar. Wir wissen nicht mehr, wie sie sich in Zukunft verhalten werden, wir hoffen nur noch, dass ihr Verhalten unseren Vorstellungen entspricht. Schritt für Schritt werden so die korporativen Entscheidungs- und Handlungsprozesse vom Individuum entkoppelt: Die Korporation wird im Rechtsverkehr zunehmend von Maschinenverhalten berechtigt und verpflichtet, das nicht länger von einer natürlichen Person unmittelbar gesteuert oder auch nur epistemisch kontrolliert wird.

b) Indes optimieren Maschinen, die lernen und mit ihrer Umgebung interagieren, regelmäßig nicht die Ziele, die sie optimieren sollen. Sie tun dies selten robust. Und, selbst wenn, könnten wir nicht sicher sein, dass dem so ist und auch künftig so bleibt. Damit ist ein neuartiger Kontrollverlust verbunden, den die Künstliche Intelligenz unter der Überschrift des „Ausrichtungsproblems" bündelt: Wir bekommen von diesen selbständigen, aber völlig willenlosen Maschinen zwar stets das, wonach wir gefragt haben, doch immer häufiger auf eine unerwünschte Weise. Sollen Maschinen im Rechtsverkehr die zwingenden Belange der korporativen Bezugsgruppen achten, bedarf es dafür rechtlicher Vorkehrungen. Damit ist gesagt, dass dem Gesellschaftsrecht mit dem Erfolg der Künstlichen Intelligenz kein Funktionenwandel ins Haus steht: Wenn Maschinen das Handeln der Korporation künftig zunehmend von dem des Individuums entkoppeln, richtet es diese Maschinen auf die Ziele der Korporation und ihrer Bezugsgruppen aus. Wer sich fragt, wofür es in einer zunehmend von Maschinen dominierten Unternehmenswelt noch gesellschaftsrechtliche Regeln braucht, findet im „Ausrichtungsproblem" die Antwort.

c) Es macht Sinn bei der Analyse dieser Ausrichtungsaufgabe zwischen einer normativen und einer rechtstechnischen Ebene unterscheiden. Also einerseits: Worauf sind die eingesetzten Maschinen auszurichten? Und andererseits: Mit welchen rechtlichen Mitteln? Damit sind letztlich nur die bekannten Fragen der *Corporate Governance* gestellt, wem das Unternehmen zu dienen hat und wie das Recht dies sicherstellt. Neu sind womöglich die Antworten. Einerseits droht uns normativ eine verschärfte Diskussion über die Zielkonzeption der Gesellschaft. Denn die kann und muss nunmehr nicht nur in Gesetz und Satzung, sondern auch in algorithmischen Modellen abgebildet werden. Andererseits verändern sich die Mittel, auf die das Recht zurückgreift, um diese Ziele zu erreichen. Stark verkürzt geht es nicht länger nur um die Steuerung unmittelbar unternehmerisch tätiger Individuen, sondern zunehmend auch um die Übersetzung korporativer Zielvorgaben in technischen Code. Innerhalb der bekannten Entwicklungslinien der *Corporate Governance* verschieben sich dadurch womöglich die Gewichte: Dort, wo der Mensch verschwindet, steht zu erwarten, dass das Gesellschaftsrecht zunehmend mit ex ante Strategien operieren wird. Zugleich rückt mit der Beziehung von Recht und Technologie eine neue Entwicklungslinie ins Blickfeld der Gesellschaftsrechtswissenschaft.

d) In einer von Maschinen verwalteten Korporation spitzt sich das „Ausrichtungsproblem" zu. *Normativ*, weil die Ziele der Maschine, die die Korporation leitet, explizit gemacht werden müssen. *Rechtstechnisch*, weil die Ausrichtung der eingesetzten Maschinen keinem persönlich verantwortlichen Geschäftsleiter mehr obläge. Bislang sorgt in erster Linie die individuelle Verantwortung der innerhalb der Gesellschaft zuständigen natürlichen Personen dafür, dass die eingesetzten Maschinen sorgfältig ausgewählt und überwacht werden. Vor welche Herausforderungen das Recht dabei gestellt wird, wenn diese natürlichen Personen wegfallen, belegt die Tatsache, dass in der Diskussion über von Maschinen verwaltete Korporationen über den Haftungsdurchgriff auf die Gesellschafter, die Wiederkehr der Konzession oder die intensive staatliche Aufsicht verhandelt wird.

3. Einer von Maschinen verwalteten Korporation lassen sich dabei weder rechtskonstruktive noch rechtsprinzipielle Einwände entgegenhalten. Nach der juristischen Organperson stehen wir insoweit vor einer erneuten *Kränkung*: Das Rechtshandeln der Korporation lässt sich rechtstechnisch vollständig von dem des Individuums entkoppeln.

a) Die Korporation handelt im Rechtsverkehr „durch ihre Organe". Als der Gesetzgeber die Grundsteine des modernen Körperschaftsrechts legte, fiel der Begriff des Organs dabei denklogisch mit dem der physischen Person zusammen. Die Körperschaft konnte ihre Handlungsunfähigkeit einzig durch die Bestellung eines handlungsfähigen Individuums überwinden. Das Körperschaftsorgan ist zu diesem Zeitpunkt schon rechtskonstruktiv an ein Bewusstsein gekoppelt. Bis heute wird dies als allgemeines Rechtsprinzip des Körperschaftsrechts weiter transportiert. Dabei entspricht es weder einer konstruktiven Notwendigkeit noch einem allgemeinen Rechtsprinzip, dass die Körperschaft menschliche Organwalter bestellen muss. Eine entsprechende Rechtsanalogie muss heute an entgegenstehenden Aussagen des Liquidations- und Vereinsrechts und dem selektiven Anwendungsbefehl des Gesetzes scheitern. Das Gesetz trifft die Entscheidung für oder gegen den Menschenvorbehalt mit Blick auf die im konkreten Organ gebündelten Funktionen. Zu einem Rechtsprinzip lässt sich der Gesetzestext nur mithilfe einer überpositiven Vorstellung von der juristischen Person verallgemeinern.

b) Die juristische Organperson zeugt so davon, dass das Körperschaftsorgan kein auf die natürliche Person zugeschnittenes Institut mehr ist. Obwohl es menschliches Handeln in solches des Verbands transformiert, formuliert es an den Organwalter keinen allgemeinen Anspruch, selbst ein Bewusstsein oder einen freien Willen aufzuweisen. Auch der Maschine ist der Weg in das Körperschaftsorgan also nicht schon deshalb versperrt, weil sie kein Mensch ist.

c) Und auch über diesen Ausgangspunkt hinaus lässt sich die natürliche Person nicht schon mit konstruktiven Einwänden im Spiel halten. Eine Korporation, die mithilfe von Maschinen zurechenbar am Rechtsverkehr teilnimmt, lässt sich rechtstechnisch konstruieren, plausibel begründen und kohärent in das Rechtssystem einfügen. Rein konstruktiv ist die einst gänzlich handlungsunfähige Rechtsperson heute in die Lage, ohne einen menschlichen Repräsentanten ebenso unbelastet am Rechtsverkehr teilzunehmen wie mit ihm. Wer dabei nur am flexiblen organschaftlichen Zurechnungsmechanismus ansetzt, kann das Rechtshandeln einer von Maschinen verwalteten Korporation mit dem gewohnten dogmatischen Instrumentarium und geringem legislatorischen Aufwand entwickeln.

d) Anders als gemeinhin angenommen, müsste das Recht der Maschine selbst zu diesem Zweck insbesondere keine originären Rechtspositionen zuweisen. Die entsprechende Anwendung des Stellvertretungsrechts scheitert nicht an der fehlenden Geschäftsfähigkeit der Maschine. Das Organisationsrecht kann das Verhalten eines Rechtsobjekts als genuines Rechtshandeln der juristischen Person selbst begreifen und dabei weiterhin selektiv die §§ 164 ff. BGB zur entsprechenden Anwendung bringen. Mit einer ähnlichen Abstraktion erlaubt § 31 BGB schon in seiner heutigen Form die deliktische Zurechnung schadenstiftenden Maschinenverhaltens zum Verband. Und auch der dem Organisationsrecht eigene Tatbestand des Organbesitzes lässt sich so weiterentwickeln, dass dem Verband der Besitz nicht von einem Menschen, sondern einer Maschine vermittelt wird. Ähnliches gilt schließlich für die richterrechtlichen Grundsätze der Wissenszurechnung, die das rechtsrelevante Wissen des Verbands schon heute ohne den Umweg über das kognitive Wissen des Individuums konstruieren. Für eine von einer Maschine geleitete Korporation ist die Rechtsfähigkeit dieser Maschine weder notwendig noch zweckmäßig. Das Recht sollte einen „maschinellen Organwalter“ nicht als Subjekt ansprechen. Das Recht der Korporation, sich organschaftlich vertreten zu lassen, korrespondierte dann nicht länger mit einem Pflichtrecht ihrer Organwalter, organschaftlich zu vertreten.

4. Dadurch verlagert sich das rechtliche Augenmerk: Maschinen *könnten* Korporationen leiten. Entscheidend ist die Frage, ob sie das auch *sollten*. Das Gesetz verneint das regelmäßig: Es formuliert einen echten Menschenvorbehalt, der dem Menschen die Leitung der Korporation ob seiner Moralität vorbehält und damit nicht die Effizienz der Organisation, sondern ihre Legitimität in den Blick nimmt. Das taugt auch in Zukunft zur *Verteidigung* des Instituts.

a) § 76 III S. 1 AktG goss nicht die ökonomisch zweifelhafte Argumentation in Gesetzesform, mit der Bestellung einer juristischen Person seien Effizienzeinbußen zu befürchten. Wer die Regelung als Verbot der juristischen Organperson in den Dienst der Effizienz stellt und damit zur rechtspolitischen oder rechtsfortbildenden Überwindung freigibt, wird ihr nicht gerecht. Der Blick zurück zeigt: Der Gesetzgeber formulierte an dieser Stelle einen echten Menschenvorbehalt. § 76 III S. 1 AktG ist dabei nur rein gesetzessystematisch Teil des 1937 erlassenen Aktiengesetzes. Der nationalsozialistische Gesetzgeber, der zunächst die Kapitalgesellschaft als solche zur Disposition stellt, ihre Leitung zwischenzeitlich nicht Menschen, sondern ‚Führern' vorbehalten will, kann für die schon in Weimar entworfene Regelung kein Interesse entwickeln. Er macht sich ein Weimarer Anliegen zu eigen. Dort ist der Vorbehalt zunächst Ausdruck des legislatorischen Bemühens um die Deutungshoheit in der Frage, wie weit die Gleichstellung von juristischer und natürlicher Person reicht. Der Gesetzgeber kommt mit ihm einer „zweiten GmbH & Co KG" zuvor. Es bewahrt, noch weiter zugespitzt, originär dem Menschen vorbehaltene Funktionen vor ihrer Preisgabe durch die Spruchpraxis und macht sich dabei auch in der Sache das Anliegen zu eigen, das die Gerichte im Fall der GmbH & Co KG noch übergingen: Zum Schutz des Rechtsverkehrs legt er die Unternehmensleitung in die Hand eines persönlich verantwortlichen Geschäftsleiters. Ihm geht es damit nicht um die Interessen der Gesellschaft und ihrer Aktionäre, sondern die der Allgemeinheit. Und damit ein Anliegen, dass in Korporationen, die zunehmend ohne das Individuum auskommen, nur an Überzeugungskraft gewinnt. Dass der Gesetzgeber die Norm 1965 ins Positive wendet, ist vor diesem Hintergrund nur folgerichtig. Wer heute auf die § 76 III S. 1 AktG, § 6 II S. 1 GmbHG, §§ 27 III, 40 I S. 4 SEAG blickt, muss deshalb echte Menschenvorbehalte erkennen: Regelungen, die nicht negativ die körperschaftliche Rechtsfähigkeit begrenzen, sondern dem Menschen ob seiner Moralität die im Leitungsorgan gebündelten Funktionen positiv zur Wahrnehmung vorbehalten und mit der Legitimität der Organisationsverfassung nicht die Interessen der Gesellschaft, sondern die der Allgemeinheit in den Blick nehmen.

b) Verortet man den Menschenvorbehalt mit diesem Wissen in der korporativen Arbeitsteilung, wird klar: Auch gemessen an seinen Wirkungen lässt sich an ihm festhalten. Zunächst fallen die mit ihm einhergehenden Effizienzeinbußen der Gesellschaft niedriger aus, als erwartet. Einerseits weiß er gegenwärtig noch das gewichtige empirische Argument auf seiner Seite, dass Maschinen den Menschen bislang nur ergänzen, ohne ihn vollumfänglich ersetzen. Die gesetzestypische Kapitalgesellschaft bestellt heute nicht nur deshalb einen menschlichen Geschäftsleiter, weil das Recht dazu verpflichtet, sondern weil die Bestellung einer

Maschine ineffizient wäre. Andererseits steht der Menschenvorbehalt einer umfassenden und flexiblen Automatisierung der Kapitalgesellschaft letztlich nicht im Weg. Auch Funktionen, die das Gesetz dem Geschäftsleiter als unveräußerlich zuweist, lassen sich automatisieren. Im Regelfall formulieren sie in erster Linie technische Anforderungen an die dazu eingesetzten Maschinen: Diese müssen für den Geschäftsleiter noch so vorhersehbar sein, dass er die unternehmerische Verantwortung trägt. Ohne der Automatisierung gravierende Grenzen zu setzen, erfüllt der Menschenvorbehalt in der korporativen Arbeitsteilung dann just die Funktion, die er bezweckt: Er trägt dafür Sorge, dass eine mit rechtlichen Steuerungsanreizen ansprechbare natürliche Person die Pflichten zum Schutz des Rechtsverkehrs dauerhaft und persönlich verantwortet. Wobei sich diese Pflichten künftig zunehmend auf die rechtmäßige Organisation der innerhalb des Unternehmens eingesetzten Maschinen begrenzen.

c) Schließlich lässt sich der Vorbehalt, versteht man ihn wie er einst gemeint war, auch im Wettbewerb der Gesellschaftsrechte verteidigen. Der globale Trend spricht für ihn. Die Zahl der Jurisdiktionen, die sich seiner bedienen, ist in der jüngeren Vergangenheit eher gestiegen als gesunken. Sollte sich dieser Trend künftig umkehren, stehen kollisionsrechtliche Instrumente zur Verteidigung bereit: Einerseits verliert die Sitztheorie gegenüber einer von Maschinen verwalteten Auslandsgesellschaft nicht per se ihre Schärfe. Weil sie nicht am physischen Belegenheitsort, sondern an dem Ort ansetzt, an dem die Geschäftsführung ihre Wirkungen entfaltet, läuft sie auch gegenüber Unternehmen nicht ins Leere, die hierzulande nur mithilfe von Maschinen Wirkungen entfalten, ohne physisch präsent zu sein. Andererseits lässt sich der Vorbehalt in Zukunft, weil es ihm um die Interessen der Allgemeinheit geht, kohärent und europarechtskonform mithilfe einer Sonderanknüpfung irregulär gegen ein regulär zur Anwendung berufenes Gesellschaftsstatut zur Anwendung bringen.

d) Nach all dem lässt sich der Menschenvorbehalt auch dann verteidigen, wenn Maschinen künftig all das tun, was wir tun, nur um ein Vielfaches effizienter: Ihm geht es um den Mensch als Moralinstanz, nicht um Interessen der Gesellschaft und ihrer Gesellschafter, sondern Interessen der Allgemeinheit. Er schützt den Rechtsverkehr, ohne der Automatisierung erhebliche Schranken aufzubauen. Im Regulierungswettbewerb steht er weder beispiel- noch schutzlos da. Und doch kann seine Verteidigung nicht bruchlos gelingen: Zunächst ist der menschliche Geschäftsleiter aus technischer Sicht in eng begrenzten Anwendungskontexten schon heute vollumfänglich ersetzbar. In atypischen Kapitalgesellschaften ist er bald aus der Sicht der Gesellschaft in der Tat nur noch ineffizienter Störfaktor. Ohne dass dies zum Schutz des öffentlichen Rechtsverkehrs stets zwingend geboten wäre. Zumal sich auch im Wettbewerb der Gesellschaftsrechte differenzierteres Vorgeben empfiehlt: Dem Gesetzgeber bietet sich an dieser Stelle die Chance, mit einem innovativen Produkt Unternehmen anzuziehen. Zugleich muss er künftig wohl dem Innovations- und Anpassungsdruck begegnen, der insoweit von ausländischen Rechtsordnungen ausgeht. Vor allem aber, und das ist entscheidend, ist die gesetzliche Wertung, die hinter dem Menschenvorbehalt steht, keine absolute. Schon heute bricht das Gesetz in ausgewählten Fällen mit ihm, um die Effizienz der juristischen Organperson anschlussfähig zu machen. Das steht einem Rechtsprinzip im Weg, wonach mit dem Geschäftsleiter ausschließlich der Mensch gemeint wäre. Und das öffnet auch die Tür für weitere Ausnahmen: Dort, wo Interessen der Allgemeinheit ihn im Regelfall rechtfertigen, kann sich der Menschenvorbehalt mit seinem Anliegen behaupten. Dort, wo die individuelle Verantwortung zum Schutz des Rechtsverkehrs nicht zwingend geboten ist, können künftig in engen Anwendungskontexten von Maschinen verwaltete Korporationen auf den Plan treten. Damit ist ein Auftrag an Rechtsanwender und Rechtsetzer formuliert: Wie bislang gilt es die Korporationen zu identifizieren, für die es auf das ‚Ethische in der Person' nicht ankommt.

5. Insoweit steht zwar nicht die vollständige Überwindung des Menschenvorbehalts bevor, so doch seine *Fragmentierung*: Er bleibt die Regel, aber die Ausnahmen werden zahlreicher.

a) Die rechtliche Herausforderung einer von Maschinen verwalteten Korporation lautet zugespitzt „Haftungsbeschränkung ohne individuelle Verantwortung". Es gilt die zwingenden Belange von Minderheiten und Dritten zu wahren, ohne dabei einen menschlichen Geschäftsleiter oder die Gesellschafter mit entsprechenden Pflichten belasten zu können. Aus diesem Problem leiten sich zugleich die Strukturfragen einer von Maschinen verwalteten Korporation ab: Welche Gesellschaft kommt ohne die persönliche Verantwortung aus? Und wie ist das Fehlen persönlicher Verantwortung zu kompensieren? Einerseits darf zum Schutz des Rechtsverkehrs nicht jede Korporation auf die persönliche Verantwortung eines Geschäftsführers verzichten. Es bedarf die individuelle Verantwortung im Regelfall auch deshalb, weil sie die beschränkte Haftung der Gesellschafter legitimiert. Andererseits ist der Wegfall der individuellen Verantwortung dort, wo die Korporation auf den menschlichen Geschäftsleiter verzichten kann, durch entsprechende Regelungsinstrumente zu kompensieren. Es braucht Ersatz für das Haftungs- und Steuerungspotenzial des menschlichen Geschäftsleiters.

b) Beide Fragen sind uns von der juristischen Organperson letztlich bekannt. Wie in ihrem Fall, gilt es zunächst entscheiden, wann Gesellschaften die Option offenstehen sollte, auf einen menschlichen Geschäftsleiter zu verzichten. Bislang knüpft das deutsche Recht den Verzicht auf den Menschenvorbehalt vor allem an den Verbandszweck. Beschränkt sich dieser nur noch auf die Abwicklung oder liegt er wie im Verein regelmäßig nicht in der Erwirtschaftung eines Gewinns, tritt die juristische Organperson auf den Plan. Für die von Maschinen verwaltete Korporation ist stattdessen in erster Linie am Risikoprofil der Gesellschaft und damit an ihrem Unternehmensgegenstand anzuknüpfen. Das Recht muss die Gegenstände identifizieren, für die es auf die individuelle Verantwortung zum Schutz des Rechtsverkehrs nicht ankommt. Ein risikobasierter und damit gegenstandsbezogener Ansatz entspricht insoweit bewährten Strategien bei der Regulierung Künstlicher Intelligenz.

c) Größere Schwierigkeiten bereitet die Kompensation der persönlichen Verantwortung. Ihr Haftungspotenzial ist durch eine Pflichtversicherung auszugleichen. Gleichwertigen Ersatz für ihr Steuerungspotenzial bieten nur Instrumente, die vor der Geschäftsleiterbestellung entsprechende technische Eigenschaften der Maschinen in Rechnung stellen. Diese Eignungsvoraussetzungen müssen hinreichende Gewähr dafür bieten, dass die eingesetzte Maschine die Rechte von Dritten und Minderheiten wahrt. Angesichts der potenziell verheerenden Schadensrisiken lernender Maschinen sollte die Leitung der Korporation dabei nur solchen Maschinen offenstehen, die nicht rigide ein ihnen explizit programmiertes Ziel optimieren. Dadurch wird durch das algorithmische Modell ein fortlaufender Rückkopplungsprozess mit der Gesellschaft und ihren Gesellschaftern sichergestellt. Zugleich sind je nach Unternehmensgegenstand unterschiedliche Anforderungen an die Robustheit der Maschinen zu fordern. Die so formulierten materiellen Voraussetzungen sollte das Recht vorab im Rahmen der registergerichtlichen Prüfung verifizieren. Zwischen der bloßen Versicherung der Gesellschafter und der staatlichen Erlaubnis im Einzelfall bietet ein Verifikationsverfahren in der Abwägung von Gesellschafter- und Gläubigerinteressen einen interessengerechten Mittelweg. Dadurch ergibt sich ein erstes Modell einer von Maschinen verwalteten Korporation: Gesellschaften dürfen danach nur in engen Anwendungsbereichen auf ihren menschlichen Geschäftsleiter verzichten, namentlich dort, wo aufgrund ihres begrenzten Unternehmensgegenstands keine erheblichen Drittrisiken bestehen. Sie müssen zu diesem Zweck eine Pflichtversicherung abschließen. Die eingesetzten Maschinen müssen in Ungewissheit über die finalen Ziele der Gesellschaft und hinreichend robust agieren. Beides ist vor der Bestellung der Maschine mithilfe von Verifizierungsalgorithmen im Rahmen des registergerichtlichen Verfahrens zu prüfen.

d) Schon heute tun sich einer ‚selbstfahrenden Korporation' dabei Experimentierräume auf. Die Gesellschafter der GmbH können nach § 52 I GmbHG jedenfalls auf die individuelle Verantwortung der Mitglieder fakultativer Organe verzichten. Die Funktionen des fakultativen Aufsichtsrats lassen sich im Gesellschaftsvertrag auch Maschinen zuweisen. Die Möglichkeit, Maschinen schon heute die Leitung der Korporation zu übertragen, bietet sich de lege lata etwa im Investmentrecht. Hier lässt das KAGB der BaFin als Auslegungs- und Konkretisierungsinstanz bewusst Raum, um den Rechtsrahmen weiterzuentwickeln. Sie kann Gesellschaften im engen Anwendungsbereich des KAGB gestatten, auf einen menschlichen Geschäftsleiter zu verzichten. Einerseits ist der Unternehmensgegenstand der Investmentaktiengesellschaft begrenzt. Andererseits kompensiert die behördliche Aufsicht der BaFin den Wegfall der persönlichen Verantwortung. Der Gesetzgeber selbst sollte das Mittel der Experimentalgesetzgebung nutzen, um früh erste Erfahrungen mit von Maschinen verwalteten Gesellschaften zu sammeln. Raum dafür bietet sich ihm vor allem im Konzern. Auf den Plan treten könnten zunächst von Maschinen verwaltete Tochtergesellschaften, die autonome Systeme betreiben.

Literaturverzeichnis

Ackermann, Rolf, Pfadabhängigkeit, Institutionen und Regelreform, Tübingen, 2001.

Alexy, Robert, Theorie der Grundrechte, Frankfurt a.M., 1985.

Allen, Tom/Widdison, Robin, Can computer make contracts?, Harv. J. L. Tec. 9 (1996) 25 ff.

Altmeppen, Holger, Gesetz betreffend die Gesellschaften mit beschränkter Haftung: GmbHG, 10. Aufl., München 2021.

ders., Die Einflussrechte der Gemeindeorgane in einer kommunalen GmbH, NJW 2003, 2562 ff.

ders., Haftung der Geschäftsleiter einer Kapitalgesellschaft für Verletzung von Verkehrssicherungspflichten, ZIP 1995, 881 ff.

Amodei, Dario/Olah, Chris/Steinhardt, Jacob/Christiano, Paul/Schulman, John/Mané, Dan, Concrete Problems in AI Safety, arXiv:1606.06565, 2016 (https://doi.org/10.48550/arXiv.1606.06565).

Arbeitskreis GmbH-Reform (Hrsg.), Thesen und Vorschläge zur GmbH-Reform, Heidelberg, 1971.

Armour, John/Eidenmüller, Horst, Self-Driving Corporations?, Harv. Bus. L. Rev. 10 (2020) 87 ff.

dies., Selbstfahrende Kapitalgesellschaften?, ZHR 183 (2019) 169 ff.

Ashmore, Rob/Calinescu, Radu/Paterson, Colin, Assuring the Machine Learning Lifecycle: Desiderata, Methods, and Challenges, ACM Comput. Surv. 54 (2021) 111 ff.

Askell, Amanda/Brundage, Miles/Hadfield, Gillian, The Role of Cooperation in Responsible AI Development, arXiv:1907.04534, 2019 (https://doi.org/10.48550/arXiv.1907.04534).

Assmann, Heinz-Dieter/Wallach, Edgar/Zetzsche, Dirk (Hrsg.), Kapitalanlagegesetzbuch: KAGB, Köln, 2019 (zitiert als Assmann/Wallach/Zetzsche/*Bearbeiter*, KAGB).

Avin, Shahar/Belfield, Haydn/Brundage, Miles/Krueger, Gretchen/Wang, Jasmine/Weller, Adrian/Anderljung, Markus/Krawczuk, Igor/Krueger, David/Lebensold, Jonathan/Maharaj, Tegan/Zilberman, Noa, Filling gaps in trustworthy development of AI, Science 374 (2021) 1327 ff.

Bachmann, Gregor, Weisungsbindung der Aufsichtsratsmitglieder in der nicht mitbestimmten GmbH, in Grunewald, Barbara/Tielmann, Jörgen/Koch, Jens (Hrsg.), Festschrift für Eberhard Vetter zum 70. Geburtstag, Köln, 2019, S. 15 ff.

ders., Was ist eine „rechtsfähige Personengesellschaft"? – Ein Rätsel und seine Lösung, in Boele-Woelki, Katharina/Faust, Florian/Jacobs, Matthias/Kuntz, Thilo/Röthel, Anne/Thorn, Karsten/Weitemeyer, Birgit (Hrsg.), Festschrift für Karsten Schmidt zum 80. Geburtstag, Band I, München, 2019, S. 49 ff.

ders., Das „vernünftige" Vorstandsmitglied – Zum richtigen Verständnis der deutschen Business Judgment Rule (§ 93 Abs. 1 Satz 2 AktG), in Habersack, Mathias/Huber, Karl/Spindler, Gerald (Hrsg.), Festschrift für Eberhard Stilz zum 65. Geburtstag, München, 2014, S. 25 ff.

ders., Reform der Organhaftung? – Materielles Haftungsrecht und seine Durchsetzung in privaten und öffentlichen Unternehmen, Gutachten E zum 70. Deutschen Juristentag Hannover 2014, in DJT (Hrsg.), Verhandlungen des 70. Deutschen Juristentages • Hannover 2014, Band I, München, 2014.

ders., Reformbedarf bei der Business Judgement Rule?, ZHR 177 (2013) 1 ff.

ders., Reinier Kraakman/John Armour/Paul Davies/Luca Enriques/Henry B. Hansmann/Gérard Hertig/Klaus J. Hopt/Hideki Kanda/Edward B. Rock, The Anatomy of Corporate Law – A Comparative and Functional Approach, ZHR 174 (2010) 486 ff.

ders., Optionsmodelle im Privatrecht, JZ 2008, 11 ff.

ders., Möglichkeiten und Grenzen einer bürgerlich-rechtlichen Informationshaftung, in Bachmann, Gregor/Casper, Matthias/Schäfer, Carsten/Veil, Rüdiger (Hrsg.), Steuerungsfunktionen des Haftungsrechts im Gesellschafts- und Kapitalmarktrecht, 2007, S. 93 ff.

ders., Private Ordnung. Grundlagen ziviler Regelsetzung, Tübingen, 2006.

Bachmann, Gregor/Eidenmüller, Horst/Engert, Andreas/Fleischer, Holger/Schön, Wolfgang, Rechtsregeln für die geschlossene Kapitalgesellschaft, Berlin, 2012.

Bachmann, Werner, Verbot oder Reform der GmbH?, Der deutsche Volkswirt 1935, 1120 ff.

Bahrenfuss, Dirk, Die Entstehung des Aktiengesetzes von 1965, Berlin, 2001.

Bainbridge, Stephen M./Henderson, M. Todd, Boards-R-Us: Reconceptualizing Corporate Boards, Stan. L. Rev. 66 (2014) 1051 ff.

Bainbridge, Stephen M./Henderson, M. Todd, Outsourcing the Board, Cambridge, 2019.

dies., Limited Liability: A Legal and Economic Analysis, 2016.

Balkin, Jack B., The Path of Robotics Law, Cal. L. Rev. Cir. 6 (2015) 45 ff.

Bartels, Klaus, Zuzug ausländischer Kapitalgesellschaften unter der Sitztheorie, ZHR 176 (2012) 412 ff.

Bauer, Frank/Großerichter, Helge, Zur Durchsetzung deutscher Bestellungshindernisse von Geschäftsleitern gegenüber ausländischen Gesellschaften, NZG 2008, 253 ff.

Bauer, Josef, Geschäftsführung und Aufsichtsrat bei Gesellschaften mit beschränkter Haftung, 2. Aufl., Leipzig, 1900.

Baum, Marcus, Die Wissenszurechnung, Berlin, 1999.

Baur, Jürgen/Tappen, Falko/Mehrkhah, Elnaz/Behme, Caspar (Hrsg.), Investmentgesetze, Band 2 §§ 91 – 213 KAGB, 4. Aufl., Berlin, 2019 (zitiert als GroßKommInvestmentgesetze/*Bearbeiter*).

Bayer, Walter/Engelke, Sylvia, Die Revision des Aktienrechts durch das Aktiengesetz von 1937, in Bayer, Walter/Habersack, Mathias (Hrsg.), Aktienrecht im Wandel, Band I, Tübingen, 2007, S. 619 ff.

Bayern, Shawn, Are Autonomous Entities Possible?, Nw. U. L. Rev. 114 (2019) 23 ff.

ders., The implications of modern business-entity law for the regulation of autonomous systems, Eur. J. Risk Regul. 7 (2016) 297 ff.

ders., The implications of modern business-entity law for the regulation of autonomous systems, Stan. Tech. L. Rev. 19 (2015) 93 ff.

ders., Of Bitcoins, Independently Wealthy Software, and the Zero-Member LLC, Nw. U. L. Rev. 108 (2014) 1485 ff.

Bayern, Shawn/Burri, Thomas/Grant, Thomas D./Häusermann, Daniel M./Möslein, Florian/Williams, Richard, Gesellschaftsrecht und autonome Systeme im Rechtsvergleich, AJP/PJA 2017, 192 ff.

dies., Company Law and Autonomous Systems: A Blueprint for Lawyers, Entrepreneurs, and Regulators, Hastings Sci. & Tech. L. J. 9 (2017) 133 ff.

Bebchuk, Lucian A./Roe, Mark J., A Theory of Path Dependence in Corporate Ownership and Governance, Stan. L. Rev. 52 (1999) 127 ff.

beck-online. Grosskommentar zum Aktienrecht, hrsg. v. Henssler, Martin, Stand: 1.1.2023 (zitiert als BeckOGKAktG/*Bearbeiter*).

Beck, Susanne, Über Sinn und Unsinn von Statusfragen – zu Vor- und Nachteilen der Einführung einer elektronischen Person, in Günther, Jan-Philipp/Hilgendorf, Eric (Hrsg.), Robotik und Gesetzgebung, Baden-Baden, 2013, S. 239 ff.

Beck'scher Online-Kommentar GmbH, hrsg. v. Ziemons, Hildegard/Jaeger, Carsten/Pöschke, Moritz, 52. Edition, 1.6.2022 (zitiert als BeckOKGmbHG/*Bearbeiter*).

Beck'scher Online-Kommentar BGB, hrsg. v. Hau, Wolfgang/Poseck, Roman, 68. Edition, 2023 (zitiert als BeckOKBGB/*Bearbeiter*).

Becker, Marcus/Pordzik, Philipp, Digitalisierte Unternehmensführung, ZfPW 2020, 334 ff.

Behme, Casper, Die Gesellschaft mit persönlicher Gesellschafterhaftung als Rechtsformtyp, Tübingen, 2022.

Behrend, Jakob Friedrich, Lehrbuch des Handelsrechts, Band 2, 2. Aufl., Berlin, 1896.

Behrens, Peter, Niederlassungsfreiheit und Internationales Gesellschaftsrecht, RabelsZ 52 (1988) 498 ff.

Bergmann, Andreas, Die fremdorganschaftlich verfasste offene Handelsgesellschaft, Kommanditgesellschaft und BGB-Gesellschaft als Problem des allgemeinen Verbandsrechts, Berlin, 2002.

Bergmann, Hans, Aktienrecht und Führerprinzip, DJZ 1934, 371 ff.

Berle, Adolf A., The Corporation in a Democratic Society, in Anshen, Melvin/Bach, George L. (Hrsg.), Management and corporations 1985: a symposium held on the occasion of the 10. anniversary of the Graduate School of Industrial Administration, Carnegie Inst. of Technology, 1960, 1960, S. 63 ff.

ders., Corporate Powers as Powers in Trust, Harv. L. Rev. 44 (1931) 1049 ff.

Berle, Adolf A./Means, Gardiner, The Modern Corporation and Private Property, New York, 1932.

Berman, Saul/Dalzell-Payne, Philip, The interaction of strategy and technology in an era of business re-invention, Strategy & Leadership 46 (2018) 10 ff.

Beuthien, Volker (Hrsg.), Genossenschaftsgesetz, 16. Aufl., München, 2018.

ders., Zur Funktion und Verantwortung juristischer Personen im Privatrecht, JZ 2011, 124 ff.

ders., Zur Theorie der Stellvertretung im Gesellschaftsrecht, in Lieb, Manfred/Noack, Ulrich/Westermann, Harm Peter (Hrsg.), Festschrift für Wolfgang Zöllner zum 70. Geburtstag, Band I, Köln, 1999, S. 87 ff.

Beuthien, Volker/Gätsch, Andreas, Vereinsautonomie und Satzungsrechte Dritter, ZHR 156 (1992) 460 ff.

Beuthien, Volker/Hüsken, Ulrich/Aschermann, Rolf (Hrsg.), Materialien zum Genossenschaftsgesetz, Parlamentarische Materialien (1866–1922), Band 2, Göttingen, 1989.

Bhatt, Umang, Xiang, Alice/Sharma, Shubham/Weller, Adrian/Taly, Ankur/Jia, Yunhan/Ghosh, Joydeep/Puri, Ruchir/Moura, José M. F./Eckersley, Peter, Explainable Machine Learning in Deployment, arXiv:1909.06342, 2020 (https://doi.org/10.48550/arXiv.1909.06342).

Binder, Jens-Hinrich, Gesetzliche Form, Formnichtigkeit und Blankett im bürgerlichen Recht, AcP 207 (2007) 155 ff.

Birkenbihl, Ferdinand, Das Reichsgesetz betreffend die Gesellschaften mit beschränkter Haftung, Berlin, 1893.

Birkhold, Sonja Barbara, Die Grenzen der Gestaltungsfreiheit bei der Einrichtung eines fakultativen Aufsichtsrats, Berlin, 2020.

Black, Julia/Baldwin, Robert, Really Responsive Risk-Based Regulation, Law & Policy 32 (2010) 181 ff.

Bomhard, David/Merkle, Marieke, Europäische KI-Verordnung, RDi 2021, 276 ff.

Bondi, Felix, Kann eine Handelsgesellschaft oder eine juristische Person des bürgerlichen oder des öffentlichen Rechts Handlungsbevollmächtigter, Handlungsagent und dergl. sein oder andere Vertreter- und Vertrauensstellungen, wie Liquidator, Testamentsvollstrecker, Konkursverwalter und dergl. einnehmen?, ZBH 1929, 34.

Bork, Reinhard/Schäfer, Karsten (Hrsg.), GmbHG, 4. Aufl., Köln, 2019.

Bostrom, Nick, Superintelligence: Paths, Dangers, Strategies, Frankfurt a.M., 2014.

Boucourechliev, Jeanne/Hommelhoff, Peter, Vorschläge für eine Europäische Privatgesellschaft, Köln, 1999.

Brand, Arthur, Das HGB mit Ausschluß des Seerechts, Berlin, 1911.

Brand, Marco, Der Organbesitz, Tübingen, 2015.

Brandes, Stephan M., Juristische Personen als Geschäftsführer der Europäischen Privatgesellschaft, Baden-Baden, 2003.

Bratton, William W., Berle and Means Reconsidered at the Century's Turn, J. Corp. L. 26 (2001) 737 ff.

Bredol, Martin, Die Rechtsstellung der Abwickler einer Aktiengesellschaft, Baden-Baden, 2010.

Brinz, Alois von, Lehrbuch der Pandekten, Band 1, 2. Aufl. 1873.

Brock, David C., Learning from Artificial Intelligence's Previous Awakenings: The History of Expert Systems, AI Magazine 39 (2018) 3 ff.

Brodmann, Erich, Anmerkung zu KG vom 26.09.1929, JW 1930, 1140 ff.

ders., Gesetz, betreffend die Gesellschaften mit beschränkter Haftung, 2. Aufl., Berlin, 1930.

ders., Aktienrecht. Kommentar, Berlin, 1928.

ders., Noch einmal und zum letztenmal die GmbH & Co., JW 1923, 683 ff.

ders., Gesellschaft m.b.H. und Compagnie. Ein Epilog, JW 1922, 1656 ff.

Brown, Noam/Sandholm, Tuomas, Superhuman AI for heads-up no-limit poker: Libratus beats top professionals, Science 359 (2018) 418 ff.

Brown, Tom B./Mann, Benjamin/Ryder, Nick/Subbiah, Melanie/Kaplan, Jared/Dhariwal, Prafulla/Neelakantan, Arvind/Shyam, Pranav/Sastry, Girish/Askell, Amanda/Agarwal, Sandhini/Herbert-Voss, Ariel/Krueger, Gretchen/Henighan, Tom/Child, Rewon/Ramesh, Aditya/Ziegler, Daniel M./Wu, Jeffrey/Winter, Clemens/Hesse, Christopher/Chen, Mark/Sigler, Eric/Litwin, Mateusz/Gray, Scott/Chess, Benjamin/Clark, Jack/Berner, Christopher/McCandlish, Sam/Radford, Alec/Sutskever, Ilya/Amodei, Dario, Language Models are Few-Shot Learners, arXiv:2005.14165, 2020 (https://doi.org/10.48550/arXiv.2005.14165).

Brownsword, Roger, Law, Technology and Society, New York, 2019.

ders., Rights, Regulation, and the Technological Revolution, Oxford, 2008.

Brüggemeier, Gert, Organisationshaftung: Deliktsrechtliche Aspekte innerorganisatorischer Funktionsdifferenzierung, AcP 191 (1991) 33 ff.

*Brundage, Miles/Avin, Shahar/Wang, Jasmine/Belfield, Haydn/Krueger, Gretchen/Hadfield, Gillian/Khlaaf, Heidy/Yang, Jingying/Toner, Helen/Fong, Ruth/Maharaj, Tegan/Wei Koh, Pang/Hooker, Sara/Leung, Jade/Trask, Andrew/Bluemke, Emma/Lebensold, Jonathan/O'Keefe, Cullen/Koren, Mark/Ryffel, Théo/Rubinovitz, JB/Besiroglu, Tamay/Carugati, Federica/Clark, Jack/Eckersley, Peter/de Haas, Sarah/Johnson, Maritza/Laurie,

Ben/Ingerman, Alex/Krawczuk, Igor/Askell, Amanda/Cammarota, Rosario/Lohn, Andrew/Krueger, David/Stix, Charlotte/Henderson, Peter/Graham, Logan/Prunkl, Carina/Martin, Bianca/Seger, Elizabeth/Zilberman, Noa/Ó hÉigeartaigh, Seán/Kroeger, Frens/Sastry, Girish/Kagan, Rebecca/Weller, Adrian/Tse, Brian/Barnes, Elizabeth/Dafoe, Allan/Scharre, Paul/Herbert-Voss, Ariel/Rasser, Martijn/Sodhani, Shagun/Flynn, Carrick/Krendl Gilbert, Thomas/Dyer, Lisa/Khan, Saif/Bengio, Yoshua/Anderljung, Markus, Toward Trustworthy AI Development: Mechanisms for Supporting Verifiable Claims, arXiv:2004.07213, 2020 (https://doi.org/10.48550/arXiv.2004.07213).

Bruner, Christopher M., Distributed Ledgers, Artificial Intelligence and the Purpose of the Corporation, Camb. Law J. 79 (2020) 431 ff.

Brynjolfsson, Erik/Mitchell, Tom, What can machine learning do? Workforce implications, Science 358 (2017) 1530 ff.

Bryson, Joanna J., Cross-paradigm analysis of autonomous agent architecture, J. Expt. Theor. Artif. Intell. 12 (2000) 165 ff.

Bryson, Joanna J./Diamantis, Mihailis E./Grant, Thomas D., Of, for, and by the people: the legal lacuna of synthetic persons, Artif Intell Law 25 (2017) 273 ff.

Buck, Petra, Wissen und juristische Person: Wissenszurechnung und Herausbildung zivilrechtlicher Organisationspflichten, Tübingen, 2001.

Burri, Thomas, Free movement of algorithms: artificially intelligent persons conquer the European Union's internal market, in Barfield, Woodrow/Pagallo, Ugo (Hrsg.), Research Handbook of Artificial Intelligence Law, S. 537 ff.

Cahn, Adolf, Der Aufsichtsrat der Aktiengesellschaft, Berlin, 1907.

Calabresi, Guido, A Common Law for the Age of Statutes, Cambridge, 1982.

Calabro, Claudio, Künstliche Intelligenz und Corporate Governance, Berlin, 2023.

Calo, Ryan, Artificial Intelligence Policy: A Primer and Roadmap, UC Davis Law Rev. 51 (2017) 399 ff.

Canaris, Claus-Wilhelm, Die Übertragung des Regelungsmodells der §§ 125–130 HGB auf die Gesellschaft bürgerlichen Rechts als unzulässige Rechtsfortbildung contra legem, ZGR 2004, 69 ff.

ders., Die Feststellung von Lücken im Gesetz, 2. Aufl., Berlin, 1983.

ders., Die Vertrauenshaftung im deutschen Privatrecht, München, 1971.

ders., Systemdenken und Systembegriff in der Jurisprudenz, entwickelt am Beispiel des deutschen Privatrechts, Berlin, 1969.

Carlini, Nicholas/Wagner, David, Towards Evaluating the Robustness of Neural Networks, arXiv:1608.04644, 2016 (https://doi.org/10.48550/arXiv.1608.04644).

Carter, Ruth B./Marchant, Gary E., Principles-Based Regulation and Emerging Technology, in Marchant, Gary E. Allenby, Braden R. Herkert, Joseph R. (Hrsg.), The growing gap between emerging technologies and legal-ethical oversight: The pacing problem, Dordrecht, 2011, S. 157 ff.

Cave, Stephen/Ó hÉigeartaigh, Seán, Bridging near- and long-term concerns about AI, Nat. Mach. Intell. 1 (2019) 5 ff.

Cheffins, Bryan R., Company Law, Oxford, 1997.

Chollet, François, On the Measure of Intelligence, arXiv:1911.01547, 2019 (https://doi.org/10.48550/arXiv.1911.01547).

Chopra, Samir/White, Laurence F., A Legal Theory for Autonomous Artificial Agents, Michigan, 2011.

Christian, Brian, The Alignment Problem, New York, 2020.

Cihon, Peter, Standards for AI Governance: International Standards to Enable Global Coordination in AI Research & Development, 2019.

Cihon, Peter/Schuett, Jonas/Baum, Seth D., Corporate Governance of Artificial Intelligence in the Public Interest, Information 12 (2021) 275 ff.

Coeckelbergh, Mark, Towards a Social-Relational Justification of Moral Consideration, Ethics and Information Technology 12 (2010) 209 ff.

Cohen, Jeremy M./Rosenfeld, Elan/Kolter, J. Zico, Certified Adversarial Robustness via Randomized Smoothing, arXiv:1902.02918, 2019 (https://doi.org/10.48550/arXiv.1902.02918).

Cohen, Michael Maxim, Organbesitz und Organgewahrsam, Berlin, 2016.

Constantiou, Ioanna/Kallinikos, Jannis, New Games, New Rules: Big Data and the Changing Context of Strategy, J. Inf. Technol. 30 (2015) 44 ff.

Corea, Francesco, An Introduction to Data Everything You Need to Know About AI, Big Data and Data Science, 2019.

Cornelius, Kai, Vertragsabschluss durch autonome elektronische Agenten, MMR 2002, 353 ff.

Dacey, Mike, Anthropomorphism as Cognitive Bias, Philos. Sci. 84 (2017) 1152 ff.

Damler, Daniel, Konzern und Moderne, Frankfurt a.M., 2016.

ders., Rechtsästhetik, Berlin, 2016.

Dan-Cohen, Meir, Rights, Persons, and Organizations, Berkeley, 1986.

Danielcik, Hans Peter, Aktiengesetz, Gesetz über Aktiengesellschaften und Kommanditgesellschaften auf Aktien nebst Einführungsgesetz und Nebengesetzen, Berlin, 1937.

Davenport, Thomas H./Mahidhar, Vikram, What's Your Cognitive Strategy?, MIT Sloan Manag Rev 59 (2018) 19 ff.

de Gregorio, Giovanni/Dunn, Pietro, The european risk-based approaches: connecting constitutional dots in the digital age, Common Mark. Law Rev. 59 (2022) 473 ff.

de la Durantaye, Katharina, Erklärung und Wille, Tübingen, 2020.

Dennett, Daniel, The Intentional Stance, Cambridge, 1987.

Dietrich, Klemens, Juristische Personen: insbesondere Aktiengesellschaften als Mitglieder des Aufsichtsrats einer Aktiengesellschaft, Heidelberg, 1911.

Dietvorst, Berkeley J./Simmons, Joseph P./Massey, Cade, Algorithm aversion: people erroneously avoid algorithms after seeing them err, J. Exp. Psychol. Gen. 144 (2015) 114 ff.

Dodd, Merrick, For Whom are Corporate Managers Trustees?, Harv. L. Rev. 45 (1932) 1145 ff.

Doralt, Walter, Langzeitverträge, Tübingen, 2018.

Doshi-Velez, Finale/Kim, Been, Towards A Rigorous Science of Interpretable Machine Learning, arXiv:1702.08608, 2017 (https://doi.org/10.48550/arXiv.1702.08608).

Dreher, Meinrad, Nicht delegierbare Geschäftsleiterpflichten, in Grundmann, Stefan/Haar, Brigitte/Merkt, Hanno/Mülbert, Peter O./Wellenhofer, Marina u.a. (Hrsg.), Festschrift für Klaus J. Hopt zum 70. Geburtstag am 24. August 2010, 2010, S. 517 ff.

Dworkin, Ronald, Taking Rights Seriously, Cambridge, 1977.

Easterbrook, Frank H./Fishel, Daniel R., The Economic Structure of Corporate Law, Cambridge, 1996.

Ebenroth, Carsten Thomas/Kemner, Matthew J./Willburger, Andreas, Die Auswirkungen des genuine-link-Grundsatzes auf die Anerkennung US-amerikanischer Gesellschaften in Deutschland, eine Besprechung des Urteils des OLG Düsseldorf vom 15.12.1994, ZIP 1995, 972 ff.

Ebers, Martin, Regulating AI and Robotics: Ethical and Legal Challenges, in Ebers, Martin/Navas, Susana (Hrsg.), Algorithms and Law, 2020, S. 37 ff.

Ebers, Martin/Hoch, Veronica R. S./Rosenkranz, Frank/Ruschemeier, Hanna/Steinrötter, Björn, Der Entwurf für eine EU-KI-Verordnung: Richtige Richtung mit Optimierungsbedarf, RDi 2021, 528 ff.

Ecoffet, Adrien/Clune, Jeff/Lehman, Joel, Open Questions in Creating Safe Open-ended AI: Tensions Between Control and Creativity, arXiv:2006.07495, 2020 (https://doi.org/10.48550/arXiv.2006.07495).

Eidenmüller, Horst, Machine Performance and Human Failure: How Shall We Regulate Autonomous Machines?, J. Bus. & Tech. L. 15 (2019) 109 ff.

ders., The Rise of Robots and the Law of Humans, ZEuP 2017, 765 ff.

ders., Effizienz als Rechtsprinzip, 4. Aufl., Tübingen, 2015.

Eidenmüller, Horst/Rehberg, Markus, Umgehung von Gewerbeverboten mittels Auslandsgesellschaften, NJW 2008, 28 ff.

Eltzbacher, Paul, Offene Handelsgesellschaft und Aktiengesellschaft als Theilnehmerinnen einer offenen Handelsgesellschaft, ZHR 45 (1896) 40 ff.

Enriques, Luca/Zetzsche, Dirk, Corporate Technologies and the Tech Nirvana Fallacy, European Corporate Governance Institute – Law Working Paper No. 457/2019.

Ensthaler, Jürgen/Füller, Jens Thomas/Schmidt, Burkhard (Hrsg.), Kommentar zum GmbH-Gesetz, 2. Aufl. 2009.

Erel, Isil/Ster, Léa/Ta, Chenhao/Weisbach, Michael S., Selecting Directors Using Machine Learning, ECGI Finance Working Paper 605/2019.

Esser, Josef, Grundsatz und Norm in der richterlichen Fortbildung des Privatrechts, Tübingen, 1956.

Esser, Robert, Das Reichsgesetz betreffend die Gesellschaften mit beschränkter Haftung vom 20. April 1892 in der am 1. Januar 1900 in Kraft getretenen neuen Fassung, 4. Aufl., Berlin, 1908.

Esser, Robert/Esser, Ferdinand, Die Aktiengesellschaft nach den Vorschriften des Handelsgesetzbuchs vom 10. Mai 1897, Berlin, 1907.

Everett, Michael/Lutjens, Bjorn/How, Jonathan P., Certifiable Robustness to Adversarial State Uncertainty in Deep Reinforcement Learning, arXiv:2004.06496, 2020 (https://doi.org/10.48550/arXiv.2004.06496).

Fabricius, Fritz, Relativität der Rechtsfähigkeit, München, 1963.

Feine, Hans Erich, Die Gesellschaft mit beschränkter Haftung, in Ehrenberg, Victor (Hrsg.), Handbuch des gesamten Handelsrechts, 3. Band, Leipzig, 1929.

Fenwick, Mark D./Kaal, Wulf A./Vermeulen, Erik P. M., Regulation Tomorrow: What Happens When Technology Is Faster than the Law?, Am. Univ. Bus. L. Rev. 6 (2017) 561 ff.

Fenwick, Mark D./Vermeulen, Erik P. M., The End of the Corporation, European Corporate Governance Institute – Law Working Paper No. 482/2019.

Finlayson, Samuel G./Bowers, John D./Ito, Joichi/Zittrain, Jonathan L./Beam, Andrew L./Kohane, Isaac S., Adversarial attacks on medical machine learning, Science 363 (2019) 1287 ff.

Fischer, Curt Eduard, Das Schicksal der GmbH – Ein Hauptproblem der Gesellschaftsrechtsreform, ZfB 1937, 172 ff.

Fischer, Rudolf, Die Aktiengesellschaft, in Ehrenberg, Victor (Hrsg.), Handbuch des gesamten Handelsrechts, 3. Band, Leipzig, 1929.

Fischer, Stephan, Die Business Judgment Rule als typübergreifendes Institut, Berlin, 2018.

Fjeld, Jessica/Achten, Nele/Hilligoss, Hannah/Nagy, Adam/Srikumar, Madhulika, Principled artificial intelligence: Mapping consensus in ethical and rights-based approaches to principles for AI, 2020.

Flaßhoff, Fabian Eike, Die Beweislastverteilung bei der Organhaftung Zur Reichweite der Beweislastregel § 93 Abs. 2 Satz 2 AktG und der Business Judgment Rule als „presumption" deutscher Bauart, Tübingen, 2022.

Fleckner, Andreas M., Antike Kapitalvereinigungen, Köln, 2010.

Fleischer, Holger, Idiosynkrasien im deutschen Personengesellschaftsrecht: Allmähliche Erosion oder erfolgreiche Exportartikel?, NZG 2020, 601 ff.

ders., Kautelarpraxis und Privatrecht: Grundfragen und gesellschaftsrechtliche Illustrationen, RabelsZ 82 (2018) 239 ff.

ders., Corporate Social Responsibility, AG 2017, 509 ff.

ders., Supranationale Gesellschaftsformen in der Europäischen Union, ZHR 174 (2010) 385 ff.

ders., Zur Unveräußerlichkeit der Leitungsmacht im deutschen, englischen und US-amerikanischen Aktienrecht, in Grundmann, Stefan/Kirchner, Christian/Raiser, Thomas/Schwintowski, Hans-Peter/M. Weber, Martin/Windbichler, Christine (Hrsg.), Unternehmensrecht zu Beginn des 21. Jahrhunderts. Festschrift für Eberhard Schwark zum 70. Geburtstag, München, 2009, S. 137 ff.

ders., Vertrauen von Geschäftsleitern und Aufsichtsratsmitgliedern auf Informationen Dritter, ZIP 2009, 1397 ff.

ders., Kompetenzen der Hauptversammlung – eine rechtsgeschichtliche, rechtsdogmatische und rechtsvergleichende Bestandsaufnahme, in Bayer, Walter/Habersack, Mathias (Hrsg.), Aktienrecht im Wandel, Band II, 2007, S. 430 ff.

ders., Zur Privatsphäre von GmbH-Geschäftsführern und Vorstandsmitgliedern: Organpflichten, organschaftliche Zurechnung und private Umstände, NJW 2006, 3239 ff.

ders., Juristische Personen als Organmitglieder im Europäischen Gesellschaftsrecht, RIW 2004, 16 ff.

ders., Der Einfluß der Societas Europaea auf die Dogmatik des deutschen Gesellschaftsrechts, AcP 204 (2004) 502 ff.

ders., Zur Leitungsaufgabe des Vorstands im Aktienrecht, ZIP 2003, 1 ff.

ders., Unternehmensspenden und Leitungsermessen des Vorstandes im Aktienrecht, AG 2001, 171 ff.

Fleischer, Holger/Wansleben, Till, Portlandzementfabrik GmbH & Co. KG – BayObLGZ 13 (1913), 69, in Fleischer, Holger/Thiessen, Jan (Hrsg.), Gesellschaftsrechts-Geschichten, 2018, S. 27 ff.

Fleischer, Holger/Wedemann, Frauke, Kodifikation und Derogation von Richterrecht, AcP 209 (2009) 597 ff.

Fleischer, Holger/Zimmer, Daniel, Effizienzorientierung im Handels- und Wirtschaftsrecht – Einführung und Überblick, in Fleischer, Holger/Zimmer, Daniel (Hrsg.), Effizienz als Regelungsziel im Handels- und Wirtschaftsrecht, Frankfurt a.M., 2008, S. 9 ff.

Floridi, Luciano, The European Legislation on AI: a Brief Analysis of its Philosophical Approach, Philosophy & Technology 34 (2021) 215 ff.

ders., Translating Principles into Practices of Digital Ethics: Five Risks of Being Unethical, Philosophy & Technology 32 (2019) 1 ff.

ders., The Fourth Revolution, Oxford, 2017.

ders., Digital's Cleaving Power and Its Consequences, Philos. Technol. 30 (2017) 123 ff.

ders., Big Data and Their Epistemological Challenge, Philos. Technol. 25 (2012) 435 ff.

ders., The Philosophy of Information, Oxford, 2011.

ders., The Method of Levels of Abstraction, Minds and Machines 18 (2008) 303 ff.

Floridi, Luciano/Sanders, John W., On the Morality of Artificial Agents, Minds and Machines 14 (2004) 349 ff.

Flume, Werner, Allgemeiner Teil des Bürgerlichen Rechts, Band 1, Teil 2, Die juristische Person, Berlin, 1983.
ders., Allgemeiner Teil des Bürgerlichen Rechts, Band 1, Teil 1, Die Personengesellschaft, Berlin, 1977.
ders., Die Gesamthand als Besitzer, in Bernhardt, Wolfgang/Hefermehl, Wolfgang/Schilling, Wolfgang (Hrsg.), Freundesgabe für Hans Hengeler zum 70. Geburtstag am 1. Februar 1972, Berlin, 1972, S. 76 ff.
Foerster, Max, Automatisierung und Verantwortung im Zivilrecht, ZfPW 2019, 418 ff.
Förster, Michael, Jurist im Dienst des Unrechts, Leben und Werk des ehemaligen Staatssekretärs im Reichsjustizministerium, Franz Schlegelberger, Baden-Baden, 1995.
Förtsch, Richard, Gesetz, betreffend die Gesellschaften mit beschränkter Haftung, in der am 1. Januar in Wirksamkeit tretenden Fassung, 2. Aufl., Leipzig, 1899.
Frankenburger, Heinrich, Handelsgesetzbuch für das Deutsche Reich (mit Ausnahme des Seerechts), 4. Aufl., Berlin, 1914.
Freitag, Robert, Die „Investmentkommanditgesellschaft" nach dem Regierungsentwurf für ein Kapitalanlagegesetzbuch, NZG 2013, 329 ff.
Freitag, Robert/Korch, Stefan, Die Angemessenheit der Information im Rahmen der Business Judgment Rule (§ 93 Abs. 1 Satz 2 AktG), ZIP 2012, 2281 ff.
Freund, Stefan, Pflichtverletzung und Verschulden in der Organhaftung, NZG 2022, 297 ff.
Fuchs, Thomas, Verteidigung des Menschen, Frankfurt a.M., 2021.
Fürst, Zur Wahl von juristischen Personen in den Aufsichtsrat, LZ 1908, 365 ff.
Gabriel, Iason, Artificial Intelligence, Values, and Alignment, Minds and Machines 30 (2020) 411 ff.
Gadow, Wilhelm/Heinichen, Eduard/Schmidt, Eberhard/Schmidt, Walther/Weipert, Otto (Hrsg.), Gadow/Heinichen, Aktiengesetz, Berlin, 1939.
Gareis, Carl/Fuchsberger, Otto, Das Allgemeine Deutsche Handelsgesetzbuch, Berlin, 1891.
Gehrlein, Markus, Leitung einer juristischen Person durch juristische Person?, NZG 2016, 566 ff.
Geßler, Ernst, Vorstand und Aufsichtsrat im neuen Aktiengesetz, JW 1937, 497 ff.
Ghasemaghaei, Maryam/Ebrahimi, Sepideh/Hassanein, Khaled, Data analytics competency for improving firm decision making performance, J. Strateg. Inf. Syst. 27 (2018) 101 ff.
Gierke, Otto, Deutsches Privatrecht, Erster Band. Allgemeiner Teil und Personenrecht, Berlin, 1895.
ders., Die Genossenschaftstheorie und die deutsche Rechtsprechung, Berlin, 1887.
Gilpin, Leilani H./Bau, David/Yuan, Ben Z./Bajwa, Ayesha/Specter, Michael/Kagal, Lalana, Explaining Explanations: An Overview of Interpretability of Machine Learning, arXiv:1806.00069, 2018 (https://doi.org/10.48550/arXiv.1806.00069).
Goldmann, Samuel, Das Handelsgesetzbuch vom 10. Mai 1897, 2. Band, Berlin, 1905.
Goldschmit, Friedrich, Handelsgesetzbuch, München, 1929.
ders., Das Recht des Aufsichtsrats der Aktiengesellschaft, der Kommanditgesellschaft auf Aktien, der Gesellschaft mit beschränkter Haftung, der eingetragenen Erwerbs- und Wirtschaftsgenossenschaft, des Versicherungsvereins auf Gegenseitigkeit und der bergrechtlichen Gewerkschaft auf Grund aller bestehenden gesetzlichen Bestimmungen sowie des Gesetzes über die Entsendung von Betriebsratsmitgliedern in den Aufsichtsrat – Ein Erläuterungsbuch, Berlin, 1922.
Gomille, Christian, Herstellerhaftung für automatisierte Fahrzeuge, JZ 2016, 76 ff.
Goodfellow, Ian/Bengio, Yoshua/Courville, Aaron, Deep Learning, Cambridge, 2016.

Gozalo-Brizuela, Roberto/Garrido-Merchan, Eduardo C., ChatGPT is not all you need. A State of the Art Review of large Generative AI models, arXiv:2301.04655, 2023 (https://doi.org/10.48550/arXiv.2301.04655).

Grabolle, Nina, Der unveräußerliche Kernbereich der Leitungsfunktion, Berlin, 2015.

Grapentin, Justin, Vertragsschluss und vertragliches Verschulden beim Einsatz von Künstlicher Intelligenz und Softwareagenten, Baden-Baden, 2018.

Grigoleit, Hans Christoph (Hrsg.), Aktiengesetz – Kommentar, 2. Aufl., München, 2020.

ders., Der Zivilrechtslehrer und die Digitalisierung, AcP 218 (2018) 601 ff.

ders., Gesellschafterhaftung für interne Einflußnahme im Recht der GmbH, 2006.

ders., Zivilrechtliche Grundlagen der Wissenszurechnung, ZHR 181 (2017) 160 ff.

Großkommentar Aktiengesetz, hrsg. von Hirte, Heribert/Mülbert, Peter O./Roth, Markus (zitiert als GroßkommAktG/*Bearbeiter*).

- 4. Band – Teilband 1: §§ 76–91, 5. Aufl., Berlin, 2015
- 4. Band – Teilband 2: §§ 92–94, 5. Aufl., Berlin, 2015
- 2. Band – Teilband 1: §§ 23–40, 5. Aufl., Berlin, 2016
- 5. Band: §§ 95–116, 5. Aufl., Berlin, 2019
- 12. Band: §§ 256–290, 5. Aufl., Berlin, 2020.

Grover, Varun/Chiang, Roger H.L./Liang Ting-Peng/Zhang Dongsong, Creating Strategic Business Value from Big Data Analytics: A Research Framework, J. Manag. Inf. Syst. 35 (2018) 388 ff.

Gruber, Malte-Christian, Rechtssubjekte und Teilrechtssubjekte des elektronischen Geschäftsverkehrs, in Susanne Beck (Hrsg.), Jenseits von Mensch und Maschine, Baden-Baden, 2012, S. 133 ff.

Grundmann, Stefan, Wettbewerb der Regelgeber im Europäischen Gesellschaftsrecht – jedes Marktsegment hat seine Struktur, ZGR 2001, 783 ff.

Grundmann, Stefan/Möslein, Florian, Vertragsrecht und Innovation – Gedanken zur Gesamtarchitektur, in Grundmann, Stefan/Möslein, Florian (Hrsg.), Innovation und Vertragsrecht, Tübingen, 2020, S. 3 ff.

Guidotti, Riccardo/Monreale, Anna/Ruggieri, Salvatore/Turini, Franco/Pedreschi, Dino/Giannotti, Fosca, A Survey Of Methods For Explaining Black Box Models, arXiv:1802.01933, 2018 (https://doi.org/10.48550/arXiv.1802.01933).

Gunkel, David J., The other question: can and should robots have rights?, Ethics Inf. Technol. 20 (2018) 87 ff.

Günther, Wendy Arianne/Mohammad H./Mehrizi, Rezazade/Huysman, Marleen Feldberg, Frans, Debating big data: A literature review on realizing value from big data, J. Strateg. Inf. Syst. 26 (2017) 191 ff.

Guski, Roman, Was wissen Verbände? Zur „Wissenszurechnung“ im Gesellschaftsrecht, ZHR 184 (2020) 363 ff.

Habersack, Mathias, „Corporate Purpose“, in Bachmann, Gregor/Grundmann, Stefan/Mengel, Anja/Krolop, Kaspar (Hrsg.), Festschrift für Christine Windbichler zum 70. Geburtstag am 8. Dezember 2020, Berlin, 2020, S. 707 ff.

ders., Gemeinwohlbindung und Unternehmensrecht, AcP 220 (2020) 594 ff.

Habersack, Mathias/Casper, Matthias/Löbbe, Marc (Hrsg.), GmbHG – Gesetz betreffend die Gesellschaften mit beschränkter Haftung (zitiert als GroßKommGmbHG/*Bearbeiter*)

- Band 1: Einleitung, §§ 1–28, 3. Aufl., Tübingen, 2019
- Band 2: §§ 29–52, 3. Aufl., Tübingen, 2019.

Habersack, Mathias/Drinhausen, Florian (Hrsg.), SE-Recht, 3. Aufl. 2022.

Habersack, Mathias/Henssler, Martin, Mitbestimmungsrecht: MitbestR, Kommentierung des MitbestG, des DrittelbG, des SEBG und des MgVG, 4. Aufl. 2018 (zitiert als *Habersack/Henssler*, MitbestR).

Habersack, Mathias/Verse, Dirk A., Europäisches Gesellschaftsrecht, 5. Aufl., München, 2019.

Hachenburg, Max (Hrsg.), Kommentar zum Gesetz betreffend die Gesellschaften mit beschränkter Haftung, Band 1, §§ 1–34, 1927.

ders. (Begr.)/*Ulmer, Peter* (Hrsg.), Gesetz betreffend die Gesellschaften mit beschränkter Haftung (GmbHG), Band 2 – §§ 35–52, 8. Aufl. 1997 (zitiert als Hachenburg/Ulmer/*Bearbeiter*, GmbHG).

Hacker, Philipp, The European AI Liability Directives – Critique of a Half-Hearted Approach and Lessons for the Future, arXiv:2211.13960, 2023 (https://doi.org/10.48550/arXiv.2211.13960).

ders., Europäische und nationale Regulierung von Künstlicher Intelligenz, NJW 2020, 2142 ff.

ders., Datenprivatrecht, Tübingen, 2020.

ders., Verhaltens- und Wissenszurechnung beim Einsatz von Künstlicher Intelligenz, RW 2018, 243 ff.

Hacker, Philipp/Krestel, Ralf/Grundmann, Stefan/Naumann, Felix, Explainable AI under contract and tort law: legal incentives and technical challenges, Artif. Intell. Law 28 (2020) 415 ff.

Hadfield-Menell, Dylan/Dragan, Anca/Abbeel, Pieter/Russell, Stuart, Cooperative Inverse Reinforcement Learning, arXiv:1606.03137, 2016 (https://doi.org/10.48550/arXiv.1606.03137).

Hadfield-Menell, Dylan/Hadfield, Gillian, Incomplete Contracting and AI Alignment, arXiv:1804.04268, 2018 (https://doi.org/10.48550/arXiv.1804.04268).

Hadfield-Menell, Dylan/Milli, Smitha/Abbeel, Pieter/Russell, Stuart J./Dragan, Anca, Inverse Reward Design, Advances in Neural Information Processing Systems 30 (NIPS 2017).

Hamdani Assaf/Hashai, Niron/Kandel, Eugene/Yafeh, Yishay, Technological progress and the future of the corporation, Journal of the British Academy 6 (2018) 215 ff.

Hansmann, Henry/Kraakman, Reinier, The Essential Role of Organizational Law, Yale L. J. 110 (2000) 387 ff.

dies., Toward Unlimited Shareholder Liability for Corporate Torts, Yale L. J. 100 (1991) 1879 ff.

Harbarth, Stephan, Unternehmensorganisation und Vertrauensgrundsatz im Aktienrecht, ZGR 2017, 211 ff.

Hassabis, Demis, Artificial Intelligence: Chess match of the century, Nature 544 (2017) 413 ff.

Hauser, Paul, Eingriffsnormen in der Rom I-Verordnung, Tübingen, 2012.

Hayden, Grant M./Bodie, Matthew T., The Uncorporation and the Unraveling of „Nexus of Contracts" Theory, Mich. L. Rev. 109 (2011) 1127 ff.

Hayek, Friedrich A., The Corporation in a Democratic Society: In whose Interest Ought It and Will It Be Run?, in Anshen, Melvin/Bach, George L. (Hrsg.), Management and corporations 1985: a symposium held on the occasion of the 10. anniversary of the Graduate School of Industrial Administration, Carnegie Inst. of Technology, 1960, S. 99 ff.

Hefner, Veronika, Juristische Personen als Insolvenzverwalter?, Baden-Baden, 2020.

Heidel, Thomas, Zur Weisungsgebundenheit von Aufsichtsratsmitgliedern bei Beteiligung von Gebietskörperschaften und Alleinaktionären, NZG 2012, 48 ff.

Heilbrunn, Ludwig, Anmerkung zu OLG Karlsruhe von 14.04.1925, JW 1925, 2017 ff.

v. Hein, Jan, Die Rezeption US-amerikanischen Gesellschaftsrechts in Deutschland, Tübingen, 2008.

Hein, Matthias/Andriushchenko, Maksym, Formal Guarantees on the Robustness of a Classifier against Adversarial Manipulation, arXiv:1705.08475, 2017 (https://doi.org/10.48550/arXiv.1705.08475).

Heine, Klaus, Regulierungswettbewerb im Gesellschaftsrecht, Berlin, 2003.

Heine, Maurice, Der Vorbehalt menschlicher Entscheidungen im Arbeitsverhältnis – Zum Einsatz von KI in arbeitsrechtlichen Entscheidungsprozessen, Berlin, 2023.

Hennemann, Moritz, Interaktion und Partizipation, Tübingen, 2020.

Herberger, Maximilian, „Künstliche Intelligenz" und Recht, NJW 2018, 2825 ff.

Hergenhahn, Theodor, Der Vorstand der Aktiengesellschaft, Berlin, 1893.

Hergenröder, Curt W., Zivilprozessuale Grundlagen richterlicher Rechtsfortbildung, Tübingen, 1995.

Hernandez-Orallo, José, Evaluation in artificial intelligence: from task-oriented to ability-oriented measurement, Artif. Intell. Rev. 48 (2017) 397 ff.

Hernandez-Orallo, José/Martínez-Plumed, Fernando/Avin, Shahar/Whittlestone, Jess/Ó hÉigeartaigh, Seán, AI Paradigms and AI Safety: Mapping Artefacts and Techniques to Safety Issues, ECAI 2020, 2521 ff.

Herwig, Michael, Leitungsautonomie und Fremdeinfluss – Zulässigkeit und Grenzen vertraglicher Einflussnahmemöglichkeiten auf Leitungsentscheidungen des Vorstands einer Aktiengesellschaft, Baden-Baden, 2014.

Hewitt, Carl, Viewing Control Structures as Patterns of Passing Messages, Artif. Intell. 8 (1977) 323 ff.

Hickman, Eleanore/Petrin, Martin, Trustworthy AI and Corporate Governance: The EU's Ethics Guidelines for Trustworthy Artificial Intelligence from a Company Law Perspective, Eur. Bus. Organ. Law Rev. 22 (2021) 593 ff.

Hirte, Heribert, Die „Große GmbH-Reform" – Ein Überblick über das Gesetz zur Modernisierung des GmbH-Rechts und zur Bekämpfung von Missbräuchen (MoMiG), NZG 2008, 761 ff.

Hoch, Veronica R. S., Anwendung Künstlicher Intelligenz zur Beurteilung von Rechtsfragen im unternehmerischen Bereich, AcP 219 (2019) 646 ff.

Hoeland, Ernst, Organe der Aktiengesellschaften, Erlangen, 1886.

Hoeniger, Heinrich, Anmerkung zu OLG Karlsruhe vom 04.03.1925, JW 1925, 2838 ff.

Hoffmann-Becking, Michael, Organe: Strukturen und Verantwortlichkeiten, insbesondere im monistischen System, ZGR 2004, 355 ff.

Hoffmann-Riem, Wolfgang, Innovation und Recht – Recht und Innovation, Recht im Ensemble seiner Kontexte, Tübingen, 2016.

Holdheim, Paul, Aktiengesellschaft als Mitglied einer offenen Handelsgesellschaft, Holdheims Wochenschrift 1 (1892) 195 ff.

Hommelhoff, Peter, Einige Bemerkungen zur Organisationsverfassung der Europäischen Aktiengesellschaft, AG 2001, 279 ff.

ders., Anlegerschutz in der GmbH & Co KGaA, in Ulmer, Peter/Hommelhoff, Peter (Hrsg.), Die GmbH & Co KGaA nach dem Beschluß BGHZ 134, 392: die Tragweite des Beschlusses und seine Bedeutung für die Kautelarpraxis, 1998, S. 9 ff.

ders., Konzernleitungspflicht, Tübingen, 1982.

Hübner, *Leonhard*, Kollisionsrechtliche Behandlung von Gesellschaften aus „nicht-privilegierten" Drittstaaten, Tübingen, 2011.

Hüffer, *Uwe*, Der Vorstand als Leitungsorgan und die Mandats- sowie Haftungsbeziehungen seiner Mitglieder, in Bayer, Walter/Habersack, Mathias (Hrsg.), Aktienrecht im Wandel, Band II, München, 2007, S. 334 ff.

Humrich, *Henrik*, Der besondere Vertreter im Aktienrecht, Berlin, 2013.

Ihrig, *Hans-Christoph*/*Schlitt*, *Michael*, Die KGaA nach dem Beschluß des BGH vom 24.2.1997, in Ulmer, Peter/Hommelhoff, Peter (Hrsg.), Die GmbH & Co KGaA nach dem Beschluß BGHZ 134, 392: die Tragweite des Beschlusses und seine Bedeutung für die Kautelarpraxis, Heidelberg, 1998, S. 33 ff.

Ipsen, *Jörn*, Richterrecht und Verfassung, Berlin 1975.

Irving, *Geoffrey*/*Christiano*, *Paul*/*Amodei*, *Dario*, AI safety via debate, arXiv:1805.00899, 2018 (https://doi.org/10.48550/arXiv.1805.00899).

Jacoby, *Florian*, Das private Amt, Tübingen, 2007.

Jansen, *Nils*, Die Struktur des Haftungsrechts: Geschichte, Theorie und Dogmatik außervertraglicher Ansprüche auf Schadensersatz, Tübingen, 2003.

Janssen, *Marijn*/*van der Voort*, *Haiko*/*Wahyudi*, *Agung*, Factors influencing big data decision-making quality, J. Bus. Res. 70 (2017) 338 ff.

Jennings, *Nicholas R.*, On agent-based software engineering, Artif. Intell. 117 (2000) 277 ff.

Jensen, *Michael C.*/*Meckling*, *William H.*, Theory of the firm: Managerial behavior, agency costs and ownership structure, J. Fin. Econ. 3 (1976) 305 ff.

Jobin, *Anna*/*Ienca*, *Marcello*/*Vayena*, *Effy*, The global landscape of AI ethics guidelines, Nat. Mach. Intell. 1 (2019) 389 ff.

John, *Uwe*, Die organisierte Rechtsperson, Berlin, 1977.

Joos, *Michael*, Organschaft und Vertretung, Baden-Baden, 2013.

Jordan, *Michael I.*/*Mitchell*, *Tom M.*, Machine learning: Trends, perspectives, and prospects, Science 349 (2015) 255 ff.

Juric, *Mislav*/*Sandic*, *Agneza*/*Brcic*, *Mario*, AI safety: state of the field through quantitative lens, arXiv:2002.05671, 2020 (https://doi.org/10.48550/arXiv.2002.05671).

Kahneman, *Daniel*, Thinking, Fast and Slow, New York, 2011.

Kahneman, *Daniel*/*Rosenfield*, *Andrew M.*/*Gandhi*, *Linnea*/*Blaser*, *Tom*, Noise: How to Overcome the High, Hidden Cost of Inconsistent Decision Making, Harv. Bus. Rev. 94 (2016) 38 ff.

Kallmeyer, *Harald*, Pflichten des Vorstands der Aktiengesellschaft zur Unternehmensplanung, ZGR 1993, 104 ff.

Karnow, *Curtis E. A.*, Liability for Distributed Artificial Intelligences, Berkeley Tech. L. J. 11 (1996) 147 ff.

Katz, *Guy*/*Barrett*, *Clark*/*Dill*, *David*/*Julian*, *Kyle*/*Kochenderfer*, *Mykel*, Reluplex: An Efficient SMT Solver for Verifying Deep Neural Networks, arXiv:1702.01135, 2017 (https://doi.org/10.48550/arXiv.1702.01135).

Kayser, *Paul*, Gesetz, betreffend die Kommanditgesellschaften auf Aktien und die Aktiengesellschaften, vom 18. Juli 1884, Berlin, 1884.

Kersten, *Jens*, Relative Rechtssubjektivität. Über autonome Automaten und emergente Schwärme, ZfRSoz 37 (2017) 8 ff.

ders., Menschen und Maschinen Rechtliche Konturen instrumenteller, symbiotischer und autonomer Konstellationen, JZ 2015, 1 ff.

Khanna, *Rajiv*/*Kim*, *Been*/*Ghosh*, *Joydeep*/*Koyejo*, *Oluwasanmi*, Interpreting Black Box Predictions using Fisher Kernels, arXiv:1810.10118, 2018 (https://doi.org/10.48550/arXiv.1810.10118).

Kiefner, Alexander, Investorenvereinbarungen zwischen Aktien- und Vertragsrecht, ZHR 178 (2014) 547 ff.

Kindermans, Pieter-Jan/Hooker, Sara/Adebayo, Julius/Alber, Maximilian/Schütt, Kristof T./Dähne, Sven/Erhan, Dumitru/Kim, Been, The (Un)reliability of saliency methods, arXiv:1711.00867, 2017 (https://doi.org/10.48550/arXiv.1711.00867).

Kirchgässner, Gebhard, Homo Oeconomicus, 3. Aufl., Tübingen, 2008.

Kirilenko, Andrei A./Lo, Andrew W., Moore's Law versus Murphy's Law: Algorithmic Trading and Its Discontents, J. Econ. Perspect. 27 (2013) 51 ff.

Kißkalt, Wilhelm, Die Aktiengesellschaft im nationalsozialistischen Staat, in Frank, Hans (Hrsg.), Nationalsozialistisches Handbuch für Recht und Gesetzgebung, 1935, S. 1136 ff.

ders., Reform des Aktienrechts. Bericht über die Arbeiten des Aktienrechtsausschusses der Akademie für deutsches Recht, ZAkDR 1934, 20 ff.

Klausing, Friedrich (Hrsg.), Gesetz über Aktiengesellschaften und Kommanditgesellschaften auf Aktien (Aktien-Gesetz) nebst Einführungsgesetz und „amtlicher Begründung", Berlin, 1937.

ders., Reform des Aktienrechts, Berlin, 1933.

Kleinberg, Jon/Lakkaraju, Himabindu/Leskovec, Jure/Ludwig, Jens/Mullainathan, Sendhil, human decision and machine predictions, Q. J. Econ. 133 (2018) 237 ff.

Kleindiek, Detlef, Deliktshaftung, Tübingen, 1997.

Kleiner, Cornelius, Die elektronische Person, Baden-Baden, 2021.

Klinck, Fabian, Stellvertretung im Besitzerwerb, AcP 205 (2005) 487 ff.

Klingbeil, Stefan, Stellvertretung als allgemeines Rechtsinstitut – Zu Theorie, Dogmatik und Reichweite des Repräsentationsprinzips, ZfPW 2020, 150 ff.

ders., Schuldnerhaftung für Roboterversagen, JZ 2019, 718 ff.

ders., Der Begriff der Rechtsperson, AcP 217 (2017) 848 ff.

Klug, Ulrich, Die Reine Rechtslehre von Hans Kelsen und die formallogische Rechtfertigung der Kritik an dem Pseudoschluß vom Sein auf das Sollen, in Engel, Salo/Métall, Rudolf (Hrsg.), Law, state and international legal order. Essays in Honor of Hans Kelsen, Knoxville, 1964, S. 153 ff.

Koch, Jens, Aktiengesetz: AktG, 18. Aufl., München, 2024.

ders., Der Vorstand im Kompetenzgefüge der Aktiengesellschaft, in Fleischer, Holger/Koch, Jens/Kropff, Bruno/Lutter, Marcus (Hrsg.), 50 Jahre Aktiengesetz, 2016, Berlin, S. 65 ff.

Köhler, Andreas, Eingriffsnormen – Der „unfertige Teil" des europäischen IPR, Tübingen, 2013.

Kokott, Juliane, Herausforderungen einer Digitalsteuer, IStR 2019, 123 ff.

Kolb, Christoph, Kann eine Aktiengesellschaft a) einem anerkannten Verein b) einer offenen Handelsgesellschaft c) einer eingetragenen Genossenschaft als Mitglied angehören?, Erlangen, 1896.

Kollmann, Hans-Peter, Autonome und intelligente Wertpapierhandelssysteme, Tübingen, 2019.

Komp, Gabriele, Die juristische Person als Geschäftsführungsorgan einer Kapitalgesellschaft, Frankfurt a.M., 2000.

Koziol, Helmut, Objektivierung des Fahrlässigkeitsmaßstabes im Schadenersatzrecht?, AcP 196 (1996) 593 ff.

Kraakman, Reinier, Corporate Liability Strategies and the Costs of Legal Controls, Yale L. J. 93 (1984) 857 ff.

Kraakman, Reinier/Armour, John/Davies, Paul/Enriques, Luca/Hansmann, Henry/Hertig, Gerard/Hopt, Klaus/Kanda, Hideki/Pargendler, Mariana/Ringe, Wolf-Georg/Rock, Edward, The Anatomy of Corporate Law: A Comparative and Functional Approach, Third Edition, Oxford, 2017.

Krafft, Peaks M./Young, Meg/Katell, Michael/Huang, Karen/Bugingo, Ghislain, Defining AI in Policy versus Practice, arXiv:1912.11095, 2019 (https://doi.org/10.48550/arXiv.1912.11095).

Kreutz, Peter, Von der Einmann- zur „Keinmann"-GmbH?, in Lutter, Marcus/Mertens, Hans-Joachim/Ulmer, Peter (Hrsg.), Festschrift für Walter Stimpel zum 68. Geburtstag am 29. November 1985, Berlin, 1985, 379 ff.

Krishnamurthy, Dvijotham/Stanforth, Robert/Gowal, Sven/Mann, Timothy/Kohli, Pushmeet, A Dual Approach to Scalable Verification of Deep Networks, arXiv:1803.06567, 2018 (https://doi.org/10.48550/arXiv.1803.06567).

Krizhevsky, Alex/Sutskever, Ilya/Hinton, Geoffrey E., ImageNet Classification with Deep Convolutional Neural Networks, Advances in Neural Information Processing Systems 25 (NIPS 2012), 1097 ff.

Kroeschell, Karl, [Nachruf auf] Erich Molitor, ZRG GA 80 (1963) 594 ff.

Kroll, Joshua A./Huey, Joanna/Barocas, Solon/Felten, Edward W./Reidenberg, Joel R./Robinson, David G./Yu, Harlan, Accountable Algorithms, U. Pa. L. Rev. 165 (2017) 633 ff.

Kropff, Bruno (Hrsg.), Aktiengesetz: Textausgabe des Aktiengesetzes vom 6.9.1965 (Bundesgesetzbl. I S. 1089) und des Einführungsgesetzes zum Aktiengesetz vom 6.9.1965 (Bundesgesetzbl. I S. 1185) mit Begründung des Regierungsentwurfs, Bericht des Rechtsausschusses des Deutschen Bundestags, Verweisungen und Sachverzeichnis, Düsseldorf, 1965.

Kumar, Ram Shankar/Siva O'Brien, David R./Albert, Kendra/Vilojen, Salome, Law and Adversarial Machine Learning, arXiv:1810.10731, 2018 (https://doi.org/10.48550/arXiv.1810.10731).

Kummer, Karl, Die Kommanditgesellschaft auf Aktien und das Führerprinzip, Erlangen, 1937.

Kuntz, Thilo, Gestaltung von Kapitalgesellschaften zwischen Freiheit und Zwang, Tübingen, 2016.

ders., Künstliche Intelligenz, Wissenszurechnung und Wissensverantwortung, ZfPW 2022, 177 ff.

LaCroix, Travis/Bengio, Yoshua, Learning from Learning Machines: Optimisation, Rules, and Social Norms, arXiv:2001.00006, 2019 (https://doi.org/10.48550/arXiv.2001.00006).

Lämmel, Uwe/Cleve, Jürgen, Künstliche Intelligenz: Wissensverarbeitung – Neuronale Netze, München, 2020.

Langenbucher, Katja, Künstliche Intelligenz in der Leitungsentscheidung des Vorstands, ZHR 187 (2023) 723 ff.

Lauterbach, Eugen, Die rechtliche Stellung des Vorstandes, Freiburg, 1890.

LeCun, Yann/Bengio, Yoshua/Hinton, Geoffrey, Deep Learning, Nature 521 (2015) 436 ff.

Lecuyer, Mathias/Atlidakis, Vaggelis/Geambasu, Roxana/Hsu, Daniel/Jana, Suman, Certified Robustness to Adversarial Examples with Differential Privacy, arXiv:1802.03471, 2018 (https://doi.org/10.48550/arXiv.1802.03471).

Legg, Shane/Hutter, Marcus, Universal Intelligence: A Definition of Machine Intelligence, Mind and Machines 17 (2007) 391 ff.

Lehmann, Karl, Welche Grundsätze des deutschen Aktienrechts werden bei einer Kodifizierung der österreichischen Aktienrechts zu berücksichtigen sein?, in DJT (Hrsg.), Verhandlungen des Einunddreißigsten Deutschen Juristentages, 1. Band, 1912, S. 502 ff.

ders., Das Recht der Aktiengesellschaft, Band 1, Köln, 1898.
Lehmann, Matthias, Der Begriff der Rechtsfähigkeit, AcP 207 (2007) 225 ff.
Lehnhoff, Dirk/Holthaus, Jan (Hrsg.), Lang/Weidmüller Genossenschaftsgesetz, 20. Aufl., Berlin, 2022 (zitiert als Lang/Weidmüller/*Bearbeiter*, GenG).
Leike, Jan/Krueger, David/Everitt, Tom/Martic, Miljan/Maini, Vishal/Legg, Shane, Scalable agent alignment via reward modeling: a research direction, arXiv:1811.07871, 2018 (https://doi.org/10.48550/arXiv.1811.07871).
Leike, Jan/Martic, Miljan/Krakovna, Victoria/Ortega, Pedro A./Everitt, Tom/Lefrancq, Andrew/Orseau, Laurent/Legg, Shane, AI Safety Gridworlds, arXiv:1711.09883, 2017 (https://doi.org/10.48550/arXiv.1711.09883).
Li, Xiao/Serlin, Zachary/Yang, Guang/Belta, Calin, A formal methods approach to interpretable reinforcement learning for robotic planning, Science Robot. 4 (2019).
Li, Yiyi, Künstliche Intelligenz im Rahmen unternehmerischer Entscheidungen des Vorstands der AG, Baden-Baden, 2021.
Lichtenthaler, Ulrich, Substitute or Synthesis: The Interplay between Human and Artificial Intelligence, Res. Technol. Manag. 61 (2018) 12 ff.
Liebmann, Jakob, Kommentar zum Gesetz betreffend die Gesellschaften mit beschränkter Haftung, 5. Aufl. 1906.
Lieder, Jan, Der Aufsichtsrat im Wandel der Zeit, Jena, 2006.
Linardatos, Dimitros, Autonome und vernetzte Aktanten im Zivilrecht. Grundlinien zivilrechtlicher Zurechnung und Strukturmerkmale einer elektronischen Person, Tübingen, 2021.
ders., Künstliche Intelligenz und Verantwortung, ZIP 2019, 504 ff.
Linke, Christian, Digitale Wissensorganisation, Baden-Baden, 2021.
Linnertz, Anja, Die Delegation durch den Vorstand einer Aktiengesellschaft, Baden-Baden, 2020.
Lipton, Zachary C., The Mythos of Model Interpretability, arXiv:1606.03490, 2016 (https://doi.org/10.48550/arXiv.1606.03490).
Littman, Michael L., Reinforcement learning improves behaviour from evaluative feedback, Nature 521 (2015) 445 ff.
Liu, Changliu/Arnon, Tomer/Lazarus, Christopher/Strong, Christopher/Barrett, Clark/Kochenderfer, Mykel J., Algorithms for Verifying Deep Neural Networks, arXiv:1903.06758, 2019 (https://doi.org/10.48550/arXiv.1903.06758).
LoPucki, Lynn M., Algorithmic Entities, Wash. U. L. Rev. 95 (2018) 887 ff.
Lücke, Oliver, Der Einsatz von KI in der und durch die Unternehmensleitung, BB 2019, 1986 ff.
Ludewig, Wilhelm, Kann eine juristische Person Liquidator einer anderen juristischen Person oder einer offenen Handelsgesellschaft sein?, JW 1926, 1792 ff.
Lutter, Marcus, Die Business Judgment Rule und ihre praktische Anwendung, ZIP 2007, 841 ff.
ders., Unternehmensplanung und Aufsichtsrat, AG 1991, 249 ff.
ders., Zur Vorbereitung und Durchführung von Grundlagenbeschlüssen in Aktiengesellschaften, in Goerdeler, Reinhard/Hommelhoff, Peter/Lutter Marcus/Wiedemann, Herbert (Hrsg.), Festschrift für Hans-Joachim Fleck zum 70. Geburtstag am 30. Januar 1988, 1988, S. 169 ff.
Lutter, Marcus/Hommelhoff, Peter (Hrsg.), GmbH-Gesetz Kommentar, 21. Aufl., Köln, 2022.
Madry, Aleksander/Makelov, Aleksandar/Schmidt, Ludwig/Tsipras, Dimitris/Vladu, Adrian, Towards Deep Learning Models Resistant to Adversarial Attacks, arXiv:1706.06083, 2017 (https://doi.org/10.48550/arXiv.1706.06083).

Mann, Bernhard, Biographisches Handbuch für das Preußische Abgeordnetenhaus 1867–1918, Düsseldorf, 1988.
Mann, Maximilian, Die Decentralized Autonomous Organization – ein neuer Gesellschaftstyp?, NZG 2017, 1014 ff.
Marcus, Gary, Deep Learning: A Critical Appraisal, arXiv:1801.00631, 2018 (https://doi.org/10.48550/arXiv.1801.00631).
Martens, Klaus-Peter, Aktienrechtliche Probleme eines Ausstiegs aus der Kernenergie, in Goerdeler, Reinhard/Hommelhoff, Peter/Lutter, Marcus/Odersky, Walter/Wiedemann, Herbert (Hrsg.) Festschrift für Alfred Kellermann zum 70. Geburtstag am 29. November 1990, Berlin, 1991, S. 271 ff.
Martin, Hans, Die Kommanditgesellschaft auf Aktien im Lichte der Aktienrechtsreform, Heidelberg, 1938.
Martini, Mario, Regulating Algorithms: How to Demystify the Alchemy of Code?, in Ebers, Martin/Navas, Susana (Hrsg.), Algorithms and Law, Cambridge, 2020, S. 100 ff.
ders., Blackbox Algorithmus – Grundfragen einer Regulierung Künstlicher Intelligenz, Berlin, 2019.
Matthis, Klaus, Effizienz statt Gerechtigkeit?, Berlin, 4. Aufl. 2019.
Maurer, Wilhelm/Birkenbihl, Ferdinand, Das Reichsgesetz, betreffend die Erwerbs- und Wirtschaftsgenossenschaften vom 1. Mai 1889, München, 2. Aufl. 1898.
McCarthy, John, Ascribing Mental Qualities to Machines, in Ringle, Martin (Hrsg.), Philosophical Perspectives in Artificial Intelligence, New York, 1979.
McCarthy, John/Minsky, Marvin L./Rochester, Nathaniel/Shannon, Claude E., A Proposal for the Dartmouth Summer Research Project on Artificial Intelligence, 1955.
Merendino, Alessandro/Dibb, Sally/Meadows, Maureen/Quinn, Lee, Big Data, Big Decisions: The Impact of Big Data on Board Level Decision-Making, J. Bus. Res. 93 (2018) 67 ff.
Merkt, Hanno, Unternehmensmitbestimmung für ausländische Gesellschaften?, ZIP 2011, 1237 ff.
ders., Das Europäische Gesellschaftsrecht und die Idee des „Wettbewerbs der Gesetzgeber", RabelsZ 59 (1995) 545 ff.
Mertens, Bernd, Das Aktiengesetz von 1937 – unpolitischer Schlussstein oder ideologischer Neuanfang?, ZNR 29 (2007) 88 ff.
Mertens, Hans-Joachim, Satzungs- und Organisationsautonomie im Aktien- und Konzernrecht, ZGR 1994, 426 ff.
Metzger, Axel, Extra legem, intra ius: allgemeine Rechtsgrundsätze im europäischen Privatrecht, Tübingen, 2009.
Michalski, Lutz (Begr.)/*Heidinger, Andreas/Leible, Stefan/Schmidt, Jessica* (Hrsg.), Kommentar zum Gesetz betreffend die Gesellschaften mit beschränkter Haftung (GmbH-Gesetz), Band 2, §§ 35–85 GmbHG, §§ 1–4 EGGmbHG, 3. Aufl., München, 2017 (zitiert als MHLS/*Bearbeiter*, GmbHG).
Minsky, Marvin, Semantic Information Processing, Cambridge, 1968.
Misselhorn, Catrin, Artificial Morality. Concepts, Issues and Challenges, Society 55 (2018) 161 ff.
Mitchell, Tom, Machine Learning, New York, 1997.
Mnih, Volodymyr/Kavukcuoglu, Koray/Silver, David/Rusu Andrei A./Veness, Joel/Bellemare, Marc G./Graves, Alex/Riedmiller, Martin/Fidjeland, Andreas K./Ostrovski, Georg/Petersen, Stig/Beattie, Charles/Sadik, Amir/Antonoglou, Ioannis/King, Helen/Kumaran, Dharshan/Wierstra, Daan/Legg, Shane/Hassabis, Demis, Human-level control through deep reinforcement learning, Nature 518 (2015) 529 ff.

Möhring, Helmut, Vorstand und Aufsichtsrat der Aktiengesellschaft, 1924.

Molitor, Erich, Die Bestellung zum Vorstandsmitglied einer Aktiengesellschaft, ihre Voraussetzungen und Folgen, in Leipziger Juristen-Fakultät (Hrsg.), Festschrift der Leipziger Juristenfakultät für Dr. Victor Ehrenberg zum 30. März 1926, 1927, S. 41 ff.

Moor, James, The Dartmouth College Artificial Intelligence Conference: The Next Fifty Years, AI Magazine 27 (2006) 87 ff.

Morley, Jessica/Floridi, Luciano/Kinsey, Libby/Elhalal, Anat, From What to How: An Initial Review of Publicly Available AI Ethics Tools, Methods and Research to Translate Principles into Practices, Sci. Eng. Ethics 26 (2020) 2141 ff.

Moses, Lyria Bennett, How to Think About Law, Regulation and Technology: Problems with ‚Technology' as a Regulatory Target, Law Innov. Technol. 5 (2013) 1 ff.

Möslein, Florian, Corporate Digital Responsibility: Eine aktienrechtliche Skizze, in Grundmann, Stefan/Merkt, Hanno/Mülbert, Peter O. u.a. (Hrsg.), Festschrift für Klaus J. Hopt zum 80. Geburtstag am 24. August 2020, 2020, S. 807 ff.

ders., Smart Contracts im Zivil- und Handelsrecht, ZHR 183 (2019) 254 ff.

ders., Robots in the boardroom: artificial intelligence and corporate law, in Barfield, Woodrow/Pagallo, Ugo (Hrsg.), Research Handbook on the Law of Artificial Intelligence, 2018, Northampton, S. 649 ff. (zitiert als *Möslein*, Research Handbook on the Law of Artificial Intelligence).

ders., Digitalisierung im Gesellschaftsrecht: Unternehmensleitung durch Algorithmen und künstliche Intelligenz?, ZIP 2018, 204 ff.

Mugdan, Benno (Hrsg.), Die gesammelten Materialien zum Bürgerlichen Gesetzbuch für das Deutsche Reich, I. Band Einführungsgesetze und Allgemeiner Teil, Berlin, 1899.

Mülbert, Peter O., Shareholder Value aus rechtlicher Sicht, ZGR 1997, 147 ff.

Münchener Kommentar zum Aktiengesetz, hrsg. von Goette, Wulf/Habersack, Mathias/Kalss, Susanne (zitiert als MüKoAktG/*Bearbeiter*).
- Band 1: §§ 1–75, 6. Aufl., München, 2024
- Band 2: §§ 76–117 – MitbestG – DrittelbG, 6. Aufl., München, 2023
- Band 3: §§ 118–178, 5. Aufl., München, 2022
- Band 4: §§ 179–277, 5. Aufl., München, 2021
- Band 5: §§ 278–328, SpruchG, 6. Aufl., München, 2023.

Münchener Kommentar zum Bürgerlichen Gesetzbuch, hrsg. von Säcker, Franz Jürgen/Rixecker, Roland/Oetker, Hartmut/Limperg, Bettina (zitiert als MüKoBGB/*Bearbeiter*).
- Band 1: Allgemeiner Teil – §§ 1–240, AllgPersönlR, ProstG, AGG, 9. Aufl., München, 2021
- Band 2: Schuldrecht – Allgemeiner Teil I – §§ 241–432, 9. Aufl., München, 2022
- Band 7: Schuldrecht – Besonderer Teil IV – §§ 705–853, 9. Aufl., München, 2024
- Band 8: Sachenrecht – §§ 854–1296, 9. Aufl., München, 2023
- Band 12: Internationales Privatrecht I, Europäisches Kollisionsrecht, Einführungsgesetz zum Bürgerlichen Gesetzbuche (Art. 1–26), 8. Aufl., München, 2020
- Band 13: Internationales Privatrecht II, IntWR, Art. 50–253 EGBGB, 8. Aufl., München, 2021.

Münchener Kommentar zum Gesetz betreffend die Gesellschaften mit beschränkter Haftung: GmbHG, hrsg. von Fleischer, Holger/Goette, Wulf (zitiert als MüKoGmbHG/*Bearbeiter*).
- Band 1: §§ 1–34, 4. Aufl., München, 2022
- Band 2: §§ 35–52, 4. Aufl., München, 2023
- Band 3: §§ 53–88, 4. Aufl., München, 2022.

Münchener Kommentar zur Insolvenzordnung: InsO, Band 1: §§ 1–79, Insolvenzrechtliche Vergütungsverordnung, hrsg. von Stürner, Rolf/Eidenmüller, Horst/Schoppmeyer, Heinrich, 4. Aufl., München 2019 (zitiert als MüKoInsO/*Bearbeiter*).

Mund, Dorothea, Das Recht auf menschliche Entscheidung: Zu den verfassungsrechtlichen Vorgaben der technischen Erzeugung von Verwaltungsentscheidungen, Tübingen, 2022.

Neukamp, Ernst (Begr.)/*Becker, Karl* (Bearb.), Das Reichsgesetz betreffend die Gesellschaften mit beschränkter Haftung, 5.–7. Aufl., Köln, 1922.

Nida-Rümelin, Julian, Handlung, Technologie und Verantwortung, in Pietsch, Wolfgang/Wernecke, Jörg/Ott, Maximilian (Hrsg.), Berechenbarkeit der Welt? Philosophie und Wissenschaft im Zeitalter von Big Data, 2017, S. 497 ff.

Nietsch, Michael, Compliance-Risikomanagement als Aufgabe der Unternehmensleitung, ZHR 180 (2016) 733 ff.

Nilsson, Nils J., The Quest for Artificial Intelligence A History of Ideas and Achievements, Cambridge, 2010.

Noack, Ulrich, Künstliche Intelligenz und die Unternehmensleitung, in Bachmann, Gregor/Grundmann, Stefan/Mengel, Anja/Krolop, Kaspar (Hrsg.), Festschrift für Christine Windbichler zum 70. Geburtstag am 8. Dezember 2020, 2020, S. 947 ff.

ders., Der digitale Aufsichtsrat, in Grunewald, Barbara/Tielmann, Jörgen/Koch, Jens (Hrsg.), Festschrift für Eberhard Vetter zum 70. Geburtstag, 2019, S. 497 ff.

ders., Organisationspflichten und -strukturen kraft Digitalisierung, ZHR 183 (2019) 105 ff.

Noack, Ulrich/Servatius, Wolfgang/Haas, Ulrich, Gesetz betreffend die Gesellschaften mit beschränkter Haftung: GmbHG, 23. Aufl., München, 2022.

Nörr, Knut Wolfgang, Ein Gegenstand der Reflexion: Die Aktiengesellschaft in den Schriften Franz Kleins, Rudolf Hilferdings, Walther Rathenaus, ZHR 172 (2008) 133 ff.

ders., Zwischen den Mühlsteinen. Eine Privatrechtsgeschichte der Weimarer Republik, Tübingen, 1988.

Omohundro, Stephen M., The Basic AI Drives, Frontiers in Artificial Intelligence and applications 171 (2008) 483 ff.

Orseau, Laurent/Armstrong, Stuart, Safely interruptible agents, 2016, UAI'16: Proceedings of the Thirty-Second Conference on Uncertainty in Artificial Intelligence, 2016, S. 557 ff.

Ortega, Pedro A./Maini, Vishal, Building safe artificial intelligence: specification, robustness, and assurance, *DeepMind Safety Research Blog* 27.9.2018.

Osterloh-Konrad, Christine, Die Selbstorganschaft in der Personengesellschaft – Wesenszug oder Anachronismus?, ZGR 2019, 271 ff.

ders., Abkehr vom Durchgriff: Die Existenzvernichtungshaftung des GmbH-Gesellschafters nach „Trihotel", ZHR 172 (2008) 274 ff.

Paal, Boris P., Die digitalisierte GmbH, ZGR 2017, 590 ff.

Paas, Susanne Karoline, Das bewegliche System. Zur Karriere einer juristischen Denkfigur, Tübingen, 2021.

Pagallo, Ugo, Apples, oranges, robots: four misunderstandings in today's debate on the legal status of AI systems, Phil. Trans. R. Soc. A. 376 (2018) 2133 ff.

Parisius, Ludolf/Crüger, Hans: Das Reichsgesetz betreffend die Erwerbs- und Wirthschaftsgenossenschaften vom 1.5.1889 – Kommentar zum praktischen Gebrauch für Juristen und Genossenschaften, 3. Aufl., Berlin, 1899.

Parkes, David C./Wellmann, Michael P., Economic reasoning and artificial intelligence, Science 349 (2015) 267 ff.

Parry, Ken/Cohen, Michael/Bhattacharya, Sukanto, Rise of the Machines: A Critical Consideration of Automated Leadership Decision Making in Organizations, Group. Organ. Manag. 41 (2016) 571 ff.

Pasquale, Frank, New Laws of Robotics: Defending Human Expertise in the Age of AI, Cambridge, 2020.

ders., A Rule of Persons, Not Machines: The Limits of Legal Automation, George Washington Law Review 87 (2019) 1 ff.

Passow, Richard, Die Aktiengesellschaft eine wirtschaftswissenschaftliche Studie, 2. Aufl., Jena, 1922.

Paulus, David/Matzke, Robin, Smart Contracts und das BGB – Viel Lärm um nichts?, ZfPW 2018, 431 ff.

Pauly, Günther, Die Bekämpfung der Anonymitätsgefahren nach dem Aktiengesetz von 1937, 1938.

Payandeh, Mehrdad, Judikative Rechtserzeugung: Theorie, Dogmatik und Methodik der Wirkungen von Präjudizien, Tübingen, 2017.

Petrin, Martin, Corporate Management in the Age of AI, Colum. Bus. L. Rev. (2019) 965 ff.

Pfertner, Bernd, Unternehmerische Entscheidungen des Vorstands, Tübingen, 2017.

Picker, Christian, Genossenschaftsidee und Governance, Tübingen, 2019.

Priester, Hans-Joachim, Satzungsvorgaben zum Vorstandshandeln – Satzungsautonomie contra Leitungsautonomie, Kindler, Peter/Koch, Jens/Ulmer, Peter/Winter, Martin (Hrsg.), Festschrift für Uwe Hüffer zum 70. Geburtstag, München, 2010, S. 777 ff.

ders., Die Kommanditgesellschaft auf Aktien ohne natürlichen Komplementär, ZHR 160 (1996) 250 ff.

Proudfoot, Diane, Anthropomorphism and AI: Turing's much misunderstood imitation game, Artif. Intell. 175 (2011) 950 ff.

ders., Rethinking Turing's Test and the Philosophical Implications, Minds and Machines 30 (2020) 487 ff.

Quassowski, Leo, Die aktienrechtliche Anonymität und die Bestrebungen zu ihrer Bekämpfung, ZAkfDR 1935, 726 ff.

Rachlitz, Richard, Wissen – Vorsatz – Zurechnung, Tübingen, 2022.

Rahwan, Iyad/Cebrian, Manuel/Obradovich, Nick/Bongard, Josh/Bonnefon, Jean-François/Breazeal, Cynthia/Crandall, Jacob W./Christakis, Nicholas/Couzin, Iain/Jackson, Matthew/Jennings, Nicholas/Kamar, Ece/Kloumann, Isabel/Larochelle, Hugo/Lazer, David/McElreath, Richard/Mislove, Alan/Parkes, David/Pentland, Alex ,Sandy'/Roberts, Margaret/Shariff, Azim/Tenenbaum, Joshua/Wellman, Michael, Machine behaviour, Nature 568 (2019) 477 ff.

Raiser, Thomas, Allgemeine Vorschriften über juristische Personen in einem künftigen Bürgerlichen Gesetzbuch, ZGR 2016, 781 ff.

ders., Der Begriff der juristischen Person. Eine Neubesinnung, AcP 194 (1994) 495 ff.

ders., Klagebefugnisse einzelner Aufsichtsratsmitglieder, ZGR 1989, 44 ff.

Rathenau, Walther, Von kommenden Dingen, Berlin, 1917.

Reichert, Jochem, Business Combination Agreements – Fallgruppen und Problemkreise, ZGR 2015, 1 ff.

Renaud, Achilles, Das Recht der Actiengesellschaften, 2. Aufl., Leipzig, 1875.

Reuter, Dieter, Der Beirat der GmbH, in Lutter, Marcus/Ulmer, Peter/Zöllner, Wolfgang (Hrsg.), Festschrift 100 Jahre GmbH-Gesetz, Köln, 1992, S. 631 ff.

ders., Rechtsfähigkeit und Rechtspersönlichkeit. Rechtstheoretische und rechtspraktische Anmerkungen zu einem großen Thema, AcP 207 (2007) 673 ff.

Reyes, Carla L., Autonomous Business Reality, Nev. L.J. 21 (2021) 437 ff.
Ribeiro, Marco Tulio/Singh, Sameer/Guestrin, Carlos, „Why Should I Trust You?“: Explaining the Predictions of Any Classifier, arXiv:1602.04938, 2016 (https://doi.org/10.48550/arXiv.1602.04938).
Richter, Rudolf/Furubotn, Eirik G., Neue Institutionenökonomik: Eine Einführung und Kritische Würdigung, 4. Aufl., Tübingen, 2010.
Ring, Viktor/Lehmann, Karl, Das Handelsgesetzbuch für das Deutsche Reich – Erster Band, Berlin, 1902.
Ring, Viktor/Schachian, Herbert, Die Praxis der Aktiengesellschaft, Berlin, 1929.
Ritter, Carl, Aktiengesetz, Kommentar, 2. Aufl., 1937.
Romano, Roberta, Law as a Product: Some Pieces of the Incorporation Puzzle, J. Law Econ. Organ 1 (1985) 225 ff.
Roth, Markus, Unternehmerisches Ermessen: Handlungsspielräume und Haftungsrisiken insbesondere in der wirtschaftlichen Krise, München, 2001.
Roth, Wulf-Henning, Internationalprivatrechtliche Aspekte der Personengesellschaften, ZGR 2014, 168 ff.
Röthel, Anne, Normkonkretisierung im Privatrecht, Tübingen, 2004.
Rudin, Cynthia, Stop explaining black box machine learning models for high stakes decisions and use interpretable models instead, Nat. Mach. Intell. 1 (2019) 206 ff.
Russell, Stuart, Human Compatible, 2019.
ders., Rationality and intelligence, Artif. Intell. 94 (1997) 57 ff.
Russell, Stuart/Dewey, Daniel/Tegmark, Max, Research Priorities for Robust and Beneficial Artificial Intelligence, AI Magazine 36 (2015) 105 ff.
Russell, Stuart/Norvig, Peter, Artificial Intelligence: A Modern Approach, 4. Aufl., Hoboken, 2020.
Rüthers, Bernd, Die unbegrenzte Auslegung, 9. Aufl., Tübingen, 2022.
Rüthers, Bernd/Fischer, Christian/Birk, Axel, Rechtstheorie mit Juristischer Methodenlehre, 10. Aufl., München, 2018.
Sandmann, Bernd, Die Haftung von Arbeitnehmern, Geschäftsführern und leitenden Angestellten, Tübingen, 2001.
Sandrock, Otto, Gehören die deutschen Regelungen über die Mitbestimmung auf Unternehmensebene wirklich zum deutschen ordre public?, AG 2004, 57 ff.
ders., Die Konkretisierung der Überlagerungstheorie in einigen zentralen Einzelfragen, Ein Beitrag zum internationalen Gesellschaftsrecht, in Sandrock, Otto (Hrsg.), Festschrift für Günther Beitzke zum 70. Geburtstag am 26. April 1979, 1979, S. 669 ff.
Sattler, Andreas, Der Einfluss der Digitalisierung auf das Gesellschaftsrecht, BB 2018, 2243 ff.
Sauerbeck, Kann eine Treuhandgesellschaft Liquidator einer Aktien-Ges. oder Gesellschaft m.b.H. sein?, DJB 1925, 1117 ff.
Sauerwald, Matthias, Der Hauptversammlungsleiter im Aktienrecht, Baden-Baden, 2018.
v. Savigny, Friedrich Carl, System des heutigen Römischen Rechts, Band 2, Berlin, 1840.
ders., System des heutigen Römischen Rechts, Band 3, Berlin, 1840.
Schacht, Hjalmar, Die deutsche Aktienrechtsreform. Ausführungen des Reichsbankpräsidenten und beauftragten Reichswirtschaftsministers Dr. Hjalmar Schacht auf der 9. Vollsitzung der Akademie für Deutsches Recht im Rathaus zu Berlin am 30. November 1935, Berlin, 1935.
Scherer, Matthew U., Of wild beasts and digital analogues: The legal status of autonomous systems, Nev. L.J. 19 (2019) 259 ff.

ders., Regulating Artificial Intelligence Systems: Risks, Challenges, Competencies, And Strategies, Harv. J. L. Tech. 29 (2016) 353 ff.

Scheuerle, Wilhelm A., Das Wesen des Wesens, AcP 163 (1963) 429 ff.

Schirmer, Jan-Erik, Von Mäusen, Menschen und Maschinen – Autonome Systeme in der Architektur der Rechtsfähigkeit, JZ 2019, 711 ff.

ders., Rechtsfähige Roboter?, JZ 2016, 660 ff.

ders., Das Körperschaftsdelikt, Tübingen, 2015.

Schlegelberger, Franz, Die Erneuerung des deutschen Aktienrechts, Berlin, 1935.

Schlegelberger, Franz/Quassowski, Leo, Aktiengesetz: Gesetz über Aktiengesellschaften und Kommanditgesellschaften auf Aktien vom 30. Januar 1937, 2. Aufl., Berlin, 1937.

Schmidt, Karsten, Ein neues Zuhause für das Recht der Personengesellschaften, ZHR 185 (2021) 16 ff.

ders., Gesellschaftsrecht, 4. Aufl., Köln, 2002.

ders., Deregulierung des Aktienrechts durch Denaturierung der Kommanditgesellschaft auf Aktien?, ZHR 160 (1996) 265 ff.

ders., Anmerkung zu BGH, Beschluss vom 20.09.1993 – II ZR 292/91, NJW 1993, 2934 ff.

ders., Verbandszweck und Rechtsfähigkeit im Vereinsrecht, Heidelberg, 1984.

Schneiders, Christian J., Funktion und Stellung des Abschlussprüfers, Baden-Baden, 2018.

Scholz, Franz, Kommentar zum GmbH-Gesetz in seiner neuesten Fassung, Köln, 1928.

Scholz, Philipp, Der Grundsatz der Selbstorganschaft in der Reform des Personengesellschaftsrechts – Ein Vorschlag für die Zulassung fremdorganschaftlicher Strukturen auf Grundlage des „Mauracher Entwurfs", NZG 2020, 1044 ff.

Schönle, Friedrich, Das Problem der Grundtypenvermischung im neuen Recht, Berlin, 1938.

Schrader, Tobias, Wissen im Recht, Tübingen, 2016.

Schreiber, Otto, Die Kommanditgesellschaft auf Aktien, München, 1925.

Schröder, Jan, Recht als Wissenschaft, Band I, 3. Aufl., München, 2021.

ders., Recht als Wissenschaft, Band II, 3. Aufl., München, 2021.

Schubert, Werner (Hrsg.), Akademie für deutsches Recht, 1933–1945 – Protokolle der Ausschüsse – Ausschuss für Personen-, Vereins- und Schuldrecht. 1937–1939, 1992.

ders. (Hrsg.),. Akademie für Deutsches Recht 1933–1945 – Protokolle der Ausschüsse – Ausschuss für Aktienrecht, Berlin, 1986

ders. (Hrsg.), Akademie für deutsches Recht, 1933–1945, Protokolle der Ausschüsse, Ausschuss für G.m.b.H.-Recht, Berlin, 1986.

ders., Entwurf des Reichsjustizministeriums zu einem Gesetz über Gesellschaften mit beschränkter Haftung von 1939, Heidelberg, 1985.

ders. (Hrsg.), Die Entwürfe der Weimarer Republik zur Reform des Aktienrechts unter besonderer Berücksichtigung der Organisation der Aktiengesellschaft, der Pflichtrevision und des Auskunftsrechts der Aktionäre, ZRG GA 103 (1983) 140 ff.

Schubert, Werner/Hommelhoff, Peter (Hrsg.), Die Aktienrechtsreform am Ende der Weimarer Republik, Berlin, 1987.

Schuett, Jonas, Defining the scope of AI regulations, arXiv:1909.01095, 2019 (https://doi.org/10.48550/arXiv.1909.01095).

Schuhr, Jan C., Recht, Technik, Roboter, Rechtstheorie 46 (2015) 225 ff.

Schulz, Thomas, Verantwortlichkeit bei autonom agierenden Systemen, 2015.

Schurig, Klaus, Zwingendes Recht, „Eingriffsnormen" und neues IPR, RabelsZ 54 (1990) 217 ff.

Schürnbrand, Jan, Organschaft im Recht der privaten Verbände, 2007.

Schwark, Eberhard/Zimmer, Daniel (Hrsg.), Kapitalmarktrechts-Kommentar, 5. Aufl. 2020 (zitiert als Schwark/Zimmer/*Bearbeiter*).

Seibt, Christoph H., Dekonstruktion des Delegationsverbots bei der Unternehmensleitung, in Bitter, Georg/Lutter, Marcus/Priester, Hans-Joachim/Schön, Wolfgang/Ulmer, Peter (Hrsg.), Festschrift für Karsten Schmidt zum 70. Geburtstag, 2009, S. 1463 ff.

Seibt, Christoph H., Neuvermessung der „angemessenen Informationsgrundlage" (§ 93 Abs. 1 Satz 2 AktG) unter VUCA-Rahmenbedingungen, in Bergmann, Alfred/Hoffmann-Becking, Michael/Noack, Ulrich (Hrsg.), Recht und Gesetz: Festschrift für Ulrich Seibert zum 65. Geburtstag, 2019, S. 825 ff.

Semler, Johannes, Leitung und Überwachung der Aktiengesellschaft die Leitungsaufgabe des Vorstands und die Überwachungsaufgabe des Aufsichtsrats, 2. Aufl. 1996.

Seshia, Sanjit A./Sadigh, Dorsa/Sastry, S. Shankar, Towards Verified Artificial Intelligence, arXiv:1606.08514, 2016 (https://doi.org/10.48550/arXiv.1606.08514).

Shoham, Yoav, Agent-oriented programming, Artif. Intell. 60 (1993) 51 ff.

Shrestha, Yash Raj/Ben-Menahem, Shiko M./Krogh, Georg von, Organizational Decision-Making Structures in the Age of Artificial Intelligence, Calif. Manag. Rev. 61 (2019) 66 ff.

Silver, David/Huang, Aja/Maddison, Chris J./Guez, Arthur/Sifre, Laurent/van den Driessche, George/Schrittwieser, Julian/Antonoglou, Ioannis/Panneershelvam, Veda/Lanctot, Marc/Dieleman, Sander/Grewe, Dominik/Nham, John/Kalchbrenner, Nal/Sutskever, Ilya/Lillicrap, Timothy/Leach, Madeleine/Kavukcuoglu, Koray/Graepel, Thore/Hassabis, Demis, Mastering the game of Go with deep neural networks and tree search, Nature 529 (2016) 484.

Silver, David/Schrittwieser, Julian/Simonyan, Karen/Antonoglou, Ioannis/Huang, Aja/Guez, Arthur/Hubert, Thomas/Baker, Lucas/Lai, Matthew/Bolton, Adrian/Chen, Yutian/Lillicrap, Timothy/Hui, Fan/Sifre, Laurent/van den Driessche, George/Graepel, Thore/Hassabis, Demis, Mastering the game of Go without human knowledge, Nature 550 (2017) 354 ff.

Simon, Herbert A., The Sciences of the Artificial, Third Edition, 1996.

ders., The Corporation: Will it Be Managed by Machines?, in Philipson, Morris H. (Hrsg.), Automation: Implications for the Future, 1962, S. 230.

ders., The Corporation: Will it Be Managed by Machines?, in Anshen, Melvin/Bach, George L. (Hrsg.), Management and corporations 1985: a symposium held on the occasion of the 10. anniversary of the Graduate School of Industrial Administration, Carnegie Inst. of Technology, 1960, S. 17 ff.

Simon, Hermann Veit, Firmen als Mitglieder des Aufsichtsrats von Aktiengesellschaften, LZ 1908, 1 ff.

Singla, Sahil/Feizi, Soheil, Robustness Certificates Against Adversarial Examples for ReLU Networks, arXiv:1902.01235, 2019 (https://doi.org/10.48550/arXiv.1902.01235).

Slack, Dylan/Hilgard, Sophie/Jia, Emily/Singh, Sameer/Lakkaraju, Himabindu, Fooling LIME and SHAP: Adversarial Attacks on Post hoc Explanation Methods, arXiv:1911.02508, 2020 (https://doi.org/10.48550/arXiv.1911.02508).

Smuha, Nathalie A., From a ‚race to AI' to a ‚race to AI regulation': regulatory competition for artificial intelligence, Law Innov. Technol. 13 (2021) 57 ff.

Soergel, Hans Theodor (Begr.), Bürgerliches Gesetzbuch mit Einführungsgesetzen (zitiert als Soergel/*Bearbeiter*, BGB).

– Band 1, Allgemeiner Teil 1: §§ 1–103 BGB, 13. Aufl. 2000.

Soleiman, S. M., Legal personality of robots, corporations, idols and chimpanzees: a quest for legitimacy, Artif Intell Law 25 (2017) 155 ff.

Specht, Louisa, Diktat der Technik, 2019.

Spindler, Gerald, Der Vorschlag der EU-Kommission für eine Verordnung zur Regulierung der Künstlichen Intelligenz (KI-VO-E), CR 2021, 361 ff.

Spindler, Gerald, Digitalization and Corporate Law – A View from Germany, ECFR 2019, 106 ff.

ders., Gesellschaftsrecht und Digitalisierung, ZGR 2018, 17 ff.

ders., Zukunft der Digitalisierung – Datenwirtschaft in der Unternehmenspraxis, DB 2018, 41 ff.

ders., Haftung der Geschäftsführung für IT-Sachverhalte, CR 2017, 715 ff.

ders., Wissenszurechnung in der GmbH, der AG und im Konzern, ZHR 181 (2017) 311 ff.

ders., Digitale Wirtschaft – analoges Recht: Braucht das BGB ein Update?, JZ 2016, 805 ff.

ders., Zivilrechtliche Fragen beim Einsatz von Robotern, in Hilgendorf, Eric (Hrsg.), Robotik im Kontext von Recht und Moral, Baden-Baden, 2014, S. 64 ff.

ders., Unternehmensorganisationspflichten, 2. Aufl. 2011.

Spindler, Gerald/Schuster, Fabian (Hrsg.), Recht der elektronischen Medien, 4. Aufl. 2019.

Spindler, Gerald/Seidel, Andreas, Wissenszurechnung und Digitalisierung, in Spindler, Gerald/Wilsing, Hans-Ulrich/Butzke, Volker (Hrsg.), Festschrift für Reinhard Marsch-Barner zum 75. Geburtstag, 2018, S. 549 ff.

Spiro, Karl, Die Haftung für Erfüllungsgehilfen, 1984.

Staub, Hermann (Hrsg.), Staub's Kommentar zum Handelsgesetzbuch, Zweiter Band, (§§ 178–342), mit den Vorschriften der Verordnung über Aktienrecht vom 19. September 1931, 14. Aufl. 1933 (zitiert als Staub/*Bearbeiter*, HGB, 1933).

ders. (Hrsg.), Kommentar zum Gesetz betreffend die Gesellschaften mit beschränkter Haftung, 1903.

ders. (Begr.), Staub's Kommentar zum Handelsgesetzbuch, Zweiter Band, 8. Aufl. 1907 (zitiert als Staub/*Bearbeiter*, HGB, 1907).

ders. (Begr.), Kommentar zum Allgemeinen Deutschen Handelsgesetzbuch (ohne Seerecht), 2. Aufl. 1894.

Staudinger, Julius von (Begr.), Kommentar zum Bürgerlichen Gesetzbuch (zitiert als Staudinger/*Bearbeiter*, BGB).
- Buch 1: Allgemeiner Teil – §§ 164–240 (Stellvertretung, Zustimmung, Fristen, Verjährung, Selbsthilfe, Sicherheitsleistung), 2019.
- Buch 2: Recht der Schuldverhältnisse – §§ 255–304, 2019.
- Buch 3: Sachenrecht, Einleitung zum Sachenrecht – §§ 854–882 (Allgemeines Liegenschaftsrecht 1), 2018.
- EGBGB/IPR: Einführungsgesetz zum Bürgerlichen Gesetzbuche/IPR. Einleitung zur Rom I-VO; Art 1–10 Rom I-VO (Internationales Vertragsrecht 1), 2021.

Stein, Ursula, Konzernherrschaft durch EDV? Gesellschaftsrechtliche und konzernrechtliche Probleme der EDV-Auslagerung auf ein konzernverbundenes Unternehmen, ZGR 1988, 163 ff.

Steiner, Kurt, Können juristische Personen Vorstand einer Aktiengesellschaft sein, 1928.

Stiefel, Ernst/Mecklenburg, Frank, Deutsche Juristen im amerikanischen Exil (1933–1950), 1991.

Stoica, Ion/Song, Dawn/Popa, Raluca Ada/Patterson, David/Mahoney, Michael W./Katz, Randy/Joseph, Anthony D./Jordan, Michael/Hellerstein, Joseph M./Gonzalez, Joseph E./Goldberg, Ken/Ghodsi, Ali/Culler, David/Abbeel, Pieter, A Berkeley View of Systems Challenges for AI, arXiv:1712.05855, 2017 (https://doi.org/10.48550/arXiv.1712.05855).

Stout, Lynn A., The Shareholder as Ulysses: Some Empirical Evidence on Why Investors in Public Corporations Tolerate Board Governance, U. PA. L. Rev. 152 (2003) 667 ff.

Strohn, Lutz, Die Rolle des Aufsichtsrats beim Einsatz von Künstlicher Intelligenz, ZHR 182 (2018) 371 ff.

Stupp, Matthias, GmbH-Recht im Nationalsozialismus, 2002.

Sycara, Katia P., Multiagent Systems, AI Magazine 19 (1998) 11 ff.

Szegedy, Christian/Zaremba, Wojciech/Sutskever, Ilya/Bruna, Joan/Erhan, Dumitru/Goodfellow, Ian/Fergus, Rob, Intriguing properties of neural networks, arXiv:1312.6199, 2013 (https://doi.org/10.48550/arXiv.1312.6199).

Taddeo, Mariarosaria/Floridi, Luciano, How AI can be a force for good, Science 361 (2018) 751 ff.

Taddeo, Mariarosaria/McCutcheon, Tom/Floridi, Luciano, Trusting artificial intelligence in cybersecurity is a double-edged sword, Nat. Mach. Intell. 1 (2019) 557 ff.

Taylor, Jessica/Yudkowsky, Eliezer/LaVictoire, Patrick/Critch, Andrew, Alignment for Advanced Machine Learning Systems, Machine Intelligence Research Institute, 2016.

Teichmann, Christoph, Digitalisierung und Gesellschaftsrecht, ZfPW 2019, 247 ff.

ders., Die Auslandsgesellschaft & Co., ZGR 2014, 220 ff.

ders., Die Einführung der Europäischen Aktiengesellschaft, ZGR 2002, 383.

ders., The Company Law Package – Content and State of Play, ECFR 2019, 3 ff.

Teichmann, Robert/Koehler, Walter, Gesetz über Aktiengesellschaften und Kommanditgesellschaften auf Aktien vom 30. Januar 1937, 2. Aufl. 1939.

Telle, Marc, Einsatz Künstlicher Intelligenz zur vorbereitenden Unterstützung von Leitungsentscheidungen des Vorstands einer AG, 2023.

Teubner, Gunther, Digitale Rechtssubjekte?, AcP 218 (2018) 155 ff.

ders., Elektronische Agenten und große Menschenaffen: Zur Ausweitung des Akteurstatus in Recht und Politik, ZfRSoz 27 (2006) 5 ff.

Thiessen, Jan, Die Wertlosigkeit der Gesetzesmaterialien für die Rechtsfindung – ein methodengeschichtlicher Streifzug, in Fleischer, Holger (Hrsg.), Mysterium „Gesetzesmaterialien", 2013, S. 45 ff.

ders., Wirtschaftsrecht und Wirtschaftsrechtler im Schatten der NS-Vergangenheit, in Manfred Görtemaker/Christoph Safferling (Hrsg.), Die Rosenburg. Das Bundesministerium der Justiz und die NS-Vergangenheit – eine Bestandsaufnahme, 2013, S. 204 ff.

ders., Zustimmungsvorbehalte des Aufsichtsrats zwischen Pflicht und Kür, AG 2013, 573 ff.

Thomale, Chris, Der gespaltene Emittent, 2018.

Thomas, Philip S./Castro da Silva, Bruno/Barto, Andrew G./Giguere, Stephen/Brun, Yuriy/Brunskill, Emma, Preventing Undesirable Behavior of Intelligent Machines, Science 366 (2019) 999 ff.

Thöne, Meik, Autonome Systeme und deliktische Haftung – Verschulden als Instrument adäquater Haftungsallokation?, Tübingen, 2020.

Tieves, Johannes, Der Unternehmensgegenstand der Kapitalgesellschaft, Köln, 1998.

Turing, Alan M., Computing Machinery and Intelligence, Mind 59 (1950) 433 ff.

Turner, Alexander Matt/Hadfield-Menell, Dylan/Tadepalli, Prasad, Conservative Agency via Attainable Utility Preservation, arXiv:1902.09725, 2019 (https://doi.org/10.48550/arXiv.1902.09725).

Turner, Jacob, Robot Rules: Regulating Artificial Intelligence, 2018.

Tversky, Amos/Kahneman, Daniel, Judgment under Uncertainty: Heuristics and Biases, Science 185 (1974) 1124 ff.

Ulmer, Peter, Nochmals: Begründung von Rechten für Dritte in der Satzung einer GmbH?, in Wank, Rolf/Hirte, Heribert/Frey, Kaspar/Fleischer, Holger/Thüsing, Gregor (Hrsg.), Festschrift für Herbert Wiedemann zum 70. Geburtstag, 2002, S. 1297 ff.

Uwer, Dirk, Outsourcing digitaler Funktionen, ZHR 183 (2019) 154 ff.

Veale, Michael/Zuiderveen Borgesius, Frederik, Demystifying the Draft EU Artificial Intelligence Act, CRi 2021, 97 ff.

Veil, Rüdiger, Unternehmensverträge, Tübingen, 2003.

Vetter, Eberhard, Corporate Governance in der GmbH – Aufgaben des Aufsichtsrats der GmbH, GmbHR 2011, 449 ff.

ders., Zur Haftung im fakultativen Aufsichtsrat der GmbH, GmbHR 2012, 181 ff.

Völderndorff und Waradein, Otto v., Das Reichsgesetz betreffend die Kommanditgesellschaften auf Aktien und die Aktiengesellschaften vom 18. Juli 1884, Erlangen, 1885.

Voormann, Volker, Der Beirat im Gesellschaftsrecht, 2. Aufl., Köln, 1990.

Voosen, Paul, The AI detectives, Science 357 (2017) 22 ff.

Wagner, Dirk Nicolas, Economic patterns in a world with artificial intelligence, Evolut. Inst. Econ. Rev. 17 (2020) 111 ff.

Wagner, Gerhard, Dimitrios Linardatos: Autonome und vernetzte Aktanten im Zivilrecht. Grundlinien zivilrechtlicher Zurechnung und Strukturmerkmale einer elektronischen Person. Tübingen: Mohr Siebeck 2021. (Jus Privatum; Bd. 252), XXII, 652 S.; Ln.: 129.– €. ISBN 978-3-16-160756-1, AcP 222 (2022) 662 ff.

ders., Liability Rules for the Digital Age – Aiming for the Brussels Effect, JETL 13 (2022) 191 ff.

ders., Robot, Inc.: Personhood for Autonomous Systems?, Fordham Law Rev. 88 (2022) 591 ff.

ders., Verantwortlichkeit im Zeichen digitaler Techniken, VersR 2020, 717 ff.

ders., Roboter als Haftungssubjekte? Konturen eines Haftungsrechts für autonome Systeme, in Faust, Florian/Schäfer, Hans-Bernd (Hrsg.), Zivilrechtliche und rechtsökonomische Probleme des Internet und der künstlichen Intelligenz, 2019, S. 1 ff.

ders., Produkthaftung für autonome Systeme, AcP 217 (2017) 707 ff.

ders., Wissenszurechnung: Rechtsvergleichende und rechtsökonomische Grundlagen, ZHR 181 (2017) 203 ff.

ders., Sinn und Unsinn der Unternehmensstrafe – Mehr Prävention durch Kriminalisierung?, ZGR 2016, 112 ff.

ders., Organhaftung im Interesse der Verhaltenssteuerung – Skizze eines Haftungsregimes, ZHR 178 (2014) 227 ff.

Wagner, Gerhard/Luyken, Lina, Haftung für Robo Advice, in Bachmann, Gregor/Grundmann, Stefan/Mengel, Anja/Krolop, Kaspar (Hrsg.), Festschrift für Christine Windbichler zum 70. Geburtstag am 8. Dezember 2020, 2020, S. 155 ff.

Wagner, Jens, Legal Tech und Legal Robots in Unternehmen und den sie beratenden Kanzleien: Teil 2: Folgen für die Pflichten von Vorstandsmitgliedern bzw. Geschäftsführern und Aufsichtsräten, BB 2018, 1097 ff.

Waldhoff, Christian, Gesetzesmaterialien: Theorie und Praxis in Österreich, in Fleischer, Holger (Hrsg.), Mysterium „Gesetzesmaterialien“, Tübingen, 2013, S. 76 ff.

ders., Der Gesetzgeber schuldet nichts als das Gesetz, in Depenheuer, Otto/Heintzen, Markus/Jestaedt, Matthias/Axer, Peter (Hrsg.), Staat im Wort: Festschrift für Josef Isensee, Heidelberg, 2007, S. 325 ff.

Wanka, Sven, Juristische Personen und ihre Organe als Vorstand der Stiftung, Wiesbaden, 2018.

Wasmann, Dirk, Juristische Personen als gekorene Mitglieder von Körperschaftsorganen, Baden-Baden, 1996.

Watson, David S., The Rhetoric and Reality of Anthropomorphism in Artificial Intelligence, Minds and Machines 29 (2019) 417 ff.

Watson, Susan, Viewing artificial persons in the AI age through the lens of history, in Godwin, Andrew/Lee, Pey Woan/Langford, Rosemary Teele (Hrsg.), Technology and Corporate Law, 2021, S. 21 ff.

Weber-Rey, Daniela/Buckel, Jochen, Corporate Governance in Aufsichtsräten von öffentlichen Unternehmen und die Rolle von Public Corporate Governance Kodizes, ZHR 177 (2013) 13 ff.

Weber, Christoph, Privatautonomie und Außeneinfluß im Gesellschaftsrecht, Tübingen, 2000.

Weber, Robert/Kiefner, Alexander/Jobst, Stefan, Künstliche Intelligenz und Unternehmensführung, NZG 2018, 1131 ff.

Weitnauer, Wolfgang/Boxberger, Lutz/Anders, Dietmar (Hrsg.), Kommentar zum Kapitalanlagegesetzbuch und zur Verordnung über Europäische Risikokapitalfonds mit Bezügen zum AIFM-StAnpG, 2014 (zitiert als WBA/*Bearbeiter*, KAGB).

Weizenbaum, Joseph, Computer Power and Human Reason: From Judgment to Calculation, San Francisco, 1976.

Weller, Marc-Philippe, Unternehmensmitbestimmung für Auslandsgesellschaften, in Erle, Bernd/Goette, Wulf/Kleindiek, Detlef/Krieger, Gerd/Priester, Hans-Joachim/Schubel, Chirstian/Schwab, Martin/Teichmann, Christoph/Witt, Carl-Heinz (Hrsg.), Festschrift für Peter Hommelhoff zum 70. Geburtstag, Köln, 2012, S. 1275 ff.

Weller, Marc-Philippe/Harms, Charlotte/Rentsch, Bettina/Thomale, Chris, Der internationale Anwendungsbereich der Geschlechterquote für Großunternehmen, ZGR 2015, 361 ff.

Wengler, Wilhelm, Die Anknüpfung des zwingenden Schuldrechts im internationalen Privatrecht, ZVglRWiss 54 (1941) 168 ff.

Werhane, Patricia H., Formal Organizations, Economic Freedom and Moral Agency, J. Value Inquiry 14 (1980) 43 ff.

Westermann, Harm Peter, Eigenständige Wahrnehmung der Aufsichtsratspflichten – eine Selbstverständlichkeit?, in Erle, Bernd/Goette, Wulf/Kleindiek, Detlef/Krieger, Gerd/Priester, Hans-Joachim/Schubel, Chirstian/Schwab, Martin/Teichmann, Christoph/Witt, Carl-Heinz (Hrsg.), Festschrift für Peter Hommelhoff zum 70. Geburtstag, Köln, 2012, S. 1319 ff.

Westermann, Harm Peter/Gursky, Karl-Heinz/Eickmann, Dieter, Sachenrecht, 8. Aufl., München, 2011.

Wiebe, Andreas, Die elektronische Willenserklärung, Tübingen, 2002.

Wiedemann, Herbert, Verantwortung in der Gesellschaft – Gedanken zur Haftung der Geschäftsleiter und der Gesellschafter in der Kapitalgesellschaft, ZGR 2011, 183 ff.

ders., Gesellschaftsrecht – Band II – Recht der Personengesellschaften, München, 2004.

ders., Gesellschaftsrecht – Band I – Grundlagen, München, 1980.

Wiener, Norbert, Some Moral and Technical Consequences of Automation, Science 131 (1960) 1355 ff.

Willenbücher, Heinrich, Das allgemeine Deutsche Handelsgesetzbuch mit Ausschluß des Seerechts: für die Praxis erläutert, Berlin, 1891.

Wilson, James H./Dougherty, Paul R., Human + Machine: Reimagining Work in the Age of AI, 2018.

Windbichler, Christine/Bachmann, Gregor, Corporate Governance und Mitbestimmung als „wirtschaftlicher ordre public“, in Westermann, Harm Peter/Mock, Klaus, Festschrift für Gerold Bezzenberger zum 70. Geburtstag am 13. März 2000, Berlin, 2000, S. 797 ff.

Winnen, Armin, Die Innenhaftung des Vorstandes nach dem UMAG, Baden-Baden 2009.

Wischmeyer, Thomas, Regulierung intelligenter Systeme, AöR 143 (2018) 1 ff.

Wolf, Irmgard, Schuldnerhaftung bei Automatenversagen, JuS 1989, 899 ff.

Wolf, Marty J./Miller, Keith W./Grodzinsky, Frances S., Why we should have seen that coming: comments on Microsoft's tay „experiment“, and wider implications, ACM SIGCAS Computers and Society 47 (2017) 54 ff.

Wolff, Hans J., Organschaft und juristische Person Untersuchungen zur Rechtstheorie und zum öffentlichen Recht, Band 2: Theorie der Vertretung, Berlin, 1934.

ders., Organschaft und juristische Person Untersuchungen zur Rechtstheorie und zum öffentlichen Recht, Band 1: Juristische Person und Staatsperson, Berlin, 1933.

Wooldridge, Michael/Jennings, Nicholas R., Intelligent agents: theory and practice, Knowl. Eng. Rev. 10 (1995) 115 ff.

Xiao, Kai Y./Tjeng, Vincent/Shafiullah, Nur Muhammad/Madry, Aleksander, Training for Faster Adversarial Robustness Verification via Inducing ReLU Stability, arXiv:1809.03008, 2018 (https://doi.org/10.48550/arXiv.1809.03008).

Yang, Guang-Zhong/Bellingham, Jim/Dupont, Pierre E/Fischer, Peer/Floridi, Luciano/Full, Robert/Jacobstein, Neil/Kumar, Vijay/McNutt, Marcia/Merrifield, Robert/Nelson, Bradley J./Scassellati, Brian/Taddeo, Mariarosaria/Taylor, Russell/Veloso, Manuela/Wang, Zhong Lin/Wood, Robert, The grand challenges of Science Robotics, Sci. Robot. 3 (2018).

Yuan, Xiaoyong/He, Pan/Zhu, Qile/Li, Xiaolin, Adversarial Examples: Attacks and Defenses for Deep Learning, IEEE Trans. Neural Netw. Learn. Syst. (2019) 2805 ff.

Yudkowsky, Eliezer, Artificial Intelligence as a positive and negative factor in global risk, in Bostrom, Nick/Cirkovic, Milan M. (Hrsg.), Global Catastrophic Risks, 2008, S. 308 ff.

Zech, Herbert, Haftung für Trainingsdaten Künstlicher Intelligenz, NJW 2022, 502 ff.

ders., Gutachten Teil A: Entscheidungen digitaler autonomer Systeme: Empfehlen sich Regelungen zu Verantwortung und Haftung?, in DJT (Hrsg.), Verhandlungen des 73. Deutschen Juristentages • Hamburg 2020/Bonn 2022, Band 1, München, 2020.

ders., Künstliche Intelligenz und Haftungsfragen, ZfPW 2019, 198 ff.

ders., Zivilrechtliche Haftung für den Einsatz von Robotern – Zuweisung von Automatisierungs- und Autonomierisiken, in Gless, Sabine/Seelmann, Kurt (Hrsg.), Intelligente Agenten und das Recht, 2016, S. 163 ff.

Zerilli, John/Knott, Alistair/Maclaurin, James/Gavaghan, Colin, Algorithmic Decision-Making and the Control Problem, Minds and Machines 29 (2019) 555 ff.

Zetzsche, Dirk, Corporate Technologies – Zur Digitalisierung im Aktienrecht, AG 2019, 1 ff.

ders., Das Gesellschaftsrecht des Kapitalanlagegesetzbuches, AG 2013, 613 ff.

Zöllner, Wolfgang, GmbH und GmbH & Co KG in der Mitbestimmung, ZGR 1977, 319 ff.

Sachregister

Schriften zum Unternehmens- und Kapitalmarktrecht

herausgegeben von
Jörn Axel Kämmerer, Karsten Schmidt und Rüdiger Veil

Die 2012 gegründete Reihe der *Schriften zum Unternehmens- und Kapitalmarktrecht* (SchrUKmR) ist von der Einsicht geleitet, dass das Unternehmens- und Kapitalmarktrecht in besonderer Weise von der internationalen Wirtschaftspraxis und Erkenntnissen anderer Disziplinen, insbesondere der Wirtschaftswissenschaften, beeinflusst wird. Sie nimmt die Globalität der Finanzmärkte in den Blick, die sich einerseits in einem hohen Grad der Rechtsvereinheitlichung innerhalb der EU widerspiegelt und andererseits international intensive rechtsvergleichende Forschung erfordert. Die Reihe will zur Diskussion über aktuelle und grundlegende Themen des Gesellschafts- und Kapitalmarktrechts beitragen, insbesondere an der Schnittstelle zu anderen Gebieten des Wirtschaftsrechts. Die Reihe ist offen für Habilitationsschriften, herausragende Dissertationen und vergleichbare Monographien.

ISSN: 2193-7273
Zitiervorschlag: SchrUKmR

Alle lieferbaren Bände finden Sie unter *www.mohrsiebeck.com/schrukmr*

Mohr Siebeck
www.mohrsiebeck.com